民生街

陈元魁 著

青海人民出版社

图书在版编目（CIP）数据

民生街：全2册 / 陈元魁著. -- 西宁：青海人民出版社，2015.9
ISBN 978-7-225-05008-9

Ⅰ. ①民… Ⅱ. ①陈… Ⅲ. ①长篇小说－中国－当代 Ⅳ. ①I247.5

中国版本图书馆CIP数据核字（2015）第201293号

民生街（上、下）

陈元魁 著

出 版 人　樊原成
出版发行　青海人民出版社有限责任公司
　　　　　西宁市同仁路10号 邮政编码:810001 电话:(0971) 6143426(总编室)
发行热线　(0971)6143516 / 6137731
印　　刷　甘肃新华印刷厂
经　　销　新华书店
开　　本　720mm×1010 mm　1/16
印　　张　47
字　　数　680千
插　　页　1
版　　次　2008年6月第1版　2015年9月第2次印刷
书　　号　ISBN 978-7-225-05008-9
定　　价　88.00元（上、下册）

版权所有　侵权必究

作者近照

西部大开发格局中,与近的兰州、银川,远的西安、成都,更远的新疆、云南、西藏互为依托,遥相呼应,共乘改革开放的长风,同兴市场经济的巨澜。那时时开走的火车,日日飞来的航班,送走的,何止高原大陆的蓝天白云、豪情壮歌;收进的,岂限江南沿海的小桥流水、海鲜椰果。共和国的棋盘上,西宁市这枚棋子,有了卧槽马、当头车、隔山炮的气势。这市里市外,无论绕城高速路上鱼贯的车流,开发区里高耸的塔吊;也无论滨河路上戏嬉的稚童,会议中心喧哗的掌声,哪一样不连着天南、不接着地北?

这天南地北的大交汇中,来自澳大利亚,在青海大学哲学系留学的女青年瑞莉,以社区文化传承为母题,老龄化社会群体在现阶段的生存情状为子题,开展了一次社会调查。市里新建的康乐、金牛、宁信、湟乐等新型社区被瑞莉排除,唯独对民生街产生了浓厚兴趣。调查中得知,这条命名民生的小街,昔年称作衙门街。瑞莉兴味陡增。从昔年的府台衙门所在地演变为今日的民生街,顾名思义,其中有多少是非曲直青红皂白可供探索?

外籍学生非官方的社会调查,被国家安全部门限制而中途夭折。民生街却因此在媒体和民众眼目中敏感起来。

步行商街,西宁市并非民生街一条。城东区的为民巷,城西区的商业巷,城北区的建设巷,都有人气。比起民生街,却少了一种内容。什么内容?就是长年累月形成于人们心目中的那个认识习惯。这个习惯的基础是民生街开了西宁市个体市场的先河。如今,个体经营的"星星之火"已燃遍全市,私营企业商户的数量规模,远非当年民生街里几十个个体摊位可比。然而民生街最初形成的商气,并没在这种大规模的扩散转移中散失。它把人们特别是中下收入群体的视线和购物热情钉牢在民生街。几乎是出于习惯,三教九流的芸芸众生,哪一个不有意无意地到民生街走一走,有事无事地来民生街看一看?像那些馋嘴的大姑娘小媳妇,隔三差五直奔天堂巷吃一份麻辣烫,喝一碗豆腐脑,吃饱喝足,餐巾纸抹嘴,花手绢擦手,望一望水果摊上的芒果荔枝开心果,瞅一瞅小吃店里的锅贴麻花油炸糕,因为口袋里还有几个闲钱,心里还涌动一些余兴,便自然而然拐入民生街,继续观看挂在墙上的衣裳,摆在路旁的皮鞋……那甜蜜的恋友，缠绵的情侣，新婚的夫妇，在大十字商场选购了时尚新装、品牌皮鞋、新潮化妆品，心满意足走出来，觉得还有点多余的时间，零碎的小钱，足可以在小市场买一双廉价袜子，选几条减价手绢，也就自然而然甩着秀发扭着腰胯进民生街。加上一条民权街，热热闹闹地搭在民生街中腰；一条丰生巷，光光鲜鲜地吊住民生街肩头，去那里买了床单被罩枕头套的远乡近郊的村姑农妇，买了蓝大褂黑雨鞋白线手套的打工仔外来妹，也溜溜达达地转入民生街，想吃的找那爱吃的吃，想看的寻那好看的看，而后出东口乘3路公交车远去城南区，或者返穿天堂巷去西门十字乘车东去西往……

如果把傲踞市内黄金地段，上规模上档次的超市商厦专卖店比作"阳春白雪"，专为白领服务，那么民生街市场无疑就是"下里巴人"。因了它具备的平民氛围，聚散的货物品种繁杂，价格低廉，切合百姓的消费需求，这里的繁华是乱纷纷的繁华，这里的凌乱是活活泼泼的凌乱。说它凌乱，卖衣裳的，把衣裳支在店铺门外，横支竖支随心所欲；卖衬衣皮鞋童装皮带毛线的，把货摊架在街边，架高架低不考虑美观，不讲究整齐。更有卖麻团烤红薯炸土豆的，把推车停在路中……步入这样的商街，人心就简单起来，平常起来。民生街两边的住户，清晨外出上班，傍晚收工回家，早早晚晚被街道上浓厚的商业气息浸染，日日夜夜听着喧嚣的市声，自觉成了这商街中不可或缺的一员，即便不做生意，也有了不少的生意头脑，经商的心机，一个个变得精明起来。

公元一千九百九十九年十二月三十一日是个多云天，流经天宇的薄云缓慢忧郁。漏出云隙的阳光，用淡黄的低热抚摸西门十字街口高拔的楼厦，公交车站吞吐乘客的大轿中巴。二十世纪最后一天，把莫名的失落和兴奋混合着注入西宁市市民心灵，在旧梦和新梦的变化中辨别和整理凌乱的心思。

下午四点起风了。无定向的乱风，从林立楼宇的间隙中拂掠着街面行人，扫卷起滨河改造工地的浮尘，扬起街上的残破纸头、彩色小食品包装、轻薄的或白或绿或红的塑料袋，在行人脚前卷飞，贴着道牙旋转。

车流交错，鸣笛急迫，眯眼偏头躲着风沙的路人步履匆匆。

民生街中端，"三印一砚斋"的两扇玻璃门已经关闭。这座经营名人字画古玩金石文房四宝的单间小店及早关门，是为堵挡随风卷扬肆虐的沙尘。这是个不设门头匾额，玻璃门扇上不做任何标记的小店，店主刘方常年在店堂内食宿，顾客多是熟人。趁兴抑或急用，夜半敲门也能索及笔墨字画，关门不等于歇业。

右邻的箱包店，左邻的童装店，牛仔装店、绒线店和专营婚纱礼服的店铺，起风后相继拉下卷闸门走人。独剩"三印一砚斋"亮着灯光。

刘方把案桌上散放的笔砚印油章料之类的小物件归拢在电视机后面，空出电视机前的桌面，摆上准备好的六样下酒凉菜。这案桌长两米四，宽一米二，铺上垫毡，是他写字书案；卷了垫毡，是他的饭桌。一台21吋彩电放在案桌靠墙一头，围着电视机的，全是插着时令鲜花或绢花的瓶瓶罐罐。

刘方拿起遥控器，浙江、湖南、四川、山西、安徽、湖北……连续换了六个地方台，满天下是对新世纪的贺词赞礼。换回二套的文化专题，放下遥控器。

望着案上六味冷盘，刘方心想，预约的四人都来，一瓶酒不够喝。扭头望一眼，街对面小卖部里灯色衬着人影。从挂在架阁一角的外衣摸出十元，推门出店，不及走进小卖店，店主梁金寿已从货架取一瓶二花青粮佳酿放在柜台上，"一瓶？"

"店里有一瓶，要来四个朋友，不够喝，看这会的阵势，都关门走人了，得准备一瓶。"把十元拍在柜台上。

梁金寿的笑里隐着为难，"这次批发的二花青粮佳酿涨了五角。"

"我只拿了十元，下次给你十一元。"

梁金寿把酒瓶放在刘方手上，"我见你的朋友，多数提着酒来。"

"那我也得准备，不能店里的臭虱——吃客。"捧酒走出小卖店，一眼看见有人趁他买酒钻进店里翻动架上东西，顿时紧张起来。

原来是挚友东方灵，"你好大意，不怕小偷摸进来取走一样东西？"

"我在街对面小买店,谁敢趁虚而入?"

"可你进门前的神色,分明把我当贼了。"

刘方把酒放在桌上,边拆封边说:"今天表现不错,准时来了。"

"可我就得走。"东方灵拎起放在货架下的塑料袋,"两瓶酒算我陪罪,等来老楚老秦你们喝。"

"啥事非得今晚去!"失意显在刘方脸上。

"单位召开迎接新世纪联欢晚会,强调不许缺席。"东方灵是单位工会干部,负责音响设备。

说了几句话,喝下六盅酒,东方灵走了。

过了五点半,不见楚良、秦明到来。风小了,除了两个拣垃圾的,几乎成了空街。着急的刘方决定打电话催一催。

楚良家没人。秦明接电话先致歉,后声明摄影界有个聚会,会后去会议中心拍摄迎接新千年文艺演出盛况。最后叫刘方喝好,但别喝醉,免得世纪更替那一刻迷里迷糊错过世纪交接的钟声。

刘方无奈多于失意。

锁住店门,寻看能否有一两个叫来同饮的熟人。有一家卖童装的店门开着,但店堂空着。门外一个蓬头垢面的乞丐坐在地上整理拣拾的鞋盒子、饮料罐。街口的娱乐城挂了两个瓜型纱灯,红彤彤的。摇滚乐铿铿锵锵地喷出门外。两个穿着紧身衣裤、松糕鞋的女青年,两个染了头发的男青年挤成一堆说笑,按摇滚强劲的音乐节奏扭胯跺脚。

在街口站了几分钟,不见一个熟人。刘方回头西行。心想走到街西头寻不见熟人就返回店里,空了的肚子至少装进一半凉菜,再吃半盘东坡肉。零点前喝下一斤不成问题。

与天堂巷交接的路口,一堆人大吵特吵。热闹处少看,打架处少站。刘方想绕过人堆回店,发现人们为一个小孩争吵,这小孩不是别人,竟是尤中生!

刘方分开众人,挡住推搡着斥责尤中生的中年人,板着脸说:"你这人好没道理!一个孩子,能冲犯你什么,这样对待?"

围观的见刘方护住小孩，嚷叫变成了低声议论。推搡尤中生的中年人质问刘方："你是他什么人？"

"我不是他什么人。"刘方继续严肃着，"他是这条街上住家的学生，怎么，我不该管？"

围观人中，有的指责中年人不该对小孩子使蛮。帮中年人说话的是路口卖油炸糕的摊主，说："这小孩人不大，鬼不小！竟敢愚弄大人，这般缺教养的孩子，得给他点颜色看。"

小孩愚弄大人？众人的好奇心陡增，要中年人说明原由。

中年人瞪眼看着小孩，欲说不说地犹豫着，而后对刘方说："回去叫他的家长问他，那些没正经的话是谁教给他的，还用来骗吃！看大家脸上，我饶他一次。"挤出人群去小吃摊继续吃他的油炸糕。

刘方拉住尤中生回店。尤中生的家在民生街中段九号院。父母离异判归父亲抚养，做服装生意的父亲尤世雄管顾不周，小学五年级常在街上游荡。一次拣拾别人遗落的苹果，刘方看他可怜，买两个烧饼给他充饥。至今已是初中一年级学生，十二岁。

进店，见案桌上摆放着凉菜，尤中生咽着涎水。刘方叫尤中生搬凳子坐在案边，严肃着眉眼说："你对那人说了什么？原原本本地说给我听，说了叫你吃菜。"

尤中生眼里闪着慌迫，"我肚子饿了，想跟他要一个油炸糕。"

"不对！你要不说实话，将后别来我这儿。"

尤中生的眼仁滑来滑去，间或望一下桌上的菜。

"你今天没去上学？"

"去了，下午老师召集部分家长召开迎接新世纪联谊座谈会，放假了。"

"为啥不回家写作业去？"

"爸爸去温州进货，给我留的钱花完了，肚子饿，出来寻点吃的。"

"要油炸糕你说了什么？"

"我见他是八号院里的，就对他说：'伯伯，你是八号院里的，我认识你。'

他说：'你怎么知道？'我说我是九号院里的，肚子饿了，给我一个油炸糕吧。他说：'不好好上学当混混，饿肚子活该。'我说我的成绩在班里是前十名，他说：'你吹牛！前十名的学生都是家长的宝贝，会上街讨吃？你真学得好，给我出一道题，难住我，就给你两个油炸糕。'我问：'数学题还是语文题。'他说：'随便。'我就问他：'什么是阴道？什么是食道？'他说：'这是什么题？'我说：'你不是说随便吗？这是意外题。'他想了想：'食道是人的消化器官，食物进嘴经过食道进入胃里，人人都有。阴道只有女人才有，是她们生孩子的通道。'我说：'你答错了，这是我们老师点名用的常用语：应到多少，实到多少。'他一听，就骂我，说我小小年纪愚弄他。"

刘方忍不住笑了，"你从哪儿学来这没正经的话？"

"学校里当笑话传着，哪个学生不知道？"

"说这种话骗吃，不但该骂，还该打，将后听了这样的话不许再对人说！"

"知道了。"尤中生操筷子要吃菜。刘方说："先别吃，你说你学习好，我出道谜语，考考你，千家万户瞳瞳日，打一成语，谜底是什么？"

尤中生眼仁骨碌两下，"无所不晓，对不对？"见刘方笑眯眯点头，又说："我也出个谜语你猜，'欲穷千里目'，打一学校用语，是什么？"

刘方想了想，说："升级。"心里就承认，如今的学生，比他上中学时节聪明多了，也复杂多了，拿筷子递给尤中生，"吃！"

一小时后，刘方盯着尤中生走进九号院，用铁勾勾住卷闸门把拉下半截。路灯亮了，街上更显得空静。街南边几座临街住宅楼上，多数窗户亮了灯，橙红、湖蓝、奶黄、浅咖啡色窗帘透着宁静和温馨。刘方心里既充实又空洞，说不清因什么充实因什么空洞。这种感觉纠缠他多年了。他弓腰从卷闸门下钻进店堂。除了睡觉时，他关卷闸门都要留下一尺高低的缝隙，便于通风。

店堂后边隔出三分之一，做他的卧室兼伙房。火炉架在隔间门内侧。他把煮了羊肉的小锅挪到炉盘一角，把酒倒入搪瓷茶杯，放炉盖上加热。青粮佳酿加热喝，是他多年的习惯。赴亲友婚丧嫁娶的宴席，东家也得设法供给他热酒。

凉菜已被尤中生吞吃了一半，卤猪杂只剩几片猪肝，一块有毛的耳根。刘方把事先炖好的东坡肉瓷罐放在炉盖上，坐在案桌边一杯酒一口肉地独自消受。淡淡的孤寂抵消不了酒肉给他的快感。举杯邀明月，对影成三人，他的店堂里，有笔墨纸砚给他作伴，情调古色古香。又有电视机，把天下事显在眼前，比古人好多了。酒、肉、电视里的美女，一个老百姓，还能奢望什么？兴之所致，展纸挥毫泼墨，心里块垒去得淋漓。民生街认识他的，都羡慕他年过花甲仍然面色红润精神饱满。有人讨他养生诀窍，他笑答：心宽自然体胖。

热酒穿肠过，情绪有了高度。刘方调台寻看好节目，四套简明新闻报道：被3名劫机分子劫持的印度航空公司客机上的155名人质三十一日安全抵达新德里，印度总理瓦杰帕伊表示，政府用三名极端分子交换155名人质是惟一的选择。放下酒杯摁一下摇控器，辽宁综艺节目，介绍各国欢度元旦的不同习俗。印度有些地方，过元旦要相抱大哭，认为元旦开始，岁月易逝，人生短暂，只能用哭来表示感叹。刘方心里说，这样过节不如不过。巴基斯坦人在元旦当天，手拿红粉跑出家门，向别人道喜将红粉涂在对方额上。刘方笑了，这时刻如有挚友同他喝酒，他定要涂上胭脂跳一阵的。阿根廷人元旦要沐浴，水是最圣洁的，人们成群结队到江河洗"新年浴"，洗去身上一切污垢。刘方心里说：这个习俗好！但要有条件，西宁市的居民元旦去河里洗浴，十有八九会冻死，想着，喝下一杯热酒。

咚！一声拔地冲空的巨响，卷闸门被震得哗哗摇响。第二声在刘方钻出卷闸门的时刻震响，街面被映照得花里胡哨。《为民早报》登了消息，今晚的礼花施放点在凤凰山。民生街邻近凤凰山，这炮火好似从街中央家属院后冲天而起，声厉色艳。那向夜空喷射的火树银花、紫金绿玉、游龙飞凤，看得刘方心花怒放，意柳狂摆。急忙钻进店堂，撤下案桌上的杯碗盘盏，抹净桌面，铺上毡垫，展开三尺虎皮洒金宣纸，三折裁成斗方。笔架上取下长峰，润笔吃墨。一时，墨香四溢，笔力透纸，如痴如醉间写下两个魏笔大字：千禧。意犹未尽，在五尺整张上写了"新世纪"三个大字。退坐火炉边，呷一口热茶，吞两盅烫酒。时值己卯岁尽，卯将去，辰即来，何不乘兴写它几个玉兔，几个金龙？趁一腔豪气，借满腹酒兴，一口气写下正、草、隶、篆四张玉兔，四幅金龙。奋笔泼墨间汇集文思，淋漓才情，构撰出一首即兴词来：卜算子·兔变龙：

枯坡溪流浅，低涧新草薄，三窟枉为小天地，翘首蟾宫好。

好天知风云，风云催龙啸，兴风作浪今是谁，梦里龙门高。

已到交夜，远远近近的鞭炮声此起彼伏，电视里，中华世纪坛上二十一响钟鸣。酒酣意尽的刘方洗笔收墨，关死卷闸门铺床安睡。刚要脱衣上床，卷闸门被人急急拍响。

"谁？"亮堂堂走进新世纪，他没关店堂的灯。灯光从卷闸门下漏出去，巡街的联防队员会敲门提醒住户留意灯火安全。但联防队员敲门不会这么急迫。谁？他的问话多了几分警觉。

"刘老师，是我，田成功，深更半夜打搅了，我父亲来没来这里？"

七分醉意让刘方的反应稍显迟钝，怔一下才说："哦！你是田寿的老大儿子吧！你等着，我开门。"穿了外衣拉起卷闸门，门外立着神情疑虑的田成功。

"你父亲不见了？"

"到现在没有回家，我以为在你这儿喝酒。没来你这儿，会去哪儿？"田成功扶着自行车望着刘方，似要他做出判断。

"你父亲几时出去的？"

"在我家吃了晚饭，说出去走一走，看完焰火就回老三家去。他这半年在老三家吃住。吃饭喝了几盅酒，我怕他走路不稳，叫姑娘女婿陪他去西门十字口看焰火，他不要姑娘女婿作伴，说看完焰火把他送到老三家，田英两口得绕多少路？又说他不聋不瞎，走不错路。焰火九点半就放完了，刚才老三打电话，问阿大住在我家还是回他家去，我们才知道阿大还没回去。想了半天，以为在你这儿喝醉了。"

"没去老二家看看？"

"打电话问了，没去。"叹了一声，推着自行车欲走不走地犹豫着。

"估计是路上遇了熟人，叫走了。依我说，你这样没头绪地找，越找越上火。你进来，我倒杯茶，你缓着想一想，可能去哪个亲戚家。想好了再去找。要不，回家去，等天亮再说。七十几岁的老人，能去哪儿！"刘方宽慰着，却暗自疑心是否被车撞了。

田成功听从刘方劝告，紧贴门扇支好自行车，走进店来。刘方倒杯茶叫他喝。田成功眼瞅着案上案下写好的字，"这些字都是今晚上写的？"

"兴头上来，胡乱抹了几张，只当消遣。"

"你们消遣出来的东西，明日就是钱。"俯身提起一张隶书兔字细看一阵，又提起一张行书龙字欣赏起来。

"你要喜欢，拿一张去，做新千年纪念。"

田成功左看右看选了一张行书龙字，"明年是龙年，我装裱挂在家里，讨个吉祥平安。"仔细卷起来，又用一张报纸卷包在外面，"像这样一张字，你要卖的话，多少钱？"

"书画作品，卖的是喜爱，给多给少由人，你要觉得这样拿走心里不踏实，改日买两瓶酒来，我准备几个下酒菜，你我好好地喝一场。"

田成功告辞，骑车在附近几条街转了一圈。娱乐中心门口灯火辉煌，一溜停着十几辆等候载客的出租车。发廊、茶屋门口的彩灯红迷迷蓝荧荧地闪着。没有醉卧街头和东摇西晃的行人。

"找到没有？"等待的孔秀不等田成功把钥匙从锁孔中抽出就问道。

田成功摇摇头。疑虑弄乏了他的心，懒得说话。

"刚才，半小时前，打来了一个神秘电话。"孔秀接住丈夫脱下的外衣说。

田成功紧张起来，"神秘电话？"

"电话铃响了，我心想是你找到了阿大，给我通知一声，拿起话筒喂了一声，没声音，我又喂了一声，对方就把电话挂了。"

田成功望着电话机怔了一阵，竖起的心又平卧下来。寻不见父亲，他跟老婆都过敏了。元旦前夜，新世纪元旦前夜，人们互相致意祝福，难免拨错一个号码。"睡吧。鬼知道跑哪去了，天亮后不回来，再说。"刚把牙膏挤上牙刷，电话铃响了，田成功下意识看一眼墙上挂钟，凌晨二点差十分。

他示意孔秀接，孔秀示意让他接。他手里拿着牙刷走过去提起话筒，"大哥吗？我是老三，寻见阿大没有？"

"没有！"田成功的声音由于气恼而生硬。"刚才有个电话打到家里，我以为你打来的，接了。对方不说话就挂了。我担心是你打电话线路中断，打电话问问你。"

心烦意乱的田成功不等老三说完就撂下话筒，却又后悔没跟老三分析一下情况。显然不是偶然打错的电话，"问题严重了。"他不禁说了这么一句。医院、公安局、交警队，混淆在思维中，绞紧了他的神经。

"会不会，被人绑架了？"孔秀惶惑不已。

"绑架？绑架一个老头？"一个终生在社会底层靠劳动养活一家人，穷困一辈子的工厂看门人，被人绑架岂不成了笑话？可这先后打到他家和老三家的电话又该如何解释？

田成功跌坐沙发上，"别人都高高兴兴过节，迎接新千年，我们家这是怎么啦？"

孔秀嘟囔开了，"都怪你，非要把阿大叫过来吃年夜饭！吃饭就吃饭，你又给老爷子喝酒，七十好几的人喝酒把不住，明知喝了酒走路不稳当，不安静在家睡下，非要去看焰火，又不叫姑娘女婿作伴，这不是成心……"

田成功把鼓鼓的眼仁对准孔秀，"有完没完？"老婆的抱怨令他心烦，但都是事实。如果没有这些前提，哪会有这烦人的结果。他估计，如果电话真与父亲有关，一定还会打进来。"你去睡吧，我再等等，会不会再来电话。"

田成功估计得不差，孔秀走进卧室不到十分钟，电话铃响了。田成功提起话筒手有点抖，"喂！谁呀？"

几秒钟的停顿后，传来父亲的声音："老大，我遇了点麻烦，需要三百元钱，你快给我送来。"

"麻烦？什么麻烦？"

"电话不好说，快把钱送来，来了就知道了。"

"送到哪儿？"

又停顿了几秒，"送到万通街来。"

"万通街？你……你去万通街做什么？"田成功的语气尖锐起来，"把具体地点说清楚！"

"我也说不清，快把钱送来。"挂了电话。

田成功明白了七八分。万通街被人们私下称为西宁市的红灯区。有些吃软饭的混混，爱下作的二流子们时常深更半夜劫持孤单行人。老爷子被这些混混们劫持，身上没钱，只好往家里打电话。可老爷子跑万通街做什么去了？

田成功把身上的钱尽数搜罗出来，不足一百元。这种事，他真不想让老婆知道，但老婆手里有点钱，推门走进卧室，见孔秀合衣靠着被垛坐着，没关灯。

"把你今日借来的三百元先给我，我有急用。"

"这三百是我替兄弟借的，兄弟说好明日来取。"

"啰嗦啥！先给我，明日我想法还你。"

"那你得给我说清楚，深更半夜要钱，老爷子出事了？"

"老爷子被自行车撞了，在医院查病花了几百，要我送去。"

"被自行车撞伤，查病的钱该由骑自行车的人掏，为啥要我们送钱。"

情急之下撒谎出了破绽，田成功只得继续撒谎："骑车人是个穷光蛋，身上没一分钱。"

孔秀疑惑着把三百元交给田成功："骑车人没钱就算啦？万一撞死了呢？他也不管？我得跟你去，不能这样便宜了他。"

田成功一把夺了钱，转身就走。孔秀取一件呢子外套跟出来，田成功没好气地说："你就别添乱了！"

"老爷子被人撞伤在医院，我不该去看看？不让我去，你们爷俩捣什么鬼？"

田成功没心情也没时间理会，摔门走出来，到地下室煤房推出自行车，孔秀从厨房窗口往下喊："打的去！深更半夜骑车不安全。"

恼归恼，急归急，孔秀的话给田成功提了个醒，仰头对孔秀说："我走后，一小时不回来，就给派出所打电话。"

"给派出所打电话说什么？"

"就说我去万通街寻人，没回来。"

偎进新世纪怀抱的西宁市睡得正香，五彩的梦从形形色色的灯光中透射出来。街上绝少行人，只有红色的夏利出租车在街上快速驶过。不眠的城市精灵，在昼夜营业的那些门户中向外透露着神秘的信息。

骑入万通街，田成功放慢速度，往有灯光的地方寻望，骑出另一端街口，又折回来。终于，一个发廊门口站立的女子对他招手道："过来，到这儿来。"

田成功陡然恐慌起来，夹杂着莫名的难为情，闹不清这招唤与父亲有关还是节外生枝。他捏闸停车，一脚踩住道牙不下车，万一不妙可以及时蹬车走人。那女子走上前来问："是不是找一个老头？在我们发廊，你进来吧。"扭头往回走，丢下一股劣质香粉的气味。

田成功问自己：该不是圈套？凭女子"是不是找一个老头"的问话，纵然是圈套，父亲已在套里，做儿子的，岂能临场逃离。不入鸡窝，焉得老子！

把车靠在门外，进门见父亲蜷坐在门侧的沙发一角，眼睛望着对面墙镜上端，等待判决的表情。两个青眼红唇的年轻女子各坐一把靠背椅，一个吐着烟圈，一个打着哈欠。田成功气不打一处来，冷里加热酸了一句："你艳福不浅呐！"下意识看看两个女人，又对父亲说："知道自己身上没钱，还敢往这里面钻。"

田寿不说话，也不看儿子，只把一只翘硬的耳朵对着儿子。田成功有点纳闷，凌晨人们容易犯困，连这俩女子都显着疲蔫，七十几岁的父亲却看上去神气十足。问女子："他叫你们做了什么？"

"按摩。"

"多少钱？"

"二百五。"大约觉得这数字有趣，吸烟女子笑了。

田成功离这一行太远，不知行情。但时下饭后茶余人们闲聊大多涉及这方面的话题，多少听过些底细。便装出内行人的口气说："按摩哪能这么贵？不就陆柒拾元。"

"一个人陆柒拾元，三个人呢？少算，三七二百一。"

"三个人按摩？"田成功的目光又对准父亲，父亲不看他，头却抬得老高，就义前的无畏。

打哈欠的女子说："还有别的消费，加起来整三百元。"

"别的消费？什么别的消费？"田成功自觉头脑跟不上趟，被女子们牵着说话。

"一壶铁观音，八十八元。"

这种账算下去，只会让这些小女子低瞧。给钱走人是上策。田成功把三百元扔在放木梳化妆品的窄台上，体会到一点挥金如土的豪气。"走！"命令一声，转身出门。田寿跟出来，管自往前走。田成功推车跟在后边，望着父亲已经佝偻的背影。气怨恼怒丛生，极力克制并劝阻自己，事已如此，再说多余。可心里胀胀地憋不住，脱口问道："你多大岁数了？是不是忘了自己的年岁？"

田寿不说话，只管硬着脖子往前走。

"叫你看完焰火就去老三家，怎么跑到万通街来了？"

"我恍惚了，走错了路。"田寿气狠狠地说。不知是气自己还是气儿子抑或气那几个女子。

田成功突然觉得父亲可怜，放软了语气说："就算你恍惚走错了路，总不该进那种地方吧。"

"我问她们刮不刮光头，她们说刮光头。"

田成功没脾气了。走了一阵，说："回家给孔秀说被自行车撞了，去医院检查只一点皮外擦伤，就回来了。"

2

田成功拐进民生街径直走到老谭的小铁皮屋前,将一把坏锁从玻璃窗小门洞递进去,给老谭说了几句话,就离开了。他骑了多年的永久牌自行车扔进煤房已经很少骑了。早年,买面粉、买冬菜就靠自行车驮运。后来街上汽车越来越多,骑自行车的人渐渐稀少,他上下班坚持骑车,直到退休。昨晚去煤房取自行车,发现煤房门锁被什么人捅坏了。好在自行车破旧,偷出去卖不了几个钱,捅锁人留给他了。

煤房里全是用残或用不着的破烂,但不锁门心里不塌实。只不知老谭能不能把坏锁修好。听人说,老谭手懒,只配钥匙不修坏锁。真要这样,得买一把新锁。

田成功在韩乙布拉的摊位上买了二碗甜醅,用塑料袋提着,走出街口,昏沉的脑子里突然显出一个念头,便返身往回走。加快步伐来到三印一砚斋门外,刘方正给一位顾客介绍一只豆半色冰纹胆瓶,便送上一个眼语。

刘方当即走出铺堂,热情洋溢地问:"新年好"!

田成功脱口说道:"不好!"

"怎么,还没找到老爷子?"

"找是找到了,求你帮个忙。"

"说吧。"

"有些话,一两句说不清,只求你一件事。如果我家老三过来问你,你就说老爷子昨晚在你这喝酒,我是从你这里叫走老爷子的。"

听语气看神色,刘方明白田成功遇上了尴尬事,前来压底线,要他帮着掩饰或者圆场。田成功瞒哄老三,无非怕搅起家务纠纷,与他没有什么利益冲突,就痛快应到:"行,照你说的办。"

田成功不无感激地说道:"得空我把实情告诉你。"转身离去,又快步折回补充道:"只要是我家里人来问,你都这么说。"

老远看见合作巷口围站一堆人，人群里响着女人尖锐的争吵声。走近发现仓门街与合作巷的拐角处原先卖花圈的铺了，不知啥时候成了电器修理门市部，人们围站在门市部门前，饶有兴趣地倾听女人的叫骂，观看事态的发展。田成功从人群外围走过，心想，人们的日子好过了，火气却大了，动不动就争吵。遇着性烈的，早已木棍横扫，砖瓦乱飞了。真不知围观这些人，是闲得无聊还是别有企图。无意中，发现田成凤也挤在人伙里，伸长脖子往铺子里张望。上前揪一下田成凤的灰呢子短大衣后襟，田成凤回头见是大哥，挤出人群。"大哥你在这里做什么？"

　　田成功有点莫名的气忿，拉着脸，把手里的塑料袋提起来让妹子看。妹夫爱吃甜醅，塑料袋可以证明他是要去她家。

　　田成凤的兴趣还没从人群中抽出来，走几步回头看看，说："现在做生意的，赚不到钱就想方设法坑人，真缺德。"

　　田成功用眼神问道："怎么回事？"

　　"那个争吵女人的BP机不小心掉进水里，拿到这个铺子里修理。店主打开后机盖，用电吹风吹了一阵，盖上机盖，说修好了，要修理费十元。女人说，我以为掉进水里坏了什么机件，看你的修法，不过进了点水汽，用电吹风烘干了，这么简单的活儿，前后不到三分钟，就要我十元，心太黑了吧？店主说：我们收费是有定价的，这活儿一直收十元。两人争了一阵，女人只付两元。店主说我再看看，从女人手里要回BP机，重新打开机盖，用改锥在一两个地方压了压，盖了机盖交给女人说：你嫌我收费高，你去收费低的地方修吧。女人拿去东大街手机专修店，技师打开机盖检修，发现机芯被小店店主改了程序，报废了。女人气不过，来店里讨说法，要把店主拉去消协讲理。要不是大家劝阻，打起来了。"

　　说话间，来到田成凤居家楼下。田成功停在楼门口，"姑父在不在家？"他来，是向妹子借钱，补充昨晚为父亲付出的三百元的空缺，他不想让妹子以外的人知道这件事。

　　"他替儿子跑车去了。儿子的同学新年聚会非要儿子参加。"

走进家门,听见外甥女睡觉的小房间里有人在嘤嘤地哭泣,田成功把疑惑的目光对准倒茶的田成凤。

田成凤低声对田成功说:"是承新的中学同学,来的时候眼睛红红的,见了承新就哭起来。承新的同学遇到了难心事,要给承新诉说。我在家里,妨碍她俩说话,就避出去看人家吵架。"把盛着葵花子的玻璃盘子摆上茶几。

田成功开门见山:"你手里要有现成的钱,借我三百,我有点急用。"

"现钱有一些,是凑齐了还车钱的。凑了半年,好不容易凑了五千,前些日子跑车被别人的车把尾灯刮掉了,还刮掉了一片漆。补漆装灯花掉了二百多。原说好这几天给人家送去五千。花掉了二百多,只好凑齐了再还。你急用,先拿三百去。"望着大哥的眼睛似在探测他借钱的用途。

田成功想编个合理的借口,转念,这事是瞒不住妹子的,早晚被妹子知道,倒让妹子多心。便把昨夜发生的事简略说了一遍。"当时急用,把你嫂子给娘家兄弟借来的三百块用掉了。她兄弟说好今日来取。先借你三百,拆东墙补西墙。"

田成凤忿忿地说:"阿大真是老糊涂了,做出这等丢人现眼的事!叫外人知道了,我们当后人的脸往哪放?以我说,这事怪你,干吗要把阿大从老三家叫过来吃这顿年夜饭?这又不是春节。让阿大在老三家吃,吃什么算什么。现在可好,叫老三婆娘知道了,着不完的瞎气。"

被妹子抢白几句,田成功也后悔不该叫父亲来家里吃这多余的年夜饭,更不该叫阿大喝酒,但木已成舟。"现在抱怨有啥用!我把阿大叫过来吃饭,想的是好心。谁知好心没好报。这真是一次教训。现在唯一做的就是别把这事张扬出去,尤其是不能让老三婆娘知道!别人要是问起来,就说去刘老师铺子里喝酒,喝醉了,被我找回家的。花钱的事,只你、我、你嫂子三人知道。"

"那你得给刘老师说好,免得别人问他把话说岔了。"

"刘老师那儿我压了底线,不会有问题。"

田成凤嘟囔着走进卧室,片刻出来,手里捏着三张百元票子,交给田成功说:"买了一辆二手车,原想两年把账还完,想不到这一股那一股地,照这样子，五年也还不完车钱。"

"还了多少？"田成功别别扭扭把钱装进衣袋。

"还了两万，还得五万。看人家跑出租的，钱儿挣得容易，就我们挣不上钱儿。昏天黑地把尕娃累成瘦猴了，还是挣不上钱儿。"

田成功只能听着。妹夫开了半辈子大货车，劳累出一身的病，又出车祸撞死一个女孩，吓成病人，在家躺了半年。好在那时节单位条件好，领导又体恤下属，一切赔付单位包办。病好发誓不再摸一下方向盘，也为此提前退休。儿子伊承宗自费中专毕业找不到满意的工作，闲了几年，听人鼓动执意要买车跑出租，东挪西借凑了七万买一辆七成新的夏利。

小间房门开了，伊承新同一个女孩走出来。女孩眼睛红红的，低头躲着田成功兄妹的盯视。这女孩比承新高一点，身架却比承新单薄，穿着一身旧衣裤。伊承新叫一声大阿舅，对母亲说："我出去送送梅梅。"女孩才抬头冲着田成凤凄惶地浅笑一下。女孩眉清目秀，神色却不好。

田成凤见哥哥瞅着关上的房门想着什么，说："梅梅姓高，学名高洁梅，是承新高中的同班同学，学习成绩在班里前十名。高三前半学期，母亲急病去世，前后几个月影响了学业没考上大学。一年后父亲找了个女人，搬出去同居，把上小学的妹子扔给梅梅，起头隔三岔五给点生活费，后来那女人干涉，不给了。梅梅打工，每月收入三百多元，姐妹俩生活……真可惜了一个好姑娘，遇上烦恼伤心事，就来给承新诉说，一说就哭。"

田成功情不自禁叹口气。

从合作巷回来，刚走进4号院，碰见三号楼一单元的老樊，堵住田成功问道："你家出事了？"

"没……谁说我家出事了？"田成功感到莫名其妙。

"今早院子里的人说，昨晚深更半夜你骑车去派出所报案，说你父亲被人打坏了，真有这事？"

老樊与田成功退休前同在单位食堂做饭。交好数十年，彼此无话不说。这一刻田成功却生气地质问："你听谁胡说的？根本没有的事！"

老樊盯住田成功内眼角一点黄白的眼屎，说："今早院里人都在说这件事。有的说你女儿被人绑架了，有的说你父亲被人抢劫了。心想去你家问问，又觉得不妥当。"举手用小指挑去田成功的眼屎，"到底怎么回事"？

田成功忿忿的。如今人们看电视都看出病来了，没影的事，也会编出活灵活现的故事来，一传十十传百，以讹传讹，越传越玄。"纯粹是胡说八道！再听谁对你这样说，只当放屁！"走进楼门，边上楼边想，突然灵醒，昨晚他骑车要走，老伴从厨房窗口嚷叫让他打的，他回答一小时不回来就去派出所报案。大约被什么人听见，又听得前言不搭后语。真是好事不出门，坏事一溜风呐！如此一想，提醒了自己，昨晚同父亲回来对老伴说被自行车撞了，在医院观察认为不要紧，回来了。如果再有院舍追问孔秀，她又得把话说歪。看样子，这事瞒哄孔秀是不对的。把实情告诉孔秀，两人可以同心协力对付外来的压力。

田成功开门进屋，见客房的三人沙发上，一头坐着孔秀，一头坐着儿子田壮，对他的到来没有反应。田成功觉得气氛不对。老婆和儿子都是忧怨的脸色。对他的冷淡，是一种无声的抵触。露馅了？顿时不自在起来，是做了蠢事被人揪住尾巴的不自在。装出从容不迫的样子，脱下皮鞋换上拖鞋，又去卧室脱了外衣，故意把衣柜门扇弄出响声。田壮大清早出去上班，中途回家来，大约是听到了院舍的议论或者询问，给母亲报信的。

见田成功不痛不痒地在房里徘徊，对儿子中途回家没有什么反应。田壮忍不住说道："阿大，我遇上了难题，回家来向你讨个主意。"

"什么难题？"田成功警觉起来，留神着不说错话。

"今早去上班，听同事们私下议论，单位要改制，改成股份制企业，内定了一些政策，裁减富余人员，一次性买断工龄下岗。留下的人出钱入股。减谁留谁，头头们决定不下，放出风来，要职工们事先入股。缴了股金的留下，缴不出股金下岗。我吃不准单位这样做是真是假，不知入股好，还是买断工龄下岗好。又怕别人争先缴了股金占了名额，错过时机。回家向你跟阿妈讨主意。"巴巴地看着田成功的脸。

田成功松了一口气，心里却更加沉重起来。父亲的事，充其量白花了三百元钱，叫家里人蒙受了一次耻辱。儿子的事却关乎后半生前途，比较起来，更令人揪心。该给儿子出什么主意？头次遭遇这种事，没有这方面的经验，不知道深浅，一旦出错主意，让儿子错失时机，就是一辈子的悔恨呐！想了想说："我们这辈人，没经过这种事。这些年常听这个单位改革，那个企业改制，有的改好了，有的改得一塌糊涂，破产了。依我看，先等一等。眼下只是人们私下议论，真真假假的，不好辨别。等公司拿出明确的改制措施，明确了利害关系，再做决断吧，你说呢？"把目光移向孔秀。

"我也这么想。怕的是别人抢先缴了入股金，缴足了名额，后来想缴都缴不成了。"

"股金缴多少？"

"一般职工一万，班组长一万五，搞业务的骨干两万。"

"要是买断工龄下岗给多少？"

"据说一年给800元，我十年工龄，大不了就是八九千块吧。"

田成功皱着眉头沉思片刻，说："我们得把前提定下来。就你个家来说，是想在单位继续干下去，还是另有谋算？"

田壮显然没有想过这个问题，楞望着父亲不说话。

孔秀说出了自己的见解："当然是在公司继续干下去。如果下岗出来，一个炊事员，能干什么？百货公司在西宁市好歹算个大公司，留在公司，又入了股金，方方面面都比个人在外面瞎混强，万一改制得好……"

"万一改不好呢？"田成功也是试探着说出自己的见解，"国营百货公司，改成股份制公司，就成了私营企业。私营企业的经营风险不再由国家承担。万一业主决策失灵经营失策，企业走上死路，入股金就打了水漂。"

"那怎么办？这样前怕狼后怕虎的，不是个事。"孔秀挤眉歪嘴地说着，用拳头顶住心口窝。孔秀胃疼了，每遇不顺心的事，她就胃疼。

国家搞改革，计划经济转向市场经济，这是不可逆转的大趋势。前途未卜时，利害各占一半，趋利而避害，是最基本的选择。田成功最后说："最稳便的办法，是尽快把要缴纳的股金准备好，而后待机行事。如果公司大多数职工都缴，就随大家缴上去。如果多数人只说不动，持观看态度，我们也别急着缴。说不定，这是公司改制前的一种策略，放出风来，看看大家的反应动向。沉不住气盲目跟进，闹不好就会陷进去。"

一万元，不是个小数，自家没有积蓄全得外借。三个人议来议去，认为向大伯借最有把握。田家门里数大伯田成海有钱。如果田成海一次不肯出借一万，再向二爸田成业开口。

谁出面去借？三人意见不同。田成功认为田壮出面比较好。侄子入股，前途大事，自己去借，可让大伯看出他的急迫和诚意，出于长辈对晚辈的关怀，容易动心。田壮认为老爸出面合适。同辈人，堂兄弟关系，说话比两辈人随便。大伯可以驳侄子的情面，却不好驳堂弟的情面。孔秀赞同儿子的看法，于是决定由田成功出面。

讨了主意，父母又热心帮衬，田壮喜喜欢欢回单位继续打探确切的消息。

田成功跌坐在刚才儿子坐了的位置。新千年第一天，迎头向他撞来的竟是两件烦心的事。应付这样的事，身心极容易疲惫。孔秀也不轻松，萎缩性胃炎已经纠缠她多年，药没少吃，病却时好时坏，不见痊愈。这种病需要宽松愉悦的心情。孰料，生活老给她难堪的脸色，让她抓不住快乐。早想给她彻底治疗，无奈手头老紧巴巴的，一推再推。如今儿子入股需要一万元，又得挤开给她治病的可能。田成功是轻易不叹气的，此刻却被什么猛力从后背挤压一下，一口重浊的气从口里响出来。

"借到钱了吗？"孔秀把拳头从心窝挪开。

田成功把三百元放在茶几上。

"娘娘怎么说？"

"她说钱是凑起来还车钱的，我们急用，先让我拿了三百元。"

"我刚才想了一阵，儿子入股的钱才是急需的。答应借我兄弟的钱，就说我们要急用，挪不出来，叫他向别人借去。这三百留着，万一大伯那边借不出一万元，可以凑数儿。"

田成功愣了一阵说:"我现在越来越信命了。"

孔秀不明白丈夫为何突兀地冒出这样的话题,不解地望着丈夫。

"都说我是过财命,鸡儿一样,得不停地刨着吃,刨出一个虫儿,吃一个虫儿,刨出半个豆儿吃半个豆儿。细想想,真是这样,一辈子不停地苦着,说没挣下光阴吧,把两个儿女拉扯大了。说挣下了光阴,手头没有一分余钱。凑凑合合过了大半辈子,按说,早没有了求富的心气,只求个心理安然,想不到连这点愿望,也时不时地被否定。就说昨晚的事吧,不就是没头没尾地生出来,像故意不让我们省心。"

"这事就别再提了,好在撞得不厉害。如果被摩托车汽车撞了,折胳膊断腿,就不是三百元的事了。如今的三百元,能顶个啥用?花了就花了。"

田成功把歪在沙发扶手上的身子坐正,庄严地说:"话说到这里,我得向你认个错。阿大不是被自行车撞了,也没去医院观察治疗。"停下来,等待孔秀的反应。

孔秀很平静,眼睛里只有求他快说的迫切。

田成功一五一十说出实情。

孔秀依旧平静,脸上多出些忧怨的表情,"其实我从你昨晚接电话时的脸色就看出来了,要是阿大被自行车撞进医院,你能不让我去?你瞒我,是怕我听了这样的消息生气,引发胃疼。老爷子出这种事,你心里乱了,我还能再给你添乱添气?好在人没受什么委屈,只可惜无由头地被人诓走了三百元。"

孔秀的态度深深地感动了田成功。夫妇四十载,这样暖心烫肺的感动非此一回,却是最深刻强烈的一回,弄得田成功差点掉出眼泪来。心里暗下决心,趁给儿子借钱,索性多借一千两千,给孔秀彻底做一次检查治疗。

"你去娘娘家借钱,说了原因吧?"孔秀问。

"说了。娘娘说人老犯糊涂走错路是可能的事,我们也只能当真。今后别再提了。"

"给娘娘说明白是对的。给老二老三也得说明白。免得瞒不住反而引出是非来，老三婆娘的病你不是不知道。""成，等个合适的机会，给老二老三说明白。"田成功嘴上这般说，心里却另有谋算。这种事，能瞒一天瞒一天，实在瞒不住，再说。

烦心事好赖有了着落，心情暂时平静下来。田成功看窗外天气晴好，没有起风的迹象，对孔秀说："今天是节日，新千年第一天，我们总不能大眼瞪小眼在家里闷到天黑，出去转转吧？"最后一句是征求的口吻。

孔秀笑了，"半后晌了，往哪去？从早起到现在，忙忙慌慌没消停，晌午没顾的吃。你去炕上躺着休息会儿，我把昨日买来的凉粉炒出来，吃了肚子再说。"径自去厨房忙活。

田成功建议出外转转，为的是让孔秀分散一下注意力，缓和紧张的心情。听孔秀如此说，顺从地走进卧室，靠被垛趄在床上，闭目养神。油炒粉是他和孔秀爱吃的食物。街上小吃摊卖的油炒粉，多半是头天的剩凉粉炒的，油放的少，吃起来味薄，一碗两元，没吃几口就完了。买二斤凉粉回家自己炒，一元六角的凉粉可以炒出二大碗。

电话铃响了。

田成功从床上跳起来，自觉这样慌张毫无道理。提起话筒，不无担心地"喂"了一声。

"阿大！"女儿田英的声音，"你跟阿妈是不是忘了今日过节？怎么到这个时候悄悄的？"

田成功笑了，莫名的紧张随之消散，"我们忘了给你们打电话，怎么，有事？"

"没事就不该给我们打个电话？阿大你怎么成了卖酸奶。你直说吧，节日咋过？这可是新千年第一个节日，在家里过还是请我们下馆子？"

女儿的问话咄咄逼人，不过是玩笑，"你阿妈正在炒凉粉，要吃就快过来。"

"你和阿妈真不把自己当人！过新年吃点炒凉粉？再说，阿妈炒凉粉不是一碗就是两碗，够谁吃？凉粉就别让我们了，我想知道，晚饭准备了什么？少说是八菜一汤吧？"

田成功只有招架之份,"想吃啥,你们过来准备来得及,老爸家住民生街,紧挨着天堂巷,半小时就能办齐一桌酒席。"

女儿在话筒那头笑了,"老爸真抠,新千年第一天,应该请我们进一次饭店。"

"进饭店得请示你妈。"田成功已经明白了女儿的心思。这样说,只为继续父女间轻松的对话。这种对话不在真假,而在产生的效果。

"请示阿妈就算了吧!一对儿老抠!让我请你们下馆子好不好?"

对女儿的真话,田成功却要认真对待,"我看算了吧,你们过来,让你阿妈做一顿可口的家常饭在家里吃,等过春节再下馆子好不好?"

"我已经在真滋味定了桌,你、阿妈、阿哥都来,叫阿哥把他的对象也叫上,五点准时来,我挂了。"真把电话挂了,不给田成功强调理由或者寻找借口的机会。

正巧孔秀端出炒好的凉粉,田成功接住一碗,把女儿电话的内容告诉孔秀。

"姑娘已经定了桌,我们吃了凉粉早点过去,别冷了姑娘的热心。"

田成功笑了,"一听姑娘叫,就来劲了。"急迫地往嘴里扒着油炒粉。

要不是田英说把田壮对象叫上,他还不知道田壮又谈了对象,也不明白儿子谈了对象为啥只让妹子知道却不让他老两口知道。他设想田壮新谈的对象模样,会不会又像离掉的邱慧敏,长一双狐狸妖迷眼睛。就是因为那双不安份的眼睛,结婚不满两年,就跳槽跟了一个做生意的人。好在没有小孩,没给田壮留下再婚的拖累。从儿子与儿媳离婚起,他就认为当炊事员一月只挣五百元工资的儿子,不该找一个妖精一样只会迷惑人却不顾家的女人。离了婚这两年,别人给田壮先后介绍两个对象,却因为长相比不上邱慧敏,田壮不肯谈。儿子想争口气,要找一个至少与邱慧敏一样好看的女人。大概是怕父母阻止他这种有可能重蹈覆辙的行为,所以没把谈了对象的事告诉父母吧。

"真滋味"坐落在纸坊街繁华地段,经营正宗川菜兼做其它菜系。以店堂面积,经营规模,在西宁市餐饮行业中,属中等偏下档。因为环境典雅、服务周到，生意倒也红火。

订的包间在二楼。十五平方米的房间里只设一张圆桌。靠窗一角摆一台34寸彩电，还有唱卡拉OK的设备。六样下酒凉菜已上桌。先来的田壮，田英女婿宁守仁、外孙宁向阳散坐桌边，上席留给田成功夫妇。

田成功落坐，试探性地问田壮："田英叫你把对象叫来，怎么没来？"

不等田壮回答，田英抢着说："叫了，不来，说不认识，不好意思来。"

虽然没见着田壮的对象，但田成功有了一点安慰自己的理由。怕生人不好意思来，少说是个懂规矩的女子，预感田壮这次的对象比较有希望。

"老爸，真滋味有三个包间，大点的两个包间早上就被人订了。这个包间稍小一点，要不是你姑爷与这里老板关系铁，也被人订走了，还满意吧。"

"其实散桌也挺好的。"田成功感激着女儿的安排。觉得自家人聚餐，用不着讲排场，据说有的饭店的包间要收费。

"散桌太吵，又不能唱歌。"田英叫宁向阳把菜单交给田成功，"老爸，凉菜我跟宁守仁点好了，热菜你跟阿妈点。"田成功接住菜单交给孔秀，对外孙说："叫你外奶奶点。"

孔秀像见了冒火的手榴弹，慌张地歪着身子摇头，"我不会点我不会点。"指着田成功，"让你外爷点。"

宁守仁说："这样吧，一人点一个菜，点自己喜欢吃的，爸爸带头。"

田成功浏览那些花里胡哨的菜名，茫然不知所选，拣价格便宜的点了一个"酸菜炒粉条"。

田英把父亲放在桌上的菜单拿起来重新交给父亲，"老爸真是的！吃了一辈子酸菜炒粉条，还没吃够？点好的！"

田成功只好再选，那些菜名根本不往心里去，也不知什么菜是好的，犹豫一阵，"回锅肉吧。"

田英笑了，"好了好了，就回锅肉吧，叫老爸上档次，总上不去。"对孔秀说，"你别学老爸，抠抠索索的，点好的。"

孔秀假模假样地看着菜单，一脸不知所措，最后对田英说："我真点不来，你替我点一个吧。"

田英说:"这里的黑椒牛柳很地道,阿妈你点这道菜。"

"黑椒牛柳?"田成功茫然地问,"牛柳是什么?"他听人说过牛冲什么的,不知这道菜是否那样的菜。

"牛柳就是牛里脊肉炒的,脆而爽口。"宁守仁介绍道。

田壮点了一道铁板鳝段,一道香菇菜心,宁向阳点了一道宫爆鸡丁。最后宁守仁点了两个大菜:烤鸭,红烧鳗鱼。田成功、孔秀异口同声说:"够了够了,就我们五六个人,吃不完浪费。"

田英不听劝阻,执意给父母亲点了一道啤酒羊排煲,"这道菜的汤特好喝。"

色拉油处理的凉菜,在灯光下鲜亮怡目,紫红的心灵美萝卜丝,白的素腰花,翠绿的西芹杏仁,褐红色的红油耳丝,奶黄的鸡块,酱色的熏鱼,用混合的色彩逗引人的食欲。田壮、宁守仁、田英、宁向阳轮换给田成功、孔秀敬酒,气氛就活跃起来。吃了第三道热菜,田英叫服务生拿来张光碟,唱的唱、说的说、吃的吃、喝的喝,很是热闹惬意。昨晚注进田成功夫妇心里的烦恼,被儿女们的欢声笑语冲散了。

这顿节日聚餐,直到入夜才散。

3

建国初期第一次人口普查,西宁市田姓人家六百七十八户。其中一百四十二户落册山陕会馆,属山陕两省客商。其余田姓分别来自河南、湖北、湖南、四川、甘肃等省的移民,多数是汉末赵充国屯田带来的军户,少数是躲兵灾逃官司讨饭来的零星移民,落脚河湟谷地生息繁衍。同是田姓,根基各在山南海北,是否出之一脉,无从考证。惟有两户,注册祖籍是南京珠玑巷。这两户,一户住在西宁市南隅的衙门街(解放后改为民生街)。一户住在西宁市东北角的斗行街。据知情人说,被明太祖充军发配西北边陲的这两户珠玑巷田姓居民，同户不同宗，遥遥迁徙途中因争抢车马发生纠纷，从此不再媾和，虽同居西宁市，鸡犬之声相闻，老死不相往来。

　　那时的民生街，赵钱孙李周吴郑王地住着一百单三户，田姓独此一家。清光绪三年，三辈单传的田家出了一名举人，引车卖浆者流的田家，从此有了一份荣耀，沾了不少的皇恩。这位举人在镇台衙门做了数年录事，娶同衙书吏钱耀祖的妹子为妻。这钱氏入门，三年两胎地繁衍后人，一口气养了五儿五女，把田家独株的命树涵养出茂盛的枝枝杈杈。岂料天下事，有尺长必有寸短。人丁兴旺，把几辈单传凝集于举人一身的生命珠光零剥碎夺，分注在后裔血脉中，田家从此没了独峰高拔之势，汪泉喷涌之力。五双儿女中，四双愚钝不近书礼。加之田举人被一桩官司株连，赔了全数家当保住残命，殷实的家业一落千丈。儿女们落魄中仓慌投奔生路，老大学了待诏，老二进了杠房，老三入了戏班，老四做了狱卒。最乖巧的老五，跟人做了厨子。五个女儿，远嫁的两个，一个进了湟源城的歇家，一个跟了大武滩的脚户。近嫁的两个，一个被毛驴驮进了互助垴山村落，一个坐木车去了老鸦峡外白岩崖。长得俊的老五，被人贩拐卖进窑子。可怜田举人惨淡经营的半世家业，被撕扯得四分五裂，七零八落。倒是做了厨子的老五，凭借机灵乖巧，贴着师傅入豪门走大户，耳濡目染心领神会，又被师傅垂怜，学得拿手厨艺，娶了师傅女儿为妻，在师傅鼎力帮衬下，渐成气候，光阴日见红火。这女人又为田家这一株病树续出了新枝，生下三男一女，老大取名田福，老二取名田禄，老三取名田寿，女儿单名一个喜字。三子先后娶媳成家，让田姓大树的枝杈又蔓出新条。田福与黎氏生下两男二女，长子田成海，次子田成江，两个女儿一名田成莲，一名田成梅。田禄与胡氏终生不育，无后。田寿与冯氏生三男一女，长子田成功，次子田成业，女儿田成凤排行在三，排行第四是三子田成才。这株时枯时荣的老树，顶着高原的烈日罡风，沐着西部的轻雪薄雨，跟着日月的轮回，随着季节的更替，竟也沧沧桑桑地活到了新社会，迎来了新千年。

　　无论春夏秋冬，也无论刮风下雨飘雪，田寿都是五点半起床，解手洗漱用去半小时，六点前后从家里出来。这个习惯，他从年轻时候就养成了。与其说是长辈言传身教的结果，不如说是吃"杂碎"吃出来的。

常言说：早睡早起身体好。数十年雷打不动的早起，让田寿得到了好处。据民生街居民委员会的白主任说，要是把民生街七十岁到八十五岁老人的健康状况排个名次，田寿可以排在前十名。有人问田寿七十六岁怎么还这么硬朗，田寿嘴上的回答是：命贱，一辈子清苦下来，粘不上富贵病。心里却压着一个山崩湖裂的秘密，难以启齿。问得急了，就说："早起吃杂碎吃出的'功夫'。"却有闲人好事者背地里猜测着说，看田寿面相，十足一个富态女相，到老不长胡须，喉结似有似无，说话女声女气。八成是轮回转世的紧要关头错披了一张男人皮囊。这种男人十有八九排斥女色，不耽于床笫劳顿，固守精源，元气自然充沛。此后又被知情者驳翻，田寿青壮年不是这般模样。据说去煤窑做工，窑洞塌方死里逃生身上就起了变化，估计伤了什么要害处，不再有房内之事，本固而气足，筋骨自然老化缓慢……

这天，田寿从家里出来时，摆在桌上的老式座钟还没打响六点。隆冬天，夜色滞留的清冷街上，几个背着沉甸甸书包的女学生唧唧喳喳说笑着从田寿眼前匆匆走过，都戴着雪白的口罩，其中一个的眼睛如同一对儿黑葡萄，在口罩的衬托下闪闪明亮。田寿恍惚记得在哪儿见过这样一双毛墩墩的眼睛。恍惚后就是那种在心里生了根的哀伤。人老了真没用！时常恍恍惚惚发生记忆错乱。好在还没有什么拿人的病缠在身上。惯常的头昏心慌腰腿乏力胸闷气短他是不十分放在心上的。树梢上熟透的果子早晚要掉下去的，老天爷没法的事，人只能随着。细想想，田家这棵老大树上，数他是挂了最长时间的果子。田福不满六十被一股风吹没了。田禄七十三岁掉进了土里。数他在树梢上挂得最久，凭这，他知足了。

田寿一边走，一边云里雾里地想着，从宏觉寺街到后营街再到下南关，走得身上出了细汗。吃了大半辈子杂碎，也比较了大半辈子。尤其这些年，比较来比较去，还是下南关老马的杂碎好，汤厚肉绵味足，颇像当年的杂碎。

老马杂碎铺里弥漫着热气，围条桌散坐几个食客，正吃得吧唧作响，喝得唏溜有声。老马的切板放在宽大锅台一角。老马的杂碎是从滚沸的锅里捞出热气蒸腾的羊头肚子小肠现剥现切，而后装碗，而后舀汤端给食客。不像有的卖杂碎，把事先切碎的冷凉头皮肚丝口条撮几点丢进碗里，靠清汤涮氽热了端给食客。深冬岁月，杂碎没氽热汤却不尖①了。

田寿常坐的座位上有人，就另寻一个位子坐了，对倒着手往羊头上噗噗噗吹气的老马说："给我小碗"。

小碗杂碎端放在田寿眼前，外加半个烧饼。油漉漉的汤面上漂着翠绿的蒜苗丝和香菜花。田寿把饼掰碎泡进碗里，口水已经湿了嘴角。喝下半碗汤，叫跑堂把碗添满，才捞出一块软嫩的头皮放嘴里咀嚼滋味。杂碎的精华全在汤里。可有的卖杂碎总往汤里兑水，兑得汤水寡淡就扔一块牛油，以为汤面有油花就有味道了。难怪老吃杂碎的，都乐意穿街过巷来老马这里，远地方的还开着车来。

陆续有人抹着嘴离去，又有进来的人占了空的座位。坐下就对老马说："我只要肚丝，""给我抓几个眼睛，""我只要口条。"田寿就想，杂碎杂碎道理全在杂上，挑挑拣拣只吃一样儿，不知是什么道理。

有人走进来对老马说："马师，我只爱吃心。"

老马应一声，操漏勺从锅里探寻出一颗羊心，切片装碗。田寿忍不住看一眼，要心吃的是个穿工商制服的胖墩墩的青年人，一脸横肉。心想，都说杂碎吃啥补啥。那要眼睛的，怕是视力不佳；这要心的，怕是心坏了。这个想法让田寿高兴起来，突然想起当年看过的一个电影，名字记不得了，可里面日本人常说的一句话至今记得：良心大大地坏了！那时候走在街上，从身边走过的学生，动不动就学说这句话，说的是日本腔的中国话：良心大大地坏了。

一个穿黑皮茄克，戴黑呢子礼帽的人走进来坐在田寿身边，要了大碗杂碎，另要一个羊头。等老马给他切肉装碗，说话了，是陕西口音，"马师傅，你的切刀该换新的了。"

---

①俗语，不烫的意思。

吃杂碎的都抬头看老马手里的切刀。陕西人说的没错，老马的切刀与老马的大手实在不配套。刀面顶多有大人的三指宽，好像已经磨尽了钢刃，剩下的全是铁片，轻巧有余厚重不足，切起来不得劲。这杂碎铺的生意一向红火，不至于拿一把老掉牙的残刀整日整月整年的对付。

田寿趁着刚才生出的那股高兴，对身边的陕西人说："老马杂碎铺里的东西换啥都成，唯独这把刀不能换。"

"为啥？"陕西人的好奇心被逗起来了。

"这是马师爷爷开杂碎铺用的切刀，到马师父亲卖杂碎也用这把切刀，如今马师使用的仍旧是当年爷爷、父亲用过的切刀，放你头上，你也舍不得换掉。"

陕西人从田寿年龄上判断出这话的真伪，扭头对老马说："我是看着这把刀太薄太窄了，用起来不得劲，没想到这是你们家三辈人用过的传家宝。"

老马笑着把切刀在围裙上蹭了几下，自豪地说："传家宝说不上，说是我们马家杂碎铺的招牌是说得上的。别看它磨损成这般模样，从当年我爷爷开杂碎铺用它到如今，这把刀少说切掉了上千副的牛杂碎，上万副的羊杂碎了。"

吃杂碎的都弹起舌头，盯在刀上的眼光变得复杂起来。

从杂碎铺出来，田寿感觉胃里热乎乎地充实。站在街口想了想，这时候正是儿媳孙雅萍做完香功回来吃早饭的时间，他不想回去。去老地方晒太阳得等到十点以后，去哪儿消磨这几个小时？突然，脑子里一亮，想起早上那个戴口罩女学生黑葡萄一样的眼睛。跟除夕晚上，不！不是除夕晚上，是元旦前夜在西门十字看焰火时，他身边站着父女两个人，女儿挽着父亲的胳膊，一边看焰火一边评说着。当菊花一样披散着光瓣的焰火把天空映亮的时候，他忍不住看一眼那个对父亲格外亲昵的女子，见她戴着口罩，两个眼睛黑葡萄一样的水灵。那女孩子老说过年过年的，听得他恍惚起来，觉得帽子里面的头发又厚又热，热得他心里着急。有钱没钱，光光头儿过年，是老当年遗留的规矩，可他竟忘了理发。看完焰火往老三家走的时候，又恍恍惚惚地走错了街道。

汽车喇叭声惊动了田寿，发现一辆蓝色小汽车开上人行道，打算停在杂碎铺门左侧的空地上。田寿慌忙走开，心里有了一个明确的念头：趁这工夫去老二家转转，把他想了好久的一个想法告诉老二，听听老二对他的这个想法有什么意见。

从下南关走回来拐进民生街，田寿就看见坐在板凳上等待顾客的韩乙布拉站起来，笑迎他的到来。田寿走到韩乙布拉眼前，从咖啡色栽绒领的黑华达尼短棉大衣口袋掏出一块钱，递给韩乙布拉，"收下五角，找给我五角。"

韩乙布拉从蓝大褂胸袋掏出一沓毛票，抽一张五角的给了田寿，田寿转身走开了。正在摊上吃甜醅的中年人觉得奇怪，"这老头交了钱怎么不吃甜醅就走了？"

韩乙布拉笑了笑，扭头望着田寿的背影，没做回答。

不是韩乙布拉懒得回答，而是不知道如何回答。

十二年前，也就是韩乙布拉在民生街设固定摊位卖甜醅的第一个春天的一个下午，一个老汉来到他的摊位前，望着他的甜醅出神。老人们大多牙口不好，甜醅是帮助消化的。他就主动热情招呼道："这位老汉，想吃就坐下吃一碗，忘了带钱不要紧，下回路过给我就成了。"

老汉迟疑着问道："你的甜醅多少钱一碗？"

"一块，满西宁市卖甜醅的都是一碗一块。"

"我只买五角的，你卖不卖半碗？"

韩乙布拉说："成哩，买卖是人做的。"取小碗给老汉盛了半碗，特意多舀些汁子，递给老汉。

老汉接碗，却又放在车后板上，说："还是你们阿爸①活套，会做买卖。"从衣袋掏出一沓毛票，从中抽出一张五角的交给韩乙布拉。韩乙布拉这才明白老汉不是钱不够，而是食量小吃不了一碗。

老汉却说："这甜醅我吃不下。"说完就要走开。

---

① 对回族成年男人的尊称。

韩乙布拉扯住老汉衣袖，"你不吃，给我五角钱做什么？"心里涌上气来，"是嫌给少了？"

老汉笑了："不是不是，这里头有个原因，一句两句说不清。反正这半碗甜醅算我买了，你倒回盆子里也成，见了上岁数要饭的，给他吃掉也成。"说完就走开了。

韩乙布拉估计老汉这样做有难言的苦衷，禁不住问道："老汉贵姓？"

"姓田，叫田寿。"

此后，但凡田寿从民生街路过，就放下五角要买他的甜醅，总是只付钱不吃。次数多了，韩乙布拉确信其中必有什么难言的原因，也乐得配合，收他五角盛半碗甜醅，放一阵再倒回盆里，或者让路过的有岁数的穷人和乞丐替田寿吃了。

这天，田寿离开韩乙布拉的摊位后，边走边喃喃地自语道："梅儿，我给你买了五角的甜醅，你吃上，慢慢地吃，吃完。"反复自语了好几遍，来到了民生街中西端的十二号院里。绕过两排房后圈着小院的二层筒子楼，田寿拐进第三排平房前的通道。田成业住在这排平房的中央，占着三间。

院门关着。关着的院门让埋头走来的田寿猛然想起，今天不是星期天，田成业上班不在家，家里只有儿媳孟慧。要说的话只能跟儿子说，不如等星期天田成业休息再来。正要转身走开，听见院里有孟慧说话的声音，接着院门打开，出来的竟是他的孙子，田成才的二儿子田健，手里捧着一个雪花铁皮小盒子。见门外站着爷爷，也觉得意外，"爷爷，你站在这里做什么？"

送田健出来的孟慧也疑惑地望着田寿，"阿大，你怎么站在门外不进去？"

田寿慌忙解释："我刚来，见门关着，以为家里没人。"

田健把铁皮盒子夹在胳膊下对田寿说："爷爷你进去坐一阵，我有事就得走。"匆忙地走了。田寿看清铁皮小盒大约八寸长四寸厚，却订着两个搭扣，挂着两把铁锁。

孟慧退后一步给公公做了让进的手势，"他十二点就能回来。"

从院门到房门是红砖铺的笔直走道，走道两边是用砖头锯齿形埋出边缘的花圃。夏秋季节盛开过的金丝莲、串串红、波斯菊、芫荽梅等草本植物入冬后枯萎成草，已被收拾，板结的土坷拉上留着没有收尽的枯枝残梗。左右对称栽植的两株牡丹的灰褐色枝条，在隆冬无力的光照下沉默地參着。左边花圃靠近围墙一角，一株枝条逸出围墙的丁香树静默地孤守着冬日的萧索，枝杈间几只麻雀在跳跃。

揭起灰色旧棉毯做的厚门帘走进屋里，扑面是暖融融的气息。田寿径直走到木扶手三人沙发前，落坐后问道："伟伟、佳佳来信了没？"

"元旦前汇来一千元钱，元旦后打电话问钱收到没。有了电话，就懒得写信了。"

孟慧从大号烤箱上提起茶壶给公公倒茶。田成业在房里装了土暖气，进入隆冬用大煤烧炉子，炉盘上的茶总是滚烫的。

田寿望着正面墙上镜框里孙子孙女的照片，怀想他们的音容笑貌。田伟从济南师范学院毕业在威海找到了工作，又给高三毕业没考上大学的田佳找了一份临时工作，叫到威海去了。

田寿接住孟慧递上来的熬茶，气头上飘散着花椒和生姜的香味。

孟慧退坐在烤箱一侧的方凳上，给公公说明这几日田成业的行动。

原来，民生街西南端，天地福利特殊学校以西，天堂巷以东，也就是民生街个体服装摊位最集中的地块，已被政府征用，要改造扩建成上规模上档次的新兴市场。在这地块上经营服装生意的个体摊贩和12号院、13号院的住户都已接到投资公司和房管部门的口头通知，要他们春节前做好搬迁的一切准备工作，春节后天气回暖施工单位就要开工。田成业在学校请了两天假，经朋友介绍在纸坊街借了一套四十七平米的楼房，今天去看房子要钥匙。据介绍的朋友说，这房子的主人两年前回四川老家，房子闲着，借住两三年不成问题。房管所和投资方对将要拆迁房产的评估工作已经开始。孟慧最后说："当初只图住平房可以占个院子，比楼房出进方便，还能栽种点花草蔬菜。要知道早晚又得搬迁，真不如当年跟老大、老三家一样，兑一套楼房住，免了这些麻烦。"

"世上的事谁能看得那么远。"田寿好像在宽慰儿媳,又好像对这件事发表自己的见解。"房子评估后,将后你们打算要新楼房回迁,还是到别的地方去住?"

"田成业说从小在民生街长大,住了几十年,惯了,不想去别的地方住。等市场商住楼起来后,要一套一百多平方米的房子,将后伟伟娶媳妇就用不着另找房子。"

田寿努力倾听儿媳的数说,耳朵不好使,儿媳说得又快,只听进了一半。根据自己的经验,问道:"旧平房换新楼房,要找补钱吧?"

"那是肯定的。"

"找补多少?"

"现在不好说。一来我们的三间平房还没评估,二来规划新建的楼房有好几种户型,大小、造价都不一样。听这些年从旧平房搬到新楼居住的人们说,要找补几万块哩。"

几万块,这个数字重甸甸地撞在田寿心上。时代真变了,变得人们的口气越来越大。他刚工作那阵,人们说起钱来,是几角几角地说,说出个百字来,就觉得多得不得了。后来是几十几十地说,再后来一开口就是几百几百,现在一开口就是上千上万。真闹不清是人们钱多了,还是钱不值钱了。田寿一时无话好说,呆坐着又不自在,说问道:"田健做啥来了?"

"是我把田健叫来的,要是纸坊街的房子不需要粉刷,我们打算年前搬过去。我叫他过来,把放在我家窖里的东西取走。"

放在窖里的东西?田寿认为这是一件不能不问的事情,"什么东西放在你家窖里?"田成业家的窖是搬到平房圈了小院后自己挖的,在小院西南角靠着窗子的地方,储备过冬的洋芋萝卜。

"去年夏天,田健来我家里,说他一个最好最好的朋友有一件重要的东西。这个朋友要去内地帮人做生意,家里的婆娘孩子都是粗心大意的人,把贵重东西放在家里不放心,要他替这个朋友暂时保管。田健怕放在自己家里,出出进进的人多口杂,万一把东西弄丢了,朋友回来不好交待。跑来问我,能不能放在我家窨里？我问是什么贵重东西？他说他也不知道，朋友不给他说，也不许他问。我说我的窨在院子里，窨口不过盖几片木板，最不安全。我心想这么一说，他会另想办法另找地方，不料想第二天他就用提包提来一个雪花铁皮的四方盒子，还拿着几块塑料布。他钻进窨里挖了一个小偏洞，用塑料布包住铁盒子，里外包了三层，放进偏洞，用土埋住了。我见他神神秘秘的，问是什么东西，他说是关于朋友前程的一些重要资料，朋友求他严加保管，别让潮湿了。他估计是朋友与别人合伙做生意留下的账册之类的有价凭证，为防止生意伙伴或别的什么人捣鬼，作为证据藏起来，以防后患。我听他说的有理，就由他把东西藏在窨里了。"

"老二知不知道这件事？"

"田健不让我告诉他大大①。说他大大知道后不让他放在窨里。要放，就得把盒里装的东西说清楚。可他给朋友承诺了，不能失信。再说，他真不知道盒里装的是什么，又不能背着朋友撬开盒子偷看。反正放不了多长时间，等朋友从内地回来就还给朋友，叫我别给他大大说。"

约摸喧了一个小时，不见田成业回来。孟慧见公公欲走不走地犹豫着，意识到公公此来有什么要说的事，便说："阿大要是心慌坐不住，先到外面转转去，转一阵再来。要不，就把要说的话留下，等伟伟大大②回来我告诉他？"孟慧用的是试探的口吻。她熟知田家父子们的习惯，有些话要背着女人说。

田寿把茶杯里的茶一口喝尽，起身往外走，"我是闲转到门外面，进来想问伟伟、佳佳来信了没，昨晚我梦见佳佳了。"说话间挑帘走出房门。他想的那件事，不是不能给二媳妇说，而是没有理由当着二媳妇说。三个儿媳妇里，要数孟慧最关心他。他在老二家过活的日子里，吃喝最自在心情最宽松。而他要说的这件事，注定会伤孟慧的心。再说，老二家又遇上了搬家的事，这种时刻当老子的不该给后人们添乱。

刚走出院门，看见田成业与一个生人并肩走过来，比比划划地说着什么。

---

①方言，既伯伯。

②方言，既父亲。

走近院门才发觉门口站着父亲，怔了一下，"阿大你……"盯住送父亲出来的孟慧。

"阿大坐了一阵，等你不来，刚出来，你却来了。"说话间打量同来的生人。是个四方脸盘的中年人，衣着不甚整洁，紫红的脸庞皮肤粗糙。

田成业要让父亲重新回房，田寿却说："你们有事就忙你们的吧，趁这会儿没风，我去晒晒太阳。"怕被儿子拉住似的匆匆走开了。

田成业同来人走进院子，先到左边花园围着牡丹树看了一阵，又到右边的花园打量另一株牡丹。来人偏头歪脑地细看牡丹的主枝分梢，比划着估摸牡丹树的高低直径，说："我看不像是千层牡丹。"

田成业不无揶揄地笑着说："我看你是个门外汉，不懂装懂，你从哪儿看出不是千层牡丹？"

来人难为情地笑了，围着牡丹树转了好几圈，把目光移向另一株看了一阵，问："那个是红牡丹？"

田成业指着眼下的说："这一株是一品朱衣，那一株是蓝田玉。"

"真的都是千层牡丹？"来人眼里混杂着热羡和游移的神情。

"我骗你做什么！等日后开花你就知道了。"

"嗯……"来人看了孟慧一眼，说："大小高低跟你说的一样，少说活了八九年，只是……"又看一眼孟慧接着说，"眼下天寒地冻不是移植花木的时候，我怕移过去栽不活。"蹲下身子又细看牡丹的枝条。"你便宜点，移过去栽不活我也认了。"

"说好两株牡丹六百元，这是最低价了，再没有还价的余地。"田成业用肯定的语气说着，给满眼狐疑的孟慧递了一个眼色。

"两株四百行不行？"来人显然看中了两株牡丹，审视牡丹的眼光热切而痴迷。

"你是好花木的，常去花木市场，该知道行情。一品朱衣、蓝田玉的品种西宁市少有。你做个比较，一小盆月季卖多少？一盆十片叶的'和尚'君子兰卖多少？一盆三年龄的龟背竹卖多少？我这是操心了十年的两株好牡丹，要不是搬家拆房，给我一千我也舍不得。"

"要是中秋时日或是来年开春，我就不跟你争讲。我是怕这时候移植伤了花的元气，栽不活。"来人想了一阵，说："这样吧，我得回去问问懂行的人，腊月里能不能移植牡丹，要能，我明后天来挖。在我没给回话前，你不要卖给别人。"

"那自然。"田成业把来人送出大门，强调一句，"我等到后天你不来，就另寻买主。"

回身进院，孟慧劈头问道："从哪儿叫来这么一个人。"

"从花木市场。"田成业进屋脱掉黑色短棉大衣，换上家里穿的灰色绒里子的休闲马夹，对给他倒茶的孟慧说："那边房子的墙面白白的，看得出是个仔细的人家。冬天是暖气，不像我们生炉子烟熏。厨房的墙面顶棚都被油烟熏黄了，但也能看得过眼，不刷也成哩。回来路上，心想搬家前得把院里的牡丹处理掉，就去花木市场寻问是否有人要院栽的牡丹，碰巧这个人在市场里询问有没有盆栽牡丹，就把他叫来了。"

等丈夫喝下一口茶，孟慧问道："你怎么想到要把牡丹卖了？"

"那边是楼房，大小两间房的小套，这么大的牡丹树，移栽到大盆里也没地方摆放。再说，牡丹不能盆栽室养。操心了十年，仍掉太可惜了。"

"当初姨夫从院子里的牡丹树上分了这两株牡丹给我们，一分钱没要。如今你要卖出去，卖几百元，姨夫知道了会说我们贪财忘义……"

田成业打断孟慧的话："此一时彼一时，怕姨夫说，只能把牡丹扔在院里，由拆房的损了。如今上厕所都得花钱。我们操心了十年的花木，操心费也值些哩，哪能白白地仍掉。"

似乎觉得丈夫说的有理，抑或是丈夫决定的事不可能更改，孟慧改口问道："钥匙拿到手了？"

"代管房子的人说，他与四川老家的房主人通了电话，房子同意借，但要交清一年的租金，才能给钥匙。"

"一年多少租金？"

"人家开口一个月四百元。我说你四十七八平米的小套房子，四百元太贵了。经老于从中说和，最后定下一月三百元。一年三千六百元要一次交清。还要把元月到四月的取暖费加上，得四千元。"田成业吐掉喝进嘴里的一点茶梗，"阿大做啥来了？"

"看样子有事要给你说，等你不来就走了。"

"我知道阿大要给我说啥哩。"见孟慧盯视着他，补充说，"阿大想单过，怕老大不同意，先要说服我，再由我给老大做工作。"

孟慧听了，并不觉得意外。老爷子在三个儿子家轮流生活，虽然有儿孙媳妇伺候，衣来伸手饭来张口，可看得出老爷子并不畅快。人老了，要图安静。整日搅在婆婆妈妈的家务中听儿子媳妇们唠叨，早烦了。尤其轮到老三家的日子里，更不能省心。她早就认为，与其让老爷子心烦，不如给老爷子清净。可这种话是不能从儿子嘴里先说出来，更不能从她当媳妇的嘴里说出来。既然老爷子有这个意思，可真要让老爷子单过，恐怕并不容易。

见孟慧勾头沉思，田成业说："这事用不着我们费神，等阿大把单过的意思明确说出来，我们再表态。反正我赞成阿大单过。阿大有三百元的退休费，单过后我们每家再给阿大一百元，合起来六百元，够阿大使唤。免得阿大这家那家地看儿女们的脸色吃饭。"

孟慧心里清楚，男人说的这家那家，其实是指老三家。老爷子为了平衡三家的利害关系，总是违心地去老三家过活。而那种在老三媳妇的唠叨嘟囔中忍气吞声的生活，对老爷子有百害而无一利。"只恐怕老大不会同意。"

"老大是死脑筋，要叫老大放口，先得要他改变观念，这事走着看吧。家里有多少现钱？"

"伟伟元旦前汇来的一千元还没动，加上你上月剩下的工资，有一千五六。"

"你看看，存折有没有到期的。"

孟慧进卧室取存折，田成业随后跟进卧室，见孟慧弯腰拉开衣厨下边放内衣裤的抽屉，屁股圆满地向后撅着，心里顿时起火，上前两手扳住孟慧双胯，做抵冲动作。孟慧扭腰挣脱，没好气地说："老没正经的，做什么做？"

田成业淫笑着，"能做什么？想了，来一下吧！"要把孟慧推按在床沿。孟慧双手外推，"想也得有个时候，这么没迟没早的，像什么话，到晚上吧。"

田成业已被自己兜起的欲火烧得难耐，抱住孟慧嘻皮笑脸地说："这种事，想了就得解决，管什么迟早。"缠住她要她配合。孟慧见丈夫双颊潮红，目光迷荡，真想了的样子，不得已把取在手里的两张存单放在一边，宽衣解带，说："出去见什么了？这么火急火燎的？"田成业边解裤带边说："去花鸟鱼虫市场，看见两个狗娃尾对尾连在一起，围看的人都大呼小叫，我看了一阵，心里就痒酥酥的，刚才见你撅着尻子，就忍不住了。"说着就要动作，孟慧推他，"去把房门关死。""两口儿，又不是胡来，关门做什么？""大白天，来人就难堪了。"田成业出去划住门栓，回来见孟慧已经把裤子褪下仰在床沿上，上前顶了进去，涩涩的，"怎么这么干？"

"你说来就来，我哪有情绪？老天下雨也得等云彩集起来，凑合着来吧。"看着天花板上垂吊下来的电灯炮，满脸的无动于衷。

薄弱短浅的快感后，又是那种莫名的颓丧失意，懊悔没能自持，让冲高的激情在迫切中下跌流失，不禁抱怨了一句："才五十四岁，就这样子，往后还有好吗？"

孟慧边提裤子边说："明知不好，还硬要来，自找的。"系好裤带，整好头发，取过放在一边的两张存单，递一张给丈夫："准备伟伟结婚的这三万是三年定期。"把另一张亮在丈夫眼前，"这张五千元的只差一个月时间，提前支取，要按活期给利息，划不来，我说，先向人借五千，告诉他两个月内还他，等存单到期取出来还给人家，定期的利息就能全拿。"

孟慧说得在理，田成业说："最便利就是向田成海借。我把存单拿上，他要推辞，把存单押给他，他就没理由不借。"

4

田成海从作坊把小推车、装烧饼纸箱搬到楼门口，唤一声，施秀云就及时下楼来，与老伴把纸箱放在小推车上，用两头带钩能伸缩的短绳把纸箱捆扎好。纸箱是装酒用的，能装十二瓶二花青粮佳酿的那种纸箱。推车是田成海退休单位发的，两个轮的镀铬拆叠小推车。单位一月收一次煤气罐，去兰州或者玉门或者格尔木拉煤气，职工要把煤气罐送到集中地点。对离退休职工来说，这是一种繁重的劳动。发个小推车，比手提肩扛省力。

发给田成海的小推车，利用率最高。施秀云每天推着两纸箱烧饼到市府家属院门口出售，风雨无阻。

目送老伴推着小车拐过楼角，田成海下底楼关了作坊的灯，锁门。上五楼开了自家房门，脱下蓝布大褂，换上穿了十几年的海蓝色毛华达尼中山套装。这是他出门的衣裳，是建国四十年国庆节单位发的劳保服——确切说，是单位用劳保费用给职工们统一做的一套像样的衣服——衣料是上海出的精纺毛华达，厂里整批购进，由西宁市第一服装厂派裁缝到厂里一个一个量体裁衣，做得十分合体。田成海爱惜着穿，十几年下来，干洗两次，看上去跟新的差不多。这些年西装盛行，厚实的毛华达尼衣料也已过时。不过对一个六十四岁老人来说，服装款式已经不重要了，重要的是穿惯了的衣服穿着自在。

田成海给这套毛料中山装配了一顶蓝华达布的鸭舌帽，颜色十分接近，不细看，以为帽子也是纯毛华达做的。

施秀云出门卖烧饼风雨无阻，长年累月。田成海的"功课"也是风雨无阻，长年累月。他的"功课"是上街转悠，转悠一大圈，转到两点回家，吃完午饭，再到邻近周边家属院转悠。据说，除了学生把写作业称为做"功课"，还有出家人的念经也叫"功课"，分早课，晚课。把田成海转街转家属院称为"功课"，是儿子田野的创举。儿子这样说是在讥讽他，可他不在乎。功课就功课，听上去有点书卷味道，是抬举他这个文盲。他自称早上转街是早课，下半天转家属院是晚课。

他转街的路线大体上是这样：从民生街8号院出发，出天堂巷市场南端，往西走到长江路拐向北，到西门十字拐向西过通济桥，顺纸坊街走到商业巷南口，穿商业巷，顺五四大街东行，过五岔路口顺长江路北行，到"为民早报"社门口拐向七一路东行，上北门坡，经北大街、南大街而后拐进民生街回家。如果走出商业巷不觉得疲乏，就顺胜利路直奔城北区小桥，至建设巷折回，原路回家。

他走的全是商业繁华路段。这些路上，随时有人散发各种各样的广告。有一般纸张铅印的，有铜版纸彩印的，还有四开八版的小报。运气好的一天，一圈转下来，少说能收百十张广告。一月下来，一年下来，真是不可小视的收获。闲着也是闲着，散步散心与意外收获相结合，何乐而不为。

田成海走路挺胸拔背，昂首摆臂，腰不塌腿不撇。民生街内与他同岁数的老人，十有八九走路佝偻着腰背，咳三咯四的。

刚走出天堂巷，就见几个女孩拥在人行道上散发广告宣传品，见人就给。女孩们热情洋溢，笑迎上来把广告传单给了田成海。田成海只收不看。不识字看广告是装模作样。女孩们不说是什么广告，只管发。旁行的一男一女说，这是天堂巷南市场一家新开张的专卖窗帘布料的开业广告。田成海听了，回头又向女孩伸手，"再给我几张，我有几家亲戚正装修房子要搬新家，我替你们转发。"

女孩很大方，给了他一沓，少说有20张。

田成海的"早课"是收集广告、传单、报纸类的轻软物品。都是体面的东西，捏在手里夹在腋下就可以了，所以他用不着带包。

经过西门十字小游园，看见三个坐在花池矮墙上闲聊的女人起身走开了，丢下三张垫了屁股的报纸。说时迟那时快，被田成海收在手里，还听他念念有词地说："这些人真不像话！把党报坐在屁股下面，又不收走，污染环境"。

五岔路口三角花园喷泉旁，一伙农村装束的男女东张西望地讨论着什么，手里提着沉甸甸的人造革旅行包和彩条塑料布提包。田成海依据经验，判断这是从远乡农村进城来办结婚彩礼的，走街串店累了，想找个能坐的地方歇歇脚，吃点东西。时近正午，三角游园喷泉周围的石条凳都被晒太阳的城里人占据。要坐，得坐在道牙石上。乡村人进城要穿平时不穿的新衣裳，舍不得沾上灰土，田成海估计他们要想办法。果然，大约是要当新郎的男青年，从彩条塑料提包抽出几张报纸，要往道牙石上铺垫，田成海及时赶上去，"乡里的姑舅们等一下！"

乡民们被这突兀的叫声弄得诚惶诚恐，以为冲犯了城里的什么规矩。却见走过来的田成海花白的鬓角，慈眉善目，从手里的广告传单中抽出几张轻薄的漏印白纸，"你们把这白纸铺在道牙上坐吧，报纸是字纸，又是党报，把党报字纸坐在屁股下面，不应该，道理，我想你们是知道的"。

"知道！知道！"乡民中两个老成的急忙应答。爱惜字纸，他们小时候就被老人们训导，知道是件神圣的，与孔圣人有连带的事。加上如今城里随出随变的诸多规矩，他们哪敢马虎？慌忙接住白纸送出报纸。田成海把报纸接在手里，为了证明自己这样做不是出于某种企图，不急着走开，笑着招呼乡民们坐在铺了白纸的道牙上，又等乡民从提包取出锅盔让他吃，他才庄严离开。

田成海对自己的小策略十分满意。报纸的收购价高于白纸，要想多收获就得动点心思。

一路走下来，田成海又收到满街散发的五种广告，拣了些被路人看一眼扔掉的各类宣传纸张。很快，他卷起来夹在胳膊下的纸卷与自己的胳膊一样粗细。

经过商业巷，田成海连打两个喷嚏，耳朵也烧烘烘的。一定是儿子田野把钥匙忘在单位进不了房门，站在门外咒他呢。他不回去，田野就会去市政府家属院门口向母亲要钥匙。田野反对母亲上街卖烧饼。要是田野把母亲叫回家去，饼子卖不完，隔夜就不好出手。

田成海夹着收获的一卷广告报纸赶回来的路上做好心理准备，无论田野奚落还是抱怨，他都不出声。在《为民早报》当记者的儿子，认为他这样做让儿子掉架，但他不能给儿子的虚荣心投降。

站在二号楼东山墙下晒太阳等待他的却是堂弟田成功，脸上已有了焦躁的表情。

田成海家里与头年春节一个模样，一张睡觉的旧式木板床支在小间，一张吃饭的旧方桌，三个方凳，一副老式木扶手布面沙发摆在大间。家里最值钱的是一台21吋彩色电视机，放在沙发中间的茶几上。大间不摆家具的空闲地方，分门别类摆放着田成海转街收拣来的报纸、广告、传单，一摞一摞整齐地靠墙码放，上面压着半块砖头。门口狭窄的过道、厨房、小间的角角落落，堆着拣拾来的啤酒瓶、饮料罐、铁丝头、螺丝帽之类的金属物品。这些东西原本收放在楼底层的煤房。自田成海让老伴卖烧饼而把煤房改造成烤饼作坊后，这些废品就放在家里了。

让田成功坐在沙发上，田成海把卷成筒的报纸广告放在方桌上展开，压压平，问："喝茶不？要喝我烧开水。"

田成功想说不喝，却又故意说："喝"。

田成海放下报纸，去厨房提一把钢精茶壶，"你坐着，我去楼下提水。"

田成功孤坐无趣，起身探看，小间板床一角堆放几件旧衣物。厨房里，水龙头下放着一个钢精锅，龙头一滴一滴往锅里滴水。田成功觉得既然停水不该滴水，伸手拧一下龙头，哗地一下喷出水来。田成功拧死龙头，水还滴着，这才明白是怎么回事。

田成海提水回来，田成功有意刺了一句："家里有水，去院里提水不嫌麻烦？"

"什么不麻烦？"田成海回了这么一句，去厨房打开煤气灶烧水。田成功不想久坐，朝厨房喊道："别烧了，我得快点回去。"就听到关煤气灶的声音。田成海回到大间说："你不喝我就不烧了，暖瓶不保温，烧开水灌进去还会凉掉。"又到桌边整理报纸，一边分拣一边说："田家人都不来我家里，来的都为了借钱，你也是借钱才来的？"

田成功嗯了一声，心里说："你抠得连杯开水不供应，谁来？"

"借多少？"

"一万五。"田成功说出数目看田成海的反应。田成海平静地整理着那些被人丢弃又被他收集的东西，"借钱干啥？"

田成功说了用途。

"我得把丑话说在前头，借我钱得付利息。"

没有一口拒绝，让田成功暗地里感激，"多少的利？"

"依钱的多少定利息。一千元按银行活期存款收利；五千元按定期三年的利，一万按定期五年的利，过一万按定期七年的利。"

"这不成了高利贷？"田成功暗生的感动被恼火代替。

"利高一点，想借不想借的就不借了，一心要借的，就得快点还"。

田成功把目光盯在田成海脸上，觉得往昔对这位堂哥了解的太少。借还是不借？借，利息太高；不借，去向谁借？谁还能像田成海这样痛快？"好吧，就按你定的利息还你。"心想，先把钱借出来再说。

"几时要？"

"最好现在给我。"

"现在不成，我得去银行把钱取出来。你晚上来取吧，拿上借据，借据上写清还款日期和利息，盖上你的名章，按上田壮的手印。"

"你这是什么意思？"

"手续全，对你我都好，我们都是有了岁数的人。"

当晚吃饭，田成功把堂兄的要求转告家人，统一大家的意见，这笔钱借还是不借。

"不借了！"田壮不高兴地说，"这么高的利息，去哪借不到？不如去银行贷款。"

"自家人借钱，把利息定得这么高，大伯真是越活越不像人了，哪有给自家人借钱要利的？心比旧社会的地主还黑。"孔秀也是一脸的不满。

饭前来家里要酸菜，被孔秀执意留下吃饭的外甥女伊承新发表了完全不同的意见："依我说，你们得把观念转变一下，认为给自家人借钱不该要利息，这种观念已经陈旧了。如今是市场经济，大阿舅的市场行为应该肯定。"

"对外人，大伯只管用他的市场行为。可我们是谁？我们是他的隔山本家，这不等于儿子向大大借钱还得给大大利息？真是岂有此理！"田壮忿忿地说。

伊承新笑起来："这有啥稀罕的？人家外国人早就这样了，一家人出去吃馆子，AA制，恋人情侣吃饭也是各付各的账。感情是感情，经济是经济，人家从来不往一块搅。"

"可我们是中国人，中国人讲究的就是亲情。只认钱不认人，真不是东西！"田壮咬牙切齿地说。

田成功狠狠地盯住儿子，儿子"真不是东西"这句话让他听着不舒服。他不能容忍小辈用这种语气评价长辈。

各有说辞，各有道理，这钱借还是不借，主意还得田成功拿。他心理上倾向伊承新的意见，说："依我说，还是借大伯的方便。去银行贷款，要这个证明要那个担保，还得用有价证券做抵押，手续繁琐，不把人跑死！再说，银行贷款利息是死的，不容许拖欠。借大伯的，说是本利一起还，实际上可以分开还，拖他十天半月一年半载，谅他不会催逼"。

"要不，"沉思的孔秀说，"给田英打电话，叫他找小宁的朋友借。小宁有几个做买卖的朋友，都是你不吃我不喝的关系，会看在小宁的情份上不要利息。"

伊成新咽下嘴里的腌红萝卜，说："你们这是把麻烦转嫁到表姐头上。表姐夫的朋友也许不要利息，但表姐夫欠了人家这份人情，还不还？"

田成功也不同意让田英出面。理由是田英处处事事为娘家着想，作为父母，不能一有难题就往女儿身上推。

"那就向大大借，到时候只还本不给利息，他能把我们吃了？"

田成功又狠狠地瞪了儿子一眼，他反对儿子的这种念头。诚信是为人根本，尤其对亲人，更不该失信。

统一了认识，田成功让伊承新写了一张借据。孔秀、田壮看了借据不解地问田成功："不是说借一万吗？借条上怎么写了一万五千？"

"借五千，给你检查治病。"田成功对孔秀说。

孔秀严肃着脸色说："你胡做哩！儿子入股是紧要的事，不借不成，我的病几年了，拖一阵没什么要紧，借这么高利的钱给我治病，划不来。"扭头对外甥女说："重写一张，只写一万。"

伊承新要把写好的借据撕掉重写，田成功抢过去不让她撕，严肃地说："这事我作主，就借一万五。"

田成功在借据上盖了自己的名章，交给田壮要他按上手印。田壮不按，怂怂地说："我不按，大不了这钱不借了，我的股不入了。当大大的，这么不相信兄弟侄儿子，真不是个东西！"

田成功火了，冲田壮怒吼："你又是什么东西？当侄子的，能这样咒自己的大大？！"又放缓了语气对儿子说，"你们不是不知道，大伯省吃俭用存下的钱，容易吗？答应借给我们，就是对你的关怀。"

田壮嘟囔着在借据上按上了手印。

当晚，田成海把钱放在堂弟手上时说："点一下，点清，我是一分一分从牙缝里抠出来的，叫他们当心着用，按时还给我。"

5

民生街与民权街十字路口西南角，有一块长五米，宽一米的狭长空地。这是民生街路南一幢楼房与民权街路西一幢楼房衔接处错出来的一块地皮，两栋楼的山墙墙角相接，形成一个L形屏障。八十年代初始，朱朝阳就占据这块西北风吹不着的角落，作为自己的生意场地。他是修鞋的，全部家当摆开来，只占去这狭长地块的一半。另一半被别人占据，摆摊卖日用小电器。那时，民生街市场初露端倪，大多是做布料和服装的个体摊贩。后来，市场日渐红火，日用小电器摊位左右逢源，壮大起来，修鞋摊被日益高嚣的市声和形形色色的商品挤压在这个 L 形角落，朱朝阳无声无息，土头夯脑地坚守着这份靠手艺却算不得手艺的生意。说他无声无息，是他的工具简陋而原始，剪刀、铲刀、针锥、钉锤以及稍有点时代特色的手摇修鞋机，难以发出与喧闹的市声相抗衡而引起人们侧目的响动。说他土头夯脑，是他总是低垂着脑袋在两面灰色墙壁的衬托下做活，脚前腿侧堆放的破轮胎、碎胶皮是灰沓沓的，打远看，连人带物没一样招眼的颜色。

这天，朱朝阳用自行车驮着修鞋工具箱来到自己的摊位，已是上午十点。两个讨饭花子坐在墙角，用拣来的碎木条、方便筷、硬纸板生火取暖，火堆上冒着呛人的浓烟。朱朝阳厉声训斥几句，又换上好的口气，两个花子才拖着破烂裤腿离去。卖电器的摊主鄙视着叫花子的背影，对朱朝阳说："我懒得理会这些寻口①。"

朱朝阳用一片硬纸板把还在冒烟的灰烬刮到道牙下边，从车上取下工具箱工具袋，手摇修鞋机，三个马扎，依每天的习惯摆放在地上，顺楼角立好自行车，坐下来，打开工具箱，揭起上面有格子的一层，从箱内取出两双拖鞋，放在装零碎胶皮的布袋上面，又把箱内的针锥、冲子、胶水一一放在揭开的箱盖上，营业前的准备工作就绪。

一双脚在眼前错动，朱朝阳抬头，是个穿咖啡色短皮大衣的年轻女子，皱眉审视自己脚上的黑色方头高跟皮鞋，脆细的声音从抹了桃红唇膏的嘴唇滑出来："刚买的皮鞋穿了不足一星期，走路有东西垫着脚心，是哪儿出了毛病？"

朱朝阳指一下摊前的马扎，"你坐下把鞋脱下来我看。"

女人瞅着破旧的马扎，犹豫着用皮大衣下摆裹住屁股，委屈地坐在马扎上，脱下左脚的皮鞋递给朱朝阳。朱朝阳指一下布袋上的拖鞋。两双棉拖鞋是给顾客准备的，隆冬寒天，顾客脱了鞋脚冷。女子撇一下嘴说："你的拖鞋这么脏，咋穿？"把穿着丝光袜的脚翘在右腿上面，用皮衣衣襟盖住。

朱朝阳把高跟鞋拿在手上就瞧出了毛病："鞋底的钢条断了，得换钢条。"

---

①方言，指不成器、没出息一类的人。

"钢条断了？不会吧？我是从'摩登'鞋城买的名牌皮鞋，二百块买的，钢条怎么会断！"

朱朝阳轻笑一下，解释是多余的，三下五除二，从后跟那儿抽出断成两截的钢条，放在女人脚前。

"什么狗屁名牌！尽是骗人的。"女子歪斜了眉眼，"换钢条多少钱？"

"三块。"

女人用右脚尖拨一下地上的断钢条，"这么一点狗屁东西，值三块？顶多值五角。"

"三块包括我的手工钱。我冷月寒天坐这儿做活，挣的就是手工钱，材料是不挣钱的。"

"两块换不换？"

"不行！嫌贵，你去找别人给你换。"朱朝阳把鞋递给女人。

"你把我鞋里取出的钢条复原，我去别的地方换。"

这样的顾客时常遇到，朱朝阳的经验是多说的少说，少说的不说，把鞋拾过来放在腿上，用尖嘴钳夹起地上的钢条，要重新塞进鞋底去。女子说："两块五成不成？"口气里有无奈的让步。

朱朝阳不说话，很认真地把一截断钢条塞进鞋底，让它恢复原样，夹另一截时，女人说："你把断了的钢条放进去，我怎么穿？三块就三块，下次再不来你这里了。"

十分钟后，女人从一沓钱中挑出三张揉皱的一元人民币扔给朱朝阳，嘟嘟囔囔地穿鞋离去。朱朝阳盯着她走路的姿势，心里踏实了。

"你张眉瞪眼地想啥哩？"一个熟悉的声音把他走远的思绪喊回到民生街。

刘方在朱朝阳的招呼下落座马扎，从塑料提袋取出一双皮鞋说："原想过了年再叫你收拾一下，没料到今年冬天天气热，腊月里，最高气温上了五度，穿了棉皮鞋脚上汗喷喷的。"

朱朝阳接住，这是一双款式陈旧的圆头一脚蹬，左脚一只外侧靠后跟的地方开胶，张开十公分长的裂口，钉在两只鞋后跟上的胶皮也磨秃了。

"能收拾不？"

朱朝阳笑了，意思是这点小活还能把我难住？说出嘴的却是这样的话："这鞋你少说穿了五六年吧？要过年了，买一双名牌皮鞋，才合你的身份。"话这样说，却用布擦去裂口上下的灰土，往裂口四周抹上胶水，"用胶粘住，再扎一下，就会结实。"

"身份？"刘方也笑了，"我从来不在乎身份不身份的。旧鞋穿着比新鞋舒坦。穿一天算一天，实在穿不成了，再换新的。"

朱朝阳把抹了胶的鞋放在一边晾晒，拿起另一只，一手捏鞋底一手拽鞋帮，确认没有开胶的可能，鞋底朝上放在盖着一块粗帆布的腿上，拿尖嘴钳咬住磨秃的后跟胶皮，撕扯下来，取一块大小合宜的皮，比划着剪好，套在鞋托上，在后跟外侧垫上小块碎皮，从木格中挑出几粒鞋钉，左手拇指食指扶钉，右手拿锤，嘭嘭几下，将剪成U形的胶皮钉牢在后跟，又用冲子压住钉帽，咚咚几下，从鞋托取下，手伸进鞋口摸索，没有打穿的钉尖，放在一边，把抹了胶的那只鞋放在修鞋机托上，边扎边说："本来想找个空儿去你铺上问你个事儿，你却来了。"

"啥事？"刘方验看钉好的后跟。

"我的大舅哥在康乐新村买了一套两室两厅一卫的房子，上个月装修好了，计划年前搬进去。搬进去就得贺房。大舅哥两口都是教师，文化人。女儿来电话给我叮嘱，依她舅舅舅母的秉性，贺房最好送几条字画，要我买字画一定买品位高雅的。这可给我出了难题。我一个初中毕业的修鞋匠，从来不懂这些东西，不知道什么样的字画才算品位高雅。心想你是书法家，书画圈子里熟，想去请教，你却来了。你给我指个路儿，去哪儿能买到品位高雅的字画。"

刘方笑了："高雅是个笼统的概念，不同的人有着不同的理解。不知你女儿指说的高雅，是指书画作品本身，还是指书画作品所呈现的内容？依我说，书法绘画本身就是高雅的东西。拿书法说，大多书写的内容不外乎远的唐诗宋词，近的明清时期的诗词或毛泽东诗词语录，或是名士政要的警句名言。用这些内容书写的作品，无不是品位高雅的。拿绘画说，无论是写意还是工笔，无论画的是花鸟鱼虫、飞禽走兽、云山雾水、冬松夏竹，也不能说它不是高雅的作品。连那表现女人梳妆洗浴戏嬉的仕女图，甚至画女性裸体的素描油画，也不能认为它不是品位高雅的东西……"

朱朝阳截断刘方的陈述，"你别再说了，你们书画行道里的这些子丑寅卯，听得我云里雾里一头的糨糊。依我简单理解，女儿的意思，大概是要我买两条写画得最好的。"

刘方不禁笑出声来，"写画得最好的？这种说法同品位高雅的说法一样，是外行话。怎样才算写画的最好？书法画画各有各的路子、各有各的风格、各有偏爱的书体画风……"

朱朝阳又打断刘方的话，"好了好了，我一个初中刚毕业的修鞋匠，你别再为我费这些口舌。听人说，西宁市里有一个叫闲云的，还有一个叫野鹤的，这两人的字画要的人多，你给我从这两人手里买两幅字画吧。"

"不是我扫你的兴，这两人的字画，你别打问。"

"为啥？"

"一条三尺对开的横幅要八百到一千元，你要不要？"

朱朝阳吐了一下舌头，"这么贵？"

"要是一幅四尺的中堂，人家少说要你一千五到二千元。就算要价高就是写的好的，你一个修鞋的，供着两个大学生，想买也花不起这个钱。"

"我心想，一条字儿一张画儿，顶多值一二百元就能买来。说句叫你见笑的话，给大舅哥贺房，我也只能送二百元以内的礼行。给亲戚出礼行，给这家出，还要想着另一家，要不就摆不平。"朱朝阳把扎好的鞋交给刘方验收，说："这样吧，我不管它们是不是高雅的，也不管是不是写的最好的，我只关心价钱，你写的字儿，多少钱能买一条？"

"这看你要多大的字幅。我是因人而宜，七八百也卖、三四百也卖，遇见喜爱我的字儿又确实没钱的，一二百也卖。"刘方边试鞋边补充说："不过你先要改变一下看法，别认为我便宜卖给你的不是写的最好的东西。"

"当然当然！"朱朝阳顿一下，又说："就拿我们修鞋的说，觉得名牌的鞋，不一定真是质量好的。价钱便宜的，不一定不好看不结实。我们这号人，要的是物美价廉。"

"谁把这些纸灰堆在路边的？"恶狠狠的声音。

朱朝阳、刘方应声回头，两个穿灰蓝制服的中年人站在摊前，一个立眉吊眼一脸的严肃，一个慈眉善目友好的表情。严肃者指着道牙下燃烧的灰烬，望向朱朝阳："为什么不清扫干净？"

"不是我烧的。"朱朝阳起身向表情友好的那一位微笑致意。这人是城中工商分局民生街管理所所长宫尚臣，另一个是城管分局二小队的城管员桑布。二人总是搭伴上街执行公务，被民生街商户、居民们私下称为"哼哈二将。"

"不管是谁烧的，都不能堆放在马路上。市场的卫生，要靠大家维护，马上给我清走。"桑布用的是命令的口吻。

"好，我马上清扫。"朱朝阳动手清理灰烬。宫尚臣对刘方说："刘老师，听小卞说，你去年下半年的管理费还没缴，现在已翻年了，尽快缴上吧。"

"我争取吧，万一缴不上，请所长高抬贵手，再宽限几日。"

宫尚臣和颜悦色地说："所里正做年报表，要求各小组把拖欠的管理费尽数收清。再拖，下面同志的工作就难做了，想想办法吧。"拉着桑布走开了。

目送哼哈二将离去，刘方把修好的鞋装进塑料袋，问道："该给你多少？"手往口袋里掏钱。

"看着给吧。"

"说个数吧，这看着给，是个铁馒头，无处下口。"

"叫你看着给你就看着给，一元二元不嫌少，十元八元不嫌多。"朱朝阳笑了。

刘方也笑了："一元二元我拿不出手，十块八块也拿不出来，我取中，给你五块，行不？"

朱朝阳笑接了五元，刘方说声再见，离开了修鞋摊。

时值正午，放学学生一群一群走过民生街，尖脆的童声从混乱的市嚣中一波一浪地起伏着。从福利特殊学校出来的学生，彼此用灵活奇巧的手势和眼神做着交流。刘方躲开几个追逐嬉闹的男孩,感觉有人拉扯他手里提鞋的塑料袋,回头,原来是尤中生,双肩背着鼓囊囊的书包,脸蛋冻成了紫色。

刘方抓住尤中生的手,冰块一样。"不多穿点衣服,冻成这样。"心想,孩子们遭后娘真可怜。

与尤中生同行的伙伴走开了,尤中生放慢脚步对刘方说:"刘老师,听了一句话,不明白,向你请教一下。"

"什么话?"刘方估计小家伙又有了什么歪点子。

"昨日放学走过烤羊肉摊子,两个吃烤羊肉的人说了一句话,'五荤里来了五荤里闹,五荤里走几遭哩',五荤是啥意思?"

刘方笑了,答非所问:"你们正在期末考试吧?不把心思用在学习上,听这些闲话做什么?"

"听不懂别人的话语,向你请教,也是学习嘛。"

"等你考试考出好成绩,我再告诉你。"用手指梳理一下尤中生的头发,"快回家吃饭去,有时间好好温习功课。"

尤中生走开了,望着被沉甸甸书包压歪肩头的单薄背影,刘方心里涌动着怜惜和同情。尤中生给他复述的这两句话,听起来是"花儿"的唱词。"花儿"中,他听过这样的唱词:"阳世上来了阳世上闹,阳世上闹几遭哩。"尤中生听来的这两句,估计是这首花儿的变异词。阳世上,泛指生活的所有领域和内容。五荤比较具体,是民间对人生的另一种解读,隐含着吃喝嫖赌的意思,他不便给尤中生解释。

老远看见有人站在门外向他的铺子里张望,从背影认出是田成功。白天临时走开,他用一把自行车链锁锁住两扇门的把手。刘方快步走近叫了一声:"老田!"

老田应声回头,刘方瞬间恍惚起来。对方看出刘方的疑惑,迎上几步说:"你把我当成田成功了,是不是?"

刘方笑了,"你是老田的兄弟吧?老几?"

"老三,田成才。"

刘方把修好的鞋放在里面，出来给田成才让座。田成才不坐，环视架阁上摆放的多种器物，对一个青花瓷罐产生了兴趣，"刘老师，这种瓷器的名称是什么？"

"将军罐。"

"将军罐？为啥叫这么个名字？"

"你看它的造型，宽肩收肚，再加上一个圆顶宽边的盖子，像不像一个戴着毡笠的威武将军？"

田成才盯视着，"哦，经你这么一说，看上去真是这么回事。我们不懂古董，看它上面的图案，是民国时期的东西吧？"将军罐上的青花图案，是两面交叉的旗帜。一面是中华民国国旗青天白日旗，另一面是国民党党旗，两旗杆交叉的空间，下面是一个花篮，上面是十几只散飞的蝙蝠。

"你说对了，是民国十三年的礼陵瓷器。"

"值钱吧？"

"这种罐子现在少见了，少在这种图案，遇上懂行的，能卖上好价钱。"

一个年轻的警察推门走进来，着装整齐表情傲慢，一副凛然不可亲近的架势。警察扫视铺堂的陈设、器物、货品，最后把目光对准刘方，"你就是店主刘方？"

"嗯。你……要选购文具？"刘方要说出文物时下意识改口成了文具。

"不买东西。我姓展，叫展望，是新来派出所分管民生街的，今天出来走一走，跟大家见见面。"

"失敬失敬！"刘方情不自禁地说。

"听说你的'三印一砚斋'的店名，出自你中意的三枚印石和一方古砚，能否让我见识见识？"

"展警官初来管区，就把我的基本情况掌握了，民生街的治安大有希望。"刘方不会恭维人，此刻却言不由衷恭维了一句，把架上的几枚石料印章，案上的一方砚台放在一起说："不是什么值钱的东西。三枚印章都是当地产的雪山玉，这枚是闲章，这枚是名章，这枚是笔名章。砚台是老师临终前给我的，洮砚。"

展望一一拿在手上细看几眼，笑了，"我上警校时，在教官的家里见过你的书法作品，写的是三国演义的开篇词，挂在教官家客厅墙上。起手章是'承前启后'，后款一阴一阳两枚印章都刻的十分精道，所以记住了。今日眼见，印象更深了。顺便请教一句，你的笔名'青山'有些寓意吧？"

刘方笑说："我姓刘，谐音取了'留得青山在'，意在向往生意一直好下去，一年一年有柴烧，保持温饱，没有多余的寓意，让你见笑了。"

又说了几句，展望用职业目光扫一下田成才，走出了铺堂。刘方送出门，"展警官，我抽空写一条字儿送给你，作为欢迎你来民生街的见面礼，改天来取吧？"

"好好好！"展望应着走进了旁邻的童装店。

"这个小警察牛皮哄哄的，看样子来头不小。"田成才对送走展望回到店堂的刘方说，"这小警察的前任姓阮，脾气好人缘好，跟谁都相处得好，在民生街派出所干了五六年，没见过摆架子。前年夏天与朋友们郊游，喝醉酒把枪丢了，龙动凤响地查找了几个月，没有结果，被开除警籍做生意去了。今儿来的这个人，看样子不好接近。"

刘方要吃晌午饭，见田成才没有离开的样子，不禁说道："你要闲着没事，等我弄两个菜、热一壶酒，边喝边说吧。"

"现在？不成不成！我原来不爱喝酒，更不习惯大白天在别人铺子里喝酒，这样吧。"田成才顿了一下，"听我大哥说，你喝酒特热闹，改天我请你去我家好好喝一场。"

"也好！你阿大是我的酒友，你哥哥也在我这儿喝过两次，都是畅快人。到时候叫到一块儿，热闹一场。"

"我阿大少喝一点儿还成，喝多了，就给人寻事哩！那天晚上来你这儿喝酒，没让你烦心吧？"

刘方一时没有反应过来，"哪……哪天晚上？"

"新千年元旦前夜嘛！喝得那么晚才回家，我心想一定喝多了，搅沫沫[①]

[①]俗语，意为纠缠取闹。

了吧？"

"看我！每晚上跟朋友喝酒，突然被人问起来，就想不起是哪个晚上的事了。"刘方这才明白，田成才是绕着弯儿套他的话，想证实田寿元旦前夜是否在他这儿喝酒。他不明白田家父子们阴差阳错地搞什么名堂，但答应了田成功，就得替他掩饰，"那晚上你阿大把得稳，没喝多少，顶多半斤。"

"几时走的？"

田成功压底线，并没强调来去时间，刘方根据田成功后来找父亲，估计回去的时间不外乎在午夜后，就说："刚敲过新年钟声你哥哥就从我这儿把你阿大接走了。"

田成才阴阳难辨地笑了，"那就好，我阿大老了，在别人家喝酒把不住，喝多了出丑事小，给人家惹事就叫我们当后人的头疼。"又装模作样地看了看架阁上几件工艺品，告辞回家。

回到家，推开小房间的门，父亲不在。走进厨房，孙雅萍蹲在灶厨前洗鱼，扒出来放在一张报纸上的鱼内脏散发着腥臭。

"阿大早上出去还没回来？"

孙雅萍不出声，只顾用手指掏挖鱼的耳腮，受力的鱼尾把盆水拨出哗哗的水声。

婆娘的不理会让田成才难堪，却又没道理发作，腆着脸笑问道："是青海湖的鱼吧？"

"谁知道！反正我看着肚皮黄黄的，背上的黑斑也不显，就买了两斤。"

孙雅萍不吃青海湖的鱼。据说六零年大灾荒吃青海湖的鱼吃伤了。后来听说去湖上打鱼的人被风浪吞没进湖里，觉得湖里鱼吃过死人，从此一吃鱼就胃疼，就呕吐，再不敢吃了。可她又乐意买来叫丈夫和田健吃。想起这点田成才又禁不住要感激老婆，决定把今天打听到的情况告诉她，让她也高兴高兴。"你猜猜，刘方是怎么说的？"

"说阿大在他那儿喝酒了。"

"你真聪明！不过不是三点后走的，而是新年钟声敲完就走了。"

孙雅萍把沾着鱼血的剪刀仍在地上，忽地站起来说："我猜的不错吧？准是跟老大在捣鬼哩！还想瞒住我们，这次我跟他没完！"不知她说的他是指公公还是大伯子。

"对！没完！"田成才随口附和。附和是为了让婆娘觉得他是她的同党。而后才说："不过这也是自找闲气，管他俩搞什么名堂哩，只要别扯着我们，随他们去。反正，到腊月底阿大就该去老二家吃住了。"

"你说得轻松！你上四号院听听去，满院子都传着，你老子那晚上进了公安局，是老大交了几千元赎出来的。这么大的事瞒着我们，安得什么心？是嫌我们亏待了阿大，还是少了他们的什么规程？"

"好好好！随你随你，只要你觉得不乏就成。"田成才躲开孙雅萍的唠叨，到大间打开电视机寻看喜爱的戏曲节目。

孙雅萍参着两只湿手站在厨房门口继续说："那晚上把阿大叫过去吃饭，我心里就不舒坦。过球一个元旦，就轻飘飘地跑到老大家吃什么年夜饭，莫道老大家的年夜饭比我们家里的年夜饭香些？莫道我们连老爷子的年夜饭也供应不起？就算老大家钱多，老大婆娘做的饭比我做的香，吃完了快些回来也够了，却喝了酒……我看，这是老大两口故意给我们做难哩……"

田成才把电视机音量开得大大的，用以抵挡老婆的唠叨。

田健回来了，郁郁寡欢又目中无人地坐在客厅三人沙发一头，翘着二郎腿吞云吐雾。坐在沙发另一头看电视的田成才见儿子这副德行，压着心火斜了儿子一眼，说："抽烟去你房里抽，别在这里污染空气。"

田健使劲吸一口烟，撮起嘴唇吐一个烧饼大的烟圈，说："老爸的环境意识不低，知道什么是污染空气了。"目光却盯着电视屏幕，没有服从的意思。综艺频道上播放戏剧节目，铿铿锵锵的锣鼓敲打加剧他的心烦，没好气地说："老爸，这二十一吋的电视看了十几年了，你不想换台大的？二十九吋的厦新彩电二千左右就能买来。"

"等你找上工作挣了钱成了家，想买34吋的彩电我也没说头。嫌这彩电小，别看。"

父亲没有好气，田健不再说话，续了一支烟去睡觉的房里，进房先往衣柜顶上瞅了一眼。从二爸家地窖取来的铁皮盒子，他放在衣柜顶上靠墙角落的地方，前后用一些扎成捆的旧书报围住，不论从房里任何一个角度看，看到的只是那些扎成捆的旧书报。他知道家里人不动他的东西，可还是忍不住要随时看上一眼两眼。

躺床上迷糊了一阵，听到母亲喊叫吃饭，田健只穿着衬衣走出来，懒洋洋地坐在茶几一头的小凳上。孙雅萍边往茶几上摆放菜盘边说："怎么只穿着衬衣？感冒了咋办？去，穿了毛背心再来吃。"

"我盼着感冒呢，盼着得个要命的病，死了爽快，省得整日听人在身边唠叨。"

田成才狠狠地斜了儿子一眼。儿子的坏情绪由来已久，计较起来，只会惹人生气。由他牢骚，只装没有听见。

"阿妈，你怎么尽买小鱼，小鱼尽是刺。"田健用筷子拨着盘里的红烧鱼，鼻尖皱着。

"小鱼便宜，两块一斤。"孙雅萍说。

"日后想吃鱼就买草鱼鲫鱼什么的，青海湖封湖禁止捕捞，上市的全是扎陵湖的鱼，不好吃。"田健用筷子头蘸点鱼汁尝一下，"味道还不错，可惜鱼小刺多，吃起来麻烦。"见父亲看着爷爷平时坐的位置发愣，又说："等不等爷爷？如果不等，我就开吃了。"

孙雅萍看一下挂钟，说："这时候不来，八成又去你大大家吃饭了。你大大家条件好，你大嬷嬷①会孝顺，会做菜，大鱼大肉吃得过瘾，我们这样的小鱼小菜，你爷爷来了也没食欲。"

田健把鼻子凑近菜盘使劲抽几下，"阿妈，你炒菜放了多少醋？"

"没放醋啊！烧鱼炒油菜都是不放醋的。"

"那怎么闻着这么酸溜溜的？"

田成才笑起来，孙雅萍这才回味出儿子这话的用意，对儿子说："你总

---

① 方言，大伯母。

是一肚子坏水！"

"你养下一肚子坏水的人，怨谁？"

开吃。撅了几筷子，盘里只剩下鱼尾。田健说："图便宜买小鱼，也该多买几条，这么小的三四条鱼，吃没吃就完了，真没劲！"

孙雅萍没好气地说："鱼是菜，就饭的，哪能往饱里吃？嫌吃不过瘾，快想办法找工作挣钱，有了钱，爱吃啥吃啥！眼下凑合着吧。"

田健听母亲的话，感觉像鱼刺卡在喉咙里，不由地骂了一声："这鱼尽他妈的刺！"

田成才上火了，镇压了一句："嫌刺多，别吃！"

"你以为我爱吃呵？"田健重重地仍下筷子，起身去房间穿了外衣，出来向父亲伸手，"我没烟抽了，给点钱。"

田成才不想给，手却不自觉地伸进衣袋，掏出些零碎毛票，数一数，四元二角，"就这点。"不及伸出手去，被田健快速抽去了。

田健从民权街二十一号院出来，站在街边，茫然不知所措。四元二角，可以去民生街东头卖饺子摊上吃一碗粉汤饺子。剩下一元二角只能买一包"银象"。他吃惯了软"白沙"，最不济，二元的"哈德门"也能对付，一元上下的烟实在难抽。如果先买一包"白沙"，剩下的钱只能啃一个烧饼。想着，心里那股莫名的怨气又涌动起来。向南走出民权街，从十字路口看见民生街8号院门右侧的毛线店门前，站着白发苍苍的嬷嬷，脚前支着小推车。紧走几步到施秀云眼前问道："嬷嬷，你站在这里做什么？"

"是健健呀！看我这眼睛，你要不出声音，我还不知道是谁哩。"指一下脚前小推车上的纸箱，"烧饼没卖完，我再站一阵，等把烧饼卖完了再回去。"

田健揭开纸箱盖，剩六个烧饼，"已经过了吃饭时间，谁还要你的烧饼？回吧，明天再卖。"

"不成，你大大规定要把烧饼买完了再回家。"

"大大真是的！嬷嬷回家吧！这么晚还站在街上卖烧饼，不怕别人说你们把钱看的太重？"

施秀云无奈地笑了，"别人都忙着，谁还顾的上说我们哩。"

"走，我送你回家，大大要骂就让他骂我。"要推小车。

施秀云挡开侄子的手，"不成不成！等你走了我就有着不完的瞎气。我再站会儿，卖完烧饼再回去。"

田健真想走开，老辈人这种没道理的固执让他想不通也受不了。可嬷嬷蓬乱而苍枯的白发和一脸疲惫无奈的神情让他于心不忍，"嬷嬷你的烧饼一个卖五角吧？这剩下的六个我全要了。"说着从裤袋往外掏钱。

"你买烧饼做什么？"施秀云茫然地问。

"烧饼能做什么？吃！"田健没好气地说，从挂在推车把手上的一叠塑料袋上扯下一个，要装饼子，被施秀云拉住，"想吃你拿两个去，你大大问起来，我就说算账算错少收了一元。"

田健甩开嬷嬷的手，三五下装了饼子，把三元钱仍进纸箱，走开了。走出十几步回头，见嬷嬷推着小车走进院子。

黄昏的民生街，行人稀少，几个有耐心的摊主开始收摊，把装了服装的黑色大塑料袋、彩条编织袋，装了百货小电器的纸箱搬上三轮车，收起垫底的硬纸板，用铁链把钢筋焊成的支架栓锁在近旁的电线杆或灯柱上。一个卖日用小电器的货摊前，摊主与买主正在讲价，顾客说："这种剃须刀别的地方只卖二十五元，你怎么要三十元？"

摊主不耐烦地说："没那一说！你去大十字商店看看，这种剃须刀卖多少？八十！我要的够低了。"

"收市的买卖，谁像你这样？一口咬个价不放，再便宜点，便宜十元，我拿走。"

"不行！我的要价够低了，再低我就倒贴了。"

"你这人咋这样？死心眼，收摊的时候我来买你的东西，是照顾你的生意……"

"这样的照顾我不需要！你们这种人，总是趁着收摊死磨硬缠地拣便宜。要，三十拿走；不买，走人！我得快点回家填肚子。"从顾客手里夺回剃须刀。

"哎呀！你这个人咋这态度？和气生财，你这样做买卖……"田健刚好从他身边走过，就对田健说："这位小伙子你评评理，这样的剃须刀值不值三十？"

田健瞪一眼顾主，又瞪一眼摊主走开了，心里说：给你评理？我的理谁来评？

顾主遭了冷脸，见田健提着几个烧饼，讥笑道："以为你是个识货的主儿，叫你给评个理，倒喇①上了，哼！"与田健相背而去。田健真想揪住捶他两拳，忍住了。骂自己：买这么多烧饼干什么？没见过似的！

两个乞丐坐在一间小炒饭馆门外的二级台阶上，借着窗户透出的灯光，一边清点要来的碎钱，一边争讲着。蓬头的说："说好两人要来的钱合起来，凑够一百元再分，你为啥要扣下几块？"

戴破皮帽的说："连着几天你要不来十块钱，我拿出十块跟你要的合在一起，其余归我。"

蓬头的说："当初是怎么说的？不论要多要少，都要合起来存着，怪谁？"

"怪你！又怕风又怕冷，尽找避风的地方角落，人家寻着给你钱儿？没见我昏天黑地跪在当街，清鼻冻成了冰棒儿！等你要上几十块，再合！"

蓬头的急了，伸手去对方的纸盒里抓钱，戴破皮帽的歪身子躲挡，几张零票飞出纸盒，飘落人行道上。一张一元的正好落在走过来的田健脚前，田健用脚踩住，对扑上来拣钱的皮帽子说："看你们这副德行！裤子兜不住交裆，穷得只剩下屁了，还钱不钱地争个没完。这块钱是我拣的，谁想要，给我磕个响头！"

两个乞丐愣了一下，对看一眼，同时扑上来，一人一条抱住田健的两腿，往上猛掀。田健从两人怀抱中挣脱双腿，"我惹不起你们！"撒腿走开了，并突然有了强烈的厌恶，厌恶乞丐，厌恶脚下那块钱，也厌恶自己，居然与花子较真，真无聊！

民生街东头经营水饺的有两家，一家在街北，顺着临街院落的外墙，搭

---

①方言，摆架子或摆谱。

建一个长五米，宽一米六的敞棚，一头设锅灶，一头设三张条桌，六条板凳。路人走过，锅里热气扑面，业主是汉民。

一家在街南，活套钢管支架，帆布绷的蓬壁，锅灶、桌凳比北面这一家整齐，回族经营。

田健常吃粉汤水饺，两边的摊主都熟，同时招呼他就坐。田健坐在汉民摊靠马路一头。他觉得喝面汤啃烧饼，没必要坐在显眼地方。

"一碗还是两碗？"对陌生顾客，摊主要问大碗还是小碗。田健常吃，饭量大，一次要吃两大碗。

"一碗面汤。"田健把手里的塑料袋提一提。

"稀罕！"摊主取碗盛汤，"没见你只喝汤吃馍馍。"

"没银子了。"

"那有什么关系！你是我的常客，送你两碗也是该着的。"

"今日只想吃馍馍。"田健不想占便宜，两碗饺子的人情不好还。

田健慢慢地喝汤，有一口没一口地咬着烧饼，留心着三三两两路过的行人，希望出现他的铁哥们，无论谁先要他一盒烟，最好同去哪儿喝场酒，免得回家听父母唠叨。

对面清真摊上，靠外首一张桌边坐着一个穿着讲究的老太太，银丝一般光净的头发剪得齐耳根长，衬得面色红润透亮。手里玩弄着一个鼓囊囊的小手包，拉开拉锁往包里瞅一眼，两根细手指伸进包里，要抽出什么却不抽，又拉上拉锁。停一阵，又拉开小包拉锁，抽出一张崭新的百元大币，举在眼前朝着灶顶的灯光验看，好像确定不了真假。看几眼又塞进包里拉上拉锁。

"这老婆娘是不是有病？"端碗的姑娘问摊主，"一连好几天，每天这时候就坐在那儿玩她的手包。神经病吧？"

"别胡说！"摊主制止跑堂姑娘的胡乱猜测，"这是一号院里的顾老太。你看他的气色，哪像有病的。"

跑堂姑娘说："一连几天都这样子，不买饺子吃，也不做别的事，只倒弄手里的小包，我看不正常。"

"大约是钱多了烧的,在人前夸富哩。听人说,一号院里数这老太太家有钱。老头离休前是省政协副主席,三儿子是市委秘书长,人儿子在外州县当常务副州长。"一个埋头吃饺子的中年妇女很内行地说道,脸上是得意和忌恨相杂的表情。

听了这些议论,田健把目光投在顾老太身上。老太太着装考究,安详中透出几分贵妇人的矜持和孤傲。手里玩弄的小包朱红色,艳俗的色调与她高雅的衣着不甚协调。

一个穿破旧牛仔装的青年走进清真饺子敞棚,要了一碗粉汤饺子,等饭的时候,望着老太太从包里抽出来验看的百元票子。饺子端上来,青年低头吞吃,眼角的余光仍在老太太的手包上滑动。田健看着,心想有场好戏了。

果然,牛仔服青年付了饭钱往外走的瞬间,一把抢过老太太手里的小包,撒腿往西疯跑。

"抢钱了!"顾老太尖叫一声,便有两个回族青年伙计拔腿追上去,一个拿着铁勺,一个抡着火铲。其中一个跑得飞快,很快超在牛仔服前面,抡着铁勺堵挡。牛仔服见有人夹击,摆出抵抗的架势,闪跳着试图突围,老太太不知从哪儿摸出一个手机,呼喊110快派人来。

田健同别人一样,观看这突发的事件,看着看着笑了,"真笨!"他认为两个拿家伙的饭馆伙计不得要领。这时,牛仔服青年闪过后面的夹击者,回身向东疯跑过来,嘴像喇叭一样张着,脸色白里泛青。在跑过田健身边的一刹那,田健本能地向前伸出一腿,牛仔服踉跄几下重重地扑倒在路上,田健同时骑在牛仔服背上,右手撕牢了牛仔服的头发。两个撵上来的伙计抡起火铲、铁勺直砸牛仔服的后腰小腿。

顾老太从牛仔服手中夺回小包,往他手腕踩了一脚。

三个人合力把牛仔服拧住胳膊拉起来的时候,管区民警展望骑着摩托车来了。好像事先知道要发生这件事,问也没问一声,从腰里解下手铐把牛仔服的双手铐在背后,对顾老太说:"你的电话打得及时。"

顾老太用嘲弄鄙夷的口气对灰头土脸惊恐沮丧的牛仔服说:"你以为别

人的钱这么好抢？"说着打开手包拉锁，从里面抽出一沓裁得与百元钞票一样大小的报纸，又从报纸中抽出两张她反复验看了的百元票子，得意地对围观的人说："我这是引蛇出洞，这两张钱是假币！"

原来，两周前顾老太的儿媳妇在这里吃饺子，被人抢走手包，包里装着两千元现钞。顾老太认为抢娃还会找机会作案，想了这个办法，事先给民警打了招呼，又付钱让饺子馆的两个伙计协助抓人。

展望带走了抢娃，说等审出结果通知顾老太太去派出所结案。

围观路人走散，余兴不减的继续在现场议论感叹。田健被莫名的兴奋冲动着，沾沾自喜。顾老太心怀感激走到田健身前说："你真勇敢！你在啥单位工作？我要给你单位写一封表扬信，让单位领导表彰你的见义勇为。"

"没必要！"田健反感表扬一类的话。刚才抓贼出于一时冲动，没必要让人在这件事上大做文章。转身要走开，被顾老太扯住衣袖，"你别谦虚，快说，在哪个单位上班？"

田健认为顾老太不过是假惺惺的热诚，不耐烦地说："我没工作，是个闲人。"

"不会吧？像你这样精干的青年怎么会没有工作？我是真心的，想让你工作的单位……"

田健截断顾老太的话，"我真的没工作，整日闲打浪，刚才是闲得无聊，抓贼玩玩的。"

顾老太笑了："你这小伙有意思。这样吧，你给我留个电话号码。你替我抓住了抢娃，我得为你做点事才对。"顾老太向旁观的人要了支圆珠笔，一时找不到一片小纸，把手伸给田健，"写我手掌上吧。"

田健觉得再推辞就有点矫情，就用左手托住顾老太皮肤松弛骨节突出的手，右手握笔在她手心里写上家里的电话号码。老太太的手在笔尖接触的刹那抖了一下，大约痒痒了。

6

四点半，一个壮实的男青年从西边走过来，径直走到肖巧娘摊位后边，坐在条桌一侧，好像事先定好要吃肖巧娘的酿皮。这让肖巧娘心存感动，微笑着问道："吃热的还是凉的？天冷，我给你热一热吧？"

"不用热，就吃凉的。"男青年笑着说，"我的下水好，别说是酿皮，就是生铁，吃下去也能消化。"

肖巧娘切一张酿皮，抓进碗里时，又放回切板上，提暖瓶倒了半碗开水，烫涮一下，倒入洗碗盆，才将酿皮盛进碗里。男青年的话只能当笑话听，作为摊主，要尽量让顾客吃得称心。

男青年三下五除二吃完酿皮，餐巾纸擦了嘴，点一只烟，说："老板娘，你在民生街卖酿皮有六七年了吧？"

"九年了。"

"早几年见你跟一个留胡子的老人一起出摊，他是你什么人？"

"是我父亲。我这酿皮摊，原是父亲的。父亲教会我做酿皮，带我卖了几年，就把摊位让给我了。"打量着男青年，"听你的话，几年前吃过我的酿皮。"

"我是这条街上的居民，在四号院里住着，上下班从你的酿皮摊前经过，也吃过你的酿皮。"

肖巧娘仔细打量男青年，"你是不是姓田？"

"你怎么看出来的？"

"经常有个老汉在我摊位后面杂货铺窗台上晒太阳，跟你长得像，他是四号院的，姓田，我就猜你姓田。"

男青年笑了，"那是我爷爷，我叫田壮"，顿时对肖巧娘有了信任感，"父亲的摊位让你经营，要不要转让费？"

"父亲最初开设摊位交了三千元摊位费。父亲让我经营只要了他当初交的三千元。要是给外人转让，摊位费已经涨成一万元了。"

"哦。"田壮吸一口烟，沉思一阵，"你一天能卖出多少张酿皮？"

"旺季里多半天能卖完五十张，淡季里，像今天这样的日子，只卖出去十几张。"

"卖酿皮能不能挣上钱儿？"

"这叫我怎么说哩。小本生意，卖的是地方特色小吃，说挣吧，挣不下大钱儿；说不挣罢，又能多少挣一点。你吃过酿皮就知道，去年一张酿皮卖四块，一张切两碗。今年一张酿皮涨成五块，可清油、面粉也涨价了。主要是我们人手少，小打小闹成不了大气候。莫家街姓马的卖酿皮，雇了些人手，据说一天能卖出去五六百张，把光阴挣下了。"

"你这酿皮，一斤面粉蒸几张？"

"三张就嫌薄了。人家用扁盆烫的白酿皮，一斤面粉能出四张。"

田壮沉思着抽烟，片刻又说："民生街上凡是吃了你酿皮的，都说你的酿皮味道好，味道好的原因在哪儿？"

肖巧娘盯住田壮看了一阵，"你问得这么详细，是不是也想卖酿皮？"

田壮笑了，"我只是问问。单位改制，闹不好要叫我下岗。下岗干啥哩？在单位我是食堂白案炊事员，抓面抓惯了，想来想去，做馍馍卖酿皮最顺手。"

"你打算在哪儿卖？"

田壮笑了，"我才谋算哩，还没想到这一层。"

肖巧娘说："看你是个实诚人，我把该说的都说给你。人们吃酿皮其实是吃调料。调料好，味道自然好。可配调料各有各的配法，所以一家一家的酿皮就有了差别。"

田壮的表情殷切起来，扔掉烟头诚恳地说："要是我卖酿皮，配调料要注意什么？"

肖巧娘笑了，"这我不能说。我的酿皮吃的人多，全凭我的调料。再就是酿皮的软硬要掌握好，按时下的话说，这是我的商业机密，不能告诉别人的。"

田壮笑着说："我理解，我理解。"起身向肖巧娘付了三块，说："别找了。"快步离开，走到四号院门口，听见有人叫道："表哥！表哥！"是表弟伊承宗的声音。回头，看见伊承宗的夏利出租车停在街口一角的人行道上，伊承宗推开车门从车里站出来。

田壮横过街道走到车前，"这地方不准停车，你不怕罚款？"

"没事！"伊承宗靠着车门给田壮让烟，"是老柴让我停这儿的，谁敢罚我的款？"掏出打火机给田壮点烟，自己也点了一支。

老柴是交警五支队副队长，为公为私常用伊承宗的车，伊承宗有恃无恐。"老柴有个朋友住在一号院里，这朋友的老婆喜欢宠物，老柴弄了一条京巴，送到朋友家去了。"

"你在等着老柴？"

"不等不成，老柴是惹不起的人物。"

"那你等着，我就不把你往家里让了。"田壮说着扭头走开，被伊承宗揪住后襟，"你还想不想找对象？"很严肃地问道。

"怎么不找？总不能一辈子打光棍。"

"我听表姐夫说，别人给你介绍好几个对象，你都不肯见面。"

"不去见面不等于不找对象，怎么，你也想给我找一个？"

"我们车队有个开车的，也是离了婚的，没有小孩，各方面的条件跟你适宜，想不想见一见？"

"长得怎么样？"

"还行，一米六五的个头，五官也端正。"

"能不能比得上邱慧敏？"

"比邱慧敏低一点，皮肤也没邱慧敏白，眼睛稍微小一点，可头发比邱慧敏的长。"

"算了吧！多谢为我操心。"田壮转身要走，又被伊承宗拉住，"表哥，不是我多嘴，你得先把自己掂量清了再掂量别人。邱慧敏为啥跟人跑了？还不是嫌你是个炊事员，挣不了大钱，配不上她。难道你还想来个邱慧敏第二？"

田壮被揪到疼处，没好气地说："你懂什么？"挣脱表弟的拉扯大步走开了。

准备了一万入股金，田壮心里并没踏实。僧多粥少，无声的竞争在暗地里进行。人缘和造化有时候要比工作态度更起作用。他一个食堂炊事员，从工作开始只想着如何把饭菜做可口，让上灶职工们满意，没顾上与领导建立关系。说起造化，他自知一个炊事员，如同一粒随水漂流的草芥，遇上小小的漩涡，不是被淹没就是被漩出流迹，干死在岸边。单位改制无章可循，边摸索边进行，尊重事实成了最公平也最必要的措施。事实是什么？人多岗位少。精简机构，撤消的第一个就是食堂。拥挤在营销第一线的，多是好脸蛋，好腰身的年轻女子，谁还稀罕一个一身肥膘又口秃言短的男人？田壮失眠两个晚上，想了两条退路：一是发挥炊事员善于调弄面菜的长项，卖地方风味小吃。二是托靠田伟在山东威海寻个打工活儿，去那边碰运气，还能甩脱烦人的婚姻问题。他要把自己的想法告诉父母并说服他们。面对一座被人们拥塞不敞的小桥，跟着拥挤不如脱了鞋袜涉水过河。

孔秀一人在家，坐在沙发上发呆。见田壮不到下班时间回家来，不解地问："怎么回来了？"

"听人们私下说，食堂要撤，几个炊事员想不通，找领导讲理去了，要停做晚饭，逼那些在食堂吃饭的单身职工找头头提意见，让头头明白撤消食堂的决定是否合理。"田壮给自己倒了一杯开水，坐在母亲对面，"我心想撤消食堂是早晚的事，找头头评理不会有结果。不如尽早抽身，自己想办法。"顿一下，想把谋划卖酿皮，下午去酿皮摊打探情况的经过说给母亲。转念觉得这事还没想明白，万一行动不了，会被母亲认为他遇事没前没后抓不住头绪，便把要说的话咽了回去，对发愣的母亲说："阿妈，你说，今晚上吃啥，我去做饭。"

孔秀伸臂扯住儿子衣角说："你先坐着，我问你个事儿？你们单位去年年头上殁掉的康师傅是不是胃癌？"

"嗯。"田壮应着，小心起来。康师傅是食堂里资格最老的红案师傅。田壮学的虽然是白案，却在康师傅亲授下学了不少的红案技艺。

"你跟康师傅一起上班多年，你说，康师傅从得病到去世，前后多长时间？"

"起头听他隔三岔五说胃疼，见他一把一把地吃药。前年春天或是大前年冬天，诊断是萎缩性胃炎，住了一阵医院，后来说好了，再后来又猛乍乍地不成了，说到了胃癌晚期。家里人要给他做手术，他死活不做，不到半年就死了。前后算起来，三年的光景。"说到这里顿然想起母亲时不时胃疼，一次一次的看病吃药，明白了母亲提说这话的用意，收口已晚，便装出不在意的样子说："人殁了快一年了，提他做什么？你坐着，我去做饭。"又被母亲撕住后襟，"你别急着做饭，听我说，今早跟你大大、田英去了医院，医生检查怀疑是萎缩性胃炎，建议做一次胃镜检查，你大大吃不准胃镜该做不该做，叫上田英去医院找熟人咨询去了。你说，这胃镜做不做？听人说，做胃镜得二百多元。"

"阿妈，做胃镜是为了把病诊断清楚，这钱该花就得花。"田壮努力克制心里不祥的预感，免得从脸上显露出来。"阿妈，你别听风就是雨。得萎缩性胃炎的人多的是。我们公司那个姓唐的副经理，得萎缩性胃炎十几年了，犯病时吃药打针，不犯病照样是半斤一斤地喝酒，哪一次不把自己往死里灌，还不是好好的。听唐副经理说，一般的萎缩性胃炎，吃一两个疗程的药就能大好。他是戒不了酒，才拖得时好时坏的，阿妈你又不喝酒，怕什么？"

孔秀凄惶的神色淡了下去，"我是怕医生诊断错了。今早给我看病的是个年轻医生，刚从医学院毕业……"

田壮打断母亲的话，"你别胡思乱想了，小宁的姑舅哥是大医院的内科专家，等阿大他们咨询回来，再说下一步的事。明天我领你去藏医院看病，听人说，藏医藏药治萎缩性胃炎一把抓。"

孔秀从儿子嘴里听到了希望，笑了，"真能把病一把抓了，就再好不过了。"嘴上这般说，心里仍旧吊着一团疑惧，不知男人会带来什么消息。

六点钟，田成功、田英回来了。

孔秀问丈夫："小宁的姑舅哥怎么说？"

不及田成功开口，田英抢在前面说："听我们详细说了你的症状，他说胃溃疡的可能性最大。建议做一次胃镜，确诊后及早动手术，如果住在他们医院，他请医院最好的大夫给你主刀，保证手到病除。"

孔秀见女儿说得竹筒倒豆般利落，说："要是做胃镜做出是溃疡，我就不怕了。听人说，五号院一个岁数跟我一般大的女人，得胃溃疡二十几年，动手术把胃切除了四分之三，如今还活得好好的。"

田英蹲在母亲腿前，双手捧住母亲脸颊说："这就对了，我真为阿妈自豪！"说话间有意无意地扫了田壮一眼，田壮发现田英眼里隐着深深的忧虑。

趁田英去厨房烧开水的工夫，田壮走进厨房压低声音问道："你给阿妈说的都是真话？"

田英往厨房外探一眼，压低声音说："医生检查后背着阿妈给我跟阿大说，他触摸胃部发现有一个包块，鸡蛋那么大，怀疑是肿瘤，要我们尽快做胃镜检查确诊，真是肿瘤，还得做活组织检验，以确定是恶性还是良性。"

田壮灰了脸愣愣地站着，心里说：真是祸不单行呐！

"别这么垂头丧气好不好！你是家里的顶梁柱，遇事像霜打了的茄子，这家还有啥指望？说不定检查出来是个良性瘤子，你得振作点。"田英边说边往暖瓶灌开水，单手提着24公分钢精壶，壶身摇晃，壶嘴流出的滚水偏出暖瓶口，溅落到地上，腾起一片热气。

田壮说："你别在我眼前装硬气，看你灌水样子，心里比我还虚。"

田英把钢精壶咚地放在地上，"人家提着费劲，你不主动把开水灌上，还说风凉话。"靠着厨柜，把闪出泪光的眼睛调向窗户。

田壮提壶灌水，"我没法儿振作，眼看要下岗，心里乱得啥似的，又遇上阿妈这档子事。要是不好的病，别的不说，单就住院手术化疗的费用，能把一家人整冰，几辈子休想翻身。"

田英用手指揩着眼角，"没法振作也得振作，你得把这个局面撑住，心里再乱也得装出没事的样子，只当阿妈得的是胃溃疡，能好的病，阿妈才能心宽。"

"壮壮，英英，有话来房里说，钻在厨房里唧唧咕咕地捣什么闲话！"田成功大声叫着，并把闲话两个字咬得很重，有意让孔秀觉得两兄妹背着他们不是在谈论她的病情。

田英高声回道:"有人给哥哥介绍了一个临时工作,我给哥哥介绍那边的情况呢。"田壮便提高声音说:"其它条件都没说的,就是工资给的少了点,要我去,得跟这边的工资一样。"同田英走出厨房。

孔秀审视着兄妹的表情,劈头问道:"给多少工资?"

田壮猝不及防,脱口应道:"八百元。"

"八百元?八百元还嫌少,这边你不是才拿七百多一点?"

田壮发觉失言,脸胀红了。可巧,像解救他似的,电话铃响了。

田英提起话筒听了几句,把话筒交给父亲。田成功嗯嗯呵呵地应了几声,扣下话筒对孔秀说:"老三家又吵架了,我得过去一下。"他没时间也没心情把听到的话说清白,只对田壮说:"你跟我一起去。"

父子俩穿上外衣急急离去。

开门的孙雅萍板着黑灰的脸,拉开房门就背过身子,把头发蓬乱的后脑勺对着欲要进门的田成功。田成功真想扭身回去,打电话叫他来,是为了看她难看的脸色?

大间地上全是瓷碗的碎片,间杂着菜叶面汤,一片狼藉。茶几上摆着醋壶、辣缸、几双红筷子。田成才气鼓鼓地坐在沙发中央,瞪眼瞅着厨房门口的田健。田健嘴上叼一支烟,斜眼冷看着进来的伯父和堂兄。

火爆的气氛。田成功估计父子吵架大约由吃饭引发,不好直接入题,佯装从容地问田成才:"阿大呢?阿大不在家?"目光却在质问田成才:什么了不得的事,脸红脖子粗的!

没人回话。田成功推开小房间的门,父亲靠床头斜在单人床上,也是一脸的黑雾。重新拉上小间房门,绕过脚下的碎瓷片和粘在地上油绿的菠菜,坐在沙发一端,没好气地说:"是不是嫌日子过得太舒坦了,把这么好的菠菜往地上扔。"给田壮递个眼色,田壮去厨房取来铁簸箕、扫帚,要打扫地上的碗碴菜叶,却听孙雅萍说:"田壮别扫,让这些破烂就这么放着,好端端的家眼看要烂散了,谁还稀罕几个破碟子烂碗!"

田成功听出孙雅萍话里有话,避开这带刺的话头对田成才说:"叫我来,是为了看你们的脸色听你们的斜话？你要不出声，我就走了，我家里也有一摊子乱事哩，没心情管你们这些烂事！"

沉默了一阵，田成才噎声噎气地数说起来。

原来，矛盾出在吃饭中间。孙雅萍把醋壶、辣缸、油炝菠菜菜碟摆上茶几，对坐在茶几一头小方凳上的田健说："你把筷子摆上，我去舀饭。"

田健接住母亲递过来的一抓大红竹筷，大头朝下在茶几上墩了两下，把第一双摆在爷爷面前，第二双放在父亲面前，第三双摆在母亲要坐的位置前面，最后给自己放了一双。这时，孙雅萍一手端一碗面片进来，把右手一碗放在田成才面前，左手一碗放在田健眼前。转身时，见田健把碗推给了爷爷，就忍不住说："这一碗是给你舀的，端给你你吃就是了，显啥能哩！"

田健没好气地说："你们从小教育我们要尊老爱幼，饭端来我让爷爷先吃，怎么是显能？"

孙雅萍瞪着眼说："刚开锅的面片硬，先舀给你，是你年轻牙口好。你爷爷牙口不好，等面片在锅里多煮一会儿再舀，一会会儿时间，饿不着你爷爷的。"

田健发现爷爷脸上走了色，说："一会会儿时间饿不下爷爷，也饿不下阿大，饿不下我，干脆等面片煮烂了大家一块儿吃。"

"你说的这是啥话？！"田成才狠声质问儿子，他不想让事态扩大，需要弹压一下。

"说的是好话！"田健操筷子攥一坨菠菜放在爷爷碗里，"爷儿，我记得你的牙多半还在嘴里，对付一碗素面片不会有问题。你吃，等吃了这一碗，锅里面片就煮绵了。"

孙雅萍看出儿子故意跟她过不去，翻一下白眼对田成才说："你听听！你儿子说的这是啥话？我想的是好心，等面片绵一些再舀上来，他却不依不罢的，要觉得这个家里圈不下，趁早儿寻个圈下的地方去，我也少耐耐活活地伺候！"

"别急！走是早晚的事，现在还不到走的时候。"田健操起醋壶往爷爷碗里浇上点醋，"爷儿，你只管吃你的饭，只当阿妈在唱歌儿，受听不受听反正总是一个调儿。"

田寿操起筷子，捞一片面叶送进嘴里，没情没绪地嚼着。他真想摔下碗筷走开，可孙子的阵角需要他把守。

这时，孙雅萍又端上碗来，一手一碗，拇指扣住碗口，中指托着碗底，把右手一碗送在田健眼前，要儿子接碗，不料儿子眼望着爷爷出神，没有接碗的意思。孙雅萍忍不住火火地说："碗都不想接，是巴望我喂你不成？"

田健这才回过神来，赶紧伸手接碗，慌忙中碰歪了母亲手上的碗，面汤洒出碗口，从茶几上溅起来，溅在孙雅萍腿上。孙雅萍原本气不顺，这下无异于火上浇油，单手往茶几上放碗，又把面汤倒在茶几上。顾了右手，左手的碗倾斜着洒出汤来，索性往茶几上一墩，墩得力重，一碗翻倒，滚下茶几摔成两半，面片白花花糊了半地。田健明知母亲失手，却又气愤母亲的恶劣态度，用阴阳怪气的腔调说："这样摔碟子拌碗的，伤损了东西还不得由你掏钱再买？"

气急的孙雅萍顺着儿子的话茬说："我家里的碗盏摔也由我，买也由我，没你说话的份儿！看你们一个个不得济的样子，我恨不得把这个家给砸了，落个清静！"

田健居然拍起巴掌来，"行呵，阿妈！你真有点不破不立的气慨！这破家别说你烦，我早烦透了，给！"拿起油炝菠菜菜碟，送到母亲眼前，"继续摔，想摔啥只管说，我给你送到手上。"

孙雅萍挥臂从上拍下来，啪！菜碟被拍到地上，清脆地裂成碎片，碧绿油亮的菠菜杂在白花花的面片中间。

"还摔什么？小碟子小碗摔得不解气，我把电视机给你。"田健起身朝电视机走去。

咚地一声，田寿把手里的饭碗使劲墩在茶几上，半碗面片从碗口弹起有半尺多高，白雨般溅落在茶几上下。田寿超常的愤怒举动发出的这声巨响，像惊堂木击案，发生了威慑镇压的作用，被气恼弄糊涂的孙雅萍、田健一下子清醒过来，怔望着田寿，空气凝固了。田寿用颤抖的双手拄着茶几吃力地站起来，眼里噙着泪水，颤颤巍巍走进了睡觉的小房间，呼地关死房门。田成才像从恶梦中醒来，心惊肉跳地扫视老婆、儿子，像在努力辨认两个有点面熟的生人。许久，抓起电话话筒。眼前的局面，只能靠有威信的局外人才能扭转平息。田家家族中，有威信的当数田成功。

　　听了田成才的这番表述，田成功也是一肚子杂气。他明白，这次家务纠纷的诱因，八成还是父亲元旦前夜那件事。多疑刻薄的孙雅萍一向把耳朵伸得长，估计听到了什么流言，不好直白，就借故发泄自己的不满。他气父亲七老八十做出不体面的事，惹得家里人欲说不能，欲罢不休。他气田成才三棒子打不出一个响屁，由着婆娘儿子在父亲面前撒野弄泼，听之忍之压不住阵脚；他气孙雅萍容不得一个老人，指桑骂槐成心要把父亲气出家门而后快；他气侄儿田健好高骛远，大事做不了小事又不肯做，憋了一肚子闷气无处发泄，找茬儿给父母亲出难题找麻烦。气归气，恼归恼，田成功心里再明白不过，清官难断家务事。作为自家人，他既不能当着兄弟和小辈的面数说父亲的不是，也不能丢开父亲的责任指责兄弟和兄弟媳妇。能说的，只有田健。可田健是为了维护爷爷才与母亲斗嘴斗气的。只说田健的不是，难叫侄子服气。最好的办法是避实就虚，来它个稀泥抹光墙，萝卜两头切。便拿出长辈的威严对田健说："年轻轻的不想着寻点事做，整日闷在家里，心里不畅快，就寻茬儿给大人添乱。今天你阿大把我叫来，我不说谁对谁错，家务间，说不清谁对谁错。我只想问你，对今后有何打算，想不想找个事干？"

　　田成功威严又不失温和的态度和语气无疑于一剂催化剂，室内凝结的气氛有所松动。田健垂头吸烟思谋回话的工夫，孙雅萍取来簸箕、扫帚，清扫满地的碎瓷面菜，又用拖布拖尽了黏糊的面汤。等母亲收拾了地面，田健把烟屁股按在烟灰缸里，满脸忧怨地说："不是我不想做事，是社会不给我做事的机会。我知道今日寻茬头说斜话不对，可阿妈……"

　　"你阿妈是被你气急了才发脾气的。"田成功要防止把话题扯到爷爷身上，急忙截断侄儿的话。难说的事最好别说。父亲做了不该做的事，让老三两口有了口实，为推说赡养义务而兴风作浪。可父亲毕竟是父亲。为了把那件不光彩的事彻底压住不再扩散，他考虑要改变父亲在三个儿子家轮流过活的安排。如何改，是下一步棋，今天不能走。于是说："今后再不能给大人添乱，既然知道尊老爱幼，也就该清楚爷爷、父母亲都是长辈，都应该尊重，现在就业这么难，想一下子找个称心的工作是不可能的。依我说，好歹寻个事做，挣多少钱不说，只要心情舒畅就成。一边做着，一边再找称心的工作。如今不像往昔，分在哪个单位跟钉住了一样，不许挪窝。现在讲的是人才流动，又都是聘用制，双向选择，凭你的身体条件，总能找个合适的工作。"

坐在厨房门口一直沉默着听父亲说话的田壮说："我今日想了个主意，万一单位要我下岗，我就寻个摊位卖酿皮，要不卖馍馍面条，到时候我俩合伙。"

田健笑了："亏你想得到！大老爷们卖酿皮馍馍！西宁市一个老马，就把卖酿皮的生意做到头了，再跟着折腾，只能挣点人家顾不上挣的零碎钱儿。"

"那你想做啥，当市长还是当省长？"田成才不阴不阳地插了一句。

田健对父亲瞪起眼睛，"你该问问田家的先人，坟上有没有这样的脉气？"

田成才无言以对，噎得咽了几口唾沫。

"你想做啥？说出来我听听。"田成功说。

"反正有些事我不想做。上星期一个朋友给我介绍工作，说'梦之夜'娱乐厅招保安，问我去不去，说老板是他铁哥们，他开口准行。我说我做不了那种工作，没去。"

"对！"田成功用肯定的语气说，"这一点我跟你们想法一样，那种地方钱给的再多，也不能去！"

孙雅萍对田成功说："他大大你听见了吧？这样的事他从来不给我说，要不是你今天问，我还不知道有这么回事哩。"满眼忧怨地望着田健。

"大概是觉得不适合做，没顾得给你说。"田成功为侄儿辩解，也防止孙雅萍借题发挥。

"哼！倒底是没顾得说还是不想给我说，我心里一本账！田家的老子也罢，小子也罢，都把我当作多余的人，要不是我长着眼睛长着耳朵……"

"你别嫌卖酿皮是小买卖。"田壮高声把话题岔开了,"我今日做了市场调查,只要经营得好,地段好,一月挣千儿八百不成问题。老马卖酿皮能发,我不信我们发不了大财还发不了小财。"

"那你就等着发小财吧,反正卖酿皮的事我不想做。整日扎着个围裙,油渍渍地伺候那些紧嘴婆娘,没劲!"田健说着给田壮扔了一支烟。

田壮欲要争讲,被父亲使眼色制止。田成功说:"我倒有个临时的主意,是怕田壮下岗一时找不到活儿,临时做一做,免得失落。"

"什么主意?"田成才、田壮、田健异口同声地问道。

"眼看要过年了,我听人说过年卖对子挺赚钱的。那些批发了对子、财神门神福字的,年前十几天,能挣两千多。田健要是乐意做,我有个门路,叫你批一些比市场上便宜的对子,挣它个一千两千,也好宽宽展展地过年。"

田健笑了:"你说的是刘老师吧!叫刘老师写对子我去卖?"

田壮兴奋起来,对田健说:"我卖酿皮也得等到下岗以后,年前这些日子闲着没事,我俩卖对子吧,挣几个钱儿过年。"

田成才夫妇赞同田成功这个建议。田健没明确表态,却也没拒绝。当下决定,由田成功与刘方商定卖对子收益的分成,如双方乐意,批发几刀红纸叫刘方书写对联,小年一过就上街叫卖。

7

田成业一连几天呆在家里,既不见要牡丹的人来,也不见房产评估的人出现,正想出去调整一下心情,师德来电话约他出去吃饭。话筒传来的是师德按捺不住的兴奋:"快来!胜利路商场隔壁的'好再来'小炒馆,有好事给你说。"

师德的好事一定与女人有关。假如新换了女友向他炫耀,那大约是上星期跳舞认识的那个吧？

那天他正吃晚饭，师德来电话叫他出去快乐快乐。他问去哪儿快乐，师德说他有个朋友与"天乐"娱乐城的老板是铁哥们，这朋友要犒劳帮忙搬家的师德，要师德去娱乐城放松放松，门票饮料免费。感于师德有好处总惦记着他，田成业及时赶到了"天乐"。

天乐的老板不但给师德安排了座位，端上四瓶"雪顿"啤酒，还给他叫来一个陪酒伴舞的女郎。朦胧灯光下，师德不无得意地把名叫姚乐的女郎推给田成业，叫她跟他跳舞。田成业起头有点别扭，走错了舞步，踩了姚乐的鞋尖。喝下两瓶啤酒就不再别扭了。柔美的灯光，妙曼的舞曲，溢出杯口的啤酒泡沫，都为姚乐的落落大方增色添彩。田成业看得出，自称有桃花运的师德对这个颇有点姿色的女郎不怀好意。

田成业没猜错，当喜形于色等在"好再来"门口的师德把他引进小炒馆唯一一个包厢中，姚乐从座位上笑眯眯站起来给他让座。还有一个比姚乐大几岁的中年女人矜持地望着他。

一张条桌一头靠墙，四把靠背椅摆在条桌两边。姚乐和中年女人已经分坐在靠墙的一头。师德像预先做了安排，管自坐在姚乐身边，把中年女人旁边的椅子留给了田成业。田成业落座时不禁向中年女人笑了笑。这女人好像在哪儿见过，好像是在一次家长会上。又好像是在学校组织的某次效游中。田成业确定不了究竟在哪儿见过这女人，不禁又打量了一眼。这是个五官清秀的女人，盘着冰激凌发型，穿着蓝灰色相间的格子呢短大衣。看上去不怎么随和，好像是被勉强叫来凑趣，懒得与生人招呼和亲近。

姚乐介绍道："这是我的表姐，师德打电话请我吃饭，说要把你叫来，我就把表姐叫来陪陪你。"

田成业只好做出礼貌的反应，微笑着问中年女人："应该怎么称呼你？"

"我姓苗，叫苗青。"还是不温不火的神态。

田成业心里动了一下，名字很美，与她的长相很吻合，绢秀生动，透着植物般的纤弱和冷艳。

服务生送来菜单，师德接住递给田成业，要田成业点菜。田成业不知师德请来姚乐和苗青有没有铺张的打算，便把菜单递给姚乐，"应该让女士点。"

"表姐你点，使劲点，点你爱吃的。"姚乐把菜单递给了苗青。

苗青双手捧住菜单，没怎么留心挑选就把菜单还给姚乐，"我点酸辣土豆丝。"

姚乐扫视单页的冷压膜菜单的正反两面，说："吃春饼得有京酱肉丝，再来一盘干炸带鱼。"把菜单递给师德。

师德不看菜单点了一道辣子鸡丁，一道回锅肉，一道葱爆羊肉，把菜单递给田成业，"你再点两个，四个人四喜发财，八个菜八福长寿。"挤眉弄眼地给田成业传达着暧昧的眼语。

田成业熟知师德的秉性，爱在女人眼前显能，背过女人又会哭穷。把菜单还给等在门口的服务生，"先上这六个菜，不够再点。"要了一瓶48度三花青粮佳酿。

等待上菜的工夫，师德给苗青和姚乐说："我跟田成业是交往了三十几年的朋友，原在同一单位，我在车间，他在子弟中学管总务。如今子弟学校归并到社会学校，他继续在学校里混，我提前退休成了闲打浪。我原是好人家儿女，是田成业教会我跳舞喝酒打麻将泡妞，把我拐带坏了。"

师德挤眉弄眼用的是玩笑的口吻，姚乐苗青听了显得很快活，田成业只好默认，以免破坏气氛。

不等菜上桌，馋酒的师德就要与田成业碰杯。田成业喝下四杯，趁师德与姚乐碰杯的机会，着意把姚乐打量了几眼。这个据说在一个精品店打工的四川籍女郎，年龄在二十七八岁上下，因了发型和衣着超前，加上外溢的活跃，看上去比实际年龄显得年轻。如果把娱乐厅灯光下的姚乐比作一朵被朦胧月光照出了轮廓的玫瑰，那么此刻的姚乐就是一朵瓣纹和花蕊清晰可见的罂粟，俏丽中藏着一种危险。单从眉眼看，自然光下的姚乐没有灯光下那么妖媚可人。

苗青在师德的再三怂恿下也使劲喝了两杯。菜上齐后四个人又举杯碰了一次，师德率先操筷子大吃起来，好像没吃午饭的样子。田成业认为师德的不拘小节在有些场合可以当作优点，可此刻未免有点失礼，留心着姚乐和苗青的反应。两个女人好像并不在乎师德的举止，很快活地说着与吃菜没相干的趣话。大约是师德的好客打消了苗青的顾虑，抑或是酒精发生了作用，苗青的眉眼开始灵动起来。她的目光明亮，鼻子和眉毛无可挑剔，嘴型一般，笑起来却十分妖媚，左边嘴角有一个浅浅的酒窝，仿佛月牙旁的一颗亮星，为她的笑添加出甜甜的灿烂。田成业不禁兴奋起来，建议四个人轮流划拳喝酒。

姚乐猜拳老道，苗青只划小拳，反应也是机敏的，几个回合下来，田成业有了几分醉意。师德和姚乐旁若无人的眉来眼去叫他既嫉妒又羡慕，觉得在两男两女的格局中，他与苗青不该忽略这个应该把握的时机，便壮起胆子对苗青说："我要单独跟你猜拳"。

笑容明媚的苗青爽快地接受了田成业的挑战。

姚乐和师德对视一眼，鼓起掌来。

师德的手机呛嘟嘟响声嘹亮，师德从衣袋掏出手机接电话时，姚乐说："师哥这是什么破手机，响得这么难听，能把喝醉的人吓醒。"

"道来米法。"师德把香烟盒一样厚壮的手机贴在耳上接听，嗯呀啊哦地应答了几句，递给田成业："你老婆的电话。"田成业接住手机，师德又说："你老婆怎么知道我的手机号？"

田成业接听了电话，把手机还给师德说："我得走了，房产局的来家里评估房产，老婆叫我回去。"起身提起搭在椅背上的外衣。

"不去不成吗？又不是家里没人，叫你老婆关照就成了，干吗非要你回去？"师德有些失意。

"就是，喝得正来劲呢。"姚乐也说。

"不回去不成。"田成业嘴上坚持要走，心里却想留下来继续快乐，四个人的饭局，他中途走开势必影响刚刚热起来的气氛。又觉得朋友间的应酬抵不上评估房产的事儿重要。为了表示自己迫不得已并有弥补这种失礼的愿望，说："这样吧，改天我做东，请两位女士吃饭，弥补今天的失礼。"遗憾地走出了包厢，下意识里，觉得如果苗青挽留他，他就该留下来。

送出来的师德说；"你真让人扫兴！"送到饭馆门外，又问："你老婆怎么知道我手机号？"

"我来之前告诉她的，这几日都在等待评估的人，这事儿不能马虎。"

"怎么样？"师德不无得意地眨一下眼睛。

"什么怎么样。"田成业清楚师德这话是什么意思，却明知故问。

"你不是说我抓不住姚乐吗？"去"天乐"跳舞那晚上，师德给田成业夸口要把姚乐弄到手，田成业当时表态："姚乐不是你抓的。"此刻为了师德高兴，田成业来了这么一句："不错，能叫来一起吃饭。""有一就有二，你等着瞧吧，"师德眼里闪着自信。"好，我就等着看你的。"

两人分手田成业走出去十几步，师德又追上来说："我只带了一百元，闹不好不够，你得先借我五十。"

田成业早有思想准备，掏出五十元拍在师德手里。

为争取时间，田成业搭乘出租车赶回家里。三个冒着热气的茶杯在茶几上等着他，还有一包开封的硬翻盖白沙香烟。茶杯都满着，烟也满着。

"走了？"田成业走进左隔间问孟慧。

正往衣柜里挂大衣的孟慧勉强答道："走了。"不知是对丈夫的迟来不满意，还是对走了的人们有些意见。

"丈量了没有？"田成业认为评估房产的基本前提是对房屋面积做出精确的丈量。

关好衣柜回头的孟慧，脸上浮现出无奈的笑，"要是丈量就不会这么快走了。他们说这一排三家人十二间房，规格面积都一样，量一家就行了，用不着重复丈量。"

"看样子来了三个人，都是什么人？"

"两个男的，一个女的，进来后里里外外瞅了一阵，在一个本子上写了些数字，而后看了看我们搭建在房后的煤房，看了看小院和围墙，就要走，我泡茶拿烟请他们坐一坐，说你马上回来，他们说还得去老左家看看，茶没喝烟没抽就走了。"

"哦！"田成业有点莫名的失落，"早知道他们的评估这么简单随便，我就不回来了。师德见我中途退席，狠狠地说了我一顿。"望着茶叶已经沉到杯底的三杯澄绿的清茶，揣测走了的三人一定是注重公仆形象的人。"他们说没说评估完就可以搬家。"

"听那女子说，开发商和施工单位有些事还在扯皮，开工日期可能要推迟。"

原定春节假期过后施工单位就要进驻工地。施工日期推迟意味着春节可以不搬家了。田成业喜从心头起。真这样，两株牡丹就好处理了。

一串脚步声，掀起棉门帘进来的是右隔壁的尤林，进门就问："评估的走了？"

"走了。"田成业让座，敬烟，"来的三人先去你家了，都是些什么人？"

"一个是开发商方面的，一个是拆迁办的，一个是房管所的。看样子都是老手，拿着一把卷尺几下就量完了。"尤林指一下茶杯，"看样子在你家连口茶没喝。"说着点烟。尤林是一家市级建筑公司管材料的，与田成业是说得来的邻居。

"你家丈量出多少平米？"田成业和孟慧同声问道。

"三间房四十八平米，后面搭建的煤房算了十平米。你们家量的一样吧？"

"我家没量。他们说我们三家的居住面积一样大小，量一家就成了，用不着重复丈量。"

"说的也是。"尤林抬头扫视几眼，"我问他们这房子的造价多少？他们说六十年代中期建造的土木结构的平房，一平米顶多五百元。"见田成业两口听了这话相互望了一眼，又说，"我来是跟你们商量个事儿，我们三家凑钱把这三个人请一顿吧？"

"有这个必要吗？"田成业问。

"怎么没必要？"尤林显出老江湖熟知万事的神情，"我知道这里边的曲曲道道，所以想到应该请他们吃一顿。"见田成业两口不解地盯视自己，又说，"去年我亲家的老房子拆迁，评估的做了评估，今年年底兑换新房时，我亲家与同院的老万兑的是楼上楼下一样规格的新房，我亲家兑的是二楼，老万兑的是三楼。找补差额时，我亲家比老万多出了四千。亲家问这是为什么，拆迁办的说老万家的旧房做了局部的翻修和装饰，造价当然高点。后来才知道，老万花钱把评估的喂了一顿。人家手下多少做点花招，就能给你省下三千两千的。"

田成业相信尤林说的是事实，但不以为然，"此一时彼一时，再说了，我们三家与后面一排三家都是一样的房子一样的规格面积。人家不可能吃了我们一顿就给我们估算得高些。前后两排是有参照的，给我们估高十元，后排的人家也不会答应。"

尤林笑了，"我说你们在学校工作的都是书生气太重。我在建筑单位七八年，什么不知道？再说了，我们好好地请他们一顿，主要是把我们圈了小院的花费叫他们算进成本。"

孟慧抢在田成业前面说："我看尤林说得对，请一顿十分必要。"

"我是担心，"田成业顿了一下，"万一这三个都是正统的人，不吃这一套，反而会坏事。"

"现在有几个是正统的？正统也是假正统！你不敢请，能保证别人不请？十家人有九家请他们吃了喝了，可能记不住九家人谁是谁，可不请他们的那一家准能被他们记住的。"

田成业被尤林说得动心了，心想，在世俗面前，教养有时候反而是束缚人的枷锁。"也行，三家出钱请三四个人吃一顿，大不了一家出一百元，真能把小院围墙的造价算进去，划得来。"当即与尤林从家里出来，到左隔壁与左舍通气。

左舍七十岁的爷爷一人在家，对田成业和尤林说："左舍刚刚把三个评估的人叫出去吃饭了，你们有事去南国饭店找吧。"

田成业和尤林退出来时心里不是滋味。

把茶杯收拾起来准备做晚饭的孟慧听说左舍独自把评估的人请出去吃饭，笑着对田成业说："看看人家，一个邮政局押邮员，比你当总务老师的会来事。"绾袖子进了厨房。

田成业心里别扭着，打开电视机退坐到沙发上，用遥控器调出地方台，正在重播上午的新闻：国务院西部地区开发领导小组在北京召开西部地区工作会议；《个人独资企业法》从元月份开始实施，此法对个人注册资金不做限制……市中级人民法院召开公判大会，四名罪大恶极犯罪分子被执行死刑……

田成业眼睛望着电视屏幕上闪跳的影像，心不在焉地听着，不禁抬腕看看手表，六点差十分，师德他们已经各自回家了吧？有女人陪着喝酒，师德回家时一定左摇右晃着。听苗青说话的口音不是四川人，怎么会是姚乐的表姐？

"张眉瞪眼地想啥呢？"孟慧把一盘葱爆羊肉放在桌上，审视着走神的田成业。

"没想……想左舍请评估人吃饭的动机是什么。"

8

农历腊月二十四清早，民生街与民权街十字路口出现了第一个卖春联的临时摊位。在临街两栋楼房交错的L形山墙上，也就是朱朝阳摆鞋摊的地方扯了一长一短两截尼龙绳索，几十幅散发着墨香的春联，用竹夹夹挂在绳索上，红灼灼地给路人传达着春节临近的热火气象。

来往行人都要扭头往红艳的联阵上望上几眼，有的驻足默读春联内容，可没人要买，连问价的都没有，这让守摊的田壮沉不住气了，心里抱怨田健，说是去吃早饭，一会会儿就来，结果去了两个钟头不见回来，吃八盘宴席也用不了两个钟头呵。心里就咒着：你嫌这抛头露面的小买卖没劲，别答应呀！人家刘老师连明昼夜写下一刀红纸的春联不是容易的。再说了，不是阿大好言好语费了老大的口舌，谁能让刘老师撂开书法家的牌子写春联让人卖？听人说,省上市上的书法家们,除了文联书协组织活动才肯象征性写些应景春联,没人肯做这失身份的事。好在刘老师是个平民意识强的人,又念惜与爷爷阿大的交情,才肯写出这么多对子让他和田健卖,说好一幅对子只收五角的润笔。得了这么多便宜还不知足,难道还想要天爷的脑瓜盖不成?

一个眉毛很浓,抹了无色唇膏的中年女人停下来扫视挂在墙上的一排对联,从右看到左,再从左看到右,最后把询问的目光停在田壮脸上,"怎么全是墨写的?有没有金粉写的。"

据田健说,把红纸送到刘方铺上后,田健对刘老师提出要求,写部分金粉对子,容易出手。刘方却说:"熬金粉得有上好的桃胶,还得文火慢慢地熬。别说没时间,就是有时间,如今市面上买不到桃胶,用蜂蜜冰糖熬也很费事,加上如今市面上出售的金粉质量不好,写在纸上容易掉,反而不好看。你别看我的对子是墨写的,可内容好,真正懂行的要的就是墨写的对子。"

田壮对妇女说:"别看这对子是墨写的,却不是一般人胡写的,你看这字儿!"他指着对联上力透纸背的凝重魏体,"是书法家写的,一幅对子就是一幅书法作品。"

妇女阴阳怪气地笑笑,走开了。

沮丧的田壮看着中年妇女离去的背影,心里为刘方不平。

田健笑眯眯地从人伙里钻了出来。

"你是牛还是狮子?一顿饭吃了这么久!"田壮没好气地问道。

"有没有人买?"田健反问。

"守摊的人不在,谁来买?"

"你不是人?"

气不是恼不是的田壮只得和气下来,"问的人都没有。"

田健扔掉手里的烟头,用脚踩死,"我去北大街、文化街、莫家路看了看,卖对子的比这里多,都是批发的用金粉印刷的对子,还有彩印的财神、福禄寿娃娃,门神、各种福字方斗。四开的对子一副五块,八开的对子一副三块,我们的一副三块是不是太贵了?"

"现在的人们难侍候，价钱定的太低，反而认为不是好货。这对子好歹是书法家写的，再低卖，刘老师心里过不去。"

田健从裤袋取烟，带出一支"两响炮"掉在地上，田壮拾起来说："从哪儿弄来的炮仗？"田健眨一下眼睛，把二响炮装回裤袋里，"你说的对，我们也不能只图出手快，先这么卖着，真卖不出去，再说。"扫视街上稠密行人，怪声怪调地吆喝起来："快来买快来看，识货的往前站，书法家写的对子，字儿是字儿，内容是内容，快来看快来买……"

行人停下来听田健吆喝，一律是半信半疑又不无揶揄的神态，没人问价。

人们不痛不痒，田健火火地说："识货的尽管看，不识货的快走开，凉粉不吃把板凳腾！"推开两个试图挤到前面看联语的学生。

"火气这么大，还想做好生意？"身后低重的男中音让田健调转身子，同时准备了一句顶牛的话：做好做不好管你什么事？转身后把这话及时咽回了肚里。眼前这个用男中音说话，留背头的高个子中年人是民生街"典雅"西服店的老板焦玉玺。去年春节前夕，田健寻买过节的衣服，在"典雅"西服店看中了一套藏青色毛料西服，标价四百元。田健依据别人买服装砍价的经验，咬定二百元，多一个子儿不买。女店员做不了主，叫出办公室的老板定夺。老板出来瞅一眼田健，对女店员说："给他吧。"话说得干脆利落，眼睛里全是理解体谅人的神采。田健交钱，接住女店员装进包装袋的西服，不禁友好地问道："老板贵姓？"

"免贵姓焦。"递一张名片给田健，"欢迎多来光顾小店。"笑送田健走出店门。当时焦老板留给田健最深的印象，是谦和的态度和悦耳的男中音，认为是个当歌星的料。不料想今天出现在他卖对联的摊上。

"我听着声音耳熟，心想是你，果然是你。"田健庆幸自己没有贸然说出失礼的话，"焦老板的西服店生意好吧！"转身给田壮做了介绍。

"焦老板想选购几副对联？"田壮殷切地问道。

焦玉玺笑笑地扫视对联，"卖得好不好？"

"早上八点挂在这儿，到这时候还没卖出去一副。"田壮说。

"听你们刚才吆喝的口气，只会把顾客吓跑。"焦玉玺用通达的目光扫一下田健的眼睛，"和气生财嘛。"

田健愧笑着说："等了半天不见一人来买，就上火了。"顿一下，"焦老板你是生意场上高手，给我们出个点子，怎样才能招来顾客。"

焦玉玺答非所问："刘方的字写得真好，如在宣纸上，力透纸背。这些对联好像没怎么用心写。哦不，不能说没用心，而是用心用偏了。"

田健截断焦玉玺的话，"焦老板认识刘老师？"

"同在一条街上，又都是做生意的，怎么会不认识！"见田健、田壮纳闷着扫视对子，接着说："这些对子的内容文化含量大，要在平时文化节庆活动场合，一定风光。可春联要的是节庆的喜瑞效果，又是作为商品上市，这种纯粹文化内容的对联就不太受顾客喜欢。你们看这一副。"焦玉玺用厚重的男中音一字一顿地读出声来："'净瓶杨柳枝，洒点点，风调雨顺；紫竹白鹦哥，叫声声，国泰民安。'内容儒雅有余，通俗不足。再看这一副'酒味冲天飞鸟闻香化风，糟粕落地游鱼得味成龙。'上联的酒味呈示春节家家喜庆饮酒的欢悦，下联的成龙也是龙年呈祥的意思，但总体上还是书卷气太重。还有这一副'读诗寄怀秋水，对人如坐春风。'也是文气十足。"如此这般列举了五六副，听得田壮、田健和围观的路人们弹舌称是，从心底里赞同焦老板的见解和学识。

"怪不得看的人多，肯买的没有。"田健说，"我刚才去别的地方看了看，人家的对子都是金粉印刷的，大多是这样的：'迎春迎喜迎富贵，接财接神接平安'这墨写的字黑乎乎的也不惹眼。"

说归说，焦玉玺指着一副八开小对联说："把这副取下来，我买。"

田壮慌忙松开夹对子的竹夹，小心卷收在一起，从地上选取横批时，焦玉玺说："我只要对联，用不着横眉。这副对联跟我家祖传一副楹联的内容一致，我家那副楹联在文革中被红卫兵砸烂烧毁了。我把这对联买回去，保存起来。"

田健笑说："你是怕我们开不了张，买一副给我们鼓鼓气吧！"

焦玉玺也笑了，"给你们开张也是应该的。"掏钱递给田壮，"四元可以吧！"

田健拉住田壮伸上去接钱的手，"焦老板，你只管拿去，一副对子算什么事儿！"

焦玉玺庄重了神色说："情是情，买卖是买卖，见熟人亲友就送，生意就没法做了。"执意把四元钱塞在田壮手里，"我的财运旺，收了我的钱，你们的对联准定卖得快。"

好像应了焦玉玺的吉语，焦玉玺离去不久，一个十几岁的男孩来到摊前，左右看了几眼后问道："叔叔，这对联多少钱一副？"

田健审视精瘦的男孩，"四元一副。"

"能不能便宜点儿？"

田健认定男孩只为问价，不一定真买，口气生硬起来，"想便宜去别处买。"

"别处不卖刘老师写的对联。"男孩饶有兴味地一副一副挑拣，不像装模作样。

"你还真行！小小年纪能认出这是刘老师写的字儿。"田健觉得有趣，仔细打量男孩，眉眼分明，只可惜瘦损得近乎委琐，不像有出息的。

男孩的腔调是自信加几分自豪，"我是刘老师的朋友，怎么不认识刘老师的字？"

"你吹牛吧！小毛孩也想高攀书法家？"

"信不信由你，你只说便宜卖不卖？"

"多少才算便宜？"

"我想买五副对子，可我只有十三块钱。"

确信男孩是认真的，田壮怕田健把生意搅黄，抢在前面问："你买这么多对子做什么？是大人教你来讨便宜的吧！"

"你才讨便宜呢！"男孩骨碌着眼仁左右看了几眼，说："同学们说好过年要去给老师拜年，我想买刘老师的对联送老师，比买水果罐头什么的有意义。"

田健心里赞同男孩的这种心机，却怕上了毛孩的当，问道："送给什么老师？"

"班主任一副，数学老师一副，语文老师一副，体育老师两副。"

"为什么要给体育老师多送一副？"

"体育老师喜欢收藏书画作品，一副让他贴在宿舍门上，一副叫他收存。"

田健、田壮对望一眼，统一了心思：十三块五副，行！

男孩接住田壮细心卷好的对联，从口袋掏出十三块交给田壮。田壮抽一元还给男孩："看你小小年纪挺懂事，退还一元作为奖励！"

男孩响亮地说声谢谢叔叔，跑走了。

田健清一下嗓子，抑扬顿挫地吆喝起来："快来看快来买呵！我市著名书法家写的对子，低价出售，任你挑来任你拣啊！"喊得兴起，竟脱口说出一串顺口溜来："大红对子红又红，贴在门上迎新春，邓小平南巡讲话真英明，改革开放鼓劲风，劲风吹到西宁城，西宁城的人民笑盈盈，买一副对子贴房门，龙年来了运气顺……"

行人被田健的顺口溜吸引，围在摊前偏头歪脑地审读联语，人群中有人说："怎么尽是墨写的对子？有没有金粉写的？"

另一个说："怎么只卖对子，不卖财神门神？"

田壮吃惊地望着田健，这个从小学就顽皮得出了名的堂弟，高中只上一年就辍学了，什么时候学了这一套？扫视前拥后挤停步围观的人群，一律是看热闹听笑话的表情，不见有人掏钱。田壮脸上烧烘烘的，田健这种招人现眼的行为，叫他难为情。正想上前制止，人群中一前一后挤出两人，田健一见，顺口溜戛然而止。

原来是哼哈二将。

宫尚臣拍一下田健的肩头，"顺口溜编得不错嘛！是你自己编的？"和颜悦色语气平和。

"即兴发挥的。"田健有点得意。

桑布却黑着脸色问道："谁让你们在这里设摊卖对联的？知不知道这是别人的摊位？"

担心这样冷硬的质问会让田健顶牛,田壮堆上笑脸给桑布解释:"是刘老师叫我们在这儿摆摊的。刘老师说朱朝阳春节前后不出摊,地方闲着。"

"刘老师?谁是刘老师?他有什么权力做这种安排?朱朝阳不出摊,但已经交了摊位费,你们这是占用别人的摊位,又不给工商所交纳管理费,是非法的!"

"你怎么知道我们不缴工商税?我们想卖完了再缴。"田健也是冷硬的口气。

宫尚臣依然笑容可掬地说:"那怎么成?摆临时摊位也得先到工商所登记,得到允许缴了摊位费才能摆摊经营。如今下岗人员这么多,都想占别人摊位做买卖,不乱套了?"姿态很友善地说:"考虑到你们都不容易,既然已经出摊了,补交上摊位费,再把规定的工商费交上。"说着从真皮夹包中取出收费凭证。

田健指一下桑布,"他不是说朱朝阳已经缴了摊位费吗?再让我们交,就是重复收费。"

"哦荷!"桑布眼里闪出威严和反感的混合眼神,"朱朝阳缴是朱朝阳应该缴必须缴。朱朝阳请假不出摊,已经免了工商管理税。你们占人家摊位做买卖,就得缴清摊位费,这是规定!"

田健向桑布伸出右手,"把你的规定拿出来让我们瞧瞧!"

"荷!依你的要求,我们上街执行公务还得背上一大摞法规文件不成?想看可以,收摊跟我去城管所看。"

田壮熟知田健脾气,再这样顶牛,不好收场,把田健拉到一边,对宫尚臣说:"宫所长,你看这样行不行?我俩从早上摆到现在,还没开张,等开张买下钱儿,一定把该缴的都缴上,我们这是第一天出摊,学着做生意,你就网开一面吧。"说着话把手伸进田健口袋,想掏出田健的烟给两个人让一支,不料田健捏住田壮手腕不让他取烟,还说:"我的烟是人抽的,你少显能!"

一直和颜悦色的宫尚臣顿时严肃了眉眼,"你们认为没开张不该缴费,就是成心跟我们过不去!你们去左右摊上问问,哪一个是挣够了钱儿再缴的?

如果你们认为缴费不合理，就别做生意，把摊子收走，你我都方便。"

田健咒一声，转身就要收取搭挂在绳索上的对联，被田壮抱住双臂。使劲给宫尚臣和桑布说好话，保证收摊前按规定缴纳摊位费和工商管理费。大约为了免得闹僵反而不好收场，宫尚臣也拉着桑布走开了。田健立眉吊脸望着二人的背影，从裤袋取出那支二踢脚，左手两指横握炮身，吹去香烟灰，点燃了炮捻，田壮一看不好，却已来不及阻止，第一声已在田健身边炸响，火箭般窜出去一截直冲哼哈二将的背影，说时迟那时快，第二响正好落在宫尚臣脚前炸裂。意外的爆响让两人跳起一尺多高，而后回头搜寻炮的来处，只见田健、田壮都抬头对着楼上的一扇窗户喊叫："谁在楼上往街上放炮？谁？伤了人怎么办？"

周围的人都捂着嘴窃笑。

9

田成功站在院门口想了一阵，拐进民生街往西行走。按说，天堂巷市场最近，买了肉菜不消十分钟就能提回家里。可天堂巷市场的肉菜比其它市场的贵。别的市场一公斤西红柿卖三元，天堂巷里要卖三元二。五花肉也比别处贵五角。莫家街市场的蔬菜品种多，别的市场买不到的东西，去莫家街就能买到，大路菜的价格也比天堂巷便宜。比如甘蓝，天堂巷一斤一元五角，莫家街卖一元三角。可莫家街市场人多拥挤，瞅空子的小偷也多。头天，院里三单元胡家大媳妇去莫家街采购冷冻海鲜，挤进人群挑选冻虾，被小偷用刀片割破手包摸走了二百多元。比较一下，兴海路市场的价格最低，也不很拥挤。路远一点，可多走路并非坏事。计划要买的肉菜统共不过二十斤，提着走回来累不着人的。

走进兴海路市场，田成功不得不承认错误估计了形势。每个摊位前拥挤着选购的人群，继续有三五成群的顾客拥进市场，与那些买够了东西，两手提着塑料袋走出市场的人擦肩挤行。田成功踮起脚后跟，从人群的肩头和头颅的缝隙观看摊上究竟有什么东西。看清有茄子、辣子、黄瓜、冬瓜、蒜苔、莲菜……冷冻食品摊上，巴掌大的鲳鱼裹着青白的薄冰，带鱼是用起子从冻成整块的冰排中一个个撬下来，冻虾从冰块中向外透出粉红的弯体，鸡腿、凤爪、鸡翅像石头一样咔啦啦作响，宰活鸡的摊位前弥漫着鸡粪的腥臭，水渍渍的水泥台上，粘着带血的鸡毛和撕裂的鸡冠……

田成功从市场东头看到西头，再从西头看回来，一个摊位一个摊位地对比着肉菜的成色和价格，发现这种时候找便宜实在是幼稚。同一个市场，摊位一个挨着一个，又有市管所的人随时巡视监管，没一个摊位能冒犯众怒把价码往下拉。春节前食物采购的高潮应该在二十三到二十七这些天。如今家家有冰箱，赶早把东西买回去扔进冰箱，年前就有宽余时间做点别的事儿。避过这些日子，二十七、八日顾客稀少，卖主又急于清摊过年，会低价出售。没料到，他会盘算的别人也会盘算。等他的，是被挑拣剩下的，价格反而抬头的东西。

提着十几斤肉菜，田成功走一阵，把塑料袋放在路边干净的地方歇一阵。不是歇腿，而是放松被塑料袋提条勒麻木了的手指。早年入市自己带包，后来是网兜，如今不用自己带包带兜，各个摊位备有大小不等的一次性塑料袋，买一样装一个袋，十几样东西就是十几个塑料袋。最后归拢，用两个结实的大塑料袋分提两个手上，走一阵就把手指勒得发热发胀接着就麻木了。这样走走停停，走回民生街四号院用了一个小时。

孔秀正在厨房和面，搓去手上的面屑接住一个塑料袋，放在厨柜上让丈夫一样一样往外取，问道："红辣子多少一斤？"

"四元。"

"这么贵！？茄子多少？"

"茄子三元五，西红柿两元五，黄瓜两元……"见面板上放着脸盆大一坨面，田成功说："给你说了，身上不受活，今年别炸油食，你怎么又和了这么多面？"

"过年不炸些油食咋成？田英两口和孩子都爱吃馓子，年年等着吃我炸的馓子。我想好了，今年不炸油饼，只炸馓子。"

"往年你没病，炸多少由你，今年……"田成功尽量注意着不提孔秀的病，却禁不住顺口说了出来，"今年你有病，用不着操这份心了。如今满街都是卖馓子、花花子的。回民们炸的蜜馓、花花子三四元一斤，田英他们想吃，上街就能买到……"

孔秀打断田成功的话，"买的总不如个家做的吃着顺口。一年一满的，炸些油食才像过年的样子。再说，"孔秀顿了一下，"过了年我就得住院做手术，手术做好做坏……"孔秀的这种担心和预感让田成功心脏像受了挤压，急忙截断她的话说："你别说这些不吉利的话！一个常规的胃溃疡手术，一两个小时就结束了，术后半个月就能出院。"

"我不是怕手术做不好，我是怕手术中出现意外。昨晚电视播了一条新闻，四川一个县医院给病人做胃溃疡手术，肚子刚打开停电了，人死在手术台上。"

田成功笑了，"你别这样神经过敏好不好？这样的意外几十年才出一次半次。我们要住的是省级大医院，都有二三套备用应急线路，从来没出过这样的意外。"

"反正我心里怯怯的。弄不好，这是我在家里过的最后一个年，不给儿女们炸点油食，心里过不去。"

田成功的心又被挤压了一下，佯装生气地说："你想炸就炸，别再天上地下地胡想了，我挡你，是你动不动就胃疼，炸了油食自己也吃不了两口。"

"我吃不了儿女们吃，亲戚来了也要吃。胃疼归胃疼，年还得好好地过。"孔秀说着笑起来，却是让田成功心酸的凄楚的笑。

田成功把买来的茄子、辣子、黄瓜、莲藕、芹菜一一码放进冰箱冷藏柜，把羊肉放在切板上，绾袖管打算剔肉。剔下精肉炒菜，肉皮连筋的碎肉剁成末准备炸丸子。试菜刀不甚锋利，从厨柜翻找出半截油石，打算磨刀，揉面的孔秀说："你先把肉放下，等田壮回来叫他剔肉。你出去称上一斤虾仁，几条鲳鱼给老二家送过去。顺便看看，老二把阿大邀过去了没有。如果还没有邀,叫老二务必今天把阿大从老三家邀过去。二十八了,再不去邀,老三家又有说头了。去了给老二两口说,阿大三一晚上在他家过年,我们先买了阿大爱吃的虾仁鲳鱼给他们除夕做菜,初一早上我们早早过去给阿大请安。"

田成功心里感激着孔秀的周到安排,顺从地放下磨石、菜刀。估计身上钱不够,从抽斗取了一百元装在身上,动身前问道:"你想想,还有什么需要买的,我一手买回来。"

孔秀停下揉面,扫视厨房里的东东西西:"一时想不起来还缺啥,你先去办正事儿,缺啥明天买来得及。"田成功打开房门要出,孔秀又叫住他说:"给老二说,阿大邀过来问问洗澡了没有?要没洗,叫老二一定要陪着阿大去洗澡,千万别让阿大一个人去。"发现男人脸上浮现出为难神情,做了进一步说明:"昨日听院里的徐大妈说,她前天出去洗澡,八九个澡堂子里连立脚的地方都没有。人们挤死拼活地抢占水龙头,把一个阿奶挤倒了,险些出了人命。这几天洗澡的人多,叫阿大一个人洗澡不放心。"

"你不是不知道,阿大从来就不让我们陪他一起洗澡。"

"那也得把话给老二说清楚,岁数大了的人,一个人洗澡,不小心滑一跤,汗出多了虚脱,都有可能发生。年头节下的,又不能不让阿大洗个澡。哪怕多花点钱,要给阿大找一个服务好的澡堂。"

田成功响亮地应了一声,用意是让孔秀尽管放心,他和老二会按她的叮咛把这件事做好。其实他心里清楚,让父亲同意儿子陪同洗澡,比上天还难,这是几十年事实证明了的。父亲固守的这道封建防线,任谁也别想攻破。尊重父亲的这个让人不可理喻的习惯,对父亲来说才是最大的孝心。他和老二都没有打算去尝试着说服父亲放弃和改变这个习惯。因为事实上父亲固守这个习惯并没有妨碍什么。

10

田成海看一眼窗台上的马蹄表，五点半，田野又去外面吃饭了？去年、前年、大前年，也就是田野在《为民早报》当记者的这三年，除夕夜都不在家里过。看样子，今年又不来家里了。不是亲生儿子，心思就不在娘老子身上，这一点他心里明白，也努力不去在乎。可院子里空前的安静，让他不由地羡慕别人合家团聚过除夕的快乐；这儿那儿一声两声的爆竹炸响，也从他心里往外抽走了什么，空虚难耐。禁不住对发呆的老伴说道："田野不来家里过年？"

发呆的施秀云好像没听清老伴的问话，在田成海打算追问一句时，才懒洋洋地说："家里吃没吃的喝没喝的，他回来做什么？"老伴话里有气，田成海不屑地说："难道过年就是为了吃点喝点？"

施秀云喉咙里噎噎的，想顶撞两句又无从说起。想了一阵，说："田野来不来，我们也得吃饭，说，吃什么？"

"家里有什么？"田成海整理一年来卖废品的登记，眼睛没有离开手里的单单片片。

施秀云想了想说："有两袋榨菜，一条黄瓜，过中秋节田野拿来的两条火腿肠，还有几个没卖完的烧饼，是腊月二十六卖剩的。"这样说的用意是让田成海明白，烧饼已经放了四天，这是她一年中没有卖烧饼的四天，可也没闲着，协助田成海把家里剩余的废品处理完了。

"熬稀饭吧。"田成海在另一张纸上一笔一笔地累计全年卖废品的收入。

施秀云背着男人抹了几下眼泪："家家户户鸡鸭鱼肉地过年，就我们家里一辈子喝不够稀饭，大年三十……"

田成海打断老伴的话："大年三十就不该喝稀饭吗？大年三十喝稀饭别有滋味。"

施秀云的喉咙又被一股心气噎住了。这辈子遇了这么一只铁公鸡，大半辈子抠下来，早习惯了，懒得再与他理论。真要理论起来，田成海准定还是这么两句："顿顿鸡鸭鱼肉的人没见多长出一个鼻子两个眼睛，我们天天稀饭面条，也没见少一只耳朵缺一条胳膊。"

施秀云没情没绪地进厨房淘米，熬稀饭，把锅坐在炉盘上，拧开火头，从碗柜取出几天前吃剩的一条黄瓜，两包榨菜和两条火腿肠。火腿肠是中秋节田野去外面吃饭拿回来的，没吃，一直放到现在。不是没舍得吃，而是她和田成海已经习惯了长年素食，对火腿肠一类的荤物没有胃口。今日除夕，切片装盘，多少显点过节的气象。至于吃还是不吃，对她和田成海来说，算不得一个事儿。这是实践证明了的，这院里几乎所有的退休老人，都被医生说得使劲地吃药，一包一包地吃，一个疗程一个疗程地吃；要么就几部几部地打点滴。唯有她和田成海不吃药不打针，让那些被高血脂、高血压、糖尿病、脂肪肝纠缠的老病号不时向她两口请教，该如何养生？可她两口的办法在别人身上不灵。没有一个人能长期管住嘴巴只进素食粗食。单凭这点，在她嘴上诅咒老伴抠皮的时候，心里却暗暗赞同老伴这种超常的生存信念。

施秀云把榨菜丝，凉拌黄瓜条，火腿肠三样下饭的小菜和小米稀饭端上桌时，田成海已经算清了一年来拣拾废品得到的收入，挥着手里的纸片，喜气洋洋地弹几下舌头，一笔一笔念给施秀云听："报纸传单广告纸卖了伍百伍拾元柒角；废纸盒硬纸板卖了柒百零捌元肆角贰分；啤酒瓶易拉罐卖了肆百柒拾叁元壹角……"

"好好好！快喝！这可是大年三十别有滋味的稀饭。"施秀云觉得这么说还不能解气，又补上一句："别说是五百六百元，就是买回来一座金山，大年三十不过喝一碗稀饭，有什么得意的？"

"为什么不得意？"田成海坐下来喝稀饭，"你出去考察考察，大年三十谁喝稀饭？我们！谁家不贴对子不放鞭炮？也是我们！谁家不大吃大喝不大呼小叫不打麻将不挖坑？还是我们！整个西宁市谁有这么特立独行的本事？唯独我们……"

施秀云用大声的冷笑截断老伴的自诩，"也是也是，哪里见过大锅里煮熟的鸭子，肉烂嘴不烂？就在我们家里！"

田成海摇头晃脑地吃饭，一口稀饭，一口榨菜，间或夹一条黄瓜放进嘴里，喝得吸溜有声，嚼得有滋有味，对放在眼前的火腿肠看都不看一眼。

施秀云搛一片火腿肠夸张地嚼着。家里没冰箱，虽然火腿肠有几个月的保鲜期，但味道已不新鲜了，可她却说："这火腿肠的味道好得很，你不尝一口？"

田成海要搛黄瓜的手停顿了一下，似要搛一片火腿肠，筷子却从火腿肠盘绕过去，搛了一条黄瓜。

隔壁房里猜拳的声音一阵盖过一阵，夹杂着男女混和的笑声。田成海不闻不问地喝自己的稀饭，喝得鼻尖出汗。趁田成海去卫生间清鼻涕的工夫，施秀云把一片火腿肠埋进田成海碗里，试探一下，男人真是不馋还是死装样子。田成海回来继续喝稀饭，喝完让施秀云再盛半碗。施秀云见碗里没留下东西，笑着问："火腿肠啥味道？"

"肉的味道。"田成海不阴不阳的回答让施秀云大失所望。

施秀云心里憋闷，东一句西一句找话题儿给自己解闷。"一楼老宋家的大媳妇从四川回来过年，从火车站打的回来，从车上卸下七八个纸盒子，都是从四川买来的年货。"

"那是给院里人摆阔哩。"

"二单元老马给孙子买了三百元的花炮。"

"买四百元的花炮，也不能把孙娃子满嘴的虫牙变成好牙。"

"三单元的老白年前换了一台三十四吋大彩电。"

"我们十九吋的彩电照样能看春节晚会。"

"大彩电比小彩电看着过瘾！"

"再大的彩电也比不上电影院的银幕。"

施秀云抬扛抬不过男人，故意往他的心尖上挑，"看电影得买票，一张六元，包箱十元，谅你也舍不得。"

"知道我舍不得还说啥？想想过去，今日有十九寸彩电不错了，人心不足蛇吞象！"

施秀云懒得再说，起身开灯，开了大间的灯，见前一排楼上家家户户窗内灯火通明，有的在阳台上挂了灯笼，红灼灼地亮堂，就走进小房间开灯，再到厨房开灯。田成海明白这是老伴在使性子，说："开这么多灯干什么？"

"亮堂！"

田成海起身说："嫌家里不亮堂去街上，街上亮堂！"把施秀云打开的四盏灯关了三盏，只剩下大间一盏。

施秀云的喉咙又噎起来："没见过你这样的人。"

"没见过就把眼睛睁大了再看看。"田成海嬉皮笑脸地凑到施秀云眼前，"像不像跟你一个炕上滚了大半辈子的男人？"

施秀云气不是笑不是，最终含着眼泪苦涩地笑了。除夕夜，要讨吉利。上前打开电视机，却听田成海说："春节晚会八点开始，这么早开电视做什么？"

施秀云看一眼窗台上的旧马蹄表，七点十分，"电视机十二瓦，五十分钟省不下多少。"

"省一点是一点，苍蝇也是肉。"

施秀云觉得一味地迁就，老伴只会上头。决定冲撞一下，把电视机音量开到最大，直直地瞪着男人，豁出要争斗的架势。这一下田成海让步了，嚅嗫着在她眼前来去踱了几步，走进睡觉的小间，伸出头来说："你把声音关小点。"轻轻关住了房门。

施秀云望着关住的卧室房门，心里又有点过意不去。这辈子大事小事都让着男人，由着男人，好歹也算活下来了。到老了，又是过年，忍一下也就没事了。阿爷①躲进去睡觉，为的是除夕夜别红了脸。施秀云上前关小了音量，退坐在坐垫已经塌陷的单人沙发上，听电视里哈哈的笑声，看屏幕上喜洋洋的脸色。自家里买来这台电视机，阿爷都是天刚黑就睡觉，从来不看电视。这是阿爷从年轻时期养成的习惯。其实她也很少看电视。一来怕吵着阿爷，二来听从阿爷的意见：省电。除了特别高兴和格外气闷的时候用电视分散一

---

①方言，这里专指丈夫。

下情绪。如今没有多少适合老人们看的电视。一打开电视，总是男男女女在一起调笑，要么相互赌气使性子，要么嘴对嘴地亲热，把舌头伸到对方嘴里，要不就是抱成一团在床上打滚，有时候还光着身子。多亏家里就他老两口，没有大小，避不开看上一眼两眼心里不打鼓，头皮不发麻。平日这样的电视少看为好。可今晚是除夕，阿爷不该这么早丢下她一个去睡觉。

想得越多，心里空得越厉害。施秀云使劲摇几下脑袋，头里嗡地一声，眼前就晃着闪亮的光斑。她把目光投向窗外。后排楼上家家灯火辉煌，人影幢幢，不时有蓝的、红的、绿的彩明珠带着哨声划过夜空，响一下，溅开细亮的火星。两响炮、大炮的轰响一声接着一声，其间又是一串串的爆响。前楼的外墙在孩子们及早点燃的花炮映照下时红时黄时蓝地变着亮色。

看着想着，不由地想起了田寿。想起田寿心里就多了一份安实。好歹在自己家里，没儿女却有老伴。不像田寿，把几个毛孩子拉扯成人成了家有了儿女，却只能在三个儿子家挂单着轮流生活，受子女们多嫌。比起来，真不如她和阿爷哩。如此一想，心里明亮起来，赵本山鸭声鸡调的说话声和膝盖不打弯走路的样子惹得她笑出声来。

又一串爆竹在阳台窗下噼哩啪啦地响起来，阳台玻璃外闪着溅起的火星。这是楼下邻居把鞭炮挑出窗户放响的。火药味弥漫进来，施秀云喉咙就痒起来，想咳。这时，房门被人打开，撞进两个人来，施秀云定睛细看，原来是田野被一个姑娘扶着挤了进来，姑娘的另一只手提着两疙瘩东西。

田野头重脚轻地晃到施秀云眼前，挣开姑娘搀扶的手，双手扶着茶几，把头伸到施秀云眼前，"阿妈，怎么就你一个人看电视？"酒气冲得施秀云歪过脸去。不等母亲回话，田野又向同来的姑娘挥手，"给阿妈拜年！"

姑娘把手里的两疙瘩东西放在茶几上，笑眯眯地向施秀云叫道："伯母，我给你拜年了！"双手握拳打了一揖，很大方很得体，引得施秀云细看一眼，是个眉眼平常气色却旺的女子。

施秀云慌忙起身让坐，心里十分地别扭起来。家里什么也没有，没一点过年的气象。不无抱怨地瞅一眼养子，怪他不该把一位生人带回家里。

田野误解了母亲的眼语,介绍说:"这是我们报社的小兰,我们一同吃年夜饭了。"

施秀云倒一杯开水放在小兰手上,说:"田野老在外面忙着,我们老两口腿脚不利落,出不了门,过年什么也没准备。"

姑娘哦哦地应着,扫视着房里的陈设,眼里的疑惑越来越重。见田野酒后犯迷糊,好像忘了她的存在,放下水杯,告辞要走。施秀云巴不得姑娘快走。家里的寒酸连自己都看不过眼,更别说这穿戴时尚的姑娘了。急忙做出送客的样子,却听田野说:"能不能不回去?"

小兰模棱两可地笑一下,走到门口回头看一下田野。

田野把小兰送出楼门,搂住小兰的脖子凑嘴要亲,被小兰推开:"别别!"顿一下又说:"你好歹也是个记者,家里咋是这样子!"

"应该是什么样子?"

"具体说不上。反正全报社大小记者家里,都比你家强!都二十一世纪了,没见过这么简单的家。"小兰把简单两字咬得很重。

"你这就不懂了,艺术上讲究的是除去铅华见天真,生活中的简单是最高境界。"田野嘴上这般说,心里诅咒着养父,十足的守财奴!

"这样的最高境界恐怕没人恭维,至少我不敢。"小兰再次挡开田野试图搂抱她的手臂,在花炮彩光中匆匆离去。

田野回到家里,见母亲把他打包回来的剩菜一样一样倒在瓷碟端进了厨房。等母亲从厨房出来,田野没好气地问道:"阿妈,阿大今年多大岁数了?"

施秀云盯住儿子:"你问这做什么?"其实她明白,儿子问这话的用意是要挖苦他老两口,就装出不屑回答的样子收拾另一个塑料袋。

养母避而不谈,田野冲着卧室门提高声说:"七老八十了还不觉悟,这辈子白活了!"

施秀云打开另一个塑料袋,顿时惊得眼仁鼓成了一个肉丸子:"你……你买这么多花炮做什么?"

"花炮能做什么?放呗!"田野打着饱嗝倒在沙发上,往电灯的方向吐着烟圈。

"买这些花炮得花多少钱？"施秀云问。

"二百多块吧。"田野从裤带上的手机套取下手机，拨号，贴住耳朵听了一阵，含混地骂了一句，把手机放在茶几上。施秀云这才接着说："你这不是故意惹事吗？明知你老子舍不得花这种钱，还敢买这么多花炮拿回家来。"手忙脚乱地要把塑料袋重新包好塞起来，却听田野没好气地说："你包住干什么？这是我拿回来交夜时刻放的，你包住干什么？就这么放着！看阿大能把我怎么样？"伸手把母亲包严的塑料袋全都解开，有意取出几只花炮放在茶几上。

"你老子能把你怎样！？今晚是除夕，家家户户讲个和气，别成心惹你阿大生气。"说着话又想把塑料袋包住提开，被田野挡住。"家家户户除夕都要贴对子放鞭炮你们咋不讲究？"见母亲一脸无奈凄惶又近乎哀告地看着自己，田野掐灭烟头对母亲低声说了几句。

原来，腊月二十六日田野跟随工商、税务所的市场督查人员，上街检查烟花爆竹零售摊点，查封了几家无证非法销售烟花爆竹的个体摊点。为了答谢田野随机采访报道工商税务人员工作实况的辛劳，工商所从没收的烟花爆竹中挑了些好看的花炮送给田野过年。

十一点四十，施秀云进小间叫醒田成海，把嘴贴在他耳边如此这般说明了花炮的来历。除夕夜，家里的和气比什么都重要。

田成海走出小间站在茶几前，从塑料袋取出一个四方形彩盒的花炮，问田野："这种花炮多少钱？"

父亲拿的是"孔雀开屏"，田野说："这是八支装的，一盒四十八元，一支六元。"

"六元？七十年代六元能买二斤羊肉。"

"买十斤你也舍不得吃。"

"吃羊肉要紧还是供你上学要紧？"田成海质问时鼓着眼仁，田野哑口失言。

田成海又取出另一种花炮："这种花炮多少钱？"

这次取出来的是"步步高"，"八元上下。"

"放在六五年，八元能买来一袋面粉，三口的家能吃半个月。"

"现在是二十一世纪了。"田野最反感老爸忆苦。他认为老爸有甜不尝，吃苦活该！

"二十一世纪也不能把炮仗当饭吃？"

田野想说卖鞭炮的就是靠鞭炮挣钱吃饭，见母亲在父亲后边使劲给他挤眼睛，忍住没说。

田成海还想取一个花炮与儿子抬扛，施秀云插话进来："六元也罢八元也罢，反正是田野没花钱白拿来的。等会儿田野去院里放，我俩从窗子里看花听响声，不枉过了个大年三十。"

噼哩啪啦的爆响盖住了施秀云的声音。是前排楼上一家人打开阴台窗户，用长竹杆挑出一串爆竹，炸溅的火苗在震耳的爆响中往楼下坠落。片刻，整个院落，整条民生街，整个西宁市天摇地摆地轰响起来。满世界是爆溅飞落的火星彩光。彩明珠和窜天猴的彩光曳着火尾乱七八糟又五彩缤纷地射向夜空。城区上空、院里这儿那儿被彩色喷泉映照得流光溢彩，耀目的火花和光斑，将地面楼墙夜空装点出梦幻般的气象，人影在飞窜的光影中闪出闪没。弥漫飞散的硝烟味让施秀云咳嗽起来。她想起田野应该去院里放炮。回头，田野早没了影儿。

站在窗前的田成海远远近近地看了一阵，笑着对施秀云说："这下你明白了吧？用不着我们花钱买炮，照样能听响声，能看光景。"

施秀云含混地应了几声。老伴的心思，她揣摸了一辈子也没揣摸出个究竟。

田成海问道："你今日说二单元的老马给孙娃买了多少钱的炮？"

"三百元的炮。"

"这院里四栋楼，一栋楼四个单元，一个单元十户人家，一栋楼四十户，四栋楼一百六十户。要是平均一家买了一百元的鞭炮，一百六十户就是一万六千元。这民生街住着多少户人家？这西宁市总共多少人家？上千万的钱儿就这样听了响声看了热闹，真是造孽啊！"

电视里油头粉面的演员们合唱"欢乐今宵"的时刻，鞭炮的炸响渐稀渐落，收尾的一串串鞭炮声远远地传来，突出着轰响后的宁静。放完炮的田野回到家里，兑了一杯温开水滋润被火药烟尘弄燥的喉咙，茶几上的手机铃吓人地响了起来。

田野听到的是恶狠狠的质问："为什么不接电话？"

"听到手机铃响我就接了，怎么说我没接电话？"残留的醉意让田野分辩不出对方的声音，反问的语气极不友好。

"我这是第三次给你打电话。"对方说："头两次电话通着，就是不接。"

田野猛地反应出这是值班副总编辑打来的电话，顿时紧张起来，"我……我刚才下楼去院里放炮了，陶总，对不起！有……采访任务？"

"社里接到一个热线电话，静美小区发生了鞭炮炸伤小孩的意外事故，人已经送到医院去了，我想让你去医院了解一下详情，打两次电话没人接，改派小王去了。"说完挂了电话。

田野的心被对方挂机的咔哒声狠狠地刺了一下，额角渗出汗来。按常理，陶总派了人就不会再给他打电话的。显然，陶总对他不能及时接电话不满，打电话敲打一下出出气。田野望着手机怔了一阵，凶狠狠地质问养父母："你们听见电话铃怎么不叫我？"

田成海、施秀云从养子的口气听出了他的气恼和不满。可他俩根本没听到手机铃响。"我俩都站在窗前看院里放炮，满耳朵全是炮仗声，没听见你的手机响。"

"手机就放在茶几上，怎么能听不见？"

"满院满街满城都是炮仗的声音，耳朵都快震聋了，谁能听见你的手机响！"田成海不满养子的态度，硬声硬气地回了一句。

田野清楚抱怨父母是没道理的，还是忍不住嘟囔了一句："连一个电话铃都听不见，放着你们两个大活人有什么用？"陶总一向器重他，有重要的采访任务首先想到的是他。今晚无意的错失，在说一不二的陶总心里会留下什么？左思右想，补救的办法是尽快去市区几个医院进行全面的了解采访，及时拿出一篇有深度的报道，尽可能赶在小王前面交到陶总手里。田野一手抓手机一手提外衣跑出家门，身后跟着田成海有点兴灾乐祸的断定："这就是放炮的好处！"

打的赶到第一医院，没有因燃放鞭炮而发生意外前来急诊的病人，急诊手术室正在给一个因酒醉打架被砖头砸破头皮的人缝合伤口。田野是冲着燃放鞭炮意外伤残来的，无暇它顾。打的奔向红十字医院，走进急诊科大厅，看见表妹伊承新慌慌张张从急诊室那边小跑过来，手里拿着处方和钱，要去收费处交费。田野心里一紧，拉住神情极度恐慌的伊承新，"承新，谁？谁受了伤？"

伊承新被突然站在前面的人吓得退了两步，看清不是外人而是表哥田野，噙在眼眶的泪花一下成了泪珠滚过脸颊，哽咽着说："表哥，你……你是怎么知道的？"急步走到收费窗口，双手颤抖着把处方和钱塞进了窗口。田野上前急迫地问道："到底是谁？是鞭炮炸伤了吗？"

伊承新泪光闪闪的眼里显出疑惑，"什么鞭炮炸伤？你胡说什么？"

田野意识到满脑子鞭炮炸伤弄得他心慌意乱，稳定一下心神，放慢声音问道："我是说你家里……谁病了？"下意识想到伊承宗开车……

"不是我家里的人病了，是我同学的妹子吃药自杀，正在急救室抢救。"

"我以为……"田野满脑子想的是抢在小王前面把第一手报道素材抓到手。不能在这里耽误工夫，给表妹简略说明来医院的目的，仓慌离开了医院。

在医院门外等了一阵，来去出租车全是满员。期间，一辆面包车拉来一个喝酒过量昏迷的病人，被亲友们七嘴八舌喊叫着抬进了医院。终于等来一辆空车，田野打开车门时心里一动，改变了主意。鞭炮炸伤，是一般的报道内容，年年如此，没什么新意。除夕晚上服毒自杀，这么特别的新闻事件怎么能让它擦肩而过？如果就此线索挖出点意外的内容，写一篇深度的报道，要比一篇应景的报道更能引起全社会关注。这念头让田野激动起来。对司机说一声对不起，推上车门跑回医院。

急救室门关着，田野从门扇小窗望进去，看清医生护士们围在病床边忙碌。调整视角寻看，另一边站着的伊承新扶着一个哭成泪人的清瘦姑娘。他曾断断续续听姑姑、姑夫及表妹说起过一个姓高的同学，因母亲去世父亲再婚而辍学，打工供养妹妹，生活十分艰难。一想到这个背景，田野对这个新闻事件有了更足的信心。可抢救室不让进。在门外等了一阵，趁一个护士出来取药的机会给伊承新打了个手势。

伊承新出来了，一脸的疑惑："你怎么还没走？"

"你同学的妹妹吃了什么毒药？"

"喝了敌敌畏。"

"有生命危险吗？"

"医生说多亏送得及时，喝的敌敌畏也不多，正在洗胃，现在还说不准。"

"为什么要服毒自杀？"

"姐妹两个吵了几句，就……"伊承新的喉咙被什么东西堵住了，眼角又滚出了泪珠。

"你能不能把你的同学叫出来，我向她了解些详情，对我们当记者的，这是可遇不可求的新闻事件。"

"现在？"伊承新惊愕地盯住田野，"现在把小高叫出来让你采访？不行不行！人没抢救完，她怎么能出来？"

一阵急迫的脚步声响过来，伊承新慌忙迎了上去，原来是伊福禄、田成凤和伊承宗。

"人不要紧吧？"田成凤极度恐慌地问道。

伊承新答非所问："钱带来了吗？"

伊福禄从雪花尼旧大衣内袋掏出一沓五十面额的钱，"把家里的钱全搜罗来了，一千三百五十元。承宗把今晚跑车挣的二百多也给我了，一共是一千五百八十元，够不够？"

"不知道！刚才挂急诊号，收费室要两千元押金，我好话说了一阵，保证一小时内缴齐，才把人送进了抢救室。"

"先缴这么多，要不够用，我们明天再来缴。"

伊承新、伊承宗同去缴钱，眼睛哭肿的高洁梅听说承新父母送钱来，从抢救室出来，扑在田成凤怀里大哭起来，田成凤陪着眼泪安慰劝解。

伊福禄走到田野身边低声问道："你也是承新打电话叫来的？"

田野说明来由和留下来的用意。

伊福禄不假思索地说："现在无论如何不能向高洁梅提出采访的要求。"

"为什么？"

"小高的心都碎成几瓣了，再叫她重复这件事，不是往烂了的心上撒盐吗？要问，也得等到她妹妹治好出院，小高的情绪稳定以后。"

"那要等到啥时候？新闻新闻，要的就是报道及时。"

缴钱回来的伊承宗听见田野这句话，没好气地说："你怎么没一点眼色？现在是啥时候？怪不得外国人骂记者是苍蝇。"把田野往外推，"去干你的正经事吧！别再给承新添乱了。"

表兄弟伙里，伊承宗对田野最不感冒，田野是知道的。可他实在不想错过这个机会，"我这是从另一个侧面在帮助承新和她的同学，报道一发表就会引起全社会关注……"

伊承宗打断田野的话，"这样的帮助我们暂时不需要。你要想帮忙，小高现在最需要的是钱，你拿些钱出来！"把手伸在田野眼前。

"我身上没带钱！"

"回家取呀！我们不都是接到高洁梅的电话把钱送来的吗？"

田野懒得与伊承宗磨嘴皮子，但今晚采访的可能性没有了。再缠，自会讨人嫌。站在一边想了一阵，把伊承新叫到身边说："你给小高做做工作，最好尽快给我点时间。"

"我争取吧，最快，也得等她妹妹脱离危险，高洁梅心情平静下来。"

田野失意地走了。

止住哭的高洁梅又进了抢救室。田成凤对丈夫说："这孩子命真苦。"回头问伊承新，"给她父亲打电话没有？这种事得叫他知道，得把他叫到医院来。"

"高洁梅不让我打电话。我背着她打了三次,打不通,说不在服务区。"

田成凤软塌塌地坐在抢救室门外的长椅上,重叹一声,"大过年的,出这种事儿!"

11

田成才夫妇领着军军走后,田健从卧室出来,坐在沙发上抽烟看电视,等哥们的电话。与哥们喝酒才叫喝酒。不像在家里,总有烦心的声音在耳边提醒少喝。心不在焉压着遥控器按纽,一条消息让他大吃一惊:在《还珠格格》中扮演香妃的演员刘丹,车途中发生意外死亡。"可惜啊!"狗日的车祸又让一朵艳花变成了血泥。变成血泥的还有他崇拜得直想去北京叫一声哥们的洛桑。洛桑学艺用嘴吹出的架子鼓鼓点至今还在他心里响着,真他妈……田健觉得眼前如有一辆轿车让他狠狠踢几脚才会解气。

叮呤呤,电话铃响了。

田健提起话筒时猜测是哪个哥们。

"喂!是田健家吗?"一个陌生女人的声音。

"你……是谁?"失望让田健的语气不友好。

"我是顾老太啊!"

"顾老太?"田健记忆库里一片茫然,"顾老太是谁?"

"你稍等……"电话那头传来翻弄纸张的声音,"我没拨错号码,这号码是你写在我手上,我回家后写在本子上的,田健,8722123,不是你家里的电话吗?"

田健突然记起被人抢了手包的那个体面的老太太,"哦,我记起来了,你……有啥事?"

"我请你来我家里坐一坐。上次你帮我抓住了抢娃子，我给我儿子说了，他想认识你。"

"嗯……"田健一时间不知该不该答应。陌生人，素昧平生，人家说声请就轻飘飘地跑到人家家里去，好不好？可又觉得这老太太是个说话算话的人。当时虽然给她留了电话号码，却并没把它往心里放，没想到她真打来了电话，又是过年的时候，要请他去她家里作客。话筒里传来顾老太殷切的声音："你一定过来，我给儿子说了你没工作，他认识你，是想给你找一个合适你的工作，你一定来，我等着。"

二十分钟后，田健被等在楼门口的顾老太引上三楼，落坐在客厅的奶油色真皮沙发上。这是二十多平米，精心装修过的客厅。乳黄色胡桃木装饰的门套、窗套、窗台和顶角线以及同样颜色的实木地板，与豪华的真皮三二一组合沙发相得益彰；宽大的正方形玻璃茶几上，摆着六个造型各异的压花玻璃果盘，分别盛着缤纷糖衣的高级糖果、琥珀桃仁、开心果、板栗、榛子、葡萄干；莲叶形玻璃果盘盛着烟台苹果、砀山酥梨、龙眼葡萄。其间是一包中华烟和一个别致的打火机；沙发对面是一套浅色欧式组合低柜，一台三十四寸夏新纯平彩电摆在正中；左侧一个粉彩仿古瓷瓶，瓶里插着粉红、素红、紫红三种颜色的绢制牡丹花；右侧摆放着款式前卫的扩大器和DVD，两只主音箱立在组合低柜两头。

顾老太把一杯绿茶放在田健眼前，坐在双人沙发挨着田健的一头，说："老头子离休时是副省级，按规定应该住三百平米的房子。司法厅在城西区新修了二栋高档楼，老头子嫌地方太远，不方便；我也舍不得这住了十几年的老房子老院。这几年院里东家西家都在装修房子，邻居们见我们没有什么动静，都鼓动我们把房子装修装修，说：'你们不缺钱，出门入户的全是有头脸的人，住在装修过的房子里，感觉会更好。'老头子说：'几十年的旧楼房，又不够面积，装什么装！老三已经在开发区集了一套二百平米的楼房，等开发区新楼起来，直接去那边住，干嘛在这里费事？'老三却说：'开发区的楼房两年后才能住进去。这两年窝在旧房子里，自己不觉得寒碜，别人看着寒碜！

好歹装一下，住着舒畅。'托付一个搞房地产的朋友，趁老头子去青岛疗养的机会，把房子装修了一下……"

田健听着，认为顾老太无遮无拦地给他讲说这些，有些向他夸耀的意思，心里就不是滋味，不禁问道："大伯呢？不在家？"

"到老战友家打麻将去了。"顾老太抓了一个苹果塞给田健。田健不想吃苹果，想吸烟。忍着没吸烟，是怕顾老太笑话他等不及主人礼让就自己动手。这一阵见顾老太没有见外的表示，放下苹果抓起烟盒，抽一支叼在嘴上，打火点燃。

"看我，只顾给你说话，忘了给你让烟。"

接下来的交谈，田健粗略了解了顾老太家情况。老头子解放初期从一军转业到地方工作，山西人。顾老太本地人，娘家姓何。三个儿子，大儿子在河口县任县委书记，二儿子在天津科研单位任副所长，三儿子是市委办公室秘书长。

田健连续抽了三支烟，喝了两杯茶，顾老太的老三儿子一直没有出现。"你说你儿子要给我介绍工作，怎么不见他？"

"我给你打电话时他在家里，估计你一时来不了，说趁这工夫去给他的老领导拜年，拜完年就回来。"

田健心里揣测，市委办公室秘书长的领导，少说也是个市长，市委书记一类的人物，给这种人物拜年，一时半会能回来？可工作的事比什么都要紧，等一等是值得的。

门铃响了，叮叮咚咚悦耳动听。顾老太放下手里的一串葡萄去开门。老式房，客厅与房门间有一堵墙，田健听着动静，希望回来的是顾老太当秘书长的儿子，却听顾老太语气生硬地问道："你找谁？"大约猫眼外面是生人的面孔。

门外人的说话声听不清，顾老太又问了一句："你是哪个单位的？"家里有做官的人，又是两个老人守家，会成为窃贼的目标。近年市内常有类似的案件发生，顾老太的小心是必要的。

门开了，一个西服革履的中年人被顾老太让进了客厅。来人右手提着两盒脑白金，左手提着两个大红大绿的精装礼品盒，顾老太接住礼品时说："买这么多东西，叫你破费了。"

来客毕恭毕敬地笑着回答："秘书长给我帮了大忙，本该重重地答谢秘书长才对，又怕院里人看见，说三道四有损秘书长形象。想买点寻常拜年的礼物，又觉得秘书长是个有品位的人，那些绣花枕头一包草的礼品盒看着光鲜，其实装进去的不是什么新鲜东西。想来想去，还是电视上说的对：'送礼要送脑白金'。"

顾老太接住来客的话尾，"你的心意我替儿子领了，礼品你得拿回去，儿子不在家，我又不认识你，收了你的东西，儿子回来要怪罪我哩。"把接在手里的礼品要重新递给来客。

来客推辞着说："我是秘书长的小学同班同学，我们同学间拜年是不提礼物的。"说话间扫一眼田健，"我是来给你二老拜年的，听人说，脑白金最适宜老年人服用，喝了瞌睡多，吃饭香，人显得精神。"

顾老太笑了，"那我就收下了。"把礼物提进另一个房间，回来让来客落座，让烟泡茶。见来客打量田健，介绍说："是我的一个街坊。"

来客不再搭理田健，抽烟的同时吃下几个栗子，几颗葡萄干，喝了几口茶，说了些恭维顾老太的话，告辞走了。

顾老太见田健等得焦急，抱怨儿子不快些回来，让客人着急。田健感念顾老太体谅人，只好耐住性子等待。心想，秘书长给领导拜年会买什么礼物。

门铃又响了，这回顾老太没有发问就开了房门，几个人的脚步声杂乱地响进来，哼哧哼哧抬重物的动静。原来是两个工人打扮的年轻人把一盆足有两米高的发财树抬进了客厅。累得红眉胀脸的工人在顾老太指点下放好盆树就走了。片时，又有乱沓沓的脚步声响上楼来。这次，抬进来一个盆景：长方形红陶盆中栽着一株树干扭曲虬枝逸伸的翠绿的扁柏。一个大眼红腮的矮个中年人跟在后面走进来，用手绢擦着额角的细汗。等两个工人放好盆景，说："你俩下去等着，我说几句话就下来。"也用探询但不以为然的目光打量着田健。

顾老太欣赏着一高一矮二株植物，"年头节下忙死忙活的，是我家老三买了叫你送来的？大冬天从哪儿买来这么新鲜的树木？"

"从园林局花木培育基地买来的。"矮胖中年人把手绢装进裤袋，一边整理领带一边说："秘书长上月去花木基地现场办公，看中了这两棵植物，当时全是小车，又要去别的单位。今日我正好有空，叫了一辆小双排给秘书长拉来了。"

"听人说，这样的盆栽植物很贵的。"

"不贵不贵！"矮胖子进一步解释说："今日是龙年正月初一，我来给二老拜年，发财树给你们添财，柏树给你们添寿，祝二老龙年福寿两旺。"说着话双手抱拳给顾老太躬身作了一揖。

顾老太笑成了山丹花，"老三的朋友伙里，数你最有心。"拉住矮胖子要他坐下。胖子说："车在院里等着，我得打发司机和工人回去。我给秘书长说好初四聚餐，到时候我让司机过来接你二老。"匆匆地走了。

顾老太送出房门，回到客厅又站在发财树边欣赏了一阵，见田健神情怅然地望着盆景，说："这是做房地产生意的老板，是我儿子最要好的朋友。儿子昨日说，打算把你介绍给这个老板，让他在公司里给你安排一份工作。"

矮胖子老板留给田健的印象是肉头肉脑大大咧咧，爽快没架子，不像有的老板，自以为有几个臭钱就目中无人。出于对矮胖老板不错的印象，田健对秘书长打算给他安排的工作有了兴趣，也有了等秘书长回来的耐心。电话铃响了，等得比田健还着急的顾老太提起话筒，听了一阵，气恨恨地说："你叫人家来，白白地等了你两个多小时。"又听了一阵，放下话筒对田健说："乔市长的老婆要留下我儿子打麻将，走不脱，叫我给你说一声，今天别等了，改天他给你打电话。"

田健只好起身告辞，心里半喜半恼。喜的是轻松走脱比硬着头皮等下去好；恼的是自己对没影的事寄于了太大的期望，有点幼稚可笑。

田健连跑带跳快速下楼，险些与正要上楼的一个人撞在一起。对方后退躲开他的时候一条腿好像不太灵便。田健下意识回头看了一眼，正好那人也回头望了一下，两人的目光碰在一起，原来是一号院门左侧铁皮小屋里修锁子的老谭。"谭叔叔，是你啊！"

老谭也认出了田健："你是谭武的同学田健吧？"

田健与谭武是从小学四年级到初中二年级的同班同学，很要好，去过老谭家里。"谭叔叔，你……你去……？"扫一眼老谭手上提的礼物，是特制的"五粮液"提袋，装着两瓶"五粮液"，酒盒上横着一条中华烟。

"还不是为了谭武的事！"老谭打量田健，"你……这楼上有你家亲戚？"

"我……我去一个同事家问个事，家里没人。"他不想让人知道为了找工作在巴结和求告别人。

老谭哦了一声，拖着那条棍子一样不能打弯的腿，一阶一阶上楼去了。谭武在上高一年级那个夏天的深夜，为了保护同去跳舞唱歌的女同学，在歌厅与人打了一场恶架，失手打死了一个二十岁青年，被判十二年徒刑。据知情的同学说，通过多渠道努力，已经几次减刑。修锁子维持生活的老谭是否也要去顾老太家，求秘书长帮忙进一步打通关节？或者就是秘书长起了作用，老谭趁过年表表心意？

12

定好初二在老大家聚餐，怎么会没人呢？田成才使劲敲门，仍旧没有反应，不禁恍惚起来，"今天是初二吧？"

孙雅萍没好气地说："不是初二难道是初三？"

军军蹲在奶奶脚前，把摩托车压在手下前后用劲推拉了几下，松手，摩托车借着惯性滚出去，直撞在对面人家的防盗门上，哐得一声。不及军军收回摩托车，这家人开了房门，见门外小孩手里拿着玩具摩托车，退身要关门，田成才紧忙说道："同志，"指一下老大家房门，"这一家的人不在吗？"

"好像出去了。"

"你知道去哪了吗？"

"不知道。"话音未消门已关死。

"住在对门，好歹是邻居，怎么是这样的态度？"孙雅萍抱怨起来。

"如今住楼房的都这德行。"田成才皱着鼻子说："上次有人敲门问我们知不知道对门去哪了，你的态度比今天这人还差，这也是一报一还，咱们鸦雀别说老鸹。"田成才心里的莫名气只能泄给老婆，大过年的，明知家里要来人，却锁门走了，什么意思？

"到院里等吧。"田成才一手提礼品一手领军军下楼。军军是闲不住的，再用摩托车撞响人家的门，难免要生闲气。院里比楼道宽敞，还能晒太阳。

见他们提着礼物领着小孩下楼，一楼出来倒垃圾的中年妇女问道："你们是四楼田家的亲戚吧？"

听说是，中年妇女提供了准确的去向："早上不到八点一家人急急慌慌地出去了，说孔秀病了，要去医院看急诊。"

田成才心里一紧，"去哪个医院了？"

"不清楚。"

心慌意乱的田成才催促领着军军的孙雅萍走出四号院门，见路边停着一辆夏利出租车，推开车门下来的竟是姐夫伊福禄，跟着下车的是田成凤和外甥伊承新，是伊承宗开车送来的。田成凤看见兄弟和弟媳提着礼物从四号院出来，问道："大哥家没人？"

"大嫂病了，去医院看急诊了。"

感到意外的田成凤母女异口同声问道："哪个医院？"

"不知道。"田成才茫然不知所措。

伊承新拉开车门："哥，给田英打电话，她肯定在医院里。"

田英回话：在第六人民医院。

几个人先到住院部二楼内一科，再到内二科，护士办公室病员名牌上都没有孔秀的名字。

孔秀胃疼了几年，治胃病不在内科会去哪个科？如果认定是胃溃疡要动手术，八成去了外科。

正打算上四楼外科病房寻找，碰见了去一楼药房取药的田壮，领他们到三楼进了肿瘤科病房。

3027号病房只有两张床位，孔秀在靠门的床上躺着，已经挂上了点滴。里边那张床空着，雪白的床单被褥齐全，大约病势轻缓回家过年去了。围坐在孔秀身边的田成功、田英、宁守仁把小方凳让给娘娘、婶婶，军军被病房里的气氛和大人们肃穆的表情镇住，靠在田英怀里，疑惧地望着病床上躺着的大奶奶。

田成功简略说明发病和住院经过，最后说："今日是个年轻的实习大夫值班，做了初步检查，开了医嘱挂上了点滴。据实习大夫说，科主任春节回老家过年去了，病人先得观察几天，等常规的化验检查报告出来后，再考虑下一步的治疗方案。"

整整疼了一夜的孔秀面色萎黄，打完第一瓶吊针后疼痛稍有减缓，显得十分虚弱。从被子下伸出没扎针的左手握住田成凤的手，苦笑着说："我真是个不中用的人，大过年地躺进了医院，惊动亲戚儿女们没法安心过年。"

"一定是昨日吃肉食吃多了，引发了急性胆囊炎吧？"孙雅萍猜测着说，"要不，会不会是胰腺炎？"

孔秀吃力地说："起头心窝里绞着疼，后来满肚子疼，腰里也胀疼胀疼的，疼得我也说不清到底是哪儿疼。"拍病床让孙雅萍坐在她身边。

"肚子疼？那会不会是阑尾炎？"孙雅萍顿了一下又说，"前年我们单位一个人胃疼了两天两夜，以为是胆囊炎，使劲地吃利胆片，后来疼痛转到肚子上，才去医院，一检查是急性阑尾炎，已经穿孔，险些把命撂掉了……"

"阿妈的阑尾姑娘时候就切除了。"田英打断三婶子没节制的瞎说，脸上露出不满。孙雅萍没留意田英表情的变化，又说："后背疼不疼？要是左后背肩胛疼，一定是胆囊炎，要不就是胆结石。"

孔秀要说明，田成功抢在她前面说："大夫检查说症状不像胆囊炎、胰腺炎，得观察几天,再根据化验报告做出诊断。"孔秀已经十分虚弱,需要静养,而孙雅萍这些没原则的猜测推断只会让孔秀听了增加心理负担。田成功陪着老婆紧张了一夜,早上来医院又忙到现在,也是疲惫不堪,眼前这么多人站着说话叫他心烦,便对田壮说:"壮壮,你阿妈打了吊针不太疼了,你把娘娘姑父、三爸、三婶邀到家里去。"意在让大家明白他的心情,早点离开病房。

孔秀却对田英说:"英英,你跟你哥哥把娘娘、姑父、三爸、三婶邀到家里,把准备的菜全炒上,叫姑父和三爸消停喝几杯酒。这里有你阿大和小宁两人就够了。"又对田壮说:"上桌的菜我都弄好了,你配着炒就成了。"招手把军军叫到病床边,抚摸军军的头发和脸蛋,对田壮说:"我给孙娃儿准备的年钱放在电视机左边那个纸盒子里,别忘了给军军年钱儿。"又抚摸军军的头、脸、手,"叫,叫一声大奶奶。"

"大奶奶。"军军及时地叫了一声,孔秀应了一声,眼泪就出来了。

田成才起身招呼大家动身回家,正好护士进来给吊瓶加药,见病房里站了这么多人,说:"病人需要安静休息,你们留一两人就行了,别的人都回去吧。"

田成功把大家送出病房,心想,田壮、田英心里牵着母亲,又一向对三爸三婶不怎么感冒,去家里难免言来语去地怠慢了亲戚。怠慢了自家人倒也好说,如果让娘娘姑夫也觉得受了怠慢,就不该了。于是对田英说:"英英,还是你留下照看你阿妈吧,我去陪你姑父、三爸喝几盅酒。"

"我不去,谁做菜?"田英本不想丢下母亲回去伺候亲戚,却又担心回家后端茶炒菜地劳累了父亲。父亲平时很少下厨房,大过年的,有好材料炒不出好菜,岂不让母亲失望,让亲戚们抱怨。

"有你哥哥还怕炒不了几个菜?他好歹做了多年的厨师。"田成功把田英往病房里推,有意捏一下女儿的肩头,田英会意,就顺从地回了病房。

13

农历正月初一至初七,民生街上做服装生意的大多歇业,汇入传统的节庆活动,走亲访友。少数懒得随波逐流的摊主,早上十点出摊,象征性地摆出些货物,卖多卖少不去计较,只为守住多年的摊位,求个安然和充实。这期间,民生街上规模最大、资金相对雄厚的"典雅"服装店老板焦玉玺,跑了一趟上海,他是带家人去的。一来,一年一度春节就那么一套,他厌倦了迎来送往吃吃喝喝的俗礼,趁着淡季,外出放松放松。二来,去上海考察今年服装生意的趋势和走向,与长年给他供货的厂商厂家交流感情,加深友谊,签订本年度供销合同。

当然,外面精彩的世界不能让焦玉玺流连忘返。让他记挂着的还是民生街上他那两间商铺,以及与他同街做服装生意的休戚与共的生意伙伴和对手们。当他取得了这次出行的预期目的,便于正月初七带着全新的心情回到了西宁市。

正月初八早八点半,西装革履精神焕发的焦玉玺准时来到自己的店铺。亲切的民生街,亲切的店堂,亲切的货物,亲切的生意伙伴都让他感到充实振奋。他熟悉民生街,熟悉民生街上每一个服装摊位的特色和个性,熟悉每个摊主在生意场上经历的酸甜苦辣。一走进民生街,就像到了自己家里,有了主人的尊严和责任感。这不仅仅因为他是大家公认公推的民生街个体经营者协会的会长,是被大家信赖的生意伙伴和代言人。如果说去上海广州北京他感觉自己是一个贪婪采吸花粉花蜜的工蜂,行无定规中总有点漂泊无着的虚妄不安,那么到了民生街他就觉得自己成了一只可以在青海湖上翱翔的大雁和在原野上纵情奔驰的骏马,因了对环境的绝对熟悉和热爱而充满了真实的自信和安全感。

焦玉玺进店铺先向老朴和两个店员致敬,而后给老朴放假,叫他过了元宵节再来上班,着重问了一句:"节前发了过节费吧?"

"这是每年的惯例，我怎能马虎？工资外给每人发了二百元过节费，除夕早上就发到手了。"

"这就好这就好。"焦玉玺打开手提箱，取出几件上海带来的衬衫，一人一件送给老朴和两个店员，玩笑着说："曲曲薄礼，不成敬意。"

三人接了礼物，同声说："谢谢老板，又让老板破费了。"

焦玉玺说："不是我花钱买的。是我请东方内衣厂的生意伙伴吃饭，他们送给我的，是他们今年计划投产的产品，送给我和我的店员试穿，而后把穿用心得反馈给他们，好让他们根据用户意见改进工艺。"

焦玉玺的办公室在店堂后面，是从店堂隔出来不到十二平方米没有窗户的小房间，全天候灯光照明。焦玉玺刚把走前锁进抽屉的年终账目汇总取出来，在店堂招呼顾客的小柳推开办公室门说："老板，店里来了一个人，说有事要向你请教，问你有没有时间？"

"是不是我们的老客户？"焦玉玺估计顾客买了不称心的服装或对店员的态度有意见，要向他投诉。

"不认识，是一个六十多岁的老头。"

焦玉玺走出办公室，花白头发气色欠佳衣着朴素的老人见他出来，不无慌乱地搓着双手说："焦老板，没打搅你吧？"

听语气看神态，不像是前来投诉的顾客，焦玉玺和气地问："你老有什么事？"

老人搓着手说："想向你请教个问题，几句说不清，能不能去你的办公室里？"

老人卑恭的态度和谦和的口气引发了焦玉玺的好感，请老人进了办公室，老人自我介绍："我是这条街上的居民，在四号院住着，姓田，叫田成功。我早知道你的大名，也时常在街道上见你忙着，就是没跟你说过话。"

焦玉玺客套了一句："怪不得有点面熟。"给田成功让一支烟，田成功诚惶诚恐地接住，笨拙地凑近焦玉玺打燃的打火机点了纸烟，退坐在椅上笑着说："年轻时候常听父亲、大大们提说你的父亲，知道你父亲是西宁市里口碑最好的商绅，后来成了省上政协副主席，他老人家如今还好吧？"

"前年就去世了。"

"看我，还不知他老人家去世了。"歉疚的神色显在脸上，"如今听人说，你做买卖跟你父亲当年一样，童叟无欺行善干好……"

焦玉玺打断田成功明显有点恭维的话，"你老有啥话只管说，需要我帮忙，我会尽力的。"

"倒不是什么难为你的事。你父亲做了大半辈子买卖，如今你又是民生街上生意做得最好的，我是来向你讨个主意的。"吸一口烟，接着说，"我儿子工作的百货公司要改制，听公司的人说，成了股份制公司后，就不办职工食堂了。儿子在食堂当炊事员，不办食堂，就要下岗。年纪轻轻的，下岗得找个事儿做。看眼下商业兴旺，好多下岗人员都选择做生意，我也想叫儿子做生意，又不懂买卖行里的深浅，想在你这里了解点情况，听听你的建议，做什么生意比较合适。"

"你儿子什么文化程度？"

"初中毕业就上班了，一上班就干了炊事员，在食堂白案上，跟师傅学了点技术。"

"哦。"焦玉玺沉思着吸烟，说："如今人们都认为做生意就能赚钱，都想往这行里钻。其实，不论做什么买卖，都没有人们想像的那么容易。就拿民生街上做生意的人说，卖服装也好，卖日用百货也好，卖布料小电器也好，大多是惨淡经营，当然也有做得好的。不是说谁想做买卖都能做好，这其中有很多说不清道不明的因素。最主要的，是对市场行情的预见和把握，这需要具备一定的心机和才智，文化低，做起来比较吃力。"

"我怕的就是这个，儿子文化低，心又实在，没什么特长，要是摸不清水头道路就把本钱投进去，闹不好把本钱赔掉哩。"

"这倒不尽然。经商是一门学问，想一下子吃透它，谁也办不到。谁不是边干边学的？干得多了，时间久了，自然就掌握了。这些年下岗人员这么多，试着做生意的不少，有人干了一阵，见钱赚得并不容易，就放手不干了；有的人硬是坚持下来，渐渐干出了成绩。你大概听说过，一个下岗女工，投了几十块本钱，在互助巷口卖鲜花，卖着卖着摸清了门道，生意越做越大，如今开着两个鲜花店，时令鲜花都是从云南、广州那边空运过来的。中国有句名言：只要功夫深，铁杵磨成针。生意场上也需要这种锲而不舍的勇气和毅力。"

田成功敬佩地望着焦玉玺，"这我懂，做什么事都要有恒心。只怕恒心也有，也能下苦功夫，可惜命里没有财运，努力也是白努力。"

焦玉玺弹弹烟灰，想说什么，却没说出来。

田成功说："我们活得有了岁数，就信命了。焦老板，有些人做买卖一做就成功，做啥成啥，越做越好。有些人就是做不进去，越做越糟，这是不是与人的财运有关？"见焦玉玺笑着，没有及时回答的表示，田成功接着说："听我大大爸爸们说，你家上辈人中有好几个做买卖，做的都是一样的买卖，可做得最好的就是你父亲一人，做成了'焦百万'。你说，这是不是你大大的财运好？"

焦玉玺笑着说："我们别扯这么远，我问你，你儿子想做什么生意？"

"还没啥明确的想法，我们投不起大本钱，要做，只能选做个小买卖。说句让你见笑的话，就是想做投入少又能快点收益的那种生意。"

焦玉玺正欲回答，一个穿着工商灰制服的人推门走了进来，原来是民生街工商管理所所长宫尚臣，焦玉玺起身招呼，让座。

"听说你昨日回来，估计你在店里，顺路进来给你拜个晚年。"说话间用疑惑的目光打量田成功。

"你给我拜年我可消受不起。"焦玉玺把烟盒递给宫尚臣，等宫尚臣抽一支叼在嘴上，及时打燃火机为宫尚臣点烟，用玩笑的口吻说："哼哈二将今天怎么单独下界了？"

"还不是为了搬迁的事？"宫尚臣吐一口烟，轻咳几声，想吐痰又没吐出来，轻喘着说："施工单位嚷着要动工，这些摆服装摊的个体户们非得等你这个龙头老大来了才肯行动。"

"你这一说，我就有了黑社会嫌疑。"焦玉玺把办公室一角的痰盂取过来放在宫尚臣座椅一侧。"你来的正好，我从上海带来了一条名牌皮带，正想着给你送过去呢。"把手提箱放在办公桌上打开，取出一条棕色牛皮腰带递给宫尚臣，"就算给你拜年吧。"

宫尚臣接在手上看了几眼，"嚄！鳄鱼牌的，这么名贵的皮腰带送给我，你不怕背上贿赂的罪名？"

"我要有心贿赂你，就不是一条皮带，这是上海明珠服装厂老板请我吃饭送给我的，我家里少说有六七条皮带，在上海我就想好回来送给你用。民生街上，只有你有资格扎这名贵的皮带。"

"好了好了，别给我灌米汤了，再灌，我就晕了。我可不想当胡长清第二，胡长清受贿罪掉了脑袋，前车之鉴呀！"

两个人你一句我一句地玩笑着，田成功欲走不能，留下显得多余，正不知如何是好，焦玉玺对他说："你先回去，等我静下心来替你想想做什么生意合适，过几天你再来一趟。"

田成功只好告辞，回家取了一个有盖的搪瓷食盒，径直来到卖酿皮的肖巧娘摊前，把食盒交给肖巧娘，"切一张，哦不，切两张吧，我要拿到医院让病人吃，辣子、蒜、芥末都少调点。"

打了一星期点滴，孔秀的胃疼明显减缓，昨晚到今早一直没疼，有了食欲的孔秀第一个想吃的就是酿皮，说："嘴里苦涩涩地没一点味道，想辣辣地吃一碗酿皮。"

肖巧娘拣出两张软点的酿皮，切成指头细的条儿，抓进食盒中，上面盖些面筋，用两个塑料袋分别盛了两份调料，放在酿皮上面，收钱时说："我把调料分成两份，一份里辣子、蒜、芥末放得少，给病人调；另一份放全了调料，守病人的人吃起来味道足。"

端着食盒走进病房，靠着被垛半躺半坐的孔秀正与田成凤说着什么愉快的话题，脸上洋溢着多日不曾有的明朗表情，吊针也打完了。往日，三部点滴至少要滴到下午三点才能滴完。

"今天只打了一部。"孔秀说，"科主任休假回来了。"

田成功把食盒放在床头小桌上，从吊柜取碗筷给孔秀盛酿皮。"主任查房了吗？"

"主任查房了，查得很仔细。到底是主任，比那些实习的年轻大夫负责。"田成凤一边说一边用手绢擦着水渍渍的眼睛。昨夜田成凤守着病人，让田成功回家睡个囫囵觉。田成功回到家里，努力不想病人的事，可儿子工作的事趁机钻进心里让他苦恼了一夜，天亮才有了请教焦玉玺的念头。

"主任咋说？"

"主任叫你去他办公室，商量下一步的治疗。"

田成功揭掉食盒盖子往碗里挑酿皮，孔秀直直地盯住酿皮说："你咋买了一点点？"

田成功笑了："两张酿皮不够你吃吗？"

"好几天没吃东西了，有三张我也能吃完。"

"好！等你吃完这些还想吃，我再去买两张来。"田成功嘴上这般说，心里却不轻松。住院到今天孔秀一直没有食欲，见了酿皮显出饥慌和贪婪的食欲，不会是一种反常吧？

中等个儿，面色红润的科主任正在翻阅病历，书写医嘱，示意田成功坐在对面的椅子上，"你们的病人一直没有做过胃镜检查？"

"没做过。"

"为什么？"

"胃疼的时候想做胃镜检查，吃几天药不疼了，也就撂下了，她害怕做胃镜检查。"

"害怕什么？"

"害怕往食管里插胃镜管难受。"

"难受也得做！有病不检查确诊怎么治病？你们太马虎了！你老婆胃里有个包块，能摸得出来。叫你来，不是征求做不做胃镜，而是告诉你，做胃镜的时候要取点活组织，进一步检查包块是恶性还是良性，当然，对病人你可不能随便说。"

"这我知道。"田成功心里的石头更重了，"主任，根据你的临床经验，这种包块会是恶性的吗？"

"我得等活组织检验报告出来后才能回答你。"

不祥的预感又一次掠过田成功的脑际，"主任……"他的心里全乱了，不知道还要问什么。他听人说过，如果是恶性肿瘤，取活组织无疑是在绝对封闭的病灶上开一个破口，加剧病情的转移，但不做活检，又不能确诊包块的性质，这个决心看样子非下不可。"我跟家人商量一下。"

"当然，不过要尽快给我答复。"

田成功极力稳定着情绪回到病房，见二弟田成业站在病床边，正从塑料袋往外取水果，一束荔枝，一把香蕉，一边往小桌上放一边说："买了两样南方水果，不知大嫂爱吃不爱吃。"对走进来的田成功说："大嫂这两天的气色好多了。"

田成功见小桌上放着盛酿皮的小碗，好像只吃了几口就剩在碗里了，不禁问孔秀："你不是说能吃下三张酿皮吗？怎么吃几口就把碗放下了？"

孔秀气冲冲地问道："从哪儿买的酿皮？不是肖巧娘的酿皮吧？"

"就是从肖巧娘摊上买的，怎么？不好吃？"

孔秀的语气更冲了，"肯定不是肖巧娘的酿皮，酿皮吃的是调料，这么寡淡的味道，肯定不是肖巧娘的。"

"是我让肖巧娘少放了调料，辣子、芥末、蒜都对胃有刺激。"

孔秀眼里闪出了泪光，"胃疼得我一星期没好好吃一口东西，今天胃不疼了，想吃点酿皮，给我买来这没味道的酿皮，你是懒得跑路还是为了省钱？"转过头去用袖口擦着眼睛。

田成功一肚子委屈只能忍着，孔秀从来不给他发脾气，尤其在吃穿方面，从不计较好坏，今天的情绪太反常了。正不知说什么好，孔秀又气狠狠地说："我是活不了多少日子的人，想吃点爱吃的东西都吃不上……"

田成业慌忙用不满的口吻对田成功说："大嫂想吃你就让大嫂子吃呗，干么要把调料减淡！胃里的炎症已经没有了，就是有点溃疡，吃一顿两顿辣子蒜不会有问题的。"给田成凤使眼色，田成凤急忙调了一碗浓调料的酿皮端给孔秀，孔秀推开碗说："明明是不想叫我吃，怕胃疼起来又要多打针多花钱，我不吃！"

田成功又委屈又气，硬忍着。田成业对田成功一边说一边递眼色："人受了病疼脾气就大了。别说是嫂子，我前些日子感冒头疼两天，见人就想发一顿脾气。"对田成凤说："你给大嫂把调料好好地拌上，调料多了大嫂就有胃口了，我跟大哥去走廊里转转。"拉田成功出了病房。

离开病房五六米远，估计说话不被病房里的孔秀听见，田成功对田成业说："你来得正好，主任说要做胃镜检查，同时取点活组织化验，确诊是良性瘤还是恶性瘤，我心里乱得没主意了，你说该咋办。"

见田成业沉思起来，又说："听人说，从肿瘤上取活组织，会把没转移的肿瘤弄得迅速转移，真要是恶性的，一取活组织……"

"不论是良性恶性，动手术是少不了的，手术也是迟做不如早做好。依我说，听主任的，人家给千人万人治病，心里有数。"田成业心里明白，从利害关系上说，他这样说话自然比田成功轻松。可事实是不可更改的，他必须以冷静的局外人的见解来梳理哥哥乱了的心事。

"我这几日想来想去，如果能保守治疗不动手术，就保守治疗。听人说，这样的手术少说要两万到三万元，我往哪儿寻这么多钱去？壮壮入股金我已借了大哥的一万。"

"别说二三万，就是五六万、七八万，也得想法子给大嫂动手术，别做日后后悔的事。"

有了田成业情感和道义上的支持理解，田成功心里多少踏实了点，要回病房，被田成业拉住衣袖，"我今日一来看大嫂，二来给你说一声。市场扩建单位一遍一遍逼我们快搬家，我跟孟慧这两天要集中时间把东西归拢一下，三四天内就得找车搬过去，这些日子顾不上来医院了。"

"你们只管忙搬家的事，有田成凤和我两人在医院轮换顶着，成哩。"心想着孔秀究竟吃没吃酿皮，要急着回病房。又被田成业拉住，"大哥，还有一事你得事先准备着。"

田成功心里一紧,"啥事?"

"手术前别忘了给主刀的大夫和助手们送个红包,手术室的麻醉师,护士们也得送……"

"送红包?凭什么送红包?"田成功瞪圆眼睛,"我们住院交了住院费,花着医药费护理费这费那费的,凭什么还要送红包?再说,上面一直强调严禁医务人员收受红包……"

田成业笑了,"你说得都对,可如今的世道就这样。不是说那个医生缺你一个红包,而是如今流行这个,你送他送已经送出了一个定势,不送,反而不正常了。要送,也不能送得太少,人家成千的送,你只送几百,会让医生认为……"

田成功打断兄弟的话,"管他怎么认为哩,反正我不送!也送不起,我不信医生们心黑到不给红包就不给人治病的地步。"

田成业又笑了,是那种嘲讽愚钝的笑。"你以为如今的大夫们像你想得那样高尚?去年我们学校一个老师的孩子得了化脓性肺炎,这个老师也像你一样,以为送礼是对医生人格的辱侮,坚信不送礼照样会得到及时治疗。结果是主管科室的主任一拖再拖不安排手术,眼看孩子病越来越重,亲人们背着老师送了礼,才安排了手术,险些误了孩子的生命。事后划算一下,送礼不过花去了两千多元,而拖延半个月花进去的医药费是三千多元,你说,那个划得来。"

"反正我不送!要是哪个大夫敢为这个不好好治病,我就叫田野把他们的行为写出来登在报上。"

田成业见哥哥固执己见,一时半会儿不可能让哥哥改变观念,说:"你坚持不送我也没办法。"与田成功分手回家,下楼时打定主意,背着哥哥让田壮田英准备几份红包,如果活检报告出来需要手术,就找机会把红包送给大夫们,省得他们找借口拖延手术。

14

　　初十早上，刘方把店里摆放的杂乱东西清理一番，腾出尽量大的活动余地。如果约请的朋友中有两个托故不来，他准备的十个凉菜六个热菜就要剩下一些。多一人不过多放一双筷子，不如把几个惯熟的街坊请来一同快乐。先请民生街西头裱字画的井永清，再请民生街最东头的田成功父子。走进四号院，正巧碰见田成功从楼上下来。心烦意乱的田成功嘴上嗯嗯嗯地应着，心里却是另一种想法：刘方是有身份的人，主动上门请我喝酒，多成是个幌子，实际是前来讨要书写春联的劳务费吧？堆上一脸的歉意说：“感谢你总是想着我们，老叫我们去你铺子上喝酒。按理，该把你请到我家里让你好好喝顿酒，吃一顿年饭，不料老婆子初二犯病住进了医院，我和儿子整天跑医院陪病人，连你写对子的钱都没工夫送过去。今日你来，按理把钱儿给你才对，可这些日子总往医院里花钱，给你准备的钱也花进去了，求你宽限几天……"

　　刘方截断田成功的话：“这事你儿子已经给我说过了。对子卖得不好，刚刚收回了买红纸的钱，剩下了上百副对子。你今日又提起这事，倒让我不自在了。你们别把这事放在心里。字儿在我手上出着，对子卖得好，给我匀上几块我高兴；卖得不好，只当我练了一天字儿，千万别再想这事儿，先顾你们的病人要紧。"

　　"还是你们有文化的人能体谅别人的好歹。可惜婆娘在医院躺着，儿子姑娘都上班了，我和妹子守着病人，不能去你铺子里喝酒。阿大从腊月底就去老二家了，你去十二号院里叫阿大吧，让阿大少喝点就成哩。"转身急急地去了。

　　下午四点前后，秦明、楚良、东方灵先后到来，提来的礼物全是酒。

　　"今天表现不错。"刘方喜形于色。独处的晚年生活，朋友、酒、鲜花是他的三大精神支柱，支撑着他生活的信心和创作激情。

　　十样凉菜已摆放桌上，四荤六素：卤猪肝片、耳丝、酱牛肉片、牛蹄筋、水汆麻辣甘兰片、糖醋心里美丝、油炝菠菜段、水汆油炝羊角葱、黄瓜条、水汆油炝韭菜段。

东方灵最了解刘方。平时约请惯熟的朋友喝闲酒，比较随便。今日正二八经摆了十个凉菜，炉盘上还排放着炖肉熬汤的大锅小罐，不禁问道："看你准备的规模，今天还有朋友要来？"

"情人节，等的别不是情人吧？"秦明玩笑着说。

刘方指一下电视机两侧和架阁一角各插了一束鲜花的花瓶，"我的三个情人已经来了，这个叫黄香菊，这个叫白玉梅，这个叫康乃馨。"

众人就笑起来，刘方补充说明："除你三位，我还请了二位，一位是装裱字画的井永清，一位是老街坊田寿，都是热闹人。"

一个矮胖的中年男人推门走进来，矜持地扫一眼在座的人，"都不熟，我家里……"吱唔着要走，被刘方拉回来按在方凳上，"都是我的知交朋友，你应该见过的，这位是画家，这位是摄影家，这位是作家……"

井永清佯装慌张站起来说："你这么一介绍，我的腿肚子转筋了，不是这家就是那家，独独没有我家。也好，我就借花献佛，给几位家们敬个年酒。"脱下外套，往墙上瞅了一阵，到处挂着字画，一块空着的墙面上有一个黑点，是拔掉钉子出现的豌豆大的钉疤，井永清说："这儿有个钉子。"就把衣裳往钉疤的地方挂了几下，惹得在座人笑了起来。井永清又给大家幽了一默："我是个酒拉拉，一斤喝成三斤了，把坑坑当成钉钉了。"

大伙哈哈哈地笑了一阵。

刘方给井永清刚把茶端在案桌上，田寿来了。刘方做了介绍，被众人让坐在案桌中央可以称为上座的位置。

说笑中又喝了一巡酒。田寿、井永清见东方灵等人友善随和，没有自做高深，加上几分酒力，说话随便起来。田寿问身边的刘方："这些年老听人们说情人节情人节的，我们这辈人弄不清这里边的子丑寅卯，你给我说说吧。"

刘方指一下东方灵，"这事你得问作家，作家知道得多。"把田寿的意思转达给东方灵。东方灵把手中杯递给田寿，"你喝下这杯酒，我说。"

田寿接杯一饮而尽。

"情人节最早是欧美及大洋洲一些国家的传统节日,起源于公元前三世纪,罗马帝国的瓦伦丁因反对当权者被捕入狱,与监狱长的女儿发生爱情,在2月14日处死前给她写信表明心迹,定情成了永诀。另有一种说法是瓦伦丁违抗皇帝命令,为有情人举办婚礼,因此遭监禁而死。人们为此把瓦伦丁看成是情人们的守护神,所以,情人节也叫瓦伦丁节。"东方灵喝下田寿双手递过的四杯酒,接着说:"还有一种有史可查的说法,十五世纪早期,法国——"

"还是回到我们中国西宁市民生街吧!"刘方认为这些被年轻人们视为时尚的节日,与眼前的朋友酒局八杆子打不着边,说多了耽误时间,不如切切实实喝酒来得痛快。

拉下半扇的卷闸门被人拍了几下。刘方慌忙拉起卷闸门,站在门外的是修鞋匠朱朝阳。

有了几分醉意的刘方不管三七二十一把朱朝阳拉进店铺。朱朝阳见坐了一房子人,慌慌地说:"你先别关卷闸门,我把钱给你就得回去。"

"钱?什么钱?"刘方懵懂地望着朱朝阳。

"年前买你的字幅的钱呐。"朱朝阳从衣袋掏出八百元放在案桌上,"买字幅的钱按说应该在年前给你,可年底里儿子领着他的女朋友来家里过年,打乱了我的计划。初六,给他俩买车票又把给你准备的钱用掉了。"

有人送钱来自然好,至少一个月的生活费有保障了。刘方心存感激地让朱朝阳就坐,给他敬了六杯酒,朱朝阳喝药一样歪着眉眼喝下六盅,脸顿时红起来,脖子也红了。

划拳喝了几巡,都兴奋起来,争着说话,声音一个比一个高。红了眉眼的田寿说一句,哈哈哈哈地笑一阵,笑完了又抓杯子喝酒。井永清的笑话一个连着一个,笑得大伙儿前仰后合揉肚子抹眼泪。东方灵见时机已到,与楚良交换眼色,把刘方叫进了里边。片刻,东方灵出来,关了电视机,打开一台手提收录机,放入一盘磁带,民间社火小调便从收录机两个茶碗大的喇叭中张扬出来。同时,刘方从里边退出来,头上顶着一方玫瑰色丝巾,扭扭捏捏转过身子，原来脸颊上抹了两坨胭脂，眉心点了一个红红的圆点，与梳在额前的几绺"刘海"呼应着，嘴唇也涂成大红，抿着，一副大姑娘小媳妇脉脉含羞的神态。随着在座众人的喝彩，社火调"呛啷啷钥匙响"从收录机中欢快地唱了出来。刘方踩着节拍，一手插腰一手摇着一柄粉红丝绸折扇，前后左右地扭跳起来。众人拍掌，跟磁带齐唱。受了感染的东方灵、楚良也扭跳起来，在案桌与店门间不足四平方米的空地上，互相避让又呼应着，前后左右地踩着十字花步。田寿看得高兴，自斟自饮了几杯，按捺不住，也伙进去扭跳起来，扬臂甩手的动作熟练利落，小腿翘得别有韵致，脸上也显出了忘情的迷态。井永清、朱朝阳看得高兴，一人用筷子敲打菜盘，一人用勺儿敲打桌沿，与众人同声齐唱："呛啷啷钥匙响，打开了洋皮箱……"

跳完一曲，众人互相敬酒，又猜拳喝了一巡，录音机里唱起了"乡里的亲家母。"刘方、楚良、东方灵、田寿又挤挤碰碰地跳了起来。正跳得入趣，只见井永清从里边挤眉弄眼地扭出来，头上包着刘方的枕巾，腰里扎了一条皮带，别着刘方扫床用的棕毛笤帚，怀里抱着不知啥时候从架阁上取到手的细瓷斗彩罗汉，以社火里拉花姐的动作，出胯甩肘地冲撞别人，气氛顿时达到高潮，笑声唱声乐声混为一起，笑得朱朝阳岔了气，手抚脖颈咳嗽起来……

放完磁带反正两面，跳得红眉胀脸的刘方感到尽兴，卸了妆，又与众朋友猜拳喝酒，直闹到十点半，众人收起兴头，先后告辞回家。

田寿已经是立着摇晃，挪脚踉跄。刘方拉下卷闸门加锁，送田寿回家，两人肩碰肩摇着行走。夜空晴朗，繁星被街灯映得似有似无，满弦月显显地亮着。头脑已近昏憒的刘方听田寿反反复复嘟囔着一句话："她们说能剃光头，我就进去了。"

把田寿送到田成业小院门外，敲门叫田成业出来，刘方就回去了。田寿被儿子扶进屋，扶到床边，替他脱了鞋，又要脱衣服，被田寿推开，"今晚耍得高兴、高兴、高兴……"

给田寿端来一杯茶，见父亲红彤彤的脸上洋溢着喜色，估计一时不会睡倒，田成业与孟慧退了出去。田寿靠墙趄在床上，哼了半句呛啷啷钥匙响，又哼一句五更调，洒洒扬扬喝下半杯茶，昏憒的头脑中就显出几盏迷迷朦朦的灯光。田寿禁不住朝着灯光走过去，一个眉眼妖冶的女子从灯光中闪出来，田寿问道："这里刮不刮光头？"

女子怔一下，说："进来进来，进来给你刮。"另有两个女子在一面大墙镜下坐着，看他，古怪的目光。引他走进的女子指一张椅子，"你坐下。"他就顺从地坐下了。女子贴住他说："你真是来刮光头的？"他就说："有钱没钱，光光头儿过年。"女子说："我们这儿只会洗头，按摩，给你按摩一下，管你舒服。就抓捏他的肩头，又用掌沿敲他的脖颈。早年刮光头完了，待招才抓捏肩头按压额头，如今这一套放在前面了。突然，女子小手往他裆内抓摸，说：这小光头刮不刮？田寿一激灵，酒醒了一半，明白走错了地方，想逃，被女子按住肩头，"急什么！让我把你搞舒服嘛。"田寿耐着，心里便有了由她抓捏的念想。闭了眼，感觉又有一双小手往他裆里抓摸，他推开那双放肆的手，又后悔起来，索性受着。由三个女子轮流在浑身抓摸了一阵，禁不住长长地舒出一口大气。

15

傍晚六点，伊承新在"利民平价超市"门外截住下班回家的高洁梅，要同她一起吃顿饭，用来放松因补习功课而绷紧的神经。

"正好，寒梅今晚被同学叫出去看灯，我正愁一个人回家吃点什么。既然你想掏钱，我就吃你一顿。"

高洁梅看上去更瘦了，气色欠佳，一副虚弱的病态。"你得使劲吃饭呐，看你，前胸快贴着后背了，这样下去，谁要你呵！"。

高洁梅苦笑笑，"没人要更好，一个人自在。"

走进近旁的"六合小炒"，两间连通的饭堂内，设着四张条桌。门口靠窗一张桌上已经坐了四个男人，正在点菜。高洁梅、伊承新在靠角落一张桌边落座。

饭馆是田野事先选好的，在电话里对伊承新说："高洁梅打工的超市左边大约一百米有一家'六合小炒'，你等高洁梅下班叫她去那儿，把菜点好，我最迟七点赶到。"

伊承新把菜单交给高洁梅，"今天是元宵节，你好好点几个菜，点你最爱吃的。老妈今早给了我二百元，够我俩狠劲搓一顿。"

高洁梅翻看菜单，点了三道炒菜：麻婆豆腐、京酱肉丝、回锅肉。把菜单放下，"就我两人，三个菜足够了。你要嫌我点得不好，换一个你爱吃的。"

伊承新浏览菜单，加点了一荤一素：红烧鲤鱼、松仁玉米。"我俩喝啥饮料？"

高洁梅答非所问："两个人，要这么多菜吃得完吗？划掉两个。"要划去其中两道菜名，被伊承新夺下手里的圆珠笔，"吃不完打包回去叫寒梅吃。"

客随主便。高洁梅说："别要饮料，我不想喝。"

"不想喝也要陪我喝点，元宵节嘛。"要了两瓶可口可乐。

过了初三，田野三番五次打电话催促伊承新，要她把高洁梅约出来，让他采访。当时高寒梅还没出院，伊承新拒绝了表哥的要求。寒梅初五出院，田野再三请求表妹帮这个大忙。伊承新推不过，答应把高洁梅约出来，但提出条件：不能直截了当提说寒梅服毒自杀的事。为防止高洁梅回避这个话题，甚至拒绝采访，两个人想了这个办法，由伊承新借口吃饭把高洁梅约到饭馆，田野假装偶然相遇，一同吃饭把采访的话题引出来。

门口那一单的菜上齐了，四个男人开瓶斟酒，相互敬酒祝福，话语间 笑声琅琅。

"我俩换个地方吧。"高洁梅说。

伊承新怔了一下，"为啥？"

"门口那桌上一个男人一眼一眼老往这边看，色迷迷的。"

伊承新装作扫视店堂的陈设，用眼睛斜看一下门口桌上的几个男人。果然，面朝这边坐着的那个男人直直地盯视着高洁梅。"由他看去，谁让这桌上坐着个林妹妹呢。"

"这么一眼一眼看得人浑身不自在。"

"由他们看去，能把眼珠子看得蹦过来，我俩当肉丸子吃掉！"

高洁梅扫视店堂想找一个相对隐蔽的座位，因为是两间通堂，无论换到那一张桌上，都在几个男人的视线内，只好挪一下椅子，把背影调向门口。

四个男人吃喝间浪声说笑着，先谈论自己的老婆，接着议论别人的老婆，而后的话题中出现了"落凤桥"，"停机坪"、甘谷婆之类的话题。上了一道菜，其中一个指着菜盘对其余三个说："吃！吃鸡……吧！"

伊承新听得刺耳，心里抱怨田野怎么选了这么个地方。其实她明白，如今的世道，没有那个角落可以幸免无聊的侵略。为了排除干扰，提高声音问道："寒梅出院恢复得不错吧？"

"就那样吧。"高洁梅懒懒地应着，反问："你补习得如何？今年有没有把握？"

"越补习越没信心了。事实证明，有把握没把握都好像由不得我。去年考前我觉得有一肚子把握，结果还是没考上。今年要是再考不上，明年打死我也不考了。"

"不考干啥？跟我一样打工混日子？"

"我想好了，今年考不上，我就去威海找表哥，叫他给我找个事儿做。"

"要不是寒梅拖着我，我也跟你出去，这日子把我的心都磨平了。"

服务员端上第一道菜，田野像闻见了味儿，突然就出现了。伊承新佯装无意中看见走进来的田野，惊诧地问道："表哥，你怎么……"。

田野装得比伊承新地道："哦，你也在这里吃饭呐。我来寻个朋友。他打电话说在'六合小炒'吃饭，要我过来说个事儿。这街上就这一家'六合小炒'，他应该在这儿呀！"装模作样四下里扫几眼，看着高洁梅，"这位？哦，我猜出来了，是你常说的同学高洁梅吧？"

高洁梅起身表示礼让。

"一定把地方说错了。"伊承新给田野拉一把椅子,"正好,我和洁梅两个人,你也在这里吃吧?"

田野装出欲走不走犹豫的样子,掏出手机装模作样打一个电话,"占线。是不是大十字那边还有一个'六合小炒'?大约是我把地方听错了。"

"不是要紧的事吧?别去了,在这里跟我俩一起吃。我跟梅梅正想多一个伴儿,吃得更有滋味。"这话是真的,有田野在,那四个男人不好再放肆。

"也好,下班前肚子就饿了,去大十字找不着'六合小炒',非把我饿扁不可。不过我向来不白吃人家,更不能白吃女士的,今天我买单。"把外套脱下搭在椅背。伊承新叫服务员添一套餐具,心想,到底是当记者的,临场发挥不错。

菜上齐了,高洁梅只顾埋头吃着,一副心事重重的样子。田野东拉西扯地说一些采访报道的事,可高洁梅好像对这种话题不感兴趣,只顾想自己的心事,不插一句话。

"梅梅,别老是垂头丧气好不好?寒梅的事过去半个月了,你该撂开不再去想它了。"

高洁梅有点不高兴地反问:"谁说我在想寒梅的事?我才没工夫想她的事!"

田野、伊承新对望一眼。高洁梅在努力回避这个话题,暂时还不便入题,于是说些无关痛痒的闲事,用来麻痹高洁梅。

菜吃了一半,还没有机会引出高洁梅的谈兴。伊承新想了想,问田野:"听阿大说龙年观灯踩死人的报道在全国引起了震动,如果你在现场,这样的报道题材你不会放过吧?"

"那当然,当记者的没有这么一点新闻敏感算什么记者,这种突发事件最能考验一个记者的业务素质。"两个人你一句我一句议论采访报道的好处,作为必要的铺垫。高洁梅却用不满的眼光盯视着伊承新,分明在抱怨和责备:约我吃饭是为了两个人好好说些知己话,如今却与你表哥扯这些无聊的话题,真没劲。

田野继续吹嘘记者的作用:"在中国,虽然说不上记者是无冕皇帝,但作为人民的代言人，是当之无愧的。群众受了委屈，遇到难题，通过记者的采访报道，才能引起社会和当局的关注重视，才能得到解决。像年前，"田野认为有必要列举一个性质类似的实事，"年前某单位两口儿因同时下岗生活失去了保障，为一点家务小事争吵起来，气头上男人打了老婆一巴掌，老婆想不通又悔不过，割腕自杀，幸亏发现及时没出人命。我们报社记者采访报道了这件事后，上面派人调查下岗工人的生活处境，给予了相应的资助……"

伊承新认为时机已到，对高洁梅说："梅梅你把寒梅的事给我表哥说说吧，看能不能从中找到引起别人的关注，帮助你们解决困难的……"

高洁梅立眉吊眼地对伊承新说："你咋这样烦人！叫我来吃饭，不说点让人安心的话，你这是成心要揭我心里的伤疤！"扔下筷子，扔得狠，一根筷子掉下桌子，田野慌忙弯腰拣起来，觉得拣起来不能再用，对候在一边的服务员说："拿一双筷子！"

筷子拿来了，高洁梅却黑了脸坐着，没有再吃的举动。片时，大约觉得自己的情绪影响了桌上气氛，无奈地说："今年过年我倒大霉了！大年三十晚上妹子喝敌敌畏自杀，元宵节晚上朋友又往我的伤口上撒盐，都成心不让我过好这个年。"眼含泪花对伊承新说："我的情绪好不了，你俩吃吧，我回去了。"起身拿了挂在椅背上的手包，气乎乎地走出饭馆。伊承新追出来拉住高洁梅，"别这样好不好？算我错了还不行吗？走，这会儿我们什么都别说，只管吃饭。"

高洁梅的表情软下来，"你以为我没看出来吗？你跟表哥设了套儿要我说这件事。你们不想想，这种事谁还有心情再说？尤其今天晚上。"

伊承新这才意识到选错了时间。既然动机已被高洁梅看穿，就没必要再瞒哄这个最让她怜惜和同情的好同学好朋友。就把田野要采访的初衷、打算一五一十说给了高洁梅，最后说："我可把真话全说了，表哥把这事一直装在心里，在报社也扬出话去，要写一篇有分量的深度报道。他想的也是好心，希望报道能引起更多人的关注，避免寒梅身上发生的不幸在别人身上再次发生。话说到这里，我只好求你了，给我表哥一次机会吧。"

高洁梅站在街头怔了一阵，在近旁一栋楼上点燃的鞭炮炸响中走回饭馆。

田野正打算买单走人，看见风一样旋出去的高洁梅又同伊承新回来了，心里不禁一喜。慌忙让高洁梅落座，给她换上一杯热茶，很殷切地说："承新把情况给你说了吧，要不是……"

高洁梅截断田野的话，"我不习惯你问一句我答一句的方式。我把事情经过全部告诉你，你爱怎么写就怎么写去。"一五一十地数说起来。

从腊月二十三祭灶开始，每每听到远远近近或长或短传来的鞭炮声，高洁梅就要紧张一阵。她闹不清这是因为什么。晚上做梦，总是母亲在她身前脑后飘摇，一种不祥的直觉挥之不去，整天心神恍惚，眼皮不停地跳。除夕后晌，心情更加沉重起来。这才明白这七八天来的坏心情是过年引发的。别人家热火朝天地准备过年，可她家由于母亲去世父亲添了新欢而是另一番境况。她尽量装作没事样子，免得把这种坏心情传染给妹妹。上初中三年级十四岁的寒梅因为家境已经受了不少委屈，至少，要在过年期间让妹妹快乐几天。她把腊月头上背着寒梅买好的几样衣物从衣柜中取出来，放在寒梅床上，把看电视的寒梅叫进小房间，"寒梅，姐姐给你买了一件羊毛衫一条裤子一双皮鞋，你换上吧。"

她想给妹妹一点惊喜。寒梅见了新衣裤果然兴奋起来，"啥时候买的，我咋一点不知道。"

寒梅的好心情就是对高洁梅的安慰。帮妹妹脱下袖口领口下沿已经开线的旧羊毛衫——母亲在世时织的——看她穿上新的羊毛衫。这是她从民生街市场挑来拣去选中的一件，颜色艳而不俗，大小也合适，穿在寒梅身上给她增了几分光彩。寒梅对着镜子前后左右照了几次，"姐，这羊毛衫多少钱？"

"你猜。"

"六十元。不，八十元吧？"

高洁梅笑了，"姐姐能有六十、八十给你买衣裳就不愁了。这是我从民生街市场处理羊毛衫的摊上买的，十五元。"

价格出乎寒梅意料，但颜色款式并不显旧，寒梅高兴地接受了。换上裤子，米色新款的休闲式裤子也十分合体。脱下旧鞋试穿新皮鞋，寒梅问："姐，你怎么只给我买衣服，你自己一件也没买？""姐姐哪有钱给自己买衣服。再说，过年是你们小孩子的事，你有新衣裳穿，我心里踏实，穿不穿新衣裳无所谓的。"

"昨天买菜你不是还剩下三十几块吗，你也买一件处理羊毛衫吧。"

"那三十几元是省下来给阿舅拜年买礼物的。"母亲去世父亲不再管她俩，舅舅时不时接济她俩，高洁梅认为别的亲友可拜可不拜，唯独舅舅家非去不可。

寒梅换上新皮鞋鼻子就皱起来，来去走了几步，坐下脱鞋，"这鞋我不穿。"

"怎么？大小不合脚？"

"这种样式穿在脚上难看死了。"

"样式新一点的鞋一双得要六十元。"高洁梅想说服妹妹接受这双虽然不新潮，但体现着她关心的鞋，"姐姐打工一个月挣三百元，除去我俩生活费，你上学必须的交费……"

寒梅打断她的话，"上学上学！你一说就是上学上学的，要是嫌我上学费钱，别让我上学。"

寒梅的语气态度惹她生气，说话的口气就硬起来："我供你上学错了吗？你小小年纪不上学能做什么？"自觉今日是除夕，不该给妹妹发脾气，放缓语气说："上学才是你的正路，别的都可以对付。比如这双鞋，只要穿着不硌脚，难看就难看点，毕竟是双新鞋。"

"反正我不穿这双鞋，这双鞋穿出去，同学们会笑话我的。张燕她妈给她买了一双八十几元的鞋。马萍她爸给她买了一双一百五十几元的名牌休闲鞋……"

"人家有条件，我们不能与人家比。"

"比不能比，可我不穿总可以吧？"转身要去大房间看电视，被她拉住，"你别任性好不好？姐姐也不容易。"

"怨谁？"寒梅一脸的不耐烦，"叫你去跟爸爸要钱，你偏不去。"挣脱她的拉扯去了大房间。

高洁梅想哭，想叫几声阿妈，可一切都是没用的。有用的，就是去向父亲要钱，吵也好闹也好要些钱姐妹俩过个好年。可她不想这样做，父亲也是迫不得已才这样对待她俩的。她宁肯饿死，也不愿听那女人的讥笑看她鄙夷的脸色。

高洁梅极力克制如浪似涛的悲怨情绪。除夕夜，无论如何不能把家里气氛弄僵。努力换上笑脸，到大房间对寒梅说："寒梅，别任性了好不好？你听姐姐说几句……"

"不听不听！"寒梅双手捂住耳朵，还使劲跺几下脚。

高洁梅再也压不住上窜的心火，想用强硬的手段把妹妹镇压一下，虎着脸关了电视机，要拉寒梅去小房间说理，寒梅打开她的手，恶狠狠地："讨厌！"

几乎是情不自禁挥掌打在寒梅脸上，寒梅惊呆了，愤怒地盯住她，而后哭着钻进厨房，从里边把门插死，千呼万唤不肯开门。

气怨填胸的高洁梅想回到房间狠狠地哭一场，借着眼泪把一肚子委屈怨怅倒尽，却抛不下被厨房门板隔开的寒梅。她毕竟还是个孩子，又在除夕夜里。又叫了几声，从门扇玻璃看进去，寒梅靠着水缸站在炉灶一侧，眼看着窗外时明时灭的鞭炮焰火，成心不理会她的倔强样子，不禁说道："有本事你一辈子别出来。"扭身回到房里，看着寒梅脱在地上的一双新鞋，心里酸苦难忍，伏在桌上痛哭起来。又提醒自己今晚过年，怎么可以这样没节制地伤感。忍住揪心的悲伤，把脸埋进蜷在桌上的胳膊弯里，收拢乱麻一样的心思。渐渐心情平静下来，起身走出小房间，发现厨房门开着，寒梅正在擦拭窗户玻璃，又奇怪又恍惚地走进厨房，擦窗户的不是寒梅而是母亲，父亲也站在一边。想问，发不出声音来。却见母亲阴沉着脸色，把手里水淋淋的抹布朝她伸过来。她明白母亲要她把抹布拧干，接在手里，却是一串正在爆燃的鞭炮，火星迸溅吓得她喊了一声，惊醒，原来一场短梦，蜷在桌上的胳膊被压麻，衣袖也湿了。恍惚了一阵，急忙来到厨房，门依然推不开，望进去，借着窗外透进的忽明忽暗的烟花亮光，看清寒梅侧卧地上，头边有一个小瓶。大吼一声，寒梅没有反应。左右寻抓，抓住用秃的一把拖布，捣碎门上玻璃，踮脚伸臂拉开插销，第一眼见寒梅嘴边一滩白沫……

"当时我跟阿哥、阿大在院里放鞭炮,多亏阿妈在房里,听见了电话铃声。"伊承新说。

田野听得心里像塞进了一块岩石,又冰又沉。从衣袋掏出手绢递给被泪水弄湿了脸颊的表妹,对高洁梅说:"我不知这时刻说什么好,我……衷心感谢你,从心底里感谢你把这一切告诉了我。"

高洁梅望着茶杯说:"你感谢伊承新吧,要不是她,我没有义务给你说这些。"叹了一声,"这事让我后怕,也让我反反复复地后悔,为啥当时要说那么一句话。明知道她任性时,别理她,她也就没脾气了。可我竟然说了一句,'有本事你一辈子别出来。'把她的任性推到了极端。"又叹一声,接住伊承新递上来的手绢。

十分钟后,三人离开了饭馆。分手前,田野小心地问了一句:"你家里放下敌敌畏做什么?"

"那是头年家里生了臭虫,向人要来喷灭臭虫剩下的少半瓶,放在水缸后面墙角,放了一年多。"

16

田成业带了五百元。头次约请苗青吃饭,做东道的不能小里小气。就西宁市目前人们的惯常消费,那怕去饭店吃烤鸭,四个人五百元绰绰有余。

打的赶到约定的会面地点,师德、姚乐、苗青已经聚齐。师德眉开眼笑,与女人一起被人请吃是他最开心的事。上车后,坐在司机旁边的田成业把目光投在苗青脸上,"苗青,今天你是主客,喜欢吃啥?别客气,一定要说。"苗青今日换了发型,脑后束着羊尾巴;外套也换了,是另一种款式的格子尼短大衣,颜色比头次那一件浅点。

"去吃火锅吧。"苗青灿烂地笑着说。

"好！"田成业欣赏她的干脆。一般的女人都会在新朋友面前客套一番的。

城北区小桥大街中段的"兴盛园"，布局与风格追求优雅的古典情调：回廊、六角花格木窗、楹联、匾额；庭院中央是假山、水池、小拱桥。

服务生送来菜单，田成业叫苗青点菜，点她喜欢吃的。苗青似看非看在菜单上扫了一眼，点了四样涮锅菜：宽粉、冬瓜、红薯、黑毛肚，把菜单递给姚乐。姚乐与师德商议着补了四样：羊肉、水豆腐、生菜、凤爪。田成业认为这样太简单，对坐在身边的苗青说："再点几样好的，鱼虾之类的。"

苗青身子后仰躲着菜单，"别的我不爱吃，我喜欢吃素。"

"这样的女人好打发。"师德朝田成业眨一下眼睛，意味深长。

服务生拿走了菜单。师德与坐在身边的姚乐头对头说着什么，有意给田成业和苗青提供方便。田成业克服着莫名的难为情，又觉得不说几句会更加不自在，便说："除去上次，我们是不是曾经见过面？"

"没有吧？"苗青用检索的目光上下打量田成业。

"在公共汽车上。"田成业有意点了一句。

"公共汽车上？不可能。"苗青的语气神态都十分肯定，田成业只好说得更具体些，"你是不是领着一个小孩坐过公共汽车？三四岁大小的，挺机灵白净的男孩。"

苗青眼仁上显出了迷惑，"我上下班大多时间坐公交车，可坐公交车从来没领着小男孩，你真在公交车上见过我？"

"你可能忘了，但我敢肯定，那次在公交车上见到的就是你。"田成业兴奋起来，追述当时的情景，"你抱着小男孩坐在靠窗位子上，旁边位子空着。我坐在你旁边，逗你怀里的男孩，这样说你该想起来了吧？"

苗青目光游移地想了一阵，笑着说："一定是你记错了。"

服务生端来鸳鸯锅底，四个油碗。田成业把三个麻辣油碗分别放在苗青、姚乐、师德眼前，自己拿京味的。从菜肴提篮往下取菜时，田成业边取边想，苗青不承认那天抱男孩的女人就是自己，说明已经意识到那天对他的冷淡是失礼的。如果再把后面的细节说出来，会让苗青难堪。决意绕个弯儿，说得巧妙点。一边给她布置筷子小碟一边说:"我打个比方吧,比方你怀里抱着一个小孩坐在公共车上,我上车后坐在你身边,你的漂亮打动了我,让我有了想与你说话的欲望,又不好意思直接与你说,就逗惹你怀里的男孩。你说,对我这种表示,你会做出什么样的反应?"

苗青愣怔地听着,不等田成业说完就笑起来,咯咯咯笑得声音脆亮,而后说:"你想跟我说话就说呗,这么绕来绕去什么意思?"

田成业自觉脸红了,窘迫地说:"我这不是打比方吗,要是……"

"别要是了,看,锅开了,快吃。"苗青拿起田成业油碗边的筷子放在他手上,自己把筷子伸进滚沸的锅里捞出一条宽粉吃起来。田成业叫服务员取瓶酒来。片时,服务生用托盘掌来一瓶二花青粮佳酿,四只酒杯。

苗青问服务员,"这种酒多少钱一瓶?"

"十五元。"

苗青对田成业说:"应该从外面把酒买进来,外面便宜,这种酒十三元就能买到。有的地方十二元五角也能买出来。"

喝酒助兴,起头有点放不开的苗青活跃起来。她只对她点的几样菜有兴趣,尤其是宽粉。可食量不大,吃了几口放下筷子不吃了。"你们慢慢吃,我吃好了。"把座椅往后推开,脱下短大衣搭在椅背上,只穿一件黑色的高领内衣。田成业吃喝间一眼一眼打量着她,欣赏她的表情和动态。她身材单薄,却不给人瘦弱的感觉。双腿修长。要说有什么不足,就是双乳偏小,而且下垂。她似乎不喜欢戴乳罩,至少是不喜欢硬挺的乳罩。

在师德与姚乐猜拳喝酒时,田成业想着刚才与苗青的那些对话。与苗青话说到这种程度,如果不把最要紧的内容说明白,前面那些话就白说了。可以初步判定,苗青是个头脑简单的女人。可她有个秀美的外表。正是因为她秀美的外表,他才情不自禁对她有了好感,有了拥有的欲望。可她对他的好感和欲望无动于衷,甚至连他明确的表示和巧妙的暗示都置之不理。是他张冠李戴,把公共车上那个薄情的女人错当作苗青,还是苗青压根对他没有感觉?他决意再试探一下,"我还得给你打个比方。如果你是公共车上那个抱小孩的女人，在我惹逗你怀里小孩时，你会让他叫我什么？"

"叫……"苗青半是认真半是疑惑地盯着田成业的面孔看了一阵，说："叫你爷爷。"

"爷爷？为什么要叫爷爷？"

"不叫爷爷叫什么？难道要叫你叔叔？叫你哥哥？"似乎觉得这样的反问有点滑稽，苗青又咯咯咯地笑起来。

田成业心里泛起一股酸涩的感伤，"我，在你眼里就那么老？"

苗青怔了一下，"我没说你老啊！"

"那为啥要让小孩叫我爷爷？"

苗青皱一下眉头。对她来说，这是一个难以理解的怪题。理解不了就索性直说："你今天绕来绕去说这些话到底什么意思？"

"没，没什么意思。"田成业意识到自己的无聊浅薄，讪笑着说："我能有什么意思。"

接下来猜拳喝酒，苗青不参与，只当看客。田成业提醒自己别再自作多情，只当身边坐着一个男人，而且是偶然相遇在饭局上的男人，饭后各奔东西，谁是谁呵！这样想着也这样努力着，可被酒精煽动起来的情绪不听他意识的这种安排，迫使他的一双眼睛时不时往苗青身上滑动。滑上滑下越看越想看。就又暗暗地责备自己，紧挨着坐在一起的明明是个秀美的女人，怎么能当作一个男人来对待。就如不能把花儿当作木柴去看待。僵硬的木柴硌人的目光，可花儿的精巧艳美和芬芳让灵魂迷醉。这些浪漫的念头一出现，田成业又禁不住笑眯眯地同苗青说起话来，鼓动她与他猜拳，好几次抓住她的手感觉她皮肤的柔软，心里痒酥酥的，想把手伸过去在她的胳膊和大腿上动作动作，希望苗青能给他提供一个可以利用的机会。正巧是苗青笑眯眯地对他说："我在五岔路口商厦看中了一条裤子，想把它买下来，你借我一百元钱吧。"

田成业心里一激灵。初次认识，第二次见面，就张口向人借钱，这……他不禁看一眼师德和姚乐，两人头挨头说着什么悄悄话，没有留意苗青与他在做什么说什么。苗青却直直地盯住他，期待的眼神。他心里盘算该不该答应。

苗青长相文静、俊美，应该具备同样的品质。这么直接向刚刚认识的朋友借钱，是性格使然还是别有动机？如果是性格使然，这种不会拐弯抹角的性格让他无法适应，坦诚得有点过分。如果不是性格使然，便是对他的一种试探？看他究竟是怎样一个男人，大方还是小气？真诚还是虚假？抑或，这是给他的暗示？这些想法一出现，田成业就希望她是别有动机。那样他就可以利用她的这个动机。既然她们不在乎男人的热情好感又希望男人们付出，她们就得为这种虚情假意付出代价。"行！"他肯定地说，趁师德与姚乐碰杯喝酒的工夫，从内衣口袋掏出两张五十元面额人民币，借桌子的堵挡放在苗青手上，低声说："是我给你的见面礼，不用还我。"

　　苗青毫不含糊地捏在手心里，不温不热地说："谢谢！"

　　这顿饭花销一百一十元，比田成业计划花销的少得多。让田成业暗暗高兴的不是省了许多，而是苗青主动送一个把柄给他。顺着这可爱的把柄，他不用任何铺垫就直接钻进她的身子里去。

　　走出"兴盛园"，师德缠住姚乐，要同她找地方成其好事。姚乐嘴上应付着，给苗青使眼色。苗青想管不想管地站在一边看了一阵，上前对师德说，"我跟姚乐还有事儿，改天你没喝酒的时候，由你把她叫到哪儿去。"拉住姚乐急步走开了。田成业也怕酒后的师德粘缠，说声："改日再会。"扔下师德直奔花木市场。

　　搬家那几天，他希望要牡丹的人来，能要六百要六百，要不了六百元，四百元他也出让。免得家搬走了，留下二株牡丹叫他日夜悬心。搬完最后几样东西，他锁死小院大门，打算回头来处理牡丹。岂料，等他下午从纸坊街过来，牡丹已被人偷挖而去，留给他两个土坑。左舍家的隔墙也被挖开一个豁口，左舍小院的门框也被掏挖走了。左舍早他一周搬走的。八成是哪个想要牡丹的郊区菜农，在他搬家的几天暗自盯着他的行踪，找到了下手的机会。想了想，决定报警。

　　"什么东西？"派出所管区民警展望问话间走进另一间办公室，田成业跟了进去，"我院里两株牡丹树被人偷挖走了。"

报案内容出乎展望意想，回头疑惑地问："牡丹，牡丹怎么会被人偷走？"

坐在办公室一角的女警察抬头看一眼田成业。大约，偷牡丹的事让她也觉得有趣。

田成业简略说明事由。

听毕，展望没好气地说："既然认为牡丹是贵重的个人财产，就该在搬家前移走。人搬走了，把花木扔在院里，不被人偷挖才怪呢。这种事我们没法儿管。派出所人手少，该管的都管不过来，哪有时间精力给你们擦屁股。"

田成业受到抢白，进退两难之际，那位女警官问："你是不是三十中的田老师？"

田成业恍惚地反问："你是？"

"我是你们学校一个学生的家长。"起身走到田成业身边，"前年我儿子转到三十中当插班生，错过了购买课本教材的时间，是你想办法从别的学校给他调剂了一套课本教材，那次我就把你记住了。"转面对展望说："小展，这事你看在我面上办办吧，要是抓住偷挖牡丹的人，我叫田老师请你一顿。"

在文件柜中翻找材料的展望扭头对女警察说："罗姐，你这是给我忙中添乱。"找出材料关了柜门，对殷切等待的田成业说："这两天有个案子正在火候上，没工夫。这样吧，你先去花木市场找一找，如果找到那人，及时给我打电话，余下的事我来办。"给田成业一张便民服务卡，出去了。

给女警察说了一通道谢的话，回家路上田成业有了一肚子感慨。往日一件无意的小事，想不到成了今日通关的钥匙。这阳世上的路，曲里拐弯不可预想却耐人寻味。

坐落在城西区胜利路中段的"静苑"花木鱼虫市场欣欣向荣。欣欣向荣的表征就是市场里的卖家和买家都显得十分悠闲又十分开心。终日守护和陪伴着他们大到一棵发财树，小到一枚钓鱼钩，形形色色五花八门的货品，懒洋洋地讨价还价，慢条斯理地收款付账。所有静态的生命都油绿油绿地挺着耸着各异的身姿，惹逗人们向往永生的心情；所有动态的生命都花花绿绿蹦蹦跳跳唧唧喳喳摇头摆尾地显示着各自的特性，用活泼和无章可循的动态讽刺着人们的疲软和循规蹈矩。就连那一排排一层层摆放的陶土花盆，一件件一颗颗平摆的细瓷小摆设，以及等等类类的休闲小玩意，都在人流的往复顾盼下熠熠生辉。至于那些变种的狗，杂交的猫，笼养的鸽子松鼠，水护的金鱼乌龟以及怒放的各色盆花，在孟春正午阳光的关照下，张扬着交响曲般的生命韵律，传达着与人类共生同鸣的人文情怀，强调着花木鱼虫市场别于他处的商贸气象。

田成业念想着苗青的音容笑貌，眼睛在熙来攘往的人流中搜寻。很快，发现了去他家寻看过牡丹的那个黑脸汉子，正蹲在一堆陶土烧制的花盆中，与摊主讲说着什么，穿的还是那件没有光泽多皱的黑皮夹克。田成业走上去质问前多了个心眼，大庭广众前，黑脸汉子不会承认自己偷挖了别人院里的牡丹。争讲间如果撕拉打斗起来，他不是黑脸汉子的对手。不如等他买了花盆，尾随去他家里，面对实证谅他不敢抵赖。转念又觉得不妥，孤身一人尾随到黑脸汉子家中，倘或黑脸汉背着牛头不认账，吃亏的还是他。便掏出展望给他的便民服务卡，用公用电话拨通了卡片上的电话号码。

展望答应十分钟内赶到。

十分钟后，穿着便服的展望裹在人流中来到花木鱼虫市场。田成业迎上前说了一串恭维话，把目标指给展望。展望上去拍了拍黑脸汉子肩膀，示意他靠边说话。黑脸汉子一脸茫然，见展望身后站着田成业，堆上笑脸要问，却听展望单刀直入地问道，"你把人家的二株牡丹弄哪去了？"

"牡丹？我……我是想买他的牡丹，头次去没买成，二次去他们忙着搬家，又没弄成。"

"没弄成就可以偷吗？"

"偷？"黑脸汉子鼓起眼睛瞪住展望，"你是什么人，敢用这种口气跟我说话？"

展望掏出警察证。黑脸汉子问田成业："你的牡丹被人偷了？啥时候？"

"别装糊涂！说，你把人家的牡丹偷挖到哪去了？"

黑脸汉子虎起脸反问："你们凭什么认定是我偷了你的牡丹？"争讲几

句，明白展望和田成业想去家中查看实物，很痛快地说，"这好办，我们一起去我家看看，就相信我说得不是虚话。"同二人走出花木市场，掏钱打的，转眼就到了黑脸汉子家里，房里房外院前院后都没有牡丹的踪影。田成业明白错怪了人家，也让展望白忙活一阵，过意不去，说了些致歉的话。黑脸汉子表示理解他的心情，为自己没能买到二株牡丹感到遗憾。

　　回家路上，田成业心想，当初从连襟园中分来两株牡丹细条，精心养护多年，因搬迁把它出卖，却被人偷去，大约他命里没有这份流财，黑脸汉子命里也没有养护牡丹的福份。况且日后回迁住的是楼房，再没有圈住小院养植花木的可能。两株牡丹被喜爱者弄去，大约是上苍爱惜花木，给了它一个妥当去处。如此一想，心里坦然起来，把这事扔到脑后，再不去想它。

17

　　九点十分，孔秀进了手术室。

　　呆望着紧闭的手术室玻璃门扇，田成功感觉浑身的骨架从颈椎和双肩向脚底垮塌下去，双腿瘫软支撑不住虚松下坠的身体，退坐在手术室门外走廊的靠椅上，目光被手术室门扇粘住了一般。门扇是毛玻璃，又有血红的"手术室"三个字对称贴在两扇门上，看不清里边的动静。孔秀被手术室护士用小推车推进去的时候，看了他一眼，这一眼把一种不祥的直觉钉进他心里，心疼了一下，接着越来越空。

　　走廊另一头的两张椅子和对面三张椅子上都坐着人，也都眼巴巴看着手术室门。有人在使劲抽烟，走廊里的烟味越来越浓，呛得一个老头咳了起来。这是另外两台手术病人的家属，是早于孔秀进去的。

　　田英观察着父亲的一举一动，忍受着绝望与希望拼搏产生的恐慌不安。她曾在西宁市中级法院审判庭旁听过死刑的终审判决。那种冷凛的气氛能把人的呼吸压断。此刻，如果任凭这种气氛继续下去，父亲准会像泥一样瘫在坐椅上。她给田壮递一个眼色，蹲在父亲腿前，双手扶住父亲膝盖，装出轻松的样子说："老爸，别像霜打的黄瓜好不好？你先蔫下去，我们还能站直吗？阿妈做手术是除病，除掉病根就会一天天好起来。医生不是说手术成功的把握有百分之八十嘛，你把心放在腔子里吧。"

田成功被极度的焦虑恐惧弄糊涂了，"那为什么还要我们签字？"

田英给父亲解释："那是每一个手术前必须进行的一道工作程序，是医院的一项制度，小小的阑尾炎手术照样要让家属签字。不信你问问对面坐的那几个人，问他们签了没签。"

网在田成功眼睛上绝望的雾障，被田英肯定又充满信心的话语扯开了，也打破了包围田家人的沉闷气氛。坐在田成功身边的田成业放松绷紧的面孔说："英英说得对，做手术是为了除病，除去病根就会彻底好起来。"

"就是。"田成凤接住二哥的话茬，"医生说手术有百分之八十的把握，就一定有百分之八十的把握，我们院里一个得了胃癌的病人，手术前医生说只有百分之三十的把握，手术做完五六年了，还不是好好地活着？"

"就是就是，吉人自有天相，凭着大嫂平日里的所作所为，老天爷也会向着大嫂的。"田成业这句话发生了作用，田成功调整坐姿，下塌的腰背挺了起来。

蹲在田成功身边抽烟的田壮按灭烟头，"手术后好好做一下化疗，把癌细胞杀尽了再出院。反正我心里有数儿，阿妈少说能活到七十三岁。等阿妈病好出院，我们全家人争取五一节长假去西安浪几天。"

田成功伸手拍拍儿子肩头，化疗是必要的，化疗还得不少的费用，去西安玩显然是一句空话。可这句空话给予他心理上的安抚还是有效的。兄弟儿女们积极期望的态度，温暖着他的心灵，那片笼罩在心上让他胸闷气短的不祥的黑雾，在这一股又一股温暖和风的吹拂下暂时散淡开去。

田壮见父亲的眼神明朗起来，走过去向另外两家人打问情况，回来说：另两台手术，一台是胆结石胆囊胆总管摘除术，一台是心脏搭桥术。田成功听了，羡慕那个得了胆结石病的病人，替他和他的家人庆幸，取掉结石摘掉胆囊就彻底没事了。又庆幸孔秀手术的预见虽然不十分肯定，但手术中的危险要比心脏搭桥小得多。万一术后心脏不起搏，送出手术室的就是一个死人。孔秀不存在这种危险，至少有化疗和化疗后的几年时间，足可以做很多很多的弥补。

田成才红眉胀脸地来了，满眼歉意喘着粗气说："军军吃冰激凌吃坏了肚子，昨晚拉了一夜稀屎，吃了二次药，天亮才止住。我忙了一夜，等军军安静下来迷糊一阵，一睁眼已经到了十点，脸都没顾得洗就打的赶来了，又找不见开电梯的，爬楼上来的。"见田成功和侄子侄女没啥反应，扭头问田成凤："几点进了手术室？"

田成凤答非所问："军军奶奶咋没来？"大嫂做手术，又是不可预见的手术，田成凤认为田家人，至少亲弟兄妯娌都该来医院，陪大哥度过这难熬的几小时。

"军军到天麻麻亮才睡实，她得守着军军。"

十点半，手术室门被推车顶开，做完胆囊手术的病人出来了，跟在后边的大夫手里托着小白瓷盘。病人家属就围拢上前问长问短观看取下的结石和胆囊。田壮和宁守仁挤上前，看清取出的结石有蚕豆大的一粒，豌豆大的四粒，都是灰黄色。

等手术室护士把病人送到病房推着空床回来，田壮、田英拦住护士问道："护士同志，我母亲的手术做得如何了？"

"什么手术？"护士平静得就像一个饭馆的传菜员问"订了什么菜？"

"胃肿瘤切除。"

"等着吧。"护士推开想细问的田壮，走进了手术室。

田英把耳朵贴在门缝上听了一阵，推开一条门缝瞅了一阵，回来对田壮说："哥哥，我估计手术十二点前完不了。你同三爸守着，我把阿大、二爸二婶、娘娘叫出去吃点东西。"给宁守仁招手，要把田成功从座椅上拉起来。田成功推开女儿手："我不饿，你把二爸二婶、娘娘叫下去吃吧。"

田英硬把父亲拉起来，"不饿也得吃点东西，从昨晚到现在你没吃一点东西。"她必须说服或强迫父亲吃下哪怕一碗稀饭、一口馍馍，用以储备应付意外结果的气力。

从五楼手术室走廊下到一楼大厅，田成功对女儿说："我什么也不想吃，也吃不进去。你把二爸二婶、娘娘叫出去吃吧，消停多吃点儿，我在大厅等你们。都出去吃饭，万一手术室的叫我们，就费事了。"说着退坐在一排椅子的一头，惝惶地望着姑娘女婿。

田成业、孟慧、田成凤都不肯出去吃饭，要陪着大哥。田英两口只好随着他们，坐在另一排椅子上守着父亲。

一伙人吵吵嚷嚷挤进了门厅，领头的男青年走到导诊员面前问道："神经科在几楼？"

导诊说："神经科在三楼，谁看病？"跟在后面的一伙人扶着病人让导诊看，七嘴八舌地说："我们去了门诊室，门诊大夫看了说搞不清是什么病，叫我们上神经科。"另一个老成的说："早上还好好的，吃了早饭就不停地摇起头来，怎么也止不住。"

被一男一女扶持的老太太少说有七十多岁，满头蓬乱的头发随着大幅度的甩摆，像风里枯草来去飘摇。门厅里游走的忙人闲人围上前看这奇怪的病人，七嘴八舌地议论着，"这是什么病，没见过？"

"羊羔疯吧？你家老太太有没有羊羔疯的病？"

"肯定不是羊羔疯！羊羔疯犯了全身要抽搐，要躺在地上吐白沫沫哩。可这老太太只是摇头。"左脸颊被白癫疯弄成了粉红色的中年人肯定地说。

"吃了摇头丸吧？"一个染着金黄头发的青年用玩笑的口吻说，险些被病人家属中粗壮的小伙给了一拳。

导诊把病人和她的家属们引进了电梯。

约摸坐了半小时，田成功急着要回五楼手术室门外等消息。几个人刚回到手术室门外，田野来了，"早上社里开编务会，不准请假，会一完我就赶来了。"问田英，"手术顺利吧？"田英茫然摇头。

田野走到田成功身边，从休闲夹克内袋掏出一沓五十元面额的人民币："大爸，这是你昨日向我阿大借的五千元，阿大让我把钱交给你。"从另一边口袋掏出一张借据："阿大要你一手拿钱，一手在借据上签名盖章，借据是我替你写的。"

田壮一听这话就火了，夺过借据几下撕成碎片，"你阿大真不是个东西！天塌下来，心里装得只是钱，这钱你拿回去，我们不借了！"往田成功手上夺钱，田成功挡开儿子的胳膊。钱是急需的，手术后化疗的费用要事先备齐，昨日去向堂哥借钱，今日堂哥打发儿子及时送来，很不错了，怎么能计较在借据上签字画押这等小事？何况借钱写借据是应该的。

田成业把下不了台的田野拉到一边，用长辈训导晚辈的口吻说："亏你还是个记者，你婶婶动手术，一家人心都乱了，这种时候你怎么能把借据拿出来要你大爸签字画押？自家人，难道没有借据会赖账吗？"

田野委屈地说："你们都知道阿大的脾气，不把签字的借据拿回去，我就得挨骂。"见堂兄妹都阴着脸不理睬他，唯有宁守仁有点友好的表情，借口点烟蹭到宁守仁身边，数说自己的不得已。宁守仁嗯嗯呀呀地应答了几句，说："有一个新闻线索，你有没有兴趣？"

"什么线索？"

"刚才我们在一楼大厅，看见一个老太太被家人扶进来找神经科看病，说她从早上开始摇头不止，有人说她吃了摇头丸，大约还在神经科，你要不要去看看？"

老太婆吃了摇头丸？此事如果当真，报道出来会引发读者的关注。田野给二爸田成业说了一声，急去三楼神经科找当事人去了。

十一点刚过，一个护士从手术室出来问："谁是肿瘤科十一床的家属？"田家人还没做出反应，主刀的科主任跟出来，摘掉口罩，田家人蜂拥围住，七嘴八舌地问："手术做完了？顺利吧？病人怎么样？"

主任的表情凝重又疲惫，直盯住田成功："手术出现了意外情况。"田家人听此话全把心提到嗓子眼上，惊悚地问："手……术没成功？"

主任也在极力镇定着情绪,"腹腔打开,发现病灶已经转移,满肚子都长了肿块,手术没法做,危险太大。我出来征求你们的意见,是中止手术还是冒险进行?"

田家人都呆了,半张着嘴凝着眼仁,他们不懂得如何回答。片时,田壮问:"中止怎样?冒险进行怎样?"

"中止是不再切除胃里的肿块。已经转移了,腹腔、肠道都有包块,切除已没有意义。冒险是切除胃部肿块,只会加剧病人死亡,我们的意见,中止手术,缝合切开的腹腔……"

田家人泥塑木雕般僵立在主任四周,男人的脸色由灰变白,女人眼里转着泪花,喉咙滋滋发响。医生的判定就是上帝的判定,没人有回天之力了。田成功努力挤出一句:"照你们说得办,病人,还有多长时间?"用手挤按住心窝,气息短促粗重。

"两到三个月。"主任拨开木桩一样的田壮、田成功进了手术室。

手术室门前走廊在极度的悲伤和静默中昏暗起来。都在极力克制着欲要喷发又梗在喉咙的巨大悲痛。恶梦一样的时间终于过去了,孔秀躺着的推车顶开手术室门出来了,睡死了一样的孔秀脸色蜡黄,分别扎在双手和左脚上的输液和输血浆的瓶子由三名护士举着,另一个护士和主任推着小车,在田家人手忙脚乱的夹护下进了电梯。

把重度昏迷的孔秀从推车移到病床上,孟慧、田成凤、田成业分别抓住扎了输液输血针头的脚手。田成功看着孔秀呆了一阵,以超常平静的口气问宁守仁:"请大夫们吃饭的事怎样安排了?"

宁守仁小心地对岳父说:"事先没安排,打算手术做完后叫出去随便找个饭馆叫他们吃一顿。"

"你先去近处找个好饭馆把桌子订下,免得把大夫叫去了,没地方坐。"

田壮拧着眉毛说:"阿大,请大夫们吃饭是手术成功后的打算,现在手术成了这样,请什么?谁还有心情请他们吃饭?"

田成业等人都认为田壮说得有理,田成功却坚持说:"事先给人家许下的，怎好变卦？手术成了这样是病的变化，怪不得大夫们。人家忙了一早上，叫人家吃顿饭是应该的。"田成功对宁守仁说："定好桌子给田健打电话，叫他过来陪大夫们吃饭。"

宁守仁匆匆走了。

事先与科主任约定，又到了中午吃饭时间，主刀的科室主任，做助手的主治大夫，手术室麻醉师，两个护士，爽快地跟着宁守仁来到医院近旁一家中档川菜饭馆。考虑到术后护理和化疗便利，把科室的护士长也请来了。加上做东道的宁守仁、田健，正好八人，一桌。

为尽量给丈人省下几元，节省时间和避免众口难调的点菜难题，宁守仁定了三百二十元一桌的套菜。田健赶来，向吃请的诸位打一个揖，不阴不阳地说："诸位辛苦了。"再不说话，坐下只顾抽烟。他不想来，认为手术成功大吃一顿值得。眼下这局面，大夫护士们还有心情吃请？可宁守仁强调，是你大爸特意点名要他来陪吃，实际是要他陪酒的。"只当是田家门上一项任务，硬着头皮也得完成好。"话说到这分上，田健只好来了。

主治大夫、麻醉师、护士全是年轻人，一律是当仁不让的架势；科主任五十岁上下，些许有点疲惫，努力保持着中心人物的尊严和姿态。

菜上齐了，宁守仁开酒瓶打算敬酒，主治大夫对宁守仁说："我们主任不习惯喝青粮佳酿，爱喝'金六福'，能不能换一下？"

"当然可以！"宁守仁痛快地应道，使眼色要田健出去买两瓶"金六福"。田健给堂姐夫回了一个复杂的眼神，站起来说："还有什么要求？只管说，我好一并办来。"

正在手机上看短信息的护士、麻醉师并没留意田健生硬的口气，麻醉师指着桌上一包'白鸟'烟说："把烟也换换吧？这烟抽着没劲，换成'一支羽毛'好不好？"田健转身要去，一个护士说："我们喝不了白酒，最好买两瓶果啤。"

"成！完全可以！"宁守仁担心田健做出什么不恭的表示，高声应着并推走了田健。

片时，田健拎来两瓶三星'金六福'，四瓶果啤，两包'一支羽毛'，咚地一声放在桌上，对正在摆小碗的服务员说："去！拿几个大酒杯来。"

主任一边用餐巾纸擦拭小碗一边问宁守仁："这位是病人的什么人？"眼睛瞟一下田健。

"他是病人的侄儿子。"

"怪不得手术前一直没见过。那个当记者的好像也是病人的侄子吧？那一个比较有素质。"

宁守仁听出主任的话里有话，为免除节外生枝，笑着说："今天的头官我当，打官前我要敬大家几杯。"正好服务员取来酒壶酒杯，宁守仁开瓶斟酒，不让田健动手。

喝了敬酒，开吃。护士们边吃边议论新上市的"娇娘"牌洗面奶和"美神"牌护发香波。主治大夫对主任说："二十八床的家属早上给我说，叫我们晚上别安排，他已在'日月星'饭店订了饭，要请我们一顿，要我把相关的人都叫上，主任你一定得去。"

"我就别去了吧！连着喝了几场，胃负担太重，得歇上两天。"

"主任不去怎么能成？去了坐坐，也是我们的一份精神，不想喝别喝，给我们坐阵就够了。"

"再说吧。"

宁守仁一圈官下来，要田健当官。垂头抽烟的田健扔掉烟头，用脚尖拧死烟头，捋一下毛衣袖子，"我堂姐夫已经敬了诸位，我就不敬了，来！谁先划？"

客人们互相望了几眼，推举麻醉师先与田健交锋。田健连输五拳，一杯一杯干了五次，血往上涌，说："本来，我嬷嬷病成这样，手术又没做成，我是没有一点点喝酒的道理。既然诸位白衣天使有这样的好兴致，我只好豁出去了，只是我们素质不高，拳划得不好。"把拳头伸向主任，"主任，让我领教几拳！"

客人们又互相望了几眼，主治大夫说："你嬷嬷病重，手术中发现转移不能继续手术，是怨不得我们大夫护士的。我们只为尊重病人丈夫、儿女的一片诚心，来这儿趁吃饭放松放松，与病人家属交流下一步的治疗护理方案。既然你豁出去了，我们只好奉陪到底。主任，划拳！酒场上没有怂汉，你输了我喝。"

主任伸手与田健划拳，田健又输了。

宁守仁后悔听了丈人的话叫来了田健。现在，他得察颜观色地努力平衡场上的气氛，防止田健搅了这场"好事"，心里暗咒自己暗咒生活，真他妈累！

情绪不和谐，气氛总是热不起来。吃了两道菜，护士长借口中午值班先走了。接着两个护士和麻醉师也借口离席而去。主任和主治大夫在宁守仁执意挽留下又坚持了一阵，以牙还牙地与田健打了一阵嘴仗，告辞走了。

望着桌上几乎没动的菜肴，田健狠狠地说："要不是顾及大大的心情，我非把桌子掀了不可。"

将近下午六点，深度麻醉的孔秀苏醒过来。守在病床两边的田英、田成凤努力振奋精神，分别操心打着吊针的右手和插在鼻孔里的输氧管子。时近黄昏，一束夕阳照进病房窗户，在墙上投下一块黄亮的斜形长方形光影。孔秀辨认了一阵，记起清早被推进手术室前后的一些事情，明白手术做完了，自己还活着。挪动头颅，觉得头下没有枕头，脖子酸困麻木。这时听见了田英的声音："阿妈，阿妈。"又一个女人的声音："大哥，大嫂醒了。"

听说孔秀醒了，在病房门外说话的几个人抬高脚步走进来，田成功伏下身子问道："怎么样？是不是像睡了一觉？"

孔秀挣扎着说："咋不给我枕枕头，我头重得像石头，脖子困……"

"大夫说麻醉没过不能枕枕头。"田英张罗着把一个瘪瘪的枕头塞在母亲头下。

孔秀把不稳定的目光定在丈夫脸上，"手术几点做完的？"

"十二点你就从手术室出来了，手术做得很成功。"田成功机械地说着事先想好的话。从现在开始,他和他的亲人要扮演骗子的角色,用谎言和虚假的宽慰骗取一个深重病人死亡前的心灵平静和对生活的期望。

孔秀把目光移到女儿脸上,"你哭了吧?"

"没哭呵!谁说我哭了?"田英强辩。

"没哭,眼睛咋肿成这样?"

田成功抢在女儿前说:"熬了两夜,刚才趴在床沿上睡着了,压肿的。"

孔秀想了一阵,"是不是手术没做好,怕我死掉?"惨烈地笑了一下。

田英忍住揪心的痛苦,扭头擦去眼泪又回头说:"你手术做得好,把肿块全取完了,我这是高兴的。"

"你们都哄我哩,我个家的病我个家最清楚。"田成凤急忙给孔秀喂了一勺冲淡的果汁。田成业、孟慧、田壮、田成才轮换着给孔秀说了些宽慰的话。

人醒了,暂时没多少事要做,田成业定好日后轮换守护的人员和换班时间,让孟慧、田成才、田壮、宁守仁等人回家去。田成业有话要给田成功说,留了下来。

喝了几口果汁,孔秀闭眼休息一阵,睁开眼问田英:"英英,你大大说好手术后把大夫们请出去吃饭,请了没有?"

"把你送回病房安顿好后,我就打发小宁和田健把主刀的主任、主治大夫、手术室的麻醉师、护士们叫出去吃了一顿,把病区护士长也叫上了。"田成功替女儿回答。

孔秀灰黄的脸上显出满意的表情,"请了就好。说好的,不请人家,叫人家说我们做完手术就朝后不望了,日后还得化疗,别到时候不好好地管我们。"

田成业守到晚上九点,安排田成凤夜里守护,叫来田强、李怡蓉做帮手,让田英回家休息。田英不肯离开,说手术后头天晚上,吊针多,由她和娘娘两个人守,用不着叫来田强两口。田成业只好依她,给孔秀又说了些宽慰的话,离开病房回家。下楼梯时,手机铃响了,看显示屏,陌生的号码,便问"谁?"

"你真是哑木匠盖大房哩!"对方莫名其妙的回话把田成业听懵了,又问:

"你是谁？"

对方笑了："我是师德！连我的声音也听不出来？"

田成业心神疲惫，只想尽快回家休息，没心情与师德纠缠，"有啥事？"

"我今天和姚乐见了苗青，苗青给姚乐夸耀新买的裤子，说你给钱叫她买的。你下手真快，下次该那个了吧？"

田成业截断师德的话，"我正忙着，有时间再给你打电话。"就关了手机，险些踩空楼梯摔了一跤。

18

从新疆西北部产生的一股寒流，沿河西走廊向东南大面积席卷陇秦地区，使得惊蛰后逐渐向暖的天气向下跌了六至十度。被祁连山屏障拦护的青海省东部地区，虽然只有一些薄云时不时蒙蔽太阳，让一股又一股西北风掠过城市上空和郊外田野，但乍暖还寒的气象却让人们急于迈入仲春的脚步迟缓起来，留心着加减衣裳。不过，这无定的气候不能使植物像人类一样徜徉在仲春门外。它们孕育了一个冬季的生息，已经在根和枝条上伸展着憋急了的灵气，于是向阳的墙角和田垅边草芽率先绿绿地拱了出来，田野上的柳树和庭院中的花木们也努力地张扬内敛了一冬的活气，让树冠显出似有似无的绿意和褐红的气息。

民生街上开百货小店的老张，开杂货铺的老水，春分前五天就把烧纸、往生、阴票和香烛摆在铺门外临时搭设的货摊上。其余几家经营百货杂品的店铺不但摆出了上坟用的祭品，还挂出了潍坊市产的各式风筝，细巧明艳地招呼人们从兜里往外掏钱。

上坟的日子就这样来了。

田成功家上坟用的香表烧纸和祭祀，头天已经买齐，还特意订做了一副大馒头。如今，田家门里有岁数的人都退休了，年轻人除了田健，都按部就班地工作着，上坟日子，跟省城大多数人家一样，选在春分和清明之间的某个周末。田家的上坟日子由田成功定。他翻看日历，又根据中央电视台的天气预报，把今年上坟的日子定在了春分后的第一个星期天。却没料到，先几日回暖的天气，到上坟头一天又阴冷下来，这让田成功懊悔不已。孔秀出院后再三念叨，今年上坟一定去坟上给先人们烧纸。作为田家门里田寿这一支脉的老大媳妇，她年年都去坟上。今年成了病人，估计男人儿女不让她去，故而率先强调，上坟非去不可。田成功心中有数，不成全孔秀这个愿望，终生遗憾的将是他自己，就答应到时一定让她去。为此特别叮嘱宁守仁，找一辆有空调的面包车，万一去坟上天冷坐不住，可以让孔秀呆在车里。

田英赶早到娘家，服侍父母吃了早饭，收拾了碗筷。一应上坟的用品：一瓶奠茶、两瓶奠酒、一条祭祀、一只烧鸡、四样凉拌菜、三沓烧纸、一沓往生以及阴票香表，已由田成功分装在两个提袋里。田壮去取订做的大馒头。田英要做的，就是操心着给母亲多穿点衣裳。手术后做了十天化疗，孔秀体质相当虚弱。按大夫要求，化疗至少还要十天，可化疗期间孔秀吃不下饭，睡不着觉，头发大把大把地往下掉，情绪日益恶劣。不得已征得大夫同意先回家调养。许是回家心理少了压力，加上中药调理，情绪精神日渐好转，能吃几口饭，能睡半夜觉，这种时刻，最怕的就是感冒。

田英给母亲加了一条牛绒裤、一件牛绒衫，认为母亲的旧呢子大衣穿在身上又硬又沉，把自己头两年穿了几次就放在娘家的中国红鸭绒面包服取出来，让母亲穿。孔秀穿在身上，大小肥瘦合体，对镜子照了几下，说："比呢子大衣轻巧，也热和，就是颜色太鲜艳了，会让别人笑话。"

"谁笑话就证明谁没水平！没见过电视上北京、上海、广州的老太太们穿得一个比一个艳，现在讲的是老来俏。"田英帮母亲把面包服脱下来放在床头，出门再穿。又给母亲找出一顶绒线编织的帽子，一条围巾，一个口罩，只等车来穿戴出发。

十点前车来了，是一辆二十一座的中巴，旧车，没有空调，门窗封闭也不严实。女婿叫来这样一辆车已经尽力了，没道理挑剔。田成功就与田壮、田英商议，天气不好、车子又不保温，别让孔秀去了。田壮、田英清楚，万一母亲感冒了，意味着加剧母亲和家人的痛苦，孰轻孰重明摆着，便好言说服母亲，留在家里。孔秀执拗地摇头，反复地说："我年年都去坟上给先人们烧纸，今年怎能不去？去年七月十五上坟我给先人许下了，今年春社上坟要为田壮、伊承新好好儿祷祝祷祝哩，叫先人们保佑田壮找上比邱慧敏好的媳妇，别下岗；保佑伊承新今年一定考上大学，还要祷祝先人们保佑我早点好，别拖累家里人。"

田成功和儿女只好由着孔秀。

以往上坟但凡叫车，田成功就约定老二田成业一家，老三田成才一家，堂哥田成海一家按时来四号院乘车。今年田成业搬去纸坊街，事先约定顺路去拉。等田成功指使田壮、宁守仁把东西搬下楼放在车上，田英扶着母亲下楼坐进车里。田成海一家三口，民权街二十一号院里的田成才一家五口提着包包袋袋先后来到。一车人唧唧喳喳说笑着到了纸坊街，在街边等了将近一小时的田成业已是一脸的不高兴。把装着祭品的纸盒使劲墩在车上，扶着同样黑着脸的田寿上车坐在司机旁边。孟慧上车挤坐在孔秀身边，问寒问暖地说了一阵贴己话，田成业的表情才软了下来。

车到沙燕岭就慢下来，盘山的沙石路坑洼不平，车子左颠右簸地行进，时而被后边鸣笛的车子逼到路边，时而加大油门超过前面摇晃的汽车。都是上坟的，车厢里挤坐着大人小孩。人空里摞放着装祭品的纸箱提袋，黄色烧纸尖角从包口露出来，在风中抖动。有的车装着煤气罐，煤砖或硬柴，看样子要在坟地上动火。小孩们麻雀一样吵闹着，长檐的红色棒球帽和花头巾在汽车扬起的飞尘中明艳夺目。

坐在车中间的田成功眼望车窗外沉思着。被车子一段一段撂到后边的全是起伏的，时而被旧草覆盖，时而裸露着沙石的黑褐色的山坡。车子驶出盘道，车窗外是灰沉沉欲雨无雨的天空。干枯的田野，稀疏的小树细枝在时强时弱的风中摇摆，有的树枝上挂着或红或绿或白的塑料袋，被风鼓胀着抖索。

田成功身后，田壮、田强、宁守仁和田健议论着新上市的四花青粮佳酿的气味口感；孙雅萍和儿媳李怡蓉倾听军军讲说吃肯德基的感想；宁向阳给三外爷叙说头天去中心广场放风筝的经过；田英、孟慧你一句我一句地问询孔秀坐着累不累，要不要喝开水……

田成功觉得车上缺了什么。田寿、田成海在女人们面前保持老人的沉稳是正常的，可田野怎么也悄悄的？往常上坟，在车上最活跃的田野今天一句话也没说。回头望一眼，发现田野坐在最后一排靠车角的位子上，眼望车外想着心思，一脸的失意。猜测田野是因为工作上不称心，还是被那个女孩子捉弄了。田家门里年轻男人中，田野结交女朋友最随便也最多。照田英的话说："三天两头换一个。"有那么几次，田野居然把女朋友领到坟上，让大家以为她一定是他打算结婚的那一个。事实是没过几天，身边贴着逛市场的却是另一个女孩。

车子驶上山顶平坦的田野，陆续有零星的坟包和石碑迎车而来又被车子甩在后方。有的坟地上蹲坐着人群，有的已经点燃烧纸，黄纸和蓝烟间窜着金红的火焰。一片平坦的坡涧边沿，几个小男孩在放风筝。是从市场上买得很花很美的蝴蝶和金鱼风筝。由于风小，孩子们呐喊着使劲拽动引线，风筝却懒洋洋晃着身子不肯上升。

老远看见田家坟地上有几个人影，近旁停着一辆红色夏利车。田成功认定是妹子一家四人。近了，原来是田成江一家五口。

宁守仁跳下车，指挥司机退停在离坟地一百米远的土坎一侧。众人下车，提着自家的东西，走向坟地。左侧五十米远近，只有一座新坟的坟地上，两个人跪在坟前烧纸。对比之下，田成功为田家人浩浩荡荡来了一车人感到自豪和欣慰。

田成功、田成才把各家带来的烧纸、往生、阴票集中起来，混合堆成三尺高低的一座纸山；孟慧、施秀云把各家带来的祭品归拢在一起，石桌上铺两张烧纸，将面桃、馒头、面包摆排在一起，又把各种肉食、菜肴、水果之类的祭品排放在面食前面；田健把各家的酒瓶收齐：六瓶白酒、两瓶葡萄酒、三瓶可口可乐、四瓶果啤，对田壮说："先人的名义我们的嘴，今儿得放开了喝一场。"把酒瓶一一排放在献食两侧。

随着一溜滚动的灰尘，又一辆红色夏利出租车停在中巴车一侧，车里钻出田成凤、伊福禄、伊承新，车又开走了。等田成凤走到坟地，田成功问道："承宗怎么走了？"

田成凤一边放东西一边说："承宗大清早就被两个外地游客叫去塔尔寺了。是承宗一个开车的朋友把我们送来的。"不及把田成凤带来的献食摆好，田成梅、田成莲两家五口人坐着一辆小双排车来了。

施秀云接住田成莲带来的祭品，一一摆放在石桌上面。趁众人不留意，把自家带来的祭品从塑料袋中取出来，混放在别的祭祀中间，是一只瘦小的烧鸡，干缩了，灰褐的外皮皱巴巴没有一点光泽。在旁边开酒瓶的田健明知嬷嬷自觉带来的祭品不体面，怕众人见笑；也清楚这是大大向来的作风，就想戏弄一下。把那只瘦小干缩的烧鸡拿在手上，装出大惊小怪的表情大声喊道："田壮、田强、田明，你们来看，这是不是一只鸽子，真没料到，田家有人突发奇想，烧了一只鸽子来祭先人。"

田壮、田强等人围上来看，田壮说："什么鸽子！这是烧鸡，炸得过火，干缩了。"

田健把手中烧鸡在田壮眼前晃动，"你肯定看走眼了，烧鸡哪有这么小的，分明是一只鸽子嘛。"说着偷眼看嬷嬷施秀云，见她红了脸。寻看大大，发现田成海装作没听见。把烧鸡拿过去对田成海说："大大，你说，这是烧鸡还是烧鸽？要不就是一只鹌鹑吧？"

田成海拉下脸道："鸽子怎样？鹌鹑怎样？不都是你刚才说得那句话，先人的名义你们的嘴嘛！要不是念着先人，我连这个烧鸡也懒得拿哩！你嫌小，别吃！"

没料到田成海会这样回答，田健一时倒没话好说了，对田壮等人做个鬼脸，把烧鸡放回一堆祭祀中间。

祭祀食品摆放完毕，女人们退坐在坟地一侧避风地方，围护着孔秀说话，同时关心着整理风筝的几个小孩。空阔的野外环境，举家人齐聚的热烈场面，以及随风而至的一丝丝柔润的春意，让孔秀心情豁朗起来，暂时忘却了一月来被疾病折磨经受的那些痛苦以及身上这儿那儿的不适，话也多了、笑也多了。田英等人见母亲高兴，有意说些快乐的话惹逗嬷嬷、婶婶、姑姑、嫂嫂们发笑，一时间竟忘了孔秀是个病人。

田成功让田成海陪着田寿和伊福禄说话。他指挥两个兄弟、侄子儿子们从坟地周边田地中抬来翻耕起来没有松散的土块，分别添加在十三座坟山上面。田家人多力量大，每年春社上坟添土，把十几座坟山添得又高又大。与周围邻近的几个墓地相比，田家坟山显得格外高大显眼，田家老少几辈人为此禁不住暗暗地得意和自豪。

田家这块墓地，是田成功曾祖父，也就是清咸丰年间中过举人的田耀堂趁光阴红火时，请当时西宁城有名的阴阳古先生勘踏的风水福地。几辈下来，墓地上埋了三代十三个先人。说它是福地，是从清咸丰十一年到民国末年直至现今，改朝换代风云变幻，尤其在土地改革和农业学大寨期间，各处的山山水水被翻天覆地地改造，众多的老宅址老墓地都被搬迁占用，唯独沙燕岭上百顷山地，几经春秋变更却保留下来，至今保留着百年前的模样。这也让田家人有一种说不清道不明的自豪。如今，从咸丰年的举人算起，到田成才的长孙军军，已有六辈人在阴阳两界传承着田家的血脉和福祉，不能不说是田家人一大幸事。

田成功率领儿子田壮，侄子田强、田明祭奠了后土，一声招呼，田家门里来坟地的男男女女老老少少排跪在石桌下面。早几年，祭奠先祖的仪式由田寿主持。这几年田寿年事渐高，头眼昏花，懒得在晚辈前张扬。论班辈岁数，主持人该由田成海担当。可田成海斗大的字不识一升，又在举家人心目中没有威信，就由田成功接替了这个神圣职责。

第一排跪了田寿、田成海、田成功；错后一步跪了田成江、田成业、田成莲、田成才、田成梅、孟慧、孔秀、孙雅萍、田成凤、伊福禄、庞玉娟、毛得财；再错后一步跪了田强、田壮、田健、田明、田英、田亮、田野、宁守仁、伊承新、房山及军军等孙子辈男女娃多人。黑压压跪成一个半圆弧，圆弧中心是大堆的纸山。

点燃烧纸，田成功一边用长木棍拨压被风掠动的烧纸，一边念念有词：公元二零零零年三月二十五日，农历庚辰二月十八日，田氏门中后人田寿率孝子孝媳孝孙给列祖列宗烧送冥币，望先祖在天之灵灵威降福，保佑田氏门中后人福寿康宁，有病的早日康复，求业的早得工作，求学的金榜题名，求子的早得贵子……云云，接着念诵"把一切孽障根本得生净土往生咒"：南无阿弥多波夜，哆他伽多夜……

旷野的风时紧时缓顺地皮刮来，舐舔着火舌跳窜的烧纸，黄纸卷缩成黑色灰烬在风的舐舔下呼呼作响，时而把炙热气浪冲着跪坐的人群，逼他们喊叫着躲避；时而揪下几片灰烬送向坟外，有的飘摇升上虚空，有的被沟坎边的枯草挂住。一大堆烧纸烧了四十分钟，跪得人们腰膝酸困麻木，双手拄地活动着腰腿，有的索性坐平，眼望烧纸想着心思。终于烧完了，田成功指挥田壮、田健从带来的各种献食上撕些碎块，集中起来，向坟地周围抛洒；又指使田强、田明把自家和田成梅、田成江两家带来的大馒头集中起来，各家有所求告和祈福的年轻人往前跑成一排。田成业拿两个馒头，走到大伯田福坟山后面，把两个馒头底对底合在一起，从坟山顶上放手，雪白大馒头就顺着坟山斜坡颠颠歪歪滚下来，一只滚进田壮怀里，一只滚入伊承新怀里，两人捧着馒头手舞足蹈，感激先祖的赐福。接着，田成江、田成功分别在田禄夫妇坟头滚下两对馒头，又在田福坟头滚下两对馒头，分别被田健、田强、田亮、田英等人揽进怀里，相互预祝新千年上进发财，心想事成。其中一个馒头滚停在田野腿前，旁边的田明见田野心不在焉望着远处出神，没有收取馒头的意思，便把馒头揽在自己手里。施秀云就对田野说："这馒头该你拿，怎么叫明明拿走了？"

一时，灰沉沉的云朵塞满天穹，风一阵一阵紧起来，有零星雪片从虚空斜飘下来，一白一亮地掠过人们眼前，把一点一滴的冰凉撞在鼻梁和脖子上。在坟地上聚餐还是拿回家去？争论了一阵，各有说辞。田成功心里想的是孔秀，天这么冷，别说吃下冷菜凉肉会出麻烦，就是这么坐下去，也难保孔秀抗得住。就提议大家下山去家里聚餐。田成才和孙雅萍坚持要在野外用餐。上坟日子，东西都拿来了，再拿回去多没劲！在野外吃喝才是滋味。其他人与孔秀亲近的，都同意下山，只要孔秀平安，吃不吃都是次要的。平凤不太与孔秀亲近的，想在野外多逗留一阵，把带来的食品消受完再下山，岂不轻便？却又碍着亲情面子，不好直说，含糊地应着，等田成功决断。田健嚷叫要在坟上多喝几杯，感受一下野餐的趣味。田成功只好拍板：在坟上用餐。指使孟慧、田英、田成凤把各家带来的食物按品种荤素搭配分成四份，找平整地方铺摆停当，众人分四摊围住食物吃喝起来。年轻后生们喝三幺六地划起拳来。宁向阳、军军这儿那儿吃了几嘴，同其它小孩放风筝去了。

田英、孟慧、田成凤、田成莲始终围坐在孔秀身边，用身体抵挡冷风，操心着她的举动。许是在医院一个多月、术后化疗折腾得心理厌恶；许是今日乍到野处，天阔地广，心境开朗起来；许是自知是个病人，按理该在家里养息，可自己任性跟来野外，要给丈夫女儿争气，不能给大家添乱，努力保持着快乐的状态，话多笑多，感染着别人也感染着自己，居然吃下一口卤大肉、两嘴烧鸡。田英本想阻止母亲吃这些冷凉的荤食，又觉得母亲不久于人世，限制未免无情，由她挑选爱吃的吃。她和二婶、娘娘用身子护着孔秀，把最烫的开水端给她喝。

情绪低落的田野伙在弟兄圈里胡乱吃了几嘴，声明心情不佳不想喝酒。田健等人就不再理他。伊承新见表哥颓废的样子，不禁挪到田野身边问道："表哥，什么丢不开的烦恼，叫你这样没情没绪的？"

田家门里，田野得意于自己的职业，自视清高，不把众兄弟放在眼里。众弟兄也就懒得与这个自我感觉过好的人交流。由他玩深沉，不买他的账。这让田野有点孤家寡人无依无靠的感觉。此刻表妹对他表示关心，不禁有几分感动，就把失落的原因告诉了表妹。

原来，田野以高寒梅除夕夜服毒自杀为切入点，采访了几个单亲家庭子女，花费半月工夫苦心孤诣写出的深度报道送审时被否定了。陶副总编辑戴着花镜看一眼报道的题目,用不无责难的目光瞅一下田野:"这个题目需要推敲一下。"大略地看了几个段落、前面的导语和结束语,又说:"单从新闻角度说,这篇报道写得还可以。可你好像忘了,在我们这个国度,新闻是为政治服务的。你采访的几个单亲家庭比较典型,切入点也找得好,只是反映的社会阴暗面太多了,一旦见报,会招来一片责难的。比如你的题目:'几家欢乐几家愁'。记者的主观情绪太强了。"

田野慌忙解释:"我拟了好几个题目,都觉得不太贴切,这题目也是暂定的,可以改。"

"只改题目还不行。文内列举的一些事实还得掛酌一下,问题要反映、要揭露,但要把握分寸。"

田野认为需要强调一下自己的采写目的,"我是想通过这篇报道引起全社会对单亲家庭子女,父母离异后生活没有保障子女的关注。这一类子女,被社会忽视,被人们歧视,又被自己轻视,成为社会上一种不安定因素,他们的心理容易被扭曲,为一点点小事就铤而走险,不计后果……"

陶副总编摆手打断田野的话,"这些话你不说我也明白。我想提醒你的是,我们是人民的代言人,可我们同时又是党的新闻工作者,反映一个社会问题,不要忘了我们的社会责任和所处的环境。我们做过反复的强调,要用正确的舆论引导人,而不能有意扩大和突出社会阴暗面……"

"那样,不就成了粉饰太平吗?"田野忍不住吐出积压多日的怨念,"我采写的都是事实,是目前普遍存在的一种社会现象,不报道不足以引起社会各方面的重视和关注。"

陶副总编把报道放在桌角,"这样吧,要么你拿回去再加工一下,把里面犯忌的那些内容删除干净,问题点到为止,尽量用正面的事实说话。要么先放着,我抽空再看看。"点了一支烟,说:"以后多写点见闻、动态类的消息。比如前几天见报的那篇报道七十岁老太太误食孙子拿回家的摇头丸的消息,很有针对性,反应不错。"

做了近二十年报人总算戴上副总编辑头衔的人的心思,田野是一清二楚的。但辛辛苦苦费心劳神采写的报道因为反映了"社会阴暗面"而被轻易否定，田野不甘心。他的报道既反映了社会典型问题又体现了他的职业良知。要见报，他希望就这样原汁原味地见。如果为了见报而改得伤筋动骨面目全非，他宁肯把它撕掉。

在田野给伊承新讲述这些的时候，天上密布的灰色云罩四分五裂，露出了曲里拐弯的几溜蓝天，风也停了，众人欢呼起来。猜拳喝酒的后生们兴头高涨，一个个是一醉方休的状态。田成功见孔秀又说又笑十分快活，便打定主意，等大家尽兴再收摊下山。

19

清明前三天，被田健忘在爪哇国的顾老太给田健打来电话："我儿子太忙了，不是开会就是开会。我让他给你安排工作，他总是顾不上。昨天他从广州考察回来，我给他发了一顿脾气，问他你的事他想管不想管，不想管我求别人去。他说他管，叫你今早去市委他的办公室，具体事见面再谈。"顾老太显然为儿子的应诺感到兴奋，一口气把话说完了。

孙雅萍听说顾老太为工作的事给儿子打来电话，也喜不自胜，"那天上坟滚馒头，一个馒头直直地滚进你怀里，我心里就热乎乎的，知道先人要保佑你，给你好运气了。快去，别错过好时机。"给田健挑出一套像样的衣裳，"把这套衣裳换上。人家是当官的，去了说话礼貌点，别没高没低的胡说。"

去市委路上，田健猜测顾老太的儿子会问些什么话，他应该怎样对答。自认为见一个市委秘书长不该激动和紧张，却又禁不住地又激动又紧张。

值班员对田健说："秘书长办公室在三楼东头朝西数第三间，你上去吧。"

三楼东头第三间办公室门外站着一个西装革履气宇轩昂的中年男子，田健又激动起来，秘书长亲自在门外迎候，这种礼遇让他诚惶诚恐。紧走几步伸出双手，激动地说："秘书长，你好！"

"你好！"对方礼节性地握一下田健伸出的手，"秘书长正在跟人谈工作，你先到这边办公室坐坐。"把田健引进隔壁办公室，指一下黑色仿真皮沙发，"坐这儿等等。"出去了。

田健暗骂自己沉不住气，错把别人当作秘书长。

这大约是一间接待室，除了四周摆设几组沙发、茶几，没别的东西。田健想抽烟，犹豫了一阵，忍不住烟瘾，扫视四壁没有谢绝吸烟的告示，掏出烟盒，打火机。

接连抽了二支烟，不见动静，田健焦躁起来。又提醒自己焦躁是没道理的。人家公务缠身，少说要把眼前的事处理完才能见他，便沉下心耐心等待。

又过了十几分钟，门外脚步声响，进来一个微胖秃顶的小个中年人，田健慌忙起身，"秘书长，"欠一下身子。对方笑着说："我不是秘书长。秘书长被书记叫去谈工作了，叫我来转告你，直接去腾空房地产开发公司，去见那里的徐总经理，秘书长已经给那边挂了电话。"

田健觉得在受人愚弄，心里忿忿不平起来。下楼走出楼门，庭院内已经显出绿意的树木和湿润的气息，让他把游走在心里的怨气释放了出来。他不过无意中帮助顾老太抓住了抢娃，顾老太即便真心想给他找工作，她的当官的儿子却未必有这样的热诚。为了安慰母亲，口头上应付一下也是可能的。可他又不能肯定人家真在糊弄他。人家身处要职，公务缠身，没时间见他这个无名小卒也是情有可原。再说了，如果这个房地产开发公司总经理就是春节去顾老太家送花木的那个人，给他的印象是平易近人，没有大款的架子，见一见不妨碍什么。成了麦子不成了豆儿。

青海省如意投资公司投建的三十二层写字楼一九九九年初竣工。这座造型别致外观巍峨的大厦，坐落在西宁市城中区繁华的胜利路中段路北。腾空房地产开发公司在"如意大厦"二十三层租赁整层楼房作为公司办公场所。田健乘电梯到达二十三层，从门头金属标牌找到办公室，一个姿色两佳的年轻女子把他引到走廊最西端的总经理办公室。这是一间五十多平米，陈设豪华气派的办公室。女子指一下奶黄色真皮沙发，示意田健坐下，她径直走到办公室内另一扇用皮革包裹的单扇门前，按一下门铃按扭，而后推门对里边说："徐经理，顾秘书长打电话说的那个人来了。"

田健没听清里面的总经理说了什么，却见女子招手叫他到这个房间去。田健闻着浓烈的烟味走进房间，有四个人围着一张牌桌在打牌，背朝门的一位回头笑一下说："坐、先坐一坐，等我打完这一局。"正是春节去顾老太家拜年送花木的那个矮胖子。

田健端坐在一把紫檀木色实木高靠背椅上。这是二十多平米的单间，墙上贴着素雅的壁纸，两扇大窗户透进暖亮的日光。打牌的另外三人穿着随便，看气派都是有钱的主儿。他们打的是红桃四，每人手边放着些百元面额的钞票。

徐总在出牌的间隙对田健说："我见过你，过年的时候在秘书长家里。"

"徐总真是好眼力。"田健情不自禁地恭维了一句。心想，过眼不忘，这人的脑子好用。

"秘书长给你怎么说的？"

"秘书长特忙，没工夫见我，叫我来见你，说他给你打了电话。"

出了几张牌，与牌友争讲了几句，又对田健说："你明天来公司上班，具体事项你去办公室，办公室主任会告诉你。"

"我……上班做什么事？"田健认为要问清楚。公司是搞房地产的，所有涉及技术专业的工作，他是不能胜任的。其它工作也要看看适合不适合他干。

"你先熟悉一下环境和这里的人事，具体做什么工作以后再定，从明天起给你考勤。"

工作就这样轻而易举地向田健撞了过来，让他有点儿不可置信。心里感激着顾老太母子和这位爽快的总经理，回到刚才去过的那间办公室，接待他的还是那位漂亮女子，简略说了些公司制度和业务范围，作息时间，最后说："走，跟我去财务部。"

田健紧张起来，这些年道听途说，知道有些单位用人先要收取保证金，可他身上只有几块钱。

"徐总说给你预支一个月工资，让你买一套像样的衣服。作为公司员工，着装首先要整齐。"

预支到手的工资是六百元。没干一天工作领到了六百元，这让田健的心情像潮水一样高涨起来。

回家路上，装钱的口袋老是硬鼓鼓地惹逗着他的感觉，相随而生的就是一种真实的自信和荣耀。命运说转就转了，让他对以往动不动就抱怨命运的做法感到可笑。自己除了文化不高，没什么专长，其实还有很多值得自豪的东西，比如体魄，比如肌肉，比如勇气，比如一个男子汉应该拥有的一些特点。一定是他的形象和体魄让老总一眼就瞅中了，预支一月工资给他，即说明老总对他的能力有很大的信心，也说明老总是个慷慨仗义的人。而且可以证明顾老太当秘书长的儿子一定在老总前替他说了很多好话。这样的好事，如今的大学毕业生不一定能遇上。他怎能不高兴得像心里装了几十只腰鼓。

眼前和身边的一切都随着他心里高扬的鼓点而活跃起来。汽车喇叭不再像以往那样烦人，像发情的母猫摇着屁股从身边走过去的女人们也不再叫他觉得别扭和厌恶，音像店放出的陈悦的竹笛声听起来空前地悦耳，天空也比以往更加湛蓝纯粹起来。

径直来到民生街"典雅服装店"。焦老板正在铺堂与一位女顾客说话。田健笑眯眯地对焦玉玺说："焦老板，像我这样子，穿什么颜色的西装最出效果？"

焦玉玺从田健的神态语气上看出了他此刻的心情，"是去约会还是出席重要的活动？"

"找了一份工作，在房地产开发公司，老板要我买一套上眼的行头。"

"那得买名牌的。颜色嘛，眼看就要入夏了，选一套浅色的。"焦玉玺从衣厨中挑出一套亚麻色混纺面料的绅士牌西服，在田健身上比试几下，"这套你试试。"

田健说："你焦老板看着合适，就一定合适。多少钱？"手伸进衣袋掏钱。

"这是名牌，香港影视巨星常乐是厂家形象代言人。标价650元，你喜欢，给你打八五折。"

"八五折是多少？"

"五百六十元。"

田健犹豫起来。他计划买一套四百元上下的，剩下二百元给爷爷、父母买些吃食。平生第一次挣得工资，要叫它产生些好的效用。

见田健犹豫着，焦玉玺说："看你是痛快人，又是民生街上老顾客，再让你一百元，再低我就赔了。"

田健数了五张百元票拍在焦玉玺手上。焦玉玺一边找钱一边说："最好在这儿试试，不合适可以调换。"

"家在民权街，几步就到了，回家试着不合适，再来换吧。"田健认为这套衣裳得认真地试，由父母看着试，会让父母和自己得到更多的快乐。

提着精美的包装袋到天堂巷给爷爷买了三包奶茶粉，给父母买了一条八斤的羯羊后腿，给侄子军军买了几样小食品，自己买了一盒翻盖"芙蓉后"，欢天喜地回到家里。

进门，看见父亲，大大田成海，另有一个生人围坐茶几两边，在一堆书报纸张中翻找着什么。又见母亲抱着一捆书报从他睡觉的房间走出来，放在地上松解捆扎的绳索。田健慌忙走进小房间，发现他放在衣柜上边，前面围堵着书报捆的铁皮盒子被取放在床上。顿时，一腔的兴奋被陡起的怒火冲散，把衣服包装袋扔在床上，去厨房扔下别的东西，出来厉声质问父母亲："谁让你们乱翻我的东西？"竖眉立眼盯住田成海和陌生人。

"你大大要找一张广告纸，我把这些旧书报拿出来叫他寻找。"田成才说。

"什么广告纸？跑我家里翻寻？"把凶狠的目光从田成海脸上扫到陌生人脸上，"你是干什么的？凭什么跑到我家里找东西？"

尖下巴的生人红眉胀脸地解释："我去你大大大家寻一张去年八月间印发的广告纸，你大大大家里找不到，说可能被你大大拿到这边来了……"

话被田健打断："去去去！我们谁也不认识谁，凭什么要来我家里翻找东西？去！"强硬地下了逐客令，并对田成海说："你收拣的广告纸怎么会在我家里？你有什么权利把生人领到我家里翻找东西？快走快走！"上前要推那生人，被田成才拦住，声色俱厉地说："你怎么了？你这是怎么了！人家虽是生人，却是你大大大领来的，你怎么这么不懂礼貌？"

"我就是不懂礼貌！怎么？不明不白把生人领到家里乱翻我的东西，还不能叫我说？"转而对田成海说，"大大大，你今日害气也罢，一辈子害气也罢，我就是不许你们在我家里乱翻东西，要翻要寻，去你家里翻去！"

侄子火爆的态度让田成海难堪。见田成才镇不住儿子，对生人说："走吧，你找的广告纸再重要，我可着不起这样的瞎气，你去别的地方寻吧。"同尖下巴生人气悻悻地走了。田健重重地摔上房门，对父母亲说："翻东西凭啥要动我的铁盒子？"

田成才被儿子的无理激怒了，"你的铁盒子是什么宝贝东西！？神神叨叨地塞在衣柜上头不准人动不许人看的，我今天非要看一下，看你能把老子怎么样？"要进小间取铁盒子，被孙雅萍拦住，"我们只把你围住铁盒子的书报捆取下来，没人动你的铁盒子。"

"没人动怎么放在床上？"

"不是要取报纸书捆吗，顺手取下来放在床上的，打算寻完东西再放回去。你说，你的铁盒子里是什么稀罕东西，不准我们动一动？"

知道铁盒子只是挪动了位置，没人成心动它，田健才压住恼怒，"这是我的隐私，知道吗？隐私！隐私是法律保护的。"把铁盒子拿在手里仔细看了一阵，确信锁子没动，又说："你们没动，可你能保证来的生人是干净的？要是被他弄走了怎么办？"一阵后怕，再次对父母允许生人来家里翻找东西的做法表示不满。

这件事，把田健得了工作的喜悦冲扰得七零八落，好半天找不到那份快活。田成才、孙雅萍也被儿子弄得气不是气，恼不是恼的。觉得把田成海这样撵走，情理上说不过去，又不敢责备儿子。三个人哑巴一样沉默了老半天，田健见父亲帮着母亲把打散的书报重新捆扎起来，抱进小间放在衣柜下面，跟进小间对父母说："我来放。"语气态度都和缓下来。孙雅萍趁机问道：

"又买衣服又买羊腿，哪来的钱？"

田健简略说明得到工作的经过。

听到这消息田成才夫妇又高兴起来。心想，怪不得要耍这么大的脾气，原来是有钱了。便把田成海领生人来家里找东西的前因说给田健听。那生人是施秀云的远方亲戚，与人合作生意，开业前打了一份宣传广告，后来合作不愉快，彼此指责对方毁约，要找当时的广告做讲理的依据。知道田成海收拾这些东西，便来田成海家寻找，没有。田成海想起去年有一天田成才来自己家，见自己正在整理要来的报纸广告传单，说要给幼儿园上学的军军包书皮，要了几张彩印广告纸拿回家去。田成海上门，只好帮他的远方亲戚寻找。

儿子情绪好转，孙雅萍把儿子叫进厨房，指使把羊后腿软肉剔成小块，又把带肉骨头剁开，洗净，放入高压锅煮。水沸，掠去浮沫，下了调料，上盖压阀，叫田成才随时调整火势，自己换了出门的衣裳。田成才以为她要去市场买配羊汤的萝卜香菜。孙雅萍却说："我去接军军，你给田强两口打电话，告诉他，健健找了一份好工作，预支了工资买来一条羊腿，叫他两口过来吃手抓。"

田成才说："不是说好军军由他姥姥接吗？"

孙雅萍冲男人翻一下白眼，走了。

田成才进厨房看看火势，见气阀刺着小气，又回到大间，想问问田健，是否把爷爷叫过来一同吃肉？小房间门关着，估计田健又在捣弄他的铁皮盒子，这时候推门进去，闹不好又要受气。转念，打消了叫父亲的念头。他和田健都乐意叫父亲过来，吃这顿肉不在吃多吃少而在于它的意义。可他同时也清楚，背着孙雅萍把父亲叫过来吃肉，闹不好又要把好事搅成一场瞎气。多一事不如少一事。况且田健已给爷爷买了三袋奶茶粉，抽空送去老二家，也算补了这个缺憾。只给田强拨通了电话。田强问："吃什么肉？"田成才如此这般说了缘由，田强顿了一下说："不巧得很，单位上一位同事要去上海出差，我约了几个人要给他送行，已订了饭菜，不能不去。"不等田成才强调理由就挂了电话。

幼儿园在市中心斜石巷，从民权街去斜石巷再回来，半小时足够。孙雅萍出去半小时不见回来，田成才打开十分钟前关掉的炉火，拧成小火温着，取出冰箱里的萝卜、香菜，摘洗。这时，孙雅萍回来了，气鼓鼓地。

"军军呢？"

孙雅萍坐在沙发上喘了一阵，依旧是气鼓鼓地，说："幼儿园老师不让我接。"

"为什么？"

"军军妈妈给幼儿园教师做了规定，除了军军的姥爷姥姥，爸爸妈妈，任何人不准接军军。免得接送人杂，老师阿姨认不准，被坏人钻了空子。"

田成才一听就笑了，"不让接就别接，用得着生这么大的气吗？不接落得轻闲。"

"凭什么不让接？军军姓田，是我们田家后人，凭什么不让我们接送？"大口大口地呼吸，胸脯剧烈地起伏，"给田强打电话没有？"

田成才心里一动，"还没打。"说打了，田强有事不来，肯定是火上浇油。

"没打正好，这没天良的！我们有点好吃的就想着他两口，想着军军，他们却把我们当成了外人。"

田健从小房间出来笑嘻嘻地问："谁把我们当外人了？"

孙雅萍给田健说幼儿园老师的态度，越说越气，"上学期我接军军她们认识我，知道我是军军的奶奶。今日像见了犯罪分子，好像我要绑架军军！"急促地呼吸了一阵，忽地站起来，"不成！我得打电话问问这个没天良的，凭什么不让我接军军。"提起话筒拨了十一位数的手机号码。田健眼尖，看清拨的是李怡蓉的手机，上前把话筒夺过来挂了，说："有话你给哥哥说，别为这点小事跟嫂子吵。"

孙雅萍明知儿子反对她的这些做法，却又咽不下这口气，拨通了田强的手机，开口冲了一句："你姓田还是姓李？"

话筒那边懵了一阵，问："阿妈这话从何说起？"

"为什么给幼儿园规定不让我接军军？我是外人还是军军的奶奶？"

田强在话筒那头又停顿了一阵，"你是不是军军奶奶确实值得怀疑。"

"你……你凭啥说这种话？"孙雅萍没料到儿子会这样回答，气得结巴起来。

"你要是军军奶奶，就不该把算盘打得那么精！军军上幼儿园报名，你咋想不到你是奶奶！咋不想军军是田家后人？你把军军推给姥爷姥姥，要他们给军军交学费交这交那的。我明确告诉你，军军的姥爷姥姥对你这种做法有意见，让我也不好做人。既然上幼儿园的所有费用由李家出，军军这学期就由他姥爷姥姥包接包送，你用不着再操心了。"挂了电话。

孙雅萍拿着话筒怔了一阵，使劲撂下话筒，抹起眼泪来。片时，对田健说："你将后娶了老婆有了孩子会不会也是这样？"

田健笑了："那得看你如何对待我们了。"

孙雅萍咬牙切齿地说："都是些没天良的！"

20

清明后，谷雨前，西宁市已是柳丝布荫，桃杏绽蕾。庭院内，亮黄的连翘和艳粉的碧桃绽放新颜，引惹得太阳也多情起来，在它的光芒中添加了催人亢奋又令人困倦的成份。这种阳光布洒在田寿身上，暖洋洋地渗进肌肤，筋骨便活络起来。整整一个冬天和半个春天，他的筋骨僵硬得让他不断地诅咒"人老了真是没意思。"接连几天，他做梦回到了当年的田家大院。那座把他从孩提催成壮年又推进了成年的四合老院，那座旮旯角落里藏着他大半生记忆的宅院，总是趁他困顿和假寐的时候浮现在他的意识里，让他去那些向阳或阴湿的角角落落搜寻往昔光阴的痕迹。可那些痕迹总是模模糊糊的，空气一样浸泡着他却又抓不住一丝一缕，感觉中像块玻璃可以抓在手里，实际上像雾水一样无法提起来，那些把手指能沾湿的水气，在他举手的瞬间就挥发而去了。这样的睡梦反复了几次，他终于明白，这是一种无形的招唤，不去看看那拆得只剩下三间破屋的老宅，他心里不会安然。这跟上坟的日子到来，总要梦见亡人一样，只要烧送了纸钱，这种梦就没有了。

　　傍着天地福利特殊学校的围墙，田寿高一脚低一脚走过满是浮土的巷道。巷道西边，临时砖墙围住的，就是民生街市场改扩建施工工地。挖掘机的巨臂轰隆隆地起伏转动着，把掘斗里的沙土倒入桔红色大轮胎的翻斗车厢，飞扬的灰尘在围墙上积了厚厚一层，没勾灰缝的砖块间隙也积着尘土。田寿加快步伐走过这段弥漫着灰尘的巷道，来到福利特殊学校宿舍楼后边三间孤零零的田宅旧房前面，发现一个人站在门侧抽烟，一个人正在捣弄门上的锁子。田寿心里紧一下，止步细看，没错，背朝他的那人一手握着挂锁，一手拿东西往锁芯里捅着，抽烟人望着他，满不在乎地吐着烟气。田寿想回头走开，不论是小偷还是别的什么人，他要制止注定没有好果子吃。可房子是田家产业，借给别人做仓库存放货物，他怎能视而不见临阵逃离？正想质问，却见捅锁人扭头与抽烟人说话，原来是街口修锁子的老谭。

　　原来，租借房子的浙江人要把铺堂一些买剩的残次箱包放进库房却找不到库房的钥匙，叫来修锁人老谭开锁。捣鼓了大约一支烟工夫，锁子打开了。老谭愧笑着对浙江人和田寿说："早几年，这种锁子难不住我。如今不知是手笨了还是锁子好了，开一个锁子不容易。"顿一下，又对浙江人说："锁子用不成了，你得换一把新的。"转身要走，浙江人掏出十元钱，"给你。"老谭愧笑着说："锁子弄坏了，不该收你的钱。可我把工夫耽搁在这里，铺上的生意就错过了，这钱我还得收下。"捏了钱，拖着那条木棍一样的硬腿一歪一歪地走了。

　　田寿尾随浙江人走进老屋，表情肃然起来。在拆迁中侥幸留下的三间田宅老屋，因前面七层宿舍楼和后面残留的一段古城墙遮蔽，常年不见阳光。又久不住人，一房子阴湿的土腥气和霉味。堂屋靠上墙放着些残次箱包和拆开的包装木料；左隔间里摆放着头年发运上来、因款式质量欠佳而滞销的箱包；右隔间只有一张单人木板床，别无它物。浙江人里外看了几眼，见田寿也跟出跟进地看着，不禁问道："田大爷今天怎么想到来这里看看？"

"近日做梦老梦见田家老院，就转过来看看。"要出屋，被浙江人拉住，"你老要有空，替我看一眼，我去外边买一把锁子，十分钟就回来。"不等田寿应答，快步走了。

田寿孤身站在堂屋地上，有关老院老屋的所有片断记忆纠集成团，如同一江潮水要从一个针眼里喷涌而过，却因受阻而飞溅得轻雪薄雾一般，混浊了他的意识，但同时又感觉到一种空前的充实和安详。这是他生命之根萌芽成长之地，是田家血脉的泉眼。他不知道更远的事，但他知道，田家这棵大树是从他的举人爷爷置了这个宅院后发达繁茂起来的。这里的地脉适宜田家的人气。他这株行将枯槁的老枝，因为感知了这里特殊的地脉，才有了这空前的充实和安详吧。如此一想，那个游移在他心中很久的念头顿时固定了下来。

浙江人捏着一把铁包锁回来，锁了门，两人往外走的时候田寿问："我看你占着我们三间房子却没放多少东西，买卖不好吗？"

"房子潮湿，好东西不能放，只能放一些卖不出去的残次品。新近发运上来的箱包都挤堆在铺子里。"

"没想找一个好点的房子？"

"条件好的房子租金太高，也没这房子便利，暂时这样吧。怎么？你们需要这房子？"

"我随口问问。"

与浙江人在巷口分手，田寿直奔四号院老大儿子家。

开门的田壮见门外站着爷爷，退后一步冲大间喊了一声："阿大，爷儿来了。"

田成功慌忙上前把父亲迎进房间。田成业从民生街搬去纸坊街两月有余，父亲这是头次上他家来。他知道，只要天气晴好，父亲还是乐意来民生街老水的杂货铺台上晒太阳。虽然父亲晒太阳的地方离四号院不过百米，可父亲是不肯轻易来他家里的。

茶几上放着一沓百元面额的钱，几张打印的盖着大红公章的材料。田寿看出儿子正和孙子议事，落座时说："我是随便转过来的，你们有话说你们的话。"顿了一下，问田壮，"你妈妈好些了吧？"

儿子孙子对望一眼，低头不语。田寿起身走过去推开小房间门就怔住了，上坟到现在不过半月多点时间，可他眼见的孔秀却与上坟那一天判若两人，瘦得让他难以相信床上半趄半躺的这人就是孔秀。

孔秀惨烈地笑一下，吃力地说："他爷爷你去大间里坐，叫田壮给你倒茶。"

田寿拉上房门回到沙发边问倒茶的田成功："上坟那天看上去还好好的，半个月工夫怎么瘦成这样了？"

田成功把茶杯端在父亲眼前，低声说："我们害怕上坟那天感冒，又吃了荤腥，可回来五六天好好的。后来就不成了，满肚子痛，一口饭也吃不下去，早晚只喝点稀饭牛奶。"

"咋不去医院？"

"我跟老二老三、儿女们商议了，这时候去医院，除了多花钱，拖日子，没别的用处，孔秀也死活不去医院。听她口气，已经知道是不好的病。"

田寿叹一声，望着茶几上的钱，"这是准备办后事的？"

"这是壮壮买断工龄的钱。一年八百五，十一年的工龄，给了八千八百元，加上别的一些统共一万过点。你来之前，我正跟壮壮商量，借大伯的钱没入股，却花进医院里，用这钱还账，还是留下做日后生意的本钱。"

"田壮妈妈的后事也得花钱。"田寿又重叹一声。

"办后事的花费暂时用不着我们多想。前几天孔秀单位工会的领导来看望她，说单位上有规定，丧葬费用单位可以承担一部分，但有个前提，必须是火葬。要是土葬，单位就不管了。"

"管不管都不能火葬！"田寿斩钉截铁地说，"田家人老几辈子都是土葬，老坟上埋了三辈子人，给后人留着地方。人是生病殁的，又不是斜死横亡入不了祖坟！绝对不能火葬！"田寿说得激动，声音越来越高，见田壮给他使眼色，猛地意识到这些话得避着孔秀，便猝然收口。心里却继续说："老天爷真是没眼色，要人的命，也该顺荐儿来。放着我这七老八十的人不收，却要把刚过五十的孔秀收走。年岁还是小事，根本是这家里不能没有孔秀。田寿越想越寒心。人生在世，真是由不得自己呵！就说自己想单过的事，上次要给老二说，赶上老二忙着搬家，不方便说。今日来与老大商议，又碰上这种茬儿，更不方便说。莫道这也是老天爷定好的，只能在三个儿子家轮流讨一口饭吃，却不能随自己的心愿自在几天。

田英买东西回来了，见爷爷在，叫一声，把手里提的东西放进厨房，走进母亲的房间，见母亲满脸泪水，用头抵着床头，扳住床沿的手臂抖动着。慌忙问道："阿妈你……"这样的现象田英第一次见，恐慌得手足无措。

"我浑身疼得受不住，快给我揉揉。"孔秀有气无力地说。

田英慌忙上床跪在母亲身后，揉搓母亲的脊背、腰胯。她不敢用劲，不用劲又缓解不了母亲撕皮裂骨似的疼痛。孔秀侧卧的姿势让田英不顺手，加上心急，揉搓几下身上就出汗了。不留神，手重了点，压抑着呻吟的孔秀气狠狠地说："你是嫌我央及了你吧？这么搓揉，想要把我的脊梁整断吗？"田英慌忙放松手劲，轻轻抚摩几下，孔秀又说："你没吃饭吗？用点力气能把你挣死？"

母亲无端地责难发之完全紊乱的情绪，田英明白，却又忍不住说："阿大阿哥都在家里，你身上疼就把他们叫进来给你搓揉揉，你知道我买菜去了。"

"你爷爷来了，他们说话哩。我想忍过去，忍着忍着忍不住了。"想转动身子让田英搓揉顺手点，可脊骨断裂一样的剧疼让孔秀吼了一声。

田英跳下床到大间，气狠狠地说："阿妈身上疼得吃不住，你们不知道进去给阿妈按摩按摩吗！坐在这里汤汤水水地有啥说头？"田成功、田壮慌忙走进小间，帮助田英给孔秀按摩。田寿在沙发上怔了一阵，想进去看看，又怕儿子孙女给孔秀脱了衣服搓揉，进去会让孔秀委屈；悄没声息走掉，会让儿孙们生气。呆坐着，云山雾海的心里，清晰地显出了田英奶奶病重时的情景。

梅儿靠住门框的身子如一坨软泥，眼看要缩瘫下去，田寿慌忙上前扶住她的后腰，"心口儿又疼了？"

梅儿没出声，但萎黄的脸色，皱拧的眉眼证明她的心口疼的病又犯了，犯得不轻。梅儿的心口疼病三年了，是生下田成才后得下的病。起头是隐隐地疼，后来是胀疼，但却不像今天这般厉害。田寿把梅儿扶上炕，回头望一下天色，太阳还没落山。梅儿在城东区后营街皮货厂做缭皮子临时工，一定是车间领导见她疼得厉害，提前打发回家来的。

躺倒的梅儿虾一样蜷缩住身子，"心口绞着疼，像撕开了一样地疼。"梅儿哀哀地说，声哑气短。

"我去找个车拉你去医院。"田寿转身要走被梅儿撕住后襟。四个孩子挤在门口，惊恐地望着炕上被剧疼折磨成一团的母亲。

梅儿从身上摸出一样东西放在炕沿上，是一颗黄灿灿的步枪子弹。"车间有个阿爸说，我心口疼的样子像他舅母心口疼的样子。他舅母心口疼，他阿舅把枪药倒在铁勺里，在火上炼一些枪药水，喝下去就能止住。你快……"

"能成吗？"田寿望着拿在手里的子弹，这种治心口疼的民间偏方靠住靠不住？倘或……可去医院就得有钱。这月剩下的钱昨日买了一袋面粉，下剩的还得买青盐、点灯煤油。犹豫着去了厨房，拔去子弹头，把火药倒入铁勺，加水，再加少许醋，放火上烧炼成混浊的黑水，倒在碗里端给梅儿。梅儿挣扎着坐起来，吞下枪药水前，哀哀地望着门外四个孩子。

田寿望着梅儿喝下黑涩的苦水。他从梅儿注视孩子们的眼神中明白，梅儿的病是要命的病。

瓷碗在地上碎裂的声音把田寿从往事的云烟中惊了回来。孔秀嫌田壮端到床边的水太烫，生气打翻了田壮递上的碗。碗碎了，田壮嘟囔着去厨房取碗。田寿站起来，想了想，悄悄从老大家走出来。病人的脾气是痛苦的外露。梅儿、孔秀没病以前都是柔让的好脾气，可老天爷瞎了眼，把一样的病先后施放在田家两辈媳妇身上。好像田家几辈前造了啥孽，要田家进门的女人反复地偿还……田寿边想边走，鬼使神差又走到韩乙布拉的甜醅车边，习惯性地往怀里掏钱，韩乙布拉慌忙说："田爷，头里你已经买了五角的甜醅。"

"看我，又恍惚了。"田寿把手从怀里抽出来。韩乙布拉说他已经买了甜醅，那就是已经买过了。笑一下，离开了甜醅车子，嘴里自言自语：梅儿，你见我给你买了甜醅吧？

连续两天剧烈的心口疼让梅儿水米没有沾牙。那天后晌梅儿不再呻吟，田寿估计疼痛有所减缓，把贴着炕沿眼泪汪汪的四个孩子哄出房子。从眼前叫走扯她心肺的孩子，叫她趁着疼痛减缓安睡片时。十一岁的田成功听从父亲安排，领走了七岁的田成业、五岁的田成凤、三岁半的田成才。心里涨满悲凉的田寿望着孩子们稚弱的背影走出大门，返身回屋，透窗的一束夕阳正好照在梅儿脸上，梅儿的嘴在吃力地嚅动。俯身把右耳贴近梅儿嘴边，听清梅儿竭力的一句话："我想吃点甜醅。"

田寿高一脚低一脚迈进厨房，取了一只小碗，转身时改变主意换成一只大碗。两天水米不沾牙的梅儿想吃甜醅，病有转机了吧？走过门道给带领弟妹玩耍的田成功叮嘱几句，三步并作两步直奔府门街卖甜醅的梁家。路上，才想起身上没带分文。三年来从牙缝抠下的钱全给梅儿治病买药了。前天，用身上仅有的六角给梅儿抓了三副汤药。他只能求告梁甜醅施舍一碗甜醅。

梁甜醅听了田寿的求告，字斟句酌地说："听你数说的病情，你女人病得不轻。病人虚成这样子，你敢给她吃甜醅？甜醅是用酒曲发酵的，吃一口甜醅等于喝下一口酩馏酒，病虚的人喝酩馏不是要她的命吗？眼下是新政府镇压反革命、反奸商的时期，我家成份高，万一病人吃甜醅吃出不是来，我们要受连累。不是舍不得一碗甜醅，是担不起这个罪责，你就多担待些。"把田寿送到门外说："听我一句话，回去吧！你心疼病人我清楚，可病人啥东西该吃，啥东西不该吃，你得有主见才对。"

田寿怔在街上。梁甜醅的话该听，可梅儿的病不至于吃下一碗甜醅就到危险地步吧？如果想吃甜醅是病情好转的先兆，错过梅儿这个需求，他一辈子也悔不过呵！心一横，急奔宏觉寺街张甜醅家。

张甜醅的回答是："真不凑巧，头天的都卖完了，准备明天上市的甜醅正捂得严严实实发酵哩，给你挖一碗不要紧，发酵到火候上的甜醅盆缸一揭一盏发酵不好就会变味，明日就得受买主的气。实在对不住，你去别人家要一碗吧。"

田寿噙着眼泪边走边想，城里卖甜醅的该有七八家，此刻心里乱麻麻能想到的，唯有下南关一个姓喇的回民。

顶着傍黑的黄风直奔下南关，问了几家才找到喇甜醅的家。站在门外叫出喇甜醅，拖着悲音说明原因，喇甜醅二话没说转身进了院子。田寿不明白是自己冒犯了回民什么习俗引起人家反感，还是话说错了？走开又不甘心。正不知进退，却见喇甜醅双手捧着一个蓝花粗瓷大碗走出来说："快端回去叫病人吃吧，连碗拿去，把你的碗扣在上头，免得风沙落进碗里。"

田寿双手抖着把自己的碗小心扣在甜醅冒尖的蓝花碗上，见扣得不严实，脱下帽子盖在上面，顾不得说声道谢，飞奔回家。

孩子们不在巷道。进院，听见房里一片哭声，跌跌撞撞进房，孩子们的哭声中夹着梅儿痛苦的呻吟，跳到嗓门的心呼地一声砸回心窝。

端着甜醅碗等了一顿饭工夫，脸色焦黑的梅儿拧着眉毛喘着气说："我疼得不想吃了，你分给娃娃们吃。"

田寿脚下被什么绊了一下，缭绕脑际的往事倏忽消散了，原来脚下有个塑料袋套住脚尖，又被另一只脚踩住，险些绊倒。

21

民生街"典雅"西服店往西一百米，有条与天堂巷、丰生巷连通的小巷道，是两座住宅楼之间的过道，过道靠里有座公共厕所。民生街、天堂巷、丰生巷部分个体摊贩靠这座公共厕所方便，故而不合城建要求的小道一直存在下来。小道南头临街地方，最初是两家经营服装的临建棚屋。街道南边市场改扩建，其中一个棚屋业主去了莫家街新市场发展，空下棚屋，被一个卖纸火的业主租赁，成了花圈铺。出入民生街市场的行人，打远就能看见挑挂在檐下作为店铺标志的小花圈，因了风吹日晒雨淋，上面的纸花已失色变形。从店前经过，敞开的棚屋门亮亮地显着里面排放的花圈、花圈骨架、金银斗、长钱、童男女、白鹤等等纸货。

花圈铺里，一个四十岁上下的女人正在忙活，扎花圈框架，粘糊金银斗，扎制童男女、白鹤，剪长钱、冥钱、做金锞银锞……顾客来了谈质论价，甚至为顾客书写花圈挽联。这女子姓万，给顾客自我介绍，"我叫万花花。"大凡从她铺子买了纸货的顾客，再买纸货还来她这儿。她有很多回头客，回头客又给别人介绍她的生意做得活，于是生意比较有起色。

这天，万花花开了铺门，坐下来欣赏她的一件杰作：一座体积接近一立方米的纸糊的三层楼房。这是一个做硅铁生意的老板定做的。老板的丈人在医院弥留着，老板要求她在十日内扎制一座样式新潮的楼房，做成三层，门口要有两个纸糊的保安，楼房内还要放两个好看的小姐。老板是开着别克车来的——市场扩建工地要拉运建材，民生街西端允许机动车辆出入——进铺门看了几眼，问，"能不能做别的东西？"

老板居高临下的口吻让万花花有几分不舒服，反问："你想做什么东西？"

"我转了几个花圈铺，有扎制的楼房，只是太小。我想要一座三层的楼房，要大样些，有前廊后厦的那一种。"

万花花只扎制花圈金银斗，没扎过楼房，却见过别的纸货铺扎制的楼房。她觉得实践一下能够做出来。前廊后厦不过多出两块，就应了。不料老板进一步提出要求，门口得立两个保安，楼内还得坐两个小姐。

万花花为难了，楼房好扎，正方体，直扎竖扎斜扎都好办。人却不好弄。转念，已经答应了，说做不出，只会冷了自己的生意。童男女她不是扎得挺好吗。扎两对穿着现代衣裳的童男女，把两个金童立在门外，两个玉女放在房内，不就成了？便说："这活没什么难的，但费工，价钱高，你舍得掏钱就给你做。"

"钱好说！你早点扎好，等丈人一咽气，我就来取。"转身要走。

万花花说："老板，这活儿难做，费料费工夫，做好你不来，别人又拿不走，你得放点押金。"

"多少？"

"嗯……你看着给吧。"她知道别的花圈铺扎一个楼房收四五十元。要他五十元押金，不来取也不亏本。

老板掏出皮夹，扔下一百元。"先给你一百元，做得好，再给你加点。"离开前对送出铺门的万花花说："要做气派点，里边的小姐要漂亮。"

此刻，万花花欣赏自己首次扎制粘糊的楼房，暗暗得意。虽然楼门口的两个保安，楼内的两个小姐叫她费了老大的劲，尤其是两个小姐。做玉女是站着的，这俩小姐要让她们坐着，让她动了不少脑筋。并且在头上粘了金黄尼龙丝，做成了洋小姐。此刻想来，自己是有心眼的人，以往没有开发这些心眼，白白流走了不少的财路。今后再遇到有特殊要求的顾客，她就有主意有把握了。现在，得想法在门口留下的空白地方写上一副对联。这是她在制做中产生的主意。人家给押金一百元，自己就得有所体现。凭自己那几个苍蝇爬的字儿，会辱没了这座漂亮的楼房。唯一办法，请刘方撰一副对联并写上去。万花花想定主意，正打算叫个熟人替她看着店铺，她好去请求刘方老师，却见刘方从天堂巷那边走过来，笑眯眯地给她打招呼呢。真是瞌睡遇了枕头。万花花迎上几步问好，叫进店铺，如此这般提出请求。刘方把"楼房"赞叹一番，问："是写一副现成的还是撰一副新联？"万花花留在楼门两边的空白大约五公分宽，三十公分长，得用小楷笔书写。"把你的毛笔拿来我看看。"

"我的毛笔只能叫刷子。"拿出一支秃了的羊毫中楷笔叫刘方看。刘方一看就说："这笔不能用，我回铺子取我的笔来。"走出店门，万花花在身后说："你取来一支新的，算我买了。"

从花圈铺往东到"三印一砚斋"，按正常成人步幅行走，需要五分钟。如今，街南边市场改扩建工地为了施工便利安全，顺街心砌了一道临时围墙，把施工场地和行人熙攘的街道隔离开来。这临时围墙把三分之一街道圈进去了。留下的街道，被不肯迁走的服装棚屋这儿一间那儿一间地分割占据，在棚屋之间或宽或窄的空地上，又横七竖八支了些临时摊位。东来西往的行人，在这狭窄的瓶颈地段纽结成一团，摩肩接踵缓慢移动。加上这段路面坑洼不平，又有围住摊位论质讨价的买主卖主，来往行人不得不像一个无事闲人，裹在缓慢纽结的人流中东张西望地行走，不时停下步子侧着身子躲闪和礼让那些心急毛燥的行人。因了刘方心里洋溢着喜悦，这样的"同流合污"倒没有让他觉得难以适从。

刘方的喜悦是早上产生的。区上举办庆"五一"职工业余书画作品展，收集了上百幅作品，请了省、市几位知名书画家作为入选和展后评奖的评委。区宣传科负责人给评委们通报情况时表示，活动结束要给诸评委给予适当报酬。

喜悦中，又夹杂着一些隐隐的困惑。困惑源自闲云的那一席话。在评委们商定入选标准的时候，坐在身边的闲云对他说："听说你的作品卖得不怎么好？"

"这半年来更不成了，有一下没一下的，刚能挣个生活费。"

"想过原因没有？"

"今年的市场整体疲软，购买力下降，书画市场抖不起劲儿。"

"这只是一方面的原因，另有一个原因，你恐怕没有意识到。"

"什么原因？"刘方对闲云是信任的。比起孤傲的野鹤，闲云更能理解和体谅书界道友。

"我认为你的作品太……"转念把太滥的滥字咽了回去，"太多了，价格定得又太低。一幅五尺中堂你二三百元就出手，怎么能挣上钱儿？"

"就这样，也是隔三岔五地卖出一幅。再把价格提高，更没人买了。我没你的名气大，也不像你有固定收入，我先要顾肚子，作品价高卖不掉，就得饿肚子。"

"你错了。现如今人们的心理定势是，往往把价格高低等同于产品质量的优劣，认为价低的就是低劣的产品，价高的才是正品名品。书画作品也一样，你卖得太便宜，人家就会认定你的作品是低档的。你还动不动把作品送人。什么人要你就给什么人送。作品送出去太多，低价卖出太多，市场需求饱和了，谁还要你的作品？你得有点市场头脑才行。首先是要改变观念，不要轻易把作品送人。"

刘方承认闲云说得有道理。可这道理在闲云身上行得通，在他身上就行不通。他守着民生街，向他买作品的，多是些低收入的社会公民，他怎能硬起心肠板着黑脸伸手要高价？像今天的万花花，是出于对他的信赖，才请求给她写纸楼门联，他怎好拒绝？同是民生街上做小本生意的，不互相帮衬，除了钱就六亲不认，实在做不出来。闲云、野鹤在单位拿着工资，生活有绝对保障，写书法纯粹是精神需求，可以高高在上做个不与世俗同流的闲云野鹤。可他先得生活，要生活就得应和世俗的要求。

刘方回到"三印一砚斋"，一边挑选自己惯用的毛笔墨汁，一边构思纸楼上要写的对联。拿了一瓶一得阁墨汁，一支中楷狼毫走出铺门上锁，身后有人问道："刘老师，你锁门要走？"

刘方转身，一个高个儿，穿着浅色毛料西服的中年人笑容可掬地站在他身后，"你，要买字儿？"

"不，不是买字儿，是想请你帮个忙，看你急慌慌锁门，是不是来得不是时候？"

"你……贵姓？"不是买字的，又是生人，请我帮什么忙？

"免贵尤，叫尤世雄。"见刘方听了姓名仍旧疑惑着，中年人补了一句，"我是尤中生的父亲。"

尤中生父亲？刘方有了几分警觉，尤中生父亲找我做什么？盯视尤世雄的眼睛，想从里边找到答案。

"常听尤中生说起你，今天一来认识一下，二来想托付你一件事情，如果你方便的话，想请你吃顿饭。"

尤世雄态度友善语气诚恳，刘方觉得谢绝不礼貌，"我答应了上街卖花圈的万花花，给她扎制的纸楼上写副对子，写完就没事了，半小时就能回来。"

"那好，我在附近转着等你回来。"

刘方加快步伐来到花圈铺，让万花花找小碟倒出点墨汁，放倒纸楼，让楼门朝上，濡笔，三五下把想好的对联写了上去，万花花一字一顿念出了联语：凌云楼阁那在乎山高水险；梦外情人空有了花容月貌。意乱瑶台。万花花对洗毛笔的刘方说："刘老师，你的对子太文了，我也说不出个道理，这横批什么意思？"

"你管它什么意思呢！老板的丈人高兴就成。"刘方是顺着灵感发挥了这么一句，自己都没细想，怎好给万花花解惑？何况尤世雄等他快点回去，他没时间与万花花细聊。

"给你点润笔吧？"试探的口气。

"这纸楼你挣了多少？"刘方心里冒出了闲云的提醒或者忠告。

"老板放了一百元押金，说做得他称心再给一点。""你要挣个二、三百元，给我五六十元润笔，我俩都高兴。这一百多元，给多了你划不来，给少了我没意思，算了吧！只当我为街坊尽一项义务。"离开花圈铺，身后跟着万花花的道谢。

尤世雄抬腕看看手表，笑着说："不到半小时你回来了，看来你是个讲信用的人，怪不得尤中生老在我跟前念叨你哩。"见刘方开门锁让自己进店，又说："我明日要去上海进货，抽出半天时间请你吃顿饭，同时托付你一件事情。去外边吃饭，不影响你的生意吧？"

"我这生意有一下没一下，没人管束我，说走就能走得脱，去哪儿？"

"天气这么好，我俩去城外寻个环境好的野外茶园，喝茶带吃饭，可以吧？"

正是柳丝噙绿，碧桃吐红的季春时节，在大自然中放松半天，是刘方求之不得的。放下笔墨重新锁了铺门，走出民生街，打的直奔城北区湟水河北岸的土楼山下。

座落土楼山下的"伊雅"茶园，倚山临水。山坡上的塔松、刺梅、紫丁香、菩提，湟水河夹岸的白扬、榆树、旱柳，高高低低远远近近呵护着这座名为茶园，实为餐饮娱乐服务的场所，使它成了西宁市最早展示季春胜景和人文气象的福地。这里的季春胜景，因了向阳山坡和流渠的阳刚阴柔，柳色显得最快最新，碧桃开得最繁最艳，点缀其间的苍绿的松柏，黄艳的连翘，紫褐的丁香，与茶园棚屋橙红色玻璃钢屋顶相映成趣。这里的人文气象，因了悬居土楼山腰的天地大道院的飞檐斗拱脊兽铁马，围护十八洞天的栈桥游廊，有了历史的凝重和悠远。因了道院香客信徒的你来我往，有着绵长的信仰延续。在隆冬寒天屈居一个季节的西宁市三教九流人等，在乍暖还寒的季春气象挑逗下，纷纷向城区边缘存留的自然神韵中寻求抚慰，"伊雅"便成了季春休闲的首选。

正赶上"伊雅"茶园新年度开张，占地十余亩的茶园内，已有先来的几十人占据了最佳位置的餐桌，搓着麻将甩着扑克。孩童们尖锐地喊笑着在棚屋内外追逐戏嘻。女人们欣赏彼此的衣着和发型，谈笑间吐着瓜子皮。

尤世雄、刘方在敞棚东北角选一处幽静的二人座位，唤来服务员要了一盘大板瓜子，两副三炮台盖碗茶。服务员拿来菜单，尤世雄对刘方说："这里的黄焖羊肉很有特色，肉末茄子也好，其余你爱吃啥只管说。"

"喝不喝酒？"

"请你吃饭，哪能没有酒？我知道你是海量。"

"那我再点两个凉菜，一荤一素，下酒。"点了一个红油蹄筋，一个油泼菠菜。尤世雄加点了一盘鸡块，一盘凉拌萝卜，让服务员拿来一瓶三星金六福酒。

"听尤中生说，你做服装批发生意，买卖不错吧？"

"对付吧。如今做服装批发的多，竞争厉害，一不留神就会被人挤兑得找不着东西南北。好在我在服装行里揣摩了多年，来龙去脉看得比较准，还能踢弹几年。"

"老这么山南海北地跑，把孩子一个人撂在家里，你放心吗？"

"不放心也得放心。"尤世雄显然有些这方面的难言之隐，叹口气说："老婆死得早，把孩子留给我，我哪能不在乎孩子的成长？可生意场上风起云涌的，我要顾了孩子，就得冷了生意。两者之间，我认为还是先顾生意。生意做好了，有了钱，孩子的事就好办了。"

茶园敞棚西侧有个露天舞池，供酒酣意浓的旷男怨女们挥洒激情。这时开了扬声器，高频率的扬声器把铿铿锵锵的摇滚乐曲播放出来，就有扭臀甩肩的女人走进了舞池。

服务员用托盘掌来酒瓶酒具，尤世雄开瓶给刘方敬酒。

"我是无功不受禄。"刘方慌忙站起身说，"你得把事情说明白，我才能喝你的敬酒。"酒香引得刘方喉咙发痒，手也习惯性地举了起来，可他忍住了。不弄清尤世雄的用意，他无法放弃本能的警觉。

"其实我要说的事我俩已经说了一阵。"尤世雄放下酒碟，"我要去上海周边考察一下今年服装生意的趋势，打算在那儿建一个固定批发中转站。这次出去一时半会回不来，想把尤中生托付给你，帮我操心一段时间。"见刘方要说明什么，尤世雄示意让自己说完，"孩子已经十四岁了，平素自己的学习、起居饮食也已经习惯自主了，不需要你管顾他的日常生活与学习。我只要你替他掌握日常生活学习的开支，免得他乱花钱，几下把钱花光了。"

刘方为尤世雄对自己的信任感到高兴，不过还是问了一句："你为啥选中了我？"

"我老婆与我同去内地发展，市里再没有靠得住的亲戚朋友，我不选你选谁？"尤世雄的语气让刘方听了不习惯又不可抗拒。不习惯是这种口吻体现有钱人的傲慢和优越感，听上去盛气凌人；无可抗拒是这些话里体现着果敢和信赖。

服务员添茶时问："菜可以上吗？"

"上吧。"尤世雄等服务员走开，从西服内袋掏出一个银行信用卡，"这卡上我存了五千元，你总量把握他的开销就成了。一个月给他四百元，包括他的吃饭零花和学习费用。不要一次给，分四次，一星期给他八十或九十。前三星期如果他没超支，剩下一百多元第四星期全给他，作为对他前三星期节约开支的奖励。如果学校有特殊收费，要他把学校的收费通知拿给你看，这些话我对儿子说了，他保证节约开支。除此，他用任何借口理由要钱你都别给他。"

刘方对尤世雄刮目相看了，到底是做生意的，把尤中生日常开支安排得头头是道。一星期八十或九十元，平均一天十四元，让尤中生吃饱但没有乱花的钱，可以杜绝尤中生拿钱去网吧上网玩游戏。

"如果学校有大宗的收费呢？"

"学费、服装费以及其它费用都交齐了。再要，无外乎日常添买的学习教材。只要老师有条子，你就给他。"尤世雄把信用卡放在刘方手上，告诉他密码。刘方把密码记在心里，把卡装进内衣口袋。

黄焖羊肉上桌，油漉漉散发着独特香味。尤世雄洒上椒盐，拣一条肋条让刘方吃。吃喝中间，刘方说："看来你在外面闯荡惯了，敢把孩子一人撂在家里，由他自主学习生活。放我头上，我是没这个拉牛①的。"

尤世雄咽下两盅酒，"这也是逼出来的。我现在这老婆容不下这孩子，我又不能为了孩子放弃自己的生活。记得前几年看过一个报道，中国和日本学校联合举办夏令营，进行越野自助活动，结果是中国孩子没一个坚持到底。我们中国人把后人看得太重，也就娇惯溺爱得不像样子。多数家长把目光和日后的生活希望全部寄托在孩子身上，忽视甚至放弃自己的生活乐趣。最终孩子仍旧考不上大学，找不到工作，在社会上游荡，这样的例子太多太多了。我这人信命，相信每个人都有自己的命运造化。孩子的命运，最终还得由他自己把握。早点放手让他独立生活，是有好处的。即便他发展得不好，甚至走了歪门邪道，可我没有跟着陷进去。我有钱，就能为他找到工作，可以让他娶到好老婆，可以得到上司的器重和提拔，可以买到好房子、车子，即便犯了事，也可以花钱减轻处分罪过……"

尤世雄把心迹表露到这个程度，刘方只有洗耳聆听的份儿。虽然觉得尤世雄的见解未免偏激，但这种偏激却是从现实中总结出来的。觉得投机，一盅一盅放量地喝，喝完一瓶，竟没显出醉意。

尤世雄要做第二天的出行准备，两人一同离开茶园回家。经过舞场，听见有人叫刘方名字，刘方在跳舞人中搜寻，原来是宫尚臣，正搂着一个豆芽一样细瘦的女人跳舞，冲刘方挤眉弄眼地笑着。刘方回一个手势，同尤世雄走出茶园。不料，宫尚臣撵出来，拉住了他，"好不容易在这种场合遇见你，一起喝几杯再走。"不由分说把刘方拉回茶园舞池北侧敞棚下，按在一把椅

---

① 方言，本事或本领。

子上,"刚过晌午,回去做什么!我知道你是海量,同我喝一阵。"抓一个一次性纸杯,提酒瓶倒了半杯,递给刘方:"喝!喝下这半杯再说。"命令的口吻。

刘方接住纸杯,酒是三星金六福,与刚才喝的一样,可这半杯少说有二两,一口喝下去准要上头,便说:"我得回去守铺子,好挣几个钱儿给你们缴税,我上半年的工商管理税还没缴,你是知道的。"

"什么税不税的!今天出来玩,喝酒单喝酒,不提马文有。"托着刘方端杯的手,往嘴边上送,刘方只得一口气喝了下去。

舞曲结束,跳舞的回来了,各就各位,坐满了两个大圆桌,有男有女有老有少。原来,今日是宫尚臣二叔的花甲寿诞,二叔全家和叔伯兄弟子侄们聚餐为二叔祝寿。刘方感于宫尚臣几年来一直照顾着他,拖欠缴税没给他红过脸,此刻不表示一下更待何时!掏出一百元人民币递给宫尚臣:"你二叔花甲寿诞,我遇上是我的福份,些许薄礼,不成敬意。"宫家众人歉让一阵,收了,喜气洋洋安排刘方坐在二叔身边,轮换给他敬酒。好在舞曲响起来,年轻的都离桌去跳舞,剩下有岁数的,自己不胜酒力,也不强求刘方干杯,由他自便。

直闹到下午六时,去买单的人回来对宫尚臣低声说了几句,把账单拿给宫尚臣看。宫尚臣扫了两眼,对服务员下令:"去!把你们老板叫来。"

片时,服务员回来说:"老板找不到,好像进城去了。"

"打电话,叫他赶快回来,就说是城北区工商所霍所长叫他。"

二叔对宫尚臣说:"算了,算多少付多少,付了账快点回家。"

"不成!说好要给我优惠的,凭什么要变卦?我得叫他知道,马王爷有几只眼!"八分醉意的宫尚臣根本不听家人劝阻。

大约半小时,戴着白顶帽,留着山羊胡子的茶园老板来了,宫尚臣劈口问道:"认不认识霍所长?霍太能所长?"

"认得认得。"老板殷勤地回答,眼里却分明是些不耐烦。

"认得就好!你给霍所长打电话,就说他的一个姓宫的朋友在这儿吃饭,说好要优惠，收账时又不优惠了，听霍所长怎么说。"

"这怪我怪我！"老板佯堆着一脸歉意，"怪我走的时候没给收账的交待。"转身对服务员说："去！叫他们重算，按八折收。"对宫尚臣笑笑，走了。宫尚臣脸上浮出胜利的光彩。

与宫尚臣分手后，刘方摸一下内衣口袋，信用卡硬硬地顶着他的手指。

22

五一节说来就来了。

今年五一节会遇到什么样的天气呢？民生街田家人在四月底就开始猜测和担忧了。尤其是田成功和她的一双儿女，在这种猜测担忧中矛盾着。他们希望五一节晴空万里阳光和熙。这样，他们就可以让孔秀去公园，满足她生前最后一个愿望：观赏郁金香，让那艳美的花朵抚慰她的被病魔撕裂的心灵。他们又希望五一节是个坏天气，阴风横扫冷雪弥漫。那样，他们就心安理得地让病入膏肓的孔秀老实呆在家里，免得不能满足她最后的向往而留下终生遗憾。

五一节会是什么天气呢？

老天爷做出了笑声琅琅的回答。清早起床先张望天空的田成功看到的是青灰的天空，远处建筑工地塔吊上的红旗静静地垂着，楼下花园里那束略有小风就摇晃的细竹的枝头也直直地挺着。这让田成功又高兴又莫名地惆怅。他压着起伏的心情准备好早饭，把陪睡在母亲身边的田英叫出来吃饭的时候，天空像湖水一样亮蓝起来，近旁七层楼房的顶层也被阳光镀上了耀眼的暖色。

听说天气晴好，孔秀的被一层灰雾蒙蔽的眼睛顿时亮了起来。往日，要在儿女丈夫的扶助下才能从床上坐起来，喘着大气让家人给她穿上外衣。今天竟然双手拄床坐起来，自己穿好了羊毛衫。这让站在床边的田英一时间恍惚起来，难道母亲的病有了转机？抑或，医生说的多则三月少则两月的时间限定过于主观，在母亲身上失去了效验？田英想得发呆，听孔秀催促到："让开，我要下床！"田英慌忙抱住母亲试图伸下床的右腿，"你别下床，我把洗脸盆端到床边来。"这些日子，孔秀已没有力气下床了。病魔不但吮尽了她皮下脂肪，好像连筋骨也咀嚼了一遍。可此刻，孔秀皮包骨的脸上显出些淡淡的潮红，说话的声音也高了，"今儿是节日，我觉得身上有了点劲儿，让我站起来洗脸吧。"

为了验证自己的疑惑，田英决定服从母亲的要求。在床上连续躺了十几天的孔秀果然像浑身注入了一股活力，竟然在田英轻轻的扶助下站在床边，即没喘气也没被虚汗打湿额头。田英禁不住对外面喊了一声："阿大、阿哥，阿妈能下床了。"

田成功、田壮应声来到卧室，见孔秀笑吟吟地站在床下，用手拢开披散下来遮住左眼的一缕头发，也觉得出现了奇迹。田壮慌忙把洗脸盆端进来放在方凳上，让母亲坐在床边上洗脸、刷牙。孔秀在儿女注视下刷了牙，很认真地往毛巾上擦香皂，仔细擦洗脸上的各个部位，耳轮后边也没放过。擦着擦着喘起气来，停下来，等气匀了淘毛巾，拧毛巾，揩脸，搽香脂，做得从容不迫一丝不苟。完毕，对田英说："成了病人真是一点用处都没有了，洗个脸，胳膊酸困再也举不起来了，头发你给我梳吧。"

田英跪在母亲身后给母亲梳头，边梳头边说："化疗后你的头发虽然脱了不少，可手摸上去还是柔柔的。听人说，发是血之余，头发好，说明血好；血好，病好起来就快。"田英手下母亲的头发枯草一样干涩没有柔性，让她心里埋藏的悲伤又往上涌着。这样说，既宽慰母亲也在宽慰自己。

"你别哄我了，你们老的也哄我，小的也哄我，其实我知道，我得的不是溃疡病，做手术病根没取尽，还在肚子里，你给我说句实话，我是不是到了殁的时候？"

"阿妈！"田英的一颗眼泪险些掉在母亲头上。"你别胡说成不？你不是一天比一天好了吗？躺了十几天今天能自己下床，这不是说明你的病在好转吗！"

"你没哄我？"孔秀对自己的感觉产生了怀疑。

"你是我阿妈，我能哄阿妈吗？"

"你敢吃咒说没哄我？"

"我有啥不敢的？要是哄了你，你前脚殁掉，我后脚跟你到阴曹地府去！"田英的谎话再没回旋余地，只能用极端的言词给母亲证明自己的真诚。

孔秀把手拍在女儿腿上，"不许你胡说！我老了，又是病人，该殁就得殁。你年轻轻正要活人，不许说瞎话。"

母女俩梳头说话的工夫，田成功对厨房里收拾早饭的田壮说："天气好，挡住你阿妈别去公园，她又要起疑心；让她去公园，走几步支持不住怎么办？"

"我看眼下还不会有事。阿妈去年就想去公园看郁金香，去年天气不好没去成。今年就让阿妈去看看郁金香吧。来去打的，去了找个好茶园，让母亲少走路，没事的。"

田成功认为儿子说得也有道理。"这样吧，吃完饭你去前楼找姓方的老师，把他家老奶奶的轮椅借一天。方老师是个好人，肯帮人。他母亲出门才坐轮椅，在家时轮椅闲着，你多说些好话，准能借出来。"

用平底锅煎鸡蛋的田壮说："今天是节日天气又这么好，人家老太太说不定也要去公园里看花，这时候借轮椅，会叫方老师为难。"

"我担心你阿妈去公园多走几步不成的，借轮椅推着她，可以多看几处景致。"

"用不着阿妈走路。我把阿妈背下楼，把面的叫到楼门口上车，到公园再把阿妈背进去。吃了饭给宁守仁打电话，叫他先去公园把茶园的桌位定下来。"

"田英这一向在家里陪伴你阿妈，宁守仁在家里操心向阳上学。今日休息又叫人家去订桌，不好。吃了饭你去公园订桌，订了桌守着。听人说，节日里茶园座位特紧张，发生过为座位打架的事。"

"我去茶园，阿妈就得从家里走下楼。"

田成功笑了，"我还没到七老八十的程度，背你阿妈下楼还可以的。"

吃了早饭，田壮出门去公园订座位，田成功叮咛："订好座位就给你二爸三爸娘娘家打电话，告诉他们地方，叫他们都去，别忘了叫你二爸把爷儿叫上。"

田壮应着下楼去了。

田成功走进卧室，田英正给孔秀套穿出门的外衣。孔秀脸上漾溢着孩子要去玩游戏的天真快活表情。田成功退出来，准备要带的晴雨伞，孔秀喝水的杯子和吃的药，从衣柜衣服层中取出预备的五百元钱，装进衣袋。觉得背孔秀下楼又背进公园，不是一件轻松的事。即便背到公园茶园，一整天时间，总不能让孔秀老坐着。倘若孔秀想多看几处景致，背来背去也不方便。便下楼来到前楼，敲开了方老师家房门。

方老师开门见是院舍，疑惑着往屋里让，田成功站在门外说明请求。方老师走进屋内，片刻出现在门口说："实在对不起，我老母亲和老伴都不同意把轮椅借给别人家的病人坐，再说，老母亲也想去公园……"

方老师话说到这份上，田成功只好退出来，心里说不出是什么滋味。

九点，田壮打来电话，茶园座位已定好，给二爸二婶、娘娘姑夫通了电话，都答应去，催父母快出门。

亮丽天气的召唤诱惑，让病虚的孔秀焕发出空前的活力。对要背她下楼的男人说："我病是病，还没到走不了路要人背的地步。院舍们见你背我下楼，要笑掉大牙哩。"推开丈夫，一手扶墙，一手由女儿搀扶，慢慢下了楼。正巧一辆出租车在院子里调头，孔秀喜洋洋地钻进车里。

明朗的阳光抚摸着市区万物，街树全绿了，新绽嫩姿的杨树圆叶和柳树长叶都发着碧玉般油亮的新绿。街边花圃中，各色各姿的郁金香一枝枝昂立着，成片成群地展示着典雅的风姿。孔秀在家窝了一个多月，床上躺了两星期，此刻像获得了特赦，精神自由和身心愉悦暂时压服了疲惫的病魔。孔秀扫视车窗外沸腾的生活气象，情绪越来越好，让陪伴的丈夫、女儿把高悬的心暂时放回了肚里。

公园侧门被车辆、人流拥塞着。田成功让司机开到公园正门，车辆更多，人流更稠。在距离公园正门一百多米的地方才找到停车位置。下车后，田成功后悔放弃主见，同意孔秀出来。他的懊悔从脸上显出来，被孔秀觉察，不禁气恨恨地说："还没到公园里，你就嫌我多余了，这公园我不进了，回家吧。"眼里闪出泪光。

田成功、田英对看一眼，田成功把脊背支给孔秀，笑着说："趴我背上，我要验证给你看，是不是老当益壮。"

孔秀被惹笑了，"快别这样，一拃长的路，叫你背着，满街的人都把我们当成西洋景儿看哩。你把东西提着，让田英扶着我，我不信走不到公园里去。"田成功接过女儿手里的东西，同女儿一左一右扶着孔秀，走一步挪半步地向公园大门行进。不时被拥塞的人群堵挡，停下来寻看可以通行的缝隙。

被人流推涌裹夹着走进检票口，孔秀面条一样软软地靠住女儿，喘着气说："早知道有这么多人，就不来了。"田成功看见几步外有一块点缀园景的石头，把孔秀扶过去，铺上带来的小毯子，让孔秀坐下休息。公园工作人员过来说："这不是供游人休息的地方，别坐在这儿。"见孔秀黄蜡蜡的面孔，看出是个病人，又说："有病不在家躺着，跑公园凑什么热闹？"

田英没好气地顶了一句："都不来凑热闹，你们不就下岗了？"

工作人员听出田英的不满，欲要理论几句，见孔秀吃力地站起来，转身走开了。

田壮打电话说订了座位的"顺祥"茶园在公园东北角，而公园培植的郁金香花大多在迎门的柳荫主干道两侧和西南方位的林间花圃中。先去看花，孔秀没有支持气力。先去茶园休息而后回来看花，来去的距离也够孔秀挣扎的。正为难着，接了田英电话赶来的宁守仁和宁向阳从人群中挤了过来。接着，发现田野在人流中东张西望寻望着什么，唤了过来。孔秀见来了自家人，尤其外孙来到身边，精神又高扬起来。在几个人交换搀扶下，来到郁金香最集中也最壮观的花圃。

连畦成片的郁金香花，在四周高杨的护围下，接受万以千计人流的观赏检阅。这些具备绅士气度和贵妇人丰姿的单株单色的花，一株挨一株组成一片，又这一片那一片汇成多色艳丽的方阵，用它们纯粹到极致，艳丽到极致的鲜明色姿迷醉着游人的视觉和心灵，为大自然的神奇造化惊讶和赞叹。拿着相机的游人急迫地寻找最佳拍摄角度，或蹲或立捕捉感觉中最美的那个局部或细节。花，贡献着艳丽同时召唤着爱心，游人们在迷醉中变得优雅起来。

孔秀由田英、宁守仁搀扶着，走几步看一阵，坚持着看完了缤纷花阵中每一分队的妖俏成员：酱紫、橙红、明黄、粉红、朱红……最后停在黄色花畦边，呆望着让目光迷乱的花朵，沉入迷醉状态，而后长长地叹口气，"人活着真不如一朵花儿"。

田英的手机响了，田壮在机子里吼叫："你们磨蹭什么？茶园的座位快守不住了，再不来，座位就会被人抢占。"

几个人扶助孔秀走一阵歇一阵，半小时才找到不起眼的"顺祥"茶园。小规模的茶园，坐落在游人相对少来的公园东北角落。左边一个没完全修好的水塘，积了些死水，水面上漂浮着冰淇淋包装盒、酸奶纸杯、塑料瓶、烟盒、碎纸头……几棵形状难看的有病杨树歪在附近，稀小的树冠上，灰尘遮蔽了树叶的水色。园内散放的十几张饭桌，全靠已经褪色的遮阳伞布荫。

"怎么找了这么个地方？"田成功设想的茶园绿树成荫鸟语花香，傍着潺潺清溪，幽静清爽。可眼见的环境实在太差，盯住儿子的眼里迸出了火星。

"就这，再晚来半小时别想有座位。"田壮心里清楚，家里人没一个会喜欢这个地方，也觉得选这么一个地方有悖母亲意愿，委屈地嘟囔着。

守宁仁打圆场说："节假日来公园能有这么一个休息的地方不错了，这里人少，安静。环境好一点的茶园人多，饭菜就顾不上质量。"

木已成舟，再争讲只会破坏气氛和情绪。田成功指使田壮、田野把两把躺椅对放在一起，铺上带来的毯子，用自己和儿子的衣服卷成枕头，扶孔秀躺下，挪一把遮阳伞遮住直射的阳光。田野见安顿妥当，孔秀脸上渐渐明朗起来，说来公园有采访任务，告辞去了。

几个人刚把桌椅摆放好，田成业、孟慧带着田寿来了。接着，田成凤、伊福禄、伊承新来了。红眉胀脸的田成凤坐下后用遮阳帽一边扇凉一边说："哪来这么多人，好像全西宁市的人都挤到公园来了。"

孔秀休息得有了气力，问田英："你三爸三婶怎么还不来？"田壮给父亲使眼色，借口要麻将桌子，同父亲到母亲听不到他们说话的地方，说："我没给三爸三婶打电话。阿妈出来图个高兴，三婶子来了唧唧喳喳地又会惹阿妈不高兴。"

田成功明白，孔秀希望来的并非田成才、孙雅萍而是军军。田家门里的长孙，孔秀一向是喜爱的。严肃了脸色说："三婶子话多，不是你们当后人的多嫌的。再说，通知了二爸二婶，娘娘姑父，不通知三爸三婶，日后会说我们厚此薄彼，挑着拣着叫人哩。快打电话，叫三爸三婶快来，叫田强、李怡蓉、田健都来，一定把军军带来。"

不等田壮应声，宁守仁拨通了三爸家座机，接电话的孙雅萍答应一小时内到。

趁着孟慧、田成凤围住孔秀说话，田成业把嘴凑近田成功耳边低声说道："看今日大嫂气色，比上星期好一点了，是不是病情有了好转？"

"在家里窝了一两个月，向往着出来转一转，遇上了好天气，家里人全在身边，又看了想看的郁金香，心情好点了。"

田成凤、孟慧、伊福禄陪伴着田寿去花圃观赏花阵。田壮、田英、伊承新抬来麻将桌支在树荫下，三缺一，田成业只好上桌凑数。

田成功坐守在孔秀身边，看她昏昏欲睡的瘫软样子，心里隐隐作痛。西边，从"高空揽月"或者"过山车"或者"海盗船"那边，一阵一阵传来女人们尖锐的惊叫声。东边，人工湖上快艇的马达声时高时低地轰鸣着。周围桌上游人的说笑声也一阵比一阵响亮。到处都漾溢着欢乐，体现着喜悦，可……田成功深情地望着被病魔夺尽了容光神采的老伴，克制和忍受着撕心扯肺的隐隐巨痛。孔秀不时睁一下眼睛，望着近旁玩耍的两个小孩，给田成功的伤感添加着焦急。

孙雅萍一个人来了，屁股没坐稳就嚷开了："怎么选了这么一个烂地方？公园里有的是茶园，怎么看上了这么一个茶园……"发现田成功冲她瞪眼，把后边的话咽了回去，用半张报纸扇着凉，"田英，你娘娘二嫂怎么没来？"

"早来了，陪着爷爷看花去了。"田英说着打出一张白板。

老三媳妇没带来军军，孔秀的眼角湿了，田成功没好气地问到："叫你把军军一定领来，怎么没领？"把茶碗推给孙雅萍，"你大嫂想见见孩子。"

"李家人把田家人的孩子霸占了！别说没到这里来，就我这个当奶奶的，平时想见孩子也不容易了。"

田成功很想重重地说弟媳妇几句，转念忍住了，"军军来不了，田强两口和田健怎么也不来？"

"健健跟了个大老板，整日宾馆里进，饭店里出的，连明昼夜地忙着吃喝玩乐，把我们当娘老子的都忘到九霄云外去了，哪有工夫来公园里刮碗子！"孙雅萍说田健用的是嘲弄的口吻，脸上确分明浮现着自豪得意。

"强强陪着丈人丈母去风情园了，他如今成了李家的跟屁虫，心里没有田家人。"

田成功发现田壮一边出牌一边一眼一眼瞅着他，那眼光的意思是：我说别叫三叔三婶，你偏要叫他们过来，这就是你叫来的好处。

"军军被李家人霸占了，难道老三也被人霸占了？"田成功的莫名火压不住了，"五一节，又遇上了好天气，心想把一家人叫到一起好好过个节日，不是你不来就是他有事，早知是这样子，我悔不该……"眼角余光发现孔秀给他甩一下手，顿时煞住了后边的话。

孙雅萍显出无奈的表情，"是他不想来，我有啥办法？早上要出门，听说别人打麻将三缺一，一溜烟就不见了，要骂你骂他去。"

田英接口说："三婶，我阿大花钱花心思把你们邀过来喝茶吃饭，是关心你们。阿大真要骂人，就不是这样笑眯眯地了，西风！"

田英这句话让田成功解气，可又不能容忍儿女们用这种态度对待长辈，便断喝一声："田英！少说两句成不成？"

考虑到今日游园的主题是让重病的孔秀得到些安抚和愉悦。田成业推倒麻将对田英说:"你们三个打扑克牌吧,你三爸没来,我陪你三婶去花园看花。"目的是把孙雅萍叫开,免得把气氛弄僵。

宁向阳要去玩"疯狂老鼠",田英只好同宁守仁、伊承新陪着儿子玩去了。留下田壮守着桌椅。田成功倒了半杯开水,孔秀吃了药,闭着的眼缝里不停地往外渗着泪水。田成功忍着胀心的酸楚,一遍一遍给她擦抹泪水。直到太阳从头顶把刺目的光芒直射下来,近旁饭桌上的男人们被酒精逗得大呼小叫的时候,去看花、玩耍的田家人前后回到茶园,大口大口地喝茶,七嘴八舌地讲说所见所闻。田成凤说看见了田成江一家人进了动物园。田英说看见田健跟着一矮胖的中年人走进了公园中央的酒楼。最抓人的信息是伊承新提供的,她看见大舅田成海,背着彩条编织带,到处转悠着捡拾游人扔下的啤酒饮料瓶和垫了屁股的报纸、塑料布,已经捡了大半袋鼓囊囊地背在身上,让她不忍目睹。

孔秀阴阳怪气地笑了几声,接着咳嗽起来,咳得几乎断气。一家人都慌了,围住孔秀手忙脚乱地采取措施。几分钟后孔秀平静下来。田家人都用复杂的目光看着田成功,说不出是在责备他还是怜悯他。

茶园环境不佳,但饭菜却不错,色香味俱佳。这让田家人心里得到了些许平衡。

下午三点,孔秀的脸色成了灰白,五官不时地抽搐,田成功伏下身问道,"你……不受活①?"

孔秀吃力地示意,让田成功把耳贴在她的嘴边,听她说:"现在几点了?"

田成功清楚孔秀支持不住了,却左右为难不知如何是好。家人的情绪刚刚高扬起来,为孔秀一人叫大家就此回撤,不合情理。再说孔秀无论如何走不成路了,需要一个担架才能抬出去。节日的公园,去哪儿寻借担架?痛苦扭曲了田成功的五官,被田成业发现了,把田成功拉到一边低声问道:"大嫂想回家了?"

---

①方言,不舒服。

"我看她支持不下去了，得回家挂上吊针输上氧气，可……"田成功茫然四顾，不忍心把吃喝正香的子女们的兴致惊散。

"田英不是说看见田健了吗？我估计田健的老板有车，我去酒楼找一下，求他们用车送大嫂回去。"田成业急忙忙离去。

田成功承受不住这个巨大的心理压力，想把吃喝说笑的女儿、儿子、女婿和外甥女叫过来，分担他的焦虑和痛苦。孔秀吃力地给他示意，别、别搅扰儿女们的快乐。田成功心急如焚，巴巴地望着田成业走去的方向。二十分钟后，一辆警车开到茶园门口，从车上跳下田成业和一位年轻的警察。田成功呼唤儿女们，用对在一起的两张躺椅把孔秀抬到车边，扶进车里。田成功、田壮、田英挤进车子，开走了。

留下的田家人问田成业怎么回事，田成业做了简略说明：他找到酒楼，田健果然在酒楼陪老板吃饭。老板听说病人是田健的伯母，答应用车送病人回家，不过车在公园外停车场，得把病人抬出去才能上车。田成业想到公园为游人设置了救护站，估计有担架或小推车，急忙去救护站求助。也是老天有眼，刚下酒楼碰见了民生街管区民警展望。展望是市局临时抽集到公园维护节日游园秩序的。田成业情急乱求人，向展望说明原委，展望与指挥部通话，要来这辆警车。

23

五月三日下午，在师德、姚乐的鼓动下，田成业约出苗青，吃了一顿简单的晚饭。饭后，师德挤眉弄眼地叫走了姚乐，声明要去一个只有他两人知道地方。上次吃火锅苗青开口借钱的事还在他心里别扭着，这次吃饭他努力不与苗青多说话，意在让苗青看出他的冷漠以及藏在冷漠里对她的防范。可苗青完全忘了上次的事，主动与他说话，谈笑自如。饭后与师德、姚乐分手，苗青身上那一股异性的吸力，让他不由自主地同她走在了一起，路过十字路口的"超时商贸城"，苗青停下来对田成业说："我们进去转转吧？"征求的语气，眼神却是执拗的。

田成业担心苗青又有什么企图，可女人的恳求又让他无法拒绝。随她走进灯火通明的商贸大厅，苗青领先径直走到二楼服装部，好像是随意，又好像事先有盘算，在塑胶模特排列的方阵中穿梭，仔细注视每一款服装。田成业保持几步远的距离跟着，注视她举手投足的每个动态，任她自由浏览也任自己自由想像。

苗青停在一排挂着毛涤混纺面料浅灰色长大衣的衣架前，眼里闪着艳羡的目光，摸摸衣料的弹性，让营业员取下来，在身上比试，又仔细看了领口、袖口、纽扣纽门和内衬的口袋，笑着对田成业说："我穿上试试吧？"依然是征求的口吻，执拗的眼神。

"你想试就试试。"田成业不阴不阳地说。

苗青脱下身上的军绿呢直腰短大衣让田成业拿着，在营业员的帮助下穿好了大衣，对镜转动身子，眼里闪着光彩，"好看不好看？"

"好看！"田成业不是随声附和，也不是恭维。这件小翻领直腰身的玫瑰灰大衣色调稳定柔和，款式新颖明快，做工精良细致，穿在苗青身上，显出雍容华贵的气象，是人和衣裳的最佳组合产生的审美效果，"真的好看。"田成业情不自禁又赞美了一声。

苗青反复照镜子，有意无意地望着田成业。田成业明白，她看中了这件大衣，想买下来。他似乎应该主动表态，满足她这个愿望，可他忍住了。大衣标价三百六十元。营业员说可以优惠价出售。他身上装着四百多元，足够。可是……为了彼此联系方便，他正打算送给她一个手机。在送手机前又付钱给她买下这件价格不菲的成衣，闹不好会让她产生错觉。除了傻瓜，谁会这样没轻重地给新结识的还不能肯定能否成为朋友的人花钱？

田成业没什么表示，苗青不舍地脱下大衣交给营业员挂上衣架，情绪顿时低落。田成业装作没有觉察，同她下楼走出商贸城。她的消沉如此明显，明显得让他有点于心不忍，如同没把一柄多余的伞打在一个被急雨浇淋的女人头顶。默声走过一段小街，分手时，田成业发现苗青眼里隐着莫名的幽怨而非懊丧，似乎证明她的热望发自女性的本真而非苛求。不禁说到："说句心里话，刚才你穿上那件大衣太美了，真想给你把大衣买下来，可我忍住了。"

"是不是？"苗青的情绪真如手指按进水里的木片，手指一松立即漂浮起来，"为什么要忍住？"

"我忍住不掏钱，是怕你产生错觉，这人在这么短的时间内又给钱又请吃饭又买衣服，还打算……一定不正常，八成有什么企……"自觉这样说只能证明自己虚伪，就把后边的"图"字咽了回去。

田成业从苗青茫然的表情得出结论，她不习惯他的这种表达方式。她需要开门见山，单刀直入地对话。便以试探的口气说："那件大衣穿你身上太美了，真的！看来你选购衣裳的眼光不俗。按理，我应该给你把大衣买下来，可那样做会给你养成毛病。"

苗青脸上再次显出困惑茫然的表情。

"你想想，我俩眼下仅仅是刚认识不久的异性朋友。为一个普通异性朋友这样没节制地花钱，势必让你产生这样的错觉：做普通朋友如此大方，交往深了会更加大方吧？对于我，这么花钱，也会一步一步把我推向极端。万一我俩产生感情成为蜜友我却没钱好花，怎么办？"田成业试图用这迂回的策略，纠正苗青可能产生，甚或已经产生了的错觉，把她与他交往的目的和兴趣从物质方面引领到精神方面。

听这拐弯抹角的话，苗青感觉费劲，不禁皱着眉头说："我没文化，听不懂你心里的意思，说也说不过你。你心里怎么想，直说吧。"

田成业为难了一阵，放胆说了出来，"要想让我给你买衣服，得有个前提。"

苗青专注地望着他，"什么前提？"

"得把我俩的关系确定下来。"见她眼里又飘出疑问，田成业鼓足勇气说："你打算跟我做普通朋友还是做情人？"

"做情人！"苗青毫不含糊地说。

"做情人就得……你用什么证实？"

苗青又一次毫不含糊地说："找个机会我俩单独去你想去的地方。"

他矛盾起来，不知该怜爱这个女人，还是鄙视这个女人。自以为是而轻视他的这个女人，仅仅因为给她接二连三的实惠而放弃傲慢矜持，应诺投入他的怀抱，实在是该鄙视诅咒的。可她的俊美柔弱，又像小白兔那样招惹他的爱怜，让他禁不住想把这只小白兔搂在怀里，用款缓的抚摸传达他心窝里溢出来的深深的惜爱。他越这样矛盾，越觉得苗青就是公交车上遇过的那个可恶又可怜的女人。她的可恶在她的目中无人，而她的可怜正巧体现在她的有眼无珠。这种双向的认定让田成业暗暗得意起来。真是苍天有眼，这么短的时间内，就让那个在公交车上让孩子叫他爷爷的女人甘愿给他充当情人。

对待这种女人这种机会，及时掌控应该是他的最佳选择。

翌日，决定趁热打铁的田成业把苗青约出来，如此这般说明了自己的计划。作为一次进攻或者试探，他既希望成功，又希望对方做出必要的抵御。苗青二话没说就应承他的要求并回家去做准备。这让田成业在感激苗青爽快的同时为自己的无耻而羞愧。

当日下午，两人乘公交车去田成业"想去的地方"。路上，想得云山雾罩的田成业感觉到用肩膀撞他的苗青已经把兴趣从窗外的景色收拢在他的身上，便不无关爱又不无戒备地问："是不是有话要说？"估计紧跟着她殷切的目光说出来的话一定又是什么要求。

果然，苗青笑笑地说："给你说个事，我给他撒谎说老板派我去平安给客户送货，来去需要两天，老板答应给出差费，五十元一天。你得在我回家前把一百元给我，要不我没法给他交待。"

田成业一阵反感，怎么又提到钱？可他转念间排除了这种反感。为了服从他的要求和安排，她不惜给丈夫说谎。这种为他的情感需要而牺牲自己诚实的行为，他难道不应该回报？"你放心，我不会叫你为难的。"这次去平安，他带了六百元。除去车宿花费，剩余的他打算全部给她。遗憾的是她对物质的饥渴，总是把他的主动变成了被动。

下午五点，班车到达平安。

经过对比，在一家三层小楼的私人旅店登记了房间。在三楼走廊最里边，两张单人床，一组沙发。陈设简朴，但卫生状况令苗青满意。尤其让苗青满意的是桌上有台彩电，墙上有面镜子。"晚上可以看电视。"苗青的语气快活而轻松。眼睛盯着镜子从手提包取出木梳，对镜梳理头发，而后取出牙具，一条新毛巾，又一条稍小一点的旧毛巾，"这是我家的洗脚毛巾，我俩洗脚用。"又取出面脂、口红、发卡之类的小东西，"家里有卫生纸，想拿一包，怕他疑心，没拿，等会你下去买两包。"

"你想得真周到。"田成业心旌摇荡。

吃饭，饭后在街头散步，傍晚回到旅店房间，苗青一直保持着良好情绪，话多，笑也多。受了感染的田成业心情舒畅，自信心高涨起来。他习惯了孟慧贤良隐忍顺服的性情，如今从苗青身上领受另一种截然不同的性情，如同善于在顺水里畅游的人头一次扑向逆水，有了接受挑战的快意和勇气。

房间有些凉，苗青洗了脚就上床躺在被窝里，与坐在沙发上的田成业聊天。旅店没有别的顾客，店主把暖水瓶提到门外再没上楼来。周围没有一点杂音，白天的噪响被满天的星星和满川的树木吸尽了。田成业在这空前的静谧中调整着心力。即将面对的幸福，需要他具备从容又激情饱满的心力。

"田老师。"苗青温静脉脉地叫了一声。

"嗯？"田成业明白这种没有前提的呼叫意味着什么。可他佯装不明白，用挑逗的口吻反问："你想说什么？"

"一直没仔细看过你，今晚上发现，你是个英俊的男人。"

"是吗？"田成业原以为女人只注重男人的作为，"你是因为我长得英俊才愿意跟我好的？"

"说不上。"苗青的回答简单得让他不满。

"今后别再叫我老师，我们这种关系，叫我老师不合适，尤其像现在这种时刻。"

"你是学校里工作的，不叫你老师叫你什么？"

"在学校一直是做总务的，算不上真正的老师。"

"那叫什么？叫老公吗？"苗青笑起来，声清气朗容光灿烂。灯下美女月下花，灯光里的苗青格外受看。

"睡吧。"苗青挪动身子给田成业腾出一溜地方。

田成业在苗青注视下自在地脱了衣裤，暗暗得意自己的从容冷静。

大海般澎湃的情欲狂潮缓缓平伏以后，田成业把嘴凑在苗青耳门轻狎地问："满意吗？"

"满意。"

"如果让你打分，能打几分？"

"八十分。"

"良好？不错！往后争取回回优秀。"说着紧紧搂住苗青柔细的腰肢。

苗青嫌他搂得太紧，挣扎一下，"我俩明天回去吧？"

"不是说住两个晚上吗？"

"别。要是他起了疑心，日后就不好出来了。"

田成业想说服她明天再住一夜。想到认识苗青后她的一系列所作所为，觉得让她勉强多住一天意义不大，就坦然地说："听你的，明天回去。"

24

开满各色鲜花的山坡陡峭地堵在田成功踏步而来的小路前端，田成功恍惚起来，不知该不该，能不能爬上坡去。他来寻找郁金香，那种黄颜色的郁金香。山坡上全是他说不出名字的野花，花瓣上布满尖锐的硬刺，花蕊也如铁丝尖硬地参着，尖端向外渗淌着血红的蜜汁。他觉得上去这面山坡就能见到那种黄亮的郁金香。他必须采摘几枝郁金香回家让孔秀看。他抓住一株一株花茎向上攀登，那些花朵在他伸手的时候变成了张牙舞爪的刺棵，脚下的山坡也酥了一样松散下去，他被悬在虚空中欲上不能欲下不得，惊叫一声，从梦中醒来,心突突地顶着胸膛狂跳。

田成功回味着梦境。五一节游园身心紧张疲劳,使他做了这感人又吓人的梦。窗外灯光透过窗帘,房里的一切显着模糊的轮廓。他舒了口气,估计已是三点前后,该给孔秀接小便了。

开灯坐起来,伸腿下床,左手碰在孔秀伸出被窝的手上,心里一惊,孔秀的手怎么跟石头一样冷硬?扭头一看,吓得魂飞魄散,仰躺着的孔秀像一具石灰石的人体模型,惨白中透着死灰一样的僵冷。

"田壮!"田成功大吼一声,怔在床边,心一下子成了空壳。

田壮穿着背心短裤跌跌撞撞奔进来,明白母亲已经去世,嚎啕大哭起来。田成功跟着痛哭。边哭边想,怎么会这么快?从公园回来休息半天,孔秀的情绪又好起来,昨晚吃了一小碗面条,睡觉时与他说了几句话,也好好的。怎么这么快?田成功无限悔恨地捶打额头。要是知道她的大限就在今晚,该把田英两口,田成业两口叫到家里……

哭了十几分钟,田成功被巨大哀痛抽空的心空前地平静下来。提心吊胆等待和害怕到来的时刻就这么到来了,来得猝不及防又合情合理。孔秀解脱了,同时解脱的还有他和儿女们。想到最后这些天他遵从了孔秀的意愿,冒着风险让孔秀去公园看了郁金香,让她在一种情绪迷惑中走完了生命的最后关头,他心里有了几分宽慰。

田壮要打电话把叔婶妹子叫来,被田成功劝住了。人已经没有了,深更半夜惊动大家,于事无补。趁这时段,两人把亡人的衣服换好,把停放亡人的地方收拾出来,余下的事,天亮亲戚们来了再议。

清晨七点前后,接到电话通知的田英、宁守仁、田成业、孟慧、田成才、孙雅萍陆续赶来,围着亡人哭了一通,七嘴八舌地抱怨田成功父子不该睡得太死,竟然连亡人去世的时刻都没弄清。抱怨完活人,又赞颂孔秀事事处处为家人着想,到最后时刻也没让家里人担惊受怕,自己悄悄地去了。又为亡人没留下一言半语的遗言而遗憾。

八点前后,田寿、田成海夫妇、田成凤两口及伊承宗、伊承新、田强夫妇、田健、田野、田成江一家人先后赶来，挤坐了一屋子，听田成功讲说孔秀去世的前后经过。又七嘴八舌地抱怨了一阵，宽慰了一阵，开始商讨举丧的各项事宜。

几个老成主事的人坐在一起，以在田家人心目中的地位和能力，推举田成业主持丧事，统一了丧事的规模和具体事宜；因气温已经升高，亡人不宜久放，决定举丧三天；当天由田健、田亮给田家五服内的亲戚报丧。田强、伊承宗负责采购一切用品；田野出面与冷库联系，买冰块给亡人降温；宁守仁负责保障丧事用车及远方祭奠亲友的食宿安排；田成才在灵堂负责接待、陪祭；田壮、田英、伊承新、李怡蓉等守灵哭丧；伊福禄负责领引祭奠完的亲友去饭馆就餐；田成海负责发放回礼；孟慧、孙雅萍、田成凤、田成莲等人在房内屋外招呼亲人，倒茶让烟……考虑到晚辈们的要求和居住环境的限制，不请吹鼓手，放哀乐磁带代替吹鼓手；请一名阴阳书写丧仪文书，主持出殡事宜；最后，在安葬问题上意见不统一，争讲起来。

"对这件事，我有不同的看法。"田成业估计会在安葬问题上产生分歧，事先想好了要说的话，"现在政府提倡火葬，大嫂又是单位退休的，火葬，单位上不但支付规定的丧葬费用，还在用人用车方面提供方便，会省下不少的丧葬费用……"

田成功心里拐不过这个弯儿，坚持自己意见，"一想到把亡人塞进火炉浇上柴油烧焦研砸成粉沫，我心里就过不去。我们田家人老几辈子都是土葬，祖坟上留着我们这一辈人的地方，怎么能轻飘飘地学那些内地人，把亡人送进火葬场去。"说着眼泪溢了出来，"孔秀跟我一辈子，得了治不好的病，是没办法的事。如今殁了，就是花再多的钱，也该把她高抬深埋到田家祖坟里去。"

田壮心理上倾向二叔意见。火葬对他最大的好处就是可以节省许多不必要的花费。家里已欠债累累，这些债务事实上都得由他来背负。火葬，丧葬费由单位补贴，他就轻松多了，收集的丧礼可以用来还债。土葬先得买棺材，临时买现成的棺材，价格由卖方决定。可父亲的态度这么坚决，做为这一支脉的长子，他没有勇气把自己的真实想法说出来。即便斗胆说出来，只会引发父亲的愤怒和悲伤。便含含混混地说："就照阿大说得办吧。"

多数人，尤其是小字辈的都清楚火葬利大于弊。可碍着田成功的情感，都不敢把真实想法说出来。田寿看穿了大家的心思，知道这件事只能由他最后表态。何况时间不允许在这个问题上干磨蹭。就说："土葬是我们人老几辈子传承下来的，我这一辈，田成功这一辈，祖坟上留着位置，得照规矩办。到了田壮这一辈，你们随时代走，我们眼不见为净。"

有了老爷子表态，田成业把没说完的话咽回肚里，与众人商定买棺材事宜。西宁市内及近郊已没有卖棺材的店铺，得去周边远郊农村寻买。一直沉默着的田成江提拱了一个信息："我婆娘的远方姑舅兄弟上个月来西宁市大医院治病，需要几千元住院治疗费，家里人凑不齐这么多的钱，打算先把老父亲做下的寿材卖掉，但不知是否已经出手，得派人去问问。"

田成才说："去野猫沟不是几步的路，万一寿材已经卖掉，时间人力岂不白费？"发现孙雅萍在一旁给他使劲挤眼睛，意思好像是叫他别多嘴，就把后面的话咽了回去。

田成江笑了，"去野猫沟干啥？她的姑舅兄弟就在城里医院住着，去医院问，不就成了？"

急忙派伊承宗开车把田成江老婆送去医院打探消息。半小时回来说："棺材还没卖掉，等人买哩。是老头子六十花甲年闰月做的寿材，上等柏木，三寸厚的帮盖，外带七星盖，是油画了的寿材，要价一千，少一分不卖。田家人要买，得指派人去野猫沟家里拉运，还要准备好规程上用的物品。要不，上边家里人是不准把棺材从家里抬走的。"

田成业让田英翻找出两条大红被面，指派田强上街买来两串千响鞭炮，一副馒头；田明去运输市场叫来一辆双排货车。安排停当，田成业对田健着重叮咛道："按旧规程，从人家家里往外抬空棺材是有很多讲究的。两条红被面顶替红绸，做搭红用；鞭炮是起棺材时燃放的。其余要按人家的规程，原则是这趟出去务必把棺材买回来，不然就会打乱整个计划。"从田成功交给他的三千元丧事费用中数出一千交给田健。想了想，多给了三百元以备它用。田健接了钱，同田成江去医院叫了领路人，乘车直奔野猫沟。

将近中午，从城南新堡子请来的哈阴阳由田成海引上楼来。田成业指派人端茶上饭，趁阴阳吃饭喝茶的工夫，在大房间一角安放一张小桌，供阴阳摆放文具书写经符。片时，宁守仁回来汇报："通过朋友找了三辆汽车，一辆双排货车，一辆十二座面包，一辆桑塔纳。双排和面包车出殡前准时赶到，桑塔纳已随我来到，随时听候调用。"又说："招待祭客的饭菜定在民权街和民生街十字路口的鸿运食府，六个凉盘六个热炒的规格，一桌要价二百二十元，初步定了十三桌，可以临时加减，食府提出先要交一千元定金。"田成业认为可行，数了一千元交给宁守仁办理。

一时，去冷库联系冰块的田野回来，汇报了冰块价格和拉运的安排。田成业想了想，蹲下来对伤感的田成功说："大哥，冷库冰块要价太高，如果从今天开始使用冰块降温，今明两天至少要花六七百元。我的意思是，现在白天的气温在二十度以下，是不是别用冰块，找两台电风扇，早晚开窗户用风扇通风降温，可以省下些费用。"

田成功把冰凉的手拍在兄弟手上说："你觉得怎么合适就怎么办吧。"

一应事项大体有了眉目，田成业催促哈阴阳放下手里粘贴了一半的引魂幡，书写几封合规矩的报丧帖子，不等墨迹干透，指派孝子田壮、孝侄田明乘桑塔纳去孔秀娘家报丧。把该注意的事项一一交待清白，田壮、田明二人下楼而去。

四号院内与孔秀交好的邻舍女人，零三碎四地拿着烧纸和小额丧仪前来祭奠，在收录机播放的哀乐声中跪在灵前烧纸抹泪，引得田英一阵一阵嚎啕痛哭，妯娌姊妹们陪着落泪。

吃了简单的午饭，田成业把众人召集到大房间，以丧主并家长的口吻说："准备工作就绪，集合大家，是与大家商议一个事儿。大嫂殁了，田家五服内的亲戚不论远近，祭奠是少不了的。眼下大哥家经济困难，大嫂子住院治疗手术把大哥大嫂多年的积蓄全花光了，丧事准备阶段的费用，先用田壮下岗买断工龄的钱垫付的。我这样说的意思，我们别一家一家分头买丧礼。大家合起来，买一个花圈，如果觉得不体面，再买一副大幛子，写上各家各户的礼数挂出去，把多的现钱伙起来交给大哥，算我们在急难处帮了大哥一把。如果大家同意，我的意见是亲兄弟一家出三百元，隔山兄弟一家出二百元，出嫁了的老姑娘小姑娘也是一家二百元，单独起火的侄儿侄女们一家一百五十元……"

田成凤抹着泪插进话来："二哥的建议我同意。一家一户买祭礼，大不了多买些花圈，摆在院子里看上去阵势，但不实用，过后一把火就没有了。就算一个花圈三十元，烧掉十个就是烧掉了三百元。把这三百元给大哥，做啥不好？我同意二哥这个计划。"给男人一个眼色，伊福禄慌忙掏出二百元交给田成业。

田成江女人说："我也同意这么办，等田成江从医院回来交钱，钱在田成江身上装着。"

田成梅的男人，田成莲的儿子都说着赞同的话，分别交出了二百元、一百五十元。

田成业心怀感激地收了这几家的钱，把目光盯在田成才脸上。隔山兄弟、出嫁姑娘都这般痛快，作为亲兄弟，田成才应该率先做出姿态才好。

田成才欲要说话，坐在他身后的孙雅萍在他腰上掐了一下，田成才把险些出口的话咽了回去，孙雅萍及时地说："二哥的提议好是好，可这种事整齐化一地办，我认为不合理。历来，红白事上的礼行，都是各家各户按各家的条件，依自家的气力出的，想多出多出，想多出没条件的只得少出。没有非要大家一样儿出礼行的规矩。我们虽是亲兄弟，可条件比不上二哥。二哥的伟伟、佳佳都在山东威海挣大钱儿，还没成家起灶，礼行统在三百元里。我们家里的田强成家了，挣得工资只能顾两个人的肚子，还得孝敬丈人丈母。田健找了个临时工作，工资有一下没一下的。要照二哥的要求，我们就得出四百五十元。再说了，大嫂子殁了，二哥在丧事上这样收礼，往后别的田家人殁了，是照这次收礼？还是照以往的规程……"

孙雅萍说话时，田成才扫视众人，发现多数人眼里是赞同的目光。只有少数人脸上显着厌恶的表情。他清楚，孙雅萍口无遮拦的话，说得再对，也会让老大老二不高兴。为了消除老大老二对孙雅萍这番话产生反感，他认为有必要把理由强调得再充分点，不等孙雅萍说完就插进话来："一家一户地买花圈幛子送过来，摆在院里花花绿绿地一大排，叫院舍们看着，是我们田家人兴旺的标志。大家凑齐只买一个花圈，叫院舍们怎么说？不说是我们讲求实际不买不实用的东西，倒说我们田家人看着人多，心却不齐，大嫂子殁了，只可怜巴巴送了一两个花圈……"

有共同见解，急着要发表个人意见的田成海假咳两声，把大家的注意力引到自己身上，趁田成才端茶杯喝茶的空当说了起来："我也不同意老二的这种安排。历朝历代，婚丧嫁娶的礼行都是自觉自愿出的。没听说给添礼奔丧的人规定该出多少。再说了，礼尚往来的事人人经过，说白了，先是礼后是账，给孔秀丧事一家出二百三百元，日后别人家的红白事，是不是也按今日收的礼数给别人添礼？这是给田壮他大大出了个难题，以我说……"

田成业只为减轻大哥负担，想了这么一个主意，想得不十分周全，听了孙雅萍的数说，明白行不通，就不耐烦听田成海这些刺耳的话，打断田成海的话反问道："你别说这么远，你只说你打算出多少吧？"

田成海说："田家人都知道，我一月只有三百不到的退休工资，阿奶卖烧饼的钱只能顾她一人的肚子。能存下几个钱儿，全靠我拉下面皮拣破烂，再从牙缝里抠下一些，为的是将后给田野娶媳妇安家。要不，我也不是不会享福的人。今日把话说到这个地步，我得反问你们，将后向不向我借钱？要是都保证不借，我豁出这次多出些，乱不了我的章程。"

大家面面相觑，谁也没料到田成海会提出这样的诘问。凭良心说，田家人一有难事手头周转不开，借钱首选田成海，基本上能从他手里借出钱来应急。田家五服内的亲友，都无法否定这一点，也就没有勇气表示日后不再向田成海借贷。世上的事不可预见的太多太多，谁想堵自己的后路呀！于是都低垂下脑袋，看田成海的勇气都没有了。见冷了场，受难堪的是田成业，田寿严肃着脸色发话了:"老二想得是好心,既然大家意见不一致,就各随各吧。同意的,按老二说得办;不同意的,自己看着办,这事再别说了。"

正巧有两个院舍来祭奠,田成业招呼田家人各就各位、各司其职,这事不了了之。

25

田成江率领田健、田明到医院,可以主事的人在病床上躺着,不能行动,只好让守护的女人暂时扔下病人,跟车去野猫沟家里抬棺材,病人由田成江看护。田健、田明同女人离开医院,叫了一辆在路口钓鱼①的双排货车,两个站大脚②,一前一后两辆汽车直奔野猫沟。路上,这位皮肤粗糙、举止笨拙的女人给田健讲了卖棺材的因由。

她男人名叫徐守财,今年四十二岁。三年前由乡上一个叫官保的包工头组织,去新疆罗布泊采金矿做工,分工用风钻打眼放炮。前后去了两次,挣回来一万六千多元。去年底,身体不适,胸闷、气短,走几步路头上直冒虚汗,拿扫帚扫院都十分吃力。乡卫生院按肺结核病打了几天吊针,越治越重。正巧省上疾病预防控制中心普查城乡疾病,检查确诊患的是矽肺,已到了III期。来省城医院治疗前后花去二万多元,把家里一头骡子卖了,无法,只得向公公提议,把他的寿材卖掉治病,等儿子病好了,再做寿材。可小叔子不同意卖掉寿材。认为当初做寿材是两家合力花钱做的,如今老大治病要卖寿材,他为寿材花费的心情和钱财都得济了哥哥。他担心去家里如果小叔子阻挠,寿材能否抬走还难断言。

野猫沟尕庄村是个只有十三户人家的脑山村落,古旧的庄廓散座在谷沟两侧台地上,墙斜门歪,一派衰败气象。靠墙晒太阳的人们见山路下来一大

①俗语,等待雇佣。
②俗语,街头临时工。

一小两辆汽车，纷纷起立，迎候车子从眼前开过，停在徐家门口，就围拢过来观看究竟。

徐守财老婆引着田健、田明先进北屋，给留着山羊胡子、脸色像风干软梨的老汉说明来意，老汉点头应了。再到东屋，徐守财的兄弟和弟媳黑着脸色听完嫂子的哀诉，气冲冲地说："寿材是当年两个人共同苦下的，如今他治病缺钱，要卖掉阿大寿材，我不同意。"

徐守财老婆哭丧着脸恳求："他爸爸，卖掉寿材治病不是我两口的意思，是阿大的意思，你去问问阿大……"

"我不问！"兄弟硬着脖子吼叫着。

徐守财老婆无奈地望着田健。田明上前和颜悦色对徐家老二说："姑舅哥，我们知道你们农村人家做一副寿材不容易，得花费很多的心思和钱财。可如今你哥哥得病住院需要钱，寿材又闲放着，给你哥哥治病是首要的。而我们家里正需要一个棺材，我们把该办的规程礼行都拿来了，拿了两条红，两串鞭炮，一副献子。棺材你们要了一千元，我们没打一分的折扣，就是考虑到你们不容易，又急需钱儿治病……"

徐家老二把青筋暴突的脖子拧一下，黑脸对准田明："一千？哪有这么便宜的事！我们当初做寿材……"

田健不耐烦地打断他的话，"你别想着蒙人！棺材的价格我们清楚，过不了六七百元。"

"那你去买六七百元的棺材不就成了？"徐家老二鼓突着眼仁顶了田健一句。

田健变了脸色，"这家里是你阿大、哥哥说了算？还是你说了算？"

"我们家谁说了算你管不着，反正寿材我不卖。"转身取锁子，似要打算把放棺材房子的门锁死，被田明拉住："姑舅，你别这样不讲理好不好？有事可以商量。"田明怕他与田健顶牛顶僵了，买不了寿材，回去不好交差，"这样吧，念你们不容易，我多给你一百元，余后的事，你们自家人协商，但棺材得由我们抬走。"

"一百？"徐家老二眼里闪出贪婪的光，"再给一千还差不多！老大要卖寿材，我得把我那一份要回来。不然，将后老大病好了，钱也花了，不认账，我去哪儿寻你们？"

田明想去北屋把老汉叫出来说话表态，田健认为多余，要是老汉能镇住儿子，老二那敢这样？虎起脸对老二说："我们说好话你听不进去，我们就管不着你了，寿材是我们向你阿大、哥哥买的，一千元已经付给你哥哥了，你没理由阻挡，"向身后两个站大脚下命令："进那边房里抬材去！"

徐家老二要拦阻，被田健一把揪住领口推搡到墙角。老二虽是吃苦干活长大的庄稼汉，长期劳动又营养不良，哪能抵挡住田健牛一般的蛮力，被挤压在墙角动弹不得。老二媳妇见男人吃亏，哭喊起来，引进院外的两个老者和几个壮年人。田明向来者讲明缘由，两个老者就指责徐家老二不该这样。据他们知道，徐家兄弟俩虽然分房另住，但老大一直爱惜着兄弟，从新疆挣钱回来，给了老二几百元。如今老大治病，老爷子乐意出卖寿材，他不该从中作梗。一通指责说服，老二自知理亏，结巴着让了步，把馒头献在堂屋柜上，上香祷祝数句，引田健几人走进放棺材的西角屋，清理了苫盖在寿材上的破麻袋烂毡片，扫净尘土，田健指挥两个站大脚把带来的大红被面搭在材头上，点燃鞭炮，抬出房门。进院观看的村民们帮力，从庄廓墙最低矮的墙头豁口把棺材抬出院子，装上双排货车厢。田明将搭在材头的两条被面扯下来交给徐家老二，让徐守财老婆坐进桑塔纳，开车要走，徐家老二拦在车前说："你们说好要给我一百元。"

田健骂了一声，不想给。一来田明应诺的，二来为尽快走脱，免得节外生枝，掏出一百扔给徐家老二，开车扬尘而行。

棺材运到民生街四号院已是傍晚七点，卸在楼门前，两条板凳支住，满院小孩就围拢过来惊惊诧诧观看。田健、田明上楼，向田成功、田成业简略汇报拉运棺材的经过。田成功长叹一声："早知这样费事，真不如火葬来得便捷。"率领一干人下楼观看五彩油画了双龙戏珠的棺材，为出卖寿材的徐家人感慨不已。好好的人为了挣钱过日子，得上了丧失劳动能力的疾病，不但把挣下的钱儿花光，还变卖牲口寿材。看来，三升的皮袋只装三升。命里没财，苦挣苦做也是枉然。田成功耳听众人这些感叹，回顾孔秀的往事，点点滴滴都好像顺着一个既定的轨道走了下来，乃至去世。自觉悟透了什么，心里释然了许多。

　　当夜无话。

　　这天清早开始，田家五服内外的亲友陆续前来祭吊，一拨一拨跪在灵前烧纸，而后由田亮、田野引去"鸿运"食府就餐。十点前，"三印一砚斋"的刘方抬着花圈，提着祭品前来吊唁，见田家人诚惶诚恐又不无疑惑，刘方说："我跟田爷是老交情，与田成功弟兄也有过交往。曲儿上唱得好，婚丧喜事上多添钱。我是学习古人风范，为个家积德呢。"说得田家人大笑起来。

　　刚刚送走刘方，"典雅"西服店的焦玉玺又送来一个精制花圈、一条幛子、一百元丧仪，对手足无措的田家人说："五一节前后，由田健说合，房地产公司在我店里买了几十套高档西服为员工发奖。田健为我介绍了这笔生意，他的嬷嬷没了，我怎能不来祭奠？"田家人说了一通道谢的话，暗地里感激着田健。

　　祭奠完毕，趁田成功送客的工夫，焦玉玺把田成功叫到一边，轻声说："给你提供个信息，我的西服店西边有个四川人开的小炒饭馆，如今街对面市场扩建改造施工，四川人嫌生意受影响，要把店面和全部家当盘出去，另寻出路。你儿子不是想做生意吗？趁机把这店盘下来。四川人急于出手，要价不会高。"

　　田成功听了，高兴之余有些担忧，"四川人嫌施工影响生意，我们盘下来，生意能不能做好？"

　　焦玉玺说："自你上次给我说了后，我一直留心着，也替你们做了几种设想，认为以你们儿子的专长条件，如果开个卖地方风味面食的饭馆，把来民生街买东西的低收入人群作为服务对象，给他们提供物美价廉的食物，估计不会错的。"田成功边听边把焦玉玺送出院子，满怀感激地说："多谢你的关心。等把亡人送掉，我就同儿子商议这事，只怕日后还要搅扰你。"目送焦玉玺走远，空茫的心里，有了一份热切的向往。

晌午时分，孔秀娘家二哥孔繁、三弟孔茂率领四个后生赶来，从车上卸下四副大馒头四副长钱，两副金银斗，一对白鹤，一对童男女。孝子田壮跪接，众孝侄簇拥到灵前，田成功、田成业、田成才三人陪祭。祭毕让座，端上茶杯，田成业简略介绍丧事安排情况，孔秀亡故前后一些细节，最后说："安排不周到处，还请阿舅、姑舅们指教，海涵。"稍事歇息，娘家人净手、望骨、掸尘，而后进行说话仪式。

田成业指挥孝子孝女孝侄们围跪在孔家老兄弟小兄弟前后，双手端着酒碟给孔秀娘家兄弟敬酒，"两位姑舅，你们是骨头的主儿，远道赶来祭吊亡人，田家这桩白事才会圆满；有了你们对孝子孝女的训导，亡人才会安心上路。阿舅们已经看了棺木、亡人的褥被穿戴，听了我们丧事各项事体的安排汇报，有不合规程的，做得不够的，只管指教，孝子孝女孝侄们洗耳恭听。"

孔繁孔茂推让着喝了敬酒，孔繁用巴掌抹一下嘴巴，说："我们是从远处来的乡里人，见你们城里人在眼前跪了一大帮，说不来话了。"

田成业接住话茬说："城乡原本就是一家人，何况你们是田家孝子的外家，骨头的主儿。别说我们都是平头老百姓，就是中央的达官显贵，给骨头的主儿下跪是理所应当的。说话，是古上留下来的规程，娘家人不说话，亡人就不能利利索索地上路，请阿舅开金口吐玉言……"

孔繁故作姿态又喝了三杯敬酒，说："即然你们要我说几句，我就说几句。你们备下的棺木是好棺木，三寸厚的柏木帮盖，薄巧的柳木材底，合了金帮银盖豆腐底的古制。油画得也没说头。你们说买这棺木费了大劲，我看你们的大劲没费到路数上。我们的老姐姐归天，按理该预备下八团锦绣的大房，才合古制。就连那双凤飞翔的棺木，是有功名的女亡人的居所。可你们买了个二龙戏珠的棺木入殓我们老姐姐，恐怕不合宜吧？"

田成业没料到孔秀娘家人有这等眼光和见解，略一思索，做出解答："阿舅说得对。买来画了二龙戏珠的棺木，实在是迫不得已。说起规程，我们认为规程有大有小，有轻有重，有些规程随着时代变化着。比起国家的规程，我们百姓家的规程就小得没处说了。如今国家提倡火葬，大嫂子又是单位退休的人，该按国家的大规程火葬。可田家人老几辈子都尊承土葬的规程，我们商量来商量去，瞒着单位土葬，就是为了尽量按老规程办。大规程顾不上了，小规程上我们就不能太计较。国家主席总理是何等人物？不是照样火葬吗？我们一个百姓能按土葬的老规程办，用的棺木画龙凤还是八团，都成了次要的，阿舅们就多担待些吧。"端起酒碟给孔繁、孔茂敬酒。

孔繁、孔茂对望一眼，喝下敬酒，表示认可。

接着孔家兄弟对亡人弥留期间没去医院救治，病重期间又允许她去公园看花，去世后应该里外着装九件却只穿了五件提出质疑。

田成业凭一张利口三寸巧舌一一做着解说，又毕恭毕敬频频敬酒，请求娘家人宽解。原本只为做做姿态的孔家兄弟都是执着之人，在田成业火来水淹、水来土挡的机变应对之前显得技乏力穷，只好顺风使船，在体面的妥协时又说："刚才看见棺材里白白的，你们不会让亡人就这么躺进去吧？"

田成业望一眼田成功，示意忙乱中竟然忘了一件要紧的事，慌忙说道："这事已经准备了，裱材的大红绸子、裱七星盖的天蓝绸子都买好了，桃木木梳也买了三把。等阿舅们说话完毕，孝女就裱糊棺材。阿舅们放心，我们不会让大嫂子睡在没装修的大房里。"

戴麻孝下跪的子侄们听田成业用了装修这个词儿，都挤眉弄眼低声笑了起来。

"说话"持续了一个多小时，双膝跪在硬地上的子侄小辈们直跪得腰背酸困双腿麻木，就对这种表象上有板有眼实际作伪的形式产生厌恶。一个个暗里盘算，日后如自家老辈人去世，再不重演这些烦人的陈规陋习。同时也对田成业的表演生出些感想。已往没发现这位在学校管总务的叔伯有这种能耐，临场发挥起来竟然是轻车熟路。可见学校的环境，长期的耳濡目染也能造就出一个人材……

半坐半跪在子侄们身后的孟慧对身边的田成凤说："已往田家人红白事上都由大哥主持，没见他这么利口利舌地在人前头张扬过。平时在家里也是疲疲沓沓不像个样儿。这几日不知吃了什么灵丹妙药，回来整日里精眉钻眼的，像换了一个人。像刚才给阿舅说的那些话，平时胀得脸红脖子粗也难挤出半句，今日说起来竟像连珠炮儿，你说怪不怪？"言语间流露出一些自得和疑惑。

说话完毕，田英如此这般听了二叔的指示，上街买来裱材的东西裱了棺材。其余人等做好出殡的一切准备。翌日凌晨三点入殓，五点起灵，七点入土，田家这桩白事就此了结。

26

每当走进"如意"大厦，伙在西装革履衣冠楚楚的白领中间等待迈进电梯时，田健就油然产生一股豪情。当电梯停在二十三层，迈出电梯走入"腾空房地产开发公司"的领地，他的这股豪情又会被怅惘和沮丧排挤得一干二净。虽然公司管理层中还没有谁对他明显地流露出歧视和冷漠，可他从所有人无暇它顾的忙碌中，从他们彼此简洁但很专业的对话交流中，发现了自己的被忽视或者被冷落或者被视为多余。他来这里上班两个多月，越来越觉得无法融入这个由于过于专业而对他来说充满陌生神秘感的领地。这个陌生神秘的参照物，比照出了他的低能和苍白，让他无地自容。这段日子，他总是无端地想起一句俗语：骚羊的脖子单另的肉。假如别人这样骂他一句，他会拼命的。当他自己认识到这样的处境和地位，除了沮丧悔恨，他没有别的可以安慰自己的办法。他恨自己没好好上学，没能学习掌握一门专业技能，没能找一个那怕平凡却能让自己心安理得的工作。面对同层楼上各处室那些看似友善，实则处处时时显露着优越感和自尊心的同类，他的自卑和渺小越来越沉重地挤压他的心房。他想找个借口离开这个在旁人眼里十分体面的单位，而后找一个靠自己的能力吃饭的工作。可是，自己的能力是什么？除了年轻和身强力壮，他没有什么实际的能耐。而开发公司的徐总经理正是把他的年轻和身强力壮视为他的资本，给了他这个工作机会和发展平台。何况来公司俩月，徐总对他一直是友善信任的，他哪好意思向徐总提出走的要求？

　　田健在这样的心理矛盾中渡过了一天又一天。矛盾归矛盾，他每天总是提前半小时来到公司，下班最后一个离开。他自知这个公司所有的技术岗位、管理岗位、职能岗位都不会有他的空缺，就由徐总作为暂时还不好定岗的机动人员使用。给合作单位发送标书、通知；给生意伙伴安排食宿或陪伴游玩。大多时间，是跟随徐总出席各种名目的宴请和娱乐，到建筑工地察看进度，去土地拍卖现场了解行情。只要跟着徐总外出或回到公司，他心里才略微踏实。虽然不过是个随从或者跟班的角色，却可以在别人眼前扬眉吐气地来去。老板总是客气地与他对话，请客人吃饭不忘给他安排座位。他觉得徐总好像要把他培养成一名随身保镖。基于老板对他的友善信任，他随时提醒自己要安于现状。一旦老板单独外出把他留在公司，他就自觉轻飘飘无从来去，惶惶不可终日。

　　这天，田健来到公司，先到办公室，听女秘书说，徐总去市委办事了，他就坐在办公室外间靠门口的沙发上等待老板回来。这是他的位置，有时要在这个位置上坐等一个整天，直至下班。他闹不清徐总是有意这样还是别有原因。反正徐总不在时，没人给他安排活儿，甚至没人同他说话。

　　办公室六个人。办公室主任是个中年男人，姓黄。两个女秘书、两个打字员、一个资料员。打字员资料员占据里间，终日守着电脑，细白的手指把电脑键盘敲得咔达脆响。没事的工夫低声谈论新上市的化妆品和男朋友的毛病。黄主任总是板着脸，除了见徐总时露出笑容和殷勤的姿态，其余时间都是矜持傲慢的贵族派头。田健的自卑和失落感，很大程度上是黄主任造成的。

　　田健打定主意，今天一定要向徐总提出请求，那怕派他去某个施工工地做个监督员，也别让他这样无所事事地磨别人眼睛。这是他第二次下决心向徐总提出这样的请求。第一次在五一节前夕，却由于一件事没能把请求说出来。

　　那天，他事先想好了可能要应答的一些话语，小心地走进了徐总办公室。徐总正蹲在办公桌后，在抽屉里翻找什么东西。他等着，徐总在几个抽屉里反复翻找，好像是一个必须找出来的重要材料，田健意识到这样站着看老板翻东西有点不合时宜，打算退出，徐总却问道："有事？"

"你先忙吧。"田健认为这种时刻老板没有耐心听他的请求。老板却笑眯眯地盯着他说："你往前走几步。"

田健顺从地往前走了几步，又听徐总说："转身。"

田健纳闷着转动身子，不明白老板什么用意。

"这身西装在哪买的？多钱？"

"在民生街典雅西服店买的，要价六百元，老板认识我，四百元买出来了。"

"这西服什么品牌？"

"好像是帅郎牌。我当时没问牌子，只看着颜色好，做工好，试穿合适，就买了。"强调了一句，"用你预支的工资买的。"

老板打量着田健想了想，说："这样吧，五一节快到了，我计划给办公楼上的员工发点节日礼物，想了几天，不知发什么合宜。见了你穿的西服，有了这个念头。你去典雅西服店问问，一次买三十套男女西服，有没有现成的？再问问价格。"

田健火速赶到民生街"典雅"西服店。焦玉玺听了田健来意说："店里有一些，不够的话，可以找别的老板调配十套二十套不成问题。你们公司一次买这么多，价格可以适当低一点。男女服装拉平，一套四百元吧。这是我与你说的价格，如果成交，我考虑给你点回扣。"

田健文化不高，却不笨，听出了焦老板的暗示。回到公司给老板老老实实说了情况。徐总见他两小时内赶来回话，说得一清二楚，很高兴，"就这么定了，你去典雅说好，从明天起，我公司员工分批去他铺中试选衣服，试好的就让拿走，最后按一套四佰元结算，买多少套给他转多少套的钱。"

田健犹豫着，该不该趁徐总高兴把自己的请求提出来。转念，觉得办完这件事再提不迟。退了出来，徐总把他叫住，"你给西服店老板说，我们一次买这么多衣服，能不能给你这个联系人给点回扣？"

田健心里嘀咕着退出来，买衣服该是办公室或者总务科的差事，老板怎么安排叫他办？又提出回扣的事。他警惕起来，该不是借机对他的一次考察吧?

　　这笔生意五一节前成交。焦玉玺及时收到"腾空"汇进账户的近二万货款。田健不收受回扣，焦玉玺欣赏田健的直诚，孔秀去世前往祭吊以示对田健的友好。田健也有了一份心得，钱财固然好用，但换取别人的信任，比多得几个钱儿更能增强自信心。

　　一阵快速的脚步声和叽叽喳喳女人的叫嚷把田健从沉思中闹醒。在洗手间对镜打扮闲聊的几个女子慌慌忙忙跑回各自的办公室，甩着小手包回办公室的打字员说："老板回来了！"

　　五分钟后，徐总同几个生意伙伴经过办公室门口去了徐总办公室。等那几个谈生意的人走后，田健整理心思，走进徐总办公室。

　　徐总正翻看一份报表，示意田健坐下。田健退坐在办公桌侧面的沙发上，徐总给他扔了一支烟，继续看报表。田健点烟，吸了几口，听徐总问道："这些天怎么样？"

　　田健不明白徐总这话的意思，又不能没反应，含混地应了一声。

　　"我是说，来公司两个多月了吧？感觉怎样？"

　　田健认为这是提出请求的机会，恳切地说："感谢徐总对我的信任和照顾，只是我什么也不会，辜负了徐总的期望，心里过意不去。"

　　"什么什么也不会？你不是做了好多事嘛？有些事做得很好。比如五一节前买西服那件事，你就办得好。听焦老板说他想给你回扣，你不要。这么实诚的员工，是我们希望的。"

　　田健心里庆幸，多亏多了一个心眼，没贪那几个回扣。"我是说办公楼上都是搞技术搞管理的，都有学历职称。我一天闲呆着，什么也不会干，我觉得我是个无用的人，在办公楼里是个多余的人。"

　　"谁说你是无用的人，多余的人？"徐总按电话按钮叫来女秘书，把看过的报表让她拿走。接着对田健说："别对自己没有信心。你应该好好地开发一下自己的才能。"

　　"我有什么才能？"田健笑着说，"我除了脾气不好，没别的长处。"

他有意把自己说得一无是处，为下面的请求做好铺垫。

"你怎么说自己没有才能？人的才能有些是外在的，有些是内在的。你有内在的才能，比如你的诚实和不贪财。常言道，人尽其才，物尽其用。这两个月我是有意无意地看看你的处事为人。等有了合适你的岗位，就给你安排固定的工作。"

田健紧接徐总的话头说："我想到建筑工地上去，干点体力活儿，比在这里闲呆着好。"

徐总笑了，"你这个想法可不好，人往高处走，水往低处流。这公司多少基层员工想来办公楼上班，你却想下去，你下去能干什么？"

"嗯……当个工地管理员监督员什么的。"

"工地管理监督都是一门专业，必须懂得土建、建材等方面的知识。你没有这方面的专长，是不能胜任的。"

徐总这么一说，田健进一步认识到自己的无知低能，顿时无话好说了。

"别胡思乱想。我通过这两月的观察，很欣赏你的干练和坦诚。我初步有个安排，我公司投建了一个大型娱乐场所，已进入内装阶段，等装修完毕，我把你安排在那里当部门总管。这些日子先这么待着，如果嫌待在办公室里憋闷，多出去走走，转转市场，捕捉一些信息，也是工作嘛。"又扔一支烟给田健。

田健心里充满了对徐总的感激，再也没理由提出别的什么请求。

田健低头抽烟，等待着。徐总想了想，说："今早我去市委，秘书长给我透露了一个信息，市反贪局接到一个匿名电话，举报我公司把政府批准的开发区低价土地高价转让给别的开发公司。还说我公司搞些非法经营牟取暴利。这个举报很厉害，闹不好能把我公司整垮。我们得事先做点防范工作。"从抽屉取出一个信封交给田健，"这种事电话里不便说，我写了一封信，你把它送到市公安局司马副局长手里，让他私下打探打探，匿名举报的是什么人。"最后强调，"这封信绝对保密也绝对重要，务必亲手交给司马副局长，办完这件事我放你两天假，好好放松放松，大后天再来上班。"

领受了这样的任务,把信封揣进西服内袋,告辞出来。心想,既然是绝对重要的信件,怎么不封口?是对自己的又一次考验,还是一时疏忽?听老板的话和语气,恳切中含着隐隐的担忧,不像是作假的事情。举报人掌握了公司什么要命的把柄,让老板这么害怕?倘或事实存真而且查起来,如老板所说把公司整垮怎么办?想了一阵,打算看看信的内容,如果真是一件难了的事,可以事先走脱。伸手从内袋取信,意识到在大街上,又距公司不远,难保不被公司的人无意中发现。走过两条街道,在一条小巷内停下来,取信要看,又觉得徐总如此看重自己信任自己,他怎能偷看人家的信件。又走了一阵,冒出另一个念头。他来公司只求有个稳定的饭碗,没奢求被徐总看重当作亲信。他做事凭着良心,可徐总一而再地考验他,说明徐总疑心太重,从一开始就对他存有戒心。如果这次又是有意考验他,看看信就能弄清是真是假。真要是做假考验他,给这样疑心大而表面装作很贴心的人做事,不会有好结果。这样一想,把信从衣服内袋取出来,站在小巷僻背处,用气把信封吹鼓,打算抽出信瓤时,转念又觉得为人咋能这样不地道?不论徐总真信任他还是对他存在戒心,他都应该当作真的去对待。自己不做亏心事,怕什么?把信装回内袋,直奔市公安局。

盛气凌人的司马副局长接了信件就叫田健离开办公室。田健出来站在街头想了想,打算约朋友去公园喝茶。上班两月多,为了留下好印象,朋友喝酒几次约他都被他推脱了。继续下去,会把朋友疏远。

东张西望寻看附近有没有公用电话,一辆出租车吃地一声煞停他身边,同时听到叫声:"表哥,表哥!"

是表弟伊承宗,头伸出车窗,"站这干啥呢?"

"今天公司里没事,老板放我两天假,正捉摸去哪儿打发这两天。"

伊承宗推开车门,"表哥上来,想去哪儿我送你。"

田健上车,用表弟的手机打了两个电话,康庄不在服务区,石勇正在医院陪父亲打吊针,没时间出来。把手机还给伊承宗:"你这一阵子要去哪?"

"阿舅打电话叫我过去一下,说有事要我帮着办办。"

"哪个阿舅？"

"大阿舅。前几天盘了一个两间小饭馆，大哥要开饭馆卖地方风味饭菜，房子粉刷完了，改了锅灶，今天从旧货市场买了些桌椅，叫我过去，不知要做什么，你一起去看看吧？"

田健无事好干，觉得有义务帮大大做点事儿，"行！一起去看看。"

田壮盘下的铺堂在民生街西端靠近天堂卷的地方，两间土木平房，后边有个小院子。早先，这两间是分开的，一间里卖鞋一间里卖羊毛衫。后来被一对四川夫妇盘到手，连同起来卖米粉麻辣烫之类的小吃。生意不错，嫌地方促狭没空间发展，要另寻地方扩大经营。这信息由近旁的焦玉玺及时通知了田成功父子。田成功父子斟酌一番，认为两间一月八百元租金不高。加上后边小院二百元，一月千元的租金，可以盘下来试试。与四川人交割清白，着手刷粉墙壁改造炉灶，添置灶具，十几天下来基本成型，单等择日开张。

出租车开不进民生街，把车停在一号院门侧的空地上，田健提醒道："这里不准停车，要罚款的。""没事，这里执勤的交警与我有交情，不会罚我的。"说着关了车门，步行到街西头的小饭馆门前，田成功、田壮、宁守仁正往里边搬放买来的桌椅。两人搭手，三五下搬运完毕。伊承宗看手表，十一点半，"阿舅，还需要做什么？"

"你这么急慌慌的，是不是还有事？"

"十二点半有两个外地人要上火车，说好让我买几张酿皮送到车站，他俩要拿到车上吃，我得赶在他俩进站前把酿皮买了送去。"

"哦，那你去办你的事吧。"

伊承宗觉得这样走开过意不去，"阿舅你说，要我办啥事，我送完酿皮顺路办了。"

"你外爷说，请个财神拿到土楼观里开光供在饭堂里，讨个吉利。你开车来去方便，想叫你寻买个财神再去土楼观请道长开光。你有事先去忙吧，这事明日再办。"

伊承宗说："这事简单，我送了酿皮就去办，请什么财神？画上的还是瓷的？"

"如今做生意供得全是五彩瓷的财神，谁还用画上的财神？"

"那……请武财神还是文财神？"

田壮、田健、宁守仁都怔望着伊承宗，他们只知道有个财神，却从没听说财神还分文的武的。田壮说："你别胡咧了，财神就是财神，谁说还分文武。"

"这你就不懂了吧？阿舅你说，请文财神好还是武财神好。"

田成功见儿子侄子女婿都疑奇着，说："财神有三个哩，关公、赵公明、毕干。关公、赵公明是武财神，毕干是文财神。"对伊承宗说："请个文财神吧。"

田壮说："既然分文武财神，你就请武财神，请关公，关公摆在饭堂里威风，镇邪。"

伊承宗转身要走，田成功说："听我的话，请文财神吧。卖风味饭菜的饭馆，又不是练武的地方，请武财神做什么？文财神面容安详和善，供在饭堂里看着舒坦。"

田壮掏出二百元交给伊承宗，"就照阿大的意思请吧，先拿去二百，不够你先垫上，回头给你。"

钱被田健接住，"这事我去办。听人说，去土楼观开光一下两下办不成，叫承宗去，耽误他跑车。这两天我正好没事，我把这事包了。"

当下分手，田健去宏觉寺门外卖佛事用品的店铺选请财神而后去土楼观请道长开光，伊承宗办理为客人应诺的事情。

从民生街西端到东端停车地方，正好路过肖巧娘卖酿皮的摊位。伊承宗等肖巧娘忙完手里活儿，说："给我切四张。"

肖巧娘应着，从雪花铁皮圆桶取出四张酿皮放在切板上，边切边说："你是头次来我这里买酿皮的吧？"

"你怎么看出来的？"伊承宗笑问道。

"来我这里吃酿皮买酿皮拿走的全是熟客，三两回我就记住了，你看上去面生生的。"

"我在阿舅家吃过你的酿皮，知道你的酿皮味道好，就来买你的酿皮了。"

肖巧娘切出的酿皮一条一条粗细均匀，用塑料袋兜好，特意多放些面筋，调调料时问道："各样调和都调上吧？"

"都调上吧！"伊承宗随口答道。

"是拿去喝酒还是家里人吃？"肖巧娘依据顾客的需求调配调料。如是佐酒，要多调姜醋；如买去给病人或老人吃，调料就得适量。

"有两个山东来西宁市收购药材的，想尝尝我们这里的风味小吃，问我什么好吃。我说我们西宁市的酿皮最好吃。那是两个大大咧咧的年轻人，你多调些调和，叫他俩一次吃得济，永远忘不了我们西宁市的酿皮。"

"你应该把他们领来，坐在这里消消停停地吃，我好依据他俩的口味调调料。你知道，吃酿皮全要调料合适。"

"他两个今天要坐火车去格尔木，叫我把酿皮送到车站，要拿到车上吃。"

回到车边，打开右边车门，把盛酿皮的塑料袋挂在副驾驶位前的扶手上。看手表，十二点过五分，赶忙发动车子起步，却见车前堵着一个交警，板着面孔示意让他下车。伊承宗见是老柴，边下车边掏烟盒，却被老柴打开递上去的烟盒，狠狠地说："驾照！"

伊承宗明知停车停错了地方，却仗着老柴用过他的车，故意说："你上次给一号院送哈巴狗，叫我把车停在这里等你，我以为这地方可以停车。"

"上次是上次，这次是这次。"老柴继续伸着右手。伊承宗不得已，只好把驾照放在老柴手上，老柴转身走开了。伊承宗追上去，讨好地笑着说："我停错了还不成吗？下次决不违章。"想把烟盒塞进老柴衣袋，被老柴一掌打开，"你这是干什么？光天化日下想行贿是不是？别以为我用过你一次车就可以随心所欲。这种毛病谁给你惯下的？去！明天去交管科领驾照！"急步向另一辆违章调头的车走过去，扔下伊承宗不再搭理。伊承宗心里牵着送酿皮的事，心想先把酿皮送到车站再说。没时间去街顶端调头，索性把车开过路中央的隔离双黄线，急驶而去。

停在广场外，提酿皮飞跑到进站口，只有零星几个旅客提包快步走进检票口，哪有两个山东人的踪影。问检票员，回答说去格尔木的列车五分钟前就出站了。怔在进站口，心想，山东人准定要骂他是为贪二十块钱骗人的家伙，连带着要骂西宁市的人不是东西。可这事已无法弥补，就狠狠地诅咒老柴。回到广场边上停车的地方，发现另一个交警守在车边等他到来，这才意识到慌乱中又停错了地方。

不等伊承宗走近，交警气恨恨地质问："你怎么回事？接二连三地违章？"

"没……没接二连三地违章。"伊承宗狡辩着掏出烟盒，给这位长着蒜头鼻子，啤酒肚腆得水袋一样圆的交警让烟。还好，交警接了烟，说："怎么没有？刚才在南大街违章调头的不是你吗？"

伊承宗明白老柴给这边的交警打了电话。只好说："我认罚，可我今天还没拉上一个客人，身上只装着几十块零钱。"把口袋里一大把小面额零钱掏出来让蒜头鼻看，证明自己交不出规定的二百元罚款。蒜头鼻望着出站口上方的巨幅广告牌说："不交罚款就把驾照交出来。"

"驾照被南大街的老柴没收了。"

"那就交罚款！"

"我给你看了，我没那么多钱。"伊承宗堆上讨好的谄笑，"我认错，下次再不敢了。"

"再啰嗦我要加倍罚你！"看一下伊承宗手上的钱，"有多少？"

伊承宗粗略点数一下，"也就五六十块。"

"把车放这，坐公交车回家取钱去，取回来交了罚款把车开走。"说着取出手机要打电话。伊承宗害怕叫来清障车把车拖走，急中生智："别别，我想办法我想办法。"向四周扫视，佯装寻找熟悉的人，而后说："那边药铺里有个亲戚，我去向她借点。"横穿车流密集的马路，走进一家卖夫妻保健计生药物的小商店，从内衣口袋掏出一沓百元票子，抽出两张，把其余重新装回内衣口袋。走出药铺时，突然想起与他同开出租车的尕胖曾经对他说过，城东区交警支队有他一个铁哥，常在火车站附近执勤，要是在城东区遇到麻烦，说一声尕胖的名字，再说是尕胖的朋友，天大的事也能摆平。伊承宗记得尕胖说过，他铁哥喝啤酒把肚皮喝得奇大，长着蒜头鼻子。从体征看，今天这位大约就是尕胖的铁哥。于是取手机给尕胖打电话，如此这般说了缘由。尕胖说："一定是他，我给他打电话。"伊承宗从街对面的药铺走回车边，蒜头鼻正在接听电话。收起电话把脸对准伊承宗，已是满脸的笑容："你是尕胖的朋友怎么不早说？"

"我又不知你是他的铁哥。"伊承宗见蒜头鼻眨眼间变得如此友善，反而有点过意不去，"你得适当收点罚款吧？要不对老柴怎么说？"

"这你用不着操心，日后防着老柴，那驴日的翻脸不认人。明日去交管科领驾照说话留点神，别穿帮了。"

伊承宗把放在驾驶台上的酿皮塑料袋提给蒜头鼻，"这是民生街肖巧娘的酿皮，你吃吧。"

"我正在执勤，那有工夫吃酿皮！"蒜头鼻把塑料袋放回车里，"改日得空叫上尕胖我们喝啤酒去。"

伊承宗把车调头开上大道，手机响了。接听，是二舅田成业的声音："承宗，你在哪儿？"

"我在车站附近，二舅有事？"

"你要是没拉客，快来我家接我们去医院，你大舅被车撞伤了。"

"大舅？大舅不是在表哥的饭馆里吗？一小时前还好好的，怎么……"

话被田成业打断，"是你田成海大舅。算了，我们等你太费事，我们打的去医院，你直接去医院吧。"挂了电话。

伊承宗心里骂了一句，西宁市有五个省级医院，四个市级医院，加上部队医院，二十几家，他该去哪儿？就对二舅的通知生起气来。开口一个大舅，都把他弄懵了。他心目中，大舅就是田成功。因了田成海年岁比田成功大，见面也得称呼大舅。从感情上说，叫田成功大舅发自内心，叫田成海大舅出于礼节。与此同理，他叫田成业二舅，把田成江也叫二舅，情急之下常把此舅当作那舅。想了想，决定给田野打电话，田成海被撞伤进医院首先会通知田野。

田野在电话里说："我正在大通县采访退耕还草的牧民，没人通知我。"

平静的口气,"我一点预感都没有,八成又是阿大捉弄人哩。你别管,去拉你的客人,真要有事,还会给你打电话的。"挂了电话。

路边有两个女人向车子招手,伊承宗停靠路边,等两个女人上了车,问:"去哪?"

"西山公墓。"

"去哪?"伊承宗怀疑自己听差了,又火火地问了一句。

"西山公墓!"岁数轻的女子也加重语气说。

伊承宗觉得今天是个晦气的日子。调头往西,把两个女人送往公墓回来路上,田成业又来了电话:"你大舅真是老糊涂了,一点点擦伤,把一家子人都惊动到医院里。现在没事了,你要没拉人,去医院把大舅往家里送送。他不肯打的,要走着回去,怕他腿上的擦伤挣出血来。"

"哪家医院?"

"附属医院。"

开车到附属医院门外,看见二舅田成业,二舅母孟慧,表哥田强同田成海等在路边,都是一脸的愠怒和无奈,伊承宗下车问田强:"不是说都来了吗?"

"医生说没啥要紧,都先走了。"

田成业拉开车门,扶田成海上车坐在后边位上,对伊承宗说:"我们都不去了,你把大舅送到家就成了。"把提在手里的一个轻飘飘又鼓囊囊的布袋扔在田成海身边,冲伊承宗怪笑一下,推上车门。

伊承宗知道受了无端惊扰的二舅他们都在生大舅的气,多问只会惹大家上火,发动车子徐徐起步,从倒车镜中看看二舅扔在后座上的布袋。布袋的提系虽然绞拴在一起,袋口却张着,露出的竟是给亡人送殡撒的纸钱。纳闷着问道:"大阿舅,你的布袋里装的那是什么,我看着怎么像纸钱?"

田成海把搓揉大腿的手压在布袋上,"我早上出来散步,见一个送殡车撒下一路的纸钱,心想这些东西撒在街上污染街道环境,就把它们拣起来塞在布袋里,拣着拣着,不留神被一个送酸奶的自行车撞倒了。"

伊承宗心里狠狠地骂了一声:"活该!"

27

五月十八日凌晨四点下起雨来,淅淅沥沥的小雨。八点变作雨夹雪。起初只有零星雪片夹在雨丝中飘下来,尔后密集的鹅毛雪片纷纷坠下,如天庭倾倒了琼盆玉池。田成功父子既扫兴又疑虑,相互抱怨起来:"我说请人看看日子,你偏不同意,这下,应了我的话吧?"站在饭馆门口的田成功望着漫天飞雪说。

"我能想到今天会下雨下雪吗?前几天晴晴的,天气预报有小雨,一点没下,谁料到会下在今天!"后面的话没敢说出口,留在了心里:真他妈不顺!饭馆要开张,遇上个坏天气。田壮五点起床就不停地看天,希望小雨下一阵停下来,雨过天晴万里无云,不料越下越大成了鹅毛雪片。

田成功退坐在饭堂椅子上,望着穿了一身厨师衣裤,俨然一个正宗厨师的儿子说:"大人们说话,你们就是不爱听。要是请人看了日子,那会遇上这种天气?"

田壮认为父亲抱怨他是没道理的。老天爷的脾气,气象台也把握不准。再说,他压根不信请了阴阳能把日子算准。没好气地说:"那都是迷信,没道理的。"

田成功以牙还牙地说:"那你选在今天就有道理了?五一八,我要发。你说我请阴阳算日子是迷信,我说你们这样选日子才是没道理的迷信!"

抱怨归抱怨,已经通知了众亲友,开张的日子是不能更改的。倒不是下雨雪不能开张。怕的是这种天气来民生街的人少,饭馆开张只有亲友前来祝贺,没有别的顾客光顾,让人心里不是滋味。

父子俩沉默一阵,田壮进厨房准备。田成功给供在货架顶层的财神上了三炷香，插上烛灯的电源插头，两支烛灯的火头就红红地亮起来。田健说，财神是八十八元八角八分买的，开光花了一百八十元。原想再买个神龛钉在迎门墙壁上端，把正襟端坐的财神供在神龛内，前面摆上香炉供果。因时间紧迫，暂时供在了货架上层正中位置。田成功看见鞭炮放在货架下边格子里，担心雨雪天鞭炮泛潮，加上雨雪不停门外水渍渍地会把鞭炮弄湿，放不出响声岂不扫兴，就把三串三千响的大地红鞭炮拿进厨房，放在烧水煮肉的大锅一角，烘干潮气。

"阿大你胡作哩！炮仗能放在这儿吗？"田壮瞪眼望着父亲，把父亲放在锅台一角的鞭炮取开，"这里时不时有火星子迸出来，把炮仗点着了不是要闯祸嘛！"提一个高凳，靠锅台后墙放倒，把鞭炮放在木凳上面。

田成功心烦意乱做了错事，无声地退出厨房。孔秀去世半月来，他总是恍恍惚惚丢三落四的。儿子说得对，开张遇了不好的天气，再要把鞭炮点炸在厨房里，这摊子就不好收拾了。

不到九点，田英、宁守仁赶来了，提着五千响的一圈鞭炮，又交给田壮三百元现金："心想买个恭贺的礼物，不知买挂匾好还是买花篮好，想来想去，还是把钱给你，你买必需的东西吧。"

田成功说："给你阿妈办丧事你们已经花了不少的钱，这回就别出礼行。"叫田壮把钱还给姑娘女婿。田英不收："阿大是不是嫌我们出得少了？要不嫌少，就收下，好歹是我俩的一点心意，为阿哥讨个利市。"

田成功只得让田壮收下。田英和宁守仁穿上从家带来的蓝布褂，进厨房给田壮搭手。饭馆开张给田家五服内亲友都通知了，少算，有二三十人前来祝贺。田壮预备了四桌酒席招待亲友。往常只在单位食堂白案上做活的田壮，今天要显显身手。

田成业、孟慧送来一块工艺挂匾，上书四个舒体大字：开张大吉，还有一挂千响鞭炮。"阿大怎么没来？孙子饭馆开业，他该来坐坐的。"田成功给老二两口搬椅子让座。

孟慧说："我们一早就叫他爷爷别出去，同我们一起来。爷爷说：'今儿饭馆开张,恭喜的亲戚多,我去了坐不是坐,站不是站的,想躺一阵也没地方,就不去添乱了。等日后消停了,我去叫田壮给我下两碗面片吃。'"也从提兜中取出带来的蓝斜布大褂,边穿边说:"今天我负责洗抹。"进了厨房。

田成功、田成业坐在饭馆等候亲友,只见刘方领着一个女人前来贺喜,竟是下隔壁花圈铺的万花花。田家兄弟觉得意外,怔望着进来的刘方,忘了招呼。刘方解释说:"万花花早上去我铺子里问我,你们在这里开饭馆,成了她的隔壁邻舍。是隔壁邻舍就应该互相照应往来。她想给你们祝贺开张,一则与你们不熟,二则做的是冷货生意,怕你们忌讳。就跑去问我,该不该贺喜。我说:'田家人都是好人,你有心给人家祝贺饭馆开张,人家一定会欢迎的,就带她来了。'"话说到这种地步,田家兄弟堆上笑脸给万花花让座上茶。万花花拿出一张百元票子交给田成功,"这是我的一点心意。"田成功知道,不收万花花贺礼,会被万花花误会他们忌讳她。爽快地收了,说:"成了隔壁邻舍,日后吃饭就过来。"万花花笑着说:"你不说我还得说哩,我的掌柜子对我说:'隔壁开了个地方风味饭馆,你就方便了,每天中午这一顿你就订在饭馆里,今天吃面片,明早吃搅团,后天吃拉面,你挑着拣着吃。'我今天就把今后每日的中午饭订在你这里。"说得田家兄弟高兴起来。

刘方对田成功说:"你儿子饭馆开张,我撰一副对联作为贺礼,你们先把这纸联贴在门外,过几日寻人做成楹联挂上,不怕风吹日晒雨淋。"

田成功、田成业接住红纸联,一人一条抖开提在手里,田壮一字一顿念出声来:

没名师没名厨没品牌只是家常做法。

有热情有温馨有味道不妨尝它几口。

横批:味美价廉。

"好!"田成功、田成业、田壮齐声叫好,引得厨房内的田英、孟慧、宁守仁都跑出来观看,同声说好。又听刘方说道:"来民生街市场的多是中低收入的群众,拿眼下报上的话说,多是弱势群体,你们的地方风味饭馆,价廉味美一定受人欢迎，生意一定会越做越好。"

"感谢你如椽大笔给我们写了这么贴切的对联，托你吉言，我们的生意会红火的。"田成业叫孟慧弄点糨子，他与田成功把对联贴在饭馆门口，淋着雨雪退在街心从远处观看效果，又叫几声好。

除去几张条桌，饭馆内临时支了四张大圆桌，桌面上已摆好四色干果碟。田成功把刘方让坐在靠窗的一桌，"我请来的贵宾都要让坐这一桌上，你坐在上首吧。"刘方推让不过，坐了。让万花花坐，万花花说："我可没工夫坐下来消停吃你们的酒席。铺子里就我一人，我来贺喜叫人暂时照看着，我得回去照看铺子。"执意要走。田成功觉得收了人家贺礼，不招待人家，心里过意不去。他的心思被万花花看出来了，"你要过意不去，日后我来你这儿吃晌午，你给我碗里多放点肉，就把今日的宴席补上了。"众人笑着送万花花离去。

伊福禄、田成凤、田成海、田成江、田成莲、田成梅夫妇、田强等人先后来到。有送花篮的、有送挂匾的、有送茶具的、有送现钱的。说笑着让座时，伊承新同高洁梅来了。伊承新对田成功说："大阿舅，表哥的饭馆不是要雇服务员吗？我把我同学叫来了，叫她今天义务服务一天，你们要看得上，就雇她，好不好？"商量的口吻，却是不容辩驳的神情。田成业见高洁梅眉清目秀，文静俊美，不及田成功表态抢先说道："只怕我们这小庙供不下这么俊的娘娘！"说得众人大笑起来。

不见老三两口到来，田成功让田强打电话催请。片时，田强回道："阿大阿妈说这几天闹肚子，又打针又吃药，不敢前来添乱，有我做代表就成了。"田成功听出老三两口的话里有话，觉得自家亲弟兄，不来帮忙却找借口躲避，心里别扭起来。等客人坐定一一端上茶水，田成功走进厨房给田壮叮咛说："上菜时别忘了各样留下两份，一份拿回去让爷爷吃，一份拿给你三爸。另外再留点酸辣里脊、扣肉什么的给万花花端过去，别让人家说话。"

十点刚过，雨停了，天空暗一阵亮一阵地变了几下，灰灰的天空浮出薄云，薄云边缘露出蓝天。田家人大喜。田强、田亮用大扫帚扫尽门前路上坑洼处的积水，只等时刻到了放炮。

　　看看人来得差不多了，田成功打发田健去"典雅西服店"催请焦玉玺。片时，焦玉玺、宫尚臣、桑布同时来到。接着，税务所小房，市防疫站帮忙办了卫生许可证的老米，街道主任老白笑笑地来了，与刘方同坐一桌。上了茶点，田成业对诸位说："小侄饭馆开业，仰仗诸位鼎力相助，今日诸位光临，又让小店蓬荜生辉。今天我们准备了西宁市传统特色八盘招待诸位，诸位要吃好喝好，主要是要多提宝贵意见，帮助我们不断改进……"说了一通，把办好的卫生许可证出示给众人。宫尚臣说："有这个，工商经营许可证很快就能办下来。等几证办齐，用镜框把这些证件挂在显眼地方。"田壮唯唯应诺。

　　田成业把事先准备好的一条红绸，一把剪刀取出来，对焦玉玺说："焦老板，如今大小公司饭馆商铺开业都要剪彩。这小店又是您提供信息帮助盘下的，我们也与时俱进，准备了一条红绸，请焦老板、宫所长、白主任给我们剪彩，大家鼓掌欢迎！"田家众亲友呱呱呱地鼓了一阵掌，焦玉玺不好推让，礼让宫尚臣、老白走出店门，红绸已由伊承新和高洁梅一人一头扯开，田强、田亮、田健把十几串鞭炮在门前地上摆出三个8字。焦玉玺接住田成业递上的剪刀，看看手表，正好十点五十八分，剪断红绸，田强等人同时点燃鞭炮，一阵惊天动地烟张火冒地轰响，民生街上田家人经营的地方风味特色饭馆开张。

　　一时，田成业指挥田野、田亮、伊承新、高洁梅上菜。先是八色佐酒凉盘。田成功兄弟给来客一一敬酒，气氛高涨起来。又按西宁市传统八盘的顺序一道一道端上热菜，酸辣里脊、三烧、带把肘子……无论外客还是田家门里亲友，见上桌的凉盘热炒都是刀工精细，色彩明艳。挑拣着吃几口，味道也十分地好。交口称赞田壮的手艺，为他的这种特长才干被单位食堂长期埋没感到遗憾，又为他下岗自谋出路，敢于在风诡云谲的商场上一试身手的勇气信心表示钦佩。并一致祝愿地方特色风味饭馆开出成绩办出名气，在民生街上确立自己的位置和名份。

　　招待宴席至下午三时结束。送走了酒足饭饱的宾客亲友，孟慧要帮助伊承新、高洁梅收拾杯盘碗盏，擦抹桌椅，被田成功拦住，"你别再忙了，田壮上菜时各样留了一点，你快拿回家叫爷爷吃吧。"

田成业让孟慧先回家，服侍父亲吃饭，自己留下来再操心一阵。孟慧刚走，就有三位食客进饭馆看菜单价码并提出要吃炒面片。田英把一张桌子擦抹干净，让顾客就坐，送上茶水。忙得焦头烂额的田壮不得歇口气又忙活起来。

几个顾客都是民生街上做小买卖的，就近来饭馆吃饭，有点火力侦察的意思。吃了炒面片，离开时都称赞味道好，表示日后要多来这里吃饭。田家父子听了高兴无比。

下午六点，田成功提着专意留下的一份饭菜，离开了饭馆。田壮下岗自谋出路开了饭馆，在田家算是一桩大事，众亲友都来祝贺捧场，唯独老三夫妇没来，让他留下一个心病。一定是孙雅萍走心术，说东道西，老三为免除家务矛盾，委屈地服从了老婆的阻拦。自家兄弟，你不仁我不能不义。做出积极姿态主动化解误会矛盾，是他做老大的责任。

田成功估计得没错。

今早，田成才赶早起床，洗漱完毕，烧好奶茶，不见孙雅萍起床，到卧室推一推蒙头睡觉的孙雅萍，"快起！我把奶茶都烧好了。"

孙雅萍掀掉被头说："几点了？"

"八点半了。"

"还早，我再睡会儿。"侧转身又用被子蒙住头，成心不起床的样子。

田成才掀开被头，"你忘了今天田壮的饭馆开张吗？我们得早点去，帮着料掌料掌，别叫老大说我们大绷着眼睛不管他们的事儿。"

孙雅萍忽地坐起来，"老大老大，你离开老大就不过日子了？"边穿衣服边说："丧事办完不到一个月，又要饭馆开张，这礼行出不完了！"

"丧事是丧事，饭馆开张是饭馆开张，你别往一处儿扯。"

"我就要往一处儿扯！你去院里打听打听，谁家这么接二连三地办事情往亲戚要礼行呢！"穿好内衣内裤，双腿垂下床沿用脚摸索拖鞋，"丧事上刚出了二百元的礼行，紧跟着饭馆开张又要我们出礼行，我们哪来那么多的钱？"

田成才瞪大眼睛："这不是钱不钱的问题，也不是出礼行不出礼行的问题，这是我们应该做的事情。一个田字掰不成两个土字，你咋说这种不近情理的话？"

孙雅萍也对男人瞪圆了眼睛，"你别左一个田字右一个田字。不说这个田字我心里还受活点，一说这个田字，我就一肚子气。真要是一个田字掰不开，就不该在丧事上说那种没高没低的话！"跋了拖鞋去厕所解手。

孙雅萍此话指的是田成业在丧事上提议各家各户多出礼行那件事。虽然最后有人反对没能实行，但田成业在那种场合说了那种话实在有点那个。事情过去了，孙雅萍还耿耿于怀。可他今天不能与她吵翻。那怕给她下话，到饭馆把今天的事应酬掉，也就成了。等孙雅萍解完手出来，田成才把牙缸牙刷牙膏递她手上，看她挤牙膏，说："多的话我们别再说了，好歹我俩过去，你在厨房搭个手儿，我在堂里招呼招呼，人面子上的事应付应付，免得别人说话。"

孙雅萍吐几口漱口水，"谁想说话谁说去，我凭什么要去搭手？田家门上有的是贤惠得了不得的媳妇姑娘，用得着我去搭手儿？我又不是你田家人娶下的小奶奶乌拉子①。"

田成才清楚，孟慧在家务事上处处事事积极主动的表现，无意中争得了大家的好评好感。相比之下，孙雅萍就不太叫人感冒。这让孙雅萍心里老大不痛快。田成才不禁放软了口气说："我们都是有了点岁数的人，别再计较这些了。你要嫌礼行出多了，今日我俩啥也别拿，只去帮个手儿，我想老大也不会说啥的！"

"你说得轻巧！你们田家人的嘴不要碎了的！不拿礼行去，还说我们甩着两个空手去，只为图那顿宴席！这样的名声我不背！"

这时，田强打来电话，说大大催问他们为啥还不过去？孙雅萍抢过话筒说："我跟你阿大在丧事上吃得肉停在肚子里，不消化，整日拉肚子，一会会就

---

①指奴隶或佣人

得上厕所，还得去打针，没福气再吃今儿的宴席了。"扔下话筒，暗笑着洗脸。

田成才估计，田强把孙雅萍的话传达给老大，老大要当真，就不再指望他俩过去捧场。如果他俩再去，就露了假。可心里不踏实，总觉得这样做不应该，对不起老大一家人，脸上就显出愧色来。

孙雅萍洗了脸，搽了面脂，见田成才忙着，说："别像丢了魂似的，我们又没做什么亏心事。再说了，今天田家人去得多，田强去了，拿的礼行好歹也是我们家里出的，礼行去了，人不去，他也没话好说。"进厨房倒奶茶端馍馍。

田成才只好认了。又怕老大心不肯，打发谁来家里催请，见他俩好端端的，就不好了。便说："我的意思是我俩不过去，就躲出去吧？免得老大上门催叫，发现我们在使性子。"

孙雅萍笑了，"这样说才像是我的阿爷哩！好，看你今天态度好，我放你一天假，打麻将去。"

田成才高兴之余装出可怜相，"那你得给我钱儿，人家都要耍钱，没钱上不了桌子。"

孙雅萍进卧室取出三十元拍在男人手里，"多给你点，耍两块的包庄，能缠一天。小心着耍，只准赢，不准输！"

"你去哪儿？"田成才问。

"我去哪儿你别管！"

饭后，两口锁了门各行其事。

从民生街西端的饭馆到民权街中端的二十一号院，步行不过十分钟的路。田成功边走边想，一个娘肚子里出生的亲兄弟，按说脾气秉性一样才对，可老三总是和他尿不到一个壶里，根子自然在孙雅萍身上。因了家务间的矛盾，说大它就大，说小它就小，不把它当回事，也就过去了。本着这一点，当老大的他处处事事让着兄弟们。尤其像今天这事，老三两口来了，田家人全全和和地，别人看着也好。不来，也不是什么大不了的事情。况且田强、田健都来了,还能计较什么？倘或真是丧事上吃得不顺口伤了脾胃,就更不该计较。如此一想,心里反而不安起来。

只有孙雅萍和军军在家。田成功把提来的肉菜包子放好,问孙雅萍:"还拉不拉肚子？"

"不拉了,下午挂了吊针就止住了。"

正在玩电动飞机的军军说:"奶奶撒谎！奶奶下午领我去商场买了这个电动飞机就回来了,没打吊针。"

孙雅萍把红脸调向厨房那边,"今儿来得客人多吧？"

"都来了,就缺你两口。"田成功望着孙子。小儿无戏言,看样子老三两口真是犯了心病。事情过去了,他也不便再说,问道:"军军不是由他姥爷姥姥接送吗？"

"他姥爷姥姥接去这半个多月,没来过家里,今天我想得吃不住,就去幼儿园把军军接出来了。上次不让我接,我把老师、田强两口骂了一顿,他们记住了。今天我去接,他们啥也没说,乖乖地叫我接出来了。"

田成功趁电动飞机滑到自己脚下,把跟过来的军军揽进怀里,心里就酸酸地想起孔秀,忍住要溢出眼眶的泪水,给军军十块钱,"给,爷爷给你十块钱,明日去幼儿园买画画的蜡笔。"起身告辞要走,觉得内急,先进厕所解手。正巧田成才回来了,手舞足蹈地说:"今日手气好,赢了十三块,等明天再赢它……"见孙雅萍又挤眼睛又向厕所努嘴,不明白,呆站下来,军军说:"爷爷,大爷爷在厕所里。"被孙雅萍在额头上狠狠地搗了一指头。

田成功从厕所出来,对一脸愧色的田成才说:"田壮上菜时特意给你们各样留了一点,等客人走完我就送过来了,今晚你们就吃这些饭菜吧,尝尝田壮的手艺。来的客人都夸田壮炒得菜香,说以前在单位食堂把田壮埋没了。"

田成才想弥补心里的愧疚,要留下田成功多说几句,"你忙了一天,别急着回去,我俩就着你拿来的菜喝几盅。"

"你消停喝吧,我得去馆子里看看。看今天的阵势,馆子里没有四个人顾不过来。伊承新今天把她的同学高洁梅叫来搭手,意思是想叫我们看看,要雇人就雇高洁梅。一来伊承新知道她的为人底细，二来给高洁梅解决生活困难。我看这丫头有眼色，人也长得秀气，做服务员合适。再雇一个厨房里配菜打下手的。我得跟田壮把这事商定下来。"急迫地走了。

田成才进厨房热菜，见老大送来那么多酸辣里脊、三烧，还有些肉包糖包，又愧疚起来。刚把热菜端上茶几，有人敲门。

开门，一个警察站在门外，怔住了。孙雅萍认出是五一节从公园用警车送孔秀回家的民生街管区民警展望，诚惶诚恐让进来。展望见茶几上摆着饭菜，明白人家正要吃饭，就站着说明来意："我们见过面的。我今天来，是派出所打算出台一些便民措施，对管区居民家里七十岁以上老人做一次家访，主要是掌握每个老人的日常情况，作为我们的帮扶对象。我从户口册上看到你们家老爷子七十七岁，抽空过来看看。"

田成才说："我父亲的户口落在我的户口上，人在三个儿子家轮流生活，一家半年。年前轮到老二家了。老二原也在民生街十二号院里，临时搬迁到城西区纸坊街了。"再三让展望坐下，展望不坐，又说："感谢派出所为老人们有这样的着想。哪天老爷子过来，我带他去派出所见你？要不请你再过来？"

"那倒不必要。如果老爷子再轮到你家生活有什么困难，及时与我们联系。"扫视房子、陈设，告辞出门。田成才送到门外，客气了几句，看着展望下楼而去，才回房关了房门。

"警察咋猛乍乍地上门来了？"孙雅萍问田成才，"会不会田健在外面惹了事儿？"

"人家不是说对有老人的居民家访吗？"

孙雅萍的猜测出于无意也出于直觉。事实上，展望并非为田寿而来。这展望，是省上政法委展书记的儿子，靠老子关系背景，警校毕业安排在民生街派出所锻练。知道前任丢了手枪时，正与田健一起野游喝酒，虽然市上作为大案查找了很久，终没着落。展望知道这是公安局内部一个悬而未决的疑案，如果破了此案，立功升迁指日可待，便私下摸排情况，寻找突破口。

28

　　送走酒醉搅沫沫①的最好两位亲友，已是后晌。不及把饭堂桌椅碗盏收拾清爽，陆续有人来饭馆吃饭。田成业见伊承新、高洁梅忙了一天，尤其是体格单薄的高洁梅，已显出腰来腿不来的疲倦样子，就让她俩坐在柜台内只管结账收钱，跑堂的事由他包干。打发走了几拨顾客，去老三家送饭菜的田成功回到饭馆，兄弟俩进厨房与田壮、田英商定雇人的事体。一致认为高洁梅机灵勤快，手脚利索，又有眼色，可用。念她家里困难，又是伊承新的知心同学，决定管她吃喝，每月再发四百元工资，高出西宁市一般饭馆雇工工资一百元。要求她每日早来晚走，轻易不要告假。高洁梅一一应了。田成业见诸事妥善，告辞出来回家已是华灯初上时刻。

　　开锁推门进屋，迎门站立的孟慧劈头问道："你没见师德？"

　　田成业懵了，"师德？他在哪儿？"

　　"他刚从家里出去，该在楼道里走着，你没碰见他？"

　　"他说没说有啥事？"

　　"没。只说打电话不接，过来看看的。看样子，有事要给你说哩。"意味深长地笑一下。

　　"我下去看看。"田成业转身出门，下楼时把提在手的外衣重新穿上。上午去饭馆干活，把外衣脱下放在柜台下面柜子里，没把装在上衣口袋的手机取出来。估计师德连续打电话又来家里寻问，必是遇到什么难了又不便明说的事儿。

　　下楼走出院门，一眼看见师德从马路对面东张西望躲让着来往车辆，横穿马路走了过来，脚踩上人行道看见田成业站在眼前，气狠狠地问："给你

---

①俗语，意为纠缠，取闹。

打了老半天电话。为什么不接？"

田成业说明原由，"什么事？这么急着要见我？"

"狗日的姚乐把我美美地涮了一下，然后就不见面了，打电话老是关机，你说她会去哪儿？会不会跟苗青在一起？"

"我与苗青也是好些天没见面了，怎么知道姚乐的去向，究竟是怎么回事？"

师德把田成业拉到院门一侧靠院墙的地方，如此这般地数说起来。

原来，就在田成业和苗青确定关系，计划去平安的那天下午，师德也被姚乐叫出来一起吃炒米粉。吃饭中间，师德捏捏掐掐地老把手往姚乐大腿跟移动，被姚乐打开，"急什么急？吃完饭去我家里。"

这可是认识姚乐几个月来，姚乐头次叫师德去她家里。期间，在凤凰山茂密的林间和茶屋昏暗的小包间匆匆忙忙来过两次，师德总不尽兴，老想着找机会把她从头到脚扒光了来一次。为此，师德从工资和儿女给的零花钱中挪出三百元，谋划着大手大脚一次。

到了姚乐家里，师德猴跳狗窜地要姚乐宽衣上床。姚乐很自然也很镇定地说："急什么急？把情绪酝酿足了才有激情。"给师德倒了一杯可乐。师德头次与姚乐正儿八经地动作，怕紧张激动发挥不好让姚乐小看，想借助酒力，说："我不喝这种凉巴巴的东西！给我倒杯酒。"姚乐四处翻找一阵，找出剩有一二两酒的酒瓶提在师德眼前，"喝吧。"

"这点不够我喝，再开一瓶。"

"知足吧！我最讨厌男人喝了酒，把满是酒气的嘴往人脸上蹭。"

师德喝酒，姚乐坐他身边，用肩臂撞他两下，"我老家的奶奶生病住院了，打电话要我汇一千元钱去，我这几天手里正好缺钱，你借我一千元行不行？"

"我哪有那么多钱？今天来你这儿，准备了三百元，都给你。"他认为姚乐的欢心会强化他的情绪，让他尽兴受用一番。毫不保留地把三百元全给了姚乐。

几口吞了酒，师德急着要欣赏姚乐脱光后的样子。姚乐躲躲闪闪地推诿着，不时看手表,似在等待什么时刻。被欲火灸得心跳气短的师德没留意她的这些小动作。

　　磨蹭了大约半小时,姚乐才解纽扣脱外衣,师德要协助她,被她推开。这时,姚乐的手机铃响了。姚乐喜气洋洋接电话,而后对师德说:"今天弄不成了,我那个从兰州回来了,打电话知道我在家里,说直接来家里。"很快地扣纽扣拢头发,"多亏没急着上床,要不被他挤在被窝就完了。"

　　"你不是没男人吗?"

　　"我俩刚认识那阵没有,后来就有了。"在师德脸上亲了一口,"别这样酸溜溜地行不行?改天我再给你打电话。"打开房门,让师德快走开。师德不得已,拖着被欲火烘热又突然冷却后极不爽快的身子,离开姚乐的家。站在街对面望了一阵,出出进进的男人很多,没有提着行囊和东西的男人。打电话给姚乐,已经关机。

　　"就这些?"田成业暗里讥笑师德的幼稚,被姚乐轻易耍了一次。半开玩笑半认真地说:"你应该快点回家把照片取来,装作送照片再去她家里,叫那个男人看,你跟姚乐是照过合影的。"

　　师德垂头丧气地,"我叫了好几次,她死活不去照像馆。你这一说,我才明白她不跟我照合影,就要打算涮我。"

　　田成业既同情又鄙夷地望着垂头丧气的师德。师德曾和两个女人有过关系,趁女子拿了钱儿高兴的时候,连哄带求把女子叫到照像馆拍下一张双人合影。以师德的话说,这是防止她情变反咬一口。师德把照片藏在煤房里,既做为硬证又做为自豪的本钱。曾很得意地拿出来让田成业看,田成业看了照片不禁说道:"你的口壮。"

　　师德没反应过来,"这是什么意思?"

　　"就是饥不择食的意思。"

　　"你说,我怎样才能找到她?"师德心里,田成业是情场老手,办法多,"要不通过苗青问问她,是真与我好还是耍我?要是耍我,我得想办法把狗日的耍一下。"

"别把个家骂得这么难听。"

师德会意过来,流气又无奈地笑笑。

"我的意见是你等着,她早晚还会找你的。到时候,再把这口恶气吐给她就是了。"

"要是再不找我呢?"

"那你就死心吧。"

师德目光随着街上流动的车灯东摇西摆了几下,啐了一口唾沫回家去了。

田成业回家时心想,比起姚乐,苗青至少还没有明显骗人的倾向。但防人之心不可无,日后与苗青来往,得预先给她打打预防针,免得她染上姚乐的毛病。

房门虚掩着,房里悄无声息,田成业站在当屋喊了一声:"你在哪儿?"

厕所里发出瓮声瓮气地回应,伴着哗哗水响。

田成业推开小间房门,又去厨房看一眼,孟慧提来的饭菜放在厨房台子上,动都没动,这才意识到父亲不在家里。等孟慧从厕所出来,问:"阿大呢?"

"我回来阿大就不在家里,到吃饭时间也没回来,不知去哪了。"进厨房从柜中取出三个盘子,打开塑料袋把提来的饭菜分别倒入盘中,将油腻的塑料袋扔进垃圾桶。

除了刮风下雨,田寿不习惯闷在家里。跟随田成业夫妇来纸坊街租借房子过渡的日子里,嫌房子窄小,更不肯待在家里。他有他的去处。但无论在街头与惯熟的老人们聊天,还是去公园看别人遛鸟、下棋,都能按时回家吃饭。也有超时至晚才回来,大多是被相知的老友叫去家中吃饭喝酒。田成业夫妇随他来去,不做限制也视为正常。今天,因了从饭馆拿来了一些饭菜,希望父亲能在家中尝尝孙子的手艺,到这时没回家就让两口儿着急。孟慧说:"会不会去了饭馆?"

"不可能!阿大的脾气你不是不知道,要去早上就去了。估计跟哪个喜欢听曲儿的老人去茶园听曲儿,听得高兴,忘了时间。"

两人在饭馆忙了一天,这菜一嘴那菜一口地吃了些荤腥,这时只想喝茶休息。孟慧熬了一壶酽茶，给男人和自己各倒一杯。两人坐在沙发两头，喝茶看电视等田寿回来。

电视里，夏威夷滨海沙滩上，密密匝匝洗了海水浴晒太阳的人群，在镜头的推拉中忽近忽远。太阳伞和棕色肌肤被阳光照得艳丽夺目。仰在气垫床和沙滩椅上的金发或亚麻色卷发的女郎们，匀称颀长的大腿和丰挺的胸脯张扬着西方人种的性感和狂放。田成业心里怦然一动，一股沉淀了的情绪又从身体的某个深度浮升起来，加上大脑皮层还活跃着师德渴望与姚乐交媾的记忆，引发了他的肉体需求。他把迸着火星的目光投在孟慧身上，试图引燃被她遗忘或忽视了的那个曾经十分敏感的火种。但蜷坐在沙发另一头的孟慧好像被杯中的熬茶陶醉了，对他有明显目的的注视没有丝毫感应。她的这种从生命内核向外渗透出来的迟钝和冷漠，阻挡了他热切的性愿望，先令他扫兴，接着厌恶起自己的需求。一如刚要扩散却平息了的涟漪厌恶掠过湖面的那股弱风，这种源自肉欲的需求把他推进矛盾状态中。他认为对他这种年龄的人来说，不时出现这种需求应该说是件好事，可他又不得不一次再次地压抑自己的这种需求。小他四岁的孟慧率先接受了性冷淡的事实，几次勉强地接受中对他仍旧强劲的性欲既反感又厌恶。可这发自本能的欲望又无法克服，强硬克服无疑于扼杀生命的活力和光彩。这种时刻他就用苗青来宽慰自己，想像中把孟慧和苗青来去调换。此刻如果沙发另一头坐的是苗青，他会顺应生命的本能需求而非压抑。不过从苗青身上显露出来的只对利益感兴趣的自我倾向，又使她没有可能真正胜任这个家庭的主妇。

中央电视台一套的新闻联播完了，天气预报完了，焦点访谈也完了，仍不见田寿回来。见田成业神思飘忽，孟慧问道："师德急慌慌寻你什么事？"

"他能有啥事？在家里与老婆吵嘴，心烦，给我诉苦来了。"这种回答与师德分手时就想好了。孟慧不问便罢，要问，很自然地说出来，孟慧就不会疑心。

"为啥吵架？"孟慧不是对别人的家务纠纷感兴趣，而是闲坐无聊，电视里的美女又让她灰心，没话找话。

田成业不无责怪地瞪了孟慧一眼，"你管他为啥吵架！家务间的事，谁说得清！"

孟慧眼望电视屏幕，顺着男人的话意梳理心思。家务间的事确实是说不清的，都说家家有本难念的经，田家门里难念的经，在老三两口身上。可自己家里不是也有些难念的经吗？明显的，就是两口儿坐在一起，除了围绕吃喝拉撒、柴米油盐等等无关疼痒的零碎话，实在没什么话好说。说话的与听话的之间好像被什么剥离开了，找不着以往的那种对应和共鸣。有时候，为了消除家里这种无为的空闲，她得神经质地寻找些话题，用来改变一下彼此相对却无话好说的尴尬气氛。此刻的孟慧又被房里的空静压迫，不禁问道："你觉得高洁梅怎么样？"

"你问这话什么意思？"田成业紧张起来。

"没什么意思。我见你今儿不停地看高洁梅，她给亲戚们倒茶你看，她往桌上端菜你也看，她往厨房里撤碗盏你也看。田英发现你时不时盯住高洁梅从头到脚地打量，笑着问我：'二爸今天怎么啦？见了一个高洁梅眼睛就不听使唤了，高洁梅就那么招人爱看吗？'问得我脸上烧烘烘的。你说，你一眼一眼地跟着高洁梅看，不怕亲戚们笑话吗？"

"笑话什么？人长下眼睛就是看人的，有的人长得俊，受看，就要多看几眼；有的人长得丑，不受看，就不想看，这有什么大惊小怪的？"

孟慧笑了，阴阳怪气地笑，"我看你今天有些失态。要是别一个女人，你爱看就多看几眼，可高洁梅是伊承新同学，以伊承新说，她也是你的外甥女，你一个长辈，那么一眼一眼地盯住小辈姑娘看，你不害臊，我害臊哩！"

田成业自觉脸烧，心跳也快了。他承认，从早上见了高洁梅，就忍不住想看她几眼，也不知是她的什么吸引了他。他根本没想到这种自然而然的无意识行为，会被孟慧她们留意并且进一步认定是有失体统。要是别一个女人，他可以理直气壮地说："看了又怎么样？窈窕淑女君子好逑嘛。电视上做广告，导演挑选女主角，为啥尽挑美女？因为美能愉悦人的精神，强化人的印象。不是还有一句话：秀色可餐吗？我那是在审美，懂不懂？"可今天他不敢这样大言不惭地为自己的行为辩解。正如孟慧说的，高洁梅毕竟是伊承新的同龄人，他得当作外甥女看待。是小辈又是亲戚，做长辈的不该无所顾忌。可不辩解几句，又意味着默认了自己的失态，随机想出了一个借口："不是说要雇高洁梅做服务员吗？高洁梅虽然形象不错，可有没有做服务员的能耐，我得仔细观察观察吧？要不，田壮、大哥征求我意见时，我怎么说？"

"算了吧，你！"孟慧打断田成业的话，"你拿这些话哄别人去吧。别人不知道你我还不知道你？看你那眼神，就不是正经眼神！"原本是无话找话排遣无聊，没想到话赶话说到这个程度，忍不住尖酸地说道："日后再见了高洁梅，尤其在多人眼前，别再这样不自重！免得亲戚们说你的时候连我也说出一大串不是来！"

田成业讪笑着把话岔开了，"阿大怎么还不回来？"抬头看墙上挂钟又看一下手表，"九点多了，得给老大打电话，"伸手要抓话筒，电话铃受惊一样响起来。惊慌地提起话筒，"喂？"

"阿大，我是佳佳。"是女儿打来的长途电话。田成业对孟慧说："是佳佳打来的。"而后对话筒说："佳佳，昨晚刚打了电话，今天怎么又打电话？"

"阿哥的饭馆开张顺利吗？热闹吧？"

"顺利！热闹！客人来了三四十个，满满地坐了四桌。都说你阿哥菜炒得好吃，味道是味道，刀工是刀工，总之色香味俱佳，要是你和伟伟都在，多好！"

"我跟阿哥今天老打喷嚏，中午就给你的手机打了电话，通着，就是不接。"

"想家了吧？"

"嗯。"女儿的声音低细下来。田成业急忙说："给你阿妈说几句吧。"把话筒递给孟慧。

与女儿说了几句贴心话，孟慧说："伟伟呢？你叫伟伟说话。"

"伟伟被女朋友叫出去吃饭，到现在没回来。说好我俩一起给你们打电话，等他不来，我着急，先给你们打了，爷儿、大大、三爸三婶都去饭馆吃席了吧……"

与女儿说了一阵，孟慧担心说多了佳佳得交多少话费，"日后一星期打一次电话。别不打时一月两月地不打，打时又接二连三地打。好了，我挂了。"想挂不挂地又说了七八句才挂上话筒。

针对高洁梅与男人争讲一阵，又接到女儿电话，因空虚而感觉疲沓的孟慧又兴奋起来。她怕闲，怕无所事事，只要有事做，那怕是烦心的事，她也充实，才觉得生活是真实可靠的。

将近十点，不见田寿回来，孟慧不安起来："怕是又犯糊涂走岔了路吧？得出去寻一下。"

孟慧的话让田成业油然想起元旦夜发生的事情。难道……他不相信父亲是成心故意去重复元旦夜的经历。可这念头一旦产生，就顽固地盘踞在他的脑海里，让他的思维总向这种可能性倾斜。不禁没好气地说："都七老八十了，还……"还什么，他突然收口，进小房间取了外衣，"我去大门外看看。"拉开房门，听见楼梯上有滞重的脚步声一下一下响上来，伴着喘气声。拍掌震亮楼道的感应灯，看清上来的正是父亲，红眉胀脸喜洋洋的神色。

"你去哪了，这么晚才回来？"田成业硬声问了一句，又放缓语气补了一句："没想过我们心慌吗？"

"心慌什么？我不是回来了吗？"喷着酒气。

"去哪儿喝酒了？"田成业尾随父亲走进房门，孟慧迎上来要扶，田寿不让扶，晃到沙发前，转身落座，鼓腮吹出一口气，眼里闪着喜悦的光。

田成业接住孟慧从厨房端出来的茶杯，尝一口，不烫嘴，端在父亲眼前，"喝得都站不稳了，自己走回来的？"

"老皮的儿子送来的。"

"老皮是谁？没听你说起过。"田成业、孟慧对望一眼，从父亲喜形于色的表情可以肯定，今天与这个老皮相处得不错，喝了不少的酒，便说："老皮也好小皮也好，今后别人叫去喝酒，按时回不了家，先给家里打个电话，让我们知道你在哪儿，在干什么。不打电话又这么晚回来，我们不担心吗？"

"有啥担心的？我又没喝醉。"

"多亏没喝醉,要是喝醉酒又把路走错,像元旦……"发现孟慧又挤眼睛又摇手,改口说:"要是走错路走到别的街区找不见回家的路,怎么办?如今社会治安不好,喝了酒黑天半夜满街乱串,碰上坏人怎么办?"

　　"你是盼我碰上坏人吧?"田寿把手里茶杯重重地墩在茶几上,"我老是老了,还没老糊涂,还认得回家的路。"

　　田成业禁不住说道:"没糊涂,怎么元旦夜里串到别的街上寻人刮光头去了?我看你是成心给我们当后人的给股儿①哩!糊涂一次不够,难道还要成心再糊涂一次?"

　　一句话揪到田寿的隐痛处,顿时鼓起眼仁说:"我知道你们心里放不下这件事儿,总想着寻机会给我降错哩!就算我糊涂,跑到发廊刮光头去了,你们当儿子的也没有给我降错的道理!你们嫌我黑天半夜不回家叫你们心慌,你们就该叫我个家过去,好坏由我个家过去,用不着你们再担心这个担心那个的。"

　　孟慧不无抱怨地盯住田成业,提醒他别这么没高没低与老子争讲。却从男人回应她的眼睛里看出了这样的意思:今晚的阿大太反常了!从来没这样过。这老皮是什么人?阿大从老皮那里受了什么样的怂恿和煽动,变得这样喜怒无常!好像对儿女们有着一肚子怨怅,一直忍着,终于找到了发作的机会。

　　孟慧佯装生气当着田寿把田成业说了几句,把田寿送进睡觉的房间,又送去一壶热茶,由他高兴也罢,生气也罢,不再去理会。心里却疑惑丛生,忍不住说:"看阿大的脸色,闻他的气味,今日喝了不少的酒,却不像往日,醉醉晃晃地进门就去睡觉,死声不出。听他今日的话音,又像没喝醉的样子,一句一句往人的心里钻着。真不知道遇见的这个姓皮的人,给阿大灌了什么样的米汤……"

---

　　①方言,刁难的意思。

29

不说田成业夫妇如何猜测，疑惑，只说田寿进了小屋，半坐半躺趄在被垛上，边喝茶边回味刚才同儿子对口的那些话，心里涌动着得意。多少年了，因了诸事要指靠儿女，习惯了衣来伸手饭来张口也习惯了在儿子媳妇前忍气吞声。人老了，再大的出息也给消磨尽了，不忍着让着又能怎么样？原以为所有上了岁数的人都与他一样，只要有饭吃，有地方睡觉，眼前又有孙娃们踢踏着，就是享福了。没想到今日遇见的老皮，竟是另一种完全不同的活法。加上老皮几句话，就把他心里积压了多少年已经板结的怨悔之气搅散搅松活动起来了，让他有了与儿子斗嘴的心气。回味起来，真有些心轻气顺的快感。

今早，田寿吃完杂碎，顺腿走回民生街上，给韩乙布拉放下五角，去老水杂货铺窗台上晒太阳。老水不在铺子里，守铺子的老水的女婿嫌窗台坐人遮挡了阳光，不让他坐在窗台上。他说他在这儿晒了多年的太阳，老水从没说过什么。老水女婿说，他是他，我是我，等我丈人旅游回来，你想晒太阳再来晒，反正在我守铺子的日子里，不许人坐在窗台上遮挡光线。他觉得与这没教养的人斗嘴划不来，走开了。走到民生街与民权街交叉路口，心想今日田壮饭馆开业，他说不去搅扰，此刻要是走过去被家里人看见，会说他是做劲哩。就从十字路口往南走出民权街，顺南关街往西再往北，一直走到五岔路口南边的小游园里。天气已经很热了，闲人们聚在树荫下下棋、打牌、搓麻将、喝茶嗑瓜子儿。卖唱盲人席地坐在甬道边拨着羊皮琴鼓的小三弦，等待来人点唱。田寿经过几张台布已晒成灰绿色，台沿油漆剥落的台球案子，留心着躬腰打台球小伙子手里猛抽猛进的球杆，走到小游园西出口台阶前。通常，这里聚集一群两群乡民，对唱花儿。那些皮肤黑里泛红、五官粗糙的男女相互挑逗着激发兴头，先小心着放声，接着放肆地吼唱起来。紧挨这些人，有十几个老人围坐一圈，嘻嘻哈哈说笑着，不时爆起大笑。往日，田寿从这些老人身边走过，懒得逗留。同是被阳世筛子筛过，被生活的簸箕簸出来的瘪谷烂麻，能有什么新鲜的说道！今日也是闲极，走过这些老人身边放缓脚步看了一眼，见老者们众星捧月围住一个相貌堂堂气色活泛的老汉，听他讲说什么，一个个听得入神入趣。田寿不禁驻足，听了两句，说的是公公烧火的笑话，正好收尾，围听者一齐开怀大笑，一双双笑出泪花的眼睛向讲说的老汉送着敬佩。笑声刚落，一人鼓动道："皮爷，再来一段。"

"就是，再说一段。"众老者随声附和。

皮爷端起脚前的"子弹头"保温杯，拧开盖子，呷了两口，偏头吐出一点茶叶，笑问："还说这样的？"

"还说这样的。"

"那好！我就再说一个。"老皮望一眼站在圈外想走又想听的田寿，笑一笑，说："有个过门不久的新媳妇，等男人傍晚收工回来，红眉胀脸悄悄对男人说，'今儿我给阿大端茶，阿大接茶碗时把我的手腕捏了一下。'男人听了，笑着说：'阿大想给你买个手镯儿，不知你手腕的粗细，怕买小了戴不上，在卡量你的手腕哩。'小媳妇听男人这样解释，不好再说什么。又过了几天，天黑上炕睡觉的时候，小媳妇又给男人说：'今儿我在厨房里擀面条，阿大从后头把我的腰抱住了。'男人又笑着说：'阿大想给你扯一件袍子，量一下你的腰身，免得把布扯少了。'媳妇见男人说得有理，也就没话好说了。又过了些日子，男人收工回来，见媳妇在房里偷偷地抹眼泪。问她好端端地哭啥哩。媳妇就气恨恨地说：'你阿大今儿把我压在炕上做了那事儿。'男人一听又笑了，说：'这有啥哭的？阿大把阿妈时常压在炕上做那事儿，没见阿妈哭过一回，压你一次你就哭天抹泪的。'"

围听者爆起一阵大笑，笑得声朗气畅又意味深长。笑声没落，一老者揩着眼角说："好！就说这么的，笑死人哩！"

老皮喝茶，环视众人，一脸的正经。众人注视老皮佯装的呆傻表情，又一阵狂笑。老皮见田寿跟着笑，对他友好地说："坐下坐下。"便有一老者把脚边一个马扎撑开让田寿坐。有人问老皮："皮爷，你这些笑话是从哪儿听来的？随口就是一个，天天有说的，你总共有多少笑话？"

"我的笑话一肚子两肋巴，家里还有几风匣哩，你们听了的只是零头儿。不是吹，一天说十个，一年三百六十五天不带重复，信不信？"

"信！信！"众人齐声应和。似乎他们已经听了皮爷的许多笑话，可以确认皮爷不是吹牛。

"那就再说一个吧。"给田寿马扎坐的老人提出了请求。

皮爷翻着眼皮喝了几口茶说："这回我说个瓜女婿的故事。从前，有老两口儿养了三个姑娘，三个姑娘都出嫁了。大年初二，三个女婿到丈人家拜年，老两口准备了好吃的饭菜，三个女婿轮流给丈人敬酒。喝了一阵，有点文化的大女婿提议，划拳喝酒没意思，请岳父大人出个令儿，按令儿喝酒，高兴。老丈人望着仰尘①想了一阵，出了这么一个令儿：一个人说四句话，四句话要说出一件东西，要把大、小、多、少四个字儿贯在四句话里。说上的，其余三人每人喝一杯；说不上的自己喝四杯。三个女婿同意，先让大女婿说。这大女婿喝过几天墨水，随口就说了出来：'阿大家里炕上的被儿，铺开了大，叠起来小，夜里盖得多，白日盖得少。'说得合乎令儿要求，丈人和二女婿、三女婿各喝一杯。下来该二女婿说。这二女婿虽说不识字儿，可出门的日子多，见识广，想了想就说出来：'我们家里的油布伞，撑开了大，收起来小，下雨天用得多，天晴日用得少。'几人听了都说好，一人喝了一杯。轮到三女婿说。这三女婿没上过学，也没出过门，脑子笨，想了半天想不出来，东张西望地寻找能说的东西，猛地有了说头，大声地说：'阿妈的这个尻子，蹲下时大，站起来时小，别人用得多，阿大用得少。'"

哈哈嘿嘿嗬嗬……围听者忍不住放声狂笑起来，直笑得这个抹眼泪那个揉肚子，前仰后合老半天才收住笑声。时近中午，尽兴的老人起身回家吃晌午，下剩几个老人继续与皮爷说笑，叫来卖酸奶的要吃酸奶。田寿起身要走，老皮却把一碗酸奶端他眼前。田寿见老皮如此热心风趣，心想回家也是闲着，不如同老皮他们多待一阵，乐得快活。吃了酸奶抢先付了几个人的钱，老皮等人更加亲和起来。

---

①方言，纸糊的顶棚。

两三小时连续的说笑，让田寿忘却了整日纠缠他的孤单和无所期冀的老年生活造成的精神萎靡，感觉生活又焕发出了新的滋味。心想，如果与老皮交往，随时随地有这样的快活充实生活，便主动给皮爷自我介绍。如此这般，交谈中了解了老皮的大略经历：皮爷生长在海西的牧人家庭，小时跟随父兄放牧，小学毕业给长途贩运畜产品的父兄做帮手。后来参加工作，先后在牧业点、公社、县农牧局做基层工作。终年牛羊为伍马为伴，在空旷辽远的戈壁草原栉风沐雨练就了顽强乐观的性格。结发妻中年病逝，第二任妻离异，第三任妻意外亡故，先后有了八个后人，现与第四任妻安享晚年，退休后被工作在西宁的长孙迁来西宁市居住。年近七十，因了少年清贫早知事，中年历经磨难洞察世情，加上乐天性格，竟没有丝毫老迈颓废的倾向，走路脚下起风，谈笑声高气扬。来西宁市定居两年，凡与他接触过的不论老年中年甚至青年，都被他健朗的气魄，风趣的谈吐，乐观的生存信念感染，饱尝了由他生发的生存快乐。

听了皮爷简略却富有特质的生平介绍，田寿的已经封冻的心湖上如同掠过了一股强劲的暖风，产生了冰壳开裂一样的冲撞与颠覆。皮爷的与他截然相反的生存经历和信条，让他对自己坚守了一生的生活信念产生了怀疑和质问。皮爷看穿了田寿心思，表示在往后的交往中向他敞开更多的心扉。似乎为了证明自己言而有信，皮爷挤眉弄眼地给田寿透露了一些个人秘密：除了先后四个合法老婆，他还有过十几个连手[①]，是女人激发和涵养了他的生活信心和勇气。这样的表白坦露一下子征服了田寿。当皮爷出于礼貌请田寿去他家共进晚餐同饮几杯，田寿就乐不可支地跟随皮爷去了他家。吃了皮爷老伴做的炸酱面，喝了皮爷孙媳烫的三花青稞佳酿，然后乘坐皮爷孙子的小汽车，带着满心的喜悦回到家里。

田寿一口茶一口烟地翻检着这一天留给他的印记，那刀雕斧凿般深刻的，是皮爷的乐观皮爷的风趣皮爷的坦荡。而最深的，反复在他意识上继续凿雕的，是这样几句话："三十五岁死了女人，到老再没续娶，又当爹又当娘拉大了

[①]方言，情人。

四个后人，这样一辈子真是太苦太惨太没意思了。没有女人的日子我是一天也过不下去，你却坚持了三十几年，我想都不敢想呵！你倒底是怎么耐活过来的？"

"也就这么过来了。"田寿望着手上的茶杯，望着桌上的茶壶自言自语着。被愉悦操纵着的醉意，此刻由于深重的怅惘忧怨的干扰而弥散到周身，昏头胀脑，意识也模糊了。模糊中时隐时显的，是远去的往事：

接到通知率先赶来的二哥田禄在田寿身边说："人不成了，快把衣裳给她穿上。"

田寿惊悚地望着梅儿几乎要从眼眶中暴突出来的青灰的眼仁，下意识嗫嚅着说："哪有衣裳？"

"老大走得时候不是叫你尽快把梅儿的老衣做出来吗？"田禄说话喷出的热气冲进他的耳孔，痒得田寿抬手挖一下耳朵。田福去煤窑前对他说了，病是好不了，快把棺材、老衣准备好。

三四天时间，急慌慌只做了一口柳木薄材，没顾上做老衣。大嫂随老大去了煤窑，二嫂不会做，他要看顾弥留的梅儿和四个孩子，没顾得求人做梅儿的老衣。这四天，一截朽柴一样横在炕上的梅儿已经没力气说话，鼻口游着一丝时有时无的气息，眼仁越来越鼓，由青白变成青灰。

十五瓦灯泡散出昏淡的亮光，炕边几个人的影子鬼魅般在墙上晃动着。

梅儿的头动了一下，对着顶棚的眼仁向炕沿这边僵涩地斜过来，鱼嘴般外翻的嘴唇轻微地抖了一下，"快！"田禄说："快把娃娃们叫过来让梅儿看一眼。"

田寿木呆地说："把娃娃们吓下哩。"

"那也得叫过来让梅儿看一眼。她是舍不下娃娃才咽不下这口气，快！"田禄推开哭成泪人的青果。

隔在东房的四个娃娃被青果领了过来，十一岁的功娃，八岁的业娃，六岁凤丫头一见母亲就尖声哭喊起来，不敢走近炕沿。田禄拢住他们的肩头让他们靠近炕沿，叫他们别哭，叫他们大声叫阿妈。四岁半的才娃把脑袋塞在青果怀里不敢看也不敢哭。

田寿的心被万箭洞穿，疼得周身大抖大颤，哭着说："梅儿，梅儿，娃娃们……"泣不成声。街道上得了心口疼病的人不少，没听说那个心口疼病人被折磨成梅儿这个样子。

娃娃们的哭声把梅儿游走的三魂七魄唤回了她的心窍，垂在炕沿的手摸摸索索地挪上功娃的胳膊、肩头，又从功娃的头顶挪到业娃的头顶，在快要挪到才娃肩头时，梅儿的手臂痉挛起来，像犯了鸡爪疯，五支柴棍一样的手指抠进才娃头发，不动了。

才娃的哭声尖厉刺耳。

田禄伸手探一下，梅儿还有微弱气息，对田寿说："别自顾哭，给梅儿说几句话吧。"

"梅……梅儿"田寿收住哭声，"梅儿，我知道你放心不下四个娃娃，你就放心走吧。你有的时候咋疼爱娃娃们，我都看在眼里刻在心里，你走后，我照模照样地疼爱他们。"

梅儿抠抓才娃头发的手动了一下但没有松开。"我一定好好把娃娃们拉扯成人，给他们一个个娶媳成家。依你说的，将后好好拢络住他们，不让他们分房另住。"

梅儿的眼仁动了一下，手还死死地抠抓着才娃的头发。

田寿心如刀割，浑身颤抖，跪倒在四个娃娃身边，"梅儿，我说的都是实话，我给你跪下了，你就放心走吧。"

"梅儿。"青果抽泣着说："田寿说的话我们都听下了，娃娃们有我和大嫂子照看，受不了孽障①，你就放心走吧。"

梅儿微微下陷的眼仁又鼓突起来，抠往才娃头发的手更紧了，才娃连疼带吓往下缩着脖子，却挣脱不了。

"你……"田寿吼哭了几声，"你舍不下娃娃，就把他们带走吧！我说了这么多，你还不放心啥？"意识到这种时候抱怨梅儿实在不该，又放缓语

---

①方言，这里指困难或痛苦。

气说："梅儿，你给田家养了四个后人，我这辈子再没啥向往了，你放心走吧，我这辈子就娶你一个女人，你走后我再不娶女人……"

梅儿焦枯的脸色和头发一瞬间湿潮起来，汗毛湿漉漉地发出了亮光，紧抠才娃头发的五个指头从头发中松退出来，软塌塌地滑到炕上……

田成业推开小间门看一眼，父亲歪在被垛上睡着了，一吊涎水从嘴角垂下来，搭在下巴上。想叫醒父亲脱衣服安睡，转念又退出来对孟慧说："睡着了，惊动醒了又得半夜睡不着，你把毛毯拿进去，盖上，就让他这么睡吧。今儿一定喝了不少酒。今后出门得提醒着点，有了岁数的人，哪能由心喝酒！"

30

这天，闲得无聊的井永清早早来到"三印一砚斋"，打算鼓动刘方去公园喝茶聊天。刚说了几句话，一个戴着白顶帽的回族青年走进店门，扫视架阁上摆放的铜瓶瓷罐玉器漆盒，左一眼右一眼打量着刘方、井永清，似有话说，却欲说不说地犹豫着。刘方判断这个回族青年来自州县，笑问道："阿爸从哪里来？"

"从化隆来。"

"想买字画？"

青年犹豫着问："你这儿收不收古董？"

"什么古董？"刘方有兴趣也有警惕性。

青年从怀里摸出巴掌大一个布包，放案上展开，显出一条花艳锦明的大披巾，一只鼻烟壶。

刘方的目光被那个精巧的珊瑚鼻烟壶映亮了，双手捧住细瞧慢看。这鼻烟壶圆柱形，细颈宽肩收腹，高约二寸，腰径一寸，通体暗红色，围肩一圈是浮雕喜鹊弹梅的装饰花卉，手感温润沉实，瓶塞一枚枣核。刘方感觉是一只难得的古玩。不禁问道："这鼻烟壶哪来的？"青年黝黑的皮肤和粗俗的举止证明他来自农村。

"是我先人传下来的。"青年见刘方满眼的疑惑,补充道:"我太爷在兰州一家老字号布店做过伙计,是太爷回家从兰州带来的,听父亲说,这鼻烟壶是清朝乾隆年间的东西。"追问了一句,"你这里收不收这种东西?"

"你太爷传下来的东西,为啥要卖掉?"刘方答非所问。必须把鼻烟壶的来龙去脉摸清,再讲后话。

"阿哥开拖拉机撞倒一个人,阿哥没管,开拖拉机走了,这人死在公路上。交警两查三查查到阿哥头上,以肇事逃逸罪抓进看守所。阿大阿妈叫我到市里找工作的姑父,求托姑父寻关系求情从轻发落阿哥。阿大知道托人求情得花不少的钱,就把太爷传下的两样东西交给我,送给办事的人。姑父看了这两样东西说,要是遇上不识货的,还说我们拿两样破旧东西糊弄人家。不如找个识货的,把这两样东西变卖,送现钱给人家。姑父单位一个人说,民生街"三印一砚斋"的掌柜识货,也收购这些东西,姑父就让我找你。"

青年说得有鼻子有眼,刘方不再怀疑有诈,"卖多少?"

"五千。"

"五千?哪值这么多!"刘方对文物市场行情略知一二,却不透彻。根据多年收购出售古玩的经验,他清楚,如果这鼻烟壶真是乾隆年间东西,别说五千,五万也值!可眼下古玩市场以假充真鱼目混珠的事屡屡发生,一旦看走了眼,五千就打了水漂。可他又不愿放弃这到手的机会,望一眼正在观玩鼻烟壶的井永清,问回族青年:"你知道这鼻烟壶什么材料?"

"阿大说是珊瑚做的。"

"珊瑚做的没错。"刘方把井永清手上的鼻烟壶取回自己手上,边看边说:"可你知道不知道珊瑚鼻烟壶有什么说道?"

"不知道。"回族青年被刘方模棱两可的话问懵了,"一个鼻烟壶,能有什么说道?"

刘方心里有数,笑了,"珊瑚是暖海里的圆筒生物钙化形成的,多数细小,少有粗大的。大拇指粗的珊瑚是极少见的。即便有,也多被进贡朝廷做帽顶、朝珠。鼻烟壶这么大的东西，不是整块材料而是用碎小材料粘合成的。上边雕刻的花鸟树木人物楼台是用来掩饰粘合的痕迹。珊瑚鼻烟壶的优劣不在年代的久远，而在材料的大小。如果是整材料做的，这么大的鼻烟壶那就值钱了。"刘方把鼻烟壶掌在回民青年眼前，"你看这上面浮雕的喜鹊弹梅，除了围绕壶肩，还叉出几枝伸到壶腰壶底，这说明上面的粘合痕迹太多，得多刻些枝叶才能盖饰。粘合痕迹多，说明用的材料细碎。再说，壶盖已失，烟壶的品相不全了。品相不全材质又不好的珊瑚鼻烟壶那能值五千？"

　　刘方说得头头是道，由不得回族青年不信，游移片时，问："你能出多少？"

　　刘方果决地说："要论东西，顶多值一千，念你急难处用钱，把家传的东西拿出来变卖，我再加五百，一千五。"

　　"你再添点。"回族青年的语气殷切起来。

　　"一块也不添了。给你说了，我是念你急难处用钱，才出了这个价钱。你心里要不踏实，去别处寻买主吧。"把鼻烟壶交还回族青年。

　　回族青年望着鼻烟壶想了想，"成，一千五就一千五，可你得把我这件东西也要买下来。"指一下摊在桌上的大披巾。

　　刘方提起披巾反正看了几眼，上面是浓重色调，波斯风格的印花图案。"这披巾也是你太爷传下来的？"

　　"是我太爷从兰州买来给我太太的，太太去世由母亲保存着。"

　　"卖多少？"

　　"卖两千。"

　　井永清撇嘴笑出声来，"你胡传啥？一条旧披巾，敢开口要两千，哄憨人去吧！二块差不多！"

　　回族青年不无讥嘲地盯住井永清，"你懂什么？这种披巾叫'沙图什'，是用藏羚羊绒织的。"把脸对准刘方，"你是懂行的，你说，两千值不值？"

　　刘方没有经手过这种东西，不很在行，又不想让回族青年看出是外行。把披巾团起来握在手里，四尺见方的披巾竟像一团棉花收缩在手心里，轻柔又富有弹性。他一下子记起来，有次东方灵同他一起喝酒，电视上播放保护可可西里自然生态的专题节目，东方灵说过，用藏羚羊绒织的披巾出自印度北部的克什米尔，三只藏羚羊羊绒只能织一条披巾，是当年欧州市场上价格昂贵的妇女时尚用品。"沙图什"是波斯语，意为羊绒之王，也叫戒指披肩。想起来这些，刘方把左手中指上的翡翠戒指退下来，把披巾一角穿过戒指，轻轻一拉，整条披肩穿戒孔而过，顿时大喜，"我一试，就看出这是一条真的'沙图什'，不过两千贵了点，一千吧，一千我要了。心里盘算如何筹措这笔资金。"鼻烟壶我让了，这披巾再卖便宜，我凑不够办事的钱儿，回去阿大骂我哩。"回族青年的目光在披巾和刘方脸上来去扫了两次，"看你是懂行的，好东西到你手里准能卖上好价钱，你再添点，添成一千五我认了。"

刘方果断答应了。手里没有现钱，可尤世雄给他的信用卡上有足够的现钱。刘方决意用信用卡上的钱先打发回族青年，过后凑钱存在卡上。叫井永清照看店铺，同回族青年去银行取款机取出三千元交割清楚，目送回族青年走远，喜冲冲回到店里。

无意中收购两件准定能赚钱的文物，刘方认为不该独享这份快乐，收拾两个下酒菜，同井永清喝起酒来。井永清边喝边说考察装裱机的经过，最后说："我看来看去装裱机其实只有一个用途，用电热烘干代替自然风干。上墙五天自然风干的字画，上机二十分钟就干了。速度没说的，急活半天就能做出来。可其余的工序，比如配绫子裁绫子、贴牙线、装天杆、地杆、轴头，还得手工来做。花两万多元买台装裱机，不批量装裱的话，就没多大意思。如果大批量装裱，得有大面积的工作间，得雇用三四个助手。买机子的钱，房租费，工人的工资加起来，得投入不少的钱。看眼下西宁市的书画市场，不怎么起色，哪有足量的字画供我装裱？想来想去，还是小打小闹保险，没大利也没大害。"

"说得也是。"刘方原本只是随口提议，并没权衡其中的利弊，此刻听井永清说得不无道理，只能尊重他的选择。刘方见井永清起身倒开水，脊背圆鼓鼓的；喝茶抿酒，两腮肉肉的，笑问道："你一天吃什么好东西，胖得快要出口了。"

"能吃什么？还不是那一套儿，早上馍馍奶子，中午馍馍炒菜，后晌面片拉条儿。"井永清起身转体三百六十度，"你说我胖成猪了，我说我胖成了四样儿东西。"

"四样东西？什么四样东西？"刘方兴趣盎然。

"站着是五扇儿燇笼，坐下是剁肉的墩墩，躺下是没棱的碌碡，爬下是擀面的案板！"

刘方大笑起来。收住笑声，吞下一杯酒，"这几句话说得好，太形象了。你惹我笑了一阵，我也要惹你笑一阵。"

"说！惹不笑我，罚你喝酒。"

刘方绘声绘色说起来："一个从广州来的客商同我们西宁市的合作伙伴打了一夜的红桃四，翌日早晨，西宁市的这一位困得不成，要去睡觉。广州的客商说，我请你吃早茶，吃完早茶再去睡觉。当地人说，玩了一整夜，太困了，一喝茶，就把瞌睡喝到夹层里，睡不着又困得难受。广州客商笑了，我们那边把早饭叫作早茶，不是叫你去喝茶。去了宾馆早点部，吃饭中间，广州人问当地人，你们早上习惯吃什么？当地人说，馍馍奶子。广州客商吃惊又纳闷，摸摸奶子？你们早上要摸摸奶子？摸摸奶子当作早饭？"

井永清听了忍俊不住大笑起来。

31

田成功五点醒来，身上懒懒的，偎在被窝里想着做了一半的梦境。梦里，浩淼大水中，隐约有一块高地，林木葱笼，烟飞雾腾，蝼蚁般人群在林地边缘出没，从林中抬出重物一一抛入水中。孔秀伙在人群中，把一件黑漆漆的铁锅推向水中时，人群里出现了田壮，要从众人手里抢下大锅。孔秀便给众人解释，这锅是煮肉用的，抛进水里，田壮又得下岗。众人不听劝阻，合力推锅入水，溅起水花落在孔秀身上，成了窜腾的火苗，孔秀浑然不觉，四处搜寻失去踪影的田壮。他在大水这边心急如焚，被水隔绝前进不得，蹦跳起来试图让孔秀看见，跳起来一脚踩空，心想要掉进水中淹死，惊叫一声，从梦中醒来，膝盖以下两条小腿酸困酸困，心里空洞异常。回过神来，明白在自家炕上躺着，于是一股强烈的凄惶从心底涌出，湿了眼睛。这是孔秀去世后他第一次梦见，自知是孔秀，却看不清她的眉眼，可望不可及。看来，这就是人们常说的阴阳两界。人清醒时，彼此再难企及，思绪混沌中，才可感知对方的存在，却又无法触摸。人生，便是这虚幻中片刻的无定状态。

田成功把侧卧的姿势调成仰卧，让酸困的脊椎有所依托。盛夏七月，不到五点天就麻麻亮了。孔秀在的时候，他从来不睡懒觉。孔秀走了，带尽了家里所有的生气，留下一房子空洞的寂静，突出着他的孤单。年轻夫妻老来伴，他现在真正明确了这句俗语的含义。

前天，趁周末休息，田英两口把他从饭馆硬拽出去，拖拉到南大街口，把他塞进一辆出租车，拉去医院给他检查身体。以田英的话说："阿妈没有了，剩下一个阿大，我们得好好地奉养，不能让阿妈那样的事在阿大身上再次出现。"其实他心里清楚，他的浑身酸软无力，一则因了孔秀去世前后忙得顾不上调养，二则又为田壮饭馆开张操心太多，短期的过度操劳加上心情郁闷造成内分泌失调，引起身体不适。只要静养几天，就会好起来。可姑娘女婿非要给他系统地检查身体，结果是哪儿都查不出病。血压80-130。B超、心电图、X胸透、肝功五项、血样七项都在正常值内。女儿心里有了底，责怪他忘了自己年岁，在饭馆中操心操劳，自己给自己过不去。田壮听了妹子一语双关的指责，也着实担不起责难，死活不让他再去饭馆帮忙。临时雇一个打下手的，加上高洁梅，三个人支持着饭馆生意，让他在家养息。儿女们想的是好心，可女儿们不知道，他一个人呆在家里，家里空洞的寂静，孔秀使用过的东东西西以及幻影般随时浮现的音容笑貌，只会让他倍加孤独凄惶。还不如去馆子里忙活，让心思没机会空下来。

田成功在家休息三天，思前想后，有了一个明确的感悟：人世上的事，有一失必有一得。孔秀去了，空出这个家，给了他一个便当，把父亲从老二家接过来，既可相互作伴，也免了父亲在三家轮流过活的尴尬。加上检查身体没发现毛病，心里踏实下来，身上的不适减缓了许多。他已想好，今天起床吃了早饭，去老二家把自己的打算告诉老二两口，把父亲接过来住。

田成功七点起床，上厕所刷牙洗脸，走了几圈，腿脚比前几日轻便。喝一杯豆奶吃几嘴馍馍，简单地擦抹一下桌椅地面，吃下四片丹参片。去厨房查看煤气灶、水龙头都已关死，换上外衣正要出门，电话铃响了。

是田成凤打来的，"大哥，你到我们家来一趟，有事与你商量。"

"啥事？"

"好事！你来了再说，我要给你个惊喜！"居然说的是年轻人的口头禅。

"我要去老二家把阿大接过来住，要不是什么怕人听的事，电话里说，免得我来去跑路。"

"听承新说，田壮的饭馆生意不错，是不是？"

"还成！试营业这一个多月，刨去房租、税收、水电费、高洁梅工资、赚了两千多块。"

"这就好这就好！我的意思是，承新高考完了，据她说今年有八成的把握。今早她去考试中心查分数去了，如果考分达到录取分数线，我们想把家里人、承新的老师、同学邀到一起吃一顿，庆贺庆贺。我的意思是，把席桌定在田壮饭馆里，你看成不成？"

"有啥不成的？承新的事就是我家的事，我给田壮说一声就成了，啥时候请？"

"想着这一两天内请，把相关的人都请上，以后填志愿表，投档什么的就不用分心了。"

"嗯……这事儿要紧，我先把接阿大的事撂下，去饭馆跟田壮说好，就去你家里回话。"锁门下楼，出四号院拐进民生街口，看见北边一号院门口围着人群，后边的踮脚往前张望，窃窃议论着什么。街南边摆摊加工金银首饰的南方人都立身向北边张望，叽哩咕噜说着江浙一带的土话。田成功好奇，停在人群外围，正巧一人从人堆中挤出来，他趁机钻进人群中间，这才看清，一号院门侧修锁匠老谭的铁皮小屋前，站着派出所管区民警展望，工商所所长官尚臣，城管员桑布。老谭从小屋歪出来，锁了门，提着工具袋，灰着脸色，对展望说了几句话，垂着脑袋拖着那条木棍似的硬腿，走出人群，同跟随身后的展望向西而去。人们望着两人走远的背影，议论声高起来。一个说："叫去派出所就要吃亏，少说得罚款几百元。"另一个说："要是落实是他成心干的，闹不好就得进去。"众说不一。

田成功心里纳闷，见官尚臣走到韩乙布拉的甜醅车边同韩乙布拉说话，走过去问道："官所长，老谭犯事了？"

官尚臣见围观人群已经散尽，说："替小偷打开了一家人的门锁，把人家的贵重东西都偷走了。那家人报警，展警官抓住了小偷，供出是老谭替他开了门锁。"

"不会吧？老谭不是那一路人。"田成功认为这中间必有出入。

"虽然不是成心，可不问青红皂白就跟人去开人家的门锁，也不看看那人的身份证。这样的修锁匠人，早晚要犯事的。"

田成功听明白了，一定是小偷趁那家没人冒充那家的人，谎说把钥匙丢了或丢在家里进不了门，要求老谭打开门锁。这是修锁匠人常遇的事儿。老谭大意，没问清来人底细就跟他去开了人家门锁。这般马虎大意的人，叫去派出所教训一顿实在应该。如果因此叫他停业，就难了。听田壮说过，老谭的儿子几年前斗殴误伤人命，被判入监服刑。如今老谭又遇这等事儿，家里人又得跟着受罪。

田成功想着，躲让着稠密的人流向西行进。街边几家裁缝店已把做好的成衣穿在半身塑模架上摆了出来。其中一个女塑模的鼻夹碰掉了，另一个的支柱斜着，使穿在上面的化纤面料的西装的一片衣襟向下斜拉着。街右边卖家用小电器的摊位又多了几家，摊位间原本可以走人的空档都被占满了。摊上的电炉盘、电炉丝、插头插座插板以及粗制包装的须剃刀、随身听、手电筒等等小东西在日光下熠熠晃眼。接下来卖布料的摊上，那个姓穆的阿爸和姓索的阿娘正给顾客介绍新来的布料。那个白白胖胖戴盖头的阿娘把小板凳放在布料前，侧身坐着，望着来去行人等待顾客。接下来卖帽子、卖鞋的摊位上，挂的摆的还是那些帽子那些鞋。这条步行商街总是热闹中掺杂着繁乱，骚动中又体现着从容。这种气氛和面貌持续好多年了，好像没有大的改观，却又时时处处呈现着细微的变化。每每从这街上走过，田成功就感觉生活是那么具体明了却又充满了不可预想的变数。

饭堂内几个农村打扮的妇女正在吃干拌拉面。花圈铺的万花花坐在另一张桌边，与高洁梅说话。见田成功走进来，笑着说："田老板，我说话算数，不但每日中午来饭馆吃饭，早饭也过来吃了，这样的顾客好不好？"

"好！好！既然是常来光顾的好顾客，叫我老板就不对了。开个小饭馆，算什么老板！再说，饭馆是田壮开的，要叫，你叫他老板吧！"田成功说着进了厨房，田壮正在案前揉面，好大一团面，是下拉面和面片的面，打下手的小唐正在另一张案前剔肉。煮肉锅的锅盖缝隙往外冒着热气，香味四溢，这让田成功油然想起早晨做的那场睡梦。

"叫你多缓几天，咋又来了？"田壮边揉面边说，"这几天没有定桌的顾客，我们三个顾得过来。你要是嫌家里孤单，就去二爸三爸娘娘家串门，要不上公园看动物看花儿去。"

"我不是来搭手的，是来给你说个事儿。"

田壮停下手里的活儿，转身靠着案板望着父亲，猜测他要说什么事儿。

"你娘娘打来电话，伊承新考大学今天去查考分。要是考上了，打算把伊承新的老师、同学和日后要央及的相关人请一顿，庆贺庆贺。你娘娘想把席桌订在这里。我过来说一声，该准备什么，叫高洁梅拉个单子，今明两天办齐。"

田壮转身继续揉面，许久，说："在这里定席，是按菜谱的定价收费，还是只收成本费？"

"自家人，伊承新考上大学又是大喜事，娘娘把席桌定在这里的意思就是少花费点。我们按菜谱定价收，不是叫娘娘姑夫说我们不近情理吗。"

"那………不亏吗？"田壮举起面团使劲摔在案上，嘭！嘭！反复几次。

"给自家人办席，亏就亏！"田成功说得斩钉截铁。

田壮用拳头狠劲捣揉面团，"娘娘咋想到来这里包席，她………"

田成功打断儿子的话，"你娘娘没说非得到这里包席，可你娘娘先问我这个话，意思还是能听得出来。上次饭馆开张，亲戚们都夸你做得八盘味道好，娘娘把人请到这里，是想给你做宣传，等于给你打广告。"

田壮又停住手里活儿转身看着父亲说："娘娘要请承新的老师，还有别的帮过忙的人，应该请到有名气的大饭店里。我们一个小饭馆，菜做得再好，人家还是嫌档次不高，请了，不一定让人家满意。"

田成功认为这是儿子为推脱找的借口，"我已经答应了娘娘，这事我说了算，亏这一次，影响不了什么，可把人情落下了。"

田壮无奈地说："那你跟高洁梅商定一下，该准备什么，你说，叫她拉个单子，后晌我打发小唐去采办。"

田成功从厨房出来，给高洁梅说了原由，高洁梅直截了当地说，"你就不该答应在这里包席。"

"为什么？"

"你算没算这笔账？为亲戚低价定席桌，收进来的仅仅是采卖材料的那部分成本。可饭馆的成本不单这些，厨房里外几人的劳动付出，为招待亲友而付出的时间，有可能为此而推出去的零散顾客，把这些因素加进去，亏得就大了。做生意，就该按市场规律走。是亲友就让价，就低收费，饭馆的经营就没原则了，没原则的生意怎么能做下去。"

田成功觉得意外，又不得不承认高洁梅比他和田壮说得有道理。可他想不通，高洁梅来饭馆打工，是伊承新一心帮助的结果，如今伊承新的事情，高洁梅怎么不念惜她与伊承新的这层关系？便说："这是我外甥女的事情，我当阿舅的道理都懂，就是抹不开面子。为外甥女亏一次，我认为是值得的。"

"反正我不赞成这样做。做生意咋能这样？这样做，恕我直言，你们的饭馆开不长久就得收摊子。"

"照你，该怎样？"田成功反感高洁梅口无遮拦的这种预见，口气生硬起来。

"把话直说给伊承新，这里刚开张不久的饭馆，小本微利生意，没什么积累，亏一次就意味着好长日子没有收益，叫她们去别的地方包席吧。"

"我已经答应了。"

"答应了也得推掉。你要觉得这话不好说，我给承新说，让她的父母去别的地方定桌。"

田成功呆望着高洁梅，料不到这姑娘会有这样的心机和气魄，不禁说道："你说得都对，可我们是亲戚，再说你与承新又是最要好的同学朋友。"

"我跟伊承新好，可我眼下在你们的饭馆打工，在这儿挣工资。这里的经营好坏，收支盈亏直接影响我们的利益，我得以市场眼光看待这件事。"

田成功觉得别扭的同时暗暗地高兴，为当初收了高洁梅。有这样一位有心机有气魄的姑娘帮衬田壮，不怕生意做不好。可高洁梅开口只顾利益的话，听到心里总是不舒服。便佯笑着说："还是你们年轻人跟时代跟得紧，既然你跟田壮都不想这样做，我只好去给承新母亲说清楚，叫她们去别的地方定席。"

田壮从厨房出来，给高洁梅翘起大拇指，指头上的面屑丢撒在脚面上。

一小时后，田成功敲开了田成凤家房门。开门的伊福禄一脸黑雾，田成凤坐在沙发上抹眼泪，眼泡红肿。小心地问："承新呢？查分数还没回来？"猜测这两口因何别扭。

田成凤向小房间努一下嘴，那是伊承新的卧室兼书房。顿时明白，伊承新考得不理想，回来闹情绪，惹得父母斗起嘴来。坐到沙发另一头，问田成凤："哪一门没考好？"

"英语，又是英语把成绩拉下来了。"田成凤两手绞着擦了眼泪的手绢，"去年也是英语没考好，只得了三十分。这样的成绩，上本科没指望了。"

"上不了本科上大专嘛！"一生只上过几年学堂的田成功对高考的曲里拐弯知道得不多。但这些年一次一次听别人讲说儿女上学高考的事，听了了，大体上能说出点子丑寅卯。

伊福禄给田成功倒了一杯茶，气狠狠地说："连着补习了两年，每天每日钻在房里不知道干了些啥，想了些啥。我们怕她分心分神，家务活从不指望她做，结果还是没考上。看这样子，叫她别考了，她说今年没考好，明年还要考。说了她几句，就赌气钻进房里，叫死不开门。她抱怨我不该说丫头，要说也得等丫头心情好了再说。阿舅你说，她这样子，还考啥哩，不如早点寻个事儿做。"

田成功明白，伊福禄这是要他表态。有他的表态，他两口就有理由叫伊承新放弃再考的念头。在外甥、侄儿女目中，他是有点威信的，说一句话，会产生效果。但这事关乎外甥女的终生前途，他不能盲目表态。

"承新的情绪怎样？"

"连着两年没考上，也疲了。不像头一年，哭成泪人儿，几天不吃不喝。这些年没考上的同学都先后找了工作。我看得出来，她嘴上说还要考，心里其实有别的谋算了。"

"这么说，请客的事暂时不办了吧？"田成功问这话时心里想着，真是计划跟不上变化。他跟田壮、高洁梅为请客定桌费得那些口舌，算是白费了。不过这样一来，他就不再为这事办不成觉得愧疚。

先问伊承宗跑车的情况，最后把话题转到承新身上，"先问问承新有没有自己的谋算。要有，就得随着她些。要是不打算再考，想找个事儿做，我的意思是田壮饭馆里三个人紧巴巴的，中午后晌顾客一多，顾了这头顾不了那头。要是承新愿意，先去田壮饭馆里搭个手儿，也是个安下心的办法，你们说呢？"

"这样最好。可这丫头正在使性子，我两口说不进去。你给说说，兴许能说进去。"

"那你去给承新说，我这些日子心里闷得慌，想出去转转，散散心，田壮、田英他们都忙得顾不上我，叫她陪我出去走走。"田成功这些话是大声说的，意在让小房间里的伊承新听见。而后压低声音对田成凤说："出去找机会给她说。"

田成凤走进小房间，一杯茶工夫，母女俩出来，伊承新已经换好了出门的短袖衫，八分裤，手里提着白色宽檐凉帽。眼睛红着，但表情是明朗的。

从田成凤家出来，田成功抱定主意，绝口不提伊承新高考就业等等关于她个人的话题，除非她自己提起来。先让伊承新放松放松。去湖光山影柳长花娇的公园，难免勾起五一节陪孔秀游园的往事，触景生情影响情绪，招手叫停一辆出租车，乘车直奔北山寺。

到了野外，伊承新低迷的情绪不禁高扬起来，指指点点说笑不已。这也难怪，为了考上大学，几年来强迫自己待在房里，反反复复补习那些已经让感觉疲惫乃至麻木了的课文知识，几乎把二十一岁姑娘的青春光彩耗磨殆尽。面对欣欣向荣的盛夏美景和热火朝天的生活气象，被压抑和禁锢的活力又蓬勃起来，小鸟一样快活。两人相扶着从树木夹护的盘曲弯道走到山腰的土楼观门前，买了门票进入寺内，穿廊过阶观览寺内香火旺盛的几座殿宇，在浓重的香烛味和铁马偶尔的叮当声中找到了一处僻静又向阳的地方，坐在纤尘不染的水磨青砖花格矮墙上，眺望西宁市。看了一阵，田成功问外甥女："你能不能指出你家的位置？"

伊承新手搭凉蓬寻望片时，大方向可以确定，但密布的楼宇和其间低低高高的建筑物淹没了她熟悉的那条小街和与那条小街连通的大街小巷，眼前一片混沌。"大方向看得出来，具体位置找不到。大阿舅，你能把民生街找出来吗？"

田成功确定大方向后，眯起眼睛从那楼房的海洋里搜寻民生街所处的位置。盛夏强劲的光照从那色彩杂驳的建筑物向阳一面反射出银灰色闪动的蜃气，让盯视的目光飘忽难定异常吃力且流出眼泪来。田成功揩去模糊了视线的眼泪，"只能看个大方向。"向浮动着蜃气的市区西南方指一下，"不知指得对不对呢。"油然想到，田壮饭馆的位置更难确定了。田壮、高洁梅、小唐以及前来就餐的顾客们此刻的动作言行，更像梦幻一样只有虚缈的概念而无具体的影像。顿时觉得面对尽收眼底的西宁市全景，自己的存在实在是微不足道。如果把西宁市放在全国的图景中间，再把全国的图景放进世界图景中间，自己不过一粒微尘而已，太渺茫了。平时眼睛只看见鼻尖和脚前那一块地方，自以为生活是围绕自己的，所有的人也是围绕自己的，便以我为尊，寸口寸金地计较着。一旦站高了，看远了，才明白自身以外还有太多太多的空间和事物。在如此浩淼的生活的细波巨浪小岛宏岸上游走的一个人的行为，真是太微弱太无助又太无能了。这个城市里，有成千上万家庭的数万的人和他做着一样的事，想着相近的事，向往着类同的美好前景。一旦脱离自身从侧面或背反面观照一下自己和他人的行为，总是那样被动那样地好笑，那样地莫名其妙！尤其那些游离自身命运轨道的奢望，以及为这奢望所做的挣扎，更是可笑可悲可叹了。

有了这一连串的感想，田成功觉得今天这趟北山寺来得值，好像是受了神灵的指使。因为从田成凤家出来后，对去哪儿并没有明确的打算，在认为去公园会触景生情的一刹那，头里冒出来北山寺的念头，并且义无反顾地打的直奔而来。似乎，这也是命里早已安排好的，让他在经历了孔秀去世的极端情感磨难之后，对人生做出进一步感悟，并从纠缠他的苦恼中摆脱出来？

田成功打量身边的伊承新，她也望着山下沉思着，遐想着，表情凝重而宁静。伊承新想到的，感悟到的一定比他想到感悟到的还要多，还要深刻吧？好像感应了他的心思，伊承新喜笑颜开地说：“阿舅，今天这趟北山来好了。站在高处极目远望，我有了很多新的感想，新的念头，心里的郁闷一下子全没有了。你呢？是不是也有同感？”

"我们有了岁数的人，没有你们年轻人那样丰富的想像和情感。看身外的事物，也没有你们看得那样鲜活有趣。可今天有你陪伴，游了一趟北山，心情比前些日子好多了。"

伊承新原想顺道继续上山，去山顶用更广更远的视野充实心灵。考虑到田成功体力不济，过度劳累会造成身体不适。陪伴田成功坐到太阳西斜，揣着一肚子欣慰和体会下山回家。

出山门下台阶，近旁一个卖香烛表纸的摊位前有人与摊主讲价，侧影有些眼熟。田成功、伊承新从摊前走过，这人正好拿了香烛转身，原来是民生街摆修鞋摊的朱朝阳。田成功上前问好，发现朱朝阳面色萎黄，神情疲惫，吃惊道"你咋瘦成这样？"

朱朝阳的眼圈红了,"在西安交大上学的姑娘生病回来,住院治疗,我跟阿奶整日为病人操心,吃不下饭睡不着觉。姑娘的病一直不见好,我又成了病人。"苦笑一下。

"得了啥病?非得休学回来治病?"伊承新问道。

"唉!"朱朝阳重叹一声,五一节放假,姑娘跟几个同学凑到一起,去安徽黄山游玩,火车上人多没座位,挤在车厢里站了一天半夜。在黄山爬山登峰地玩了几天,回来又是站票,就觉得腰疼,小便不利。吃了几片药,没怎么在意。不巧学校调整公寓,搬宿舍又累了两天,病就重了,出现血尿。学校医务所诊断为急性肾盂肾炎,打针吃药休息几天,不见好转,整天呕吐。去大医院检查,诊断是尿毒症,不能上课,系里派人送回家来,叫我们加紧治疗。一回来就住院了,已经住了一个多月。"

"快好了吧?"田成功小心地问。

"唉!好一阵坏一阵的。一星期两次血液透析,透析后好一点,几天后又不成了。"朱朝阳的眼眶内转着泪花。

"孩子看病要紧,你们大人也得保重,别把自己拖垮了。看你,气色太差了,得好好地吃饭呐!"田成功饱尝过同样的苦闷愁烦,十分体谅朱朝阳的心情,"你是来寺里许愿祷祝的?"

"前天去刘方老师的铺子里借钱,遇上刘方老师一个写文章的朋友,问我为啥情绪这么低落,我把姑娘得病的事说给他听,他听了说,你先得把持住自己,才有精力给姑娘治病。他说北山寺里来了一个高人,是从天涯海角一个叫鹿回头的地方来的,能替人消灾解难。他叫我不妨来见见这个人,说不定能得到些解决难题的办法。我也是心急乱求人。既然人家写书的人这样说,就来见见这个高人。到这里,心想既然来了,顺便给寺里的佛爷们上炷香,求佛爷们保佑我家姑娘早日转危为安。"说完,拖着无力的双腿一步一顿上台阶进了山门。

听了朱朝阳的遭遇,田成功心里又多了一份感慨。民生街里,谁都知道修鞋的老朱供着两个大学生,无不羡慕他的造化。孰料,女儿游览名山寻求快乐却由此而致病，又是要命的病。人的一生真是难说呵！真正是天有不测风云，人有旦夕祸福。便把自己这一番感慨说出来让伊承新听，意在叫她清醒，上大学并不是人的终身指靠。人的命运不济，上了大学也不一定有好的结果。

伊承新边走边想，突然笑出声来。田成功问她笑什么？她说："刘方老师的那个写文章的朋友才是真正的高人。"

田成功止步凝望，外甥女何以说出这种话来。

"天涯海角，鹿回头，都是海南岛三亚市的著名景点。刘方老师的朋友提说天涯海角鹿回头，意思是纵然鹿能跑到天涯海角，面对波涛大海，还得回过头来。他叫朱朝阳上山来见那个从天涯海角来的高人，意思是让朱朝阳在上山下山中得到一些启迪，或者就是叫他到庙中感受另一种生命氛围，调整自己的心态和看问题角度，及早从无望的挣扎中宽解自己。你跟我今天上山来，不是也产生了很多很多平时不可能产生的感想吗？但愿老朱能明白刘方老师朋友的用意，就不枉上山一趟。"

听了伊承新这番话，田成功捏一下外甥女的手，表示理解和赞同她的这种见解，心里暗暗称赞：如今的年轻人真是聪明呐！

32

犹豫了几天，田成业决定租借一间房子，做为与苗青幽会的据点。

从平安回来后，他同苗青每隔一周幽会一次，是去旅店登记房间。一则，去旅店登记住房得出示身份证。二则，苗青每次只给他半小时甚至更短的时间，事后就要走人。总觉得旅店服务员每次都用鄙夷的目光看他俩走进房间而后又匆匆离开。更主要的，苗青认为做爱一次要花掉四五十元床费太不划算。如去"星月旅店"那次，店主开口要了六十元床位费。苗青认为店主宰人，建议去别的旅店。当时他认为为六十元撤兵有失大丈夫风度，坚持交了钱，把满脸痛惜的苗青领进房间。在他冲冲动动入港的紧要时刻，仰躺床沿的苗青说："我们只占用半小时，就收我们六十元，太不划算了，今后再不来这种地方。"他的热潮一下子降到冰点。离开旅店他说："我们要的是一种情调，要的是合拍，不在乎花了多少钱，你别这么计较好不好？尤其在紧要时刻，真让人扫兴！"

"我们租间房子吧？听人说，城外农村房子便宜，月租金五六十元，有的地方三十元就能租到。"苗青见他情绪低落，进一步筹划道："去旅店登记房间，一次四十元，一月去四次，得一百六十元。租一间五十元的房子，一月能省下一百元。"

此前，田成业没动过这种念头。虽然十分地喜欢苗青，见了她就来情绪，可多次的媾合也让他明白，苗青是勉强接受他的，目的好像只在他给她的那几个钱上。这种关系，没必要持久，也不可能持久。听苗青的谋划，让他有点丈二和尚摸不着头脑。说她只图几个小钱，却要替他设想着节约开支。建议他租房，似乎还有点长远的打算。更重要的，苗青尽管被动，可她的美貌和年轻能调动他生命中已经趋向疲软的性意识，激发了他男人的活力。比起来，得到的要比失去的有益他的生命。便暗里决定，等租下房子，把一切收拾停当，再把苗青叫到房子里去，从她的反应做出判断，她提这种建议是临时的突发念头还是油然产生的一种情感需求。

田成业来绵柳村租借住房，是经过对比和权衡做出的选择。西宁市周边还有比绵柳村更便宜的外租房屋。但大多是一家一户老式的居家格局，路程比绵柳村远，来去要换乘几路公交车。由于外来住户少，全村的闲人都把目光集中在一两家租借户身上，盯视他们的来去，猜测他们的出没，容易被人看出破绽。绵柳村却不同，大量的外来住户频繁出没流动，不规则的生活方式和不固定的出入时间，让绵柳村的房东村民们无法用恒定的眼光看待和判断那些无根无底却能及时交纳房租的散兵游勇。有至少四路公交车从城区直达绵柳村口，来去便利，出入不招人嫌疑。这样的地理位置人文环境，适宜露水鸳鸯的活动特点。

田成业在村内遛达，被热心人引着看了几家待租的闲房，要么是过于显眼面积过大的楼下正房，要么是夹角拐道内阴冷角屋，不合他的心意。终于在一个村妇的指引下找到了一间合宜的房子。这是一排坐北面南的二层小楼，上下统共二十间，房东占据一楼西头三间，其余全被外来户租借。剩下的一间，在二楼正中位置。户主说："留下来准备让儿子住，儿子外出务工，暂时可以租借。"田成业从钢管焊成扶手，钢板焊做踏板，脚一踩就咔咚咔咚直响的楼梯上到二楼，钢窗封闭的走廊里充满了阳光的气味和热量。十五平米的房间也是钢门钢窗，房里暖和亮堂，地面墙壁干净，不用粉刷就可居住。田成业心里满意，对女房东说："单位集资建楼房，旧楼要拆，住户自己寻房过渡。"

"暂住可以，安锅灶动烟火就不成。"房东替田成业说出一间住房的不足。

"我们只来这里睡觉，饭去她家里吃，临时过渡也不打算搬太多的东西来。"田成业尽量把话说得合理。

房东提出月租金六十元，外加十元电费。田成业认为钱是小事，爽快地应了。

房东走了，田成业在房内做进一步的设想，床放哪儿，小桌放哪儿，买什么样的彩纸遮住玻璃……一想到将后在这房内与苗青做爱心理上不会有任何障碍，田成业的尘根就硬邦邦翘了起来。

田成业回家，孟慧坐在沙发上补衣物，戴着花镜。头次看见孟慧戴花镜做针线，不禁问道："怎么戴起花镜了？"

孟慧从镜架上边看着他说："你的裤衩没穿几次就把裤裆磨破了，补一下，还能穿几次。"

田成业想开玩笑，转念说："烂了扔掉，补什么补？"见孟慧从镜架上边投来执拗的目光，又说："为补一条裤衩，把眼镜戴上了。"

"刚才穿针，怎么也穿不上。戴上你的花镜，一下子就穿上了，今后做针线我得戴上眼镜。"

"如今有几个做针线的？有工夫去公园遛腿，别再为一条烂裤子费神了。"进卧室脱换家里穿的衣裳，盘算如何才能把煤房闲放的那张双人床弄到租借的房里去。换完衣裳出来，见孟慧神情专注地走针引线，心里不禁感动起来，"给你说了，怎么还要补？儿女都自立了，我俩多少还有些退休费，别在这些小事上费心劳神了。"

"你说起来轻松！伟伟媳妇还没娶，佳佳早晚也得出嫁。明年新楼盖起来，还得补缴差额款。平时不省着点，到时候往哪凑那么多钱去？要是外面的衣裳，补了穿不出去。这里边的裤衩，补了穿它十天半月不会辱没你的形像。"又把执拗中不无调侃的目光从镜架上边送过来。

田成业清楚，女人过日子的仔细，男人最好别去干预，何况这种仔细是无私的。那年孟慧重感冒去医院急诊科打吊针观察，还惦记着头晚做饭切剩下的半个萝卜，叫他回家用塑料袋包严实放入冷藏柜，防止萝卜干缩。正是这些点点滴滴的生活细节，让孟慧在他心里有着稳固的位置。此刻望着老婆一针一线缝补裤衩的质朴样子，田成业心里涨满了愧疚，觉得在外面租房与苗青媾合实在不该。可苗青的名字一旦从心里冒出来，那灿烂的笑容平坦的小腹以及大腿内侧肌肉的光滑就让他心里麻醉起来，那个刚看了几眼的空房子也用它的空静召唤着他，不禁说道："那年伟伟去威海上学，伟伟同他爷爷一块睡觉的那张双人床是不是已经处理了？"

孟慧抬头从眼镜上边望着男人，"怎么猛乍乍想起那张双人床来？"

田成业知道双人床在煤房里闲放了几年，为了不让孟慧生疑，他佯装糊涂，"我记得去年或是前年将床卖给收家具的，收旧家具的只给三十元，我说这床是我们花二百多元买来的，好好的，怎么只给三十元？卖三十，不如劈了当柴烧。"

孟慧打断男人的话，"你今年五十六岁，不至于恍惚到这种程度！你说的是去年我俩去老三家，强强两口在单位买了房子，搬走后老三要把强强两口睡过的旧双人床卖给收旧家具的。当时你们争讲了半天，收家具的只肯出三十元。后来三十元卖了，你咋想到我们家里了？"

田成业很响地拍一下额头，佯装恍然灵醒的样子，"退休才半年，这脑子就大不如前了。其实人的衰老是由不得自己的，像你，做针线戴起花镜了。"有意大声自语道："知道床放着，我就不该给他那么说，叫他以为我不想借，在给他撒谎。"

孟慧停住手里活儿盯住田成业，"你神神道道地哞语①啥哩？什么不该给他这么说那么说的，他是谁？"

"师德的小舅子从外州县来西宁市建筑工地打工，要住工棚，没床。师德问我家有没有闲床，要有，借他小舅子拿去工棚睡觉。我说我家有个闲放的双人床，记得好像卖给收旧家具的了。他说你回去看个，要是卖掉了，他向别人借去，要没卖掉，就借给他小舅子。我说你小舅子睡工棚，需要的是单人床折叠床一类的，要不就寻床板搭通铺，哪有他摆双人床的地方。他说他小舅子是有技术的钢筋工，老板看得起，给个小工棚让他和他的徒弟两个人睡觉。"田成业尽量把话说得合乎情理。把师德扛出来，是防止孟慧产生疑心向师德证实。

孟慧眼望着补丁上的针脚说："床在煤房里闲放着，卖又卖不了几个钱，不如借给师德小舅子，还能落个人情。"

第二天上午田成业散步回来，顺路叫了一辆小双排车，回家对孟慧说："我叫师德过来拉床，他说他上午去单位领工资，小舅子在工地走不脱，要我替他叫车把床拉到工地去。我叫来一辆小双排，煤房钥匙在哪儿？"

孟慧一边翻找煤房钥匙一边说："借我们的床，应该自己来拉，哪有我们借给他还要送去的道理？"

说者无意，听者有心，田成业瞪着眼睛："给你说了，他们都忙着，要我帮忙送去。老朋友，我又闲着，送过去有什么不该？"

孟慧见男人不高兴，笑着说："我又没说你别去送。"把找出的煤房钥匙放在男人手上。

田成业到煤房搬取双人床，深为自己的无耻悔恨和愧疚。但对苗青肉体

---

①方言，自言自语。

的向往，使他很快找到了消除这种悔恨内疚的理由和勇气。不但搬出双人床，还把煤房内闲置的一个钢筋焊制的脸盆架，一张小桌，两床旧了但可以垫床的棉花网套装上车。孟慧见了，想问为什么装了些不相干的东西。转念想到男人一向乐于助友，把家里用不着的旧物送去叫人使用，无可厚非。

三个半天，田成业把房间收拾好了。门窗玻璃用彩色窗纸糊住，是蓝绿色调花卉图案的窗纸，从室内看，色彩艳丽美观，楼道行人只显一个黑影。从室外往里看，什么也看不清。开了灯也看不清室内有什么东西。买了三尺同样色调的宽幅涤棉窗帘，挂上后垂垂的。还在床头小桌摆一台造型抽象却美观的台灯，粉红色薄纱灯罩。床上被褥是从军用品商店买的，草绿色里面，看上去很薄，由于棉花套子好，暖和轻柔。为了避免床上色彩单调，买了一条色调艳而不俗的双人床单和枕套。除此，田成业暂时不打算再添加什么。如果苗青看了房间情绪不错，再添置几样能增加室内情调的摆设用品，甚至在床铺周边铺上地毯。如果这样的努力还不能让苗青把勉强被动的外套脱掉，这种逢场作戏的事就没必要让它深化。

田成业布置房间的同时把院里环境做了观察，一楼除去房东一家四口，另有两家。一家只两个老人，七十岁上下的老夫妇，从外州县来西宁市安享晚年。整日在房里闷坐，看电视，睡觉，在门口坐马扎晒太阳。另一家五口人，只把两个老人留在家里，各有住所的儿女十天半月过来看一眼就走了。二楼上另有两家，三天内都锁着门，不见有人走动。房东说，是附近工厂的工人，偶尔过来睡睡觉，大多时间不来。

合衣仰躺床上，田成业想着与苗青做爱的甜蜜。去旅店多次，苗青在他入港的时候有点感觉，却一点叫声都没有。一定是那种环境让她放不开。在这里，她能让生命的自然情态恣肆发挥吧？想着，尘根又不老实起来，迫他快把苗青叫来，他努力克制住了。房里得有点能体现他的秉赋和处世立场的东西，他需要补充一下。

想好了要补充的东西和内容，直奔民生街"三印一砚斋"。

一个十几岁男孩贴着案桌一侧，握着一管毛笔正在习字。刘方站在男孩身后，握住男孩捉笔的右手，教男孩运笔。一点一横一坚一挑一撇一捺地写出一个永字。在男孩把纸提起来看的时候，刘方向田成业招呼一声，又问男孩："怎么样？不轻松吧。"

"还行！"男孩偏头歪脑地欣赏在刘方扶持下写的那个胖胖的永字，"挺有意思的"。

刘方笑了，"这次我不把你的手，你自己写个永字。"取小张白纸铺放毡垫上，让男孩提笔吸墨，"按我教你的运笔顺序把永字写出来。"

男孩毛手毛脚地往砚池蘸墨，在砚台边上抿几下笔，悬提笔管，忘了如何落笔。"先写点。"刘方提醒一句，男孩就把笔尖墩在纸上，提笔，看那疙疙瘩瘩的墨团笑了起来。"下来写一竖，要横落笔，顿一下，提笔往下运行。"刘方指导的同时给田成业送上眼语：你待会儿，待他写完这字。

男孩依据刘方指导歪歪扭扭地写完永字，刘方笑着说："都散架了。"从男孩手里要回毛笔，一边在洗子里涮洗一边说："好好学你的功课吧！你不是写字的料。"

男孩不以为然，"反正我要学写字。"

"写字是苦差事，不是好玩的事。你功课那么多，哪有时间写字？丢开这个念头吧！"

"我不！我偏要写字！不做功课我也要学写字。"男孩很固执。

田成业看得有趣，不禁问道："看你是个中学生，不用功学习却要学写字，为什么？"

"我班里有个男生，他爸爸是写字的。他跟他爸学了几年，今年六一儿童节学里举办学生书画作品比赛，他写的毛笔字得了一等奖，我得跟他比写字，非把他比下去不可！" 田成业、刘方对望一眼，刘方说："字儿写得比赛中获奖，可不是一朝一夕的事，你能下得了那样的苦功夫？"

"反正我要跟你学写字！你是书法家，比他爸厉害。你教我，我保管几天就能胜过他，把他吸引过去的傅娇重新吸引到我身边来。"

男孩幼稚的念头让田成业不禁插问一句："你想吸引回来的傅娇是什么

人？"

男孩有点难为情地说："她是我们班里的班花，原跟我好，杨江字儿得奖，就不跟我好了，要跟杨江好，我非把她夺过来不可！"

"你今年多大了？"

"十四岁。"

田成业又与刘方对视，会意地笑起来。

"你想学写字，我先得考考你的语文知识。这样吧，来点简单的，给我背诵十首唐诗，五首宋词，三条名人语录。如果都能背出来，我就收你做学生。"

男孩仰脸眨巴着眼睛想了一阵，吃劲地背诵了课本上学过的三首五言唐诗，红着脸说："别的没学过，不会背。"

刘方不无揶揄地笑了，"连几首唐诗宋词背不出来，还想学写字？免了吧！"拿起男孩放在案桌上的双背带书包往男孩胳膊上套，"回去用心学你的数理化吧！"

男孩扭动双肩不肯背上书包，"杨江参加写字比赛写得不是唐诗宋词，写得是周华健的流行歌曲"花心"的歌词，不是照样得奖吗？你应该考我流行歌曲，我一口气给你背出几十首信不信？不但会背歌词，还会唱这些歌儿，不论谁的歌儿，你点一首，我先给你背歌词，后给你唱歌。"

刘方强行把书包套在尤中生肩上，把他推出铺门，"你先回去！我跟这位先生有事，有时间再听你的流行歌曲。"

尤中生悻悻地走了，刘方不无感慨地说："现在的学生跟我们那时候真不一样了。你找我有事？"把尤中生写得字揉成纸团扔进装垃圾的塑料方桶。

田成业答非所问："这男孩是哪儿的？"

"家就在民生街八号院里，生母去世由父亲抚养，父亲做生意老不在家，时常一个人。有次拣拾别人丢弃的苹果，我见他可怜，买两个烧饼给他充饥，他认了我，时常来我这儿说些学校的趣事。"

"没娘的孩子像根草。"田成业随口附和了一句，"刘老师，我来向你求字的。"

"好啊，接连几天没发市，快要把尕锅儿吊上梁了。你来求字，无疑于雪中送炭，今晚有饭吃了。"刘方半开玩笑半认真地暗示田成业，求字就得掏钱，而且不能拖欠。

田成业不糊涂，"得多少钱？"

"那要看你要多大的字幅。"

"嗯……"田成业清楚字幅的大小取决于所写内容字数的多寡。他需要的是表达男欢女爱之类的内容，像诗经里的关关雎鸠，在河之洲，窈窕淑女，君子好逑之类的浪漫诗词。但这种古诗词的内涵苗青的理解能力够不着的。要是写一些通俗浅显让苗青一眼就看明白的词句，得把前提和意图给刘方说清楚。否则，达不到预期的效果，字就白求了。便把自己隐起来，假托出一个人说："我有个朋友，岁数跟我差不多，新近认识了一个女人，打算进一步发展。"觉得进一步发展说得太笼统，笑一下接着说："他想跟这女人同居一段时间，如果方方面面合适，再领取结婚证公开关系。他想在房里挂一两条字画，让女人既能从字画上看出他的秉性爱好，又能从字画内容看出他对她的好感和倾慕。写这种内容的字幅，以你日常的市价，得多少钱？"刘方一边给田成业倒茶一边说："钱少钱多倒是次要的，你来向我求字，我能向你胡要？关健是你要的这种内容，我心里没有。"见田成业疑惑起来，进一步说："我们写字，无论是相互惠赠，还是公开场合张挂，大多是录写唐诗宋词名家警句格言之类的内容，都是明志壮情，少有风花雪月的。写了多年，烂熟于心的不过是这一类内容。突然要一幅表达男欢女爱的内容，着实把我难住了。"刘方趁放暖瓶的工夫想了想，说："这样吧，你去叫你的朋友翻书找一两条现成的，要么自己编撰几句，要是懒得跑路，你给你的朋友想几句这类内容的诗句，你说，我写，一会会就写出来了。"田成业笑了，"我是学校里做总务工作的，整日谋划的是桌椅板凳粉笔板擦灯泡扫帚之类的东西，哪有写诗作词的能耐？还得请你费心劳神，想一想，准能想出十句八句来。要不我俩翻书查找，有合适的抄几句就成了。"

刘方让田成业喝茶，自己从架阁抽屉中翻寻文艺方面的书籍。他手头常用的几本书中没有这样的内容，可他得设法寻摸出基本说得过去的内容，要不，这笔上门的生意就泡汤了。在他不缺吃喝的日子里，他懒得费这心情。可眼下他急需一笔生活费用，哪怕是一百元甚或伍陆拾元，可以支持一两天的用度。一边翻一边想，懊悔自己做为书法家，知识视野都比东方灵狭小。一想到东方灵，脑子豁然开朗。前年或大前年，东方灵给一对新婚夫妇送礼，让他写了一幅表达爱情的横幅，内容是东方灵从什么书上抄来的，写完夹在一本书里，以备日后再用。如果把那张夹在书里的纸找到，问题就解决了。把铺堂内所有的书一本一本翻检，终于找了出来，拿在手上细看，真是山不转水转，内容刚好是田成业想要的那一类。兴冲冲交给田业成，"你看，这内容你一定会满意的。"

田成业一眼看清写在最上边的题目"凤求凰"。细看下面内容，也顿时想起来，某年年终学校搞联欢会，一位语文老师上台朗诵这段词赋，博得大家的鼓掌喝彩。只是……司马相如与卓文君的爱情是崇高纯真的，他与苗青的关系是无法攀比的。可单从男欢女爱的角度看，可以表达他内心的情感。写成条幅挂在他与苗青幽会的爱巢，至少可以让他的情思发生共鸣。

一小时后，刘方把写了"凤求凰"的四尺对开横幅交给田成业，客客气气收了田成业的二百元润笔，说明井永清住家的楼号单元号，让田成业去井永清那儿装裱。

田成业原想买一条现成的，挂在房里，就可以把苗青叫过去充分地云雨一番。不料，买了一条现写的字幅还得装裱。"能不能快点？"他问井永清。

"你想啥时候要？"

"明天或是最迟后天。"

井永清沉下脸说："亏你还是当过老师的，连这点常识都没有。我们手工装裱字画，得一道工序一道工序地走。刘方写的字儿墨重，先要好好地蒸一下，蒸透了，才不跑墨。而后托底，粘牙线，上天地大背。上墙风干少说要三天，揭下来还要打磨、切边、装天杆轴头。你要嫌慢，就去有机器烘干的地方，当天就能取。"

田成功问清机器装裱店铺的地址，直奔而去。

第二天下午，田成业把装裱好的"凤求凰"挂在房内正对床头墙上，靠着床头远看，效果不错。时已下午，该不该打电话叫苗青来？往常这时刻苗青是不肯出门的。忍不住烧心的欲火，给苗青拨了电话，希望苗青听到他迫切的声音能够破例。苗青却说："我得给他准备晚饭，这时候不能出去。"

至少找了五条理由，田成业才说服自己打消了心里鼓涌的那些怀疑和沮丧。

第三天吃过早饭，田成业借口找同事询问事情，及早出门，乘出租车到苗青家院门外打了电话。十分钟后，苗青花枝招展地出来了，穿一件海蓝色白翻领白袖口的卡腰连衣裙，头发也是新烫的，波浪一样拥护着面庞，格外明丽。

绵柳村的村路全是硬化的，出租车左弯右拐直开到院门口。进门时，与出门去地里做活的女房东碰个照面，田成业得意洋洋地介绍："这就是我老婆。"

两人走过院坪，院里很静，只有一楼中间户的老头正在门口打盹，对眼前走过的两人毫无反应。上楼开了封闭走廊的门，再开房门，苗青已对外部环境感到满意，"挺亮堂的，走廊全是阳光，到冬天也不会冷。"

进房门，田成业从背后抱住苗青细腰，要撩开脑后披发亲她的后颈，被苗青推开，"门没关，急什么？"

对房里简单的陈设苗青没说好也没说不好，只顾低头整理衣裙的下摆，用手指梳理被田成业弄乱了的头发，对着镜子说："这镜子不错，挂得高低也合适。"

"你看这条幅怎么样？"田成业暗暗警告自己别像久没见肉的馋猫，把鼓荡的情绪调动到字幅上面。"

苗青漫不经心地看一眼，坐在床沿上说："我俩要买个小锅，电炉子，日后再来可以做饭吃。"

田业成笑了："在这里做饭，得准备全套的炊具，刀、刀板、碗筷盘子，油盐酱醋样样不能缺。我们只来这儿睡觉，吃饭去外面。"

"我喜欢自己做饭吃，外面吃买饭又贵又不顺口。"苗青对镜挑弄披在肩上的头发，"这裙子好看吗？"

"好看。"

"这发型呢？比扎起来的头发，那样儿好看？"

"当然是这样的大波浪披发好看。"田成业不是恭维，苗青的脸型神态，与波浪披发搭配起来，妙不可言。

苗青又对着镜子说："下回来之前，你把小锅、刀板和电炉子买好。碗盘菜刀油盐之类的我从家里拿几样过来。来的时候顺路去菜市场买点萝卜、西红柿、黄瓜、香菜，来了下方便面吃，我最爱吃西红柿方便面。"

这样的计划安排似乎说明苗青对两人相处有着实际的，长远的打算。田成业满口应承下来。

见田成业猴急的样子，苗青看了看床上的褥子床单，"我的裙子怕压，我俩怎么来？"

"怕压还不把裙子脱了。"

"脱裙子要把头发弄乱哩，就这样吧。"说着把裙子下摆反卷到腰部，要脱裤袜。

"不成！这算什么？了差事似的。"田成业的情欲被一种无形的东西往下压着，"你得把裙子脱掉。"

苗青游移了一阵，转身让田成业拉开后背上的拉锁，很小心地从头上脱下裙子。裙子下边，穿一件棉布背心，下边全破了，丝丝缕缕的。田成业惊诧不已，"你怎么穿这么破的内衣？"

"这是纯棉的，穿惯了，穿着舒服。"

"这么破，还穿它干什么，该扔了。"

"里边穿的，别人看不见，能穿几天算几天，扔了可惜。"

田成业怜悯起她来，心里打定主意，给她买两件像样的内衣，让她扔掉这件破的。

上了床，苗青硬着脖子半仰着头脸，田成业说："枕头枕巾都是新的，你把头枕下去嘛！"

"枕下去就会把头发弄乱。"苗青叉腿让田成业动作，却不肯把头枕在枕头上。

事后，田成业不无怜爱又不无失意地说："你的头发难道比我俩在一起的感觉还重要吗？"

"头发压乱了回家会被他看出来的"。

田成业回味着在她体内的感觉，觉得只要主题突出，没必要苛求她顾及每一个细节。便一边抚摸她肩头一边说"墙上这幅字里讲着一个故事，你想听不想听？"

苗青答非所问，"跟你商量一件事吧？"

田成业估计又要说钱的事儿，心里反感不想表态，苗青却我行我素地说了出来，"我俩租了房子，往后三天两头就得过来。这里不是旅店，我俩来了可以做饭吃，可以耍扑克牌，晚上还可以住下来。我给他说在一个公司找了一份送材料的活儿，这样，你随叫我就能随时出来。但你得答应定时给我些钱，只当是给我的工资，行不行？"

苗青把话说到这份上，田成业觉得没道理推卸。只是觉得这样一来，两人的关系始终要在交易的阴影下横向发展而不能纵深加强，与他结识苗青的初衷相背而驰。但不这样，她就有可能受到钳制和委屈。田成业反复思量，觉得失去苗青要比失去些钱财更让他疼心，就佯装大度地应承道："成！每月定时给你三百元。"

苗青高兴得在他肚子上拍了一掌。

田成业想给苗青讲说司马相如与卓文君的故事。认为一株被生活垃圾包围的树木，只有使劲地浇水施肥，才不至于使她枯槁。苗青的反应是把一条美腿压在他的腿上说："今天就把这月的工资给我好不好？我回去交给他，他就相信我真找了一份活儿，以后就好出来了。"

前提答应了，推诿只能说明自己没有诚意。而诚意终究会感化一个人的，

"行！我再多给你六十元，买两件内衣，别再穿这破衬衣了，这么美的一个人，光外表好看不够，要里外一致才行。"希望苗青能听懂他的双关语。

穿了连衣裙，苗青让田成业拉上后背的拉锁，田成业捉住拉锁手柄小心着往上拉，破内衣的布索夹在拉锁中，上不能下不能，捣弄了半天才弄开。苗青一直咯咯地笑着，笑得那么开心那么爽朗，让田成业觉得不该把她简单地看成一个"卖"的女人。

33

"腾空大厦"是腾空房地产开发公司在投建"天下第一"小区的同时投建的一栋高规格写字楼。作为腾空公司给建国五十一周年献礼的标志性形象工程，新千年第一个国庆节前投入使用。不及半月，四层以上近八千平米的房间全被租赁。四层以下四千多平米的临街商用房由公司自主经营，开辟大型的餐饮娱乐场所，命名为"凌绝顶俱乐部"。

该大厦坐落在市内繁华商区黄金地段。左邻"新世纪"大型超市，右邻"娇娇服装城"和与其垂直交汇的步行商街，前面是西宁市第三中心大道五四大街，右前方是正在热建的日月广场。

处于如此优越的中心地段，"凌绝顶俱乐部"开业初始就形成了自己的强势。以餐饮、娱乐、洗浴为主的综合性服务项目，以低于西宁市其它娱乐场所的价位以及刚刚面市的全新形象，加上长达百米的光怪陆离的霓虹灯招牌，向外界展示和炫耀着"腾空"的经营个性和领军都市娱乐业的强势地位。

每当夜暮降临，"凌绝顶俱乐部"的霓虹灯率先亮起来，陆离斑斓的灼灼彩光招唤那些热衷于夜生活的人们鱼贯而入。第三大道由此变得异常丰富，车流、人流都在它的强势光照下镀上一层梦一样的奇幻色彩。所有从它门前经过的人们，都会对它时尚的气派产生审美兴奋，进而对它的经营内容产生猜度和向往，再而跃跃欲试。

走进四名保安肃立的正门，在豪华吊灯镀满了暖色的门厅和铺着猩红地毯的宽大楼梯左侧，有一个不起眼的小门。说它不起眼，是它的门扇和整面墙壁都被素雅的壁纸覆盖，不知情者看不出这里有扇小门，除非门扇正好被打开。走进这个小门，是一间五十多平米的宽大房间，靠门一面墙壁被高可抵顶的衣橱布置，对门墙壁下一溜排放十几把靠背木椅，一角设一台办公桌，桌后是高靠背真皮转椅。房间没开顶灯，只亮着四盏造型别致的壁灯。柔和的光照交叉散布在整个房间，始终是让人产生半梦半醒感觉的低调气氛。

这，是田健办公的地方，也是俱乐部三十名保安开会和班间轮休的场所。

田健每天下午六点前来俱乐部接班，到次日凌晨八点交给另一位负责俱乐部白天安全的队友童志。为把生物钟调整得与俱乐部营业时间同步，起头半月田健靠咖啡提精神。一个月后他已经离不开这种苦焦味中含着甘甜的饮料。喝来喝去，就是到凌晨三四点别人犯困的时候，他的眼睛像发情公猫一样闪闪出彩。他的职务是俱乐部保安小队队长，负责俱乐部内外环境安全和营业秩序安全，处理诸如顾客对服务不满意而与员工发生的一般性纠纷和投诉，负责检查三十名保安成员的工作、作息和着装，召集他们通报情况商讨工作。从俱乐部试营业起，他的工资由六百元涨到一千元，一月后又涨到一千五百元，这让田健暗暗得意。省委省政府工作不满一年的公务员，事业单位中低职称的人拿得都不比他多。田家门里工作的年轻人中，他的工资最高。是这个工作岗位和环境给了他更多的机遇，让他近距离接触了西宁市不少的头面人物从而增强了做人的信心。而且，这种信心和自豪一旦产生和形成，就在他的生命中固定了下来，使他一扫往昔的自卑自艾，对前途有了十足的信心。

话得说回去。

一月前，"凌绝顶俱乐部"开张那天，腾空房地产开发公司自主经营的"腾空宾馆"、"腾空大酒店"、"腾空肥牛火锅城"同日开张。公司请来了青海省、西宁市两级众多要员参加开张典礼。省委常委、省政法委副书记展羽飞，省人大副主任闵升，省政协副主席陈明言，省分管财政的副省长巨树，省公安厅副厅长安保久以及西宁市市委副书记、副市长，市银行行长等等贵宾参加了剪彩仪式。剪彩仪式在军乐队雄壮的铜管乐和八十串千响鞭炮的轰鸣中进行。巨树副省长在众要员的簇拥下宣读了精彩的祝词，代表各位领导做了即兴讲话。剪彩后，徐总经理和几位副总经理引导这些气宇轩昂，衣冠楚楚的贵宾参观俱乐部的营业场地和项目。田健由徐总特意指派，选拔十名精明干练的保安队员，换上西装革履的礼服，紧随要员们身前脑后，保障他们的安全，在他们参观停留时拦堵那些想一睹尊容威仪的围观群众。这是田健生平第一次接受的神圣使命，也是他头一次近距离仰睹这些父母官的尊容威仪，听他们的金口玉言，内心充满了莫名的兴奋和紧张。省级干部，在封建社会就是皇帝册封的封疆大吏。他一个平头百姓家生长的毛头小伙，往昔只能在电视上看到他们的官仪官威，总感觉有一层无形的屏障，可望不可及。此刻却如此贴近地走在他们身边，闻到了他们身上的烟味汗味，听到了他们很随常的说笑和或粗重或急促的呼吸声。有那么一阵，他以为在梦中。当他被脚下地毯的边沿绊了一下险些栽倒后，他确信一切都是真实的。大人物身上往日的光环一瞬间消失了，成了真切而具体的凡人。一种空前的自信又升腾起来。

　　贵宾们在徐总引导下，参观了俱乐部各具特色的娱乐区域。在各区域重点参观了代表每个区域特质的设施和处所。在"天山风"大厅门前，徐总经理让负责创意和设计的乔总工程师讲解这个处所的功能和娱乐项目。乔总用手绢揩一下额角和嘴唇，毕恭毕敬对贵宾们说："考虑到西部大开发将会吸引五湖四海的客商来青海省西宁市投资创业，也少不了周边国家的境外客商前来选项投资，我们策划中打破了本土意识，在内部设施和装潢风格上突出了"天山风"的地域情调，以地域文化为主题，营造出伊斯兰文化氛围。"摆手躬腰让要员们进入大厅。三百平方米的主厅内，四面墙壁全被巨幅数码喷绘图景覆盖。一面是蓝天白云皑皑雪峰和峰下的松树牧场，一面是杨树林畔的清溪和葡萄架浓密花影下幽深的小路；另一面是散布着黑牛白羊枣红马的起起伏伏的草岗花坡……每幅壁画间点缀着小幅的抽象派油画和精编的尼泊尔挂毯，顶棚上的几组吊灯和沙发几座上的摆设，全是波斯风格的金属瓶罐和象牙雕刻工艺品。装在墙壁内的隐形高保真音响正播放着"天山亚克西"欢快的旋律。众要员看了，啧啧称好！

接着参观了强调巴蜀文化主题的"巴山雨"，体现盛唐历史积淀的"长安道"……贵宾们称赞"腾空"公司在开创商业空间时，不忘弘扬华夏文明的卓越的创意，说说笑笑地来到"秦淮河"门外。巨树看了紫檀木石绿舒体字的门头匾额，笑着对徐总说："这'秦淮河'里的文化主题，体现得一定是细腻灵秀的江南意韵吧？"

"正是。"徐总让贵宾们走进了"秦淮河"，顿时，古色古香的典雅意韵扑面而显，众人先是一阵喝彩。这里主厅的三面壁画全是新兴材料特制的，一面是灯光水色相映的"秦淮河"夜景；一面是细雨烟云小桥流水乌蓬船的水乡古镇；另一面是南京夫子庙苍松翠柏掩映的粉墙青瓦的书馆画坊。几面壁画的间隙，张挂着苏绣条屏和西泠印社的金石字画拓片。壁下，是几组红木或紫檀木的古典式雕花靠椅和束腰高几。顶上一组吊灯，地下整块地毯，都是吴越文化的全新体现。"春江花月夜"的柔曼旋律似有似无地在四壁间流溢……贵宾们张目四顾间神清气爽，不禁七嘴八舌地说出赞美话来。

又参加了几处，贵宾们经过二楼过厅的时候，徐总经理请求领导们讲几句观后感，对俱乐部的发展做出指示。要员们谦让了一阵，公推巨树代表大家讲话。巨树从人圈中往前几步，声清气朗地说道："参观了俱乐部这些各有文化主题和地域特色的场馆，我才明白俱乐部为啥命名为'凌绝顶'。腾空房地产开发公司以唐朝诗圣杜甫诗句"会当凌绝顶，一览众山小"的意境为俱乐部命名，既体现了一种文化理念又体现了一种经营气魄。俱乐部各场馆的设施和布局创意，都深化了这一主题！这个主题就是：'凌绝顶俱乐部'将成为青海省西宁市餐饮娱乐行业中的顶尖企业，它虽然是商业经营场所，但如此着力地强调它的文化内涵和品格，是我省我市物质文明建设和精神文明建设同步发展的典范。我希望并相信，'凌绝顶俱乐部'在开发公司高层管理层和员工们的苦心经营和着力打造下，成为青海省西宁市的先进商业企业，成为省市纳税大户，为西部大开发和青海省西宁市的经济建设做出积极贡献，谢谢大家！"

一阵热烈的掌声中，巨树向公司在场的员工们致意，目光在田健脸上停留了几秒，并向他点头微笑，笑得那么友善那么平和又那么热情。从那一刻起，田健就对自己有了信心，一种随时让他感到充实，感到自豪的信心。

也就在那一天，当众要员从各式轿车下来，集中在俱乐部门前充气拱门下的朱红地毯上面，到参观完毕上车去赴宴之前，田健在众贵宾中搜寻着顾老太的儿子，市上的秘书长，打算认准后找机会上前说几句感谢的话。可他看不出哪位是他的恩人。要员们的姿态和气魄都十分相像，目光和神情也都是睿智高傲的。他又不敢问人，只好等徐总介绍贵宾名字时把顾秘书长认出来。不料，徐总介绍几位省级领导后，以"等贵宾"三个字概括了后面贵宾的姓名。不得已，趁乔总工程师上卫生间，斗胆问了一声，乔总回答说："顾秘书长去新疆考察去了，不在场。"

开张后的一星期，公司派去外地招收员工的高级职员先后回来了，分别带来了从长春、成都、南京、武汉等地招收的几十名妙龄女员工。对这件事，开张前后徐总只字不提。这让田健高兴之余有点被人蒙住双眼拉磨的感觉，可他已经没有回头的余地。

这天，田健五点四十分到达俱乐部，交接班完毕，等童志离去，他把用提包提来的小铁皮盒子取出来。徐总给他分配的办公桌有两个吊柜，三个抽屉，都装着保险锁，钥匙由他掌握。办公室门上两个锁孔，他与童志各拿一套钥匙，童志没有办公桌的钥匙。他认为把铁盒子放在这里要比放在家里安全。上次田成海引来生人在家翻找广告的事，在他心里种下后怕，每每把他从梦中惊醒。他双手捧着铁盒摇了摇，心痒手痒真想打开双锁看看，放在里边的东西会不会有什么变化，可他忍住了。办公室随时有保安队员进来请示工作，或休息抽烟喝茶，万一被人撞见就完了。他刚把铁盒放进中间抽屉上了锁，保安小崔推门走进来说："田哥，有一辆宝马车停在十三号停车位上，车主不让我把牌子盖在他的车牌上面，怎么办？"把拿在手里的两面特制的萤光车牌给田健看。

田健问："公车还是私车？"

"好像是私车。"

"你去落实一下，要是私车，听车主的。要是公车，给他说明利害，不管他同意不同意，都得把我们的牌子盖上。"

小崔转身要走，田健叫住补了一句："这种事你自己解决，别来请示。原则是私车听车主的，公车都得把原车牌堵住，车主不同意也要堵上，这是为他们好，他们没道理不同意。"

小崔应诺着走了。

田健庆幸多亏没打开铁盒子。

田健冲了一杯咖啡，用摇控器打开办公桌对面吊在墙角支架上的三十四寸纯平彩电，选出中央五套体育节目，仰在高靠背真皮转椅上，看篮球比赛，喝咖啡。

在门厅总台前巡视的保安小赖急慌慌进来说："田哥，有人在总服务台前闹事，你去看看吧！"

"几个人？为啥要闹事？"

"就一人，说我们这里啤酒收费太高，不肯付账，收费的小金跟他争讲几句，他拍柜面踢柜台地大叫大嚷起来，说他是物价局的人，知道价格，要告我们。"

田健不想与这种人正面交锋，对小赖说："把他撵出去就成了。"

"他喝了四瓶啤酒，耍赖不交钱，撵出去，不是白喝我们的啤酒？"

田健同小赖来到一楼大厅总服务台前。与小金争讲的男人四十多岁，中等高儿，从面容和说话语气判断，不像公务员。"你别大喊大叫的，这是公共场所，有话好好说。"田健用客气的语气说。

那人见出现在眼前的是个五大三粗的青年，粗蛮之气减了三分，"外面半斤装的啤酒只卖两块钱，你们为啥一瓶收十块？这是牟取暴利，是赚黑心钱！"

田健叫小赖找来一个半斤装的空啤酒瓶，亮在这人眼前，"你大概没看清，这种琼浆牌的半斤装啤酒是厂家专供我们的产品，出厂价六块，市面上没有这种高档啤酒出售，你从哪儿看到这啤酒一瓶卖两块？"

那人拿住啤酒瓶假模假样看了几眼，"你们的酒吧灯光太暗，我没看清，不过也没道理收十块一瓶。"

"我们这是把损耗和服务成本加起来的标价，顾客要得多，还可以商议打折。你只消费了四瓶，全喝光了，就该按价交费。"

"那也不该收十块！反正你们按十块一瓶收费就是牟取暴利，赚黑心钱，宰顾客！物价局规定，市面上饮料酒类的利润最高不得超过百分之二十，你们超过了百分之五十！不是牟取暴利是什么？我不交！有本事我们一起去物价局，去消费者协会……"

田健估摸这人酒量小，喝了四瓶半斤装啤酒就摇摇晃晃红眉胀脸地装醉汉耍赖，先用好话讲理。此刻听他对饮料、酒类的物价说得头头是道，不但没醉，闹不好真是物价局的人。就说："别的多余话我不跟你说，我们是明码标价，你要觉得贵，就别消费，消费了，就得按标价缴钱，这没什么商量的！"语气硬了起来。

"我偏不交，你能把我怎么样？"

田健一下子火了，虎起脸色撕住对方深红色韩国丝 T 恤衫，扭头对小赖说："小赖，你去找条绳子来，我把他捆了抬到物价局去。"

对方被唬住了，挣脱田健如钳大手，一边掏钱一边嘟囔，"你们这是黑店，是强买强卖牟取暴利，赚黑心钱，我要告你们去。"扔下四十元，整理一下被撕抓歪皱了的衣衫，嘟嘟囔囔地走了。

小金在柜台里笑眯眯地说："这种人就得这样治。田哥，谢谢你！"

俱乐部开业一月多，这是田健处理的第一起顾客无理取闹的事件。虽然很小却让田健感到得意。

电话铃响了，田健提起话筒，是徐总打来的，叫田健去近旁的腾空宾馆十一楼1188房间，说完挂了电话。

田健走出办公室,给门口四位保安叮嘱了几句,从旁边的腾空洗浴中心的一条通道进入宾馆门厅,乘电梯上十一楼,敲响1188号房门。

这是一个豪华套间,陈设豪华典雅。徐总一个人在房内,靠着双人床的坡形软垫床头抽烟,指一下一旁的沙发让田健坐下。田健客气一句,没坐,站着听徐总说话,比坐下来显得有教养。徐总问道:"一月来干得怎么样?"

"很好。"

"给你的工资还满意吧?"

田健诚惶诚恐地说:"满意!十分地满意。我没想到徐总会给我这么高的工资。"

"你应该想到。眼下还在试运营中间,暂时再不能多给。等经营走上正轨,有可能再给你涨点工资。好好干吧。"

"我一定好好干,请徐总放心。"

"听说刚才有一个声称是物价局的,喝了几瓶啤酒不交钱。你认为你那样处理的效果好不好?"

田健心里一紧,刚刚发生的事徐总就知道了,可见他的一言一行都在老总的严密监控之下,不禁出了一头热汗。"我头次处理这样的事,有什么不对,请徐总指正批评,我虚心接受。"

"来俱乐部消费的,三教九流的都有,日后遇到这样的事,得多动脑筋。就算他是一个冒充物价局工作的人,我们也得设法叫他快乐地消费,而不是把他来俱乐部消费的念头和热情弄灭。人都不来俱乐部消费,我们挣什么?如果他真是物价局的,就更得小心。他的口气那么大,说不定仗着什么背景。如今社会的人际关系十分复杂,一个看着不起眼的人,说不定能通天。日后再有这种事,多一个心眼,想方设法让他把钱痛快掏出来还没话好说,这是一门学问呐!"

田健唯唯诺诺地应答着,惭愧自己学识浅薄,头脑简单。心里暗下决心,日后要多向别人学习请教,做出样子叫徐总看。

徐总从放在枕头下的皮夹包内取出几个牛皮纸信封,放在床上说:"我明天要去成都谈一笔生意，今天托你办件事。这五个信封分别装着数量不等的现金，信封上我写好了开户行，户主姓名和账号。你按我注明的开户行，把这五份钱分别存入五个人的账户，把回执收好，等我回来给我。这事只许你一人知道，明白了吧？"

"明白了。"田健的第一反应是徐总对他是绝对信任的，可接住五个沉甸甸信封时脸上显出迷惑的神色。徐总看了出来，笑着说："下海打渔的人得敬奉龙王，上山打猎的人得敬奉山神。就连你们上坟，先得祭敬土地爷。我这样说你就明白了。这事只能办好，不能出差错，一定要按信封上写的办，别搞乱了。"

田健庄严地嗯了几声。五个信封的轻重不同，按最轻一个信封的薄厚估计，少说装了一百张百元的钞票。把信封珍重地揣进怀里要走，徐总叫住说："你想没想我为啥要托你办这件事情？"

"只要是老总托办的事，我一定尽力办好，别的事我不想。"

徐总笑了，"我认为你是值得依赖的人，才把这种事托付给你办。还记得我让你送给公安局司马副局长的那份匿名信吗？那是我对你的一次考察，信封里只装一张白纸，什么也没写。司马局长接了信封就交给技术科做了痕迹鉴定，除了我的指纹，没别的指纹。"笑了笑摆手让田健离开。

田健走出 1188 房间，心还在一紧一紧地跳着。

34

依据饭馆营业半年的经验，周一、周二的生意比其它日子清淡。饭馆里有田壮、高洁梅，以及后来的伊承新同心协力操持着，田成功有了宽余的时间和心思料理家务。经过深思熟虑，决定把两个兄弟召集到家里，商定几项欠拖未决的家务要事。

这天，田成功赶早起床，打算找一个合理借口，在两兄弟到来前把父亲支出去。这次家务会谈的核心问题是父亲的养老，如果弟兄们意见不统一争执起来，会让父亲难堪。

父亲睡觉的小房间门虚掩着，被褥已叠摞得整整齐齐，床单也是抻过的，没有一点皱折。父亲在他起床前就出门了。一定是父亲意识到今天三个儿子儿媳碰头商议家务，自己夹在中间会让儿子媳妇们为难，主动避了出去。

九点前，田成业、孟慧来了。孟慧进门就脱掉外套给田成功打扫房间，"这家里没有女人就是不成，这地几天没扫？桌子几天没抹？饭馆里再忙，也不至于没一点时间扫地抹桌子吧？"操起扫帚对田成业说："你俩先去小房里说话，老三两口来之前我把房子打扫干净。"动手扫地。田成功田成业进小房间说话去了。

孟慧刚把房间收拾清爽，田成才孙雅萍领着军军来了。孙雅萍进门就叫嚷起来："他大大呢？叫我们早点来，他大大怎么不在房里？"听见动静从小房间出来的田成功刚一照面，孙雅萍就说："要说啥事快说，我给军军许下了，中午十二点把他送到他姥姥家去。也给他姥姥打了电话，叫她十二点在家属院门口接军军，要是去迟了，他姥姥又有说头了。"

田成业说："听你口气，你跟亲家母的紧张关系缓和了？"

孙雅萍笑了，"有强强和军军夹在中间，不看手心还得看手背。反正这次我给强强两口讲明了，往后一家一个月轮流着管军军，谁家领过去不按时送回来，就由谁家负责军军下学期的学费。"

"要是双方都自觉，学费谁出？"田成业笑着插了一句。

"这次说定了，上幼儿园的日子轮到谁家，谁家就出学费。"

围绕军军说话的工夫，田成功给兄弟和兄弟媳妇倒了熬茶，提把椅子坐在两兄弟对面，言归正传："今日坐在一起，主要是商议阿大的赡养问题。往年，阿大在我们三家轮流过日子，一家半年，过好过歹地过来了。有时为了碟大碗小的事争讲几句，也是有的。好在阿大力炼[①]着，平时头昏肚子胀，

[①]方言，意为健康。

吃几片药也就没事了，这也是我们后人的福分。孔秀去世后，田壮又开了饭馆，没日没夜在饭馆里忙着，家里空荡荡的，我就把阿大从老二家接了过来……"

孙雅萍打断田成功的话："他大大想说啥就直说，眼看十点了，这么远天远地地说，说到后晌也说不完。"甩手打开田成才试图阻止她的手势，"你的话音儿我也能听得出来，直说了，能定的事就快点定下来，反正十二点前我就得走。"

田成功只好把铺垫的话省略，直接入题："既然军军奶奶没耐心听，我就直说，如今阿大在我家里过，再用不着轮流到你们两家去，但阿大的生活费用，还得三家平出，本来……"

"别本来不本来的。"孙雅萍又打断大伯的话，"你就说，一家出多少？是一月一月地出，还是攒到一年一次性地出？"

田成功避开孙雅萍直刺的目光，扭头对田成业说："老二你说，一家一月出多少合适。"

田成业明白，老大要与他结盟对付老三媳妇，就说："一家一月出二百吧。至于一月一月出还是一年一满地出，等定下钱数再说。"

"二百？一家二百，三家就是六百，军军他太爷还有三百多退休费，加起来九百多块。一个老汉一个月能花掉九百多块吗？"孙雅萍甩手拍一下田成才膝盖，"你总是把嘴夹在尾巴根里不出声，你不是有你的想法吗？快说出来！"

田成才垂着头嚅嚅嗫嗫地说："我的意思是，阿大轮流在三家过活，每个家里都是按自己家里的条件安排阿大的吃喝。如今不轮，要三家均出，出的只能是阿大一人的生活费。照阿大在我家里的花费，一月顶多花掉四百块。大大地估，把吃药的钱也加上，六百足够了。我的意思是一家出一百就成了。"

田成功心里涌动一股暗气，尽力忍了忍，说："阿大的退休费是公家给的，这份钱是阿大辛苦一辈子公家给的养老费。有这份钱自然好，如果公家不给这一份钱，我们还能指靠吗？阿大的退休费我们不能算在中间，由阿大随心机花去。生活费六百元，按时下的物价、消费水平，只能勉强搅下来。"

孟慧眼看墙上一块因钉钉子脱落了墙皮的砖疤说："这样说才有道理。"

"照你的意思，我那样说就没道理了？反正我们家没你们两家收入高，说话口气就大，出一百我们也得用头研出来。"

田成业说："如今田健有了工作，听说一月挣一千多块，算起来，比我们的收入都高。"

孙雅萍张嘴要说，见军军拿着一只饮料瓶进了厨房，担心军军去水龙头接生水喝，撵进厨房给军军叮咛了几句，出来站在厨房门口，一边照看里边的军军，一边说："健健手把子大，你们不是不知道。如今挣了几个钱儿，三天两头跟狗屁朋友们下馆子喝酒，进健身房锻炼，一分钱儿也没给家里。再说了，他挣几个钱儿还得为他日后娶媳妇打算。军军大爷爷刚才说公家给爷儿的退休费不能指望，我看田健挣下的钱你们也别指望。"转身进了厨房，接着训斥军军的声音飞了出来："叫你甭喝冷水你偏不听话，喝冷水肚子疼了咋办？眼看一个老先人都顾不过来了，你这个小先人病了，谁给你钱治病？"大约揪了军军耳朵，军军尖声哭起来。

外面的人相互望了几眼。

田成功明确了三家的态度，为防止因五十元争得红脸，决定采取折中的办法。等孙雅萍哄住军军从厨房走出来，田成功以老大的权威口气说道："赡养老人是我们的义务，别总想着逃避义务。既然老三家认为二百元太多，我取中，一家一月一百五十元。就这么定了！自家的困难自家去克服，哪怕吃糠咽菜，也不能亏待了老子。就这么定了，一家一月一百五十元！"最后两句是用庄严的语气说出来的。

田成才、孙雅萍对望一眼，只好同意。考虑到老人的身体状况一年一变，三个家庭都有各自的开销花费，避免积在一起产生压力，三家都同意按月把钱交到田成功手里，由他安排老爷子的衣食住行诸般用费。特别强调了一项，平时头疼脑热的吃药费用贯在这四百五十元中，得了大病住院治疗的所有花费，由三家均摊。

"一家一月一百五十元费用从啥时候算起？"田成才问道。

"我是这样想的。"田成功胸有成竹地说："再过一月多就过年了，年前这些日子的花费，我当老大的给老爷子尽义务。从明年正月初一开始，每月月头上都把钱自觉交出来。"田成功说自觉两字时瞟一眼老二，意思是这话说给老三媳妇听的。

孙雅萍自然听出了老大话里的特别提示，说："我们都自觉把阿大的生活费按时交给老大，可老大也得自觉地把我们该拿的钱给我们。"

突兀的话让在座的人面面相觑，不明白孙雅萍的话因何而出。孙雅萍冷笑笑，"你们别装作不知道，老院里那三间房子收得房租，怎么悄悄地不说。"

田成功不无愧疚地笑了一下，"这事军军奶奶不提起，我真给忘了。元旦前浙江人把去年一年的房租给了我，按当初他租房时定的，一月三百元，一年三千六百元都给我了。我把它单另存在一个折子上，定期一年，由我保管着存单，记得当时给老二老三都说了，以为老三给你说过，就把这事给忘了。"

孙雅萍向田成才撇一下嘴，"我记不得他给我说没说过。就算说过，我也得问一声，这钱存下来做什么？这是三家的钱，收了就及时平分了才对。"

"这事你别胡搅。"田成才瞪住孙雅萍说，"这钱当初定好要存起来，为阿大日后看病和抬埋时的专用。"

"专用不专用在这儿说只是一句空话。"孙雅萍也瞪住男人："钱存在折子上，该给我们婆娘们看一眼吧？"瞟了孟慧一眼，"要不，应该把存折轮流保管，互相监督，免得被谁挪用了，到急用时只拿个空折子出来。"

田成功起身要把存折取出来，一为证实自己没挪用这笔钱，给孔秀住院治病办丧事都没敢挪用，二为免除三家为这钱扯皮生疑影响和气。却被田成业拉回到座位上，"家家都得有个规矩。我们家的规矩就是老大要做主儿，存折轮流保管说得是屁话！大哥你得拿出老大的样子来，别总是由着别人……"

田成功担心老二这样明显维护自己会使老三感到不舒坦，打断田成业的话说："军军奶奶想得也是好心。我们都有了点岁数，一旦犯恍惚把存折找不到，就个家给个家做难了，存折轮流保存也有轮流保存的好处……"

田成业截断老大的话，"你要怕人说话，干脆把存折交给阿大，由阿大保存也成，自由支配也成，免得别人眼红这份钱。"

孙雅萍张嘴要争讲，被田成才鼓突的眼仁顶了回去。

田成功说："阿大岁数大了，时常犯糊涂，存折交给阿大，啥时候弄丢了都说不清楚。"顺着这个话茬，也趁着三兄弟全在，没有小辈在身边，田成功决定把元旦夜发生的事说出来。"有件事，早想告诉你们，总没个省心的机会。今天三家大人都在，正好说起阿大犯糊涂的事，我就把这事明白告诉你们。"一五一十把元旦夜父亲走错路，被发廊小姐诓走三百元的事说了出来。最后说："我一直压着没说，是怕谁听了这事沉不住气，无意中透露出去，叫儿女们听进耳朵里，对阿大，对我们都不好。这事过去一年了，我知道老三两口对这件事还疑心着，总认为我当老大的在成心隐瞒着什么。说明白，意思是将后多操心阿大的起居行动，别再发生这样的事情。"

孙雅萍冷笑两声："我说呢，那一阵子你们兄弟到一起神神道道的，原来出了这么丢人的事儿。话说到这儿，我就不能不再说几句。阿大原来在我家吃饭，你们非要叫去吃什么年夜饭，又让阿大喝酒，喝了酒又不快点送回来，又叫他去看什么焰火。这么三刀两棒的，不出事才怪呢！多亏是在老大家喝的酒，又从老大家走出去'犯糊涂'的，"她把犯糊涂三个字一字一顿说得重而缓慢。"要是在我家喝酒走出去被鸡儿诓去三百元钱儿，那就了不得了，非得给我们降个大错不可……"

田成功脸上红一阵青一阵的，田成业打断孙雅萍的话说："他婶婶，不是我实在听不过去，而是你的嘴太碎太刁了。什么事儿，一说起来，你都要说下一大堆斜话哩！这样子，家里能有个平和日子吗？"

孙雅萍红了脸要强辩，被田成才大喝一声唬住。孙雅萍没趣，对玩耍的军军说："军军，走！我们走！叫我们来说事儿，又不叫我们说话，说几句又成了斜话，走！我俩见你姥姥去。"起身要领军军离开，孟慧急忙拦阻劝解。孙雅萍鼻孔喷着粗气听完孟慧的一大串好话，才重重地坐了下来。

不说田家三兄弟如何平息眼前的难堪，化解心头的积怨，商议琐碎的家务。

且说田寿清早从家里出来，去南关街吃了杂碎，在街上且走且想，老大今天召集老二老三在家议事，一时半会去不了饭馆，往日由老大承担的剥葱剥蒜择菜的事就得耽搁。不如趁便先去饭馆，一来看看田壮伊承新他们，二来帮他们做点碎活，免得人少转不开误了生意。

路过民生街东端的一号院，发现韩乙布拉的甜醅车子不在门洞左侧。怅然四顾，不是换地方了，而是没有。不禁猜测起来，一年三百六十五天中除了尔德节不出摊的韩乙布拉，今天怎么没来？是家里有婚丧嫁娶的大事？还是做甜醅的青稞短缺，出门收购原料？想着，看见铁皮小房子的窗户开着，坐在里边的老谭正嘬住壶嘴喝茶呢。前段日子听老大说，老谭替小偷打开人家门锁，被派出所警察叫去审问，以后铁皮房一直锁着。不知老谭受了什么处理，如今开窗做活，大约没什么要紧。

街道两边的摊贩们正在摆摊。卖小吃的摊主们扎着围裙，有的正在擦抹桌面；有的正从大盆中往外捞取串在竹签上的土豆片香肠段海带条等等，码放在玻璃罩柜中；有的已经把包好的锅贴排进平底锅里，往上浇油加水……布摊上，年轻的回民摊主正把木案上的布匹理成布束搭挂在前面的横杆上，布匹板在他拉动下翻滚着身子。搭挂好布束的，正用双手细致地梳理下垂的布束，让布束一条靠压着另一条，层层地垂挂起来……用架子车拉来日用百货小电器等东西的摊主，从鼓囊囊的黑色大塑料袋或纸盒中一件一件地取出来，顺序排放在木板搭起的货案上边，一边摆放一边与旁邻的摊主交流着生意经。那声清气畅说笑着的，大约几天来卖得不赖；那沉思不语唉声叹气的，似乎连续数天没有赢利，正在暗自抱怨自己的财命……民生街与民权街交叉路口西南角，几个女人守护着几乎被行人拥倒的羊毛衫货摊，一人在高声吆喝，手里抖着一件紫红毛衣，缀饰在领口和袖口的金属晶片在太阳光下闪闪耀眼……

民生街西端南边临时围墙内的施工工地静悄悄的。起了一半的楼房外围罩着绿色防护网，只显着网内纵横交错的米字形钢管支架。桔黄颜色的塔吊在楼房一侧巍然耸立，吊臂横在虚空，居高临下，守护已经停工的工地。没有工地上机械的嚣叫，民生街西端街道显得比正常年份的冬日还要冷清。

　　饭馆门前街面打扫得干干净净，扫前洒了水，洒得多的地方结成了蚕豆大小的冰斑，白白地显在灰色街面上，在冬日弱力阳光下，似化非化的样子。饭馆里也打扫得纤尘不染，桌椅擦抹得亮着暗黄的漆光。柜台后边货架顶端，财神像前香炉中的三支线香已燃去大半，袅袅升腾的香烟被田寿进门带入的寒气冲得扭曲涣散。

　　戴着白色无檐软帽，穿着蓝大褂的田壮与花圈铺的万花花面对面坐在一张饭桌边说话。见田寿进来，田壮起身给爷爷请安，让坐。田寿说："你们喧着，我去厨房看看。"径直走进厨房，高洁梅坐着小凳在红案一侧择菜，红案上放着一块牛肉，案边摊着已经剥好的葱、蒜苗、香菜，面案上码着回好的面基，苫着油漉漉的塑料苫单，煮肉的大锅冒着热气。

　　"伊承新呢？"田寿四处寻找坐的板凳。

　　"这几日早上客少，我叫她多睡会儿，晚点来。"

　　田寿用巴掌揩去眉毛上的水气，对高洁梅说："你去外边缓会儿，剩下的菜我来择。"

　　高洁梅笑着说："哪能叫你老人家择菜。葱、蒜苗我已经剥完了，余下洗菜的活儿更不能叫你老人家做，你去外面坐着吧，要没吃早饭，叫田哥给你烧一碗粉汤。昨晚煮的羊肉绵得很，肥肥的，汤也好。"

　　田寿要坐下帮高洁梅择香菜，被高洁梅推出厨房，只好坐在靠柜台的桌边，听田壮和万花花说话。万花花眼前放着一只空碗，搭在碗口的筷子油油的，粘着一片葱叶。

　　爷爷望着桌上空碗出神，田壮说："爷儿，我给你烧一碗粉汤吧？"

　　"我吃了杂碎过来的。你阿大今日有事，我过来想帮着做点碎活，高洁梅不让我做，把我搡了出来。你们说你们的事儿，我坐一阵，等天气热和了晒太阳去。"

　　田壮和万花花继续中断的话题，万花花说："虽说她阿大的脾气古怪，可她像了阿妈，脾气绵软得很。别人骂她几句，她不知道顶嘴，光是嘿嘿地笑，要不就是躲过人了偷偷地抹眼泪。模样也是没说的,鼻子是鼻子,眼睛是眼睛。"

"个子多高?"田壮问道。

"高挑个儿,听她说过,好像是一米六九。"

"胖还是瘦?"

"不胖不瘦,你见了准定喜欢!别说她的模样儿男人们见了喜欢,就连我们女人,也恨不得变成男人把她娶了当媳妇。"

"你这样夸她,是你什么人?"

万花花的眉梢挑起来,语气也硬了,"你是真听着还是假听着?给你说了几遍,是我们掌柜的姑娘,你没听进去?"

田壮笑了,"你说的时候我的思想抛锚了。"

"那你到底看不看?要看,我明日就把她叫到铺子里,你好好地看个。我敢保证,你一见她,眼睛就盯在她身上拔不出来了。"

"没那么玄吧?"田壮还是不以为然的态度,"你想叫就把她叫到馆子里来,别说是叫我看她的,只说是你领她来吃饭,我看了再说。"

又说了几句无关痛痒的话,万花花看看手表,"快十点了,再不去开门,就得挨老板的骂。"风风火火地走了。

田寿只听清一半,但能估摸出个大概,问田壮:"这女人要给你保举媳妇?"

"嗯。"

"这是好事。要是像她说的,是个好人家的姑娘,你也别挑拣了,快点娶个媳妇,就是你的帮手。"

田壮说:"这个我知道,但有邱慧敏挡在心里,饭馆里又忙,眼下还顾不上这种事儿。等几年,手里有了钱再说吧。"放下茶杯进厨房去了。

田寿守着饭堂。早饭时间已过,暂时没人来吃饭。田寿打算等伊承新来了再出去晒太阳,要么去小游园听老皮说笑话。心里猜测万花花介绍给孙子的媳妇会是什么模样,什么秉性。不禁联想起死去的儿媳孔秀,又从孔秀身上想出去,想到了梅儿……正想得出神,眼前有黑影晃动,接着听到了声音:

"田爷你好。"

田寿定睛，原来是近旁"典雅"西服店的焦玉玺老板，手里拿着一张报纸，"你孙子呢？"

听到动静的田壮从厨房出来，用抹布擦着手说："焦老板，你可是我们饭馆的稀客啊！我指望在你这个大老板身上挣几个钱，你却一年半载地不来我这儿光顾光顾。怕是开张那天我做的'八盘'不对你的口味，把你吓得不敢来了？"搬椅子让焦玉玺坐在柜台边的小桌旁，喊一声："小高，给焦老板热热地倒一杯茶来。"

焦玉玺坐下说："前些年外出跑买卖，这儿一顿那儿一顿吃的全是饭馆的饭，都吃腻了。这几年守在家门口，早早晚晚只想吃家里的家常饭，哪怕是萝卜面片，吃着也比大鱼大肉香。再说，自过了五十就发胖了，不节制饮食，弄得高血脂糖尿病什么的粘在身上，就讨厌了。"

高洁梅双手端出一杯冒气的熬茶，田壮接住放在桌上，"焦老板你喝茶，我去给你烧一碗素面片吃。"

焦玉玺指一下另一张椅子，"你坐下，有个事儿与你商量。"把手里报纸递给田壮，"今日的《为民早报》在第一版登了一篇消息，内容是在民生街摆修鞋摊的朱朝阳上大学的女儿得了尿毒症，休学回家住院治病，一星期两次血液透析的费用把朱朝阳压得喘不过气来，已经花掉了三万多医疗费，这些钱都是朱朝阳向亲友借的。眼下，向亲友已经借不出钱了，打算把房子卖掉，把家里仅有的几样电器卖掉给女儿治病。我看了这篇报道，想以民生街个体商户协会的名义，发动民生街各商户给朱朝阳捐助，解决他的燃眉之急。"指一下报纸，"你先看看报纸。"

田壮展开报纸，登在一版右下角的这篇报道的标题是"一个女大学生的噩梦"。正文第一行第一句本报讯后面的括号里，是记者田野。田壮顿时激动起来，"嗬，是我兄弟写下的。"扭头对田寿说："爷儿，是田野写下的消息。"大略看了几眼，把报纸还给焦玉玺，"行！你的这个想法太好了，我积极支持，一家出多少？"田壮如此痛快表示的内心活动是：自家兄弟采写这篇报道的用意，是把朱朝阳父女的现状公示于众，引发社会各界的关注和同情，达到众人救济的目的。焦老板读了报纸有了这样的打算，前来发动和征求他的意见，当哥哥的怎能不痛不痒袖手旁观？

"这次捐助，是一项扶弱济贫的公益活动，原则是人人有责，量力而行。"焦玉玺说着掏出衣袋内的小本和签字笔，打算登记。

"我捐……"田壮冒出的第一个念头是一百元，转念觉得一百元未免小气，"二百。"让高洁梅从柜台取二百元交给焦玉玺。

焦玉玺作了登记，"我替朱朝阳父女向你表示感谢。"要去挨家逐户动员个体商户们捐助，急急地走了。

田寿耳朵不灵，焦玉玺与孙子的对话听得前言不搭后语。只见孙子指使高洁梅从柜台取钱交给焦玉玺，不解地望着孙子。田壮提高声音如此这般说清原委，田寿不禁重重地叹息一声。

35

电话铃响。

与孙雅萍给孙子穿衣裳的田成才扔下军军的面包服，快步到大间接电话。田野打来的："四爸，阿大在街上摔倒了，别人把阿大送到医院，医院打电话叫我快过去。我正在外头采访，与采访对象刚谈起来，走不开，麻烦你先去医院照应一下，我采访完就赶过去。"

"我……你没给你爸爸打电话吗？"田成才认为这种事先应该通知田成江。

"我没敢给爸爸打电话。先给田亮、田强、田英都打了电话，都要去给单位领导同事拜年。给大爸爸打电话，家里没人，只好给你打电话。"

今天是正月初六，三兄弟约好同去田成凤家聚餐。田成才也想推脱，转念觉得不应该，问道："怎么摔倒的？摔得严重吗？"

"具体情况不清楚。四爸,你一定一定先去照应一下,我采访完就赶回去。"挂了电话。

田成才望着电话机心想,被别人送进医院,医院打电话催家里人去是要缴医疗费吧?既然田野找不到别人托付他,他得带些钱去。走进卧室给孙雅萍说了电话内容,"柜子钥匙呢?我得带些钱去。人送到医院先得交够押金才给治疗。"

"你显能什么?缴费的事该由田野操心,用得着你拿钱吗?"

"田野不是采访走不脱吗?不缴钱,人家不给治疗,把病情耽误就迟了。"

孙雅萍从裤袋掏出钥匙,又改变主意装了回去,"这钱我们不能垫交。你不想想,大伯抠抠唆唆的样子,又不知现在是什么病势,万一不清醒,你缴了钱他不认账咋办?田家人大多借了大伯的钱,我们老大也借了一万多,还没顾上还。我们垫了钱儿,要是大伯把这钱儿顶了老大的账,叫我们朝老大要去,我们咋开口?你先去医院看看,要是不要紧,等田野回来缴钱治疗来得及。要是严重,你就给娘娘家打电话把老大叫过去,看他怎么办。"

田成才觉得老婆这话虽不中听,却不无道理。让孙雅萍领着军军先去田成凤家,自己离家去了医院。

病房里的田成海仰躺着,脖子上了颈托,翘着下巴,不能转动头颅。右手腕涂了碘酒,等待处理。人清醒着,给田成才讲说了摔倒的经过。原来,田成海早上出门去拣收废纸废品,看见一家娱乐厅门口立着几个啤酒瓶,正好又来了一个拉架子车摇铁铃收废品的,田成海怕那人抢先拿了啤酒瓶,紧走几步横过马路,踩在一片香蕉皮上,脚下一滑重重地摔倒在道牙边的树窝里,右手腕顿时钻心般疼痛起来,头也转动不了。提着大小礼品盒来往的行人围住观看究竟,七嘴八舌地问他为啥不留神,大骂扔了香蕉皮的人,却没人肯把他扶起来送往医院。是那个收废品的用架子车把他拉送到医院。医生初步检查诊断,右手腕骨折,颈椎骨挫伤,得住院治疗。

"活该!"田成才心里骂了一句,望着田成海木木地无所痛痒的表情,说:"钱有多少够哩?要你大年初六跑到街上拣废品,为几个啤酒瓶抢死夺活的?"

"是香蕉皮把我滑倒了。"

"你走慢点，能滑倒吗？"

田成海望着顶棚沉默了一阵，问："你交了住院押金吗？"颈托限制着田成海下巴，说出的声音怪怪的。

"我哪有钱交住院押金？等吧，等田野来了再交。"扫视病房，是三张床的小病房，另外两张床上的病人已经挂上了点滴。"医生怎么没给你打吊针？"

"医生说把骨折的手腕处理了再挂吊针。"

进来两个医生一个护士，给骨折手腕上药，准备打石膏。一个医生问田成才："你是病人的什么人？"

"我是他堂弟。他儿子采访一时来不了，打电话叫我先来照应一下，他采访完就来。"把采访二字说得很响。记者是人们不敢忽视的，医生听了会有些作用。

医生这儿摸摸那儿听听地检查了一阵，对田成才说："手腕骨折倒不要紧，用石膏固定住就行了。问题在颈椎上，有两节颈椎受到挫伤。还好，暂时没伤及神经。你要特别当心，叫他就这样仰躺着，头不能乱动，身子也不能乱动，要是乱动伤到神经，知道后果吧？"

"知道知道！"田成才忙不迭地回答。

"快去把住院押金交上，不交费，有些治疗没办法进行。"说完出去了。留下护士给手腕加固石膏做准备。护士出去取材料的工夫，田成才说："得叫大嫂拿钱来。"

"你大嫂出去卖烧饼，不在家里。"

"在哪卖烧饼？我去叫她。"

"叫她做什么？她来，就得把烧饼放在家里，卖不掉就坏了。"

"你的命重要还是几个烧饼重要？"田成才真想甩手走开。这么顽固的人，看着就来气。

"急啥？颈托已经上上了，手腕的石膏一会会也就打好了，吊针晚打几小时没啥要紧。等田野中午来了再说，能不住院最好不住院。"

"你没听医生说身子头颈不能乱动吗？你不想当个好人是不是？"一句话呛得田成海满脸酸楚。

下午一点田野赶来，声称找朋友凑集住院费用耽误了时间。缴了三千元，见父亲暂时没什么要紧，把田成才叫出病房，说："四爸，听大夫说至少要住两个月医院。我请假只能请十天半月，再多，一年的年终奖就没了。日后护理的事怎么办？"

"我也不知该怎么办，你把你爸爸叫来商量吧。"田成才想把难题推给田成江。

"阿大不会同意叫二爸来。就是阿大同意，二爸也不一定肯来。来了，不一定有主意。你能不能把大爸叫来商量商量？"

"你大爸这些日子都在饭馆搭手，脱不开身。过年到饭馆吃饭的人少，才抽出时间去你二姑父家拜年。要叫你叫，看能来不能来。"田成才心思：你阿大的亲兄弟都不肯来，凭啥叫我家老大。他知道田成江不来的原因：前年，田成江的大儿子田明想参军，需要打通关节，田成江求田成海借他三万元使用，等日后儿子考上军校再还。田成海张口要了三千元利息，兄弟俩吵了一架，从此面和心不和，平凤绝少来往。田成江儿子没能当兵，对大大也是一肚子怨气，见面连大大都不叫。

田野只好往田成凤家打电话，请田成功拿主意。

田成功正在田成凤家嗑瓜子喝茶，接了电话放下茶杯就要走。田成凤说："大哥，你咋这么轻飘飘的，人家一叫你就走。我把菜都准备好了，等二哥三哥来了，你们一起喝几盅酒。平凤没事不上我的门，过年来我家里聚聚，又要走。依我说，田成海的事你少管，一管就管出不是来哩。"

田成功瞪眼止住妹子的话，"我不管谁管？老两口一个儿子，田野上班又忙，过年都没休息，我能大绷着眼睛不管吗！再说，老大住进医院，我也得去看看呐！"从衣架上取外套。田成凤说："你实心要去，我先给你炒两个菜，吃几嘴再去。"

"等老二老三来，你们消停吃吧。"田成功慌忙告辞出来，顺路买了两屉小笼灌汤包，一袋豆奶粉，坐公交车赶往医院。

到医院见田成才，问清原由，真想把这位大哥抱怨几句，话到嘴边又忍住了。事情出了，抱怨能有啥用！看田成海样子，一半个月断是出不了院，护理确是头等大事。可小辈们初八就得上班，各单位的管理都用经济手段保障着，请一天假就要少拿一天的工资。加上这位大哥平凤眼睛只盯着钱，把亲情丢开不论，后辈们没人乐意服侍他。唯一便利的就是施秀云，可她也不可能连明昼夜地守护，总得有人替换。看样子，只有他兄弟三人了。把自己的想法告诉田成才，田成才说："一天两天可以，要叫我盯着守护，婆娘的瞎气就受不下。以我说，你还得去叫田成江。是亲兄弟，他又闲着，有他，我们再替换替换，也就成了。"

"别叫老二，要叫老二，我这院不住了！"田成海听说要去叫田成江，先叫起来。

"叫不叫老二，这事我说了算！你儿子叫我来拿主意，我就得说了算。"田成功虎了脸说道："一个娘肚里抖下的亲兄弟，有多大的仇？这种时候不把关系缓和一下，莫道死犟到棺材里去？"顿一下，"你说，你不让我叫老二，还有谁能来照看你？"

"把施秀云娘家人叫来一两个吧。"

"来一两个也不够，一天得有两个人轮流守着你，还能叫谁？"

田成海想着，没出声。他自知亲友关系紧张，没人乐意来。

田成功说："今日先让老三守一天，明天让施秀云守，等我把人叫定了，再排时间。"

"施秀云得把大盆里发好的面做完卖完才能来，要不，一大盆面就酸掉哩。"

田成功田成才对望一眼，苦笑起来。

安排好当天和晚上的守护事宜，田成功离开医院去田成江家。虽然是隔山兄弟，除年头节下婚丧嫁娶红白事上走动，平时很少往来。隔年隔月上兄弟家门，又是上正时月，田成功买了一份礼物。

田成江在院里与院舍们搓麻将，等到有人替换，才从桌上下来，把田成功让进家里。田成江女人在一家浴池做清洁工，过年加班。儿子田明田亮都出去拜年会朋友，不在家里。给田成功让坐倒茶，把事先摆好的一盘大板瓜子，一盘花生，一盘水果糖摆上茶几，坐下来说："不是我当兄弟的不尊重老哥，是我这老哥太不够人了。你说，他的侄儿子参军借他钱儿打通关节，他一张口要了三千的利息，意思是不想借。不想借就说不想借，干吗像旧社会的地主恶霸狮子大张口？听人说，他跟所有向他借钱的人要利息，要的是高息，这不是给自己的亲骨肉放高利贷吗？多亏现如今用的是纸票子，要不，真要钻进钱眼里了，世上没有他这么抠皮的人。都说琉璃公鸡蘸糖稀，一毛不拔倒粘三根，他简直就是不锈钢公鸡……"

田成功耐心听完田成江的一串抱怨后说："你哥哥再不好，还是你的哥哥。平夙，各吃各的饭，不打交道也成哩。现在他落在难处，你当兄弟的不管，别人看了也不像话。院里院舍亲戚陆眷不说你哥要说你的。再说，就那么一点点误会，一直绷下去，有啥意思？趁这机会两个人说说话，尽一个兄弟的责任，我想他也不是铁打的心肺。"

"我实在不想见他，他的有些做法太不像话了。像今年上坟，你看他拿得那点祭祀，难怪田健要笑话哩。先人是谁？先人是他的阿大阿妈爷儿奶奶。拿那么一个处理来的不知放了多少时间的烧鸡，献在先人前头不怕别人笑话，我的脸烧得不成。这也是先人给他的惩罚。"

田成功前前后后比对着劝说一阵，最后说："就算我求你，去医院看护几天，把你该做的做了，看他日后怎样对待你。"

田成江勉强答应，第二天去医院。

田成功又搭乘公交车去三十里铺施秀云娘家通报情况请求支持。施秀云兄弟和侄儿们也说了田成海一大堆不是，最后说："要不是怕把老姐姐累坏了，我们没工夫伺候他。"

回来路上，田成功想好，把田成海作坊里一大盆发面抬去饭馆，让田壮做馍馍卖给吃粉汤的顾客，让施秀云腾出手专心服待病人。

下午卖完烧饼的施秀云回家，才听院舍说阿爷摔伤住院了，顾不得喝口水急奔医院，见田成海木头一样不能动脖子动手，眼泪就出来了，悔恨自己卖烧饼竟然一天不知情。田成海却生硬地说："别装相了，我还没到死的时候。"站在旁边的田成才、田野气得直翻白眼。

　　当晚，施秀云留在医院看护。

　　次日早，田成海见施秀云又打开水又给他擦脸，没有走的意思，问道："你今日不去卖烧饼？"

　　"我去卖烧饼谁管你？"

　　"田野不是请假了吗？"

　　施秀云只好实说："田壮大大把发面盆抬到饭馆里去了，不让我再去卖烧饼。"

　　"把面盆端去称了没称？"

　　施秀云、田野没明白这话啥意思，望着田成海用颈托固定而显得古板的面孔。

　　"我是说得把面盆里发面的份量称一下记下来，日后把钱要回来。"气得施秀云摔下手里毛巾去病房外，田野含混地骂了一声。

　　同房两个病友看不惯，说："老田，你活了六十难道还要活六十啊？"

　　当天下午，田成江黑着脸来了，替换施秀云、田野回家休息。田成江不跟哥哥说话，有事做事，没事去楼道找人聊天。有一下没一下地守了一夜，大清早不等来人替换就撤了。

　　田野的十天假期转眼就完了。第八天下午对施秀云说："阿妈，你别发愁，我让我的女朋友替我给你作伴儿。"

　　第十天早上，来了一个圆脸盘大眼睛的姑娘，高高的胸脯随着走动上下颤抖着，一见施秀云亲亲热热叫伯母，叫田成海大伯声音也甜甜的。一进病房先去倒尿盆，而后用热毛巾给田成海擦脸，手下轻重快慢把握得十分得体。施秀云看在眼里，喜在心里。

　　这个叫小欢的姑娘在医院整日整夜陪伴施秀云。除了接大小便由施秀云操持，其余包括倒屎倒尿的所有活儿，小欢抢先包干不让施秀云动手。给田成海喂稀饭、牛奶，亲闺女般耐心细致。施秀云观察多天，心眼里喜欢这姑娘，等田野来医院交钱，问道："这姑娘你在哪儿认识的？"

"街上。"

"她是干啥工作的？"

"还没问。"

"干啥工作都没问清，把人家叫来服侍你阿大，这怎么成？"

"怎么不成？她乐意服侍，你就叫她服侍好了。"

经过半月治疗，脖子和手腕疼痛减轻，能稍微活动，田成海精神好起来，背着小欢对施秀云说："这是个机灵丫头。眼利，别人不见的活儿她见；手勤，做活儿手下轻巧利索。对我们也像亲人一样，可不知与田野是什么关系。怕是跟前几个一样，跟着耍几天就不见面了。"

"我看这个不是那样的。要是那样的丫头，能给你倒屎倒尿？八成儿，这是田野命定的冤家对头。"

小欢继续早来晚走地服侍田成海。打开水、买饭、洗碗筷、取药、倒屎尿，跑得比兔子还灵。胸脯颤着，脸红扑扑地说着笑着，浑身的热情和劲道。两个病友看在眼里，称赞道："你老两口修了个好媳妇。"

这日，施秀云回家换内衣，田成海趁病房两个病友去楼道散步，问小欢道："姑娘，你的名字叫啥？""肖欢。""今年多大岁数？""二十五。""家里还有啥人？""阿大阿妈阿哥阿嫂都有，还有一个上高中的弟弟。""家在哪儿？""就在市里，石坡街兰馨小区副五号楼。""在哪儿工作？""还没有固定工作，今年在这儿干一阵，明年又到别的单位干一阵，临时工。"

田成海心里一激灵，眼下时兴钟点工，难道是田野雇来伺候他的？便问："是不是我儿子雇你来的？"

"不是，我是自愿来服侍你的。"

"你是怎样认识我儿子的？"

"有一次他去我打工的超市采访，我就和他认识了。"

"你……你是田野的朋友，还是……"

小欢抢说："我喜欢田野，我要嫁给他。"

"我儿子呢？喜欢你吗？"

"看不出来，可我喜欢他，非他不嫁。"

田成海决定进一步试探，"我是一个拾破烂的，儿子给你说没说过？"

"没说，可我不在乎这个。"

"为啥？"

"我要嫁给你当记者的儿子，又不是嫁给你。"朗声大笑起来。

田成海被感染，也笑出声来。

"他虽然是记者，工资却不多。我也只拿三百元的退休费，老伴没工作，家里很穷。"

"我是看中了田野的长相本事，没想过要贪他的财产。"

小欢这番话，说得田成海心里热浪翻涌。肖欢心直口快，大约因为头脑简单。不过，像他这样的家庭，真需要这样一个儿媳妇，只可惜没有固定工作。

当晚，田成海对施秀云说："表面上这丫头样样都好，只不知品行如何。这么花泛①的丫头，见人就熟，最怕是个水性扬花的人。你把她叫到家里，试一下，看是不是真是一个好丫头。"

田成海要施秀云把肖欢带回家试一下，确定是否一个好丫头。怎么试？这只有老两口知晓。原来，施秀云娘家母亲是从南方来的。施秀云的姥爷清咸丰年间来西北做茶叶皮张的易货生意，在西宁城安家置业。施秀云姥爷的大姐姐曾被朝廷选为秀女送入皇室，在宫试中淘汰出局。回家后，她如此这般把宫廷选试秀女的种种奇方异法告诉母亲。母亲听了灵机一动，何不如法炮制，探试将后娶进家门的媳妇是否千金。此法由施秀云姥姥密传下来。施秀云出嫁，其母以南方嫁女习俗，陪嫁中有一对马桶。施秀云进入田家以南方习俗修身养性，惟独西北缺水，家家旱厕，马桶被放置下来。每每看见马桶，施秀云就想起那宫廷秘法，等待检视机会。田野长大成人，开始往家里引领

---

①方言，热情活泛。

女孩。一则，田野引来让她过目的女孩，没一个能入她法眼。二则，田野十天半月换领一个女孩，只图玩耍没有确定终身的盘算。三则，怕田野在男女交往上如此随便，倘或她提出用宫廷秘法检视女孩是否处女，必遭田野和女孩的反对讥笑，一直没敢尝试。如今见小欢是可以托付田野终身，同时可以托付田成海这一支脉将来的中意女孩，就想用此法来确定小欢的千金价值。

这日，趁田成业和孟慧两口来医院陪护田成海，施秀云背着田野把小欢叫回家中。正如小欢所言，她对田野家家徒四壁的穷酸境况没有点滴的不满和吃惊的表露，这让施秀云增加了对小欢的喜爱。

小欢东张西望喝开水的工夫，施秀云进卧室做了必要的准备。先把马桶擦抹干净，把多年积存下来的一大包香灰倒入马桶，用纸板刮抹平整。走出卧室对小欢说："小欢姑娘，这些日子你的所做所为，让我和阿爷喜欢。给我家当媳妇，数你最有资格。可我家有个祖传的规矩，凡到我家当媳妇的，得在定婚前做一件事儿。这样做有什么说道，我们也不清楚，可祖上一辈一辈都这样做了，到我们头上不做，心里不安然。我知道如今的年轻人想法跟我们不一样，可要想进我田家门做媳妇，就得……"

小欢打断施秀云的话，"伯母，做什么事儿，你只管说，我做就是了。"

施秀云见小欢不存戒心，把她引入卧室，把嘴凑她耳边神神秘秘地说："你把裤子脱了，净尻子坐在马桶上就成了。"

小欢有点意外，尤其对"脱了裤子"的提示。但对田野的一片痴情和急于想成为田家媳妇的向往，让她没心思多想，况且眼前只有田野母亲，再没别人。痛快地脱去外裤毛裤棉毛内裤和三角裤头，庄重地坐在马桶上面。施秀云喃喃地祷祝着，从小漆匣中取出一支鸡毛，把鸡毛尖轻轻探进小欢鼻孔。小欢觉得新奇，又被鸡毛弄得鼻孔发酸发痒，忍不住笑起来，扭动着腰身。施秀云严肃了脸色道："别笑！忍一忍就过去了。"

小欢硬忍着，由她把鸡毛往鼻孔深处探入，直探得鼻孔酸痒难耐，全身肌肉紧绷起来，忍不住接连打了两个喷嚏，把唾沫星子喷在施秀云脸上，正要道歉，听施秀云说："好了好了，快把裤子穿起来。"

"就这样完了？"小欢又好奇又纳闷。

"就这样完了。"施秀云趁小欢穿裤子，往桶内仔细望了两眼，桶底平整的香灰面上，有很多被气流冲击而凸凹的斑纹斑点，脸上顿时显出失意的颜色。被好奇心弄得莫名其妙的小欢并没有觉察。

回医院附在耳边对田成海说："丫头的身子不全，破了。"

田成海说："我就知道，这么花泛的丫头，见人熟，见个男人就跟在尻子后头紧贴不舍还能有好？"想了一阵又说，"往后别对她太热情太亲近。"

此后，无论小欢怎样殷勤地服侍田成海，田成海夫妇都显得冷冰冰的，不再当面夸奖小欢的诸多优点。小欢觉得奇怪，却不去在意。嫁给记者当老婆的光明憧憬引诱着她也迷惑着她，给未来的公婆当牛做马在所不辞。

施秀云瞅准机会对田野说："这丫头看上去不像个姑娘，你跟她交朋友我们拦不住，却别太认真，别把她当对象。"

田野意味深长地笑了笑，"我压根就没把她当作对象看待。"

36

五月中旬，田壮用两个晚上时间，把一年来经营的收支流水账汇总起来，列出一个清单：

总收入：97954.00 元

总支出：81654.00 元

其中：工商管理费：864.00 元

餐饮业地方税：2880.00 元

肉油米面调料蔬菜等：68800.00 元

水电费：2620.00 元

城管卫生等费：240.00 元

帮工工资：4800.00 元

经营证件年审费：300.00 元

各种社会义务捐资：700.00 元

其它：450.00 元

纯收入：16300.00 元

看着列出的清单，田壮既高兴又困惑。高兴的是事先对做什么生意，经营前景都没把握，如今总算有了底儿，对自己自谋生路的选择和前景有了更足的自信。困惑的是一年来连明昼夜地忙碌，每天只睡四五个小时，可收益与事先估计得存在很大的差距。是自己不善经营，还是这种小生意本身就有局限？照这样的收入，如果不遭遇什么意外，十几年才能挣下一套两厅两室一卫的居房，希望值太小太远。下一步该怎么办？翻来覆去想了半夜，有了一个主意。

这天，伊承新高洁梅要去参加同学的婚礼，声明事后休息半天。田成功及早给田成业打了电话，要孟慧来饭馆帮衬一天，自己也赶早来到饭馆，打扫饭堂擦抹桌椅。收拾清爽，洗手点了三炷香，仰望财神祷祝几句，把香插进香炉。进厨房揭起笼盖，觉得有点不对劲。等把花卷、大饼拣到大瓷盘要盖上布单才反应过来，花卷、大饼都变小了。拿一个花卷掂一掂，再换一个大饼掂掂，手感轻薄。忍不住，劈口问道："馍馍是你故意蒸小的？"

从锅里往外捞肉的田壮偏头躲着肉上喷冒的油气，一手铁勺一手铁勾把一团牛肉放在案上，回头对田成功说："你看出馍馍小了？"

"拿在手里轻飘飘的，这不是断自己的门路吗？"

"忙死忙活挣了一年，才挣了一万过点，不想点办法，驴年马月才把钱儿挣下哩。"

"想什么办法也不能想这种办法！馍馍蒸小，能省下多少成本？可顾客们不满意，就不来吃了，你想过这点没有？"

"爱吃不吃！爱来不来！我们得把握自己的利害。只考虑顾客，把馍馍做成足球大才好哩！可那样能成吗？"吹着气从烫手的骨头上撕下软肉，整肉碎肉分放在案上。

"听你口气，你算过大账了？"田成功说的大账就是一年来的经营总账。平时记流水账他是知道的。儿子算总账背着他，而且不想告诉他算总账的结果，他倒不怎么在意。说到底，饭馆是儿子开的，他为扶帮儿子关心饭馆的生意，从没想过操纵儿子的经营。儿子不给他告知汇总结果，显见有点防他的意思。不仅生起气来，板起面孔问道："算账的事我咋不知道？"

"我趁晚上睡觉前在饭馆里算的，你怎么知道？"不屑一说的口气。

"一年挣了多少？"

"一万过点。"

"是纯收入还是毛利？"

"纯收入。"

"哦。"田成功见儿子吃一点碎肉尝试味道、软硬，等儿子咽下后说："这一万多你咋打算的？"

"把锅灶改一下，添买一些餐具，把有裂口裂纹的碗盘换下来，把饭堂地面的瓷砖换成新的。"

"这些花不了一二千，下剩的呢？"

"下剩的存起来，不能有多少花多少。"

"我不是叫你把挣下的钱全花掉。我是提醒你，该把借大大的钱还掉，一年多了，说好一年就还的。"

"急啥？大大又没跟着尻子要。再说了，挣下点钱就忍不住送出去，万一遇上紧用的事，又得开口向人借吗？"

"借不借那是后话，借大大的钱先得还掉，当日是为你母亲治病借的，说好借一年，到时候不还，让你大大说我们不讲信用。"

"由他说去！许他当大大的向我们要高额利息，不许我们缓他一年半载？"用刀背狠劲砍打牛腿骨。

孟慧风风火火地来了，一脸的热汗，边换衣服边说："早起要出门，伟伟大大说昨晚没睡好，早饭想喝醪糟。我说壮壮大大打电话要我早点去饭馆，给你买醪糟，去迟了田壮一个人顾不过来。他说清早巴晨谁去饭馆吃饭？又不是卖早点的。我说你这个爸爸当得够呛！壮壮去年一入冬就卖羊肉泡馍了。他说你这么站着的工夫，不是把醪糟买回来了？我说你想吃就上街自己吃去。他说一夜没睡好，头昏脑胀不想走路，等喝了醪糟睡一觉才能起来。我没法儿，给他买醪糟把时间耽误迟了。"扣好大褂纽扣，把换下来的栗色化纤面料的外套叠好放在柜台里边，动手摘葱剥蒜。

"人一闲下，毛病就出来了。上班时，能这么死乞白赖地吗？"田成功感慨了一句。

"只出点懒病还是小事，这些日子脾气大得不成，动不动就给我瞪眼睛……"

田壮打断婶子的话，"到更年期了。"

孟慧笑了，"什么更年期！是故意给人寻茬头儿哩。出门的时候，眼睛明赳赳的。一入家就焉头耷脑地，说浑身没劲儿，想睡觉。更年期综合症的人不会把里外分得这么清吧？"

"会不会得了啥病？得全面检查一下，别以为是更年期综合症把病给耽误了。"田成功在孔秀身上有了教训，不想让家人重复有病大意的错误。

剥葱的孟慧停下手里活儿发起怔来。大伯的话让她警惕起来，会不会真是得了什么病，心烦，又不想说出来，才动不动发脾气的？这么一想，就觉得有些现象与此有关。男人是床上要紧的人，往昔每星期要缠着要一次，有时一星期要来两次。这段日子，估摸有半年了，没再与她纠缠。有次她想要，惹逗了几下，才半死不活地给了她，老半天软塌塌。但这种话是说不出口的，尤其在大伯侄儿眼前。心里打定主意，动员男人上医院做一次检查。

田成功还想说服儿子给田成海还钱，进来三人要吃羊肉泡馍，只好先招呼顾客。

来吃羊肉泡馍的三个都是四十岁上下的中年男人，一个个腰圆背厚，全留着寸头。等饭的工夫，相互逗笑说着荤话。一个说："看你蔫头耷脑的样子，昨晚又没干好事吧？"另一个说："一定去哪儿闯祸了。"第一个又说："是不是去了站后？"

被问者微笑着，不作声。问急了，说："站后？那是你们这等人去的地方！我们要去就去有档次的地方，要吃就挑着拣着吃新鲜水色的，哪像你们，饥不择食，甘谷婆都不放过。"

正说笑着，进来一个五十多岁长着一对招风耳的人，是民生街上摆日用电器小摊的摊主。先来的三人认识这人，让坐、让烟，而后那个宽额头的问道："去哪了？几天没见你出摊。"

招风耳说："旅游去了。"

"去哪旅游了？"

"新马泰。"

"嚯！行呐！几日不见，要刮目相看，去了一趟新马泰。"

三人中留着小八字胡的人笑着说："你吹吧！大前日我在五岔路口超市里看见你，领着一个黑脸婆娘买袜子，给她买了一条长筒袜两条短袜，对不对？见你领着那么一个婆娘，怕你不好意思，我没问你，今日给我们吹起牛皮来了。"

招风耳嘿嘿嘿地笑起来，笑完了说："真去了新马泰，你们不信？大前日去了新宁广场，前日去了马坊阿舅家，昨日去了泰宁小区，不是新马泰是什么？"

四个人挤眉弄眼大笑起来。

孟慧端上四碗用炒锅特烧的优质羊肉粉汤，又用盘子端上四个花卷四个烧饼，说一声请慢用，转身要走，那个宽额头的揪住她袖口问道："怎么是你端盘子？那个姓高的姑娘呢？不干了？"

"去参加同学的婚礼，我是临时顶替一天。"

"哦。"宽额头低头吃饭。

吃饭中间，四个人又你一句我一句地说笑起来。招风耳问宽额头，"昨晚去哪儿享福去了？"

"去'凌绝顶俱乐部'耍了半夜。"宽额头边嚼边说，虽然含混不清，却引起了柜台内田成功的留意。

"泡妞了吧？"另一个问。

"去了就为泡妞，不泡妞去那种地方做什么？"宽额头说话间唾掉一点碎骨头。

"怎么样？那里的妞怎么样？"招风耳眼睛明亮起来，如同馋肉的猫儿。

"听人说来了两个'金丝猫'，我不信，就去见识见识。"

"金丝猫？什么是金丝猫？"小八字胡发问时眼里闪出疑惑的光。

"说你土，你还不承认，连什么是金丝猫都不知道。"咽下口里的羊肉，"是两个从俄罗斯来的洋妞。"

"你吹吧！"招风耳笑起来，"洋妞是你泡的？不把你掉进去才怪哩。"

小八字胡色迷迷地问道："洋妞的奶头大吧？要是你伤风了，把脸捂进两个大奶头槽槽发汗还成哩。干，你怕是窑洞门里甩条子吧？"大笑起来。其余三人也跟着大笑。

宽额头严肃了脸色说："洋妞也是人，不是大洋马，没那么可怕，不信，你试试去？"

"多少钱？跟洋妞打炮多少钱？"招风耳颧骨潮红潮红地等待回答。

"去那儿，你少说得揣上几千块，没几千别去！"

"你花了多少？"

"这个不能说，保密！你们嘴不牢，万一传到老婆耳朵里，就有好看的了。"

"听说那里边江浙一带的小姐都是十七八岁的嫩货，是不是？"

宽额头又得意地笑起来，"你去一两次不就知道了？舍不得钱，又想风流，像你这样的主儿，只能看个'新马泰'。"

这些话，站在柜台内的田成功听得一清二楚。心想，他们说的"凌绝顶俱乐部"会不会就是田健上班的地方？

四人吃饭完毕，小八字胡抢先付账。四碗优质粉汤和四个大饼，田成功要收二十二元，小八字胡说："不对吧？你凭啥要多收我六块？"

田成功反问："你们要得不是优质粉汤吗？"

"要的是优质的,可端上来的不是优质的。优质粉汤碗里有七八片肉,今儿端上来的只有三四点碎肉,汤也不肥,我能按优质交钱?"

宽额头说:"馍馍也变小了,你们是不是挣不上钱,开始宰客了?"

田成功自知理亏,不敢争讲,收小八字胡十六块钱。四人要走,田成功问了一句:"几位,你们刚才说的那个什么俱乐部是不是五四大街上的那个?"

招风耳怔一下,"怎么?你也想去见识见识金丝猫?"浪声笑起来。

田成功忍住恼怒,"我只是问问。"

宽额头说:"就是五四大街上的那一家,那里的玩艺多得是,老年人也可以去。"四个人相随而去。

田成功怔了一阵,站在厨房门口对正在揉面的田壮说:"听见顾客提意见了吧?"

田壮停住手里活儿,"什么意见?"

"说端上的不是优质粉汤,今儿你把肉放少了?"

"不这样,挣死也挣不下钱。"

田成功想与儿子理论几句,碍着孟慧,忍住要说的话,改口道:"明日你把一万五准备好,我得拿去还给你大大。"

田壮脸上走了颜色,"都像穷极了,见几个钱就摸不着高低了。我给你说了,这钱得存下来,还账的钱日后再凑。"

"不成!"田成功声色俱厉地说,"这钱是我张口向你大大借的,答应一年内还,如今已过了一年,我得说话算话。明天一定把钱给我!等日后你们自己借了别人的钱,想还不想还由你们,这次得依我说的办!"就觉得胸口胀胀的,气也短促起来,不禁用巴掌在左胸口压按了几下,深呼吸几次,胸闷才得到缓解。

当晚,田成功给女儿打电话,说明田壮饭馆一年的经营结果,表明自己还账的决心,叫田英给田壮打电话晓以利害,防止田壮耍赖。

这日,田成功过了七点才往饭馆走。银行九点上班,等从金库提来现金,十点才正式营业。他得给儿子取钱的时间。经过花圈铺,见万花花正往门外摆放做好的花圈，不禁止步问道："近来生意好吧？"

"卖冷货的，好不到哪里。你呢？还在饭馆里给儿子打工呐？"

"闲人，多做点活儿有好处。这一向咋不见你来饭馆吃饭了？"

万花花盯住田成功欲说不说地犹豫了一阵，说："你把话问到这儿，我就得说说。有天我去吃干拌拉面，觉得味道不比从前，给你儿子说了一句，不承想他吊着脸问我：'以前是什么味道？现今是什么味道？'你说，他这么问我，我还说啥哩？就说：'好了好了，你也别往心里去。我是觉得常来你这儿吃饭，惯了，把你当成自家的人，心里有点想法就说了出来，听不听在你。'自那天起，我就不想再去看你儿子的脸色。这街上卖吃食的多，我干吗认准一个地方不挪窝儿？"

田成功替儿子开脱了几句，走开了，心里不免沉重起来。

走进饭馆，一张桌上围着五个人正在吃炒面片。另一张桌上放着吃过的碗盘，高洁梅正在收拾。田成功径直往厨房走，听见了田英的声音："阿大！"回头，看清靠窗背光坐着的是田英和一个不认识的女子。"我心想着事儿，没见你坐在这里。"

田英站起来说："想什么事儿？叫你连个家的丫头也看不见了？"指一下身边的女子，"这是小宁单位上的小辛。"

"哦。"田成功向小辛点头致意，这是个中等偏小微胖，面容和善的女人。问田英："给你哥哥说没说还账的事？"

"还没顾得说。"田英把父亲拉出饭馆，低声说："小辛是离过婚的，今年三十岁，没小孩，我叫来让阿哥看看，要能看上，让他俩谈。"

田成功说："难为你老想着哥哥的事。可我看，你哥哥看不上的。"他清楚，不比邱慧敏长得好，田壮是不入眼的。

正在剔肉的田壮见父亲和妹子走进来，认为是父亲叫来说客说服他给还账的，心里不自在，自顾埋头剔肉不理睬父亲妹子。

"阿哥，当了一年老板就牛起来了，妹子来了看都不看一眼，我可不是来蹭饭的。"走到田壮身边，如此这般说明来意。

"我不看，看也是白看！挣下几个钱放不住，看下也是白看！"一肚子情绪全从语气中显露出来。

"阿哥你这是狗咬吕洞宾。我为你想得好心，你咋这态度？看不看由你，可你好话不能好说吗？"

田壮用剔肉尖刀刀面拍着从骨头上剥离一半的精肉："我忙糊涂了，说不来好话。"瞟一眼田成功，"有没有邱慧敏好看？"

"有没有，你出去看一眼不就清楚了？"硬拉田壮往外走，田壮勉强跟出厨房，打眼一看，转身返回厨房对田英说："别再折磨我了，快把那女子叫走吧。"

"阿哥，你要这样，将后我再不管你这屁事了！一个邱慧敏把你的心堵死了。你说实话，是不是想与邱慧敏复婚？"

"没有的事！我就那么不值钱？我非找个比她好的。你们要介绍，先把人看中了再来叫我。像今天这个，哼！"没了下文。

田成功忍不住说："你先把个家掂量掂量！"他认为单从面相上看，田英领来的女子是个好女子。

"我早把个家掂量了，没死没活忙了一年，好不容易挣下几个钱，由不得我做主，我还指望什么？"

昨晚接了父亲电话，田英口头上答应说服哥哥，心里却自有主张。作为出嫁了的姑娘，这种事少言为好。何况田成海实在叫人反感，对这样的人，讲什么信用！此刻说起来，觉得不表明态度又对不起父亲，便说："说起钱的事，我认为借别人的钱迟早得还，迟还不如早还。不还，让阿大为难！大大的脾气你是知道的，把钱儿看得比命还重。当初能借出来，全凭阿大的面子。过时不还，将后再有急事向大大借钱就难张口了。"

"我没说不还，我是说往后推一推。还给大大也是存起来，等我再挣下一半万再还，少不了他的。"

"不成！"田成功火了，"这事我说定了，你听也得听，不听也得听。"

你只拿出一万五的本金，利息我给你出。"

田英笑了，"听你说话，你出我出的，好像不是一家人。"给田壮使个眼色，对父亲说："既然哥哥看不上小辛，我得与小辛回去了，她只请了半天假。"同小辛离去。

"钱拿来没？"田成功问得虎声虎气。

田壮从衣袋取出一张存单扔在案板一角。

"咋不把现钱取出来？"

"我哪有时间？要取你去取。"

"哪个银行？"

"工商银行。"

"我问的是哪个工商银行？"

"人家是联网的。"没有多余的话。

田成功拿了存单，心口胀胀地来到最近的工商银行南大街营业所。营业员看了存单，"存的是一年定期，不到一个月怎么要取？"审度田成功神情。

"有急事要用。"

"叫啥名字？"

"田成功。"

"存单上打的是田壮，是你什么人？"

"是我儿子。"

"把你儿子和你的身份证拿来。"把存单扔出窗口。

田成功气自己匆忙着急忘了这个茬儿，左胸部又憋闷起来，逼他张嘴喘了几下。回到饭馆没好气地说："你是成心抓弄①我是不是？"

"是你着急，能怪我吗？"把身份证给了父亲。走出饭馆，田壮突然想起还有密码，慌忙撵出饭馆把密码告诉了父亲。

田成功从银行取出一万五千元，回家把自己一年来节省的退休费凑了三千。想到自己少吃少穿省下的钱就要属于别人，有点心疼，便认为田成海

---

①方言，捉弄。

要的利息确实太高。当时只为孔秀看病，没想别的，如今才明白，一万五千元一年时间搭进去三千元利息亏大了。可说下的话堵下的坝，反悔也晚了。

田成海住院两个月，在家休养半月，又我行我素继续拣拾废品，对田家人的规劝讥笑仍旧不理不睬。只做了一个让步：不再让施秀云卖烧饼。这其实是迫于一种压力才停手的。他为啤酒瓶滑倒住院，把他拣拾废品的行为无形中扩散出去。那些惯常买他烧饼的顾主街坊，心里有了一个障碍：拣了废品又做烧饼，洗手不洗手？作坊到底是做烧饼还是堆放破烂？没人再肯买他的烧饼，害得老两口啃了两星期干饼，这才下决心放弃这宗利用税收盲区的投机小生意。

时值正午，田成功来到田成海家门外，听见房里有人哭泣，十分伤心。闹不清发生了什么事情，也听不出是谁的哭声。敲开门，施秀云一脸懊丧，他也怔住了，那个叫小欢的姑娘跪在当地哭泣，沙发上坐着田成海。

"怎么回事？咋叫人家姑娘跪着？"田成功纳闷着问道。

"是她自己给我们下跪的，硬拉也拉不起来，非要我们答应收她当田野的媳妇，才肯起来。"

田成海住院期间，小欢的勤快活泛也让田成功看在眼里喜在心中，认为田成海两口遇上这么一个通情达理的姑娘真是造化。后来听说小欢一厢情愿死追田野不放，暗里替姑娘抱不平，恼恨田野的花心。此刻见小欢这样，便对小欢说："姑娘，有话你站起来说，别这么跪着。我们都是有了岁数的人，禁不起你的跪。起来，有话起来说。"

小欢只是哭，不肯起来。

田成海忿忿地说："你不起来你就跪着，反正不是我们要你下跪的。田野为啥看不上你，我们不清楚。我们不同意田野娶你当媳妇，是有原因的。这个原因你个家应该知道，我们不便往明里说。你这么逼我们，我只好说白了：我们田家是老家庭，儿女娶媳妇出嫁，有一套规矩。对你的脾气、勤快，我们都没说头；你没有正式工作，我们也不在乎；可你……你是破了身子的，我儿子怎能娶个破了身子的媳妇？"

这话让田成功吃惊，把惊疑的目光对准田成海眼睛，人家姑娘破没破身子，他怎么知道？

小欢止住哭声，哽咽着说："我承认我破了身子，可我的身子是田野破的，我不嫁他嫁谁？反正我要跟他，给他做老婆……"

田成功丈二和尚摸不着头脑，把施秀云叫进小房间问道："是田野告诉你们他与姑娘发生过关系？"

"不是，是我们试出来的。"施秀云把检试的方法过程说给田成功听。

田成功头次听到这种事体，忍俊不住笑出声来，"从哪儿听来这种荒唐的办法？灵不灵？别把人家姑娘冤枉了。"

这时，听见大间里田成海对小欢说："我问过儿子，他说他没跟你发生过那种关系。"

小欢又哭出声来，抽抽泣泣地说："我要是说了虚话，天打五雷轰。"

田成海说："就算是我儿子破了你的身子，可你一个姑娘家，没确定关系，没订婚，就让我儿子沾你身子，说明你是个不检点、不稳当的姑娘。我们田家不娶你这样不检点不稳当的姑娘当媳妇……"

小欢的哭声更响更悲。

田成功觉得这事不能这么简单地对待。如果小欢真是被田野破了身子，田野就不能摆脱干系，他也不能容忍姑娘被田野勾诱又无情地抛弃。走出小间对田成海说："我看这事得由田野来解决，你打电话把田野叫来。"田成功打定主意为小欢主持公道。

"叫田野做什么？反正我老两口态度是坚决的。田野答应娶她，我俩也不答应。再说了，到底是我儿子勾诱了她还是她勾诱了我儿子？"

田成功生硬地说："谁勾诱谁这话你说了也不算数！一切都得由田野说明白。走！我俩打电话叫田野来，田野来了再说。"

田成海只好听从兄弟建议。小欢长跪不起，意在迫使他老两口松口。他坚持下去，惹出麻烦，儿子回头又得埋怨他。叫来田野，至少暂时可以把小欢哄出家去。

出门前田成功把带来的钱还给田成海，说了些为拖迟时间致歉的话。等田成海把钱点了两遍收起来，要回当初写得字据，打算撕掉，转念装进口袋。同田成海来到院外，用公用电话拨通田野手机。田野声称正在赶写一篇急稿，来不了，说："小欢想跪就让她跪着，别怕，不会有事的，我知道她心里怎么想的。"

叫不来田野，田成功的清官角色无法扮演，转身要回家，被田成海撕住衣袖，"你打了电话，把电话费交上。"

"你连几角电话费出不起？"田成功不禁起火。

"是你要打电话的，就得由你交。"

田成功掏出五角钱扔给电话机主人，转身走开了，听见背后电话机主人的讥笑声，不知在讥笑田成海还是在讥笑他。

田成功心想，回家无事可做，不如趁此空闲去老三家。从民生街和民权街交叉的十字路口拐向北行，迎面走来一老一少两个女人，年少的扶着年老的，年老的五十岁上下，脸色萎黄，吃力地迈着步子，大约要去看病或看了病回家。田成功油然想起逝去的孔秀，心里顿时胀满了酸楚。田壮开了饭馆后，忙，让他淡忘了孔秀去世留给他的那些酸楚记忆，没工夫咀嚼孤寂的滋味。可那些逝去的往事，常常从孔秀使用过的一根针，一个木梳，一个纽扣上重新显现出来，让他无法从往事中心安理得地走出来。面对纷繁的生活，也让他常常怀疑自己的存在是否比逝去更有意义。可人的这口气不断，就得一天一天把日子推下去，就得被那无形的力量操纵着，去做那些自以为必须要做，却在别人眼里无足轻重的繁杂琐事。比如田野与小欢的事，他当隔山爸爸的，不管不应该，管了好像也不该。难道人的一生就是在这种该与不该的矛盾转换中体现着它的意义？怪不得人们常常要用遁入空门的消极办法来躲避生活。

老三家没人。田成功找到活动室，田成才果然在里边打麻将，一脸的急躁，满头的热汗。田成功站在身边，田成才发现是哥哥，"有急事吧？"问话间给老哥飞一个眼语。

田成功没有领会，见兄弟手忙脚乱地抓牌理牌出牌，吃不住弥漫的烟味汗味喧哗,"我在门外等你。"退出活动室。这是里外两间的房子,外间摆着四张牌桌,里间挤放着五张牌桌。这桌人的脊背挨着那桌人的肩膀。田成功走出来想,在这种环境里消闲,与其说在养老,不如说在寻病。

等了一阵,不见田成才出来,田成功在门外喊了一声,田成才在里边高声应道:"是不是有急事?要有急事我就撂下不打了。"

本不是急事,却恼火兄弟这种态度,狠声狠气地说:"急事!能不能快点?"

哗啦啦响声后,田成才出来了,喘着粗气擦汗,把田成功拉到一边说:"给你使眼色的意思是叫你硬把我叫出来,你却没明白。"

"不想打就出来,用得着耍心眼吗?"

"你知道什么!没人替换扔下牌走掉,日后没人伙你。得等到有人替换才能下来。"顿一下又说:"多亏你来了,今天坐了个倒霉的位子,输惨了。"

"输了多少?"

"八十五元。"

"咋输这么多?活动室不是不让耍钱吗?"

"今早起我从家里出来,就剩这一桌三缺一。他们三个都坐好了,留下这个位子等人。院里打麻将的都说这一桌上这个位子不好,谁坐这个位子谁就输钱。我本不想打,又觉得孙雅萍不在家,一个人呆着无聊,也想试试这位子是不是像人们说得那样不吉利。坐上打了十几圈,只平糊两把。"

"军军奶奶去哪了?"

"她娘家有个党家侄儿跑摩的,前日早上出门再没回来。昨日有人打电话报案,说在大寺沟发现一具死尸。公安局查现场,从死人口袋找出一张发票,三查两查查出是她侄子,被人抢走摩托车打死扔在沟里。她这个党家哥哥多少年没走动,这次死了人,通知她务必去一趟,她就去了,得三天才能回来。"

"我说呢,要不你敢这么多的输钱!"田成功以老大的口吻说,"整日泡在麻将桌上,不能干点别的?"

"干啥?连年轻人都找不到工作,一个一个闲浪着,哪有我干的事儿?"

这种话说下去不会有结果，田成功把话转入正题："田健最近工作得如何？"

"看样子挺好的，人比先前精神，也懂事了。"

"他上班的地方是不是五四大街上的'凌绝顶俱乐部'？"

"就是，他说那里的老板很器重他。"

"你知道那是什么地方吗？"

"俱乐部能是什么地方？吃喝玩乐的地方。"

"单单吃喝玩乐就好了。今早饭馆来了几个吃饭的，吃饭中间唧唧咕咕说的话，全被我听进耳朵里。那里还提供……提供女人的服务，这你知道不知道？"

"没听说啊，你的意思是那里头有卖淫的？"

"我听那几个吃饭的说了，才过来详细问一下的。"

"不会吧？田健说，俱乐部开张那天，省市大头头都参加了剪彩。这样的地方哪敢做哪种生意？"

"但愿他们是瞎说，可我心里隐儿①着。你等田健回来问清楚，真要有卖淫的，岂不跟旧社会的窑子一样？在那里当保安，不就是在窑子里当差吗？这可是给我们田家人脸上抹黑的事，叫田健别再去那里上班了。那种地方，迟早弄出事情来，叫街坊邻居亲戚陆眷知道，我们的老脸往哪儿放？"

"你的话没错。"田成才给老哥添茶，放下暖瓶说："田健晃荡了几年，我们终日抱怨他游手好闲不找事儿做。如今总算有了一份工作，工资挣得也多，老板又看得起，我们却要叫他别干，这话我是说不出来，说出来田健也不听。"

田成功听清了兄弟话里的话，毫不含糊地说："不听也得听！光图钱挣得多，工作清闲舒坦，可干的事放不到台面上来，叫人听了指脊梁骨，啐唾沫，把人格丢光了，挣下个金山银山也是枉然。一定要把话说到头里。他听则已，不听，我来给他说，田家门里后人不许挣这不干不净的钱。"

田成才想了一阵，"等他阿妈跑完丧事从娘家回来，跟她商量一下，听

---

①方言，怀疑、嘀咕。

听她的意见再说吧？"

田成功眼瞪着哼了一声。

37

刘方捧住信封双手颤抖不止，这可是从天而降，装着作品收藏证的信封。让他纳闷的是信封太小太小，这么小的信封装着一个多大的证书？火柴匣大小的证书摆放在书案或架阁都显得小气，没法让人相信证书是国家博物馆颁发的。慌忙拆封倒出信瓤，原来是金属做的，闪闪耀眼。如今大多奖牌是钛金属做的，证书怎么也用金属？纳闷间，证书渐变渐大，大得他双手捧拿十分吃力。证书上写着：奖金一万元。一万元，太好了！有这一万元，即便半年没人买作品，生活也不成问题。证书上写着一个号码，是让他用这个号码拨电话，问奖金在哪领取。他不停地拨电话，不通！不通！还是不通。原来手机上的号码顺序全乱了，原来1在左上角，怎么到了中间？这是谁的电话？重拨，手机震动起来，伴着急促的铃声。一定是博物馆打来催领奖金的，可接话键怎么也按不下去。急醒，原来是南柯一梦，放在枕头边的手机铃紧迫地响着。

刘方慌忙拿起手机接听，是东方灵的声音："老刘，怎么这么久不接电话？"

"正做梦呢！醒来才听到铃声。"

"你看看几点了？"

"八点差十分，这么早打电话什么事儿？"

"你平时不是六点钟起床吗？今天咋睡起懒觉了？"

"这几天手里没钱，去早市见鲜花要眼热，不如在家睡觉。"

东方灵在电话中笑了，"正好，馋酒了吧？我今天做东，请朋友聚一聚，你十点前赶到植物园内的'松风'茶园，我已定了桌。"

"植物园要买门票吧？我没有买门票的钱。"

"嗯……十点我在公园门口等你。"

每天七点半吃惯了早饭，洗漱完毕肚子就空空地提醒他。把平时无意中扔在案架抽屉里的硬币搜罗出来，不满二元。可他不爱吃豆浆油条类的早饭，决定去田壮饭馆赊吃一碗羊肉泡馍。

九点锁了铺门。街上行人稀少，少数几个摊主正在支架摆摊。街西建筑工地上机声隆隆，塔吊吊臂在徐徐移动，吊斗从楼房一角移出了视线。罩着防护网的脚手架上，瓦工们正在刮抹墙面，高一声低一声与楼下的人说着什么。

进饭馆给田壮说明前提，田壮急忙进厨房给刘方烧了一碗优质羊肉泡馍，自己端出来，"刘老师，别说今日手里没钱，就是日后手里没钱，自管过来吃饭，咱们谁是谁？十天半月的饭我还管得起。"

刘方感激着吃下这碗羊肉泡馍，抹嘴问道："好些日子没见你父亲了，他好吧？"

"生意不好，阿大很少过来，连我表妹也不想来了，想另找个事儿。"

刘方这才意识到今天饭馆内只有田壮、高洁梅两人，平时守柜台收钱的伊承新没有出现。

"已经走了？"

"还没找到新的去处。今天是父亲节，她请假陪她阿大阿妈浪一天吃一顿去。"

刘方说了些坚持下去就是胜利的宽慰鼓励话，告辞出来直奔植物园。

赶到公园门口正好十点，东方灵、楚良买好门票等在门口，一同进了公园。

"松风"茶园在植物园东南隅半山坡上，此处是植物园松柏树培育基地，茶园东侧就是苗圃。浓绿的塔松，翠绿的扁柏、罗汉松的幼苗一畦挨着一畦，周边围着水泥花篱。开茶园的这块地界上全是成年松树，树间地坪用青砖拼铺，依地势高低、地块大小砌设着十几张水泥圆桌。先来的顾客占据了半阳半阴地方的桌子，把自家带来的食物酒果放在桌上等待后到的客人。小孩们在桌前树后坡下坎上的空地上追逐嬉戏。扎着天蓝色围裙，顶着同样颜色头帕的女服务员迎上来,把三人引到第三阶地坪靠西的地方,先到的秦明和另两位起身向刘方问好。

　　一次性塑料三炮台茶碗已经摆在桌上,中间一盘大板瓜子。桌子是砌在砖头支座上的水泥圆桌,桌面上铺了一块一次性白色塑料布,垂下桌沿的塑料布被人们动作引起得气流掀动,一飘一飘翻上桌面,或粘吸在人身上。楚良说:"还是东方灵说得对,这种一次性塑料用品实在烦人。这么好的自然环境,要是摆上些雕花漆木桌椅,或者镶嵌了大理石面的桌子,才够趣味。"

　　"业主想的先是成本,是舍不得投入的。"秦明把翻上桌面的塑料布拽下来,"不过东方灵的'拒绝一次性'我举双手赞同。"

　　刘方疑惑地扫视众人,不明白他们说的是什么。

　　楚良解释说:"东方灵写了一篇短文,题目是'拒绝一次性',《为民早报》副刊上星期天发表的,你没看见?"

　　"我好多天没看报也没买报。"刘方把吃进嘴的一粒发霉的瓜子唾在地上。

　　"老刘成了不读书不看报的有闲阶级。"楚良玩笑中有几许认真,"不过这样也好,如今的报纸,虚假新闻虚假广告铺天盖地,真正耐读耐看的东西实在太少,不看也好。"

　　"我是先顾肚子再顾脑子。近来卖不出作品,面包没有了,哪有心思买报纸看?"

　　东方灵点了菜,服务员拿去准备。刘方走动着浏览茶园全貌。在第二阶地坪靠近伙房一头,砌出一个水池,池水中养着几尾可以观赏,也可捞出来烧菜的一斤大小的鲫鱼。池中心是水泥石块堆砌的一座假山,水泵把水打上顶端,再淅淅沥沥流下来,溅起一些水花。池沿上摆放盆栽的木本草本花卉,紫红的铜锤、白瓣红蕊的白狗吐血、嫩红的倒挂金钟以及四季海棠,绣球之类的花朵,各式各色地张扬着美丽。几个人正在池边以假山为背景拍照,手捧傻瓜相机的,竟是田成功的外甥女伊承新。

　　伊承新见了刘方上前招呼,给刘方介绍接受拍照的亲人:"这是我父亲,这是我母亲,这是我姨夫姨娘,这是我娘娘、姑夫……"刘方一一点头致意。

"你给父亲过父亲节，在这茶园定了桌？"

"你怎么知道？"

"我去你表哥饭馆吃早饭，你表哥说你请假同父母亲过父亲节。没想到碰在一个茶园里，照你们的话说，这世界太小了。"

伊承新赞同地笑了，"刘老师也是来过父亲节的？"

"我可没有你这么孝顺的女儿。是朋友约来消闲的，就在下面那一桌。"指一下，伊承新顺着指点，看见桌边围坐好几个人。"刘老师，你那个写文章的朋友今天来不来？"

"今天就是他做东道。那个，穿浅灰色T恤衫，留背头的就是他，叫东方灵。"

田成功同田寿到来，为与刘方同坐一个茶园感到喜悦。

片时，服务员端来六样佐酒凉菜：红煨鸡翅、水晶虾仁、酱牛肉片、椒油莴笋、青椒变蛋、红油肚丝。与东方灵同来的小冯小伍是东方灵文学圈内晚辈，东方灵的崇拜者。一人持壶一人捧盅替东方灵给诸位敬酒，一口一个老师，叫得亲切热烈。刘方、秦明、楚良、以及楚良带来的女友陶欣被两个晚辈叫热了心，又被身处的美景感染，每每干杯，东方灵连声叫好。

几杯酒入肚，刘方兴奋起来，主动请缨要当首官。开拳前问东方灵："你今天做东什么由头？要不，喝醉酒还不知因何喝醉了。"

"没什么由头。许久没与你们热闹，想热闹热闹。"东方灵边开酒瓶边说。

"得了一笔稿费，叫我们分享快乐。"秦明做了明确说明。

"那我就要放开肚子喝，喝它个一醉方休。"刘方从楚良开始猜拳，挥臂甩掌喝五吆六地喊叫起来。东方灵见刘方每输必干，怕他贪杯先醉，说："这么猛喝，不等炒菜上桌都喝大了。我们行酒令喝酒，一来有气氛，二来可以把节奏拉长一点。"

众人赞同。行什么令，众说不一。说旧令，小冯小伍都说不会。一时又想不出可行的新令。楚良的女友陶欣说："上次我们单位野餐，行的酒令特有意思，我们不妨也来那样的酒令。"

"什么令儿？"众人兴趣盎然。

"其实也算不得酒令。每人说一段时下流行的顺口溜,要说得快,通俗流畅,中间不能停顿、结巴,内容要惹人发笑。说得符合规定,听的人各喝一盅;说得不好,大家听了不笑,说的人喝两盅……"

"行,就这样,先试一下。"楚良不等陶欣说完就嚷叫起来。

东方灵放下茶碗,"我还得规定一下,说顺口溜也得有些标准。没有标准流于自然,不好判定输赢。"

"怎么规定?"众人异口同声问。

"先要说短小简练的,四句,每句字数不能太多,要说得押韵,有节奏感。"指使小冯,"你先说一段,领个头。"

小冯仰头望着一棵塔松的树冠想了想,说:"要致富,挖古墓,一夜一个万元户;要发财,开棺材,金银财宝滚滚来。"

众人拍掌欢笑,各自干了眼前杯酒。秦明没干,刘方拿杯灌入秦明嘴里,众人一阵大笑。

秦明兴冲冲地说:"我想起一段,我先说,五十年代全民炼钢,六十年代全民备荒,七十年代全民下乡,八十年代全民经商,九十年代全民都是董事长。"得意地扫视众人,"怎么样?这段不错吧?"

"内容虽不能引人发笑,却把几十年社会典型现象囊括起来,不错。只是比规定多出一句,得罚酒一杯。"东方灵边斟酒边说,把酒杯递到秦明嘴前,秦明张嘴让东方灵灌进去,众人发声喊:好!

众人把目光投在秦明左边的刘方脸上。刘方说:"心里记下得多,全在嘴边边上,就是说不出来,我再想一想。"拍一下左边小伍的肩膀,"小伍先说一段。"

小伍想了想,脱口而出:"假烟假酒假味精,假医假药假郎中,假书假画假古董,假兵假官假学生。"

众人齐声叫好,举杯同饮。东方灵放下酒杯说:"一个假字统领这么多生活内容,最终就成了'红楼梦'里说的:'假做真时真亦假'。"

众人又把目光集中在刘方脸上。满脸通红的刘方说:"我想了一段,不是四句的，有六七句哩，说了罚不罚酒？"

"不行！得说四句的，要不就破坏规定，要多罚几杯。"

刘方央求坐在他右边的秦明，"你再说一段，容我再想想，一定想出一段你们没听过的。"

秦明已想好一段，急于要说出来，乐得做顺水人情，脱口而出，"富了海边的，发了摆摊的，肥了当官的，苦了上班的。"

"好！"众人同声欢呼，举杯相碰，干杯。

依顺时针序，该坐在小伍左边的陶欣说，陶欣笑着说，"上次单位野餐听人家说了好多，记了几段，这会儿想不起来了，我免了，别说了。"

"不行！人人有份，何况这点子是你出的，你不说怎么行？你不说不成，说不好更不成，要罚酒三杯。"秦明说着给东方灵递眼色，意思是给楚良出洋相。

坐在陶欣左边的楚良见陶欣不无为难地看着他，把嘴凑近陶欣耳边说了一段，陶欣就朗声重复出来："万元户不算富，十万元刚起步，百万元还对付，千万元才算富。"

大伙鼓掌。刘方说："这段不惹笑，要罚酒。"

楚良说："你们这是偏心，刚才小伍说得那段也不惹笑，为啥不罚？却要罚陶欣？"

以裁判自居的东方灵说："你不护尚可，这一护，非罚不可！一则不发笑，二则是你口授的，按说该罚三杯，念她一个女士，罚一杯，楚良陪罚一杯。"

众人赞同，陶欣、楚良只好认罚，刘方主动陪饮一杯。

频频的欢声笑语，引得邻近几桌的游客都向这边张望。几位老成的走过来站在桌边听他们的顺口溜，也跟着笑，叫好。刘方发现第二阶坪上田成功外甥一家也不时向这边张望，指指点点说着什么。刘方心里一动，说："我想了一段：'吃饭基本有人请，喝酒基本有人敬，工资基本不动，老婆基本不用'。"

众人笑起来，挤眉弄眼地交换眼色，而后一致说："内容虽好，但说得不流畅，中间结了一下，罚酒一杯！"

刘方快活地端杯,"认罚认罚!"一饮而尽。

小冯早已想好,当大伙把注意力投向他时,琅琅地数说起来:"手持大哥大,出门坐豪华,吃喝信用卡,搂着十七八。"

"好!"这声高叫是站在一边旁听的一位年轻人喊的。众人便回头给这位只穿背心赤着肩臂的年轻人致意。年轻人兴冲冲地说:"你们的顺口溜说得好,听了真过瘾。"去自家桌上提来一瓶酒,叫了一个同伴,要给诸位敬酒。诸位推辞不过,喝了年轻人的敬酒。年轻人红着脸说:"你们的顺口溜听得我心里直痒痒,也想说一段,班门弄斧你们不怪罪吧?"

在座诸位说:"哪里哪里!"同时鼓掌鼓励。年轻人就仗着几分醉意一字一顿说了出来:"只爱一个有点傻,爱上两个最起码,四个五个也不多,十个八个才潇洒!"

"好!"年轻人桌上侧耳倾听的同伴们齐声喝彩。

东方灵、刘方诸人便向共鸣的邻桌举杯致意、干杯。

轮到东方灵说。东方灵出于职业习惯,平时注意收集积累,心里装着不少的顺口溜,从中挑出一段四句的说了出来:"赶走东北狐,还我好丈夫;赶走四川妹,丈夫回家睡。"

邻桌的年轻人们大笑起来,酒杯碰得叮当乱响。

双颊被酒精染红的陶欣得意地问道:"怎么样?这些顺口溜说起来比你们的那些酒令有趣味吧?下面说些句子长的。"

东方灵说:"这种出自民间口头编撰针砭时弊的顺口溜,内容大同小异。说多了就不出彩。我提议下面说几段以古诗词赋作为载体的顺口溜,可以当作新编诗赋,怎么样?"他清楚,在座的虽然都是文化人,对古诗词却不一定倾心留意。况且是聚众休闲,要的是一个玩字,故而用的是征询的口吻。

"好呀!"已被酒力操纵的诸位同声应和。

东方灵说:"我给大家领个头,说一段新编陋室铭,说得好,大家同饮一杯,说得不好,我认罚三杯。"喝口茶清清嗓子,说:"才不在高,有官则名;学不在深,有权则灵。这个衙门,唯我独尊。前有吹鼓手,后有马屁精;谈笑有心腹，往来有卫兵。可以搞特权，兴帮亲。无批评之刺耳，有颂扬地雷鸣。青云直上天，随风显精神。群众曰：臭哉此翁！"

众人鼓掌，举杯同饮。刘方说："我得为作家朋友多饮两杯。"乘兴干了两杯。

这种由诗词曲赋为载体的顺口溜，要对原辞赋的格式烂熟于心，才能套进新内容。平时对辞赋不留意的，即便听别人说过，也难熟记。便推举东方灵的学生小伍说一段。小伍早有准备，只等轮到自己再说，此刻见众位寄期望于他，当仁不让，说出一首顺口溜来："做官不怕喝酒难，万盏千杯只等闲；鸳鸯火锅腾细浪，海鲜烧烤走鱼丸；桑拿按摩通身暖，麻将桌前五更寒；更喜小姐白如雪，三陪过后尽开颜。"

一片喝彩声从本桌和邻近几桌爆响起来。食客们纷纷起身举杯与东方灵诸位同饮。东方灵乘兴来了一段新编好了歌："世人都说倒爷好，倒来倒去都发了，只要能把大钱赚，道德良心不要了。世人都说后门好，这条路子走惯了，不论事情多难办，最后全都办成了。世人都说宴会好，'八菜一汤'吃肥了，你请我来我请你，反正公家报销了。世人都晓做官好，这顶帽子不得了，出了问题别害怕，换顶帽子没事了。"

茶园供游客跳舞唱歌的大喇叭响了起来，盖住了东方灵的声音。众友尽兴，恢复猜拳喝酒。楚良按着乐拍踏着脚步，按捺不住，拉起陶欣跳舞去了。

田成功扶着有了醉意的田寿，同伊承新来到桌边。刘方起身招呼，提两把椅子让田寿父子坐。田成功说："听你们一阵一阵笑得开心，阿大的眼睛一直往你们这边看着，还说，上次在你铺子里又喝又唱闹了半夜，高兴得很，今儿见你们热闹，非要下来听你们说笑。"说话间向在座众人一一点头致意。东方灵对田成功说："三百年修得同船渡，我跟田爷已经是第二次见面。"斟酒敬给田寿，田寿接住，干杯。给田成功敬酒时问："这位姑娘是？""是我外甥女，叫伊承新。她听刘老师说你在这儿，要与你认识认识。"客气了几句，回到自家桌上去了。

伊承新含笑向东方灵致意，"东方老师，听说你是作家，我一直想见见你，向你请教一件事情。这里喇叭太吵，我想请你找个清静的地方说几句话，你不见怪吧？"

年轻美丽姑娘的直率表白让东方灵感动，加上已有几分酒意，需要缓和一下，痛快地应了伊承新的请求，同她离开茶园，向苗圃东侧没有游人，远离喧哗的地方走去。

信步来到一片混生林地。林地边缘平整地方，被聚家野餐的人占据了，席地铺着大块的塑料布、油布，老少男女圈坐在塑料布上，中间摆放着盛食品的盘碗盒盆。有的正在吃喝，有的用报纸苫住食物，聚在一起打扑克牌。几个小孩在林地杂草中寻捉好玩的昆虫，清亮的童音绕着树木在林中传播。

走入林地中央，在树木间距稍大，脚下没有乱草且干净的地方停下来，各自靠着一棵碗口粗细的大叶杨树，面对面相对而立。伊承新走热了，脸色红润，青春光泽焕发。东方灵禁不住多看几眼，便有一股陌生的、淡淡的甜蜜情绪从心底溢升出来。"你，出于什么原因想要认识我？"他认为与一个初次相识的青春女郎在这种环境单独相处，说话要十分得当。

"去年七月我第三次高考落榜，情绪十分低落，对自己前途最迷茫的时候，跟舅舅去了一趟土楼观，是阿舅有意叫我出去调解一下心情的。在北山寺门前遇见了民生街修鞋的老朱，他说他上大学的女儿得了重病，生死难料，加上经济上的压力精神近于崩溃。刘老师的一位写文章的朋友，叫他到北山寺寻访一位从天涯海角鹿回头来的高人，请教答案。我跟阿舅从山上下来时，突然意识到你是有意叫他上北山寺调整一下心情的。就像阿舅叫我出来上山的用意一样。在林木葱茏的寂寥中，在香烟缭绕的幽静里，让他把纷乱的心思从过于具体的现实中抽出来，冷静地思考自己所面临的难题和自己所持的态度，从中得到宽解和放松。当时我就觉得真正的高人是你，所以产生了想和你认识的念头，可巧今天在公园遇见了你。"

东方灵注目眼前这位身材匀称，明目皓齿口唇红润，浑身焕发着不经修饰的自然美的姑娘，听她诉说，不禁被她的聪明睿智感动。眼下的高中毕业生，有这等悟性实在难得。不禁笑说："我算什么高人！真正的高人就是每个人自己。可惜我们人类一向只关注别人孰智孰愚，却不太留心自己的聪明才智。既不习惯也缺乏信心把自己当作开发的对象，忽视主观又往往屈从于客观，满足于在昏昏噩噩中简单粗俗地生存。"

"到底是写文章的，听你说话就是一种享受，认识你太让我高兴了。"

东方灵提醒自己不要在这种恭维中忘乎所以。姑娘的天然美已经陶醉着他的心灵，如果再让她的赞叹击中，闹不好就会让自己的感觉成为她的俘虏。便克制着喜悦说："你叫我过来，不是想问一件事吗？"

伊承新望着自己的脚尖沉思片刻，抬头深情地注视着东方灵，"这件事困扰我好长时间了。去年高考落榜我彻底失望了，再没有一点点补习的热情信心。正好表哥开饭馆需要人手，阿舅说服我去饭馆中帮忙。我知道这是阿舅的权宜之计，免得我无所事事消沉下去。在饭馆干了将近一年时间，心里总踏实不了。今年春天开始，饭馆生意越来越淡，我更不想在饭馆呆了，可又没地方好去。又觉得在表哥生意艰难的当口走开，不应该。你说，我该怎么办？"

"最好的办法就是再去北山寺找那个天涯海角鹿回头来的高人。"东方灵说着笑起来，伊承新也笑了，灿烂的少女笑容中有几许苦涩的成分。

"你认真想过没有？你最适合做什么？"

"没想过。"

"这样不好。兵书上说得好，知己知彼，百战不殆。人们总认为只有战场上才能应用这条哲理。其实，生活也是一种战场。不彻底地了解自己，怎么能从容地面对纷繁的生活？更别说把握生活了。"

伊承新深情又殷切地注视着东方灵。

"你在校时哪门功课学得最好？"

"我是学文科的，对汉语言文学最感兴趣，课余喜欢听音乐，看绘画作品。"

"你认不认为这就是你的长处？换句话说，这几方面是不是有你潜在的能量？"

"没想过这么多。平时喜欢看书，爱看耐人寻味的那种书。看电视喜欢看外国的电视连续剧。"

"你的悟性好,知道土楼观没有什么高人就是一个例子。饭馆不是你久待之地,你生命中潜在的东西在饭馆那种环境没有开发的条件。你首先需要有勇气离开饭馆另谋出路。"

"我也这么想过。可一想到如今就业这么难,多少大学本科毕业生在家待业,我一个高中毕业生能干什么?"

"自卑要不得。自卑会消磨人的进取心,你得主动寻找机会,而不是被动地等待机会。"

伊承新用手指抠弄着短袖衫袖口上的一粒装饰纽扣沉默了一阵,说:"我有个高中同学参加了服装模特队,她喜爱那个工作,好几次叫我去她们队上当模特,可我不敢。一是我的身材没她高,二是我家里人注定要反对我干那种出头露面的事。"

"做模特身高是个条件,但也不是绝对的。你,你往前站一点,转动身子,让我看看你好吗?"

伊承新离开背靠的树木,落落大方地转体两个三百六十度,先是快转,而后徐徐转身,并把双臂举过头顶,让东方灵最大限度地审视她的体形和三围。这工夫,一只鸟儿在近处一棵树上清亮地叫了几声,鸣声十分悦耳,让东方灵产生了恍如梦游的感觉。

"你的三围符合人们时尚的审美标准。如果穿上高跟鞋,更会挺拔起来。其实你身上最抓人的还是内在的东西,说白了就是你的气质好,体现着你丰富的内心世界,我认为你不妨去试试模特工作。"东方灵见伊承新专注地倾听着,进一步说:"模特是个特殊的职业,它能最大程度地满足女人爱美的心理和虚荣心。别认为虚荣心得到满足不是一件好事,强度的虚荣心其实就是一个人强度的自我意识。虚荣心得到满足,意味着自我得到了肯定。有了这个心理前提,还怕做不出成绩?"

伊承新把目光从东方灵身上移开,深情地注视他身后大叶杨树的树冠,听着清风中飒飒作响的树叶摆动,许久,说:"我有过这种念头,可觉得不好给表哥说。他会以为两个月没给我及时发工资，我就产生了跳槽的念头。"

"表哥的一点误会要紧还是你的一生要紧？别为小事误了大事，这是需要勇气和决心的。你有好的悟性，如果有意识培养自己遇事果断处置的勇气信心，一切都会好起来的。"东方灵说着，率先走出树林，他把朋友们扔在桌边太久了，做东道不该这样。

伊承新在回茶园的路上显得情绪激扬。

楚良挤眉弄眼地对东方灵说："没对人家姑娘起歹心吧？"

"都像你，这世界不乱套了？"

38

秋风过去第三天，一场淫雨接连下了四十八小时，时大时小，没有停息的迹象。这时大时小的秋雨，随着时暗时亮的天光变化。"一黑一亮，石头泡胀"的谚语，在这样的天象中得到证实。好在西宁市别说大街，连那僻背小巷也硬化了路面，加上折叠便利的晴雨伞总被女人们提在手包里，别说连续下雨，就是下油也是不怕的。况且还有四通八达的公交车，出门几步有车站，下车有突出的屋宇廊檐可以躲雨。这场秋雨迫使人们做的，就是加一件羊毛衫抵御阴湿的秋凉。

这天傍晚，田健从家里出来时，雨变小了，起了阵风，雨丝斜斜地击在他的脸上、肩上、手上。他不爱打伞，上学就不爱打伞。父母亲、哥嫂买进家的折叠伞全是艳艳的色彩，他认为男人打那种花伞有失气度。从民权街二十一号院走到西大街中端的公交车站，这点小雨顶多浇湿头发。穿得不是毛料西装而是水洗布休闲茄克衫，淋点雨不是什么坏事。

到处湿漉漉的，人行道彩色方砖被浇洗得清亮怡目，街边楼房的面墙也湿了，排水管哗哗地响着，喷流出来的雨水泛着灰白的泡沫，曲曲弯弯流进道牙下有铁齿盖的下水口。率先亮起的街灯，徐缓来去的汽车尾灯，在湿亮的街面上把倒影拖出奇幻的形状。

近晚，公交车上有许多空座位，田健坐在靠车窗的单排座位上，望着雨日冷清的街景，想着出门前与父母亲的争吵，反省是否有点过火。父母亲要他离开凌绝顶俱乐部，找一份能挣干净钱的工作。他闹不清父母为啥突然冒出了这样的念头。一年多来，每当发了工资交给父母——不是全部——他们总是眉开眼笑。尤其母亲，点钱的表情是那么幸福甜蜜。让他不能容忍的是，父母亲竟然给他下了死命令：不从凌绝顶出来，就得尽快娶媳妇。他顶了几句，顶得父亲翻白眼，不轻易流泪的母亲抹起了眼泪。正好到了他上班时间，要不，不知要与父母亲争讲到什么程度。

是谁又是什么事因，让一向不太在乎他的父母亲如此粗暴地在乎起他来？

自田成功从饭馆顾客言语中听到俱乐部内部一些隐情，并给田成才夫妇通报情况，要田健从俱乐部出来，别挣那种不干净的钱。这事田成才夫妇没有告诉田健，也没打算告诉田健。因为田成才夫妇知道田健是不会听他们的，他们也不想碰这个硬钉子。可是，田成功一星期后又来到老三家中。"给田健说了没有？"田成功进门就问。

"还没顾上说。"田成才回话时给孙雅萍使个眼色。"这些日子田健没回家来，没机会说。"

"儿子一星期不回家，你们不心慌？"田成功看见田成才给婆娘使眼色，明白其中有诈，便阴沉了脸色。

"腿长在儿子身上，他不回来，我们有啥办法？"孙雅萍给大伯端来茶杯时说。

"没办法就该放任不管？儿子真要出了什么事，还不是你们娘老子的麻烦？"

"上班的人，能出什么事？八成是单位里忙，没时间回家。"田成才躲着老哥的目光说。

"晚上上班回不了家，白天也回不了家吗？"田成功顿了一下，继续虎着脸说:"我给你们说了,俱乐部那种地方不是什么好地方,叫你们给儿子说,叫他快些出来。一星期了,你们还没打算说,这不是纵容田健吗?"

孙雅萍望了一眼男人,"不是我们不想说,而是我们不敢说。我们的田健你不是不知道,脾气跟火药一样,点不好就炸哩。其实我们早就拐着弯儿问清楚了,俱乐部里分了好几摊。健健只分管俱乐部的安全工作,不干别的事儿。"

"负责嫖客妓女们的安全就够听的了,还需要干别的事儿?"田成功忍不住说出不想直说的话。

"他大大别把话说得这么难听,什么嫖客妓女的,这种话也不是……"

田成功打断孙雅萍的话,"眼下这难听的话只在你我三个人中间说说。要是等这难听的话在田家门里全说起来,在家属院里全说起来,在民生街上全说起来,我们的老脸往哪儿放?"忍不住加了一句,"当初阿大喝了点酒走岔了路被发廊小姐诓去三百元钱,就有人不依不饶的。如今小辈中有人真地干起这种肮脏事儿,田家门里不依不饶的就不是一个两个了。"

孙雅萍见田成才偏头望着墙上的挂钟没有说话的意思,气呼呼地说:"你当大大的既然把话说到这个份上,我就实话实说吧。你的话音儿我听得出来,阿大被发廊的鸡儿们诓骗了钱还是没诓骗钱,我们不依不饶也好,别人不依不饶也好,阿大是个闲人,老了,好歹他个家知道。可我们的田健我俩管不下,要管你来管。你叫他从俱乐部出来,先得给他寻个好的工作,钱儿挣得不比现在的少。我们田健找不上工作闲晃荡了几年,也没见他跟哪个坏人干什么坏事儿。如今好不容易找了一份工作,工资挣得多,老板又看得起,你却要叫他别干了,这种话我们当娘老子的说不出口。要说,你替我们说。"

田成功没料到弟媳会如此发难,事先又没这样的思想准备,一时竟不知如何对答。佯装喝茶,吐茶梗,暗想,自己管这等事是否多余?退一步说,田健即便从俱乐部出来,一时寻不到满意工作又闲游荡起来,埋怨又会落在他的头上。可田家人……一想到田家人遇事往往是没有一个统一的意见,缺乏协作精神,除了互相推诿就是彼此抱怨。田健的事父母亲都不敢管不想管,他当伯伯的难道该管敢管吗？如此一前一后想了一阵，放缓了语气也放松了表情说："你们的儿子你们不敢管不想管，我当大大的就那么想管爱管？不就是为了日后别让外人拿尻子看我们田家人吗？既然你们说田健只管安全工作，那就退一步说，尽快给他说媳妇结婚，有媳妇拴住他，免得日夜与那些人把心混花了。"

田成才、孙雅萍觉得这样说还有点商讨的余地。于是达成共识，催促田健尽快谈对像定婚。

不料又被儿子碰了一鼻子灰。

雨又下大了，被雨刮器刮抹出的边缘清晰的扇形透明窗，在雨刮器刚刚摆过又被雨水冲刷模糊。车窗外，雨幕后面的各色各式霓虹灯妖冶地闪烁着，变幻着，在湿漉漉的人行道上印出五颜六色的亮光。大玻璃窗的饭馆里灯火通明，人影幢幢。烟酒铺的橱窗，高大陆特产专卖店的橱窗陈列着各式货品，灯光从空隙中流出来，被来往行人的雨伞割裂。咖啡屋靠窗的小桌上，烛光洇濡着昏暗的背景……田健扫视眼前这些熟悉的，不时引他遐思的入夜的街景，心思率先飞进了俱乐部灯火辉煌的大厅，铺着猩红地毯，服务生飘然穿行的走廊。夜色和灯光总能让人的情绪在沉迷和灵醒之间摇摆。而花里胡哨的霓虹灯却像风流寡妇调情的眼波，让人们对夜生活充满了神往和想像。也许就是这样的前提，俱乐部顾客夜夜爆满。灯光、酒色、女人的胸和腰肢在时间的河床上恣意流淌。由于不停地重复而越来越单调乏味的日常生活，在俱乐部里镀上了新的釉色，弥漫着浓烈的滋味。这让靠俱乐部安身立命的田健，在这种触摸不到清晰轮廓的生活投影中昏昏欲睡。

挂在腰带上的手机震动起来，田健从手机套中抽出上翻盖 ABC 手机，按绿键贴在耳上，"田健，是我。"徐总的声音，"我已经给总台打了招呼，今晚的'巴山雨'留给几位重要客人，不再外包，你选派两个得力保安，保证散客和闲杂人员不去'巴山雨'搅扰。"

"知道了。"不及说完这三个字徐总就挂机了。几乎每天上班前或上班途中，他要接到老板类似的指令。有时只来得及回答一个字：是！一年多的工作，让他有了这样的概念：对老板的指令，回答要简洁明了，多问多说都是多余的，愚蠢的。按老板的指令或提示把工作做得让老板无懈可击，才是根本。另有一条经验：徐总虽然很少出现在俱乐部，但徐总的目光随时能触摸到俱乐部内外每一个角落。有钱能使鬼推磨，何况耳朵。所以不但要无条件地服从老板指令，还得极其谨慎地做事，才能让老板满意。老板的满意总是从另外一些事体上体现出来：指派他送达机要文件材料；去银行给那几位特殊股东上账存钱；随同老板去机场接送外埠客商；或者在他不经意时刻领到一个红包。他清楚倘或某一天老板不再派他去银行存钱，不再叫他去机场接送客人或去某合作单位取递文件，或工资外不再有红包到手，他的日子就不好过了。

下了公交车紧走几分钟，田健准七点赶到俱乐部。进办公室用毛巾揩干雨水淋湿的头发，推推办公桌吊柜的门扇，没有错动的感觉。这是他每天必做的一件事，吊柜里放着小铁皮盒子。吊柜原有一个暗锁，他又钉了一个结实的搭扣，挂了一把明锁。起初，他每天要打开两把锁看看铁皮盒子，渐渐地，认为这里的安全是可以放心的，不再打开锁子，只推动吊柜门扇，摸摸挂锁，让自己相信安全依旧。

坐下整理桌上杂物，几个保安接班前来办公室脱下便装换上统一的制服。等他们换好衣服要走，对其中一位姓倪的说："小倪，你出去叫小贺小常来一趟，我有事要交代。"

不到两分钟，小常小贺快步走进办公室，垂手立在办公桌前，毕恭毕敬问道："田哥，什么事？"

"'巴山雨'今晚有重要客人，总台也知道，不会安排散客。你俩今晚多留点心，别让闲杂散客去'巴山雨'打扰。"

"重要客人几时来？从正门进来吗？"小贺问道。

"多余的事你别问！只照我说得办。"田健不知道重要客人几时来怎么来。如果照实说，小贺小常就明白他掌握得情况有限，而他们的明白意味着要轻视他的身份。从隔壁的凌绝顶宾馆酒楼来俱乐部，有一条外人不知道的通道，按以往经验，老板接待的重要客人大多下榻凌绝顶宾馆。在酒楼吃饱喝足后，从这条秘密通道来俱乐部消遣。老板下过死令：俱乐部只有少数高层管理人员知道这条通道，谁要透漏这个秘密，他就留心小命！

小贺小常出去了。

田健冲了一杯速溶雀巢咖啡，现喝太烫，把半张白纸盖在杯口，纸翘了起来，又在上面压了一支圆珠笔，走出办公室开始他每天的例行检查。从一楼转到三楼再从三楼转下来，看见小贺小常在二楼过厅与走廊的交接处站着。从这个位置，可以看清走廊中央"巴山雨"的门扇，也能有效地引导从一楼上来的散客从"巴山雨"门前经过而防止他们推门张望。田健拍一拍两人的肩膀。要不是规定岗位上不准抽烟，他真想给他两人发一支好烟。

检查完俱乐部内部，田健走出俱乐部正门，雨还在淅淅沥沥地下着，恭立门道的四名保安叉腿背手地立着，目不斜视。停泊在大门两侧泊车位上的所有车辆都遮盖了俱乐部特制的牌照。轿车比往日多而且高级，奔驰、宝马、凯迪拉克、奥迪……

回到办公室，咖啡杯上被热气腾湿的白纸中央塌进杯口，圆珠笔滚在桌上。端杯喝了一口，罗俊男进来了，硬着脖子走到办公桌前，用哀怨中藏着不满的眼神望着田健，欲说不说地等田健主动询问。田健不理睬，自顾品尝咖啡。罗俊男忍不住，开口道："田哥，算我求你好不好？算我错了好不好？"

"知道错了就好好改正。脱离岗位来办公室说这些没用的话，你的工作谁干？"田健摆手让罗俊男离去。

"我让小顾顶我一会儿，我有个请求，说完就走。"

田健放下咖啡杯，他明白罗俊男要说什么，却故意问道："什么请求？"

"请你把我重新换到前厅吧，我求你了，换到前厅，我一定一定好好干，不和……"

田健打断罗俊男的话，"不可能！你至少要在后厅干一年，肯定你不会再胡来，再考虑能不能把你换到前厅。一年后再说。"甩手让罗俊男回岗位去。

"田哥，我求你了。"

"求我没用！这是你自找的。你自己把事情弄到这种局面，要补救还得靠你自己。再说了，后厅有什么不好？"

这话问住了罗俊男，憋红了脸答不出话来，却扑嗵一声跪倒在地，"田哥，我给你磕三个响头，你就网开一面吧。"咚咚咚地用额头碰着地板。田健厌恶地看他下作，不阻止也不理睬。

碰红了额头的罗俊男哭丧着脸说："田哥，我给你头都磕了，你就……"

"不可能！"田健斩钉截铁地说着，起身拉住揉膝盖的罗俊男往门外推，"要想保住饭碗，就先去干活，别跟我罗嗦，罗嗦也没用。"

罗俊男鼓起眼睛说："你推什么推？我又没赖在你这儿。"打开田健推搡的右手，转身要走，被田健撕住肩膀拉转身子，"推你是轻得，再嘴犟，我还修理你哩！"用劲一搡，罗俊男一个趔趄撞在半启的门扇边上，不禁火起，扑上来要揪打田健，被田健左臂挡开，收右拳猛地捣出去，罗俊男便侧倒下去，田健习惯性地抬脚要踹下去，猛地刹住了肌肉绷紧的右腿。

罗俊男起身用喷火的眼睛瞪住田健："好！算你狠！我惹不起躲得起。"嘟囔着走了。

田健回到桌后，望着半开的门扇和门外楼梯的镀铬栏杆以及台阶上猩红地毯的边角，后悔自己的莫名发作。罗俊男是俱乐部开张后来俱乐部干保安的，据说是开发公司总会计师介绍来的远房亲戚的小舅子。一米七六的个头，一头自来卷黑发，鸭蛋脸型，五官清秀口齿伶俐，站有站相坐有坐相。同伴们时常开玩笑，说他转世时披一张女人皮，准能迷倒一大群男人。因了他的标致仪表，被总台领班安排在前厅总台前，引导来俱乐部的顾客，保障他们在大厅活动期间的人身和财产安全，一直干得好好的。不料今年春天始，与一位来自成都的小姐眉来眼去好了起来，被老板觉察，打电话把田健叫到办公室，一边看统计报表一边问田健："你手下有个叫罗俊男的是不是？"口气火火的。

"嗯，负责前厅。"田健小心地回答，猜测徐总为何是这种态度。

"这小子与一个小姐粘缠了几个月了，你知道不知道？"

田健不回答，只等老板继续发问或训示。他不回答是因为真不知道这件事，不知道就是失职。既然已经失职，辩解更会引起老板的不满。

"什么行当有什么规矩。我们俱乐部的规矩是内部所有人都不能与小姐们亲近,更不能有越轨行为,这是事先讲过的。你们的任务是负责俱乐部内外环境安全和顾客的消费安全。作为保安领班,手下人与小姐粘缠半年竟然没有觉察,你说该怎么办?"徐总抬头望了田健一眼,不满的眼神针一样扎疼了田健的自尊心。

"是我失职,我愿接受惩罚。"

徐总翻看报表,片时才说:"你先别给我表态,我把处理权给你,要妥善处理这件事。将后你手下不再出现这类问题,我们既往不咎,要是再出现这类事情,我就拿你是问,回去吧。"

当月田健的工资条上少了六百元的岗位津贴。

恼恨罗俊男的行为让自己受老板训斥并扣发工资,田健觉得不报复一下心里不得平衡,可老板的"妥善处理"是有话外音的。有公司总会计师这个中介人,他既不能重处又不能束手无策。想来想去,把罗俊男从前厅换到后厅,负责顾客出入卫生间的人身安全和财产安全。罗俊男长一副好皮囊,到后厅自然不如前厅风光,这种惩罚比调换工作本身还要让罗俊男难受。果然,在后厅干了不到一周就来求他。可他清楚,虚荣心受到限制的罗俊男一旦回到前厅再度风光,难免又要招惹那些水性扬花的小姐侧目弄情。为了保全老板对自己的信任,田健顾不上给罗俊男温情。虽然罗俊男跟他一样,近三十岁才得到一份尽管前景难料,却能暂时栓住心思的工作。

田健打开电视。如同零食可让馋嘴女人始终有东西咀嚼,电视能够填充所有无所事事人的空虚。无论在家还是办公室,只有电视能吸引田健的注意力。他只看体育节目,尤其是球类和田径比赛。也有他不爱看的体育节目,比如高台跳水和女子自由体操。所有展示女人躯体柔软和曲线的动作他都排斥。起初并没意识到这种欣赏上的偏废出于什么原因,日子久了,渐渐明白,对女人他有一种本能的排斥,他弄不明白是什么因素让他的生命意识中缺失了这种成分。所有与他接触亲近过的男人,无论青年还是临近暮年,都好像离不开女人。他想,这大约与有些人天生不爱抽烟,见了再高档的烟也会无动于衷；有些人天生反感喝酒，哪怕是茅台也不屑望上一眼一样。而他对女人的反感程度，几乎和有些人反感海洛因一样。出于这种心态，他从没想过谈婚论嫁的事。听到情呀爱的歌曲，看到搂搂抱抱的镜头，他就来气。有时候他也怀疑自己的生命形态是畸形的。可他浑身强健的肌肉和动不动就坚挺起来的尘根又轻易驳倒了他的这种自我怀疑。他得承认，他的生命形成可能遇到了什么强烈因素的影响，使他的生命不但具备了钢铁一样的外形，还具备了岩石一样的内核。这样的生命形态，是发不出水一样的温情和棉花一样的柔意，能发出的只有铁与岩石碰撞而产生的火花和残屑。如果把他比做一把生铁铸成的大锁，这世上也许有一把打开他锁芯的钥匙，但唯此一把，找到它恐怕是十分地困难。

这样的自我见解和剖析让田健感动不已，就像在绿茵场上狂奔的马拉多纳和在拳击场上飞拳的泰森让他感动一样。此刻，中央五套体育节目正在播放国际气步枪射击比赛。那一声一声的枪响，把他的思绪拉回到几年前盛夏七月野餐的那片林地。

39

那是个星期天，民生街管区民警阮世仁约请几个同事去鹞子沟野餐。因了与田健熟悉又欣赏他的豪饮，约他同往。约请的其余五位全是警校的同学。警校毕业分配工作，阮世仁分到民生街派出所，周刚分在市刑警队，其它三人分配到城郊派出所。周刚开刑警队面包车把众人以及采买备办的生熟食品拉到了鹞子沟。

鹞子沟距西宁市二十公里，东西走向的沟谷里，树密草茂，谷底一条清溪蜿蜒流淌，水声喧哗，鸟啼共鸣。

面包车在林间便道上边走边寻，终于找到了一块理想的向阳平缓干净坡地。众人卸下折叠桌椅，煤气罐灶，锅碗瓢盆。选平整地块支好桌椅，烧水煮肉洗菜。片时，六个下酒凉盘上桌，六人围桌喝起酒来，边喝边聊，只等肉熟。都是二十过头三十不及的阳刚青年，碰杯猜拳几轮下来，三个酒瓶倒地。负责煮肉的周刚端上大盘的手抓，扔下几头紫皮大蒜，六人好一顿咀嚼，半扇羊肉几乎告罄。喝了肉汤，撤下碗筷盘盏，重新把盏豪饮。不及晌午，一个个面红耳赤，眼涩舌硬，东倒西歪，话语也高一声低一声尖一句钝一句起来。

阮世仁手里摇着酒杯说："公安工作真他妈不是人干的，出力不讨好。"

周刚接口："你才知道呀？电影电视上演了多少！干公安不是顾不上老婆就是顾不上孩子。好在我没老婆，有老婆麻烦就大了。"

"要老婆做什么？"城西区外派出所的毕升说："干这工作最好别要老婆，免得壮烈牺牲扔下老婆孩子遭罪。如今的社会这么开放，找个连手，比结婚成家好一百倍。家花没有野花香，把尕连手领到这沟沟里浪一趟，比啥都美。"绕嘴拗舌地说了两句花儿："尕肉的怀里睡一觉，长把梨儿的味道。"

城东区外派出所的殷怀德说："你们别抱怨了。"他用摇晃的手指点着阮世仁、周刚，"我们这帮同学里，数你两个运气好，都安排在城区，工作环境、条件样样都比基层派出所好，你们再抱怨，我们就没法活了。"

已有七分醉意的田健听他们斗嘴，插不上话，心想：真他妈是饱汉子不知饿汉子饥，坐着说话腰不疼。有这么好的工作，穿警服戴大盖帽往人伙里一站，牛皮哄哄的，还要什么？真他妈是人心不足蛇吞象。

"谁让你死心眼，抠皮？"阮世仁也用摇晃的指头点着殷怀德，"叫你给校长政委送些厚礼，你偏不送，玩你的清高，耍你的正统，现在后悔了吧？可现在后悔晚了。"

"我没你那么滑头，也没你那么卑鄙，为了打通关节，什么手段都使得出来。"殷怀德哈哈哈地大笑起来，笑毕，红着眼仁问阮世仁，"话说到这里，我问你一句，你是不是牺牲老婆才得到了好安排？"

"你放屁！"阮世仁也嘻嘻哈哈地笑着吞下两杯酒。

"我是听别人说的，你让老婆买了两张电影票陪校长看电影，看了电影陪校长去歌舞厅跳舞，跳了舞叫校长去你家里睡觉……"

阮世仁脸上挂不住，一拳砸在桌上，震得杯盘碗盏叮呤当啷跳起来，两个茶杯震下桌面在草坡上滚了几下停住了。"你小子真他……他妈……欠揍！"跳起来扑上前要撕打殷怀德，被毕升抱住，"叫你们少喝少喝，偏不听，喝多了就耍酒疯。"要把阮世仁拉开。阮世仁的眼仁像一粒火炭，"狗日的我请你来喝酒吃肉，你喝……喝了几杯马……马尿就忘了姓啥，那些话是你说的吗？"

周刚从中调解："都在说惹笑的话，你咋认真起来了？"

"就是，我说的是惹笑的话，他……"殷怀德摇晃着身子要挣开毕升的搂抱，"早知你是这么个挨不起的样子，我别说喝你的吃你的，就是跟你对面儿巴屎都划不来。"

阮世仁要扑上前撕打殷怀德，被周刚和田健拉住，阮世仁挣脱田健拉拽的右臂，从腰里抽出手枪，"你狗日的再敢出声，我就一枪把你撂在这儿。"

殷怀德哪能受得了这样的恫吓？跳着说："狗日的你敢把枪拿出来！你吓那个吓这个，如今吓到我头上了，有本事开枪，往这儿打。"拍着自己的胸脯。

田健的酒被吓醒了，下意识担心阮世仁气头上克制不住开枪，闯下天大祸事，把阮世仁指向殷怀德的枪往上一推。不知是用力过猛还是阮世仁在那一瞬间扣动扳机，砰得一声，子弹从一棵松树顶上呼啸而过，惊起林中一群乌鸦，在枪声的回响中拍翅远去。

一下子全清醒了，面面相觑呆立在原地。许久，都阴沉着脸坐回桌边，各自斟酒，赌气似地一杯一杯吞着。阮世仁吞了几杯，被枪声吓醒的不过是酒精烧昏的神志，酒力却仍在血液里流奔，这时添进去几杯，再度引发醉胆，嘟囔起来："我花花……心情花钱……叫你们出来玩耍，不是叫……叫你们……给我揭短来的。我……我好歹是……是你们老哥，你们吃我喝我还要谝我，我真他妈瞎了眼了……"

田健生怕那几个被再次惹毛，发作起来，急忙把阮世仁拉开饭桌去五六十米远的一棵大树下，扶他坐下，劝他克制。阮世仁靠树嘟囔着，叫骂着，身子泥一样瘫软在厚密的马莲草丛上，死了一般。田健见他的腿伸到草丛一边，脚边有一坨稀牛粪，用力把他的双腿挪到草丛另一侧，由他睡去。

田健只跟阮世仁惯熟，被叫来野游，节外生枝出现这种吓人的插曲，大为扫兴。想过去与那几位继续喝酒，调整气氛，又觉得彼此头次相识，没话好说。靠树坐在阮世仁身边，头里嗡嗡嗡地响着，也睡着了。

不知睡了多长时间，被掠过身边的乌鸦的叫声惊醒，发现阮世仁还在呼呼沉睡，由于姿势不好，脸憋得紫红。看那边，几个人正往车上搬放收起来的折叠桌椅，慌忙爬起来走过去问道："周哥，你们要走？"

"不走呆着干什么？听他说那些屁话？"周刚把钢精锅里的半锅羊汤泼在草地上，见田健楞着，说："你去把阮世仁叫醒，问他走不走？要不想走，我们先要走了。"

"都是什么狗屁朋友！"田健心里骂着，走到阮世仁睡觉的树下，使劲推醒他，"阮哥，周哥他们要走，把东西都装上车了，我们走吧。"要拉他起来。

阮世仁泥一样瘫软，"为……啥要走？"

田健气呼呼地说："你们都是什么狗屁关系？喝几杯就六亲不认了。他们要走，问你走还是不走？要不走，他们就要先走了。"

"叫他们滚！滚！"阮世仁使劲喊着。"一个个都是白眼狼！吃我的喝我的，我还不能说他们几句？要走就叫他们走吧。"

"我们一块儿走吧，这山沟沟里，没车我俩怎么出去？"

"球！离了猪屎不种韭菜了！开了个破面包，还是公家的车，牛皮球哩！"打开田健要拉扯他的手，"你想走就同他们一起走，别管我，不信我回不了家。"田健没法，回到车边对周刚说："周哥，你过去劝劝阮哥，给他说几句软话，我们一起走吧。你们开车走了，把阮哥扔在这儿，就是你们的不对。"

周刚犹豫着，殷怀德气狠狠地说："别管！谁管我跟谁急，了不得从今往后不与他交道了，我们走我们的，惯球下的毛病！"骂骂咧咧上车，催周刚快开车。

田健两难着,却清楚只能等阮世仁酒醒了再说。发动面包车的周刚从车窗内对田健说:"我们先走了,你等他醒来,走出沟口,就有路过的班车。从大通县下来的班车一小时一趟,别太晚了。"开车扬长而去。田健回头见草皮上留了两个盘子,盛着几块羊肉、馍馍、三条黄瓜,还有喝剩的半瓶白酒。田健飞起一脚,把半瓶酒踢出去十几米,碰在松树上成了碎片。

田健心里骂着,不理会醉卧的阮世仁,歪在树荫下抽了几支烟,口渴,走到溪边掬水喝。一丈宽窄的山溪水沁凉甘甜,清澈见底,有一拃长短的小鱼在各色石块之间逆水游动。田健从水底摸一块石头向这群游鱼扔过去,游鱼惊遁而去。片时,又从脚下的草岸底游了出来。田健把手伸进水里往自己踩脚的地方揣摸,原来脚底草皮下面是几块大石头,石头之间有个洞穴,游鱼受惊遁藏洞穴中,而后又游了出来。田健消遣了一阵,看着日已西斜,沟岸上云杉、桦树的影子伸到了阮世仁脚边,上前推醒阮世仁。阮世仁虽然醒了,却浑身发软,双腿打颤。田健只得扶他走路,本想让他吃两块羊肉馍馍补充体力,又担心误了时间,把剩肉连盘子扔了,往沟口赶路。

踩着时干时湿松软的草皮,高一脚低一脚走到林外便道,阮世仁的双腿仍旧使不上劲。田健心里抱怨着,尽力扶持他走过坎坷不平的沟谷便道,拐过一个大弯,眼前的路平坦起来。阮世仁说:"我得缓会儿。"就势坐在路边草坎上,苦笑着对田健说:"还是你够朋友。"

田健一肚子懊悔,听阮世仁此话,禁不住说:"你们干公安的平时对老百姓狐假虎威地惯了,喝几杯酒连自己人都不认了,真没劲!"

阮世仁惊叫一声,怔住了,失魂落魄地说:"我的枪呢?枪不见了。"手往腰际口袋乱摸着,脸成灰白色。

田健头里嗡地一声,枪丢了可不是耍的。帮着在阮世仁身上乱摸,连在裤带上的手枪套的套盖扣子开着,哪有枪的影子!

"快!快回去。"阮世仁猛地起身,却一下子栽倒在地。早上来只顾玩麻将,只喝了一碗羊肉汤就喝起酒来,酒后闹了一场,这阵已是饥肠辘辘,犯了低血糖毛病，双腿打颤，浑身出虚汗，挣扎走了几步，气喘吁吁大汗淋漓。田健说："你这样子怎能回去？你在这儿等着，我回去寻。"拔腿飞也似向野餐地点跑去。

阮世仁在后面催叫："快！快！"

田健顺着来路边跑边留心路上坑洼地方，十几分钟后跑到那片向阳缓坡地段，先到阮世仁醉卧的地方，谢天谢地！乌黑闪亮的手枪就在马莲草丛中躺着。田健一阵惊喜，多亏这里游人稀少，又发现得及时。要是走出沟口再回来找，非把他的心脏挣破不可。双手握住沉甸甸的手枪，枪上的烧蓝乌沉沉耀人眼目，手感那么沉实那么光滑，一时竟有点爱不释手。小时候他就爱玩玩具手枪，用泥捏，用木头削刻，用铁丝绾出的枪，很惹小朋友们眼热。长大后，见人身佩手枪就要盯住多看几眼，想像自己挎了手枪会是什么模样。认识阮世仁后，有次阮世仁领他到无人地方，教他打了三发子弹。那真是他梦寐以求的快意啊！此刻，他手里有了一把真实的手枪，是朋友疏忽丢失由他找到的枪，要是这把枪……一个念头就从心里冒了出来。田健站在原地想了十几分钟，觉得不妥。走了几步，又觉得回去交给阮世仁，这枪就……突然有了主意，回头走了十几步，暗喜不已。他们从城里提了食品的塑料袋，全在放了煤气罐的地方扔着。他拣几个好的，把枪一层一层裹起来，包裹严实，抬头查看周围的树木，一棵棵云杉拔地入天，树干粗壮，爬不上去。小树容易爬，却不保险。有一棵桦树树干扭曲好爬，树杈上也能放东西，可这是一棵孤树，很远就能看清树杈上有东西放着。这时又觉得产生这样的念头实在不应该，走了几步，又被手里沉实的感觉迷惑住了。灵机一动，又在外面包了一个塑料袋，拔几根马莲草叶捆扎了几道，走到溪边，塞进他刚才摸过小鱼的那个岸底石洞中。

满头大汗跑回来，对望眼欲穿的阮世仁说："我把那片地方找遍了，没有，影子都没有。"有意扰乱阮世仁的思绪："一定是周哥他们怕你再发脾气，从你身上把枪取走了，等回去就知道了。"他明白阮世仁找不到枪是不肯回去的。返回去再寻，分明是徒劳。

果然，阮世仁坚持要回去寻找。田健只得陪他再回到野餐地点，找到太阳落山，也没着落。其间，田健同情阮世仁失魂落魄的样子，想坦白，又怕阮世仁再发暴怒，给他下不了台，忍住了。

阮世仁瘫倒在草地上，"天爷，这下该倒大霉了。"

"田哥。"甜脆的叫声在办公室门推开的同时发出，往事的幻影顿时消失，眼前是名叫甜娇的小姐。"田哥，给我点开水。"说话间径直走到办公室一角热水器前，见指示灯显示保温，把水杯伸在龙头下边接水边说："我常来你这儿要水你不讨厌吧？"

田健盯着电视屏幕，淡淡地笑一下。小姐们来办公室要开水喝不是头次也非甜娇一人，他的态度是由她们出入却不与她们搭话。比起来，甜娇来得次数多些。这个爱喝纯净水的云南籍小姐据说来自那里一个偏远山村，每次来，都穿着暴露的衣裤。眼下已入孟秋，外面秋凉袭人，因了俱乐部各处安装空调，恒温，甜娇只穿一件吊带内衣，紧紧地箍住腰胸，两个硬挺的乳房被挤托起来，显出深深的乳沟。下穿一条雪白超短裙，修长丰润的大腿根部乍隐乍露。对如此性感的小姐，田健更不想搭理。整天被好色男人们宠着的这些小姐如同罂粟花骨朵，是轻易不能碰的。

田健望着电视机目不斜视，甜娇扫一眼屏幕说："田哥总是看体育节目，别的节目怎么不看？"

"没兴趣。"田健勉强应答，意在用冷淡逐她尽快出去。

习惯了被男人们大起大落的情绪戏弄的甜娇并不在意田健的冷落，柔情地贴在办公桌一头说："田哥，问你一件事好吗？"

"什么事？"田健的鼻孔被一种怪味的香水冲击着，下意识把带滚轮的转椅向后挪动一下。

"今天的'巴山雨'被人包了，是哪里的老板包的？"

"不清楚。"

"求你告诉我嘛，你是这里的保安总管，怎么会不知道？"

田健生硬地说："别说真不知道，就是知道也不会告诉你。"

"田哥对我咋是这态度？"

"我对谁都是这态度。"

"对老板也是这态度吗？"

田健被问住了。他明白她说的老板，不是指来俱乐部消费的有钱主儿，而是开发公司的徐总经理。在他的冷漠和反复生硬地对答下，仍旧保持着热情的甜娇的纯情中有些无奈的表情，在他心里勾出了几丝恻隐之情，放软语气说道："你问这个干什么？"

"刚才总台把小杏小梨小蕉都叫去了，说'巴山雨'来的老板点名要她们去。我知道，喜欢叫小杏小梨小蕉的老板一定是他，想从你这儿证实一下。"

"证实这有什么用？"

"他把我包了一年，不让我接别的客人，连平台也不让我坐，只让我整天闲呆着，可他三天两头又叫别的小姐。"

"他是谁？"

"是你们徐总最铁的一个生意伙伴。"

"做什么生意的？"田健对几个常来俱乐部消费的买卖人，尤其对其中几位财大气粗挥金如土的老板印象特深。可猜不出今晚包了"巴山雨"的是哪一个。也是头次听到甜娇被老板包了，不许出台接客的事。

"这样不好吗？总比一天换几个男人好。"他有意让语气中充满讥讽。

"好什么呀！他答应一年给我三万，半年给一次，不让我出台接客，只挣他的三万有啥劲呐！小杏上个月挣了六千。照这样下去，非把我急疯不可。"

"那你出台接客不就成啦？他包了你，不一定天天有时间要你，不要你你就接客，使劲地挣钱，只要你的……"田健想狠狠地刺她一句，到嘴边忍住了。

甜娇盯住田健看了一阵，说："不听他的话，他给老板一说，非把我撵出俱乐部不可。"

无意中多说了几句，话中引出老板来，田健警觉起来，又硬了语气说："再没事了吧？快回你的地方去，我有工作要作。"

甜娇出门时，田健忍不住问了一句："包你的老板姓啥？"

"姓贾，贾老板。"扭屁股走了。

贾老板？田健有点纳闷，常来俱乐部消遣的那些老板中，没听说有姓贾的。这姓贾的老板是哪一个呢？

40

家里来了客人，焦玉玺爱人和女儿离开客厅去卧室看电视。焦玉玺让田成功父子坐在广式花梨木沙发上，指一下田壮放在茶几上的两瓶三星金六福酒、一提篮水果笑着说："要来就来，干嘛拿东西？你们太客气了。"取来茶杯、香烟、烟灰缸放在茶几上。

趁焦玉玺去厨房提暖瓶泡茶的工夫，田成功父子打量客厅的陈设。这是一套百多平米的三室二厅的住房，按时下流行的格式精工装修、亚光油漆，地面铺了酱红色实木地板。三十多平米的客厅里，摆放着广式古典风格的实木家具。三人沙发靠近窗的墙角，一架立式古典座钟，灯光下闪亮的钟摆在钟箱内悠悠摆动，咔哒咔哒的声音清晰悦耳。沙发对面是古典风格的花梨木组合柜，中间摆着一台三十九寸纯平彩电，正在播放中央四套的高端访谈节目，主持人正用流利的英语与美国前国务卿交谈。电视机左边摆放着DVD、功放，近旁是插放光碟的有机玻璃碟架。两台主音箱立在组合柜两边，音箱上分别摆着两只玻璃工艺花瓶，各插着一大束鲜艳的绢制花卉。客厅与阳台之间的拱门两侧，客厅与餐厅的隔门一侧，分别立着三个古典式雕花束腰高几，几上的八角、六角、圆筒形青花瓷盆里的观赏花卉分别是龟背竹、君子兰、麒麟掌。在田成功父子落座的三人沙发上端，挂着一组镜框镶装的字画，中间是三个行书大字"诚则明"。没有上款，下款写着《礼记·中庸》。两边配挂一副对联，上联是：经之营之，持其志勿暴其气；下联是：悠也久也，敏于事而慎于言。饭厅正面墙上另有一块工艺牌匾，匾文是陶渊明的桃花源记。

把厨房与餐厅分隔开的隔断架上，摆放着各式酒瓶，整套的酒具茶具。配上造型别致又格调统一的吊灯、吸顶灯，红胡桃木装饰的门套、顶角线，房间里显得华贵而典雅。

焦玉玺捧着泡了花茶的景德镇细瓷茶壶从餐厅走出来给田成功父子斟茶，"你父子俩都出来，饭馆里谁操心着？"放下茶壶退坐在一侧的单人沙发上。

"连着几天，一到后晌撤摊的时候，就没人来饭馆吃饭了。我把老二媳妇叫来在饭馆顶着，有一两个吃饭的，她能打发出去。我俩来，是向你请教的。眼看饭馆的生意越来越淡，快挂不住了，不知怎么办才好。你做生意时间长，经验多，给我们分析分析原因，出个主意。"

"按说，现在不是餐饮业淡季，况且淡与旺的周期，在那些高规格的饭店酒楼体现得比较明显。像你们这种低档小饭馆，服务对象是民生街上零散顾客，不该有太明显的淡旺起伏。什么原因引起顾客减少，你们心里没有数儿？"

田成功望一眼垂头吸烟的儿子，"五月底他把一年经营的流水账汇总一下，发现辛苦一年只挣了不到二万块钱，他就没耐心了，饭菜不好好地做，粉汤、炒面片、干拌里肉也放少了……"

焦玉玺打断田成功的话："我看根源就在这儿。民生街上不论是摆摊的，还是来选购东西的，大多是低收入群众，这些人花几块钱吃一顿饭要的是实惠顺口。为了降低成本偷工减料，这种做法是要不得的。诚信是做生意的根本，诚信要靠长年累月地树立，树立了诚信还得维持。你们开饭馆一年多，在顾客心目中还没有树立稳固的诚信形象，就因为挣钱少而偷工减料降低成本。饭菜减了材料少了工序，味道就受影响，味道不好数量又不足，谁还来吃你们的饭？"

"你这话说得对。"田成功望一眼儿子，"卖花圈的万花花一直在我们饭馆吃晌午，后来发现味道不好，给田壮提意见，他不但不听，还给人家说些长头话，人家就不来吃了。"

田壮满脸愧疚地望着焦玉玺，点了一支烟，垂下头，听父亲与焦玉玺对话。

"原因找到了，就要及时做出纠正。"焦玉玺起身给两人添了茶，重新坐下说："首要的，是端正思想，克服急功近利目光短浅。做生意是门学问，要掌握这门学问，把它熟烂于心，得有铁杵磨成针的耐力，卧薪尝胆的决心。"见田家父子显出迷惑的神情，焦玉玺意识到这样的说教过于抽象笼统，就说："说简单点，就是不能只想着如何如何挣钱，而是要把你干的事儿当作你人生的目标和理想，当作一种寄托精神的事业去对待。只有树立了这样的目标，才会从急功近利患得患失中摆脱出来。"见田成功父子殷切地望着自己，焦玉玺喝口茶接着说："当然，对你们来说，这是不容易的。下了岗，投入有限的本钱开饭馆，不挣钱也是说不过去的。但如何才能挣钱，如何才能挣更多的钱，却需要动心思费脑筋。换句话说，你不但要把面揉精，把肉汤煮肥，把菜炒得色香味俱全，还得花费更多的心思去了解市场，了解顾客的各种需求，摸透他们的心思，然后针对市场和顾客需求及时调整经营方式和内容。还必须有恒定的耐心和长远的目光，不能只把目光盯在手下的几坨面，几块肉，几斤油上面。"田家父子的脸色渐渐明朗起来。焦玉玺问道："我问你，你当初在公司食堂做饭想得最多的是什么？"

"嗯……开头想得最多的是快点掌握白案技术，别叫人家说我笨，是个混日子的。后来想得最多的是尽快掌握几项绝活，同时留心红案上的技术，偷着学几手。为得是哪怕食堂只剩下我一人，也能把活儿全拿下来，让大家说我是多面手。"

"这就是了。"焦玉玺插进话来，"食堂是集体的，与你没有多大的收损关系，你只想着如何把饭做好，把馍馍蒸暄，不去考虑收益好坏，做活是轻松的。有这轻松的心态，活儿反而做得好是不是？"

"就是就是！"田壮兴奋起来，"那时候我在饭菜上不断推出新花样，吃饭的职工们都夸我做得馍馍比别人做得好看好吃，听了大家的夸奖，做起活来兴头更大了。"

"对对对！"焦玉玺也高兴起来，"我这样比较你就明确了。现在，你做饭首先想得是挣钱，这种念头成了你的行为障碍，让你患得患失。如果你把挣钱的念头甩开，只想着如何把面片炒得叫人吃了一碗还想吃第二碗，把粉汤做得香味扑鼻让人馋涎欲滴，不就吸引更多的人来你的饭馆吃饭，来吃饭的人多了，收入不就增加了？"

一席话，听得田成功父子振奋起来。田成功说："你这个老师我们算是找对了，你这么一说，我们心里就亮豁了。"

"除了树立志向，还得不断地研究市场，根据市场需求变化调整经营策略。人是喜新厌旧的动物，一个地方去得次数多了，就不想再去；一种食物吃多了，不想再吃。如你刚才说的，要不断地改变花色名目，在不断出新的同时，要确立自己的特色和品牌。对你的饭馆，我的印象是经营的面食流于常规，没有特色。比如，你们蒸花卷烤大饼炸油条，别的小饭馆大多也是这样的食物。如果你不做这些，改做月饼，会怎样？大月饼做起来费工费时，一般卖馍馍的都不想做。你做了，而且做出的月饼又好看又好吃，别的地方买不到这样的月饼，自然会来买你的。再比如，你们在饭馆门外加点简单设备，免费供应大碗茶水。来民生街选购东西的州县远乡的农牧民热了渴了，不花钱就能喝到你们供应的茶水，至少对你们的这种服务产生好感。要是十个喝茶的人中有三个见你们饭馆干净卫生，香味一阵阵扑鼻引起他们的食欲，就达到目的了。烧开水花不了多少成本，把锅灶改造一下，用煮肉蒸月饼的灶火余热烧开水，一举三得……"

受到启发鼓舞的田成功父子说了一串感激的话，起身告辞时问焦玉玺，"焦老板，我父子俩文化低，刚才看了这副装在镜框的对联，看它的颜色，像是有了年代。听了你的话，我感觉对联上写得内容，跟你给我们说得话是一致的。话是听懂了，可联语太文，你再给我俩讲讲吧。"

焦玉玺用虔敬的目光看一眼墙上字幅，说："中间三个大字，是我爷爷六十花甲大寿时，商界同仁送的贺礼。诚则明，是《礼记·中庸》里的一句话，是为我家三辈经商坚守诚信原则的褒奖赞同。这对联是我父亲的手书，是我祖父、父亲两辈经商总结出来的，算是我家家传的生意经。对联内容，说白了就是我刚才对你们说得那些话，为了对仗平仄工整，用词造句文雅点，内容却是通俗浅显的，你们一看就会明白。"

田成功让田壮把联语默读几遍，熟记在心，也做自己的生意经。

田成功父子出门，焦玉玺突然说："你二位稍等片刻。"转身进了另一间房子，片时出来，手里拿着一张纸，交给田壮，"这是上次民生街个体商户为朱朝阳女儿捐助金额的名单登记表，事后我打印了几份，街上贴了几张，不知你们看了没有，拿一张去看看吧。"

下楼，借着楼门口灯光，田壮展开手里卷的纸张，打印的字儿就显在眼前：

通　告

《为民早报》发表记者田野采写的报道"一个女大学生的恶梦"后，在民生街个体商户中引起极大的反响，对个体修鞋户朱朝阳父女的遭遇深表同情。在个体协会的倡导下，民生街各商户踊跃捐资，体现了民生街各商户"一人有难、众人相助"的社会公德。现将各商户捐助款项数额公示如下：

西宁市个体商户协会民生街小组：2000元

（注：小组会员历年交纳会费结余。）

家常百货 100元

丰盈箱包 200元

致美西服店 200元

步步高皮鞋店 150元

彩乐童装 100元

新虹绒线店 200元

韩乙布拉（甜醅）100元

王臣（小电器）100元

依斯玛（布料）50元

三印一砚斋 300元

万花花（花圈铺）150元

谭生荣（修锁）50元

吴来娣（首饰加工）50元

花永红（首饰加工）50元

蒋宗旺（首饰加工）100元

肖巧娘（酿皮）100元

老高（酿皮）80元

康宝珠（麻辣烫）100元

黄香（麻辣烫）100元

水生云（杂货）100元

家常饭馆200元

典雅西服500元

街坊味小炒100元

川妹小炒100元

致靓美发200元

前卫发屋100元

魔吧100元

美伊化妆品200元

三维音像200元

超众裁缝店100元

新兴馨婚纱店200元

馥来衬衫店100元

……

捐助个体户数61户

捐助金额总计：14280.00元

注：朱朝阳收据存档

父子俩回到饭馆已是八点。清净饭堂内，田野在灯下看报，听见脚步声以为来了顾客，扔下报纸起身招呼，却是伯父堂兄。"你怎么在这儿？"田壮走进厨房，孟慧一人坐在灶侧小凳上，垂头出神，脚下扔着一把葱和剥下的葱皮黄叶。"高洁梅呢？走了？"案上的面基原封不动地放着，说明他走后没来一个顾客，从焦玉玺家出来心里鼓涌的热情顿时又降了几成。

原来，田壮父子离开饭馆，高洁梅就对孟慧说："二婶，这阵儿已经没有吃饭的顾客了，你一人守着吧，我得早点回去。近来寒梅作业特多，一进门就趴在桌上写，我得回去给她做饭，要是饭吃得太晚，晚上休息不好，明天上课没精神。"

近一段时间，高洁梅一到六点前后就向田壮说出一项理由，也不管田壮同意与否，收拾自己东西离开饭馆回家。田壮背着高洁梅抱怨，孟慧听在心里。此刻，田壮父子都不在饭馆，高洁梅要走，就让她为难。不禁说道："不成，你家里的事再急，哪怕是油缸倒了，这里的水缸你得扶着。田壮把我俩留下操心饭馆，你走了，我一个人顾了外头顾不了里头，顾了里头又顾不了外头，来人吃饭我怎么办？"

"吃饭时间过去了，街上摊子也撤尽了，谁还来这里吃饭？这么死守着，太急人了。"高洁梅甩着手里的细带背包，眼望着街上行人，欲走不走地矛盾着。

孟慧说："平时你早走迟走我管不着，今天就我俩，就算没人来吃饭，可柜台架上有这么多烟酒，桌上这么多东西，你走了，我顾不过来，少一件东西谁负责？你耐活一阵，等田壮回来你再走吧。"

高洁梅把半个屁股放在椅角上，一脸的不耐烦。片时起来说："我打电话叫个人来。"走出饭馆。孟慧怕她撒腿走了，跟出饭馆，见高洁梅立在一边用手机与人嗯嗯呀呀地说话。通话完毕高洁梅回来，孟慧忍不住问道："你叫得是什么人？能顶替你招呼客人吗？"

高洁梅的不耐烦中又多了几分恼火，"到这时候谁还来吃饭？是叫来给你作伴的。你不是说一个人少了东西负不起责任吗？"

话不投机，又不想看高洁梅急于要走的样子，孟慧钻进厨房，有一下没一下地剥葱。片刻，田野来了。田野一到高洁梅就急火火走了。孟慧不禁问道："你是高洁梅叫来给我作伴儿的？"

"怎么？我不能做你的伴儿？"田野说笑着从口袋取出一张报纸坐灯下看起来。

"你是个忙人，怎么高洁梅一叫你就来了，看样子关系不错嘛。"孟慧半开玩笑半认真地问了一句。

"高洁梅是伊承新最好的同学，我采访过她，关系自然不一般。"田野心不在焉地说。

给田成功父子讲完过程，孟慧最后说："我看你得重新找人，高洁梅的心思已经不在饭馆里。"

"这点我早看出来了。"田壮点燃一支烟，边抽边说："近一两月一到天黑高洁梅就坐不住了。起头我真以为操心妹子做功课。后来见她买了手机，一到后响不断地打电话，估计谈了对象，就尽量给她方便。有次她说妹子感冒发烧，要早点回去带妹子看病打针。刚走了一阵，她妹子到饭馆寻她要钥匙，说把钥匙落在家里，要姐姐的钥匙回家写作业。我看她精眉钻眼不像感冒发烧的样子，从此明白高洁梅另有什么事，天天给我撒谎。"田壮把烟灰抖在脚下，"我早想另找个人，一来一时找不到合适的，二来高洁梅是伊承新介绍来的，面子上抹不开。看这样子，真得下决心换人。"看一眼田成功。

田成功欲说不说的空挡，孟慧插进一句："八成是又找了一份工作，两头儿挣钱哩。"

田成功说："按理，高洁梅不该这样做。虽然我们给她的工资不多，可每月四百元一天不迟地准时发给她。这半年多生意不好，我们基本上不挣钱，也照样给她发工资，一分不少。再说，饭馆的活儿琐碎点，却不怎么累人。前半年有伊承新帮着收款开票，她只招呼客人，端个饭菜，客人走了撤下碗筷擦抹桌子，洗抹的事都很少叫她做，她该知足了。"发现田野听了这话扫他一眼，眼神怪怪的，田成功顿了一下，才说："别的不说，只说在饭馆干了一年多，她的体重就增加了十几斤。你们没见她刚来饭馆的样子吗？一米六七的个儿，体重只有八十九斤，三根筋挑着一个头，脸色黄塌塌的。如今体重过了一百斤，脸色也白润润的……"

田野怪笑一声，打断田成功的话说："按你的意思，高洁梅该感恩戴德死守饭馆一辈子了。"田野把报纸放在桌上，直望着田成功，"客观点说，一月四百元工资又管饭，就眼下普工工资收入，是不算低的。可人是有种种想法的。像高洁梅这样的人，不可能知足也不应该知足！你们不是常说，人往高处走吗？市场经济的最大好处就是以市场规则来确定人的价值观的。国家政策鼓励人们多挣钱，早致富。作为一个个体，想多挣些钱，吃着碗里的看着锅里的并不是什么坏事。以我说，应该尊重她的选择。如果换个角度，站在高洁梅的立场上看问题，这事就好解决了。说不定高洁梅已经找到了称心的工作，但考虑到一年多你们对她的关心照顾，不忍心扔下这一摊子转身走人，才这么做的。"

田壮见父亲显出挂不住的表情，慌忙说："田野的话很有道理，我们得尽快找个顶替的人，让高洁梅痛痛快快离开。"有意扫一眼田野，"石头心里水钻不上，人的心里鬼钻不上，高洁梅心里究竟想些啥，我们没办法知道。"

认为这话题再没必要扯下去，孟慧问道："你父子俩去焦老板家取经，取到真经没有？"

田壮便把焦玉玺的说法简略重复一遍，孟慧也振奋起来，"到底是生意世家出来的人，看得准说得好，你有何打算？"

田壮不假思索地说："说话容易做事难，得一步一步地来。我的想法是，今后花卷大饼不做了，专做月饼，做月饼是我的拿手戏。有一年八月十五我在食堂蒸了几大笼月饼，不到一小时就卖完了。那时脑子僵，总认为月饼只能在八月十五节日做，过节就不该做了。经焦老板一说，我认为可行。至于免费供应茶水，得等到明年天热了再说。如今天冷了，门外摆茶摊叫人笑掉大牙哩。"

几个人你一言我一语讨论一阵，都对往后的经营有了信心。当下决定，由孟慧托靠近郊的亲戚找一个聪明伶俐女孩来跑堂。在新服务员未来前，孟慧每天下午来饭馆帮手，免得妨碍高洁梅自由行动。

田野告辞要走，田成功说："你先别走，我有话问你。"

孟慧走后，田壮进厨房做第二天的准备工作。田成功把坐椅挪到田野身边低声说："小欢的事你是怎么打算的？"

田野把疑惑的目光投进田成功眼里，"你是怎么知道的？"

这样的反问让田成功心头起火，板起面孔说："你以为田家门里就你聪明，别人都是瞎子聋子？眼看人家姑娘跑到你家里给你娘老子求情了，差一步就要出人命了，你还装作没事人一样。你想没想过？你是当记者的，事情闹大了，你的脸往哪儿放？我们田家人老老少少的脸往哪儿放？就算田家人的脸面你不想顾，可你个家的脸面总得顾一顾吧？"

田野阴阳怪气地笑起来，"大爸，没你说得这么严重吧？这是我与小欢的事，我俩自有办法解决。听你这么一说，好像要把田家人全扯进去了。其实这种事用不着你们过敏，我迟早会解决好的。"

"迟早？迟到啥时候？早到啥时候？听你的口气，小欢到你家里给你娘老子下跪求情的事你根本不在乎？"

"她要那么做，我有什么办法？"田野仍旧是阴阳怪气的表情。

"她为什么要那样做？"田成功恼恨与他对话的是侄儿子，要不，他就不是这种方式了。

"还不是想嫁给我吗？死皮赖脸地想甩也甩不脱。"后面这半句是嘟囔出来的。

田成功看着田野启合的嘴巴，真想挥臂狠搧一掌。如今的年轻人怎么这样子？天大的事也不往心里放。这个闪现的念头反而提醒了田成功，意识到与如今年轻人对话，以老一辈的口吻居高临下训导，只会引他们反感。便放缓语气说："你这样说小欢就不应该了，小欢是你的女朋友呀！"

"是女朋友就应该娶她做老婆？我有十几个女朋友哩，都要我娶来做老婆，不乱套了？"一句话顶得田成功鼓着眼仁无话好说了。田野十天半月换一个女朋友，田家人全看在眼里，背着田野也有些说辞，却没人对他这种行为提出明确责难。如今的社会，异性青年人之间的交往比较自由随便。可自由随便得有个尺度，田野与小欢的交往显见超出了这种尺度，怎么能马马虎虎漫不经心？别人可以马马虎虎漫不经心，可田家人不能这样！田家是有根有底的人家，人老几辈子没有做过失德的事。作为田家一份子，一个长辈，他不能容忍儿孙们在婚嫁问题上随心所欲。便又严肃起脸色说："按理，我作长辈的不该向你问这样的话，可话说到这里，我就不得不问，小欢的身子是不是你破的？"

田野轻笑一下，点一支烟吸了一口："就算是我破的吧。"

"怎么是'就算是'？"

"她缠着要跟我好，可我无法肯定与我好之前与别人好过没有。问她，她说我是她头一个百分之百喜欢的人，跟我好也是百分之百地乐意，我不说'就算是'还能说什么？"又轻笑一下，无所谓中夹杂着几分苦涩无奈的成分。

"'就算是'也好，'不就算是'也好，小欢既然这么喜欢你，又乐意与你好，你就得为她负责。"

田野盯住田成功眼睛看了一阵，说："我虽然不是百分之百地喜欢她，可我能察觉到她是百分之百地喜欢我。凭这，我曾打算把关系确定下来。可不知阿妈用了什么鬼办法，试出小欢破了身子。如今不是我不要小欢，而是阿大阿妈嫌小欢破了身子，是个不稳重不检点的女孩，死活不要她做儿媳妇，我有什么办法？"田野的眼仁骨碌了几下，"要不，你给阿大阿妈做做工作，让他们放弃成见，同意把小欢娶进门当媳妇，这事不就解决了？"

面对踢回来的难题，田成功觉得有点应接不暇了。小欢的身子如果是田野破的，田家人就得收拾这个残局。如果真是田野说得那样，先他之前小欢已破了身子，田家人不就要做冤大头了？再说，田成海的工作该由他做吗？顿时觉得自己凭一股传统义气，想上高坡却无意中陷进了泥滩。正不知如何是好，田壮在身后说："阿大，你看看几点了，这时候不回家去，要让爷儿心慌的。"在父亲背上拍了一下。好一个台阶！田成功佯装慌张的样子，进厨房望了一眼，发现菜案上已准备好四样下酒凉菜：一盘蹄筋，一盘腱子肉，一盘松花蛋，一盘油炝菠菜。明白儿要与田野喝酒，嫌他耽误了时间，催他回家的。便悻悻地离开饭馆回家，猜测田壮田野的对话，十有八九要说他是多管闲事。

41

九月三十日上午十一时，参加了"迎国庆书画摄影展"开幕式的嘉宾及参展作者先后离开展厅各奔东西。刘方走出展厅，见秦明站在门厅与一位初次参展的女作者讨论着什么，便绕到秦明身后走出门厅，却听秦明叫到："老刘，等我一下。"

刘方在门外等了几分钟，秦明出来了，春风满面。"看样子，又发现了一位道友。"刘方玩笑了一句。

秦明也笑着说："别瞎猜，我可不是楚良，见缝插针地拈花惹草。"同刘方并肩走下台阶，"这次展览你怎么没送作品？"

"接到通知已到布展时间，手头没有现成的作品，从旧作中找出几件，内容与这次的参展要求不符。新创作，情绪跟不上，也是伪作，不如不参展。"

"没别的原因？"

"能有什么别的原因？我不像你们，自视清高，不创作应景作品，不参加应景展览。只要通知得及时，我都乐意送作品参展。文化人嘛，这点社会责任心还是有的。"

"别肉麻了！"秦明说，"现在谁还在乎什么社会责任心。市场经济教会我们应该把目光投在哪儿。你没发现吗？每次参加这种节日应景活动，闲云野鹤们送来的是些什么作品？且凡是评奖的展出，他们送展的又是什么样的作品？我不是自视清高，而是懒得与这些人同流合污。"

两人闲话着来到文化用品市场，刘方在惯常批发纸张的店内选定了几种规格的宣纸，声明手头拮据，等手头宽松再付货款，要求店主见谅，及时送货。店主应了，笑送两人走出市场。听到近旁商厦门口咚咚锵锵地响着强劲的摇滚乐曲，围了一群人踮脚伸脖地观看，不禁向那边张望起来。

原来是服装展示表演。随着强劲的音乐节奏，六个穿着紧身衫裤的青年女子挥臂晃肩地在商厦门侧临时搭设的平台上表演，"走，到跟前看看去。"秦明兴味盎然要拉刘方挤进人群。

刘方不想凑这热闹，却又不好违拗秦明的兴头，随他来到人群外围，寻找可以挤进人群的空隙。"有一个大师说过，"秦明在刘方耳边低声说，"世上有三种东西是最美的，鼓满风帆的海船，奔跑的骏马，跳舞的女人。看青春女郎跳舞，是一种享受。"

刘方浅笑笑作为回应。秦明出于职业也出于天性，对女人怀有偏执的好感，当然是漂亮女人。这几个被紧身衫裤塑出最佳体型，大幅度地扭腰出胯张扬性感的年轻女子，秦明自然不想错过。可平台三周都被闲人围严了，没有空档供他两人靠近平台零距离观赏，只好贴站在人群后边，伸长脖子从晃动的脑袋空隙张望。

"这领舞女子好像在哪儿见过。"秦明说。

"是吗？"刘方把泛视的目光集中在不时出列单跳的女子身上，竟然是田成功的外甥女伊承新。因了涂抹着脂粉眼影，又把头发剪短吹夆起来用发胶定型如丛林一般，不细看真还认不出来。

"这女子你见过。上次东方灵请我们去松风茶园聚餐那天，她来我们桌边叫走东方灵说话，你怎么不认得了？"

"怪不得看着面熟。"正巧前面几人转身离开人群，秦明趁机挤到平台边。这是平台左侧靠前位置，女子们面朝前时，看的是她们的侧影。当她们互换位置左右转体，看到的又是她们的正面。欣赏了一阵，秦明问刘方："你是不是跟这姑娘挺熟的？"

"她表哥开饭馆那天我头次见她。她大舅外爷跟我是一块儿喝过酒的交情，算不上很熟。"

"反正她认识你，是不是？"秦明的目光随着女郎们扭动的腰肢在快速滑动。"等她跳完，你把她叫过来，我们认识认识。"

"又在动什么心思？人家可是好人家儿女。"

"我能动什么心思？我觉得这么好一个姑娘，在这种不入流的时装表演队太屈才了。你没见她跳得最好？没见她的身材气质也是六人中最突出的？我这是路见不平拔刀相助，我有义务让她找到比服装表演更有价值的工作。"

　　"小心音箱里的高音喇叭被你吹破，影响人家表演。"刘方用玩笑来否定秦明的这种突发奇想和自作多情。

　　台上跳演的伊承新无意中发现平台左侧靠前的两个男性观众的目光追随着她，并指指点点论说着什么。女人和表演者的双重敏感让她认定这是两个被她的美丽和舞姿倾倒的男人。也把得意中夹着友好的目光一下一下扫向这两个男人，认出其中一个是民生街上的刘方老师，便特意向他俩绽放灿烂的笑容。

　　一曲结束，六女子退进幕后。替换上场的四个穿着裘皮领外装的女子踏着猫步前后左右变换位置，弄姿作态。秦明催刘方去幕后把伊承新叫出来。刘方没好气地说："人家肯定在准备下一个节目，这时候叫人家，不是寻着碰钉子吗？等结束了再说。"话音未落，却见伊承新披着一件开襟厚毛衣从幕后闪出来，跳下平台朝他俩走来，笑意满面，"刘老师，你怎么有空来看我们表演？"给秦明微笑致意。

　　"我们去文化市场买纸，路过这儿看见你跳得好，停下来欣赏欣赏。"

　　"真的？"恭维和赞美让伊承新喜形于色。

　　"真的！"秦明用肯定的语气插进话来，"不但跳得好看，人也一个个漂亮，尤其你，称得上独领风骚。"见伊承新眼里闪出了疑惑，补上一句："你见过我，上次在茶园，我们同东方灵……"

　　"哦，想起来了，你是搞摄影的，秦老师。"扭头问刘方，"刘老师，你认为我们的舞真跳得好？"真诚征询意见的眼神。

　　刘方想了想说："从个体而言，都跳得不错，可六个人统一起来就不那么整齐。"

　　"临时凑起来的表演队，没好好排练就上台了。"

　　"你们的舞是什么人编排的？表演队有专职编舞吗？"秦明问。

伊承新笑了，"服装公司临时组建的表演队，遇到节庆日上街展示前简单地排练一下，靠我们自己编排，不像样子吧？"

秦明犹豫一下，说："你们的个人条件都不错，尤其你，最突出。可惜舞编得有点不伦不类。眼下是仲秋，先让你们展示弹力紧身衫裤，接着又展示裘皮领冬装，单这一点，就显出没有整体构想，当然，"见伊承新一副虚心听教的神情，接着说："对服装公司来说，展示时尚新款服装是首要的。但既然用艺术手段来展示，就该把展示的主题风格确定下来。我看后的初步印象是，六人组舞不整齐，着装反差太大。换句话说，是舞蹈风格与服装款式不太协调。像刚才你们表演的那一段，穿的是很现代很时尚的紧身露脐短衫，低腰长裤，舞蹈却是既不现代也不古典的动作杂烩。有的个人技巧跟不上，显得凌乱。后面表演的裘皮领冬外套是中式传统款式色调，跳的舞却是摇滚快节奏的，动作幅度太大，体现不了东方古典美的优雅从容。当然，"秦明又犹豫了一下，"由于你个人条件好，这样的组合搭配抹杀不了你的个性光彩。如果有专业老师编舞指导，凭你先天条件，没准就是将来的瞿颖和陈娟红。"

伊承新不无欣慰地笑了。"我可没那么高的奢望，只是寻个自己喜欢又相对稳定的事儿做。眼下只能说是培养一下自己面对社会的勇气，现走现看吧。"见台上四人舞开始退场，说声再见，慌忙去了后台。

刘方、秦明就地分手，秦明说："你告诉伊承新，需要我帮忙只管找我好了。"

刘方回到民生街已是正午。清早吃了一碗杂碎，转了半天，早有了饿意。走过卖小吃摊位，见酿皮摊上油漉漉的酿皮，顿时有了食欲。到肖巧娘摊后条桌边坐下，对肖巧娘说："抓一碗酿皮，多调辣子少调蒜。"刘方很少坐在摊上吃。有那么几次，买了酿皮提走，说要去野餐的地方同朋友下酒。今天坐摊上吃，让肖巧娘高兴。抓一碗酿皮，特意多抓些面筋，按刘方要求调上调料，端上桌，从围裙口袋抽一双方便筷放刘方手里，又取来几张粉红色餐巾纸放在碗侧，"刘老师，你是忙人，今天怎么有工夫坐下来吃酿皮？"

"我算什么忙人！"刘方掰开方便筷，相互上下磨擦几下，磨去筷子上分掰时起翘的木屑。"民生街上做生意人中，数我是最闲的人。这不，浪了一早晨，到晌午还没开门。"

没有顾客招呼，肖巧娘双手拄着条桌边角与刘方说话，眉眼歪一下斜一下的，脸色也不好看，却仍旧笑着说："你们是能人，动一动嘴甩两下手钱儿就来了，钱儿挣得容易，不浪做啥哩？我要有你一半的本事，天天浪哩。"等刘方咽下嘴里的面筋，又说："世上各有各的忙法，我们的忙，就像蚂蚁虫儿，一时半会也消停不了，终日忙忙碌碌，拾的不过是别人撒下的馍馍渣儿。被人念惜，就多拾一点多活几天。不念惜，一脚就把我们踏死了。你们就像是高崖头上的老毛鹰，整日里蹲着，眼睛四下里望着，半天不动弹一下，要是张开膀子动一下，就能抓个老鼠兔儿啥的，尽是肉食，还总在天上旋着，叫人们抬着头看你们。"说完吃吃吃地笑起来。

卖酿皮女人，能说出如此形像有趣的话，让刘方吃惊。不禁盯住她看了几眼，发现她虽然说笑着，眼里却隐藏着什么疼楚，嘴角也歪着，问道："你身上不受活？"

"还是你们有文化的人眼利，一眼就看出我身上不受活着。今早有二十几个吃酿皮的，没一个看出我不受活。"

"怎么了？"

"肚子疼得吃不住，站都站不住。"

"这样子你就不该出摊，在家里躺着休息，你太不把个家当人了。"

"不出摊可不成！天天有人要来吃我的酿皮。明日是国庆节，人们要浪公园，买酿皮的多，我能错过这个时机吗？"见刘方用不解的目光审视自己，苦笑一下说，"不是什么了不得的病，三两天就过去了，每月有这么几天，忍一忍就没事了。"

刘方估计肖巧娘大约是痛经类的妇女病，虽无大碍，却叫人看了不忍。"该叫你家里人出来帮帮你，少累少动，疼得就会轻点。"

"能有人帮下手就好了。"肖巧娘又苦笑一下，"我那一口子起头就不赞成我接阿大的摊子卖酿皮，从来不帮手儿。往常我身上不受活，儿子帮我洗酿皮抓凉水。昨日儿子跟同学们计划国庆节放假出去浪几天，去同学家商量出游的事，我洗酿皮抓了两小时冷水，今日就不受活了。儿子平时学习用功，作业时常做到半夜才睡觉。趁国庆放假出去散几天心，我哪能为个家不舒坦误了儿子的事儿？"

"真是可怜天下父母心呀！"刘方用餐巾纸揩嘴，付了钱，回自己店铺。

老远看见店门口站着几人，其中一个背靠卷闸门抽烟，像是脊背痒痒往门上蹭着，弄得卷闸门哗哗直响。刘方紧走几步，左邻绒线店的小沈和右邻童装店的小姜都从店内出来，争先恐后地说："刘老师，你去哪了？这几个人寻你问事儿，等大半天了。"

全是生人。一个五十多岁的半老男人，一个四十岁上下的中年男人。两个女人一个五十岁上下，一个三十开外。还有一个十四五岁的女孩。一律是焦恼的神情。四十多岁的男人气狠狠地问道："你怎么这时候才开门？"

对方不友善的质问让刘方丈二和尚摸不着头脑，没好气地说："我什么时候开门与你有妨碍吗？"

三十岁上下的女人生硬地问道："你见没见尤中生？"

"尤中生？八号院住的尤中生？"

几个人同声道："就是就是！一早上是不是跟你在一起？"

刘方觉得莫名其妙，边开卷闸门边说："我大清早就去参加展览开幕式，没见尤中生来过，你们寻他什么事？"推起卷闸门，打开双扇门的链锁，让几人进店里说话。三十岁上下的女人又追问一句："尤中生真不跟你在一起？"

"你们找尤中生到底有啥事？"

五十多岁的中老男人说："我外孙女不见了，两天没去上学也没回家。听同学说她常跟尤中生去网吧上网，玩电脑游戏，心想找到尤中生就有她的下落。"

"尤中生住在八号院里，你们该去他家里找。"

"我们找到尤中生的父亲，他说尤中生前晚昨晚也没回家。一同来问你，见你的门关着，尤中生父亲寻你去了，叫我们在这儿等着。"正说着，尤世雄急慌慌地来了，抱怨道："刘老师，你可让我把你找苦了，连问了几个地方，都不见你的影子，你究竟去哪了？你见没见尤中生？"

刘方搬凳子让尤世雄坐下，"到底咋回事儿？"

"他们家的小姑娘不见了，小姑娘跟尤中生是同班同学，同桌。他们硬说是尤中生把他家小姑娘领走了，两天没上学也没回家……"

三十多岁的女人打断尤世雄的话，"不是你儿子领走还能有谁？他俩经常在一起。班里同学说，我们姑娘学习成绩下降，都是尤中生带坏了她。"

尤世雄又急又气不知如何申辩，对刘方说："我们找了好几个地方，都没有，心想尤中生平时爱来你这儿，就来问你，见门关着，我去寻问裱画的老井；他说他好几天没见你。又去问花圈铺的万花花，她说她头几天见你拿着画展邀请函，怕是去了展览的地方。我就想尤中生前段时间嚷着要跟你学写字，大约你带他去看展览了。到展览馆寻问，说你已经走了，没见带着小男孩。这一圈，快把我的腿跑断了。"

"跑断腿也是该的！你养了这么不争气的儿子，如今又把我丫头带坏了，竟然逃学夜不归宿，跑几步路有啥委屈的？"三十多岁女人眼里几乎要喷出火来。

听清了事情的来龙去脉，刘方冷静地说："尤中生常来我这儿，看不出是个不讲理的坏孩子。一定是有什么别的原因，等找到孩子再下结论。该找的地方都找了吗？"

"几个同学家都找问了，都说两人昨天就没上学，老师也在找呢。"

"报案了吗？"

"我的意思是先找一找，万一找不着再报案。一报案，影响就大了，孩子们日后怎么上学？"女孩的外爷说。

当下议定，分头再去小孩们爱去的地方寻找。女孩母亲坚持要与尤世雄一起找，似怕他跑了或者作弊。尤世雄央求刘方帮着找一找。刘方锁了店门，同女孩外爷到市内各个网吧寻找。其它人分成两拨，去市外的网吧、娱乐厅、游戏厅、公园寻找。

刘方同女孩外爷先到附近的"天地网吧"。躲在暗处的网吧业主见两个有岁数的人进门探头张望，迎过来询问原因。刘方说明来意，比划着说出尤中生的高矮胖瘦，女孩外爷也描述了女孩的外貌特征。业主同意他俩在灯火昏暗的网吧内游看。几十台电脑荧屏时暗时明或红或绿地闪映出网虫们的面孔，都是二十上下的少年男女，一个个全是痴迷神情，没有尤中生的影子。

连着寻看了市中心几个有规模的网吧，业主们先是警觉地审视两位不速之客，而后指着立在门内门外的告示牌说："上面查得严，我们严禁未成年人进入网吧上网。"两人坚持要进去查看，发誓只寻找自家小孩，别的一概装作不知。业主勉强允许两人在那些摆放电脑的隔断外游看，仍旧是一面面光怪陆离的荧屏映现着一张张似在寻梦的面孔，没有尤中生和女孩。

到更远一圈的网吧寻问。路上，刘方从女孩外爷口中了解了女孩的大致情况。女孩生父因车祸身亡，三年后女孩生母带女孩改嫁，后父是管理一所公厕的下岗职工。这位后父大部分时间守着公厕，半夜回家，总是醉醺醺的，回家就抱怨女孩母亲不去公厕给他作伴，叫他一个人守着尿骚味强烈的厕所挣钱养家，又骂女孩嫌他是守厕所的，街上见面不叫爸爸。但除了抱怨叫骂，没有过激的行为，再婚的日子过得别别扭扭。

刘方听了，颇多感慨。假如尤中生的继母多给尤中生一点关怀，女孩的继父多给女孩一点理解，就会是另一种情景吧？又觉得现在的孩子太自私太任性，动不动就离家出走给大人施加压力，真不知他们的小心里是怎么想的。

在市区偏僻街道寻问了几个网吧业主，从其中一个业主口里听到，好像是前天晚上来了两个中学生，一男一女，长相与他们描述比划得差不多，整整玩了一夜游戏，早上走了，不知去哪了，但不能肯定就是他们寻找的两个孩子。

太阳已经偏西，刘方双腿酸软，女孩外爷也是一步一挪的。站在街边用公用电话与女孩父母通话，那两拨也是找尽了城内城郊大部分娱乐游戏场所，还找了几个超市，没有。确定碰头地点，去派出所报案。

接待的展望警官听了家长前言不搭后语的叙述，记了两个孩子最后离家的日期时间、年龄、衣着、相貌特征，问："你们估计他俩会去哪儿？"

女孩母亲没好气地说："我们要知道会去哪儿，来派出所报案做什么？"

这样的反应让展望虎起脸色，"家里少了什么东西没有？比如孩子的衣物、用具，尤其是少钱了没有？"

"我们发现孩子两天没回家，急着四处寻找，没查看家里少了什么，那……我们回去看看再来？"

展望不满地说："你们这些家长是怎么当的？可见平时很少关心孩子们的起居饮食和情绪变化。发现孩子不见了才着急，早干啥来着？"

这句话让刘方想起一件事，"不知这件事与孩子离家有没有关系。上星期二或是星期三，尤中生来我铺里，说他父亲从外地进货回来，问他放在我手里的生活费花费情况，而后打发他来取剩下的钱。我当时疑心尤中生背着父亲要钱，又觉得孩子每次都按需求要钱，没有多要乱花的现象，就把剩在卡上的二百二十元连同信用卡给了他，叮咛他一定如数交给他父亲。"尤世雄说："哪有这回事？这小子……看样子，他俩早有计划，事先做了一些准备。"

"这个情况很重要。你们回家再仔细查看一下，还少了什么，我们再判断他俩的去向。"

双方家长分头回家查看。一小时后回来，尤世雄汇报放在抽屉的五十元不见了，没少别的东西。女孩母亲汇报孩子衣服全在，只把平时穿的皮鞋换在家里，穿走了一双旅游鞋。

展望想了想，说："你们再冷静想想，几天内你们对孩子说了什么？有没有与孩子争吵或者打骂过孩子？或者孩子回家说过什么奇怪的话？"

尤世雄和女孩母亲一脸茫然地想了一阵，都说没有指责打骂过他们。女孩母亲最后说："上上星期六，孩子向我要钱，说她一个同学过生日，同学们要聚餐。我给了她二十元，她嫌少，要五十元。我说了她几句，又给了她三十元。手里没有整钱，就把她爸守厕所收的零钱给了她。她不要，说零钱不好拿，全是有尿骚味的旧烂角票，会让同学们笑话。我就说了她几句，说她不该有这种虚荣心，没骂她。"

"现在的孩子们自我意识特强，闹不好这就是诱导他们出走的原因。前段时间,《为民早报》报道一则消息,你们大约都看了,有五个小学四年级学生从家里偷拿些钱,趁星期天出外旅游,跑到西安被那边警察发现,送了回来。我估计你们孩子也是类似情况。如果是趁国庆节假日出外旅游,几天后会有消息的,等等再说吧。我已备了案,你们准备孩子的二寸免冠照片,有必要的话,再张贴寻人启示。"

双方家长哭丧着脸离开派出所,各自回家等待好的或不好的消息。刘方回来路上产生了一种可怕的念头,如果两个孩子出于好奇心理发生过关系,导致女孩怀孕,这次外出就难保不发生什么可怕后果。

眨眼过去了三天。

十月三号下午四点,派出所接到河南嵩山公安分局打来的电话,青海省西宁市两个中学生被他们收容。是没钱买饭,在山下饭馆要饭吃时被公安协理员发现收容。请西宁市警方通知家属去嵩山少林寺派出所领人。两个学生一男一女,分别叫尤中生、傅娇。

民生街
下

陈元魁 著

青海人民出版社

图书在版编目（CIP）数据

民生街：全2册 / 陈元魁著. -- 西宁：青海人民出版社，2015.9
ISBN 978-7-225-05008-9

Ⅰ.①民… Ⅱ.①陈… Ⅲ.①长篇小说－中国－当代 Ⅳ.①I247.5

中国版本图书馆CIP数据核字(2015)第201293号

民生街（上、下）

陈元魁 著

出 版 人	樊原成
出版发行	青海人民出版社有限责任公司
	西宁市同仁路10号 邮政编码:810001 电话:(0971) 6143426(总编室)
发行热线	(0971)6143516 / 6137731
印　　刷	甘肃新华印刷厂
经　　销	新华书店
开　　本	720mm×1010 mm　1/16
印　　张	47
字　　数	680千
插　　页	1
版　　次	2008年6月第1版　2015年9月第2次印刷
书　　号	ISBN 978-7-225-05008-9
定　　价	88.00元（上、下册）

版权所有　侵权必究

42

　　约定会面时间下午五点，田成业提前十五分钟赶到气象巷口。这是专卖食品的步行商街。每次去爱巢并打算在那里吃饭，田成业就约苗青在此碰头，由苗青依据当天或当时的食欲采买几样爱吃的生熟食品，乘车去绵柳村。苗青口味单一，方便面、西红柿、萝卜、黄瓜是她爱吃的东西。此外吃点桃杏青苹果类的水果，荤食几乎不吃。突然冒出点想吃的念头，不等想好吃什么，或者在挑选荤食时发现卤猪耳有几根没有燎净的猪毛，卤猪蹄有一点黑疤，她的念想立即变成对这种荤食的厌恶。至于油腻腻的生熟羊肉，她看都不看一眼。田成业念惜她饮食上近于极端的挑剔，去她认为店堂明亮，桌椅洁净，服务员穿着整洁，端上的饭食让她放心的地方吃饭。有次服务员端给她的米粉中出现半根头发，就放下碗去门外呕了几下，从此不再去这个小吃店。

　　基于这些前提，每次选购食品，都由苗青决定买什么，在哪个摊上买，田成业只管付钱。这些东西不贵，苗青也不多买，田成业每次付钱就暗暗地感激她的这种习惯让他不自觉地尝到了节约的甜头。

　　苗青通常会准时到达会面地点，大多是提前赶到等待田成业，他晚到几分钟，她就要抱怨。今天过了十分钟，不见苗青到来，田成业就胡乱猜测，下意识里，希望苗青被什么撂不开的事物缠住而放弃今天的约会。从下半年开始，田成业有意拉长与苗青会面的间隔时间。有时冲冲动动约她见面，打完电话又后悔沉不住气，在勉强做一件不十分必要的事。当然，一旦苗青打来电话约他，他尽管想找借口推脱，却总是情不自禁顺从她的召唤或摆布。

　　头晚下了一场小雪，过午气温回升开始融化，下午气温下降，融化雪泥冻结成冰，被过往车辆碾压成冰棱，将冻未冻的雪泥被车轮甩溅在车体上，尾灯也被点点泥污遮盖。行人小心地迈步落脚，绕开一摊又一摊积在低洼处的雪泥。

　　时值下班高峰，来气象巷采买蔬菜、生熟食品的顾客稠密起来，把雪水踩踏成污浊的黑泥，在行人脚下发出吧唧吧唧的响声。女人们进入巷口就提起裤腿，左一步右一步找准泥水稀薄的地方落脚。多数撑着折叠花伞，防止摊位玻璃钢瓦棚上的雪水滴落在身上。

五点二十分，苗青从对面小巷走出来，两手揪着裤缝把裤腿提起来，露出穿着尼龙裤的细巧的小腿和脚踝，一步一顿从大道斑马线走过来，不等田成业迎到眼前，说："出门见路上全是泥水，又回家换了一双鞋，这双鞋不难看吧？"翘起右脚尖让田成业看她换上脚的旧鞋。这是一双土黄色旧式高跟鞋，鞋面和鞋口的皮子起皱有点变形。除鞋底和后跟沾着泥水，鞋尖鞋帮竟没沾带一点泥污，仿佛不是走而是飞来的，田成业不禁说："挺好的。"

苗青低头审看自己的鞋，"真的不难看？"

"不难看。"

"我穿了你说过最好看的那双黑皮鞋，配这条裤子，不料路上全是泥水，就把那双鞋换下了。这鞋几年没穿，真的不难看？"

田成业笑了："你这是第三次问我了。"

苗青也笑了，才把心思转移到田成业脸上，"你给家里怎么说的？"

"去一个同事家打麻将，太晚就不回家了。"

"真会撒谎。"苗青又笑一下，"这巷里怎么这么多黑泥？棚顶还往下淌着水滴，就在巷口买几样东西，别去里边了。"扫视巷口几个卖菜的摊位，"你过去买吧，买一个萝卜，四个西红柿，两根黄瓜，两包方便面，别把香菜忘了。"

"今天得多买点东西，我约了师德。"见苗青脸上显出疑惑表情，补充到，"你不是让我把师德叫上一同喝次酒吗，今上午你打完电话我就打电话约了他。"田成业本不想让任何人知道他租借房子与苗青偷情，包括师德。可苗青至少三次给他提出，把师德约到他俩租借房里一同吃饭喝酒造点气氛，免得回回两个人，除了做爱显得无事可做。他意识到隔三差五到小房内做爱，这种出双入对的状况未免机械了点，重复多了让她产生了感觉疲劳。约师德改变一下情调，给两人疲劳的感觉加注点兴奋剂，未尝不可。这几天，苗青丈夫去外州县出差，苗青约他去小房中过夜。按半年来的体会，两个人靠着一点点异性间不很充沛的磁性做爱，一旦性接触结束，情绪就坠入到无味的空洞中无所依附。要把这个夜晚弄得有声有色，把师德约来是最好的选择。

"那得买多少东西？"苗青的眉头皱了一下。

"师德爱吃肉，得买几样下酒熟食，二瓶酒。"

"买一瓶酒就够了，卤肉也少买点。按理，师德要来，他吃喝的东西应该自己带来。"

田成业笑一下。对苗青出于习惯无意中流露得小气盘算他已经习惯了，但原则是不能放弃的，"是我们约人家，怎么能指望人家买东西？"语气里有点恼火。

苗青觉察到田成业的不满，"我不是想让你省点嘛。"

田成业心里说，你每次张口向我要钱怎么不这样想？嘴上说："该花的就得花。"他让苗青在巷口等待，自己深入巷中选购物品。一来满巷泥水，叫她跟随踩踏泥水她要抱怨；二来，不想让她斤斤计较干扰他的情绪。

苗青在巷口等了一刻钟，田成业提着几个塑料袋回来了，"买了一斤黄瓜，两斤西红柿，五角的香菜，一斤大板瓜子，半斤卤猪耳，半斤牛蹄筋，两根京味香肠，四包方便面，酒只买了一瓶。师德喝多了粘缠，我想你说得对，一瓶就够了。"

"这酒一瓶多少钱？"

"二十四元。"

"买瓶十几元的就成了，要是一瓶不够喝，再买一瓶一样的，五十元就没有了。瓜子呢，大板瓜子多少钱一斤？"

"四元五。"

"不如买葵花子，三元五一斤。"

苗青这些话大多有口无心。只要与她在一起，总有这种令人不快又不能认真的话冒出来，田成业听之忍之。

去绵柳村的公交车站就在巷口一侧，雪后阴天后响，上车就有座位。半小时后两人进了小院，看门狗咕噜了几声，耷拉着眼皮看两人上楼。

国庆节前后自种秋菜卖完后，房东两口从农贸集市批发外地蔬菜上街叫卖，很晚才能回家。初冬寒气让几家房客及早窝进房中取暖，院里鸦雀无声。田成业从院中压水井打水端进房间，苗青已经脱了外套搭在床头，蹲在地上拣摘香菜。田成业望着她歪向一边的屁股，有了把她搂起来压在床上亲几下的冲动，却忍住了。有了这个可以彻底放松心态的空间，他试图把苗青压抑着的风情调动起来，配合他多情的缠绵。可她总是被动地接受他的爱抚，缺乏他渴望的那种主动。他的试图创造情调的惹逗在她机械地接受中变得索然无味。假如苗青是一幅山水画，那么就是一幅构图十分平板的山水画，没有繁花簇拥的曲径和幽深的林荫小路供他徜徉，也没有什么小鸟从中飞出来用悦耳的啼鸣引发他的遐想。他在等待和寻找一个时机，一个能够从这缺乏意境的山水中退出去的时机。

田成业看看手表，六点十分，对苗青说："我说好在村口等师德。"走了出来。浓重的暮色罩住了小村，村外高层建筑物的灯光和路灯眨着眼睛。顺着田间小路行走，往日与苗青说笑着经过这些小道的情景又浮现在心里。也许苗青俊秀的外壳需要冷凝的内核。她身上不生发风骚，哪怕做爱高潮，她也没有颠三倒四的情绪起伏。她天生如此，就跟天生小气一样。他已经容忍习惯了她的小气，为啥不能容忍和习惯她的寡情？事实上，他就像一条活力十足的金鱼无意中蹦进另一盆水中，虽然想靠冲动的摇头摆尾在盆内搅起助力的水波，却由于盆子太浅盛水有限而无法搅起更大的波澜。但他身在水中，与水相互依存。于他，这种依存是单方面的，水可以缺少他，可他缺水就得僵死。也许就是基于这一点，他需要随时纠正种种跑偏的企图和念头，把这种鱼水关系维持下去。

老远看见村口站等的不止师德，还有一个女人，暮色衬托着女人结实的身影。走近，是个脸颊紫红，皮肤粗糙，身子短粗的农村妇女。

师德笑眯眯地，"她是我领来的，你没意见吧？"师德接电话没说要带一个女人来，可这是师德一贯的做法，如同他不征求东道意见私下加点两道荤菜一样。"已经领来了，我还能有什么意见？"又打量一下，是个外形粗犷颇有男人气概的女子，不禁为苗青的俊秀得意起来。

趁女子不留意，田成业低声问道："从哪儿收拾了这样一个女子？"

"唱'花儿'的，在唱'花儿'茶园认识的，有一肚子花儿，声音铃铛儿一样。"

"你没说要领个女人来。"田成业担心把这种女子领进去，苗青会不高兴。当然不是因为她不受看，而是这般女子都有一副好胃口。

"总不能让我看你和苗青调情当灯泡顶瓦吧？好歹我得有个伴儿。"

女子靠上来给田成业打招呼，声音细柔清亮。田成业就生出个怪念头，这女子转生一定披错了人皮。进而想到，苗青大约也是披错了人皮。"你怎么称呼？"

"我叫汪石菊。三点水王的汪，石头的石，菊花的菊。"

在四十瓦灯泡的亮光下，田成业观察苗青看见汪石菊的反应，同时留意着汪石菊的眼睛闪出什么样的目光。观察的结果让田成业得意起来，两个女人眼里同时闪现了惊讶。当然一个是见到了牡丹另一个见到了黑刺。因为见到了黑刺的这个发现对方见到了牡丹，得意有了陪衬的东西，流露出宽厚的热情。

三个素凉菜已经收拾停当，萝卜片盖着翠绿的香菜末，西红柿片上盖着白糖，黄瓜去皮切成寸段码在盘中，已浇了油醋。"荤菜你切吧。"苗青拿着半条黄瓜边吃边说。

卤猪耳牛蹄筋买的时候已被业主切好了，只剩香肠需要切片。汪石菊上前操刀要切，被田成业夺刀推开，"你是客人，怎能叫你动手。"香肠被汪石菊动刀装盘，苗青就会一口不吃。

"行啊！"师德打量房里房外后说，"院里这么安静，做爱时扎麻古怪[①]地喊叫也没人听见。"转面对汪石菊说，"眼热不？我俩也借一间房吧？"

"借房做什么，你真敢与我好，就去我家里，我家有的是闲房。"

"闲房再多我也不去。为砸个皮碗[②]，坐长途汽车十公里，再步行一公里，

[①] 方言，奇声怪调。

[②] 俚语，性交。

划不来。再说了，你男人是做庄稼握下铁锨把的，打起来，我打不过。"

"你见过她男人？"田成业随口问道。

"见过。"师德挤眉弄眼地说，"有次去茶园听她唱花儿，她男人也在。我买了一瓶酒，几下就把他给捣翻了。"

说笑间，田成业把小方桌支在床沿一侧，摆上六样佐酒凉盘，让苗青、汪石菊坐床沿，他与师德坐凳子。借房那几天，田成业计划买几样时兴轻巧家具，增加房里的温馨，衬托两人的情调。发现苗青既不在乎这些，也不懂得这些，打消了这个念头。经过数次心理调整，他发现异性间的肉体碰撞没有任何情绪铺垫照样可以完成。如同不爱学习的人照样能把作业写出来。在一幅已经定型的平板单调缺乏意趣的花鸟画面上，添几笔清竹怪石也属多余。

只有两只酒杯，只好轮换碰杯。苗青瞅着汪石菊从嘴上取开的酒杯，皱眉撇嘴说胃里不舒服，不能喝酒。田成业把扔掉的塑料酒瓶盖拣起来用开水冲洗两次，给苗青当酒杯。迫于情势，苗青抿了两口。苗青只吃素菜，在汪石菊再三礼让下撰了回形针大小的一点卤猪耳尝下去，说太咸，没什么味儿，抱怨田成业买了气象巷中最不好的卤猪耳。可这最不好的卤猪耳很对汪石菊口味，没几下就露出盘底。田成业恼火师德总给人出其不意，让他被动。为把汪石菊的兴趣从酒桌上调开，他说："师德，说说你是怎么认识汪石菊的。"

"说还是别说？"师德征求汪石菊意见。

"想说你就说。"汪石菊撰二片香肠填进两颗虎牙外翘的嘴里。

师德吞下两杯酒，巴掌抹一下嘴唇，"有天闲得无聊，转出来，想去小游园刮碗子①，走着走着，心想一个人刮碗子，没个说话的人，还是无聊，不如去花儿茶园听花儿。听人唱花儿，看人跳舞，倘或遇见个欢的，拧住跳两曲，也是兴头。到茶园要了一个碗子一盘大板瓜子，喝着嗑着听着，茶园有五个唱花儿的。"

"六个，有一个那天没来。"汪石菊纠正道。

"两个男的三个女的，轮换着唱。我听了一阵，一句半句听进耳朵里，

---

①方言，喝三台盖碗茶。

什么阿哥的尕肉儿，石崖头上的牡丹；什么痛烂肝花想烂心，面叶儿捞不到嘴里。一段唱完，人们就扎麻古怪地喊着，有人上去给歌手搭红。"

"搭红？啥叫搭红？"苗青没去过那种地方，不耻下问。

"就是听花儿的给唱花儿的送一条红。茶园里准备了几十条大红粉红的被面，谁要听得高兴认为歌手唱得好，拿一条被面搭在歌手脖颈上，同时给她十块钱……"

"意思是对花儿歌手的奖赏和鼓励。"田成业给似懂非懂的苗青解释。

"我听了半天，比了半天，觉得汪石菊唱得最好，嗓子铃铛儿似的，声音又高又亮。可别的歌手都有人搭红，偏没人给她搭红。怎么唱得好的没人搭红？观察了一阵，原来搭了红的歌手下场后就与给她搭红的客人坐在一起喝茶说笑，还掐一下拧一下的，心里就气不过，这是什么道理！面皮儿好一点，就有人捧场，倒把有真本事的晾在一边，我禁不住就把她"，师德在汪石菊要抓酒杯的手上拧了一下，"就把她多看了几眼。她见我不停地瞅她，也就对着我笑，意思是你给我搭个红吧。我心里就说，你唱，美美地唱两段，没人搭红我给你搭红。她就站到前头唱了几段，别人都喊好，就是没人上去搭红。我一下子拿出三十元，挑了三条最红的被面搭在她脖子上。他们能把歌手叫到身边给他们添茶陪着喝酒，我不信我叫不上一个歌手。她唱罢下来，就坐到我跟前给我添茶，陪我嗑瓜子。"

"哦，就这样认识了。"田成业抓起酒杯一人一杯递给师德、汪石菊，"今天你俩再碰上一杯。要是遇上写文章的，你俩的认识过程可以写一篇小说。"心里接着说，"遗憾的是长得太对不起人了，别人嫌她难看不给她搭红，师德你他妈的胃口太壮了。"

"那以后，我常去她唱花儿的茶园听她唱花儿，又给她搭了几次红，就熟了。"

"熟到什么程度？上床了？"田成业戏了一句。

"大哥别这么问嘛，这么问我羞哩！"汪石菊的脸颊被酒染得更红，更粗糙了。

美是兴奋剂。想在汪石菊身上找到美，只能听她唱，"听师德这么一说，我耳朵痒起来了，你给我们唱两段吧！"

"对，唱两段叫他俩听听。"师德也想让汪石菊表现一下，把内在的美显示出来。

有了几分醉意的汪石菊问："大声唱还是小声唱？"望一下门窗，"要不，别唱，只念词儿叫你们听。"

"谁让你念词儿？"师德对汪石菊鼓着眼仁，"唱！大声唱，这院里安静得很。"师德极力怂恿汪石菊抖出真功夫来。

汪石菊吞下一杯酒，放声唱了起来：

瓦蓝的鸽子铜哨儿，

飞到个金銮殿上；

把尕妹好比是荷包儿，

阿哥的腔子上连上。

收声，汪石菊见田成业喜色飞扬，得意地说："我再唱一段新编花儿。"又扬声唱起来：

大豆花开下的虎张口，

馒头花开下的绣球；

这么好的政策没遇过，

越活时越有个兴头。

田成业不等尾音结束就拍起手来，汪石菊的歌喉果然了得！清亮润滑，细高处似百灵穿云，低旋时如细风抚草。加上表词达意的委婉从容，听起来如品嚼佳肴、畅饮醇酒。见苗青只顾用筷子拨着一片西红柿想着什么，不禁说道："唱得真好！你该鼓鼓掌。"

"好什么呀？我一句都没听明白。"

师德鼓励："你再唱两段，先把词儿念一遍，再唱，她就听明白了。"

"说十遍我也听不清，我不爱听这样的歌儿。"苗青使劲地看表。

师德给汪石菊斟一杯酒，"别管她，你喝下这杯酒再唱两段，要唱飘的。"

托着汪石菊的手把酒杯送她嘴边,汪石菊干了,说:"那种花儿不是家里唱的,我不羞吗?"

"羞球哩!你以为他俩是好人家儿女?我们都是一路的货,唱,唱嬲的。"

汪石菊拗不过,张口扬出声来:

大红的箱子摞箱子,

上头压着个扁箱;

我俩人腔子挨腔子,

中间插着根擀杖。

"好!"师德高声喝彩,"就唱这样的,这样的听着过瘾。唱,再唱一段。"

有了醉意的汪石菊信口唱道:

蚂蚁虫儿两头大,

中间世给的爪爪;

肚脐眼下头那个是啥,

老天爷世给的耍耍。

田成业禁不住大笑起来,却发现苗青脸上有点挂不住的表情,便说:"我们换个方式喝酒,苗青你说,下来该怎么喝。"

苗青楞了一下说:"老唱花儿没意思,不如做游戏。"

"也成也成!只要有气氛就成。"田成业随声附和。师德张口要嚷,被汪石菊在胳膊上狠掐一下,顿时明白,"成,做什么游戏?"

"做大西瓜小西瓜。"苗青双手比划着说。

"什么大西瓜小西瓜?"汪石菊一脸迷惑。

田成业解释:"一个人说,一个人用双手比划。说大西瓜,双手比划小圆;说小西瓜,双手要比大圆,明白了吧?"

苗青声明要先说,让汪石菊比划。汪石菊在师德鼓励下双手放在胸前,五指叉开十指相对如抱一个气球。苗青猛一声"大西瓜",汪石菊本能地拉开两手距离。苗青接连喊了几声"小西瓜",汪石菊先把双手挤到一起,而后又挤在一起,等明白过来拉开双手时,苗青又喊一声"大西瓜",又比错了,被连罚三杯。喝下酒胀红着脸说："不成不成，我要不了这个。"

苗青得意极了，自干一杯。

酒快完了，田成业见师德尚未尽兴。就给苗青递眼色，让她出去买瓶酒来。苗青却给他亮一下手表。师德嚷叫要去厕所，晃出去了。

两支烟工夫，三人疑心师德醉倒在厕所，要去查看时，师德回来了，提着一瓶酒，一个塑料袋。苗青黑了脸说："你看几点了，还要喝！"

师德瞪着苗青，"叫我来，我得喝得济。刚喝上劲儿，没酒了，我知道你舍不得买酒，就去买了一瓶。"把塑料袋交给田成业，"这里是一个豆豉鱼罐头，三根火腿肠。"见苗青又在看表，没好气地说："你别撵我们，喝到十一点走人，不粘缠你们。"

师德许诺了时间，苗青不再说什么。田成业开罐头剥香肠，四人说笑着又喝下半斤，汪石菊催促师德快走。师德眨着醉眼问："去哪？去你睡觉的地方吧。"

"我们好几个人一起睡，咋去？"

"那……去旅店开房间吧？"

"成哩！"汪石菊应付着，扶着摇晃的师德下楼梯，躲着狗的扑吼出大门。田成业望着两人缠缠绕绕走过有路灯的巷口，关大门回家。

苗青已把桌凳收拾完毕，正在整理坐皱的床单。对进来的田成业说："日后再不准你叫人来这儿喝酒，弄得满房子酒气，一地的垃圾。"

"你别忘了，是你三番五次要我把师德叫来喝一场酒的。"借着几分醉意，田成业顶了一句。

拉开被窝，苗青笑眯眯宽衣脱裤，同时盯着田成业，欲说不说的样子。田成业笑着说："忘了我俩说下的话吧？你要这时候提条件，我不会答应的。"

田成业估计自己喝了四两到半斤白酒，因了气氛好，没觉过量而导致头昏脑胀。三句话不离本行。苗青的本行就是给他哭穷，而且总在他俩打算做爱的时候，甚至在他入港的关键时刻，这让他十分恼火。她哭穷是为了引发他对她的怜悯，刺激他的同情心。有几次他真想中断做爱，可勃发的性欲在她俊美的面容的诱惑下不肯撤退。他对她产生了鄙视。纵然是卖，也不至于这样吧。后来明白，她的哭穷只是一种习惯而非有什么明确目的。有那么几次，他恼火她的不分时机的哭穷而挖苦了她，想惹恼她并借机与她彻底分手，可她默默地接受了他的挖苦奚落，而后该说照说，该笑照笑，准时打电话与他约会。他不得不从另一角度观察认识她，发现很大程度上，她这样做完全是性格使然。这又让他对她有了更深的怜惜之情。他要改造她的这种习惯，与她做了一次深谈："我清楚你家里的经济状况，也明白你下岗失去固定收入的苦恼窘迫，更清楚你的需求……许多你没想到的事，我都替你想到了。我不是一个吝啬的人，这你已经知道了，可我不习惯你的这样求助方式。你这样做，总是把我俩的关系往交易的层面上拉，可我不想做一个只计较利益的情场生意人。我要把我们的关系定位在互相依赖情感的层面上。有了这个前提，对你的资助就成了我的义务和自觉行动……往后，我要给你做个规定，不论我俩一起吃饭一起出游一起睡觉，都不许你给我说你那些你认为糟心的家务屁事，更不能在我俩做爱的时候说。哪一次你忍不住说了，我就一分钱也不给你。如果你做到了，我就多给你钱，作为奖励……"

这次谈话后，苗青有了改变，看得出她在极力克制自己，不说那些让他厌烦的话。可她的自制力有限，压不住从心里生发立即要喷出口的那股快言快语。不过她的克制和服从已经证明了她不是刻意要这样做，他只好用男人的宽怀包容她的这些不自觉的行为方式。

苗青把想说的话压回肚里，"今晚房里热热的，你想怎么做？"

俩人一进房就开了电褥子，电炉子也一直开着。雪后阴天楼下住户一定把火炉烧得特热。多种原因让房内暖意融融。怕冷的田成业见苗青脱了外衣外裤脸上还红扑扑地，就说："在床沿上吧。"经过多次比较体会，觉得让她仰躺床沿，他站在床下的体位最好。她的俊美的面容和接受冲击的乖顺以及得趣时半睁半眯的眉眼，会给他狂放的情绪增添佐料。

浅浅的醉意，自主的男人意识，让田成业动作时油然想到两句成语：旁敲侧击，深入浅出。在他得意于让不太习惯呻吟的苗青呻吟了两声的时候，苗青像突然睡醒的小孩，把眼睛睁得明光闪亮地说："你能不能把……"

后面的话被田成业皱鼓的眉头吓了回去。片时，双方上床躺进被窝，田成业说："我真拿你没办法。"

苗青就嘿嘿嘿地笑起来。

43

田成业回到家里，孟慧在卧室衣柜前翻找什么，床上被褥也翻卷在一头，床柜盖板开着。"你翻找什么？"田成业问话的同时观察老婆神色。

孟慧没出声。田成业斟酌第二句应该说什么，孟慧开口了，"你昨晚去谁家打麻将了？"

心紧一下，脱口而出，"不是给你说了吗？去老包家，包家村的老包家。"老包是田成业小学同学，同在教育系统工作，除婚丧等面子上应酬，老包不来田成业家作客，推出老包不会露馅。

"在老包家打麻将，关掉手机做什么？"

田成业脑子一转，"老包规定上麻将桌都要关机，免得干扰。你打电话做什么？我说了，天太晚可能回不来的。"

孟慧不再出声，从床柜取出一个包袱放在凳上，将翻卷上去的被褥拉展，把包袱放到床上打开，显出几条被面几条床单。提起一条肉色印花床单抖了抖，夹在床单中间的几粒樟脑丸滚出来，一粒掉在床上，两粒滚到地下，刺鼻的樟脑味顿时发散开来，没有蛀虫掉下来。又将一条朱红牡丹花的织锦缎被面展在床上查看折缝是否变色。她的不动声色让田成业禁不住问道："把这些翻出来做什么？"

"伟伟来电话了。"

伟伟、佳佳每半月给家里打电话问好请安，不是什么新鲜事。今日孟慧翻看为伟伟结婚准备的东西，大约这次来电话有别的事儿。"电话里怎么说的？"

"伟伟有要紧事跟你商量，偏巧你不在家，又整夜不回来。伟伟问我你去哪了，我说去同学家打麻将。伟伟说阿大不是不爱打麻将吗？前年夏天我回家没事干，要跟你们打麻将，阿大说不爱打。他啥时候爱上麻将了？我说我也不清楚，反正没见他在家里打过，这次冷不丁说要去同学家打麻将……"

手机响了，田成业要取手机又没取。倘若是苗青打来的，在孟慧前不好说话。正不知如何处置，孟慧说："你的手机响了，你没听见吗？"

田成业只得从裤带上取下手机，铃已经不响了。"可能是打错的。"刚把手机装入手机套，铃又响起来，开机紧贴住耳朵，"喂，谁呀？"

"我，你在哪儿？"

"我跟我老婆在家里翻找东西哩。"

"怪不得不接电话，能说吧？"

"有话你就说，客气什么。"田成业这话也给老婆听，让她认为是一般人的电话，同时从卧室走出来。他估计师德昨夜同汪石菊出去得了便宜，迫不及待要给他说说感想，果然："昨晚我俩出去住旅馆了。"

田成业见孟慧没有跟出来，"怎么样？"

"给她喝得太多了，一上床跟死猪似的，鼾声能把尕驴儿吓惊哩！我醉达麻达地来了一次，今早天麻麻亮又来了一次，日鬼，没情况，身上粗得麻拉石①一样，就像在窑洞里甩了一回条子。"

"你知足吧！你胃口壮，随便什么吃饱就成了。"田成业说着，没发现孟慧站在卧室门外冷不丁问了一声："谁？"

"师德。"

"吃什么了？胃口壮，胃口不壮的。"

田成业楞了一下，"他说他想吃豆面饭块，端上来的却是青稞面破布衫，把肚子吃胀了。"

"谁把肚子吃胀了？"师德在电话里问。

---

①方言，表面粗糙的石头。

"我说你把肚子吃胀了。"

"还是你的苗青好，脸是脸，身子是身子，肉皮是肉皮儿。"

"我忙着，没工夫给你闲谝，我挂了。"田成业把手机装起来，心里又浮荡起得意，眼前显出苗青灿烂的笑脸。田成业稳住情绪，走回卧室，"伟伟打电话到底要商量什么？"

孟慧扔下手里的被面，"伟伟要在元旦结婚！"

"元旦结婚？"田成业觉得这消息是从天上掉下来的。因为平空除了雷声炸响，没别的东西。这样的大事事先怎么没有一点点透露？上半月来电话一个字没说，怎么一张口就要结婚？"佳佳来电话了吗？这死丫头，她哥哥给我们打哑谜她怎么也不说一声？她兄妹俩搞什么鬼？"

"你骂丫头有啥用？丫头不跟哥哥在一个地方上班。上上个月来电话说她哥哥谈了一个对象，两个月不见哥哥的面。"孟慧抹起眼泪，"真是由心机儿！这么大的事事先不给我们说一句，临到结婚才想起给娘老子打电话，叫我们如何是好？"摸着被面，"我东挪一点西凑一点给他准备这些东西，只为他们……"

"一定是把人家丫头肚子弄大了，不好收拾，才临时决定要结婚的。"田成业还想狠狠骂几句，一想到自己近来的行为，胸腔里鼓涌的怒气一下子没了后劲，嚅嗫着，"没说什么原因？"

"他说女方家里等不及了，提出元旦把喜事办掉，问我们能不能去？要能去，十二月底前一定赶过去，要不能去，给他汇两万元钱。一应结婚用的东西他和女方在那边准备好了，不用我们操心，只要早点汇钱过去就成哩。"孟慧说着说着抽泣起来，"我们这些年为他费得心情全白费了。"

"都怪你，非要事先一件一件把东西买下准备着。我给你说了多少次？计划跟不上变化。如今的年轻人，心术儿高，东西也一年一年变换得快，我们拿我们眼光买下的东西，就是儿子勉强接受，也是赶不上时兴的。你偏不听，非要今儿一件明儿一件地凑，这不，凑了个空光……"意识到这样抱怨挖苦老婆没道理，改了语气说："儿子用不上，我俩就把这两床缎被儿装上，新新鲜鲜盖几年，我俩从结婚到现在还没盖过这么贵的织锦缎被儿。"

"你说得轻巧！我凑下的东西，是我们当娘老子的心，他用不用是他的事，我得拿去给他看看，他这样做对得起娘老子不？"

"听你这话，你要去威海？"

"儿子结婚我能不去吗？这是我家头一桩喜事。只不知伟伟谈了怎么一个对象，要是一个走不到人前头的媳妇，咋办？也不知寄一张照片给我们看看。"

当下商定，不能一次把两万元全寄去。家里有两张一万元定期存单，先取一万汇过去，看看那边的动静，如果女方能把缺的补上，或者节省着花费，最好。如果伟伟觉得转不开手还得要钱，把另外一万元汇去。家里还有六千元的活期，取三千作为两人来去的路费以及到威海的花销。商量到这儿，田成业说："穷家富路，我俩走的时候还得多拿点钱，头次出门去新亲家家，我们手头上不宽裕，会叫人家看不起。另外，我还有个想法，"停口审度着孟慧的脸色。

"什么想法，这么想说不说的。"

"阿大苦了一辈子，把我弟妹四个拉扯成人，一个个成家立业，没过过一天消停日子，人活到七十几，还没去过兰州。我的意思是我俩反正要去，趁着阿大还能走得动，把阿大带上，叫阿大浪一趟，见见世面。"

"这是好事情。只是这样一来，伍千元也打不住。"孟慧说着抖开另一条银红菊花织锦缎被面，查看有没有蛀虫糟害的痕迹。

"阿大出游的费用，我们可以向老大老三家各要一点。只要他们一家给一千，就成了，剩下花多花少我俩出。"

孟慧把抖开的被面重新边对边仔细折叠起来，"老大出一千估计不会有问题，只怕老大不同意阿大走那么长的路，去那么远的地方。阿大毕竟是快八十的人了，平时虽然没有拿住人的大病症，可药没停地吃着。去威海路上休息不好，加上水土不服，万一病下，我俩是给儿子办喜事，还是服侍阿大哩？"

孟慧说得不无道理，田成业说："我们得把伟伟元旦结婚的事通知给老大老三，先把我们的想法告诉老大，听听老大的口气。如果老大同意，再提说三家出钱的事。要是老大反对带阿大出去，就用不着说钱的事，也用不着再给老三家说。老三做不了主儿，老三的婆娘你不是不知道，事情办不成，先要说下一大堆汤头话哩。"

孟慧把取出的被面床单之类的东西用一片花布包裹起来，"依我说，就是老大同意，也别向老三家提说要钱的事。我宁肯多花一千，也不想听老三婆娘说那些长头话。要不，就给田健说。田健如今有工作，挣得也不少，田健对爷爷又是最要紧的，一说，田健准能给点，免了与老三两口磨嘴皮子。"

"伟伟叫我们啥时候把钱汇过去？"

"没说具体时间，只说快一点。要是昨晚你在家里，有些话伟伟就说清了。"扔下包袱，拉开衣柜下面放鞋袜的抽屉，从一只装袜子的硬纸盒中的一双旧棉袜中取出两张存单递给田成业，"你看哪个存单先到期就取哪一张上的。"

以往，田成业只管把工资交给孟慧，由她调掌家里用度，取钱存钱全由她办。虽然知道她节俭着把省下来的钱零存起来，凑个整数换成定期存单，却并不过问存了多少，存在哪儿。此刻接住两张万元存单，心里不由地感激着孟慧的持家本领，又对自己为苗青的花费深感内疚。选出其中存期已过一年的存单，把另一张交给孟慧。孟慧放好存单，又从衣柜上边的旧被褥下边摸出活期存折交给男人，"活期存折上有六千元，取多少你看着取。"

"干啥？"田成业认为在阿大去不去的问题没确定前，用不着取这个钱。

"你说干啥？不论阿大能去不能去，我俩少不得要去。已经十月半间了，转眼就是十一月半间。我俩都没一件像样的衣裳。穿着旧衣裳去，别说威海女方家的亲戚陆眷猜疑我们的光阴过得枉赢①，连儿子姑娘脸上也没光彩。取出一千，加上一万存单上的利息，我俩各买一套体面的外衣，好一点的衬衣，剩下钱给伟伟佳佳各买一两样东西……"

"你又想多了。"田成业打断孟慧的话，"伟伟佳佳在那边挣着工资。再说，那边是沿海城市，要什么没有？你从这边买东西拿过去，说不定是那边早过

---

①方言，可怜。

时了的。不要吧，你买的；要吧，不入儿子姑娘的眼，还不是撂在一边不穿不用，你就少操这份闲心吧。"

孟慧对男人瞪起眼睛，"那边的东西再好再时兴，是那边的东西。我从这儿买一两样东西，是我们娘老子的心。穿用不穿用由他们，可我们不能因为这个原因空手儿见儿女吧？要是路近，一半天就到，我们只买点酿皮带过去，佳佳每次打电话都说想吃肖巧娘的酿皮。可路太长，得坐两天两夜的火车，只能买点好带的东西。"

"好好好，这事由你。你把手里这些东西撂下，我俩一起走，把钱取出来汇掉，一同去商业巷寻买我俩穿的衣裳，东西回来收拾。"

半小时后，两人从就近的银行取了钱，又去就近的邮局给伟伟电汇一万元，而后步行到商业巷选购衣裳。

转遍了商业巷卖服装的商铺，没有两人称心的外衣。所有店铺都展示着时尚新装，流行款式，绝少中老年人适宜的服装。其中一家有几套款式色调适宜孟慧穿着的羊绒中短大衣，标价六百多元，孟慧吐一下舌头，把欲要砍价的田成业拉出店门。常听喜爱转街的女人说，别看满天下都挂着衣裳，立在店门口模特身上的衣裳一件是一件，颜色是颜色，样儿是样儿，一看就叫人眼热心跳，真要买一件合体合心的衣裳，难！孟慧早几年被佳佳、田英拉着上街，这几年很少单独转街，今天看了，才相信人们说得不虚。

又看了几个店铺，孟慧就说："走吧，还是民生街上的衣裳便宜，去那儿随便买两件就成了，这里的衣裳都贵，不是我们该穿的。"

"我们该穿什么？"田成业已打定主意，趁这里没有合适她的衣裳，去大十字老字号商场给她选购一件上档次的皮衣。孟慧眼热皮衣好多年了，上街看见别的女人穿着款式新颖的裘皮外衣，要多看几眼，看不够回头再看。可她坚持不买，说自己有了岁数，让眼睛享点福就成了。这自然是她的借口。家里收入有限，她要尽可能为儿女多准备办大事的钱。

"反正不能穿太贵的，年轻时节没好衣裳穿，到老还讲究什么？只要看着新鲜干净合身就成了。"

"你说错了，年轻那阵别说没钱买衣裳，就是有钱，市场上除了灰的蓝的布料春秋装，还有什么？为儿女对付了半辈子，如今儿子婚事有了眉目，办了这事，我俩就消停了，干吗不趁机好好活几年？走，去大十字商场，那里有好皮衣。"

"买皮衣？"孟慧眼里闪出惊慌又抱怨的目光，"你胡做哩！一件皮衣少说得一千多，眼下我俩正需要钱儿……"

"一千多元就一千多元，不会影响什么的。"把孟慧拉上公交车来到大十字下车，到商场三楼裘皮服装柜前，孟慧看了几眼，"我是五十四五的人了，穿皮衣不好。"

"好不好我都要给你买一件。你眼热了多年，再不穿，岁数越来越大，更不能穿了。现在买，有两个好处。第一，你这般岁数这般身高的女人穿皮衣的多得是，前天我还看见一个，派得很。第二，威海那边海风大，潮湿，又不像我们这里生火取暖，房里房外一样冷，别的衣裳穿多了显得臃肿，穿少不能御寒，皮衣最适宜那边气候……"罗列了一大串理由，让服务员取几件皮衣对镜试穿。试了几件，都不出效果，孟慧又想撤退，田成业坚持要服务员再换，终于找了一件合体又穿出样儿的黑色绵羊皮短大衣。因了衣服有几条竖拼的缝线，矮胖的孟慧穿在身上出了效果。开票，听服务员说一千五百元，孟慧不肯把钱拿出来，田成业执意从她身上掏钱付账。

田成业给自己买了一件二百元的休闲茄克，一条八十元的休闲裤，一件六十五元的衬衣。在商场门外分手，田成业直奔民生街田壮饭馆。

饭馆门口挤站着十几人，探头向里张望，唧唧哝哝争讲着什么。田成业拨开众人要进去，其中一人虎着脸对他说："先来后到知不知道？我等了将近一小时，你一来就想挤到前头，没这么便宜的事吧？"

田成业笑着说："我不是买月饼的，我是饭馆老板的爸爸，有事要进去说。"原来门口被临时搬放的一张方桌挡着，守在方桌边的赵鹃让田成业进门，对门外人说："请大家再等几分钟，月饼已经出笼，稍微凉一凉，才好给你们装进塑料袋提走。要不，等提到家里，月饼被汽馏水打湿，就不好了。"

饭堂里弥漫着蒸汽，从厨房抬出来放在饭堂桌上的五扇笼屉上，开花的大月饼露出黄黄的油瓤和层红层绿层黄的内瓤。孟慧给田成业说过，自她表姐的女儿赵鹃来饭馆顶替伊承新帮工，做月饼，饭馆生意出现了转机，前来买月饼的人越来越多，多次为争买月饼发生口角。民生街上做生意的本地人，全成了回头客。有的人今天买两个月饼，把下次买的预订下来，需求量日见高涨。田壮、高洁梅、赵鹃，不时来搭手的孟慧、田英、田成功忙得团团转。从起头一天只蒸一幢五屉，到一天蒸三幢十五屉，再到四幢二十屉。几个人只顾应付买月饼顾客，顾此失彼，饭馆主业却荒疏起来。一日，前来买月饼的焦玉玺提醒田壮，饭馆的主业是饭菜，月饼只为补充，月饼虽然买得人多，但利润微薄，费工费时，以它来引发顾客对饭馆的好感就够了，要把主要精力投放在饭菜上面。但田壮得意眼前的转机，无暇琢磨下一步的经营。

几分钟后蒸汽散尽，赵鹃收钱，高洁梅用无色食品塑料袋装月饼交给顾客提走，当天第四次出笼的三十只大月饼片时售完。"照今天的卖法，明天得蒸五幢。"田壮手舞足蹈地说。

"这样一幢一幢蒸月饼不是办法，忙死人哩。"赵鹃骨碌着眼仁说。她长着一双杏眼，青白的眼球上乌亮的瞳仁闪闪出彩。她是孟慧远方表姐的女儿，虽然家在农村，却一直在城内上学，高中毕业在家待业一年，被孟慧临时叫来饭馆打工，等待高就的时机。"我想好了，要么改锅灶，再添一副五扇大笼，一次蒸两幢，要么把锅灶改得大大的，用食堂的那种大锅大笼，一笼能放十个月饼，一次蒸出五十个月饼，比这样一会儿一笼一会儿一笼省事省电省煤。"

"对，赵鹃这主意好。"田壮拍掌肯定赵鹃的建议，"你说，我们啥时候改灶？"自赵鹃来到饭馆，田壮话多了，笑多了，干活劲头更足了。"也怪。"有天田壮对田野说，"没见赵鹃前，我心里被邱慧敏塞满了，看谁也不顺眼。见了赵鹃，我一下子就把邱慧敏从心底里赶开了，不知这是什么缘故。"

"这就是缘分。"田野说。

缘分让田壮对赵鹃言听计从。

不等赵鹃开口，高洁梅抢先说道："看样子你们没把焦老板的话放在心里。

我们开的是饭馆，不是馍馍铺。再说厨房就那么大点地方，把锅灶改成大锅大笼蒸月饼，案板往哪儿放？如果你俩成心改灶专卖月饼，我同意。要是继续卖饭菜，我看眼下这样就够了。总不能满城的人来买月饼，我们就得给满城的人做月饼吧？"

"我认为高洁梅的话有道理。"田成业把目光从财神像前电蜡烛红红的火苗上移开时说，"眼下我们月饼做得少，质量能保证。要是大规模做月饼，就难保证一笼笼都是好的。再说人们吃一阵月饼，又得改换口味，还是把精力投放在提高饭菜质量上吧。"

万花花疯张冒失跑进来，"快！给我买三个月饼。"

"月饼早卖完了。"高洁梅提把椅子想让万花花坐下，发现田壮斜瞅着万花花，一脸的不欢迎，便改口说："明日再来买吧。"

"明天？我能等到明天吗？"万花花对田壮说，"再蒸一幢嘛，我们掌柜的给我打电话，一定给他买下三个月饼，他要转亲戚去。"

"你说得轻巧！"田壮吸口烟，扭头把烟喷到墙上，望着弥散的那片灰蓝色烟雾说："蒸月饼可不是你扎花圈，扎一个竹蔑框架，粘上几圈油纸花就成了。我们得提前发面、揉面，要擦香豆红曲姜黄，要调油瓤。上笼前，得做大半夜的准备工作。我要是耍把戏的，给你变出三个月饼来，可我不是耍把戏的。"扭头朝墙上吐烟圈玩。

万花花看出田壮的不友好，就硬了语气："你别以为月饼卖得好就恼起来了。我这是给你做宣传广告哩！我给我掌柜的说，田壮做下的月饼香死人哩，我给你买下一个尝尝，保你一吃还想吃。掌柜的吃了你的月饼给我说，这月饼实话香，香得没口儿咽，跟我家想当年过八月十五蒸得月饼一个味道，你给我隔一天买下一个。今早掌柜的来电话要我买下三个月饼，他要转亲戚去。"

"今天实在是对不起。"赵鹃笑意盈盈地说："你给掌柜的说，明早，我把第一幢出笼的月饼挑三个最好的，你早点过来取走。"

"明早你在铺子里等着！我叫高洁梅把月饼给你送过去。"要进厨房的田壮回头说。

万花花叫道："喂喂！你先别进厨房，听你口气，好像不太欢迎我来你饭馆。我可是你的邻居，你饭馆的常客，没少吃过你的饭呐。"

"多亏是常客，要不，说我的饭菜这个不香那个少了的，我可担待不起。"田壮唰地撩起门帘进了厨房。

赵鹃听出两人对话中藏着些针头线脑，挽住万花花胳膊送她出门，"你只管放心，明日你要的月饼我一定留下等你来取。"送走万花花，田壮撩门帘出来说："我说送过去有送过去的道理，你咋又叫她过来取？她是卖花圈的，冷货，铺子里有晦气。前半年我的生意滑坡，十有八九是她给我的饭馆带来了晦气。这种人最好别叫她来饭馆里，尤其她掌柜的，更不能来。"

田成业、高洁梅、赵鹃相互望一眼，一起把疑惑的目光对准田壮。

"你们没见过她的掌柜的，一见，就会明白。那人一脸的阴气，冰里捞出来的石头一样。见人只用冷青的眼光盯住人看，不说半句话。原是大医院管太平间的，挣死人钱发了家，孤魂野鬼般阴森森一个人过活。这种人身后，不知跟着多少不散的阴魂。万一有个冤魂屈鬼饿死鬼跟着万花花到我们饭馆来，我的生意又得滑坡。"撩帘进了厨房。

高洁梅笑起来，"田哥年轻轻的，咋是一肚子迷信？"说得田成业、赵鹃也笑了起来。

听说田成功两天没来饭馆，田成业进厨房给田壮简单说了田伟要在元旦结婚的事，离开饭馆去四号院与老大商讨有关事宜。

田成业前脚走，后脚来了一老一少两人，老的问："你们的炒面片还卖不卖？"

"卖啊，谁说不卖？"田壮让座时反问。

"满街道都说你们改卖月饼了，一整天只围着月饼转。我就心想，不会吧？饭菜卖得好好的，味道也不错，咋又卖起月饼来了。放着能挣钱的饭馆不开，要改开馍馍铺？别人开馍馍铺还得同时压面条，卖手工拉面面片面基，你们只卖月饼怕是不成吧？"

田壮有感于老人"味道也不错"这句话，笑着解释道："前一阵生意不好，加卖月饼是补充一下饭馆的亏空，主业还是饭菜。听你老人家口气，吃过我们的饭，可我好像是头次见你老人家。"

"你怎么是头次见？"高洁梅插进话来，"这位在七号院里住，姓井，是装裱字画的师傅。少说，在我们这儿吃过三次。有次井师傅说你的炒面片肉放少了，你还跟井师傅争讲了几句，不记得了？"

田壮笑了，"怪我眼粗，没认出来。饭馆里人出人进的，我大多时间在厨房里，来一次两次是记不住的。"

赵鹃揪一下田壮的袖管，"田哥，快进厨房做饭吧，人家不是来闲暄的。"同进厨房为老井做炒面片。赵鹃边切肉边说："看来焦老板说得对，我们得把心思从月饼移到饭菜上来。多亏昨日做的拉面面基剩了点，要不，又把两个吃饭的人推出去了。"

高洁梅给老井和同来者倒了两杯热茶，井永清接杯说："到底是年轻人，眼利，我来过几次，你都记住了。"

"但凡在民生街上住家摆摊做生意的，只要来两次，我就记住是哪个院里的，做啥生意的。有一次，你同刘方老师来吃饭，说了几句笑话，把吃饭的客人都惹笑了，我就把你记牢了。"打量与老井同来的直眉楞眼的年轻人，从着装神态判断，像是从农村来的，就说："井师傅，你这位亲戚是远处来得吧？只吃一碗面片怕不得济，切上一碟子腱子肉，给你亲戚喝几盅酒呗。"

"也成，切一盘肉吧，可我外甥不会喝酒，酒就免了。"

高洁梅向厨房喊叫一盘腱子肉，听到应答声，回头又说，"井师傅有这么硬气的外甥，老远来看望你，真有福气。"

井永清笑了，"我外甥是从西石峡来的，那里建设一个水电站，他给电站工地提供砂石料，一来二往认识了一个工程师。这个工程师喜爱收藏名家字画，与我外甥闲暄中知道我这个阿舅在西宁市装裱字画，就给我外甥说：'你舅舅在西宁市装裱字画，一定认识很多的书画家。我收藏的字画作品里，缺几张青海省著名书画家的作品。你托你舅舅想办法给我弄一张野鹤的中堂立轴，楚良的写意人物画，最不济也得想方设法弄一个斗方。内容不限，只要有野鹤、楚良的落款印章就成。听人说野鹤有一枚闲章,朱文大篆,印文是耕砚,出自青海省金石大家老樵之手。不论作品大小,只要有这枚闲章和野鹤的落款章就行。给我办了这件事,你在工地上的活儿我保证没人再与你抢夺了。'我外甥听出工程师话中有话,可一想到要得不是一般的作品,要是答应下来又办不到,日后给电站供砂石的路子就会断掉,就试探了一句,工程师到底是借口索要还是花钱收藏。'听我阿舅说过,野鹤的作品要价高,四尺对开立轴要一千五到两千元哩。'工程师就说:'我知道野鹤、楚良的书画要价高,一直没舍得买。要买,早买了。你叫你舅舅想想办法。他整日与那些书画家们吃吃喝喝的,肯定有办法。'外甥没法儿,跑来给我下话,要我给工程师弄两张想要的字画。"

赵鹃端出两碗炒面片,一盘腱子肉,舅甥两人埋头吃起来。

高洁梅坐在一边看他俩吃饭,忍不住说:"井师傅,你给我们说个笑话吧。"

井永清嘴里有东西,嚼几下硬咽了说:"我是说笑话的料吗?"

"你上次说的笑话我还记着,想起来就笑哩。你再说一个,叫我们高兴高兴。"

"你可把我难住了。你要不是大姑娘,我就往你胳肢窝里挠几下,叫你笑得上不来气儿。可你这么俊的姑娘,我哪敢下手?不是叫我老虎嘴里拔牙、猴子手里叼枣儿嘛!"

"你真逗。"

"是吗?"井永清站起来参起双臂转着身子说,"我哪儿逗?像你这样俊的姑娘,往人前一站,就是清风里的柳丝丝,雨浇过的花骨朵儿,那才叫逗人哩。我长成这样子,远看,是一个麻袋上安着一颗大头菜,下面戳着一双筷子;近看,站着是五扇蒸笼,坐着是剁肉的墩墩,趴下是擀汤的案板,躺下是没棱子的碌碡,人一见就吓跑了,还能逗人?"

高洁梅早已笑得前仰后合,"真把人笑死哩!"揉一阵肚子,"井师傅再说一个。"

井永清佯板起面孔说:"再不敢说了,能说的就这一个,别的全是带颜色有荤腥味的，不能当着姑娘的面说。"坐下吃了两口腱子肉，见高洁梅打量着自己，忍不住说："我新近学了几段脑筋急转弯，你听不听？"

"听，你快说。"

"林黛玉是怎么死的？"窝嘴挤眼地学着赵本山的动作指一下高洁梅："你答。"

一下子把高洁梅问懵了，红楼梦的电视剧她看过，是宝玉与宝钗成亲时刻，黛玉焚烧诗稿发病而殁，就说："是气死的。"

"不对！是摔死的。"

"怎么是摔死的？"高洁梅惊诧不已。

"天上掉下个林妹妹，从天上掉下来还能摔不死？"

高洁梅兴趣陡增，心里正在感叹老井的活跃机智，又听井永清发问："黑母鸡聪明还是白母鸡聪明？"

"我……不知道。"高洁梅无从寻找答案。

"当然是黑母鸡聪明。黑母鸡能下白蛋，白母鸡能下黑蛋吗？"

高洁梅被逗惹得瞠目结舌。

44

田成功家煤房在一楼地下室，走进楼门田成功对老谭说："你腿脚不利索，别下去了，我进煤房还得翻找一下，灯暗灰大，你在门外等着。"

老谭说："要你的东西,你下去费力气翻寻,我却站在亮处等着,像话吗？"

"像画就挂在墙上了。"田成功玩笑着拦挡老谭，老谭却拖着那条硬腿，歪着身子一阶一阶下到副一层，撞上了什么东西，哐地一声倒在地上，就有灰尘扑进鼻孔。开门打开煤房内灯，借照出门的一束亮光，看清是半块纤维板和一段方木倒在脚后。

说是煤房，自改烧煤气后，只放破烂不放煤了。东倒西歪地放着淘汰的旧单人木床头、床板、掉瓷的旧脸盆、破胆的暖瓶外壳、几团旧棉网套、生锈的雪花铁皮水桶、洗脸盆、铁锨以及捆扎的旧书报等等杂物。全是孔秀在世时一样一样弄进来的。此刻，这些东西勾起田成功不少的感想。收拾这些东西的人入土已经两年，留给他的印像梦一样模糊，可这些破旧东西却真真切切地显在眼前，人的生命真是脆弱啊！

还好，取掉浮头的几块碎木板，放巴儿煤的柳条筐子显了出来。半筐巴儿煤黑黑的，没受潮也没风化。田成功同老谭把筐子提出煤房，关灯锁了煤房门，合力把五六十斤重的筐子挪上台阶挪出楼门，看见田成业立在楼门口，长长的影子倒在地上。

"你站在这里做什么？"田成功夯着两只黑手问。

田成业反问："你抬这些巴儿煤做什么？"打量同样黑了手的老谭。

田成功答非所问："你来得正好，帮我把筐子抬到老谭的铁皮房里。"两人合力把筐抬出院子，走几步放下缓一阵，抬到一号院门侧老谭修锁的铁皮小屋门口。老谭拖着木棍样的硬腿跟着，一脸的歉意和感激，"放这就成了，等我把煤块倒进小房，把筐子给你还回去。"

"一个破筐子，拿回去也没用，你连筐子放进去，煤烧完可以当柴烧。"田成功同田成业往回走，身后追上老谭的话："多谢多谢！又给巴儿煤又给我抬过来，多谢多谢！"

卖甜醅的韩乙布拉对夯着黑手要回家的田成功弟兄说："我这儿有水，过来洗了手再走。"

"你的水省着洗碗吧，我俩回家洗。"亮一下双手，"这手得用肥皂宽水才能洗净。"

田成业边走边问："咋想到把煤块给老谭？"

"后晌我闲转出来，见老谭蜷在铁皮房里，脸都冻青了。我就问他，十一月头上，单位供暖气快一个月了，这街上摆摊的都生了小炉子取暖，你咋还抗着？看把你冻的。'好我的你哩！'老谭擦着清鼻涕说，'生点火自然好，可我用的小提炉一直烧蜂窝煤，前几年我倒的蜂窝煤烧光了，如今别说蜂窝煤，连末煤也没处买了，街上车拉着卖大煤的，贵得吃不住。我心想，能耐活几天就耐活几天，实在耐活不下，再说吧。'我就给他说，记得我煤房里有点烧剩下的巴儿煤，你跟我走，我把那点巴儿煤给你，你生点火，比这干抗着好。把他叫过来，从煤房寻出筐子，正好你来了，要不，他一条腿使不上劲，把大半筐煤块抬出来，费大劲哩。你，是闲转过来的？"

"有事跟你商量，回家再说吧。"

回家用肥皂洗手，洗下半盆泛沫的黑水，换水洗第二遍，才把带油性的煤黑洗净。揩手的田成业看一下墙上挂钟，"快五点了，阿大怎么还没回来？"

"自认识了那个姓皮的老汉，又拉拉扯扯认识了老皮的几个老相识，整日与他们伙在一起抹牛九，说笑话，刮风下雨也坐不住了。天热的时候，多停去尕公园里。天凉下后，就一家一家地转着玩牌、喝酒。耍得撂不下手，就凑钱买着吃，吃了再耍。"田成功说着给兄弟倒一杯茶，"这样也好，阿大有了干头，比一个人晒太阳好，我也省了不少的心。"

"可阿大毕竟有了岁数，与那些人没节制地耍，把不住喝醉了总不好。你得给阿大随时提醒着点，耍牌不要紧，酒千万要少喝。"

田成功看兄弟端起茶杯呷了一口，大约嫌烫，放下杯时说："看近一阵的样子，每天都喝了酒，却喝得不多。听他说，老皮规定不论几个人，一天只喝一斤酒，不准多喝，主要是耍、唱、跳……"

"还跳呢？跳什么？"田成业年轻时节爱跳交际舞，一样有空闲就往舞场跑，家里有事寻他，去舞场准能找到，对一个跳字有着本能的敏感。

"大不了跳几段社火上的秧歌，还能跳什么？"端上半盘干了的瓜子，"这是阿大从外面装回来的，放几天怕是干了，你牙好，看能不能嗑开。听阿大说，国庆节过后他们一家一家轮着耍，轮了一圈，就剩阿大没请人家。我说你想请就把大家请来家里耍一天。阿大说请来了就得吃喝，别人家都有女人服侍着，我家里没人做饭，他们来了吃不上喝不上，我就推辞着没请。我说人家一家一家地转着请，你只去人家吃请却不请人家，日子久了人家就会说你只会占便宜。你想请就请，家里没女人有我哩，再不成，把田英叫来给他们做吃的，叫他们在我家美美地耍一天。阿大把头摇成拨浪鼓了，说：那不成不成！这一帮阿爷说浪了嘴，尤其老皮，没高没低嘴里胡传哩，把田英叫来听了，不说阿爷们惹笑惹惯了，还说我交道的阿爷们全是老不正经。"

　　田成业笑起来："怪不得这半年阿大变了个样儿，整日往外跑，原来跟了一帮老不正经。"意味深长地望着田成功想了一阵，说："不正经就不正经吧。苦了一辈子，到老，能不正经到哪儿去？"狠狠地喝口茶，呛得咳起来，咳完又说："说回来，一个家里没女人还真不成，你没想过再续一个？"眼睛望着电视荧屏。电视是田成业洗了手打开的。一进家门首先开电视已成他的习惯，开了不见得要看，在家里转腾，扫上一眼两眼不觉得无聊。因了要与老哥说事，把电视音量拧到最小一档。此刻，电视中一对中年男女在办公室里搂抱亲嘴，被挑逗的女人退仰在办公桌上，急迫地脱裤，迷了眼向男子快速呼叫。田成业想像苗青要是这样该是何等地刺激。正要把那甩掉衣裳的男子想像成自己扑压上去，田成功却关了电视，"如今的电视上除了演这些好像没演头了！你不是说有事要说吗？"

　　田成业把伟伟来电话要在元旦结婚的消息和他跟孟慧的打算简略说给老哥听，脑了里却继续上演电视里被中断的情节。

　　"伟伟真是胡做哩！"田成功显出无奈的神情。"你猜摸得对，大约谈对像把持不住，把事情做过了头，只好急着结婚来掩饰。"轻叹一声，"如今的年轻人真不知是咋想的，全不顾娘老子的一番苦心。"给田成业添茶，放暖瓶时被滴洒在脚下的水滑了一下，稳住身子又说："事情到了这一步，娘老子脸上再没光，也得去一趟。好在离这儿远，闲话传不过来。就照你们想下的办吧。给老三家、娘娘家通知，就说女方家逼得急，这得编个圆满的谎堵住别人的嘴。"

　　田成功取来拖布把刚才险些滑倒他的地面拖擦干净，从厕所出来说："把阿大领过去浪一趟也是好事。我的意见是领可以领，事先别给阿大说。照往年的样子，元旦前后交了九，阿大的肺心病就厉害起来，整日喘着，天天要吃药。如果到十二月半间阿大好着，就带上阿大去。要是阿大身上不受活，就算了。要是事先说了，阿大一辈子没出过远门，心里一定想去，身上不受活又不能去，倒叫阿大认为我们当后人的只给他空头人情。这事到十二月半间你俩走前再定吧。"

"还有一件事。"田成业谦恭地望着老哥，"伟伟虽然在威海结婚，可亲戚们恭喜是少不了的。恭了喜，我们就得摆席桌招待，你说这宴席安排在我们走之前，还是从威海回来再摆？"

"回来再摆吧。倘或伟伟能多请几天婚假，你们同伟伟带他媳妇回来一趟，待客的时候亲戚陆眷见见伟伟媳妇，叫小两口给亲戚们敬个酒，宴席才显得圆满。"

原则定了，细微处得届时酌情安排。田成功见父亲还不回来，估计已在外面吃了晚饭，就对兄弟说："只我俩人就懒得做饭，出去随便吃点吧。"

两兄弟在附近的清真饭馆要了斤半黄焖羊排，两碗麦仁，吃饭中间又设想了可能出现的问题和对策。饭后分手，田成业回家给孟慧通报商讨结果。田成功站在街头，心想，近日没有好看的电视，一个人呆着不见父亲回家又得胡思乱想，不如转着消食，看看街头夜景，便沿着南大街往北散步。

田成功在街头徘徊，打算在街上消磨无聊，免得回家等待父亲焦虑的时候，田寿已经从老皮家回来了。老皮不但留他们吃了晚饭，还给大家喝了几杯好酒。老皮说酒是他大儿子有一年去成都出差带来的，带回一箱。那时节，这种尖庄牌的酒西宁市场上有货，儿子远天远地带来，被老皮奚落了几句：大门外小卖部有这种酒，何苦从那么远的地方重死重活地买来。儿子却笑着说，放上火车就来了，又不让我自己扛，重什么？老皮领儿子这份孝心，舍不得多喝，来了知己同事街坊，斟一杯让人品尝，竟把六瓶酒放到了现在。老皮说，存放了十几年的好酒，成了酒精，是如今的低度白酒没法儿比的。田寿实实在在喝了六盅，头就大了。回家上楼提醒自己脚下小心，还是被台阶绊了一下，险些趴倒在楼梯上。摇到自家门口，敲门，没人来开门。老大出去了，他心里这样想着，把一头连在裤腰带上的钥匙串从裤兜掏出来，开门。这是他年轻时候养成的好习惯，总要用一条结实的锁链把套钥匙的环儿栓在裤带上，防止遗失。先是那种发亮的蛇皮似的金属链条，后来是那种尼龙丝合辫的非常结实又柔软的绳链。如今，他的钥匙环是用更细也更结实柔软的尼龙带链着。田寿把钥匙插进锁孔拧转锁芯，环上的其它钥匙碰打着门板，唏哩哗啦地响着，他恍惚起来，恍惚中听见门里四个儿女高兴地喊叫：大大回来了，大大回来了。

门开了，窄小的院坑里没有四个儿女的影子，二嫂青果从东房迎出来，"你不是六点下班吗？怎么这时候才回来？"

"单位要我加班了。"他拖着疲软的双腿进了西屋，把工具袋放在面柜前，"尕娃们咋一个也不见？""成娃领着才娃凤娃接你去了，你没碰见？业娃在北头房里画着耍呢。"他走进北头，趴在炕沿专心画写的田成业听见脚步慌忙把铺在炕沿的一张纸藏在身后，脸涨红了。他觉得蹊跷，"你在画什么？我看看。"田成业想跑出去，被他撕住头发把藏在身后的纸夺在手，原来纸上画着一个古代女人，是照着连环画册上的人物画的。田寿稀诧儿子竟有这种本领，把书上女人画得像模像样的，笑着问："书上那么多武将元帅你不画，为啥单画女子？"问归问，把纸还给了儿子。出去迎候他的老大田成功，老三田成才和女儿回来了，拥上来说："大大，我们肚子饿了。"

田寿心酸酸地推开拥上来的四个儿女，发现房里空无一人，大间茶几上放着一个茶杯，盛着半杯茶水，旁边放着盛瓜子的白色六寸磁盘，盘边一堆嗑开的瓜子皮。谁来家里了？老大一定是出去送客了。田寿走进睡觉小房间，脱下挂着宁夏二毛皮筒子的活面短大衣扔在床上，返身回到大间，又恍惚起来，油漆漆皮翘裂的面柜前站着二嫂青果，笑吟吟地说："这么不是长法儿，一个男人拉扯四个娃娃，早一顿晚一顿饥一顿饱一顿地叫娃娃们受罪哩，你咋不想着再娶一个，家里没个女人不成。"

"再娶一个，娃娃们见孽障哩。"

"现在不孽障吗？你老是加班加班，一加班娃娃们到这时候吃不上饭。正是长身子的时候，这样把娃娃们靠掉①哩。要不是我操心着，娃娃们早成野娃了。"

---

①方言，耽误。

"日后我给单位上说，少安排我加班，争取按时回家给娃娃们做饭。"

"你这是对娃娃的妈妈太痴心了，人殁掉七八年了，该想想个家的事儿。"二嫂说这些话时眼里就有勾魂的东西飞出来，让他不敢正眼看她。"你……你再别给我说娶女人的事，眼下我只有一个想法，把娃娃们拉扯成人。"

田寿的腿碰在茶几角上，顿时又回到现实中。看墙上挂钟，七点半。望窗外，路灯全亮了。老大会去哪儿？去了田壮的饭馆，被缠住走不开了？自个倒杯茶，打开电视，望着荧屏上飘飘忽忽的人影，又恍恍惚惚记起了二嫂青果。

不说田寿在家里恍惚一阵清醒一阵地在往事和现实的云烟幻雾中穿游了多久多远。单说田成功信步走到大十字，路灯全亮了，过街天桥上有人在拍照夜景，闪光灯雪白的光束一闪一灭，天桥上的人影就模糊起来。等人影被四周大楼的灯光照出眉眼，这儿那儿又有眩目的光闪闪灭灭。田成功心想，如今人们不是节日也像过节，照那么多照片做啥哩。顺台阶蹬上过街天桥，站在桥上看四周的街景。南北向的南大街、北大街，东西向的西大街、东大街全被路灯照成了电影电视里的模样，看得真真切切却又像罩着一层迷幻的玻璃，云游的人影如同这个玻璃罩里爬动的昆虫，时现时隐地蠕动着身子。来去的各式各色汽车身上，滑着或红或绿或白或黄的光斑，推着两股耀眼光柱从桥下滑过，拖着两块艳烁的尾灯红晕。田野说过，那雪白银亮的叫高压钠灯，黄里橙红的叫高压汞灯。社会变了，路灯也变得复杂多彩，一到夜晚，城市就像仙境一样富丽迷幻。怪不得年轻人们出门夜游玩耍回到家里，都是一脸的梦色梦意，丢了魂儿似的半醒半迷。

田成功感慨着走下天桥，走着走着，发现走错了方向。圆形过街天桥架在大十字路中，有八个方位的上下阶梯，一不专心，就会转向。他已经好几次下天梯转向。不过夜景耐人寻味，不妨顺北大街走到北头再返回来，为时不会太晚。经过万通街口，不禁想起新千年元旦深夜来这里找父亲的情景。不知那次把父亲诓骗进去的发廊，如今是不是仍旧做那名不副实的生意？便有了证实一下的冲动。拐进万通街走了一阵，发现有五六个门面外边挂着一串一串的彩色小灯泡，时红时绿时蓝地变幻着色彩，虚掩的门内灯光昏暗，很神秘很暧昧的样子。顿时觉得来这种地方闲游实在无聊，慌忙回身，看见其中一个门里走出两个男人，一个女子送出来，与前面的男子招手再见。田成功顿时呆住了，那送出来的女子不是别人，竟是高洁梅。

田成功回到家里，见父亲躺在床上打盹，退出来坐沙发上看电视，却无法把精力集中起来。心里胀胀地，鼓进去的无名气好像找不到外泄的孔窍，憋得他说不出地难受。是不是看走眼了？他反复拷问自己，又一次次被自己否定。那门口近旁有一盏路灯，马路十米宽窄，自己又不近视，怎么会看错呢？高洁梅只穿一件薄巧的羊绒衫，紧箍着腰身，向两个男人招手再见的动作神态与从饭馆送出客人时的动作神态一模一样。那是他看惯并熟记于心的动作神态。田成功反复判断着，见电视上又是一男一女抱着在草地上打滚亲嘴，女人的舌头直往男人嘴里探。骂一声关了电视，回房间上床睡觉，却没有一丝睡意，满脑子是高洁梅的身影和面孔，时而在茶屋门口，时而在饭馆门口。多好的一个姑娘啊，怎么会到那种地方干那种事呢？田成功想找到答案，却百思不得其解。

话要说回去。

年初，春分前后，一个三十七八岁男人来饭馆吃干拌拉面，结账时用奇怪的目光打量收钱找钱的高洁梅。此后接连两天中午，这男人来饭馆吃粉汤，主动与高洁梅搭话。高洁梅心里发毛，对星期天来饭馆搭手的田英说："田姐，这几天有个男人老来吃粉汤，一来就盯住我看，结账又缠着与我说话，好像是为了我才来吃粉汤的，你说怪不怪？"

"怪什么？男人见了漂亮女人都要多看两眼。由他看去，少不了你一斤半两。"

"看得我怪不好意思。"

"有啥不好意思？有男人再三再四看你，说明你真的漂亮。他的眼里，是不是欣赏的目光？"

"说不上，不过不是色迷迷的那种。"

"那就是看上你了，想跟你谈恋爱哩。"

"不可能！看上去快四十的人了。"

"如今四十上下的单身男人多得是。不是说四十的男人一朵花吗，你对他有没有意思？"

"别瞎说了！我对他能有什么意思？不过看他的着装打扮言语行动，像是有教养的。"

"看看！对他已经有好感了不是？如果日后再来，你给我打电话，我来质问他，为什么盯住我们的姑娘看，要是有什么目的，一问就知道了。"

田英是趁星期天来饭馆帮忙的，星期一上班去了。星期一中午男子又来了。结账时，高洁梅鼓足勇气问道："你一天来了不好好吃你的粉汤，一眼一眼地看我做什么？"

男子不动声色地说："你要我说真话还是假话？"

"当然是真话。"

"那好，我觉得像你这样漂亮的姑娘，在这种小规模的饭馆跑堂开票，屈才了。再说，也挣不了多少。你一月工资多少？不超过四百吧？"

"四百元，管饭。"去工商所缴管理费回来的伊承新听见高洁梅的话，停在厨房门口假装整理门帘上的垂穗，倾听下文。

"怎么找了这样一份工作？"

高洁梅提高声音说："这是我同学表哥的饭馆，饭馆开张同学叫我来帮忙，一帮就走不开了，这就是我的同学。"向厨房门口的伊承新努一下嘴。伊承新趁机把扭头看他的男人印在脑子里，进了厨房。

"想不想换个工作？"

"你是开公司的？"高洁梅有意探了一句。

男子幽了一默："开公司我能来这样的小饭馆吃粉汤？做点小生意而已。"

"什么小生意？"

"开着两个娱乐厅。"

高洁梅警觉起来。西宁市内的娱乐厅虽然没去过，可耳闻过不少关于娱乐厅的非议,"那你就找错人了,那种地方我是不可能去的。"

男子又笑一下,"我知道说真话你会不高兴。社会上对娱乐厅这种行业有偏见和非议,我不想为此辨白。可我得声明,我叫你去是想让你在吧台上收款。我妹子原来替我管着娱乐厅,家里父母亲非把妹子叫走了,说兄妹俩守着一个地方,不好。我知道父母认为我做这种生意不体面,会把妹子带坏。妹子走后,我想物色个可靠的人替我收款。"

"我们从不认识,你咋知道我靠得住靠不住?"

"凭直觉,直觉让我认为你是可靠的。"

"谢谢你对我的信任,可我不想去那种地方工作。"高洁梅用肯定的语气,意在让他知道她是认真的。

男子临走留下一张名片,"你再想想,想明白就给我打电话。"扬长而去。

名片中央四个黑体字:西门俊郎。上面一行小字:甜梦娱乐厅经理。下面两行小字是地址、电话号码。觉得名字怪怪的,把名片递给从厨房出来的伊承新。

伊承新一看就笑了,"头次见这样的名字,西门俊郎!日本人似的,会叫人想起水浒里的西门庆。他在鼓动你跳槽是不是?"

高洁梅似是而非地笑一下。

"虽然你不可能长久呆在饭馆里,可眼下饭馆还得我俩帮衬着,你不会丢下我吧?"

"你放心,我哪儿也不去。"高洁梅想把名片撕了,转念扔进柜台下的废物桶里。等伊承新为顾客端饭去了厨房,又把名片拣起来放在货架一角插花的花瓶下面。

男子再没来饭馆吃粉汤。

五一节高寒梅所在学校要开学生运动会,每个学生得交一百元服装费,由学校统一采购。高洁梅手里没有一分钱,不得不向舅舅求助。自母亲去世父亲不再留心照顾她和妹子,舅舅成了她俩的靠山。起头,舅舅、舅母热忱关注。日子久了,次数多了,舅母不高兴起来。高洁梅努力打消自己对舅家的依赖心理，可月四百元的收入实在是入不敷出，一月的房租一百五十元，水电费四十元，寒梅上学的各种收费，压得她喘不过气来，每月都得向舅家借钱支付必需的开支。几年下来，累计借了舅家近万元钱款。高洁梅自觉没脸再向舅家张口，可除此又能靠谁呢？

舅舅不在家。高洁梅问舅舅哪去了，舅母板着脸说："你不就是要借钱吗，干吗非要问舅舅去哪了。"舅母正在淘米，接水、淘涮、滗出泔水再淘，有意把高洁梅晾着。高洁梅又问了一句，舅母才说："我家快成了你的私人银行了。如今到银行贷款，也要抵押哩，你可是说几句话就从我家里把钱借走。借走能及时还回来也成哩，可你是只借不还。几年下来，弄得我们也紧张得不成。你这不是个长法，得寻个挣钱多的工作，要么就兼职多挣一份。"

"大学生都在待业，谁肯要我一个高中生，又是女的。"高洁梅委屈地说。

"总不能老这样指靠亲戚钱儿过日子吧？早两年，家里富裕点，能挪出十块二十块借给你。如今你阿舅单位动不动发不出工资，你表哥单位集资盖房一次要去三万，上星期你表姐生孩子住院，好端端地不顺产，非要剖腹产，一个娃娃花了五六千元，向我哭穷，我把手里仅有的三千借给她了，只剩下几十元生活费，正愁坚持不到月底呢。"

高洁梅不是第一次听舅母奚落，真想转身走开，可回家后寒梅的抱怨会叫她窝火，只好强忍自尊心，噙着眼泪给舅母下话，舅母勉强给了三十元。"不够的你想别的办法吧，我是怕你阿舅回来唠叨，把生活费给了你，往后你也别来向我们借钱。"把淘好的米往锅里扣，锅盆发出刺耳的碰磕声。

高洁梅含着眼泪从舅家出来，剩下七十元跟谁去借？她多次向田壮预支工资，已把后两个月的工资预支了，没脸再提这种要求。往父亲要，一想到父亲在继母前的孙子样儿，也不忍心。打电话给伊承新，伊承新回电话说："我给哥哥打了电话，叫哥哥把拉客挣下的钱先借给你。"一小时后，伊承宗开车送来一百元，"从早上五点跑到现在才挣一百过点，十块我留下来找零，剩下的你全拿去。"高洁梅突然有了给西门俊郎打电话的念头，告诉西门俊郎，她要去他的娱乐厅上班。

按名片上地址，高洁梅在万通街找到了甜梦娱乐厅。彩喷的门头招牌五颜六色，甜梦娱乐四字在左上角，下边一行小字是：棋牌、茶艺、KTV包间，右下角两个栗色卷发女郎的裸肩头像，甜笑脉脉。左右扫了两眼，确定没有熟人看见，闪进门里。门厅大约二十平米，门侧是吧台，门左暗处放一张三人沙发，一个小伙半坐半躺着，见老板引领一女子进来，慌忙起身，毕恭毕敬地给西门俊郎让烟。西门俊郎引高洁梅看了里边的房间，头两间内有人打麻将，烟雾弥漫。第三间是KTV包间，里边没人，两排沙发对着墙角低柜上的电视机，低柜下层放着两台DVD，别无它物。高洁梅还想看别的房间，西门俊郎却说："别的KTV包间与这大同小异，你真打算来这儿上班？"

高洁梅东张西望地想了想，"你保证只让我守吧台收款？"

"保证。"西门俊郎的口气十分肯定。

"嗯……我有个……"高洁梅犹豫着该不该说出来，说出来会不会影响西门俊郎的决定。"有话只管说，如果你干几天觉得我骗你或者不适应，可以转身走人，没人拦你。"

"我在饭馆的工作是我最好的同学介绍的，人家对我好，一下子走掉有点对不起人家。我想两边干着，白天在那边，晚上过这边来，你看行不行？"

西门俊郎笑了，"按理是不行的，我们娱乐厅虽然主要在晚上营业，可下午三四点或更早一点就得开门，有些打麻将的熟客中午就来了，吧台没人怎么成？念你的情况，暂时照你说的办，但最迟六点你得到这边来上班。"

西门俊郎这般痛快，高洁梅没话好说，答应第二天下午六时准时过来上班。

从那时起，高洁梅每天下午编造借口离开饭馆。田壮他们虽然有些猜疑，却没想到高洁梅兼职的地方竟是娱乐厅。

45

这日，田成功赶早来到饭馆。

"这不可能！"赵娟对田成功数说的第一反应是绝对肯定的语气，"一定是看错了！高姐不是那种人，我敢打赌。"

"打赌你就输定了。"田成功伸手把田壮大褂口袋快要掉出来的毛巾塞进去，"我还没到老眼昏花看不清东西的地步。当时只隔着一条街，娱乐厅门口亮亮的，她从门里出来被路灯照得显显的，我怎么会看错？"

田壮把柜台架上财神像前掉出香炉的香灰用指头拨在左手掌倒进香炉，摆正香炉说："也说不定。近半年来，她每天每日到下午五点就坐不住了，里出外窜地不专心做活，然后就编皮谎，也不管这里走得开走不开，撂下活儿就撒了。我心想一个人管着妹子，寒梅又不是个松活下家。日子一长，也疑心她在外边又寻了一份工作，没料到会去那种地方。"

"我今天早早地过来，就为把事情告诉你们。高洁梅来了，明确给她说，我们不要她了，叫她乐意去哪就去哪。"

"别别别！千万不能这样。"赵娟刚说了这一句，却指着田壮的腰部说："你的手机响着，你没听见吗？"田壮撩起大褂前襟，从裤带手机套取出手机按下接听键，喂了一声，没声。又按下显示键，笑了，"是短信息。"看起短信来。看着看着嘻嘻笑出声来。赵娟贴上去看，是这样一条：你的生活真是惨，起得比鸡还早，干得比驴还多，吃得比猪还差，睡得比狗还晚。你说你这小子惨不惨？"这不是在骂我们吗？"赵娟的杏眼闪出怒意，"谁给你发的？你也发一条过去骂他一顿！"田壮看发送号码，是宁守仁的手机号，"是小宁发的，小宁不可能发短信骂我。"田成功见田壮、赵娟丢开正事不说，看这些没要紧的东西，就觉得现在年轻人们拿一个手机，没忙没闲地在手里抚弄着，真不知图什么！"你们先说正事行不行？"田壮才收起手机，问赵娟："刚才说哪了？"

"我要说的是我来饭馆两个月了,天天与高姐一起干活,闲下来喧板①,把她的一言一行一举一动看在眼里,觉得她不是那种人。就算她去娱乐厅兼职,可娱乐厅里干事的不一定都是坐台小姐……"

田成功打断赵娟的话,"坐台小姐也好不坐台小姐也好,反正在那种不干净的地方出入,不会有好。倘或来吃饭的客人发现我们的服务员晚上去那种地方挣钱,谁还来吃我们的饭?"田成功越说越气,咳了几下,胸内隐隐地疼起来,用手使劲抚着前胸,"真是石头心里水钻不上,人的心里鬼钻不上,原来看着腼腼腆腆以为是个好姑娘,没想到是这般不要脸的东西!反正我再不想见她了。"

田壮扣错了大褂纽扣,解开重扣,"就算你说得全对,今天高洁梅来了把人家说一顿赶走,我认为不妥。"见父亲盯视着自己,"我不是想把她留下来,我的意思是我们装作什么也不知道的样子,到下午她提前走的时候,我让赵娟暗地里跟着,看她是不是真去了娱乐厅。姑娘家面皮儿薄,万一觉察到我们胡乱猜测她,就不好了,再说……"

"说来说去是你们怀疑我的眼睛,我活了六十一岁,这种事是由我胡说胡猜的吗?"

田成功气得直喘,脸都憋青了。赵娟拉一把椅子让田成功坐下,"大阿舅,这事你交给我和田哥吧,为这点小事把你气成这样,划不来!再说,高姐是伊承新姐姐介绍来的,要叫她走,先给伊承新姐姐说一声才对。"

"对,赵娟这意见好!"田壮给赵娟眨一下眼睛,"现在世道复杂,有些话我们又不好当面问高洁梅,你去娘娘家,给伊承新把情况说明白,叫她把我们的意思传达给高洁梅。高洁梅是聪明人,一听就会明白,用不着我们多费口舌。"

田成功听着有道理,就懊悔自己遇事沉不住气,在晚辈前面露了浅薄。也暗暗地为儿子、赵娟高兴。时代真是变了,变得年轻人想事做事都比老辈人成熟老练。这么一想,慌忙离开饭馆,免得与高洁梅碰面让自己不知所措。

---

①方言,聊天。

迈出门口又退进来说:"你们给财神上香把香插得端端的,这么歪扭曲八地把香戳在香炉里,是敬神还是……"还是什么?嘟囔着走了。走出去十几步,觉得内急。出门前被高洁梅的事弄乱了心思,忘了解手也忘了带钱,折回饭馆,对田壮说:"给我几角零钱,我上厕所。"田壮撩起大褂从裤袋摸出两张五角小票交给父亲,见父亲出门向右走去,撵出门说:"阿大,我昨日中午上厕所,看见大大坐在厕所门旁晒太阳,我问:'大大,晒太阳咋晒到厕所边上?不嫌臭吗?'后晌赵娟上厕所,回来说大大还在厕所门外坐着,真不知他犯了啥病。你上厕所看看,要是大大还坐着,你叫他去别处晒太阳,别给田家人丢人现眼了。"

田成功拐进小巷,看见田成海坐在离公厕七八米远的一块废弃的水泥预制板上,穿着那件军绿皮大衣。这皮大衣是田野去部队副食品基地采访,基地领导送给田野的。田野嫌笨重,给了父亲。此刻田成海把大衣下摆翻卷上来拥在腰际,沾了泥土的老羊皮白里泛灰地蓬参在他腰腿四周,猛看好像蹲着一只乱毛老狗。他的脸朝向公厕。

这巷道南北走向,上午的阳光从巷东平房顶上射下来,只照着田成海头顶的墙面,身上一丝阳光也没有。这怎么是晒太阳?田成功走近,见田成海左手拿一只牛皮纸信封,下半截鼓鼓的,眼望着厕所门。田成功内急,佯装没看见进了厕所。解完手出来,洗了手,交了四角钱,佯装无意中发现了田成海,惊讶道:"你坐在这里干什么?"

"坐在这里能干什么?"田成海一脸雷打不动的表情,"我拣破烂,田家人背地里骂我,说我踩香蕉皮滑倒摔断手腕活该。田家人嫌我拣破烂给田家人丢人现眼,我不拣总可以吧?"

"不拣破烂最好!都到这个岁数了,钱多少够哩!可晒太阳也得寻个宽展干净的地方,这里可不是晒太阳的地方。"心想这么一激,田成海就会说出真实用意。

果然!"谁说我在晒太阳?我在搞调查研究哩。"斜下上身向田成功身后探望。田成功回头,有人走进厕所,没什么好看的。回过头来,看见田成海从信封捏出一粒豌豆装进大衣口袋,意识到他在计算上公厕的人。"你调查这做什么?"

"田家人不许我拣破烂,我就得寻找点事儿做。听人说,过了春节到开春,城里所有公厕要拍卖经营权。附近几条街上的公厕,数这个水厕挣得钱儿多。我得花几天时间,统计一天有多少人上厕所,一个月到底能挣多少。真要挣得好,我就上拍卖会把这厕所的管理权买下来。"

"那你就守着研究统计吧。"田成功走出巷道油然想起一句话:江山易改,本性难移。

一路走来,留心着横冲直闯的摩托车,等红灯横过交叉路口斑马线,感觉今日街上跟往常不太一样,却又说不出到底有了什么变化,让他产生这种捕捉不住又确实存在的感觉。来到合作巷菊苑小区,看见伊承宗的红色夏利车停在楼下。怎么这时候还没出车?伊承宗每天从凌晨五点跑到十点前后吃一顿羊肠抓面,在固定的地方吃,不可能把车开回家来吃早饭。上楼来到田成凤家门口,听见家里高一声低一声争讲着什么,伊承新尖着嗓子喊叫:"我愿意!我愿意!知道不知道?我愿意!"田成凤、伊福禄你一句我一句说相声似地数说着什么。田成功犹豫着这时刻该不该敲门,又听见伊承宗说:"都什么时代了,你们还是一副老脑筋。新新,别理他们!该怎么做就怎么做,哥哥百分之百地支持你。"

田成功在门外站了一阵,等房里争讲声平息下来才敲响门扇。开门的伊福禄一脸愠怒,田成凤坐在大间单人沙发上抹眼泪,伊承新站在母亲身后,故意惹大人生气的淘气固执神态,给进来的舅舅眨送不无得意的眼神。伊承宗坐着小板凳,大口大口咬嚼手里的一块锅盔,脚前放着一杯浓茶。"什么了不得的事情,争讲得楼梯上都能听见声音,你们就不怕惊扰了邻居,让人家讨厌吗?"

伊福禄灰着脸让田成功落坐三人沙发,取茶杯去了厨房,回来把盛了熬茶的玻璃杯放在田成功眼前。"阿舅来得正好,这事你得评评理,到底是我们错了还是儿女错了?"

田成功把询问的目光投向妹子闪着泪花的眼睛。

田成凤揩一下眼泪，把半湿的白底蓝条格手绢放在腿上边叠边说："你要不是她的亲阿舅，这些话我就羞得说不出口。还没出嫁的大姑娘，做啥不好，非要去时装表演队。去表演队整日上街抛头露面，我们忍着没说什么，没想到越来越不像话了，竟然……"竟然什么，把话咽了下去，狠狠地剜了女儿一眼。

"到底怎么了？"田成功询问伊承新。

"神经过敏呗！说我不该上台表演时装，说我表演时装丢了伊家先人的脸。"

"你那是表演时装？"伊福禄的眼仁变蛋一样闪着灰绿的光，"都快把身上的羞丑亮出来叫人看了。一个姑娘家，你不害臊！我们羞得抬不起头了。"

吃喝的伊承宗给田成功说出了事情的原由。上星期周末，西宁市经贸委与外地投资商在凌绝顶宾馆召开经贸投资洽谈会，会上展示了投资厂商生产的系列新款时装。伊承新所在表演队挑选几名形象素养好的队员参加这次展示，电视台全程摄录展示活动，把一些精彩片断剪辑成专题片在电视上播放。看电视的伊福禄夫妇，看见穿着比基尼泳装走上T型台亮臀出胯的模特中竟然有自己的女儿伊承新，惊愕过后大发雷霆。伊承新不接受暴风骤雨般的训斥指责，顶了几句。"阿舅。"伊承宗最后说，"阿大叫你评理，我知道你评不了这个理。你们是同辈人，不会向着我们说话，我们也讨厌你们整日给我们念紧箍咒。反正这件事我是支持承新的。你们除了拿长辈的身份压制我们，其实没有道理说服我们。"很坦然地喝茶，咀嚼锅盔，望着田成功，有点先发制人和挑衅的意味。

田成功咽了两口唾沫，端茶杯佯装喝茶，掩饰着尷尬。他没料到来妹子家会当头遇上这种难题。他设想还没出嫁也没对象的外甥女脱光衣裤，只用三点小东西兜住羞处，在大庭广众前走来走去扭腰出胯会是什么状态。可他连设想一下也感到脸烧心颤舌根发硬。评理，他是没道理好说。仗着阿舅的身份，把外甥女训斥一顿，也只会招他们反感。萝卜两头切，各打五十大板的办法在这里行不通。最好的办法是装哑巴，可装哑巴就是示弱。骨头主儿怎能在外甥眼前示弱让他们小瞧？板起面孔说："你们年轻人真是由心机哩！不是我们老辈人非要你们按我们的样子做人，可我们有我们的脸面，你们做事不顾自己脸面，总得顾顾我们的脸面吧？"

伊承新紧随田成功的话茬儿说："阿舅，你就别你们我们了，你们有你们的活法，我们也得有我们的活法。要是小一辈总是学老一辈样子活人，社会还能进步吗？你们这个不该那个不敢，还不是受了大半子孽障[①]，当了大半辈子奴隶？那是因为你们遇的时代不好。如今我们遇上了开放时代，你们却要用你们的老一套……"

伊福禄又把变蛋样的眼仁鼓向女儿，"你听听你个家说得这些话！你嫌阿舅你们我们说得不对，你不是照样儿你们我们地说着吗？你们是谁？我们是谁？我看我们别把话说得这么没边没框的，我们只说你上台穿三点式的事，应该不应该？"

伊承宗笑着说："我看连这件事也用不着说。说上天说下地，我们认为应该的，你们还是认为不应该。比如我们这次罢车去市政府门口静坐，是为了维护出租车司机的合法权益，是争取政府对我们的公平对待。可你们怕的是我们胳膊扭不过大腿，怕我们静坐被公安局扣个扰乱社会治安的罪名抓进去，怕你们会失去儿子。我们能说到一起吗？还是别说了吧，站的角度不同，出发点不同，说不出什么结果。"

许是认为儿子说得有道理，许是承认这种争论不会有什么结果，再争也是枉然，抑或就是觉得理亏，争讲也是强词夺理，田成凤一脸无奈地说："也成也成！阿舅轻易不来我们家里，来了，听我们这些没由头的争讲！不过有一点我得给你说明白。"肃然盯住女儿，"你参加服装表演队我没说什么，你就得答应我一件事，什么衣裳都可以穿着展示，就是不准再穿什么三点式！我这是让步让到头了，你要不听我的话，今后别进这个家门，算我没有你这个女儿。"

[①]方言，此处是苦难的意思。

伊承新张口要争讲，见哥哥给她使劲递眼色，就忍住了。田成功问伊承宗，"你说你们出租车司机罢车去市政府静坐，为什么？"

伊承宗把茶缸交给妹子，示意再倒一杯来，对田成功说："出租车的运营年限原定是八年，跑够八年，即便车况还能保证运营，也得强制淘汰。要跑，得重办运营手续，否则就算违法。市政府新近出台一个政策，要把出租车的运营年限调整为四年。一台新夏利出租车五万元，办齐全部手续，少说得十二三万。按眼下运营的最大收入计算，五六年后才能收回成本。后几年车况不好，一两年内能挣多少？政府却要把运营年限改为四年，四年内无论新车二手车，都没法收回成本。我们认为政府为加大财政收入而制定出这样一项不合理的政策，损害了我们出租车司机的正当权益……"

"政府能给你们让步？"

"那我们就一直罢下去，直到政府收回成命。"

"你们出租车司机中有挑头闹事的吧？"

"怎么说是闹事？我们是在争取维护一个公民的合法权益。"

"我的意思是，罢车静坐你放奸一点，别往前头跑，少说出格的话。法不治众，公安局瞅的就是几个领头的。要是太突出被公安局认下了，没你的好处。你要是被抓进去，你阿大阿妈怎么办？"

"我知道我知道。"伊承宗咕嘟咕嘟喝下一茶缸的浓茶，起身说，"我吃饱喝足了，静坐到半夜也不会饿了。阿舅你坐着，吃了饭再回去。"从衣架取下皮夹克出去了。

田成功这才有机会说明来意，伟伟元旦要在威海结婚，老二两口要去威海。议论猜测计划了一阵，田成凤拉伊福禄进厨房准备午饭，意在让田成功单独劝劝伊承新。田成功却问道："高洁梅在外面兼职你知道不知道？"

"知道。"

"在哪里兼职？"故意问了一句。

"在一个娱乐厅。"

"这么说，她去娱乐厅上班你早知道了？"

"她去那边上班就给我说了。"

"你为啥不给我和田壮说?"

"这有啥说的?兼职多挣点工资,有什么不好?"

"她在那种地方挣的什么钱你也知道?"

"她说老板只叫她管账收款守吧台,一月给她六百元工资。"

田成功把头晚见高洁梅送客的情况数说一遍,最后说:"她在饭馆一年多,我们待她不薄,她却背着我们去当坐台小姐挣那不干净的钱儿。"

"坐台小姐?没吧?她没说她坐台了。"

"她有脸说吗?!"田成功见伊福禄从厨房出来,眼光跟随着伊福禄从电视柜中取出装白糖的瓷罐进了厨房,接着要说,伊福禄二次出来,摸摸靠窗的暖气片,从冰箱取出一包肉片放在暖气片上,进了厨房。田成功沉默着,见伊福禄没有再出来的迹象,又说:"反正我不让她在饭馆干了。本想今早等她来了把她赶出去,你哥哥和赵娟说,她是你的同学,是你介绍去饭馆的,最好先给你把话说到。你把我们的意思传达给她,看她还有啥脸来饭馆。"

伊承新想了想,说:"我看这事别这么盲目,我先找她详细问问。如果当真干了坐台小姐,我就把你的话传达给她,叫她别去饭馆了。要是她只管收款,我的意思是让她继续在饭馆干着,她太困难,让她多挣点。"

"不成!不管她坐台不坐台,在那种地方出入,人们就有闲话。饭馆生意本来就不太好,不能因为她再受影响。反正她在那边已经挣上钱了,我们就顾不得她了。"

伊承新起身给阿舅添茶,脸上现出凝重又迷茫的神情。

吃了午饭从妹子家出来,田成功想着伊承宗罢车静坐的事,早上走来时感觉街上有了变化,却一时没反应出什么变化,这阵儿才明白,原来街上一辆出租车也没有了。往日车水马龙的街上,跑得最欢最利落也最显眼的全是出租车。

46

　　当天下午,伊承新来到饭馆,对柜台内整理餐巾纸的高洁梅笑笑,径直走进厨房,赵娟正捧着田壮左手扑扑地吹气,满脸的痛怜表情,田壮却幸福地半眯着眼睛"不要紧不要紧,被骨头茬子戳了一下,有什么要紧!"。"什么不要紧,有一年我哥哥剁骨剔肉,手上被骨头戳烂了,没管,第二天指头肿得这么粗。"赵娟比划一下,"青紫青紫的,去卫生所抹药,医生说感染了,得打针消炎,打了一星期消炎药,才算好了,这是不能大意的。"把田壮左手食指对着亮处细看,"去诊所抹点药吧?""我没那么娇气,你要不放心,去诊所买片创口贴,一贴就好了。"这才发现伊承新站在灶后看着他俩微笑。赵娟红了脸,跑出去买创口贴,伊承新对田壮说:"哥,我跟高洁梅好长时间没见面了,今天我有空,饭馆里也不忙,我把高洁梅叫出去喧半天,成不?"同时给田壮挤眼睛。

　　田壮明白,伊承新受父亲之托来叫高洁梅,高声说:"成!堂里有赵娟操心着,你俩去吧,到底是好同学,几天不见面心里就惦记着。"

　　高洁梅把上半天的款项给田壮交割清白,同伊承新离开饭馆。伊承新问:"我俩找个安静地方好好喧喧,你说,哪儿环境好。"

　　"打算喝饮料还是喝茶?"

　　"大冬天的,喝啥饮料!喝茶也不得劲,喝咖啡吧,找个环境好的咖啡屋。"

　　高洁梅望着一辆停靠在路边的摩托车手硕大而发亮的头盔说:"文化街有一家'美再来'西餐馆,上档次的,还可以点西餐,去那儿吧。"挽住伊承新胳膊娉娉婷婷穿街过巷往文化街行进。

　　"看样子你喝咖啡喝出经验来了,到底是兼职挣着两份工资。"伊承新话里藏话地来了一句。

　　"美再来"西餐馆在文化街东端,一楼欧式风格的装饰布局,典雅华丽,二楼辟出一隅专设咖啡座,黑色卷花金属透空墙隔断,几盏多棱殿柱式壁灯,间以古典雕花木像框装的仿真油画，四围的装饰工艺柱上安装着古典式金属烛座，插着几支蜡烛，轻音乐似有若无地在柔和灯光浸染的空间流动，是理查德·克莱德曼的"献给爱丽丝"。靠里的角落，两个亚麻色卷发的外籍男青年同一位戴眼睛的中国女青年用外语交谈着，另一角被四个玩扑克牌的男女青年占据。伊承新选了靠窗的位置，透过宽厚的窗玻璃，可以看到街上行人和鱼贯车流。

面对面坐在长方形铺着亚麻色锁边台布的桌边，高洁梅一边拉开细带真皮背包的拉锁一边说："我先得声明一下，今天我买单。如果时间允许我请你吃西餐。这里的明治牛排、烧羊腿薄荷沙司十分好吃。"取出手机看看显示屏，按下关机键，"我把手机关掉，免得一会儿就吱哇乱响影响我俩说话。"把手机放进背包，取出一包公主牌硬翻盖香烟，一只打火机放在桌上，拉上拉锁，放在身侧摆着一盆绢制紫罗兰花的金属工艺台上。

"你学会抽烟了？""不常抽，偶尔点一支玩玩。""玩玩？"这种不无玩世意味的语气是以往的高洁梅说不出口的。伊承新像头次见了生人般打量着近在眼前的这位同学，感觉她真得变了许多，最突出的就是比以前丰满了，胸脯鼓鼓的，脸上水色红润。

"怎么用这种眼光看我？不就两个月没见面嘛！不像了吗？"高洁梅眨着眼问。

"不像了，真不像了，至少口气比以前大了，像个兼职挣两份工资的人。"

高洁梅不理会伊承新的调侃，唤来服务生，吩咐要两杯现煮咖啡，四个干果小碟。服务生走后，问伊承新："对这里的环境还满意吧？"

"挺好，让人产生惆怅迷惘的感觉，经常来这儿？"

"哪能常来。"高洁梅眼睛往别处瞅着说。伊承新顺她视线扭头，看见一个外籍男青年大约要去卫生间，转身时撞倒了身边椅子，正弯腰往起抬拾椅子，并对走过来要帮助的服务生说："SORRY"。"有那么一两次。"高洁梅说，"是老板几个要好朋友请老板喝咖啡，老板非要我同来陪陪，所以知道这里的情况。"

片刻，服务生端来咖啡，把开心果、美国大杏仁、怪味话梅、虎皮核桃仁四个小碟摆开，说声慢用，退两步转身走了。伊承新说："我今天叫你出来，其实是有目的的，你为什么不问问为啥要叫你出来？"

"两个要好的同学，没事就不能一块儿坐坐？看样子，你也学得市侩了。说，什么目的？"

伊承新审度高洁梅眼睛，"能不能给我讲真话？"

"我什么时候对你讲过假话？"

"那好，我问你，你在娱乐厅干得怎样？"

"还行。"高洁梅也审度伊承新的眼神，推测她下面将要问的话题。

"我听了点闲话，说你在娱乐厅里坐台，是真的吗？"

"真的。"

伊承新眼里闪出惊讶，"这么说我听到的不是闲话？！"

"不是闲话。"高洁梅抽两支烟，自己点一支，让一支给伊承新。伊承新想拒绝，却不由自主接在手上，"也好，我也体会一下抽烟的滋味。"凑上前让高洁梅点了香烟，只吸了一口，就喉咙发痒咳了起来。

耍牌的四个人吵嚷起来："真他妈是臭手！出的什么臭牌，你要不出一对儿八，我的联牌就把他俩拿下了。"使劲把手里牌甩下来，一页牌被气流掀起飘落桌下，拣牌的用屁股把坐椅往后一推，撞在金属卷花隔断上，另一角的两个外籍男青年就摇头耸肩，这边其中一个就示意同伴放文明，别影响别人，那弯腰拾牌的起身向高洁梅扫了一眼。

伊承新斟酌着，高洁梅的坦率反而叫她不知接下来如何发问。端起来呷一口咖啡，小心地说："能不能给我讲讲你是怎样坐台的？"

"你是我最值得信任的同学朋友，对你我没有保留。"抓几粒开心果，几粒美国大杏仁放在伊承新手里，说了起来。

"第一天，我以寒梅贪玩不写作业，得早点回去做饭，饭后督促她学习为借口，五点半就撂下饭馆活儿，到甜梦娱乐厅上班。心里很内疚，觉得你阿舅表哥像对待你一样对待我，我编皮谎哄他们，实在不应该。可当时好像被什么迷住了心窍。一走进娱乐厅，我的愧疚没有了，成了一种好奇心。西门俊郎在柜台内站着，见我准时来上班，很高兴，把我该做的事简单交待了几句，说，干几天就熟了。在娱乐厅坐台的几个小姐也已到齐，正在最边一间 KTV 房间涂脂抹粉地打扮着，唧唧喳喳地说笑，快活无比。我的好奇心就是这样产生的。她们是些什么人？从哪儿来？为什么这么快乐？按理，她们在这种地方干这种营生，是不应该高兴的，不应该快乐。我想起了电影电视上旧社会妓院里的妓女们，也是这么唧唧喳喳地笑闹着，可大多是被迫干这不得已的事儿，心里汪着多少苦水酸水！我眼前这些小姐是什么原因导致坐台呢？第二天我就知道了，常来甜梦的坐台小姐有五个，两个四川人，一个东北人，两个是当地人。还有几个不固定，随时来，一两次走了的。这五个里，姓钟的四川人和姓骆的本地人岁数大点，二十五六的样子，其余三个都小，二十岁上下，叫小娇的才十九岁。娱乐厅有暖气，通常温度二十度以上。这些人一来就把外衣外裤脱掉，只穿贴身内衣裤，脸上抹得妖迷狐道的。每天路灯快亮的时候，就有客人来娱乐厅，有的进包间凑堆儿搓麻将甩扑克，有的叫小姐陪着喝酒喝茶唱卡拉 OK。多是中年男人，把小姐叫到身边就不老实起来。我又难为情又恐慌，后悔来了这种地方。可这能怨谁呢？明知这种地方的深浅，来了，只为多挣点钱。何况老板保证只让我收费，我只要把持住，就成了，不是有句话，出污泥而不染嘛！

"一天，来了两个四十岁上下的男人，其中一个进门就盯住我看，要了啤酒干果，老板问他俩要不要小姐，那男人说：'要，就要她'。指我一下。老板对那男子说：'她专为我守柜台收费，不坐台。我这里还有几位小姐，我叫来你们挑选吧。''我就要她，她要陪我，我就美美地消费。'色迷迷又蛮横的眼睛直盯着我，上前要拉我的胳膊。我怕极了，又有点莫名其妙的兴奋。这男子蛮横无理，令我反感，可他坚持要我，说明在他眼里，我是一个好看的女人。这大约就是令我害怕又有点莫名兴奋的缘故。"

"你就陪他了？"伊承新盯着高洁梅的眼睛问。

高洁梅把喝完的咖啡杯举起来唤服务生，示意再来两杯。等服务生拿杯走开，接着说："我把他伸上来拉我的胳膊打开。他对老板说：'这是什么事儿？'老板慌忙堆上笑脸给他陪不是：'实在对不起，她真的只收费守柜台，不坐台，我当老板的也不好勉强她是不是？我给你叫一个保你满意的。'就把小娇叫了出来。那男子见小娇比我年轻，风流性感，就说：'还行。'搂住小娇去喝啤酒，不时回头瞅我一下，那眼神好像是：你假正经什么？天下不只你一个女人。"

"两星期后，我跟几个坐台小姐熟悉了。是她们出出进进主动给我打招呼，高姐高姐叫得我不好再轻视她们的热情。一天晚上下大雨，除两拨打麻将的，没来别的顾客。四川的小钟跟我闲聊，说她家里上有祖父母、父母，下有三个弟妹，她是家中老大，初中毕业没条件上高中辍学了。我问她来西宁市当坐台小姐挣钱家里知不知道。她说她的家在四川偏远的贫困山区，各家各户的年轻人都出外打工挣钱养活家里人，她每挣够一千元就及时汇去老家。祖父母有病，靠她挣的钱吃药打针多活了几年。计划挣更多的钱，把家里老屋扒倒，盖成防潮保暖的砖瓦房，再把弟妹供帮上完初中。听了她的身世和出来干这种营生的目的，我一点不觉得她可悲，反而觉得她可敬，身上有一种牺牲精神。另外几个小姐的情况大致与小钟一样，都是挣钱贴补贫困的父母兄嫂，只有小娇例外。她家条件特好，不愿受父母的管束，要自己闯天下，出来玩玩，给父母证明她是有个性的人。"

服务生端来新煮的两杯咖啡，伊承新让高洁梅喝完咖啡再说，高洁梅摸杯嫌烫，接着说："娱乐厅要开到凌晨二三点钟，有时开到天亮。我守着柜台，困了打个盹，等关了门才能回家，第二天到饭馆总是迟到。我过意不去，想给你表哥说，不去饭馆干了。一来觉得你表哥他们待我不薄，二来怕在娱乐厅干不下去，丢掉饭馆工作就两头儿空了。可这么连明昼夜地，身体又吃不消。一天晚上，小钟对我说：'高姐，你身体欠佳精神不好，没精打采的，一来就垂着脑袋打盹，有什么不顺心的事吧？'我说我还在另外一个地方兼职，休息时间太少，把身体拖垮了。她说：'你这样挣钱太难为自己了，不如像我一样坐台，钱儿挣得多，还有吃有喝。'我说我来这里收费还怕人知道，来这儿上班先得站在远处观察有没有熟人，确定不会撞着熟人才敢进来，要是被家里人知道坐台，不打死才怪哩。她说：'这也难怪，你们在家门口，熟人多，难免有闲话。比起来，你们这里把这种事看得太重了。我们四川笑贫不笑娼，贫困潦倒的人被人轻视小瞧。说实话，四川出来稍有姿色的女子都干这个。我们县城有这样一句话：谁家女子俏，楼房起得高。其实像你说的，来这种地方上班，坐台不坐台都一样，别人只把你当坐台小姐看。'我说：我宁肯穷死饿死，也不干这种事儿。小钟就说我脑子僵化，观念陈旧。她说：'我给你打个比方吧。有的人用脑子挣钱，比如科学家作家什么的，有人靠一副好嗓子挣钱，比如那些歌星唱戏的，有人靠手，比如哪些木工、裁缝、擦皮鞋修电器的，有人靠脚，如那些踢足球蹬三轮车的。说白了，人都是靠自己的某一器官来养活自己养活家人。我们女人有个最好的器官，就是被男人们向往的阴道，为什么我们不能利用这器官养活自己？为什么别人用别的器官养活自己是天经地义的，我们用自己的一个器官养活自己就大逆不道？'"

伊承新打断高洁梅的话，"这是一种歪理，却有着极强的穿透力，看来坐台小姐还是有自己的行为观念。"

在角落陪两名外籍男青年喝咖啡的女子唤服务生买单。高洁梅眼瞅着他们三人离桌走出隔断。其中一名栗色头发高鼻梁的白种青年见这边的两个女子目送他们离开，友善又热情地向高洁梅招一下手，下楼去了，打扑克的四人顿时提高声音嚷叫起来。高洁梅呷下半杯咖啡，又说："在那种环境那种观念理论的干扰影响下，我不再觉得小钟她们坐台是种下贱的勾当，也不再惧怕别人知道我在娱乐厅上班。哪怕有人误认为我在坐台，我也无所谓了。另外……"高洁梅点支烟，吸了一口，审视着伊承新的眼睛，"有些话要是别人，我无论如何也不能说的。可你是我最好的朋友，我相信你能理解我，就全说了吧。天天看男人们来娱乐厅与小姐们吃喝玩乐，我渐渐眼热起这样的生活方式。尤其听见男人与小姐钻进小房间后床板吱扭乱响，小姐大呼小叫，我浑身发烧口干心急，我不是不想这些……"停住，巴巴地盯住伊承新，像在等待她的评判或者指责。

伊承新不说话，脸色却潮红起来，咽了几口唾沫。

"有一天，饭馆下午没来顾客，我提前离开饭馆，赶到甜梦还不到五点。刚把柜台打扫干净，来了三个喝了酒的中年人，质问我：'娱乐厅为啥只供啤酒不供白酒？'我说这是上边规定的，防止有人把持不住酗酒闹事。他们三个要我出去给他们买两瓶白酒，说吃饭喝酒没尽兴，来这里与小姐共饮同醉。我尽量用好话与他们周旋，希望小钟她们尽快出现，给我解围。这时，一个男子说：'你不去给我们买酒，就陪我们三个喝啤酒唱歌。'我说我只管接待顾客收费，不坐台。他就嬉皮笑脸地说：'别假正经好不好？在娱乐厅不坐台，你哄毛主席去吧。'从口袋掏出一沓百元票子，哗哗哗地在我脸前抖着，'我有钱！你陪我们喝酒，让我打一炮，给你三百。'另两个也大呼小叫问我打炮不打炮。打炮是这里的行话，就是干那事儿。"高洁梅给眼里显出迷惑的伊承新做了说明。"说真的，我当时的气恼大于惧怕，气他恼他拿钱来镇压我，好像我怕钱儿似的。真想横下心与他们鬼混一次，一次挣它三四百。可心底里本能的畏怯让我丢开了冒出的这个荒唐念头。他们要拉我，我说你们再这样无礼我要报警了。其中一个把手机塞给我：'报！用我的手机报！你要不报警，看我不把你整扁！'在这关键时刻，小钟和阿彩来了，见三个男人纠缠我，小钟对其中一位说：'这位大哥，我和我妹子陪你们吧，我俩几天没生意，刚去洗澡回来，保管把你们陪得爽爽的。'搂住他的腰从我身边拉走了。阿彩也被另两个缠住，又亲又摸最后进了小房间。这时老板进来，听说我被三个男客人纠缠非礼，骂了一声：'这些畜牲！'"

"遇到这种情况，你不害怕？"伊承新把咖啡杯端起来递给高洁梅，"喝，喝完再说，都凉了。"

高洁梅喝尽杯中咖啡，打算叫服务生，伊承新的眼睛却对她说：够了！喝咖啡哪有连喝三杯的？就说："害怕有啥用？是我自找的，怕也是白怕。后来见多了，发现大多数男人还是不敢造次的。去那种地方，出入鬼鬼祟祟，做贼似的，他们也怕事情闹大不好收场。对少数不讲理的，老板也有对策。客气点，好话劝止，要再蛮缠，叫来其它娱乐厅管事的合伙赶撵出去，他们也是屁不敢多放一个。"高洁梅说到这里竟然笑了，是那种玩世不恭的冷笑。

"大约六月中旬，天气已经很热了，那天上班我只穿了一件背心。晚上八点多，来了一个男人，穿戴整齐，眉眼也不难看。好像喝了点酒，进门就大叫阿彩阿彩，我来了。老板让他坐，给他敬烟，又叫我给他泡茶，对他说，阿彩这两天请假了，让阿彩姐陪你吧。'不！我就要阿彩，快叫阿彩来。'老板给小钟使眼色，小钟上前贴他身上娇声嗲气地说，'壮哥，阿彩来例假了，在家休息，我陪你。'手就往那人裆里探。那人把小钟推开，'去去去！你们别糊弄我了，她上次来月经不是这个时候，是别的男人叫走了吧？'就大声喊，'阿彩阿彩！你快给老子出来！'老板上去陪笑，'阿彩真得来例假休息了，小钟也是好的。''好个毬！两个大奶子发面团似的，酥泡泡的，我不喜欢这样的发面奶子。叫！把阿彩打电话叫来！'老板佯装打电话，然后说，阿彩关机了。'这小婊子肯定陪别的男人，要不关机干什么？不把阿彩叫来我就不走。'老板沉不住气，变颜变色地说：'给你说了，阿彩来月经休息着，你这样是故意为难我们。我们这里还有几个小姐，你挑一个陪你吧，等阿彩休息好了，叫她打电话给你好不好？''不成！我非把那小婊子叫来不可！你说我为难你们了？我还封你的娱乐厅呢？老板只好又陪不是，说了一堆好话，答应去隔壁茶屋叫一个新来的岁数小的，小费由老板付。这人才不嚷了，却指着我说：'叫别人做什么？叫她陪我。'老板看着我，见我别过脸去，走近我低声说，这是惹不起的主，这条街上的茶屋娱乐厅都由他罩着，惹毛了，给几个小鞋叫我们穿，别的茶屋娱乐厅老板就要骂我拆大家的生意。你就陪陪他吧，算我求你了，你只坐平台，哄他高兴就成了。'"

打扑克的四个人高声嚷叫起来，互相指责牌没出好，叫对方钻了空子，要不，这一把少说能赢八十。高洁梅等他们嚷叫停下来洗牌抓牌时说："我说不清当时什么心情，反正得豁出去了。老板对我一直很关照，小钟、阿彩上回解了我的围，今天算是为阿彩做点事吧。也是日日夜夜见得多了，尤其听了小钟那番话，我已经不知不觉地变了。我走过去坐在他身边，一点也不紧张害怕，也没觉得难为情。我对他说：'我不是坐台的，你来过多次是知道的。今天阿彩不在，我陪你坐坐。'他一下子老实下来，显出很知趣的样子。我就想，这些男人们，在外面人模狗样，进这里来，被小姐几句话几个小动作，就乖得猫儿似的，不由地想起了那句话，男人征服世界，女人征服男人，我不会小钟阿彩那一套，为什么他一下子老实下来了？我身上难道有一股征服男人的力量？这样一想，就有了戏弄他的念头，也想在他身上尝试一下做女人的荣耀和得意。他倒不怎么野蛮，很温存地把我抓捏了几下，我禁不住异性的挑逗，有了与他交媾的冲动。"

伊承新盯视高洁梅的目光像万花筒中彩花，瞬间复杂地变化着，最后变成醉酒后的饧迷状态。

"有了一次就对二次三次无所谓了。我吃惊头次与男人发生关系竟没有一点点屈辱羞愧感觉，反而有了胜利者的豪气快感。它让我有了一个经验，知道了男人的弱点。哪怕是最强悍最了不起的男人，也无法回避自己的这种弱点。"

伊承新笑了，"听了你这些掏自肺腑的自白，我只有一个感想。"

"什么感想？"

"我认为中国的妓女史得重写。"

"你这是……好呵！你竟敢说出妓女这个词儿！"高洁梅半真半假地把手里的开心果皮投在伊承新脸上，"不过这样也好，我不干这个，也没人给我立个贞洁牌坊是不是？"

伊承新会心地笑了，"既然这样，我就得告诉你一件事，日后用不着再去饭馆辛苦了。"

"你不说我也知道。一定是你阿舅表哥嫌我每天早走，暗里打探了我早走的原因，不想要我了。其实我早就不想去饭馆了，只为碍着你的面子，不好一下子撒手撂开走人。这里几乎夜夜开到凌晨甚至清早，我实在没精力再去饭馆挣那几个小钱。你阿舅不要我，是给我开恩了。"

"嘀！饭馆的钱儿成了小钱！"伊承新直盯住高洁梅眼睛，"不知该不该问，你大约挣了不少的钱吧？"

"坐台半年多点,我还清了借阿舅家的九千元,还了抢救寒梅借的三千多元,还存了五千多。照饭馆给我开的工资,我得三年才能挣够这么多钱。"

"可你投进去的成本太沉重了。"

"无所谓了。这世道让我真正了解了一句话的内涵:茶没盐水一般,人没钱鬼一般。是人,谁都不想做鬼。"

高洁梅看看手表,已经五点多了,给伊承新和自己各要了一份铁板牛排,一份炒通心粉。吃完买单,高洁梅从小包抽出两张百元钞票递给服务生,"别找了。"

47

田成才敲着小房间门大声喊叫:"健健!快起来,九点半了。"

听田健应了一声,田成才把电视机音量开大,换了六七个台,都没有戏曲节目,眼睛看着介绍旅游风光的节目,心却跑到活动室去了。往常这时刻,他已经坐在麻将桌边,说不定已经抠了一把。今早孙雅萍去医院向田强要钱,回来要同去老二家恭喜,他只能等着。

田健穿着衬裤背心伸着懒腰走出来,见父亲一个人看电视,说:"真难得,麻将迷居然有心情坐下来看电视,怕是没银子了吧?"

"有没有银子与你何干?你又不给我银子。"斜了儿子一眼。

"你跟我要过吗?再说了,你不是一直手气不错,天天十块八块地赢钱,用得着我给吗?"田健钻进厕所。

说天天手气好赢钱,是田成才哄孙雅萍的。只要听到赢了钱,孙雅萍就会眉开眼笑地叫他继续玩;一旦听说输了,非耍一通脾气不可。一次两次,他以为孙雅萍心疼钱儿,十次八次,发现孙雅萍只耍脾气,却不问输了多少。偶然一次,院里一个与孙雅萍要好的女人闲聊露了一句:孙雅萍最反感男人与婆娘们混在一桌搓麻将。可他只能与那些把钱看得比命重的女人凑堆儿。

这些女人只玩一元的包庄，顶到天玩一下二元带抛的。而男人桌上多停是五元包庄，带抛，杠也算钱。他没有那种底气，不玩又闲得慌，只能伙进女人中。大多时间是三个女人加他一个男人。孙雅萍听他输了耍脾气，是嫌他一个大老爷被婆娘们整输了，掉价。怀疑他一上桌就被婆娘们弄得晕头转向，任她们宰割。故而耍脾气提醒他或是警告他，要玩就想法赢她们，叫她们手忙脚乱乖乖地把钱儿输给他。他明白后，天天声称自己手气真他妈好，把那几个老娘们整得脸色青一下红一下，又欲罢不能。其实，大多数时间他是输的，尤其近半个月，手气臭得想用斧头剁了，输出去五百多元。为补上这个窟隆，他背着孙雅萍向侄儿侄女借钱，要他们替他保密。田健说他没向儿子要钱，是真的。田健的钱是不能要的，一要，闹不好就会露馅。露了馅，被婆娘抱怨奚落一顿事小，被她剥夺了打麻将的自由，日子就不好推了。

　　田健洗漱完毕，倒一杯开水拿一个大饼到大间吃喝。"不是有豆奶吗？怎么只喝开水？便宜饭吃得连杯豆奶都懒得冲。"田成才瞅着电视里的潺潺溪水说。

　　嘴里堵着馍馍的田健喝口开水咽下馍馍，"阿妈呢？不是说要早点去二大大家恭喜吗？"

　　"去医院向田强要钱。"

　　"要什么钱？"

　　"要恭喜的钱。"

　　"至于吗？为二百元钱跑一趟医院。"田健脸上显出鄙夷的神色。

　　"怎么不至于？田强两口是单另立灶的，给二大大家恭喜得出一份礼行。这份礼行他俩不出，难道要我们给他俩垫上？"

　　"嗳！我就这个意思！军军住院花掉了几千元，哥哥和嫂子昨天还向嫂子的阿妈要钱呢。这时候你们向哥哥要钱，是雪上加霜。你跟阿妈要是舍不得替哥哥嫂子出礼行，就别让哥哥嫂子恭喜。给军军治病可比给伟伟添喜钱重要。"

　　"哪怎么行？这是规程！当初田强结婚，你大大大就出了两份礼行。一份是大大嬷嬷的，一份是田壮邱慧敏的。要是加上田英宁守仁的礼行，等于出了三份。如今伟伟结婚，我们只出一份礼行，别说你大大大笑话，亲戚们都会说我们乱了规程。"

"怕亲戚们说，你就给哥哥嫂子把礼行出上，干么非要向哥哥嫂子要？谁是谁呵！"

许是认为儿子说得有理，许是怕争讲红脸，田成才退让一步，"我跟你说不清，你有理等你阿妈来了对她说。"在房里来去转了几圈，"我去院里等你阿妈。"一溜烟下楼而去。

片时，孙雅萍回来了，"你阿大呢？"

"他说去院里等你，你没见？"

"院里连个鬼影子都没有！准定又去活动室了，那里有他的魂儿！"把顺路买来的两瓶三花青粮佳酿、两包糕点放在茶几上，正色问田健："你昨天去医院了？"

"嗯。"田健的目光追着电视里几个短跑黑人飞速的步伐。

"给了强强一千元？"

"嗯。"在几个黑人几乎同时冲到终点线时，田健把右拳击在左掌上喊了一声。

孙雅萍的口气硬起来，"你给钱为啥事先不给我说一声？背着大人你显什么能？"

"军军肺炎住院，哥哥嫂子花掉了三千元，我去看军军，听哥哥说手里没钱了，医院追着要他交药费，我就把身上的一千放下了，怎么，给错了？"

"不是给错了，而是这钱压根就不该给！军军住院两星期，他姥爷姥姥只出了五百元，可我已经出了六百元。他姥爷姥姥舍不得给外孙出钱治病，我们凭什么耍这个大方？"进卧室从衣柜中翻取东西。"李家巴不得我们多出钱儿哩，你可好，一出手就是一千。"

田健懒得与母亲争讲，却又气不顺，"你别忘了，军军姓田，咱田家的娃娃住院治病，该田家人出钱，哪能指望军军的姥爷姥姥。"

孙雅萍从衣柜取出一床太空棉被扔在床上，站在门口对儿子说："你说得轻巧！军军是姓田，可年头节下有几次让军军在田家过的？把军军当成宝贝似的，可在军军身上究竟花了多少钱？大的不说，单说给军军买小吃买玩具，我们也比他们花得多。你去看看军军耍的电动汽车遥控摩托车什么的，哪一样是李家人买的？"

"好了好了！"田健截断母亲的话，"阿大说你上医院向阿哥要恭喜的钱，要了吗？"

"不要便宜了他们！平时没见他们往家里提一斤梨半斤枣儿，军军但凡有点头疼脑热先想到的却是我们。你们不是唱什么军功章里有你的一半也有我的一半吗？军军是田家一半李家一半，她李怡蓉就得给田家出一份礼行。"

"你真能做得出来。"田健进厨房把喝剩下的开水使劲泼入水池，水花溅了一地。

"去！把你阿大叫回来。"孙雅萍清楚田健不好对付，打发出去就能掐断这个话题。

田成才果然在活动室伸长脖子看别人打麻将。父子俩回家，孙雅萍已将恭喜礼物放在门口，也换好了参加阎家聚会才肯穿的深米色毛料套装，手里提着棕色粗绒线编织外套，催父子俩快换衣裳。田成才的眼光在礼物和孙雅萍脸上来去滑了几次，犹豫着说："我的意思是只给他们礼钱，别拿东西。这种太空棉被的颜色式样已经过时了，拿过去放在人面子上，叫亲戚们说话哩。"

"谁想说啥说去！亲戚们的嘴，你就是把皇上的龙袍拿过去，也有说头哩。这被儿就是为伟伟结婚准备下的，二百多块买的。我看了强强结婚时的礼簿，老二给强强送的是一条不到二百元的拉舍儿毛毯，就是你现在盖的那条。我这床太空棉被是高档的，比他们送的拉舍儿毛毯好。"

"阿妈，人民币贬值了你知不知道！前几年二百元买来的东西，现在不值二百了。你是伟伟的亲婶婶，拿这么轻的礼行不嫌掉价！？"

"照你的意思，我把这个家全搬过去才体面。就算我们搬得动，他们也

56

受不起呵！"

眼看母子又要争讲起来，田成才把酒和糕点提到儿子手上，推田健先走。关了门才对孙雅萍说："我的意思你没听明白。要是伟伟在这里结婚，这床被儿送过去不显得轻薄。可伟伟是在威海结婚，老二两口远天远地坐火车去，拿着这些东西不便利。给他们现钱，叫他们去那边根据需要买一件东西。"

孙雅萍对着门侧的挂镜整理头发，"你只想着让人家便宜，咋不想想叫我们个家便宜便宜？这床被儿已经放了三年，往后一两年内田家再没喜事，再放几年，更不兴时了。眼下这种式样的被儿公司还有卖的，还能拿得出去。趁这次伟伟结婚送掉，物有所用，东西也大大方方的，亲戚们一眼就能看见我们送了一床太空棉被。送现钱，把二百元装在红包里，别人看不见，不说我们是为了他们便宜，还说我们口袋里卖毛呢！"

"好好好！就照你说得办吧。"田成才清楚，孙雅萍认定要做的事，他多说无用，不如妥协。

楼下没有田健，院门口也没有，孙雅萍抱怨道，"知道他性子野，先打发出来，就不见面了。"

田成业在纸坊街临时租借的过渡房只有四十八平方米，一大一小两间，厕所和厨房只能供一两人转身。先来恭喜的亲戚嫌房子狭窄拥挤，放下礼物说几句道喜的话就走了。有耐心的，坐下喝一杯茶，嗑几个瓜子，见又有亲戚来，借口让座位也告辞离去。田成才夫妇到来时，只有田成功、田成凤、孟慧娘家一个妹子、田英坐着。小间床上，堆放着毛毯、被面、床单、衬衣等礼物。大间电视机柜两边地上也排放着酒、糕点、暖瓶、茶具、礼品盒……茶几上摆着四色点心：水晶饼、绿豆酥、鸡蛋糕、旺旺米饼。四色干果：水果糖、葡萄干、大板瓜子、开心果。

田成才把太空棉被交给田英提进小间，有意说："我叫田健提着酒和点心先来了，怎么不见他的影子？"坐在田成功身边，带眼看一下礼品登记簿，看清了上边的几行字：

田成功，礼金三百元，织锦缎被面一条，酒二瓶。

田成凤：礼金二百元，太空棉被一床，水果一袋。

田成江：礼金一百元，印花床单一条，衬衣一件。

田成梅：礼金一百元，暖水瓶一对。

田英：礼金三百元。

田成莲：礼金一百元，暖水瓶一对。

……

田成才从礼簿收回目光说："田健真是抱着喇叭打盹，把事没当事，我看看去。"起身时拽一下孙雅萍的后襟。孙雅萍会意，跟出了房门，田成才低声对孙雅萍说："人家的礼行都比我们的重。连田成梅都是礼金一百元，暖瓶一对。我们只送一床太空棉被太皮薄①，加上二百吧？"

许是环境不容许孙雅萍争讲，许是认为男人说得有道理，孙雅萍红着脸嗯了一声。正巧田健从楼梯上来，提高声音说："你去哪了，半天不见你来，礼行都由你拿着，你不来，我们不好上簿子。"说话间从口袋里取出三百交给田成才，"二百是田强两口的，一百是我们的，进去说清楚。"回到房里，让儿子把酒和糕点放在桌上，自己把三百元交给记账的田成功，"我们一床高档太空棉被，一百元礼金。田强二百元。"

田成功提笔落簿：田成才，太空棉被一床，礼金一百元，酒两瓶，糕点两包。

田强：礼金二百元。

趁田成功记账，孙雅萍对孟慧说："我们是亲爸爸亲婶子，本应该多添些礼，不巧上星期孙娃子住院，一星期花掉了四千多元，把我手里的钱全要走了。剩下的我又给田强两口把礼行垫上，再没有气力了。你千万别嫌我们的礼行皮薄。"

孟慧笑着说："你们能来，就是伟伟的福气。可惜伟伟不在这里结婚。要不，你送的这床太空棉被，一定适合他的心意，把他们高兴死哩。要不是坐火车麻烦，我就把你送得太空棉被拿到威海去，叫伟伟两口新新鲜鲜地盖上。"说得孙雅萍心里又热又甜又懊悔不已。

---

①方言，吝啬。这里指不大方，不体面。

"阿大呢？阿大怎么没来？"田成才把疑惑的目光对准老大。

田成功说："阿大能不来吗！孙子的喜事，他比谁都来得早。房里窄狭，见亲戚来了没地方坐，他就给我们说：'我一个闲人，占个座儿，亲戚来了倒没地方坐，我坐不是坐，站不是站的，不如出去转转，腾出地方来让亲戚们坐。'"

"爷儿去威海的事定了没？"田健问道。

"基本上没啥问题。"田成业解释道，"往年到这时候阿大的肺心病就重起来，一天离不开药瓶瓶。今年也怪，到这时候好好的，大概是老天爷要阿大出门见大世面，没让病犯出来。可听阿大的口语，不想去。我跟阿哥商量，阿大是人老了懒动，我们先别给他说，等把车票买好，上火车那天把阿大哄到车站，哄上火车，由不得他不去。"

"对！这样办最好。"田成凤高兴地拍着手掌。

田健按灭烟头，神情庄重地说："按田家门里规程，我没成家单另立灶，就不给伟伟出礼行了。可爷儿这辈子头次出远门见世面去，我当孙子的得有点孝心。"从西服内袋取出一沓五十元面额的崭新票子，"这是一千元，是我存下的工资，叫爷儿拿上，到威海挑那最好最新鲜的东西吃几天、浪几天。"就见田成才的眼仁鼓得尽是眼白，孙雅萍的脸紫胀起来，咬着嘴唇。

田成业熟知田健脾气，假意推让几句，收了。"我替爷儿收起来，到威海我叫爷儿放展了撒几天，把你的孝心体现出来。"

田成凤又拍几下手掌，"健健有这份孝心，让爷儿到威海香火旺的庙里给健健好好地上香许愿祷祝一下，叫健健也娶上一个好媳妇儿。听人说，威海有个全国有名的大庙，香火旺，灵验得很。"

田成业当即表态，把伟伟的喜事办完，一定抽时间同爷爷去大庙为田健祷祝求福。

孟慧、田英在厨房忙了一阵，田英拿抹布出来，撤下茶几上的糕点干果，抹净点心屑瓜子皮，摆上筷子、醋匙。孟慧端出六样下酒凉菜，边布菜边说："家里窄狭，先来的亲戚怕后来的亲戚没地方立坐，喝口茶就走了，挡都挡不住。留下你们，就给我安安实实地坐着，再不准说走的话。虽说定好从威海回来邀亲戚们吃席，可今日毕竟是我们家的好日子，我备了六个凉菜六个热菜，取的是六六大顺的意思，大家消消停停喝几盅喜酒。"给男人示意，快开酒瓶给大家看酒。田健抢先动手，正巧宁守仁从车站回来了，说："票订好了，是后天的，直达青岛。从青岛走威海，坐火车也成，坐轮船也行。"与田健一人持壶一人捧杯给众位长者敬酒。田成功说："先别给我们敬酒，健健出去把爷儿寻叫回来。"大家等田寿的工夫，讨论到青岛后如何去威海。都赞同坐轮船，叫爷儿多见识见识。

一时，田健扶着田寿回来，让坐三人沙发正中位置，敬酒，吃菜。孟慧把田成凤、孙雅萍、田英叫进小房间，给她们展示打算带去威海的东西。"这两床织锦缎被面，是我前几年专为伟伟准备的，是商店里最好最贵的。心想给伟伟装两床被儿，女方娘家陪来两床，就够了。如今要在那边办事，也不知他媳妇娘家是怎样准备的。我把被面给他拿过去。这东西不重，不占地方。拿过去用也成，不用也成，叫媳妇娘家人知道我们这边事先都做了准备。这两套内衣是我给媳妇买的装新衣裳。这两块毛料，是我给亲家亲家母送的，是按我们这边的规程准备的……心想路远，少拿一点，三挑四挑还是这么多，得包成两个包袱。"

孙雅萍眉眼庄重地说："你啥都想到了，就一样儿没想到。在我们这里，拿一片布布包个包袱是可以的，去威海拿两个布包袱，叫人家说我们青海人老土，都啥时代了，还用包袱包东西。你得买一个皮箱才对。买那种有两个轱辘，把手能插进去抽出来的高级皮箱，上下火车把把手抽出来推着，又轻松又时髦，威海的亲戚们见了，就不敢小看你了，会说：'青海省西宁市来得亲家亲家母法码①得很，我们惹不下！'"说完大笑起来，田成凤田英孟慧都跟着笑起来。

孟慧收住笑说："看我，心里乱乱的，总怕忘了啥，结果还是忘了最要紧的。多亏三婶子提醒。还是三婶子经见得多，遇事不乱。只可惜我长得土头土脑，

---

①方言，这里指气派、体面。

买上那么高级的皮箱，推着提着都不配。再说，买那种皮箱得花多少钱？听人说，得六七百元哩。有六七百块，我干啥不好？那怕给伟伟、佳佳买点爱吃的东西带过去，也比我一个人耍牌子好！"田成凤等人听了，又笑起来。

孙雅萍轻哼了一声："二嫂你就别哭穷了。你要哭穷，我们就没法儿活了。别说你早日里如何地过，单说这次给伟伟办喜事，亲戚们明着给你添礼恭喜，暗里再给一些，还没有你买皮箱的钱儿？"

孟慧又笑了，笑里藏着恼火，"我倒是希望亲戚们明里给些，暗里再给些，可这样的亲戚没有。明里给的，也是一笔一笔全记在礼簿子上，先是礼后是账，往后少不得又要送回去。只田健一个人有心，给了一千元，是当着大家的面给的，算不得是暗里给的。这钱是田健孝敬爷儿的，我们一分也不会挪用，我……"

田成凤插进话来："你就别想那么多了。他三婶叫你买皮箱，你就偏用田健给的钱买一个，要一次人。"

"就是。"田英也跟着说，"得买一个皮箱，你要不会挑，我跟你一块儿去，保证买上物美价廉的好皮箱。"

女人们在小间里子丑寅卯地说道着。大间的男人们轮流喝下半斤酒，话题也绕着儿女们的婚嫁。田成业说："伟伟的事算是有头尾了，虽说这么紧死紧活地办事让我们不放心，闹不清到底找了怎样一个媳妇，可也算得上办完了终身大事。田家门里，剩下田健、田野、田明没娶媳妇。听说田明已经谈成了，田野也有一个姑娘缠死缠活要嫁给他。说起来，只田健一个人还没有这方面的打算。田健，你是怎么想的？这会儿爷儿、大大都全着，你说说。"

田健放下手里酒杯，"原打算过两年再考虑，主要是想多挣点钱，把钱儿攒下来寻对象。可前些日子老板给我谈工作，问我为啥迟迟不找对象不结婚？我随口说马上要找对象。看样子，得找个对象了。要不，没法儿给老板交待。"

田英正好从小间出来听见田健的话，"你想找什么样的？给姐姐说，姐姐给你物色一个，保你满意。"

"我不要别人给我介绍对象！凭我的长相身体，眼下的工作收入，到哪儿不随便找一个？"哈哈哈笑起来，田寿父子三人跟着笑了。

"随便找一个可不成！田家门里的男子，要找就得找好的，贤慧的。再不能像田壮，只看面皮儿，找个媳妇栓不住，叫全家人跟着受气。"田成功说。

田英的手机响起来，拿在手上看了一阵，让宁守仁看。田成功不解地问："有电话怎么光看不接？"

"是发来的短信息。"

宁守仁看着笑了。田健凑过去看一眼，"这短信不错，你发送到我手机上。"宁守仁拨号码发送到田健的手机上。田健说："我给二大大手机发送，让二大大也看个。"田成业慌忙说："我不看乱七八糟的东西，别往我手机上发送。"田英说："这条短信特有意思，我干脆念给你们听吧，朗声念了起来：游山玩水称考察，乱吃乱拿称检查，钱权交易称下海，乱卖户口称开发，公费读书称投资，乱戴乌纱称提拔，造成损失称学费，易地为官称处罚。怎么样，听了过瘾吧？"

田成功兄弟三人会心地笑起来，田成业说："这短信可以发送到我手机上，我再发给别人看。"宁守仁便给田成业手机发送，连带着发送了他储存的几条。

女人们收拾好东西从小间出来，男人们已喝掉一斤白酒，红眉胀脸大呼小叫起来。田成业两口要上街补买一些东西。田成功指定后天去车站送站的人。见父亲有了几分醉意，让他去小间安睡片时，酒醒再回四号院。

田成业、孟慧上街补买几样东西，剩下田寿一人，借着几份酒力迷糊了一阵，心绪就飘飘摇摇脱离身躯悬浮在虚空，瞅着自己躺在床上的躯壳纳闷着时，大哥田福从外面走进来，立在炕边对他的躯壳说："你一个人带四个娃娃太苦了，续一个吧，好歹是个女人把家顾住，你就能一心一意地上班。"

躯壳抬起手来摇着："续个婆娘，娃娃们要见孽障哩！不是说，蝎子尾巴后娘心吗！娃娃们受孽障，我心里更不安然。你别劝了，我打定主意不再续娶，只盼娃娃们快些长大……"田福退了出去，躯壳挺尸一般安静下来。

不料二哥田禄也进来劝说躯壳，"老三，我看出你日子过得不畅快。苦，你能吃，娃娃们的心你也操得下，可就是耐不过孤单，你……真得不想女人？"

"不想！我不想女人！"躯壳使劲地摇头甩手。田禄见躯壳这般倔强，也退了出去。躯壳就左一下右一下地翻动，交裆间那个东西就勃硬起来。躯壳的双手滑下去，抚摸把玩那个硬挺的小东西，整个躯壳扭动起来。一时，小东西竟像人一样喷吐起来。田寿见躯壳这样无耻，紧张羞愤，从虚空掉落在躯壳上……顿时感到口干舌燥，从迷糊中挣脱，到大间寻看，电视机旁有一杯没喝的茶水，咕嘟咕嘟吞进肚里，重新回到了小房间，心被茶水激醒了，可头脑还在嗡嗡地响着。强迫自己入睡，可睡意像一缕轻烟在头里头外飘绕着，沉不下来，便又飘飘冉冉飞升起来，又被顶棚罩住，再次悬浮在虚空看着自己的躯壳。躯壳又在做那见不得人的小动作。田寿在虚空吼了一声，躯壳把抚摸小东西的手猛地缩回去，使劲往炕沿上甩打，被甩打得僵硬麻木，可小东西依旧雄勃勃地立着。躯壳动了一下，立起来挪进厨房，拿水瓢从水缸舀出透凉的井水，往小东西上淋浇，小东西终于软细下来。躯壳扔下水瓢回房重新躺在炕上，强迫游离的心绪钻入躯壳，却见二嫂青果鬼鬼祟祟摸进门来，对躯壳说："你二哥被单位派去深翻土地，一星期不回来。走，去我那儿吃饭。"把躯壳拉起来，扶正，拉着去了她的房间。田寿慌忙从椽子缝隙钻出西房，慌张间把檐下一张蜘蛛网扯破了，身上粘着细亮的蛛丝，从板壁的一个疤孔钻进东房。桌上已经摆好了饭菜：狗浇尿油饼、炒鸡蛋。躯壳就对青果说："把四个冤家叫进来一起吃吧。"青果说："四个娃娃都已经吃饱了，我打发出去玩耍。你吃，快吃，我还有话问哩。"

田寿的心绪贴着大白纸仰尘[①]浮在东房里，看着自己的躯壳饥饥荒荒地嚼吃青果烙下的油饼，炒下的鸡蛋。油饼好酥好油好香，鸡蛋嫩得不忍下咽。青果絮絮叨叨地说着："我娶进田家门四年了，总不见动静。你的梅儿进门第二年肚子就憋起来了。是梅儿的地好？还是你种子好？不论是地好还是种子好，你跟梅儿接二连三地养娃娃，准定有一样是绝好的，另一样儿也不差。可我们就是不长草不长花，连荒花儿也不长。你二哥叫你给我试一试，到底

---

①方言，纸糊的顶棚。

是地不好还是种子不好。一试，什么好什么不好就知道了。青果出去关了门，扣了门扣，又加了门担。回来就把衣裳脱了，脱成了一根净葱，一个冬萝卜。躯壳怔住了，只见青果的奶子鼓着，黑泉口张着，小东西就发作了，想淋浴，想钻洞，想冲击喷涌，却见青果背后站着梅儿，眼光刀子一样，冰一样；将熄的灯一样。躯壳一下子僵住，小东西缩退回去，面叶一样，青果用手硬填也填不进去，青果哭了。躯壳也哭了，哭着哭着疯跑进厨房，操起切刀，手起刀落时转了刀把，刀背砸在小东西根部……。

田寿大喊一声，从虚空掉回床上。灯亮亮地，田成业和孟慧站在床前惊恐地问："阿大，你怎么了？做恶梦了吗？"

田寿怔了一阵，说："魇下了。"

48

从田成业家出来，孙雅萍直接去医院守护孙子，替换田强回家吃饭。田成才抽身去了活动室，剩下田健一人，抽烟看一阵体育节目，拧小音量，把几天来收集的，中缝有征婚广告的报纸展在茶几上，做第三次筛选。

国庆节过后第三个星期的那个雨加雪日子，总台经理打电话通知田健：老板有事叫他，叫他立即去"凌绝顶宾馆"台球室。雨雪天无处好去，田健约了两个朋友打算喝酒，开酒瓶时接了这个电话。幸亏还没喝。要是喝下半斤八两接到电话去见老板，准定要受老板奚落。抛下朋友赶到凌绝顶宾馆，三楼台球房的服务生对他说，老板在十楼台球房。他才意识到自己有些紧张慌乱。三楼台球房是对外的，为下榻宾馆的顾客和外单位搞活动提供服务。十楼台球房专供开发公司高层管理人员休闲娱乐，不对外。

十楼台球房平行摆放两台斯诺克球桌。徐老板正和一位客人竞技，别无他人。田健进门，反手轻轻关住包裹着皮革的双扇门，站在门侧，等候老板问话。台球桌上方垂吊的长方形灯箱，把柔和的灯光投在翠绿色台面上，散布在台面的十几个彩色目标球被灯光映得清晰怡目。徐老板围绕台子寻看适宜击打的目标球,而后伏身执杆瞄准击球,动作优雅而准确。被白色主球击中的粉红六分球很听话地进了中袋。与老板竞技的客人穿着栗色西装背心,奶油色竖条衬衫,扎着绛红暗花的领带,嵌着两粒宝钻明珠的金属领带夹闪着多棱的折光。他戴着偏光太阳镜打台球,执杆的动作看上去有点别扭,击球也毛糙,在目标球向底袋滚去欲入不入的时刻向底袋方向歪一下身子,似乎可以给球一点力量从而进入袋中。这人身高与徐老板相等,靠左耳垂有一粒绿豆大的朱砂痣。由于眼镜的遮挡,看不清年岁大小,但从动作判断,是个台球新手,不如徐老板敏捷老道。

专心打球的老板好像没见田健进来,继续围绕台桌寻看最佳击球角度。田健不便发问,等老板开口,猜测着什么事情。

在那位客人笑眯眯从底袋取出击进去的七分黑球,在挂着的金属得分牌上推拉记分码子时,老板看着台上象牙白的主球说:"听人说,有几个小姐常去你的办公室要开水喝?"

"嗯。"田健往前一步,险些被翘起的地毯边沿绊倒,心里咒骂一声,"紧张什么?没出息!"

"有个从云南来的名叫甜娇的小姐去得最多?"

"她说这里气候干燥,得多喝开水,要不她的皮肤就不好了。"

该徐老板击球。徐老板边寻摸最佳角度边问:"你给她,噢不,她给你说过什么没有?"

田健一时想不起甜娇给他说过什么。甜娇每次来都要唧唧喳喳说下一串话,不知老板要听她的什么话?等徐老板把击进底袋的三分绿球掏出袋放回三分球位,大胆地问道:"老板,你的话我没听明白。"

徐老板抬眼望一下田健,眼光冷硬,"你是不是给甜娇说过:'你想坐台就坐台这样的话?'"

田健明白了老板传他来的原因。把甜娇要开水时对他说的话一五一十说给老板听。最后强调:"她说她被一位姓贾的老板包了一年,这一年中不许她出台接客。可同她一起来的姐妹们挣得钱比她多，她想坐平台挣点零花钱，声明发誓只坐平台，不出台接客。我当时随口说了一句：'你想坐就坐吧。'她……接客了？"

老板答非所问："你是俱乐部中层管理人员，说话哪能随口？我相信你是随口说的，可她却不是随耳听的。是你那句话，让甜娇有了坐平台的理由，而后又背着贾老板接客。贾老板知道后大为恼火。"田健感觉那位客人伏身瞄球时从眼镜上沿看了他一眼。徐老板虽然不是训斥的口气，但语气凝重，表情严肃，田健意识到随口说的一句话给老板造成了某种麻烦。"我，我没想到甜娇会利用我随口说的话，我……"

"别解释了，这次算你无意中说了一句不该说的话。今后再不准信口胡说！给你交个底，贾老板是我们俱乐部最大的股东，占有百分之二十三的股权。"

"我记住了。"田健懊悔不已，看着老板继续打球，打了三杆还不说话，小心地问道："徐总，我可以走了吗？"

"你走吧。"田健刚要转身走人，老板突然问道："你能不能给我说说，为啥至今没找对象，你二十九岁了吧？"

"以前没工作，没人要我。"

"现在有了工作，工资挣得也不少，该考虑个人的婚姻大事了。"见田健是继续聆听下文的恭敬姿态，笑一下说："我这也是随口说的，你走吧。"

田健从俱乐部出来，百思不得其解。老板为啥要提起他的婚姻大事？这与甜娇背着贾老板出台有关联？还是担心他二十九岁不谈婚娶会与小姐们有染？不论是否这个原因，老板突兀的问询是一种暗示，是不能掉以轻心的。为了让老板明白他是百分之一百地尊重老板，决定把一直扔在脑后的婚姻问题放回心上，尽快用行动给老板一个满意的答复。

田成凤、田英、李怡蓉等田家门里热心女人曾经都想给他介绍对象，被他一一谢绝了。他认为一个不缺胳膊不缺腿的健康男人靠第三者牵线搭桥拉皮条，只能说他无能。可他从小不把异性往心里眼里放。没有目标瞎碰，不可行，于是想到了征婚广告。先从征婚广告中筛选一位大体上可以的目标，再去接触，就不会有太大的麻烦。

他找了近期的"天地日报"、"日月报"、"为民早报"。这些报纸的中缝和广告板块都刊登了一长溜征婚广告。他粗略浏览一下，把三十岁上下有过短暂婚史和有小孩的人排除在外，是他的第一次筛选。在三十岁以下，虽有短暂婚史却没有小孩的女人中做第二次筛选。他相信在偶然的机遇中才会找到运气。比如他在极端无聊的时候抓住了一个抢娃，因此被素昧平生的顾老太看重进而得了一份不错的工作。他要用这种偶然性来筛选对像。他把报纸铺在桌上，点了一支烟，悠悠地吸着，想着与婚姻毫无关系的一些琐碎往事，当烟灰两公分长的时候，他用左手食指点着被他留下来做二次筛选的十几条征婚广告。如果指头指点某条征婚广告烟灰同时掉下来，就算最后的候选对象。再做第三次筛选。

此刻，田健把掉烟灰方式选中的六条征婚广告铺排在茶几上，把它们编号为ABCDEF。一边吸烟喝茶，一边仔细研读征婚广告内容。

A：某女，26岁，1.60米，大专，内地籍，电信部门工作。清秀温柔，善解人意，秀外慧中的她欲觅一位有素质，重感情，学历相当，品貌端正的热血青年携手共进婚姻殿堂（军人优先，地区不限）。

B：某女，28岁，1.68米，大专，内地籍，短婚未育。省级单位就职，收入稳定，清秀苗条气质佳，温婉善良质朴勤奋。诚觅收入稳定，开朗稳健，有情有义的成熟男士为伴。

C：女，未婚，28岁，1.67米，经商。健康阳光，独立自主，性格开朗，容貌美丽。寻觅38岁以下未婚或短婚未育、正派善良男友（军人优先）。

D：女，未婚，26岁，大专，1.65米，合资企业白领。清纯亮丽，秀外慧中，品位高雅。觅大专以上学历，职业稳定，开朗大方，好学上进的男士同结连理。

E：女，27岁，未婚，大专，1.65米，经营实体。容貌端庄秀丽，善良温婉，开朗率真。觅大专以上学历，省级事业单位或部队工作，诚实有责任心的男士。

F：某女，未婚，28岁，中专，1.62米。省级商业部门工作，朴实善良，善解人意，含蓄优雅。诚觅职业良好，有修养，学识佳的男士为伴（短暂婚史未育或离异无孩者也可)。

　　田健反复揣摸六条广告内容,心里想,一个一个把个家夸得比花儿还俊,比娘娘还高贵,可就是没人追求,靠打征婚广告煽动男人求亲,实在有点可悲可笑。这样的想法加固了田健只想用偶然性选择配偶的念头。他一点也不激动,好像不是寻找意中人而是在六种纸烟中确定要那一盒。纸烟的价格一样,想来味道也没多大差异,就看哪盒烟的包装让人高兴。太艳美花哨就有造假作秀的嫌疑。便打定主意,在这六个候选对像中,把阅读起来让他感到快活,心里有点冲动的那个作为重点。反复三次,每次看到C、F,他就想看得慢一点,仔细一点,于是就把C、F作为重点,再用硬币占卜,选择其中应该与他成为伴侣的那一个。预定:转动硬币,落平后如果是金额正面,就排除。他从A开始,用右手食拇指把一元硬币拧转起来,落平的结果是:A是金额正面,B是菊花反面,C是菊花反面,D是金额正面,E是金额正面,F是菊花反面,排除了A、D、E。

　　田健从低柜取出酒瓶酒杯,重新坐下,斟了三杯酒,喝一口酒,转一次硬币做第二次占卜。定好这次排除菊花反面。结果B是菊花反面,C、F是金额正面,排除了B。

　　田健喝了三杯酒,决定为C、F各转两次硬币,两次落平都是菊花,中标。结果是C、F都是一正一反。他觉得奇怪,决定为C、F各转五次硬币,如其中一个有三次菊花反面,算它最后中标。看着转动的硬币摇摆着落平,田健竟然紧张起来。结果是C二次金额正面,F三次菊花反面。F中标。田健用烟头把A、B、C、D、E的征婚广告各烫一下,留下F仔细看了两遍,记住了内容和征婚介绍所的地址,决定第二天下班去婚介所与F见面。

　　翌日,田健穿了平时穿的仿真皮黑色休闲茄克,牛仔休闲裤,按广告注明的地址,来到城西区杨柳街鸣翠苑小区寻找"喜鹊"婚姻介绍所。找了两条小巷,看不见婚介所的标牌。问一老者,答道:"记得有人说过,好像在小区医院隔壁小巷里,你找到小区医院就等于找到了。"

　　田健穿过两条小巷来到医院门口,左右张望判断医院隔壁哪条巷道里有

"喜鹊"婚介所。有人在身后问："你在这里做什么？"回头，竟是田野，穿着鼓囊囊的栗色面包服，手里拿着两罐酸奶。

"我来这街上找个熟人。"田健不想把真实目的告诉这个堂弟。耍扑克牌一样把女人抓在手又及时甩出去的田野要是知道他去婚介所找对像，会嘲笑他无能，"你在这里干啥？"

"小欢来这医院做人流，她说紧张得不成，想喝酸奶，我出来给她买酸奶。"

"你这是祸害人家。既然把人家的肚子弄大了，就该让她把孩子生下来。"

"那怎么成？未婚生育，不好听嘛！我这是为她着想。"

"是她同意的，还是你强迫人家的？"

"你是说……"见田健皱起眉头，意识到理解偏了，"起头她不同意做掉，想用孩子要挟我。我说你要不做掉，我宁肯不当这个记者，也不许你用这种方式给我施加压力。她就同意了。"

"你应该把她叫到妇科医院去。没见电视广告上老说妇科医院上了一台什么新设备，实现可视性无痛人流，去那儿，她就少受罪。"

"我在妇科医院采访过，都认识我。这里有一个铁哥，可以照应着，还能开出发票拿去单位报销。"给田健一个再见的手势，匆匆走进医院大门。

从医院门口往北一百米，看见一栋六层楼的山墙头挂着长条形彩喷招牌：喜鹊婚姻介绍所。已经褪了色，灰沓沓的。靠这面山墙是个水泥门柱的普通院门，门柱上钉着一个方牌，刻写的内容是：黄南州政府驻西宁办事处。田健欲要进门，却见离门口七八米的人行道上围着十几人唧唧喳喳说着什么，不由地走过去看个究竟。原来有人设了赌局，吸引过往行人参赌。这样的场面田健不是头次见到，每次都冷眼旁观，目的是想看看那些贪便宜的人如何上当吃亏。只当不花钱又看魔术又看戏。今天，设赌局的是个尖嘴猴腮吊眉细眼的青年人。他靠楼房散水墙蹲着，脚前铺一块一尺见方的牛皮纸，纸上放着两只酒盅，手里另有两只同样形状的酒盅，正给围观者演说自己设局的赌博游戏规则。将几粒黑色青稞放在其中一只盅里，而后用手上酒盅扣住纸上的两个酒盅，再把两只酒盅倒换位置，倒换二至三次，谁要在倒换后猜出那只盅里有青稞，庄家付钱十元，猜不中给庄家十元。围观的几个年轻人互相怂恿鼓动，不就十元吗，玩玩。其中一人就说，玩就玩一把。蹲下身子，眼盯住庄家把五粒青稞放进酒盅，又用手里酒杯扣住纸上的两只酒盅，两手握捏住合口的两对酒盅快速倒换几下位置，掊着酒盅，"猜，青稞在哪盅里。"青年指右边一对，"在这盅里。"庄家取了上面的扣盅，果然青稞在里边。庄家掏出十元付给青年。青年得意地抬头对其他围观者说："这么简单的游戏，十岁娃娃也猜得出来。"转而问庄家："我再猜，可我得押五十，猜不中给你五十，猜中给我五十，成不成？"庄家为难了一阵，问："说话算数？""当然算数，这么多人给我作证。"青年掏出五十扔在脚前。庄前如前动作，又被青年猜中。青年咋咋呼呼收了庄家的五十元，又要继续玩，被另一个穿军大衣的青年挤开。穿军大衣的青年押了一百元，结果又猜中了。站在一边观看的一个中年人兴奋起来，跃跃欲试的样子。身穿咖啡色皮茄克的青年就说："今天该庄家折财了。可惜我没带钱，你想玩就玩一把，保赢。"中年人拨开想继续发财的穿大衣青年，蹲下身子。田健想给这个农村打扮的中年人提醒一句，转念忍住了。世上总有人以为天上真会掉馅饼。让这种见便宜就上的人吃一次亏，没啥不好。就听中年人说："我只押十元。"庄家如法动作，中年人眼光紧紧盯住放进青稞的酒盅，随庄家的快速倒换滑动着眼仁，等庄家停手，快速指着左边酒盅，"青稞在这盅里。"庄家取盅，果然！中年人兴奋得手舞足蹈，接了庄家的十元钱，说："我再猜一次，这次押二十元。"围看的咖啡皮茄克青年说："你手气这么好！应该多押嘛！"中年人犹豫了一下，掏出一百元。田健从后边踢了中年人一脚，中年人没反应，把一百扔在纸上。结果中了圈套，一百元被庄家收走。中年人急躁，又拿出一百要扳回来，田健撕住他的肩膀拉他起来说："你婆娘叫你进城上医院买药，你把钱儿输掉，拿啥买药哩。"几把推得中年人几个趔趄。中年人输掉一百已经上火，见凭空出来一人干预他的游戏，甩开田健的胳膊要质问，却见田健自己使劲挤眼睛，而且再次推他，"快去给婆娘买药吧！"意识到其中必有蹊跷，怔了一下，转身走开了。田健感觉三个托儿已经围站在他身后，准备打斗的同时扫视周围，寻找有利退路。可巧马路对面五十米开外有个警察走了过来，就高声喊道："展警官，我在这儿！"

身后一阵杂踏的跑步声由近而远。田健看着跑开去的四人拐进巷口不见了，回过头来，那警察已来到眼前，恶狠狠地质问道："你叫我什么？你再叫我一声听听。"

田健笑了，"对不起，认错人了，我有个朋友在民生街派出所，我把你认成他了。"

警察不无恼火地说："你说的是展望吧？我像展望吗？"低头扬手地打量自己，"我哪儿像展望？个头还是长相？"再抬头时，眼里闪着不友好的神情。

"我不是说认错了吗？"田健想说一声对不起，却由于对方不友善的态度而忍住没说，转身走开了。身后是警察鄙夷的语气，"哪有这么拍马屁的？莫名其妙！"

田健走进办事处大门，院里横七竖八停着十几辆被泥水溅污了轮胎、叶子板的面包车、大卡车、小轿车以及一辆卸下后轿待修的双排货车。三楼狭窄的楼道也被住户的水缸、火炉、盛煤块的木箱竹筐、旧铁皮水桶之类的杂物占据了一半的空间，只留一条单人出入的通道。在楼道最西头，找见了门扇上贴着"喜鹊婚姻介绍所"字样的办公室。

办公室里只有一个二十七八岁的女子，坐在电脑桌前玩耍电脑里的"空心接龙"扑克牌游戏。有人推门进来，推开鼠标起身打量来客，让坐。田健说明来意，把带来的报纸展在桌上，把自己占卜选定的F广告条文指给女子看。

"你想见她？"女子扫一眼报纸中缝的征婚广告后抬头问道。

田健心里说："废话！不见她我来这做什么？"问："婚介所就你一人？"

"一人怎么能成？还有两个所长，都出去办事了。你是看照片还是要见本人？"

"有照片吗？"田健扫视房间陈设。除去放着一台电脑的小桌和几把椅子，靠墙摆着一个咖啡色油漆已经剥落的旧式双层木立柜，下层右边柜门的合页松动了，门扇关不紧往外斜着。套间门在另一面墙中央，门关着，似乎是婚介所存放征婚人资料或给应征人提供谈话的场所。

女子坐在桌前敲几下键盘，右手握鼠标点击几次，翻找出存储的一张照片，"这就是她，你来看看。"屏幕上显示一个正面女人头像，鸭蛋型脸庞，头发往后梳着，两耳清显地夽着。五官没有抓人的特色，却不让人反感。"能见到她本人吗？"

"一般情况下，你只能先看她照片，再让她看你的照片。如果双方都有好感想见本人，我们再联系让双方见面。你觉得她怎样？能不能让你满意？"

"还行吧。"

"你带照片了吗？"

"我没想到这一层，征婚广告上也没这样提示，以为来了就可以见面。"

女子不无揶揄地笑一下，意思好像是田健连这点常识都不懂。"你要觉得可以，就把你的照片资料留下来，我通知她来看照片，看你的简历资料。她看了觉得可以，我才能给你提供她的联系地址和电话号码。"

"这么麻烦？还得去照照片！"田健有点不耐烦了。

"我这里可以照相，然后输入电脑。"说着打开办公桌立柜暗锁，取出一架相机，"这是数码相机。"

田健正襟危坐让女子拍照。女子拍了，让田健在相机显示屏观看拍照效果，"怎么样？如果你觉得不好，再拍几张，选一张最好的输入电脑。"

"就这张吧。"田健不想让女子摆布。照片只能给对方一个大致的印象。不当头对面接触，一切都是假的，没必要在这些小事上费神。女子把相机放在桌上，从抽屉取出一张表格："把这表格填上。"

田健粗略看看表格内容，向女子要了一支圆珠笔，一项一项按要求填好。在职业栏里，填保安二字时脑子动了一下，改写为经济民警。

"经济民警？"女子看了表格后说："经济民警是干什么的？没听说有这种民警。"

"连这点都不懂，怎么给人牵线搭桥？得好好学习天天提高。"田健嘲讽了几句。"可以走了吗?"他对这种方式的寻求伴侣已经产生了厌恶。

"交费就可以走了。"

"什么费?"

"拍照片收费五元,中介费一百五十元,总共一百五十五元。"

"八字还没一撇,就收这么多钱?"田健以为婚介所是社会义务性质的机构。

"该学习该提高的是你,还经济民警呢,不收费我们吃啥?"

走到这一步,退却只会掉价。田健扔下一百六十元。"别找了,多的五元你吃一碗干拌。"

"等女方看了照片要求与你见面,我打电话通知你。"女子送田健出门时说。

49

一眨眼就是田成业夫妇上路的日子。前来送行的田成功、田成凤、田成才、宁守仁、田英、田明、田健、伊承宗在田成业家一同吃了午饭,把要带的东西重新检查一遍,认为没有遗忘什么,把给田寿准备的一套驼绒衣裤取出来对田寿说:"阿大,你把这套新衣裳换上,换好就走。"

"去哪儿?"田寿望着缃色隐格缎子面料的中式驼绒活挂里的棉衣,疑惑地问田成业。

"看你这爷儿当得!我们不是去威海给伟伟办喜事嘛!"

"你们去给伟伟办喜事,要我换上新衣裳做啥哩。"

"我们要你跟我们一起去威海。"

田寿好像事先有准备,没一点点激动意外的表示,冷静地说:"胡做哩!我七老八十地跟你们去威海?你们胡做哩!"

伊承宗说:"外爷,二阿舅二舅母是借着这个顺便,把你领出去见个世面,让你潇洒走一回。"引得田健、宁守仁、田英同声笑起来。

"见世面？见什么世面？"

"把你领到首都的故宫看看皇上爷儿坐过的金銮殿，娘娘们坐过的寝宫；还叫你看大海哩。"田健俯在爷儿耳边说。

"皇上的金銮殿，娘娘的寝宫，海里的轮船军舰我都在电视上见过，用得着摇鞍动马到几千里外看去？"田寿显出被蒙哄了的忿懑情绪，"你们这是把我当耍娃娃哩！眼看着家里钱儿紧得不成，给伟伟办喜事这儿抠一点那儿挪一点的，却叫我出门白浪着花大钱儿，这是谁的主意？"

"阿大。"田成功上前说："是我的主意。你苦了一辈子，把我们拉扯成人，如今孙娃子一大堆了，要不是伟伟在那边结婚，也没这个便利机会。没给你提前说，是想看看你的身体状况，临近走的日子好着还是不受活着。这一向看你精精神神的，跟老二去一趟威海……"

"不去！我哪儿也不去！我不能由你们的心机儿。"

田成凤拉开父亲身边抽烟的田健，坐在父亲身边软言相劝："阿大，这是我们儿女们的一点孝心，你就出去浪几天吧。你一个老人家，能花掉多少钱儿？再说了，哪怕花掉几千半万，儿孙们也是该着的。你别怕把你劳累下。这边有承宗的车把你送到车站，车上卧铺，到那边……"

田寿打断女儿的话，"儿女们的心我知道，可你们知不知道我的心？先别说钱儿，我能去不能去你们也该知道。别的不说，只说我一晚上要起七八次夜，在家里有厕所，我也惯了，到那边人家住的啥样的房子我们不知道，要是房里没厕所，我住亲戚家不是给人家添乱吗？再说，那边的天气热，那边的人天天要洗澡，我不能冲澡你们也是知道的，一见水哗哗淌我就发晕发昏。我七老八十的人，是熟透了的软儿，①看着好好的，有点风吹草动就要掉下去哩！你们去那边是给伟伟办喜事，还是要操心我这个累赘？啥话也别再说了，快去把我的票退掉。"像是怕被儿女们强行拉去，索性倒歪在沙发一角。

众人面面相觑，不知如何是好。爷爷说得不无道理，就夜里上厕所一件事，他们事先就没考虑到。看挂钟，快到进站时间了，再不动身，就会误了火车。

---

①方言，酥梨的别称。

田成业低声下气央求道:"阿大,听我一句……"

"不听!半句也不听!你们要是心疼老子,快走你们的路!去了给我打个电话来,叫伟伟、佳佳电话里给我说几句话就够了。"

见这状况,知道再劝也不管用,时间也不允许。田成功催促田成业夫妇赶快动身,挤出点时间把一张票退掉。却听伊承宗说:"退票干什么?买一张卧铺票容易吗?外爷不去,大阿舅你去就是了。"

一句话提醒了众人,宁守仁、田英兴奋地说:"对!爷儿不去阿大去!反正阿大也闲着,浪一趟去。"

事到如今,田成功后悔这事办得不妥。为表示弥补,觉得去一下也无大碍,只好应诺同去。孟慧慌忙为田成功找出一套合身的外衣,给田成凤、田英等人叮嘱一番,提了东西下楼。

一小时后,从西宁市发往青岛的列车鸣笛出站。田成功、田成业、孟慧与站台上的田成凤、田英、田明、田健、宁守仁、伊承宗挥手再见。

50

西宁市的早市,形成于上世纪九十年代初。因了改革开放政策的宽松,城区周边的菜农,放开手脚在承包地上开拓生产规模,引种培育反季节蔬菜,却苦于找不到销路。在这供销渠道不畅,蔬菜消费市场嗷嗷待哺的时节,那富有心机敢于实践的人瞅准了城内儿童公园门外的一块空地,起早把自产的季节和反季节蔬菜拉运到这块空地设摊出售。起早,是为了躲避按部就班的工商税务城管三部门的干预刁难。这种不无投机心理又处于摸索阶段的自产自销的市场行为,在政府无暇顾及或视为一种弊端试图取缔的时候,却得到了城区广大消费者的欢迎维护。低收入的工薪阶层和一批又一批因改制而下岗转岗失去收入保障的弱势群体,把物美价廉的早市视为低水准生活的保障而大量地涌向早市,用自发的热情维护这个自发的新生事物。早市便在这种供求双方联动中发展壮大。那单纯销售自产蔬菜的市场，先有了出售塑料袋、布袋和网兜的个体流动小贩，为那些赶早市忘了提携工具的顾客提供服务。接着有了叫卖甜醅、大饼、包子油条吃食的摊贩，给选购蔬菜需要补充热量的顾客提供便利。而后，卖烟的带动了卖打火机、火柴、烟嘴、烟斗、烟丝、烟灰缸的；卖成品小吃食的带动了卖瓷碗、瓷杯、茶叶蛋、塑料小板凳、绳编马扎的；卖花卉的带来了卖花盆、肥料、腐植土、喷壶、育花灵……再后，卖酒的也挤进地摊行列。于是卖外套、衬衣、裤头、裤带、袜子的，卖儿童玩具、洗澡用品、针头线脑、电池、收音机的，也都找到了自己的位置。接着，炸油条烙煎饼烤土豆下饺子煮醪糟的把锅灶饭桌支了进来……五花八门的地摊，把儿童公园门外不足三百平米的空场挤得水泄不通，掀得人流如潮。政府从这自发的供求双方互动却无序的经营活动中，看到了市场的走向及潜伏的危机，采取积极的，以宽容和鼓励为前提，进行必要的引导和管理。并着眼于发展，把公园内几千平米场地辟为早市经营场所，在限定的时段内扩大市场规模。供求双方原本放不开的手脚，在政府的默许和首肯中伸展开来，市场规模日渐壮大，成了西宁市不可或缺的时代印记。

　　刘方赶到早市已经七点。深冬寒月，夏秋时节人山人海的早市，此刻显得有点稀疏和冷清。那些赶早入市的卖家正在道旁设摊布货。后来的开着三轮车，拉着架子车争先恐后从刘方身边经过，去固定位置设摊。政府考虑公园本身的功能，规定早市夏季八点前撤摊清场，冬季九点。夏秋时节，公园从门口到纵深的干道两侧，摊位一家紧挨一家，一层包着一层，摩肩接踵的人流在摊位空隙游走，倘或某一摊位前有四五人驻足选物论价，人流就被阻塞。嚣叫的市声，淹没了树高草茂的公园幽静。此刻，设摊的卖家近则相距两米，远则相距数丈。摊位稀疏，买家也显得零落。尽管如此，早市独有的买卖双方的自由交易，散漫的心态，依然如故。

　　刘方在时而稀疏时而稠密的摊位间信步，与殷切的摊主相互微笑致意。摊位后边，在冬眠树木周围开阔的空地上，一拨又一拨晨练者做着各自喜爱的项目。十几位老头老太太围成一圈，同步做着两手心相对搂抱空气的动作，一律是物我两忘的表情。刘方听人说过，香功做到一定程度，便能产生气感，闻到一阵一阵似有似无的香气环绕身前脑后。一排高大杨树左侧，十多个中年男女把厚重的外套挂在树杈，只穿颜色鲜亮的毛衣毛裤或涤盖棉运动套装，一招一式挥着手里的宝剑。转体扬臂出剑的刹那，剑柄的红绦长穗绕着身子划出优美的弧线。几棵老榆铺着透水方砖的平地上，二十几位中年女人穿着一色的紫红运动衣裤，树下挥舞手里的朱红绸扇，收扇展扇发出哗唰响声，做着白鹤亮翅、金鸡独立的动作……那单身独个的，或立于树下，或蹲于冰旁，弯腰的弯腰，踢腿的踢腿，拍腹的拍腹，扛树的扛树，甩头的甩头……动作滑稽，形神古怪。在结了冰的水塘岸边塔松树旁，十几位仪态安祥的老者正在交流养鸟的体会经验。他们的鸟笼分门别类排立在树下，张挂在枝间。灰褐色的百灵在铺了一层细沙的笼中跳上跃下，鸟歌婉啭；另一边，把深色笼罩卷上笼顶的鸟笼错落张挂在树枝杈间，褐红背胸或褐灰尾羽的眉画时而跃上栖杆仰头鸣啼，时而扑抱住笼栅搧着翅膀……刘方走着看着，心里溢出强烈的感慨。闹不清是被人们悠闲舒适的生活方式所感染，还是被人们如此眷爱生活的热情所感动。

迎面从早市深处走出来的，或三五成群，或双双对对，大多是有了岁数的男女。这些包着头巾戴着绒线编织帽穿着轻巧保暖外衣裤的中老年人，要么提着鼓囊囊的塑料袋，要么把两只装满东西的布袋连在一起搭在肩上，一步一顿地走着，哈出的热气在眉梢睫尖挂成了霜花。一个个很安祥很知足又很无奈的表情。这些上了岁数因而少了瞌睡的人，无论是徒步来去选购些廉价物品同时达到活动肢体的目的，还是趁清晨外出放松身心顺手牵羊买点生活必需品，都体现着对家庭的义务和责任，体现着过来人的平实和老成。比起那些耍剑的跳秧歌的做香功的遛鸟的，心里似乎多一些对家庭的热忱和对子女的眷顾，又似乎少了些处世的洒脱和对生命的透视。这又让擦肩而过的刘方生出些敬重与怜惜交杂的好感。

刘方走过小吃区域，摊主们老远就殷切地迎视着他。等他走近，招呼让座。这些用长筷在油锅里翻转油条，用快刀在切板上切羊头牛舌猪肝子，在滚沸的汤锅里汆肉丸下面条，用长柄铁勺往瓷碗里舀豆腐脑糊辣汤，用平铲在平底锅上翻转煎饺锅贴的……穿着厚重的防寒衣裤又不停地擦抹额上的细汗。生活在这里散发着香味，冒着热气，碰出叮呤当啷的响声。让刘方觉得生活就是一支歌谣，一支有色有形有味的歌谣。

在卖洋芋和红萝卜的摊前，刘方遇见了田壮，采买了很多蔬菜，疙疙瘩瘩地提在手上，指使同来的李翠蹲在地摊前挑选洋芋。自高洁梅找了别的工作离开饭馆，赵娟就把中学同学李翠叫来顶缺。这个二十二岁，两个脸蛋被紫外线灼红的农村姑娘，穿着旧式雪青色面包服，水洗石磨蓝牛仔裤，蹲在摊前往塑料袋内拣拾土豆，不时把手指放在嘴前哈热气取暖。刘方看到田壮手里拎着红的辣子绿的黄瓜白的萝卜橙色的南瓜，笑着说："你怕是头次来早市买东西吧？"

"可不！饭馆里一刻也离不开我。往日靠大大、爷爷、爸爸来公园锻炼身体给我顺脚捎带点葱韭姜蒜之类的小东西。最近阿大二爸去了威海。天冷，爷爷少来这里。我叫赵娟在饭馆打扫卫生，同李翠来买些东西。"将手提塑料袋放在脚前，把袋口勒得发麻的手掌在皮茄克衣襟上蹭了几下，"都说早市热闹，早想来看看，总算叨了个空儿。没想到天气这么冷，早市上还有这么多的人。"

"你要是五黄六月来，那阵势叫你吐舌头哩！得顺着人流慢慢地挪动，想挤出去都不容易。"刘方说话间把瞅中的一个光鲜大洋芋拣起来放进李翠手边的塑料袋里。

"你是来买菜的，还是来吃早饭的？"

"我这是闲转。最里边有几个卖鲜花的，想买几把花儿。上星期买的花儿已经蔫了，得换上新鲜的。要不，顾客会说我心高手懒。"说着笑了，"你买这么多？提得动吗？"

"来了，就多买点回去。早市的蔬菜比外面市场上便宜。"指一下脚前的辣子袋，"像这大红辣子，外面市场上三块五一斤，这里二块八。便宜七八角哩。葱也便宜，外面一斤一块，这里一把一块，一把有斤半多呢。主要是领李翠来看看市场行情，日后靠她一个来买菜了。"

与田壮分手，刘方边走边想，买了花儿坐在摊上吃早点，汤汤水水不留心要弄损花枝花瓣。不如趁着手空，先吃了早饭再去买花。径直来到杂碎摊位前，不料，他常吃的大齐的杂碎还没出摊。这是一家汉族经营的杂碎，锅灶碗盏干净，摊主夫妇和气。刘方但凡来早市，就要给这儿留下五元才安心离去。今日不见大齐两口喜眉笑脸的面孔，竟有点怅然。侧旁卖油条豆浆的笑着招呼，"坐下吃油条，喝一碗豆腐脑吧。"把靠近火炉的板凳用围裙下摆揩一下，示意刘方坐下。

刘方顺坡下驴坐在油条摊前，等摊主把刚刚出锅鼓着油泡的四根油条盛在盘中端放在他眼前，取碗从座在火炉上的不锈钢桶里舀豆腐脑时，问道："大齐两口怎么没出摊？是不是怕冷？"

"卖杂碎的，怕冷还做啥生意？"油条摊主双手把豆腐脑端给刘方，"听人说，姑娘放学路上跟同学打闹，不留神掉进下水井里把胳膊摔骨折了，两口在医院守护女儿，已经一星期没出摊了。"

"下水井没盖子吗？"刘方随口问了一句。其实清楚，城里街道上的窨井盖时常被盗，敞着的井口已经伤了不少大意的人。《为民早报》多次报道，呼吁市民遵守社会公德，爱护市政设施，可总有人出于私利干这损人利己的勾当。"娃娃胳膊骨折，少说得一个月出不了摊。"刘方深深为大齐夫妇的意外遭遇感到不平。

"眼看姑娘要期末考试放假过年哩，却出了这样的事。"油条摊主招呼顾客间说，"大齐两口这两年卖杂碎挣下的钱儿，这次全得交给医院，等于一年白挣了。"

"没找城管上的？发生这样的意外，城管上的不会不管吧？"刘方把调在碗里的油红辣子搅进嫩闪闪的豆腐脑中。

"听人说姑娘摔伤住进医院大齐就去城管所提出了请求，要求他们给予一定的资助。可城管上的说：'这种事不止一次了，我们四处做工作防止窨井盖被盗再次发生这类意外，报纸上呼吁了多次。可我们去哪儿找钱资助摔伤的人？再说了，大白天摔进下水井里，伤者不能说没有一点责任。'城管上表态一定设法杜绝这类事情再次发生，可资助的事爱莫能助。"

刘方吃着豆腐脑，想像大齐两口此刻的心情，伤了的姑娘躺在医院是何等地恓惶焦躁，不由地想起了尤中生。

尤世雄同傅娇继父去河南嵩山把两个出走的孩子接回家的第三天，尤中生来到"三印一砚斋"，满不在乎地说："听阿大说，你跟阿大他们满西宁城寻我哩，当时没把你气坏吧？"

刘方气不是笑也不是，"我凭什么为你生气？像你这样不懂事的学生，动不动瞒着大人出走，太不像话！今后再这样，我才懒得找哩，随你上天入地，好坏全是你们自找的。"刘方这般说，对尤中生有了几份反感。

"你们说得都不是真话！"尤中生从笔架取下一支毛笔，装模作样学着悬肘提腕的书写动作，"阿大把我从河南接回来后吓唬我说，日后再要出走，他就不管了。可他到河南接我时差点掉眼泪的样子，说明他是怕我出走的。"

"你说我们说得不是真话，那你给我说句真话，你为什么要与女同学出走？说真话。如果说假话，日后再不许你上我这儿来。"

"傅娇期中考试没考好，语文考了70分，数学考了62分，英语才考了41分，被她阿妈骂了一顿，差点挨了一顿打。她就给我说：'烦死了，动不动没考好没考好！好像我是故意不好好考的。这个学实在上腻了，我想出走'。'出走？去哪儿？'我问她。她说，'随便去哪儿都行，反正得给他们点压力。我一出走，她们就得着急，就会后悔不该动不动打骂孩子，往后就不会轻易打骂我了。''那你出去躲几天，吓吓你的阿妈。''我一个人不敢出去，想叫个伴儿，你跟我一起出去吧？'我想，我要不答应，她就会叫杨江同她一起出走。要是杨江答应同她出去，她往后就不跟我好了。我就说：'成！但我有个条件，我跟你出去，你往后就跟我一个人好，不许再和杨江来往。''行！我保证！'她就和我拉勾。我说：'我们得多弄点钱吧？她说她有二百元，叫我再弄点钱。我说我最多也只能找上七十八十的，这点钱我俩能去哪儿？'她说：'到哪儿算哪儿，没钱回不了家，我俩找警察叔叔。"

听了这些话，刘方不再觉得尤中生的行为是可笑的。小小年纪，竟有这么多的心机。哪像自己，小时候只会言听计从，大人说话声音高一点就吓得大气不敢出。"那你说说，你们跑到河南干啥去了？"

"到了河南没地方好玩，我说我俩去少林寺吧，要是哪个师父给我俩教点拳脚功夫，往后就没人敢欺负我俩。可那儿的和尚理都不理，还打电话报了警。"

"回家来你阿大打你了没有？"

"他敢！他要打我，我跟傅娇已经商量好了，就出走到更远的地方，叫他们找不着。"

刘方不禁对尤中生虽然盲目但敢做敢为的行为有点理解和欣赏了。原本只该凭借天真纯情享受童年生活的孩子们，在复杂的社会生活中也变得复杂起来。比起那些无意中被意外事故伤害了的小孩，尤中生的这种有心机的行为和念头，倒是值得欣慰的。

刘方吃完了油条豆腐脑，付钱离开了小吃区域，来到卖鲜花的地方。夏秋时节十多个摊位的花卉区域，今日只有一人孤守着摊位。刘方十多天没来早市，不知卖花者嫌交九后天气太冷，还是进入隆冬花卉批发价升高。先他而来的一个老太太正在选花，卖花中年妇女把护住两个塑料提桶的厚棉毯揭起一角让老太太看花。老太太嫌揭开的缝隙太小看不真切，要自己动手多揭开一点，被中年妇女挡开，"老人家，天这么冷，你全揭开，我的花儿冻掉哩。"

"我得看清楚，除了菊花、康乃馨，还有啥花儿。"

"就这两三样，到这时候了，还能有啥花儿？"中年妇女护着厚棉毯裹着盖实的塑料桶，"天这么冷，我只批发了两三样出来卖。"

"其他人怎么没来？"刘方问道。

"人怕冷，花儿也怕冷哩。我是昨日批得多了没卖完。今日不出来卖，花儿蔫掉就卖不出去了。"

身旁有人说话，老太太扭头看一眼，笑着说："你是民生街上开字画铺的老刘，我认得你。都说你爱花儿，店里瓶瓶罐罐一年到头献着花儿。天这么冷，你还出来买花儿。"

刘方打量这位气色精神两佳的老太太，感觉在哪儿见过。老太太一头银发向后梳得纹丝不乱，衬着红润的面孔。一条姜黄色元宝针花围巾搭在肩上，两头一拃长的穗子在她膝前垂着。膨松的咖啡色羽绒服，深烟色毛料裤子，圆头低腰黑棉皮鞋，把老太太武装得雍容富贵，气象非凡，不禁说道："看着有点面熟，想不起在哪儿见过。"

"我就在民生街1号院住着，姓顾。只要是民生街上的常住户，都认得我。"顾老太要求中年妇女把她挑选的三枝明黄菊花、二枝白菊花、三枝康乃馨合成一束，用塑料袋卷裹住花茎，又用厚实的大塑料袋罩套住花冠，接在手里，付了钱，等中年妇女把刘方挑选的八枝四样花枝包裹停当，在刘方付钱的时候，响亮地喊了一声，"宝宝！走，回家了。"

刘方茫然四顾，只见一只奶油色京巴狗从远处的枯树丛中箭一般奔来，扑在老太太脚下，欢跳着蹭她的裤腿和脚面，又蹦跳着舔抵顾老太伸出的左手，突然稳稳地停住，仰头用那黑亮的眼睛打量刘方，像幼儿见了生客，发出轻轻的咕咕噜噜的疑问声。小狗颈上套着一条红绒布项圈，钉着金属纽扣般的饰件，身上穿着花棉布做成的背心，蓬参的大尾巴垂在身后，似摇非摇地动了一下。"走，回家了。"顾老太弯腰在小狗头顶抚摸一下，直起身对刘方说，"同路，一起走吧。"

"这是纯种的哈巴狗吗？"刘方随口问道。

顾老太答非所问："这是儿媳妇的，儿媳妇出差去了，要我操心几天，我没问过这是什么品种的狗，只知它叫宝宝。这不，清早巴晨出来转转早市，还得把它领上。"边说边走，嫌小狗脚前腿后地跳跃旋转妨碍她行走，斥了一声"一边去！别扰缠得人走不开。"

刘方听人说过，民生街一号院里住着老两口，老头离休前是副省级领导，几个儿子都是当官的。此刻看顾老太的装束打扮，听她说话的语气神态，估计就是那个有福气的老太太。试探着问一句："你有个儿子在市上当领导吧？"

"那是我老三，市委秘书长，芝麻官儿。"

刘方玩笑了一句："市委秘书长少说也是个五品官，七品县令才是芝麻官儿。"

"他五品也罢，八品也罢，回家来得把我叫阿妈。"老太太说这话时满脸的自尊。

同步走了一阵，老太太突然说："看我！只顾跟你说话，忘了一件事儿。这狗东西啥都不吃，只爱吃卤大肠，我得回去给它买卤大肠去。"吆喝一声，跑在前面给一只褐色黄斑的吉娃娃甩尾巴献媚的京巴掉头奔回来，跟着老太太返回去了。

51

刘方回到"三印一砚斋"，敞开店门扫地，湿抹布擦抹案桌及架阁上浮尘。觉得清爽了，把插花的青花胆瓶、豆半色冰纹梅瓶、童戏纹粉彩观音瓶放在案头，将蔫萎了的花枝挑拣出来，换了水，拿剪刀把新买来的黄菊白菊粉红康乃馨枝尾剪成斜面，挑开炉盖烤得斜面焦缩，搭配着分插进三只瓶中，一瓶摆在架阁二格中央，一瓶摆在电视机上面，另一瓶摆案桌一头，觉得街上寒气灌进店门抹杀了炉火散布的热量，关住双扇门，打开电视机寻找可看的节目，却见东方灵推门进来，跟着一个胖子。

刘方让坐，倒茶，东方灵给跟进来的胖子介绍："这位就是刘方先生，别号青山。"胖子伸出肉肉的手。东方灵介绍来人，"这是兰州市文联的蓝采先生，搞民俗研究的。"

这位看上去体重不少于一百八十斤，结实得像只大萝卜的蓝采先生笑呵呵地接茶，把发达的屁股压在椅子上，扫视案头架阁的东西边喘边笑。东方灵对脸上显出猜测神色的刘方说："蓝采先生昨日到西宁市就来找我，想通过我这个土生土长的西宁人，搜集些民间藏品。听说你手里有他需要的东西，今早天刚亮就打电话给我，趁早把你堵在店里，免得我俩空跑。"

刘方给蓝采添茶，"蓝先生收藏什么东西？"

东方灵抢在前面说："他收藏的东西比较别致。你猜猜看，能否猜得出来。"

刘方依据东方灵的一句话：你手里有他需要的东西，把蓝采收藏的东西框定在玉器、瓷器、文房四宝三个方面，信口说道，"玉器、瓷器收藏的人多，比较大众化，算不得别致。估计收藏毛笔、墨砚之类的东西吧？"

"猜错了！"东方灵说，"他收藏手绢、头巾、围巾之类的东西，别致不别致？"

在蓝采乐呵呵的笑声中，刘方说道："没想到，真没想到，一个大老爷怎么收藏这样的东西？"如今搞收藏的也是五花八门，酒瓶、烟盒、打火机、火花、邮票、指甲剪、刀具、纽扣、钟表、照相机、领带卡……却头次听到竟然有收藏手绢围巾的，不禁把好奇又疑惑的目光对准蓝采。

蓝采笑了一阵，才说："我小时候，也就是我祖母去世后，父母亲收拾祖母穿用过的衣物。我们那里有个习俗，要把亡人穿用的衣物随亡人下葬或者烧毁。遗物里有两条绣花手绢。母亲见手绢绣得那么好，又是新的，舍不得烧了，偷偷地留了下来。后来我大学毕业搞民俗研究，母亲把这两条手绢给了我，我被那两条绣工精美的手绢深深地吸引感染，有了收藏这一类刺绣品的念头。后来扩大收藏所有品类的手绢，布的、丝的、麻的、绣花的、印花的、各民族手工刺绣的手巾，后来又扩大到头巾、围巾、披巾……已经收集了上万条手绢头巾类的东西，各种色彩，各种材质，各种规格各种图案无所不包，唯独缺一样可以作为领军的东西。虽然花了大力气大周折搜集了一条丝棉大围巾，可它除了有很高的政治意义外，艺术品位上不去，难以……"

刘方打断蓝采的话，"你先停一停停一停，收藏手绢围巾与政治意义有什么关联？难道是哪个革命烈士的遗物？"刘方认为蓝采为了显示收藏品的价值，开始吹嘘起来。

"烈士遗物算什么！我这件东西比烈士遗物还要宝贵。"说话间望一眼东方灵。

东方灵替蓝采说道："他收藏的一条丝绵大方巾，是我们国家领导人刚工作那阵用过的。"

刘方来了兴趣，"是不是？不是吹牛吧？"

一脸笑肉的蓝采居然严肃起来，"我吹牛敢往国家领导身上吹？虽然我收集那条方巾时他还不是国家领导。"如此这般讲了前因后果。

但是，后来一位纺织界泰斗看了蓝采的藏品，认为这条方巾有太多的政治色彩，除去人为涂抹上的光华，就方巾本身，难以领军他的藏品。必须找一条或数条"沙图什"，他的藏品的品位才会升格。为了找到一条"沙图什"，他数次游历银川、西藏、新疆。因了藏羚羊成为国家濒危保护动物，藏羚羊的珍稀导致"沙图什"价值不断攀升，终未如愿。不料这次来西宁市，与东方灵闲聊中得到一条信息，便及早来"三印一砚斋"，观瞻并收购他梦寐以求的"沙图什"。

刘方暗暗高兴。当日出于一时冲动从那个撒拉族青年手里收了这条披巾，过后就有点后悔。这是冷货，除非遇到真识货喜欢的，谁要一条被人用过的旧披巾？孰料，不及二年，有人找上门来。便对蓝采说："东西真有一件，是我头几年高价收进来的。这几年不少人想要这条披巾，却不肯出价。藏羚羊已是国家明令保护动物，这东西只会升值，放它十年几十年越能赚钱。"

"快！快拿出来让我看看。"蓝采摸着上衣口袋急切地说。

东西锁在后边睡觉床下的木箱里。刘方进里边时在东方灵肩上拍了一下，"你给我看看炉子，要不要添煤。"东方灵会意地跟进来，刘方低声说："这人与你什么关系？如果是你铁哥，我要价得看你面子。关系一般，我得公事公办。"狡黠地笑一下。

东方灵压低声音对刘方耳朵说，"一般的关系，是我去兰州文联开创作会认识的。他只找我提供信息做个引荐，你想怎样就怎样，别管我。"挑炉盖有意弄出响声，"火还红着，用不着加煤。"盖炉盖走了出来。

刘方随后出来，双手捏住披巾两角抖开，旗帜一样显在蓝采眼前，波斯风格的图案色调，顿时击出蓝采眼眸上的火花，毕恭毕敬起身，在衣襟上蹭几下手，捏抓披巾，而后团在手里，一米见方的披巾竟像一团羊绒缩在掌中，手感温软柔滑。慌忙退下左手中指一枚蓝田玉戒指，把披巾一角穿过戒指，轻轻一拽，整条披巾滑到另一边去了。蓝采大喜，"这披巾我要了，说，多少？"

刘方看一眼东方灵，想伸出一巴掌，结果伸出了一根食指。

"一千？"蓝采的声音颤抖起来。

"亏你是搞收藏的！不识价可不会不识货吧？你以为是一条杭州丝巾呵。"

"那……你说得是一万？"蓝采的五官收缩着，"太贵了太贵了，不就一条'沙图什'嘛！"

"给你说真话。"刘方故作不屑状，"要不是东方灵引你来，我拿不拿出来让你看还两可哩。这种东西，没见过的人都借口要买，看一眼长见识哩。你要嫌贵，我就先存着。存着它，跟银行存钱没两样儿。这些年银行存款利息一直下调，这东西存着只会升值。"要把披巾收回去，蓝采却不给他，"你再让点，我就要下。"

"我八千五收的，放在店里担惊受怕操心了几年，总得赚点操心费吧？"又望一眼东方灵，东方灵却扭过头去欣赏新插的菊花。刘方说："看在东方灵引你来的份上，九千。再嫌贵，那你就去寻便宜的。"又要把披巾收回去，蓝采后退不让收，拍一下东方灵肩头，"东方灵你说这价格是不是太贵了？"

东方灵把目光从豆半色冰纹瓶移到蓝采脸上，"这些行情我不懂。你要确定是真货，买下吧。这些年你为找一条'沙图什'，上新疆下银川，少说也花了六七千的车宿费。如今这东西不好寻，老刘又愿意出手，你要下是最好的选择。有了这条"沙图什"，你的藏品有了首领，比什么都好。"

蓝采犹豫着，摩挲手里的披巾，"真得不能再少点？"

"不能再少！这是最低价。"

"成！我要了。"蓝采三五下团了披巾揣进尼子短大衣内袋，掏出皮夹点了九千放在案上，冲冲动动同东方灵去了宾馆。

刘方刚把钱收起来，穿着制服的宫尚臣、桑布走了进来。刘方搬凳子让坐，被脚下插花扔下的两叶湿花叶滑了一下，险些撞在案角。宫尚臣笑着说："慌什么？我们又没来催缴税款。"

刘方玩笑一句，"哼哈二将驾到，小民诚惶诚恐。"

说笑了一阵，官尚臣说："说正事吧，民生街工商、城管、税务三所联手搞的年度先进个体户评选活动已经开始，正巧焦玉玺去成都谈生意不在，我跟他通了电话，他的意思是先确定几个候选人，免得到时候东一榔头西一棒棰地乱选。他倾向选钉鞋的朱朝阳。朱朝阳自女儿死后，情绪一直低落着，却在修鞋钉鞋时只收成本费，报答民生街个体户们给他雪里送炭的恩情。这样的姿态行为值得肯定表彰。也给朱朝阳一种激励，让他尽快从女儿死亡的阴影中摆脱出来。焦玉玺委托你征求一下众商户的意见，如果分歧不大，就告诉朱朝阳准备一份材料，等他回来召集开会选举通过。"起身与桑布离店而去。

刘方从蓝采付的九千元中点出一千元，下剩八千元装入毛衣内的衬衣口袋。把点出的一千元分成两部分，七百元锁进抽屉，三百元装在身上。决定趁中午吃饭时间锁了铺门去办理焦老板委托的事项。他先去附近银行存了一个八千元的活期存折。去田壮饭馆吃了午饭。从西往东给各商户小组组长通报焦玉玺的提议，征求意见，统一口径。民生街个体户三百零两户，除箱包组组长回浙江老家给儿子办喜事，其余全在，一致赞同焦老板提议，还提出建议：别评来评去最后只发一个证书了事。应该给评出的先进个体户发奖金，或者免税一年。

组长们的通情达理和协作精神感动了刘方，决定及时把焦老板和各商户小组组长的表态传达给朱朝阳，让他提早准备材料，别辜负了大家一番好意。从民生街东头折往西行，走过布料、鞋帽摊区，看见十字路口西南角围站了一群人，一个面红耳赤的中年男人被拉出人群，给外围不知就里的人数说自己的气愤："真他妈不是个东西！鞋上钉了两个后跟，就要我五块钱。我问了几句，以往钉后跟只收三元，怎么要收我五元？我只这么问了一句，他就红眉胀脸地说我只知道穿上皮鞋耍人，不知他钉鞋人的寒苦。我说你寒苦与我什么相干？又不是我让你摆摊钉鞋的。钉了这么两个后跟要我五块，是黑心坑人。他说不过我，就抡着钉锤要打我哩！你们说他是个什么人？去年他丫头快死了，街道个体协会要大家捐助，我还捐了五十元。早知道他是这么个人，我拿五十元擦尻子也强于给他……"

人伙里一个年轻人冷不丁说："用人民币擦尻子是犯法行为。"这人又要吵，被人拉走了。

听那人话音，像是民生街上做生意的，可刘方没一点印象。也许只是批发了什么便宜货来民生街临时摆卖，正巧碰上焦玉玺挨摊挨户地动员捐资，怕丢面子捐了五十，也未可知。刘方等人群走散，见朱朝阳愣站着，手里提着钉锤。见了刘方，声音颤抖着说："你听他说得啥话！我给他说了，钉鞋的材料都涨价了，原先三块一盒的鞋钉，涨成五块了，胶皮也涨了……"眼眶里涨满了眼泪，"可他骂我是黑心，还拉出我丫头……"声音哽起来，"好像我借着丫头……"哽咽得说不出来，浑身抖动着，从围裙口袋取出一沓钱，手抖着点了五十块，"刘老师，你把这钱还给他，我没命使唤①这五十块钱，丫头的命也不止五十。"往刘方手里塞。刘方说："你别跟这种人一般见识，说不定他压根没在民生街待过，只听人说过捐资的事，气头上胡乱说出来给自己解气。"把钱往朱朝阳围裙口袋塞。朱朝阳躲着不让塞，五张十元的票子散落在地上。刘方正弯腰把钱拣起来，朱朝阳吼了一声，嚎哭起来，疯了似地用钉锤往掉在地上的钱上砸打起来。行人都愣了，眼瞅着第三张钱被钉锤砸成碎纸，才反应过来。卖日用小电器的老麻和刘方同时扑上去抱住朱朝阳，劝他冷静克制，另一人夺了他手里钉锤。朱朝阳渐渐恢复了理智，跌坐在马扎上抱头痛哭起来。

刘方明白，这时刻给朱朝阳提说评选先进个体户的事，注定没有好的效果。不如先去采办晚上招待朋友的生熟食品，过两天朱朝阳情绪平静后再说。给卖小电器的老麻叮嘱几句，揣着一肚子感慨走开了。

---

①方言，使用。这里指花费。

52

田寿吃下几片降压药，隔了十分钟，又吃下六粒丹参片，而后望着床头柜上排放的十几种药瓶，不知该不该再吃一包黄莲上清丸。十几天了，满嘴牙龈肿胀，把火烘烘的燥疼传进大牙、槽牙，隐隐地胀胀地疼，好像满嘴牙龈全酥了，咀嚼馍馍没一点咬劲。这让他十多天没吃杂碎。杂碎调料重，胡椒出头。他吃杂碎断断续续吃了几十年，从没上过火，或者从来没认为上火是因了吃杂碎。这次十多天没吃杂碎，是听老皮说，老吃动物头蹄内脏会引发痛风。而他的左脚大拇趾在田成业两口走后第二天胀疼起来。孤身一人留在家里，万一痛风厉害起来，像别人说的那样，脚疼得无法挨地，就会给孙子们添加麻烦。却闹不清这次上火因何而起。老皮说，是孙娃娶媳妇，儿子媳妇去了威海，把他一人留在家里，烦躁上的火。可他没烦躁呀！眼前没人晃悠，耳边没人嘟囔，这么清静安闲的日子，没理由烦躁，却不知为啥上了火。

眼前的药瓶花花绿绿地汩成一片晃闪的颜色。他甩一下头，恢复成一个一个大小粗细高低不同的药瓶，那些晃眼的颜色退进瓶身上的商标里。都说人老这一截难活。他的体会是，除了身上这儿哪儿的不受活，不爽快，老了难活这句话，对时下的老人不适合了。如今的老人都像进了天堂，闲闲地还领取退休工资，儿孙又多半挣着钱儿，吃不愁穿不愁用不愁，样样儿好得没口儿说了。像老皮、老边、老拐，整日嘻嘻哈哈东游西逛快活得像泡蛋娃①。要不是身上不受活，他过得日子实在没什么好抱怨的。可人老了身上咋就出来这么多毛病？不知那些老大树、那些被霜打蔫的花草，是不是也有这儿疼那儿痒的毛病？听老皮说，草原的狼、狐狸什么的，自知有病要死的时候，悄悄地跑进深山老林人们寻不见的地方，卧在洞穴里默默地死掉。人咋就没有这样的本事？一不舒坦，就把药当成饭一样吞着。说到底，只能怪人太奴了。

田寿把目光从药瓶上收回来，望着拖鞋把脚认进去，起身的时候望一眼

---
①方言，幼稚儿童。

窗外，发现天阴着，稀稀拉拉地飘着雪花。怪不得眼前的药瓶看着看着模糊成一片，原来是光线太暗眼力跟不上造成的。顿时觉得眼里干涩涩的，内眼角还有轻微的刺疼。从厨房走到大间，想去厨房用热水透一条毛巾捂一下眼睛，却被挂在墙上的日历牌红红的封皮惹得站立当地，望着日历牌恍惚起来。新日历是田成功去威海前从街上买来的。跟往年一样，买最大一号的，意思是上面的字儿大，还有农历推算时辰节气的内容，适合他看日子的习惯。他记得新日历买来挂在原来的硬纸牌上，将撕下来的旧日历的最后几页用胶水粘在新日历浮头。怎么贴上去的那几页旧日历不见了？倏忽想到旧日历已被一页一页撕完了，现在该撕新日历。这才想到今天是又一年的元旦。上前左手按住日历底牌，右手食指在舌头上蘸点唾沫，小心揭起新日历印着福禄寿三星的封面，撕下的瞬间觉得可惜，便卷起来把一角别进日历与底牌的缝隙，望着那个红灼灼的1字，心就从胸膛飞出来，从窗户玻璃透出去，顶着冰凉的雪花升上虚空。本想飞往千里外的威海，却又被懒散的意念牵扯了回来。早知元旦要天阴下雪，该把老皮他们叫到家里来，吃顿饭。可他总是下不了决心。先是担心老皮他们来了口无遮拦地浑说，让儿子媳妇听了，认为老子整日跟这样的人混在一起，怎么得了。后来又怕请来一帮牙口不好胃口不佳的生人，叫儿子媳妇在支应招待上犯难。某天，也就是老皮把大家召集到兴隆茶园听秦腔那天，他想趁着田成业、孟慧要去孟慧娘家走亲戚，家里没大小的空档，预约老皮他们来家里坐坐，却被老皮的几句玩笑吓得打消了这个念头。虽然那句玩笑话不是针对他的，可听起来十分地刺耳，让他那一刻对老皮产生了反感。那是由老边买来的卤肉引出来的笑话。当时茶园人不多，唱秦腔的演员也没到齐，在等打板鼓的人。他们六七个老人坐在长条凳上，老皮要了一瓶烧酒，老边把买来下酒的卤肉放在桌上，老皮便猛乍乍地问道："是不是你媳妇×上的肉？"老边老拐老那和他都怔了，把惊疑的目光戳在老皮脸上。媳妇×上的肉？这玩笑开野了吧？却见老皮笑起来，"我说什么了？看把你们吓的！我说的是媳妇批上的肉。"把批字咬得很重。见几个人脸上仍有惊色，便说了这句话的出处。原来，在生活紧张物质极度匮乏的年代，肉食品要凭票供应。一工人的领导要来家中做客，工人怕慢待领导，让媳妇托关系走后门找冷库领导特批三斤大肉。领导来家，工人端上红烧肉，得意地说："领导请吃,. 这是我媳妇批上的肉。"老皮把这趣事记在心里，那天在茶园冷不丁说出来，惹得众人一阵难堪。虽是一句玩笑话，让他对老皮不分场合混说的行为有了反感。

　　田寿在房里来来去去转了几圈，想不起自己要做什么，便盯住电话机出神。下雪天，又是节日，老皮他们准在家里窝着。前日田成凤打发伊承新送来几斤麻皮洋芋。把老皮他们叫过来吃煮洋芋，抹牛九牌，元旦节就不会无所事事了。走近电话机要提话筒，想起记着老皮家电话号码的小本本在卧室床头柜抽屉里放着。走进卧室，拉开抽屉，被院里猛地爆响的鞭炮声惊得抖了一下。听着鞭炮响完，心想，威海那边伟伟娶媳妇的炮仗也是这么响吧？只不知那边娶媳妇跟这边娶媳妇的规程一样不一样。不知院里这炮仗是娶媳妇放的，还是尕娃们过节放的。想着从卧室出来，觉得自己要做点什么，却想不起该做什么。无意中扫见电话机，怔一下，心想，节日，老皮的儿孙全在家里，老皮想出门也不可能。天下雪，街道上泥拉水渍的，七八个人带着泥水进来，人走后地上全是泥脚印，自己又没力气把地面拖扫干净，田壮回来定要抱怨。不由地凄惶起来，回卧室靠被褥趄在床上，心里骚动的，又是老皮他们爹胳膊扬腿的影子，嘻嘻哈哈的笑声。同是老人，人家咋就过得那么开心？他想努力开心却开心不了。偶尔开心一次，也如风匣炉灶上的开水，风匣一停，滚沸的水就静下来。于是满心的恓惶中又溢出些悲怨。把眼睛盯在卧室门外，发现水泥地面变成了土地面，门上也挂着一条灰白色补着一块补丁的门帘。恍惚间，又见门帘下显出一双紫红灯芯绒圆口布鞋，接着二嫂青果挑帘笑眯眯走了进来。趄在炕上的田寿想坐起来，却被青果按压住肩头，"你躺着，我又不是外人。我买了四张电影票，叫成娃领着弟妹看电影去了。院里一个人没有，我俩好好暄个。"眼睛就往外淌起蜜来。

　　"……二哥呢？二哥也不在？"他浑身不自在。二嫂的手还在他肩头上，没有取开的意思。她的手生电，电流从肩头击到心窝又击到腹部，让他舒坦地眯着眼睛。青果趁势俯身把嘴压在他的嘴上，用舌尖撬他紧闭的嘴唇，同时抓摸他的下身，下身通电鼓胀起来。他想狠劲推搡青果，全身的电流不听指挥竟把双臂搭在青果肩上。他睁眼看着青果此刻的脸色和目光，眼前却是一蓬爹乱的头发。这头发咋这样眼熟？接着看见一只骨瘦嶙峋的手撕住头发不肯放开。他浑身一紧，阳具又疲软下来。"怎么揣着揣着倒软下了？"青果杏眼里的蜜水刺一样爹起来，"你们田家人咋回事？！"他猛力推开青果坐起来，"你……"你什么，他说不出口，泪水就洗起脸来。双手疯狂地拍打炕沿，吓得青果退怔在门帘前，而后捂脸跑了出去。

　　"青果！"他喊了一声，是想把她叫回来，求她别再抓弄他，他经不起。不料把自己从时间的深渊中叫了出来，房里静得只剩下挂钟一步一步走动的声音。窗外，雪花还在摇落，有人在院里说话，咕咕哝哝像隔着一条大河，声音被喧哗的水声割裂吸收，只剩下一阵阵嗡嗡的回音。他从床上起来，走出卧室，就后悔没把老皮他们叫来。有老皮他们在身边混说混笑着，这些伤感的往事就没机会往他心里钻。盯住电话机发一阵怔，感觉下腹部有点热又有点困。他奇怪他的僵了几十年的死土竟然还能松动起来。青果的手真厉害，像五条蚯蚓，把三十年的僵土疏松开来。他想尿，走进厕所，开灯，像往常一样，有尿憋胀的感觉，却尿不出多少，细细地淌了一股，剩余的便涩在里边不肯出来，滴沥了几下。老皮说过：年轻时节压着压着尿到墙上，老了抬着抬着尿到鞋上。老皮这人你不服不成，脱口就是一段怪话，也不知他从哪儿听来的，一听就牢记心里，适当时刻说出来惹大家高兴，高兴中又明白点什么，思忖点什么。难怪老边老拐他们总像影子贴在老皮身边，也让他几天不见老皮如丢了魂儿。想到这儿，田寿决心打电话把老皮他们叫来，热闹一天。按下厕所的电灯开关，电话铃惊了似响起来，田寿望着电灯开关恍惚起来，这开关怎么连着电话？意识到真有电话打了进来，慌忙提着裤腰走到沙发一角，提起话筒，"喂！爷儿吗？爷儿，我是佳佳。"

　　田寿浑沌的思维顿时清明，"佳佳？佳佳，你咋想起给我打电话？"

　　"爷儿，哥哥已经把嫂子娶过来了，正放炮仗呢，你听。"真有噼哩啪啦的鞭炮欢欢地响着,像隔着门扇听炒豆儿一般。"听见了吧?是阿大叫我给你打电话的。阿大阿妈这几天忙坏了,见媳妇娶进了哥哥的宿舍,就叫我快给你打电话,一会儿就要去吃席哩。爷儿,你好着吧?"听筒里一阵嘈杂声,"爷儿,大大要给你说话。"田成功的声音便传了过来,"阿大,我们走后你好着吵?"

"好着,好着。"田寿眼角痒痒的,可左手提着裤腰,松手裤子就要落下去,便用电话听筒的边沿在眼角上蹭了几下,"阿大,伟伟媳妇娶过来了,单位给他腾出一间宿舍当新房,帮忙的全是伟伟的同学同事,喜事办得很顺利,你放心……"

田寿截断儿子的话,"伟伟的媳妇啥样儿?"

"人材①中等,一米七二的个头,就是瘦了点。媳妇娘家人都开通,都是直巴浪脾气。阿大,今日是元旦节,你咋一个人在家哩?老三两口没过来看你?"

"我好好的,他两口有啥好看的?"田寿炸炸地说。

"那我给田成凤打电话,叫她把你接到她家里过节去。别一个人在家里闷着,去了少喝点酒,到后晌我打电话叫田壮去娘娘家接你回家……"

田寿又截断儿子的话,"你们把伟伟的事办好就成了,我还没糊涂到你们这儿那儿地操心!"接到孙女、儿子电话的喜悦被一股莫名的恼怨冲散了,嗯嗯了几声就挂了电话。老大叫他去娘娘家少喝酒,傍黑打发田壮接他回家,这不是还记着那年元旦夜里的事嘛!心里就别扭起来。系好裤带,回到卧室,窗外还在飘雪,天色却亮豁了。黑雪亮雨,估计雪要停了。田寿坐床沿上,这种天气,又是节日,去外边没有熟人说话,不如在家躺着。便又趄在被垛上。身子趄倒心却趄不住,一飞又飞到老皮身边。老皮靠着一棵水桶粗的榆树,坐着镀铬金属支架的折叠马扎,正给大家说着笑话:"这事发生在四清运动期间,上面派工作组去某公社某大队整顿基层领导班子,发动群众检举揭发大队书记的违法乱纪行为,选举调换群众信赖的领导。某天,工作组召开社

---
①方言,这里指长相。

员大会，对劣迹累累的大队书记进行现场批判。在工作组事先的动员安排下，一个妇女主动站出来揭发书记的流氓行为。她站在台上，指着垂头弯腰接受批判的书记说：'社员同志们。这个寻口①！这个寻口当书记的几年里，没让我消停过。一天后晌，我正在井沿上打水，他悄悄地摸到我的身后，趁我往井里放吊绳的时候，从后头把我抱住，几下就扒开了我的裤腰，没等我明白就放进去了……社员同志们，你们说个，这个寻口他是个人吗不是个人？'一个社员就高声问道：'你当时没反抗吗？'妇女说：'我怎么反抗哩？一动弹，他的东西就溜掉哩……'一阵狂笑盖住了老皮的声音，来去闲走的行人见一堆老人前仰后合地大笑不止，也站下来跟着发笑。当时他心想，这个妇女问社员；书记是人不是人，不小心倒把个家弄得不像人了。细想想，人跟牲畜实际上没啥两样。像他……田寿坐起来，感觉有几十双眼睛从往事的云烟中把冷森森的目光向他刺过来，让他恨不能找一条地缝钻进去，避开这追随了他几十年的羞愧。原以为影子一样缠着他的羞愧已被割得干干净净，不再显出来折磨他，岂料它已渗进了他的血液、骨髓，一有点风吹草动，就把他还原成一头畜牲，彻底失去了人形。田寿从卧室摇出来，在挂钟一下一下的敲打下再一次恍惚起来。这一下一下敲在他心尖上的不是今天的挂钟声音，而是当年青果一字一顿的质问："你们田家人咋回事？！你们田家人……咋回事？"咋回事！青果的心事他明白，可他的心事青果明白吗？二哥不成归二哥不成！可她怎么能把他当成二哥一样呢？他是有四个娃娃的男人呐！他不是骟马，不是克郎猪，不是羯羊，不是阉鸡。他只为死去的梅儿，只为活着的娃娃，才宁愿把自己当成骟马克郎猪羯羊阉鸡的。青果她她她不该……他发疯似在房里转了几圈，心就横下来了。青果可以小看田禄，却不能小看他田寿！他要叫她明白，田家人咋回事的后头，有太多太多的难怅，太多太多的麻烦！想着，摸出自家的西房。娃娃们看电影还没回来，二哥不在家，院里只有他和二嫂。他提高脚步摸到东房门外，听见青果在房里嘤嘤地哭着，哭里夹杂着嘟囔，嘟囔的同时噼噼啪啪地响着。青果的哭声令他心酸，嘟囔

---

①方言，这里指不成器、没出息的人。

叫他委屈，拍拍打打的响声令他纳闷。手指蘸唾沫浸湿窗户纸，轻轻戳一窟窿，青果光着双腿坐在炕沿，边哭边嘟囔边拍打自己的下身，泪如雨溅。田寿的心被天爷猛地一捏又猛地松开，心一下子反弹鼓胀，旋风一样破门而入，扑跪在青果腿前，"二嫂！"青果怔了，溅泪的眼里冒出火来，按住他前额猛力后推，"你走！你走！我只为你是个有心有意有情的人，为拉扯娃娃年轻轻地熬着……我只为心疼你，不顾羞丑只为你少受煎熬，没……"哽咽不成言语。

"二嫂！"田寿浑身抖着，"我……我不是没想着，我也是人，是有过几个娃娃的人，才四十岁，咋不想哩？可一想梅儿，一想起四个娃娃，我就……我们单位有个科长，跟科里一个女子说了几次话，看了一场电影，就被说成发生不正当关系，给撤职了。还有一个工人，与一个有娃娃的女人只好了一次，就被开除了。一想这些，我害怕呵！万一被单位上知道，被街道上知道传到单位里，把我开除了，我哪有脸面见田家上上下下的人哩！挣不上工资，拿啥养活娃娃们，你……"你什么，声音抖得说不出来。可对着他眼睛的青果的那扇门户像暗夜的灯，深水的漩涡，冰岩上的火星，召唤着他又恫吓着他，让他浑身大抖大颤，气息壅塞。只听青果说："这在我们家里，是我们家务间的事，单位上咋会知道？就是知道了，也是我情愿的。"一下把他拉起来顺势压在自己身上，哆嗦着解他的纽子，松他的裤带。他被动地配合着，由她把软塌塌的东西往她的门户里填。却见梅儿的眼仁在青果的眼眶里盯住他看，紧忙闭住眼睛，听见四个孩子蹦蹦跳跳的脚步声由远而近。"不成不成！"他的疲软的尘根在挣出青果手掌的瞬间滑流出几束骨液，粘糊糊地落在地上。田寿逃出东屋，呆站在院里想了一阵，撒脚直奔医院。羞愧让他疯癫，也让他清醒。要从根本上消除这种羞愧，必须从自己身上开刀。来到中山医院，在门诊部走廊来去转了几次，无着的心思牵着无着的目光扫来扫去，看清斜对面一间诊室的门半开着，里边一个大夫的半个背影显在他的视线内。推门的时候，原来火烫的脸更加火烫起来。只有一个大夫，而且是男大夫，见他走进诊室，大夫和气地问道："你哪儿不好？"他哢了半天，才挤出一句，

"我想打问个事儿。"

"打问什么事呀?"大夫三十多岁,很友善很和气,可他一句话也说不出来。聪明的大夫说:"有啥不好就说出来嘛!别难为情。"盯住他打量一阵,问:"是不是得了男性方面的病?有病不说出来我怎么给你治病?说吧,哪儿不好?是阳萎还是早泄?"他的脸更烫了,心也跟着咚咚地跳,"我……想问……有没有办法……"他本想问:有没有办法让我不想女人,不想男女之事,可话到嘴边就卡住了。

大夫笑了:"你是男单身吧?"

"不,不是单身,有四个娃娃,婆娘几年前去世了……"

"哦,我明白了。"大夫更加和气起来,"有四个孩子,说明你有正常的性能力。老婆去世多年,说明你眼下是性饥渴。这病好治,找个老婆,病就好了。"

大夫把话说到这个份上,他顾不得脸烧不烧,心一横,说:"再寻婆娘四个娃娃见孽障哩。不寻婆娘,又耐活不住。我想,我想把害我的东西取掉!"

大夫的眼色凝重起来,"这可是个荒唐的念头!你怎么会产生这样的念头?你知道不知道,男人取掉男人根本,生理心理都会发生变化。当然,如果你要坚持这样做,医院可以尊重你的选择。但做这样的手术,得有你的亲属在手术通知单上签字。你与你的亲属商量过吗?我想你的家人不会同意你做这种荒唐的事,医院也不会因为你一时的荒唐念头而对你的一生不负责任……"

田寿下意识提裤子,发现裤子好好地穿在腿上,就觉得面孔还在紧绷绷地烧着。陈年的羞愧灌满了他的灵魂,如同羊血灌满了大肠,又被时光煮熟了。此刻,他再想起老皮的笑话时无意中切开了这条被他挂在阴暗角落的肠子,发现里边的血还没凝固,只是变成黑色,散发着腥臭。他慌忙穿上外衣离开了房间。房间里塞满的往事让他害怕,再一个人呆下去,非发疯不可。

53

　　手机铃响，田健打开机盖，来电显示陌生号码，"喂？""田健吗？"柔润的女声。"你是谁？""我…不肥也不瘦。"竟然咯咯咯地笑起来。田健讨厌电话里捉迷藏，"请说名字，要不我挂机了。""我是吕玲。""吕玲？吕玲是谁？""吕玲就是吕玲。"对方又笑了，"你是不是田健？"田健也幽了一默，"此田健就是彼田健。""是田健就好，想不想见面？"田健倏忽想起了婚介所，"你是喜鹊婚介所里的……女同胞吧？""我是婚介所往外推销的那个女同胞。""哦，怎么是你打电话？""我怎么不能打电话？你不是看上我了吗？""不是说婚介所征求你的意见后由他们给我打电话吗？""婚介所打电话通知见面又得收你三十元见面费，我这样给你省下三十元，你说，想不想见面？"

　　田健被对方的有趣吸引了，"见，在哪儿？"

　　"你定，我是磨道里的驴，听吆。"又笑起来。

　　"正好我今天有空，北大街北端往左拐有个'真君子'语茶，去哪儿见面好不好？"

　　"几点？"

　　"半小时后？"

　　"成！待会见。"

　　关了手机田健猜测，这心直口快大大咧咧的女子会是什么形像？微胖，中等个儿，脸上总挂着笑容，见面熟。他看过的照片并没有什么吸引力，此刻被她吸引了。也怪，此前见过多少女人，没一个能一下子让他产生兴趣。

　　田健想换件衣裳，转念打消了这个念头。说话无遮无拦的女子，通常是不太计较男人们的穿着打扮。

　　田健估计时间够用，步行走出民权街，从西大街东行到大十字拐向北行，走到"真君子"语茶门口，比约定时间迟了五分钟。被奶白色六面立柱和宝石蓝玻璃隔成数段的一楼大堂内，散坐着几对喁喁私语的男女。田健跟随穿着奶黄色、裤缝和袖口缀着咖啡色双条制服的服务生上到二楼，没来得及看清二楼大堂的陈设布局，就听到了叫声："田健，到这边来。"先他而来的吕玲选了靠窗临街的位子。乍上楼的田健被大窗户透进的天光耀住眼睛，只看到一个模糊的黑影。走近，眼睛也适应了堂里光亮，看清吕玲笑眯眯地站着给他示意，让他坐在她的对面。他顺从地隔桌落座。条桌上，已摆好两杯清茶，两碟干果，一包烟。

"你怎么认为我就是田健？"

"我看过你的照片嘛。"吕玲见田健望着茶杯和干果盘欲说不说地犹豫着，笑了，"我知道你们男人与女人约会，就会被虚荣心操纵，明明怕多花钱又装出不在乎的样子，所以我先点了茶水和干果。茶是碧螺春，八元一杯，美国大杏仁和糖炒栗子是按我的口味点的，两盘二十元。烟是给你点的，不知你平时爱抽哪种烟，点了一包硬翻盖芙蓉。"

"你怎么知道我会抽烟？"

"与你通电话我就闻到烟味了。"吕玲又咯咯咯笑起来。她的面相与照片基本吻合，其它竟与田健猜测的相同，微胖，中等个头，眉眼灵动中透出机智。除了淡淡地涂了与皮肤相配的唇膏，没有化妆，保持着本色，穿着大众化。

"怎么样？与照片上看得一样不一样？"吕玲等田健收回目光时问道。

"好像比相片上好看点。"田健随口应付一句，心里却被某种情绪感动着。没有哪一个女子像吕玲这样让他一见如故。

"以前与我见过面的几个男人都说我没有照片上好看。他们都是容易上当的。"吕玲抽一支烟递给田健，又把田健的打火机夺在手里。

"为什么？"田健把烟叼在嘴上由吕玲点燃。

"那张照片是我精心化妆后照的。他们只爱看照片上作假的效果，你却没被照片上的假象蒙蔽。"

"一个蝴蝶标本再精致，也不如一只在眼前飞动的蝴蝶令人动心。"田健吃惊自己居然说出如此精彩的话来。而这是见了吕玲后油然冒出来的思维火花。此前，他没意识到自己有这种潜能。

"可我要说的，是你的那张照片太差劲了。是婚介所那女子照得吧？像办身份证用的大头照，又像罪犯档案上贴的照片，拍得太没水平了。"说话间抓几粒栗子放在田健手上，又剥开一粒硬送到田健嘴里。田健的生命兴奋灶上没有女人。他曾推想如果有一天与一个女子谈对像坐在一起，会是什么情景心境。原来竟是这样自然，从容，没有丝毫的紧张惶恐难为情，难道这说明他与吕玲真有缘份？

好像要给田健的感觉做出进一步诠释，吕玲说："我把个人资料送进婚介所前，先有十几个男人与我见面。都是同事、亲戚朋友认为合适介绍的。可一见面我就烦，没一个能让我产生好感。家里又逼得紧，嫌我二十七八还不出嫁。我只好把资料送给婚介所，碰碰运气。反正我要找一个见面就像熟人一样让我快乐的男人。"

"看样子我就是这样的男人了？"

吕玲笑了，"你相信缘份吗？"

"以前不信，现在信了。"

"要不要把我家庭及个人情况给你详细介绍一下？"

"没那个必要。一切都是虚的假的，只有眼前的你最真实。"田健意识到已被什么力量弄得有点盲目起来，不禁半开玩笑半认真地补了一句："可我得把我的过去讲给你听，好叫你做出判断。我脾气坏，爱打架，还……因为盗窃抢劫和调戏妇女判刑坐过牢，惹急了我还会杀人。"说完笑了，以示自己不过是在玩笑。

"这说明你是一个敢做敢为的人。我就喜欢这样有血性的男人。有血性才是男人。"吕玲庄重地说了这么一句。

接下来两人就天上地下想到啥说啥，没一点拘束没一点娇情，整整聊了一下午，直到田健要去接班才中止合拍的谈话。田健借口去卫生间到吧台结账，吧台上说，"那女士已经结了。"

分手前，两人约定隔一天见一次面。

眨眼两周。

两人的会面已由两天一次改为一周一次。这是两人吃西餐时由吕玲提出而后确定的。吕玲的理由是，彼此要想真正了解对方，还得假以时间。恋人间的卿卿我我缠缠绵绵往往会让双方的感情陷入迷恋的泥潭不能自拔，从而放弃理智做出越轨的事来。在这难分难舍的时刻努力克制自己的感情，方能清醒地把握自己和对方的意愿，到底是痴迷于男欢女爱还是有永久的信心。另一条，近期两人频繁的接触，让她花去了很多应该花在生意上的心思时间，让生意伙伴不满。与男友会面固然重要，与生意伙伴努力挣钱同样重要，不能顾此失彼。

田健认为吕玲想事周全，赞同她的提议并乐于实践。他为约会已经上班迟到两次，让主管经理不满。另外，虽然与吕玲在一起他感到快活充实，可他不想跟电视剧里那些男女主人公，把这种没有压力的快活充实变成一个包袱背负在心上。吕玲的想法一样，因为她从来没有暗示或者挑逗他显出异性间的那种急迫。这种情况下，把原本两天的会面改为一周，不难做到。

这天，田健约吕玲到"山川秀"茶艺馆会面。这是第一次相隔一周后的会面，彼此见面，倍感亲切，让田健对吕玲有了进一步好感。

装潢典雅，陈设古色古香的茶艺大堂几乎被顾客占满。多数人在玩扑克牌，也有打麻将的，桌角累放着面额不等的现金或作为筹码的卡片。只有零星一两桌茶客在侃侃而谈。没有理想的位置，两人只好坐在被别人挑剩下的墙角的一张桌边，要了一壶铁观音。吕玲对欲要点干果的田健说："别要干果，我俩只喝茶聊天，嗑瓜子吃东西会干扰谈兴。"

田健说："今天你别抢着买单，由我买单。一个大老爷们，老吃你喝你可不成。"叫服务生过来要点干果。

吕玲笑了，"你想错了，我不是怕谁要买单多花钱，而是怕边说话边吃不带劲。"对过来的服务生说："我们只喝茶，不要瓜子。"等服务生走开，又说，"你跟我谁是谁？再说，不是说好两人在外边吃喝，花二百元以上你掏，二百以下我掏吗？前日我们进了一批童装，卖得火得很，几天就把大部分卖出去了。凭这，今天也该我买单。"

田健只好服从她的安排，心里冒着幸福的泡沫。吕玲身上具备很多女人不具备的东西。在物欲横流的当今社会，没有一个女人不得意于滥花男人的钱，吕玲反其道而行之。单凭这点，不难测出他在她心目中的深浅。

邻近桌上有几个人"挖坑"，面朝田健的那个人在抓牌的间隙不时向田健张望，探测的目光。在服务生给田健桌上茶壶第三次加水的时候，邻桌"挖坑"的清点手边的现金；一个说"今天手气真臭！输了三百六。"一个得意地说："我赢了八百三。"把钱装进口袋。那个总看田健的人说："我没输也没赢。"起身走过来问田健，"你是住在民权街二十一号院里的，叫田健吧？"

田健不自觉地站起来，"你是？"

那人望一眼吕玲，和气地说："我有事想问问你。"扫视四周，"去那边吧。"指一下靠近楼梯扶手的一块相对空静的地方。

田健纳闷着随他走到楼梯口一侧通往洗手间的过道拐角，那人才自我介绍："我是民生街派出所的民警，展望。听说我的前任老阮与你是铁哥？"

田健警惕起来，提醒自己多说的少说。

"我看了老阮留在所里的一些材料，他丢枪那天和你在一起喝酒，你能不能把当时的情况给我讲讲？"

"这事不是已经落实了吗？"田健努力不让紧张显在脸上。

"枪一直没下落，怎么谈得上落实？我认为这里边一定出了什么差错，把老阮冤枉了。作为他的接任者，我想为他做点事儿，能洗尽老阮的不白之冤，不是更好吗？我本打算去你家里找你谈谈，碰巧在这里遇见，趁个便吧。"

田健心里清楚，公安局找不到丢失枪支，作为当时在场的他永远脱不了干系。不说，反而会引起展望的怀疑。就把当时被传唤到派出所询问时回答的那些话小心地重复了一遍。当时为了说得合乎逻辑，他反复思谋要说的话，印象特深。此刻复叙起来，来龙去脉清晰如初。

展望认真地听着，审度着田健的眼睛。等田健说完，说："你谈的这些与留在派出所的笔录没有出入，好！谢谢你的合作！"拍一下田健的肩头，"老阮离开公安后，你见没见过？"

"两年没见了，听说他在内地开了一个公司，别的就不清楚了。"

"好，这事暂时就这样吧。你曾是老阮的朋友，我们能不能也成为朋友？"

"成！多一个朋友多一条路嘛！"田健装出很大度很在意的样子，心里却敲着小鼓，这是黄鼠狼给鸡拜年吧？

不等田健走到桌边，吕玲迫不及待地问："他找你什么事？他是什么人？"

"是民生街派出所的。"便把当年与老阮野餐喝酒吵嘴，以及丢枪的事简略说了一遍。吕玲听了，说："真是莫名其妙！他的前任丢了枪，他问你算什么？以后再找你，别理他！看他能把你怎么样？"

这个小插曲，让田健心里老是浮游着与聊天不吻合的情绪。吕玲见他老是走神，借口上厕所结了账，回来说："咋俩回吧，我得办件事去。"

54

辛巳年腊月二十三立春。清晨下了一场鸡爪雪，太阳一照，积在树枝上的雪块即刻融化，把春的柔润气息滴滴嗒嗒传达给土地。辛巳两头春，原计划翻年举办婚典的人家，认为壬午无春，是黑马年，寡妇年，纷纷把婚事前移，免得冲犯人间大忌。有那自信唯物的虽然坚持己见，不肯流俗，却每日被这儿那儿喜庆的鞭炮声提醒警告着，不免生出些疑虑，闹不清这样的习俗，是发之人心的迷妄，还是显示着不可违拗的天意。报纸上针对这种现象专题讨论，用舆论引导人们，可人们只留意心里那个古旧而原始的概念，我行我素。整个腊月，几乎天天响着婚庆的鞭炮，时时有装饰得流花溢彩的喜车从大街上滑过。饭店酒店门口，穿着雪白婚纱或大红毛料套装的新娘被亲友们簇拥着拍照录像……民生街田家人的眼睛和心灵，被这日盛一日的生活热浪冲击着，这才明白过来，威海的喜事所以要赶在春节前举行，十有八九是为了避开这个黑马年。

这天吃早饭时，孙雅萍问田成才："老大老二几时回来？"

田成才咽奶茶噎了一下，伸着脖子说："不知道。"

"我看你这个老三是骚羊的脖子，单另的肉！"自觉这话说得过份，孙雅萍望一眼低头搛榨菜的田健。

"你猛乍乍的这是啥话？"田成才鼓出眼仁，"奶茶馍馍还塞不住你的嘴？"

"好话！"孙雅萍针锋相对地瞪住男人，"昨日我去超市买肉，碰见田成凤，我问她伟伟大大、大大几时回来，她说这两日就要回来。我问她是猜的还是听到了准信儿，她说老大给她打了电话，最迟腊月二十六就回来了。听见了没？老大有事宁肯给出嫁的姑娘通传，也不给你兄弟通传，你不是骚羊的脖子是什么？"

田健望着吐在桌上的一点榨菜茎，"阿妈这话说得太难听了！阿大是骚羊脖子，我们是什么？别整天疑神疑鬼地了，不就是一个电话，打给谁不一样？"

"就是不一样！"孙雅萍把手里茶杯墩在桌上，奶茶溅出来烫了手，把手贴在嘴前吹了几下，"宁肯给出嫁了的妹子打电话，不给家里的兄弟打，这不是明着另眼看人吗？要礼行的时候，头一个想的是我们，如今媳妇娶进门，就把我们忘到九霄云外去了。不就是伊承宗开个出租车吗？难道给我们打电话，我们连一个接站的出租车叫不上？"

"阿妈！你把心肠放大一点好不好？"田健甩着缺气的打火机说，"田字颠来倒去都是一个田字，你别在自家人伙里制造矛盾。"在桌上墩几下烟屁股，叼在嘴上点燃。

孙雅萍虎虎地瞅着儿子，"你别说这吃里扒外的话！既然是一个田字，为啥有事要瞒着我们？我没说你，你倒说起我来了！我跟你阿哥已经出了两份礼行，你又轻飘飘地把一千给了他们，我忍着没说你，今儿明早你倒说起我的不是来了。"

"那一千是我孝敬爷儿的，怎么？不该孝敬？"

"我没说你该不该孝敬!可你孝敬给谁了?明说是让你爷儿出去见世面哩,结果呢?是老大拿着我们的钱儿撒去了!这不是当着我们一套儿,背过我们又是一套儿……"

田成才打断孙雅萍的话,"这怎么能怪老大?是阿大死活不去,临上车才决定让老大去的。"

"哪也得给我们说一声吧?拿上我们的钱儿撒去了,连一句话舍不得给我们说。如今要回来,又舍不得给我们打电话……"

像感应了孙雅萍的牢骚,电话铃声大作。田健提起话筒,"三爸吗?"是田英。田健把话筒递给父亲,对母亲说:"你嫌人家不打电话,这不,电话来了。"

田成才把话筒贴在耳上,听到田英急迫的声音:"三爸,阿大和二爸昨晚打来电话,说买了二十四的车票,二十六就到西宁市了。要我跟你商量一下,把待客的席桌定下来。你在家等着,我跟小宁半小时内赶来。"挂了电话。

田成才给孙雅萍复叙电话内容,孙雅萍冷笑一声,"这样的电话别来最好!"把三人喝奶茶的碗哐啷哐当地摞起来,"轮到跑腿费心的事,才想到有个老三了。叫田英给田成凤打电话!叫他们商量去!我们操不下这个心。"说着装模作样要打电话,被田健虎虎地说了一句:"阿妈!你把个家当个人吧!别抓住眉毛就上脸!不来电话你多嫌,来了电话你也多嫌,你是个啥人?"

一下子把孙雅萍说懵了,怔望着儿子半天张不开嘴巴。田健扔下筷子,"这家里真没意思!想安心吃顿饭也吃不成!"进卧室提了外套,摔门从家里出来,刚走下楼,手机响了,是吕玲,"田健,我得违约了,你不生气吧?"

田健一时没反应过来,"违约?违什么约?"

"不是说好一星期见一次面吗?可我想你了,特想你,想跟你在一起,你有没有空?"

田健笑了,"行呵!去哪?"

"我俩去塔尔寺吧?"

"去塔尔寺?这么冷天去塔尔寺?"

"冷天去塔尔寺才有情调呢！今天是立春知道不？明年马年没春，人们都赶在腊月结婚哩！我听人说，立春这天恋人去寺院许个愿心，将后日子过得特甜蜜，我俩去塔尔寺许愿心吧？"

田健烦家里的婆婆妈妈，出来没地方好去，"行！半小时后在西门十字见，打的去。不过我得事先声明，我今天身上没钱。"

"有钱也不让你花，我全包了。"

田健刚到西门十字，穿着带风帽的玫红羽绒服的吕玲摸到身后，用戴皮手套的双手捂住他的眼睛。田健反手在她腰上掐了一下，吕玲咯咯咯咯笑着松开双手。田健回头，吕玲戴着雪白的口罩，口罩衬映得乌黑眼仁灵光四射。田健第一次有了想搂抱她的冲动，因了在公共场所，克制了自己。

选了一部座套整洁，司机精明的出租车，上车坐稳，行驶不到二公里，田健的手机响了，徐总打来的，"今天有没有空？"

"有……空，有事只管吩咐。"田健拍一下司机肩头，司机靠边停车。

"顾秘书长家今天要往开发区那边的新房搬家。顾秘书长出外开会不在家，家里只老两口和顾夫人，叫了搬家公司的车子，不用你搬运东西，只要你操心一下，看着他们搬放东西。"

"行！我马上就去。"田健收手机的同时给吕玲如此这般说明原因。吕玲听了说："塔尔寺里全是泥佛，顾秘书长是真佛，先敬真佛要紧。"

吕玲识时务，感动得田健努嘴在她脸颊上美美地亲了一下。车调头，吕玲用肩膀撞着田健："我今天特想跟你在一起，我跟你一同去看他们搬家吧？"

"行呵！"田健搂住她的肩膀。

民生街一号院内停着一辆"安顺搬家公司"的金杯牌双排中型货车，四五人聚在车头左侧抽烟说话，看样子是搬家公司派来的搬运工，在等待东家的指示。田健上前询问，其中一个老成的回答："凌绝顶俱乐部老板给我们经理打电话，说民生街一号院有人搬家，要我们经理派车派人过来。我们经理派我们来了，院里一点动静没有，不知是哪一家，问了两个人，都说不清楚，我们只好等着，你是要搬家的人？"

"我也是老板派来帮人家搬家的。你们等着，我先去问一下，下来叫你们。"同吕玲上楼，走到秘书长家门口，听见房里正大声争论什么东西该搬什么东西不该搬。田健按下门铃，开门的正是顾老太太，身后立着一个眉毛灰白且又浓又长的清瘦长者，一只京巴狗在顾老太脚前冲着田健汪汪地叫了几声。

顾老太有点恍惚，"你是？"打量田健与身后的吕玲。

田健恭敬地说："嬷嬷，你不记得了？我是前年帮你抓住抢娃，你叫你儿子给我安排了工作的田健呐！"

"看我这记性！"顾老太用脚拨开京巴，"你咋来了？我们今日搬家，家里乱古隆冬的。"

"谁呵？"随着声音，从卧室走出一位四十岁上下的女人，用丝巾拢着头发，穿着肥大的蓝斜布大裢，表情淡漠。田健估计是秘书长夫人，刚要回答，顾老太抢在前面说："是徐老板派来给我们搬家的。"女人不无疑惑地扫视田健吕玲，"就你两个？"

田健慌忙解释："搬家公司的车已经在院里等着，来了五个人。徐总给我说，你们搬家，这边装车，开发区那边卸车，出出进进上楼下楼你们顾不过来，让我替你们看着点……"

女人打断田健的话，"你去把他们叫上来吧。"田健转身要走，又听她说："先别叫先别叫，还有几样东西没收拾好，等收拾好了再叫上来。"说着进了卧室。顾老太跟进去，就听到婆媳两人的对话："别的东西不搬就别搬，可我睡觉的这张床我睡惯了，我得搬过去，我没睡过的床睡上去我没瞌睡。我的缝纫机也得搬过去。""妈！给你说几次了，那边房里买了全套的家具，你把这旧床搬过去往哪儿放？这多少年没见你用过缝纫机，搬过去干啥？"

"这床我跟你爸睡了几十年，惯了，我就要这张床。别的床再新再好，我睡不惯！""妈！你咋这么顽固。那边是新装修的房子，买的家具颜色款式跟装修的风格统一配套，把这床搬过去，与家里整体风格不协调！"

"我不要协调！我只要睡着舒坦。"

夫人的口气生硬起来，"这事就这么定了！旧东西一律不搬，缝纫机也不搬，多少年没见你在缝纫机上做过活儿，搬过去也是不用的东西，还得占一块地方。"

"这缝纫机是你爸爸当科长那年求人要了一张购货券买的，虽然这些年没用，可跟我有感情。他们兄弟三个小时候穿的衣裳都是用这缝纫机扎的，我要当纪念品。"

"好好好！就把缝纫机搬过去，这旧床不能搬……两样东西你只能搬一样，搬啥，你看着办吧。"

顾老太灰着脸从卧室出来，被站在门外的老伴奚落了一顿："你要是舍不得这些破烂，就别去开发区！那里是新房，精装修的，你一个老半死不配住那么好的新房子。干脆就在这里住着，守着这些破烂，免得磨人的眼睛！"气狠狠地进了另一间房子。顾老太没意思地怔着，想到田健吕玲进来一直站着，强装笑脸让了一句："你俩先坐下，等她把该包的东西包好，再叫人装车。"

片刻，夫人从卧室出来对顾老太说："妈，衣柜里的衣服，床上的被褥我都包好了，该拿的零碎东西都装在纸箱里面。"不等顾老太应声，盯住田健，"你下去叫他们上来，告诉他们，旧家具一概不搬，要搬的全是细软轻便东西，叫他们把车箱打扫干净，搬东西别把电视、音响碰了。"

田健下楼给车边等候的搬运工如此这般交待一阵，叫四人上楼搬东西，自己和吕玲等在车边监督他们装车。

一时，用旧床单、旧棉毯包裹的大包小包，宽胶带粘扎封口的十几只纸箱陆续扛下楼来。田健站在车箱边，指挥搬运工们把怕碰的东西放稳在软和的大包上边，用小包挤住四周。站在车边看热闹的院舍邻居们看着说着争讲着。一个说："到底是当官的，只搬了些细软，粗笨东西全不要了。"一个说："眼热了是不是？要是眼热，等当家的下来，你说几句好话，那套沙发准给你。"一阵起哄的笑声后又一个说："听说开发区那边买的房子二百二十多平米哩，装修得官殿似的。"又一个说"二百二十几平米？那得六七十万吧？""别说六七十万，就是六七百万，对人家还不是小菜一碟！民生街上，谁家有三个儿子全是当官的？如今当了官就是钱呐！"众说不一，夹杂着或热羡或自嘲的笑叹声。

一辆黑色奥迪开进院来，调头停在货车一侧，司机下车扫几眼装货卡车，上楼去了。片刻，秘书长夫人把头伸出阳台窗户叫道："田健，你上来。"田健拉了吕玲慌忙上楼，等在房门门的秘书长夫人说："市委办公室派来一辆小车，我同阿大阿妈去开发区那边。我们走后，你叫来收旧家具的，把这些旧家具处理掉。"弯腰，在脚边缠绕的京巴便跃进她的怀里，伸出软红的舌头舔她的下巴。

"开发区那边要不要我去？"

"那边有我单位的同事们，你把旧家具处理掉就完成使命了。"

使命？田健撇嘴笑了一下。

吕玲扯一下田健的袖口，低声附耳说："你得让她把处理旧家具的价位定下来。这些家具都新新的，可收家具的不肯出钱。让她把价格确定个范围，我俩依她定的要价，卖出去最好，卖不掉也怨不着我们。"

田健感激吕玲的提醒，在她额头上亲一下，对将要出门的秘书长夫人说："这些年收旧家具的都不肯出水，好好的家具，他们只出五六十块。我看你的这些家具都好好的，你得给我一件一件定个大概的价位，我好掌握，要不……"要不什么，田健没说出来。

秘书长夫人促催在小房间磨蹭的公婆快随司机下楼，把怀里小狗交给司机抱走，领田健进了她的卧室，"这衣柜当初五百买的，少说得卖二百；这床四百多买的，也得卖二百；这对休闲椅和圆桌少说得卖一百。"又引田健到老人卧室，"这房里的五斗柜是七十年代买的，床也是那时节买的，二样卖二百就可以了。"走到客厅，"这组仿真皮沙发当初是一千二百买的，你要他们五百元，最少四百元，再少就太亏了，这组柜卖三百吧；这些椅子、方凳、折叠椅，你看着卖吧；厨房里的厨柜、煤气灶盘、煤气罐，总共卖五百元不多吧？"

田健笑了，"夫人，这些年我时常给朋友搬家，见他们处理旧东西，多少知道点行情。像这煤气罐，一个只给二十元，顶多三十元，灶盘也就是四五十元，根本卖不了你要的这个价位。你定得太高了。我的意思是，东西值你说的价位，可收家具的不出水，也没办法。你不如别卖了，送给需要的亲戚朋友，落个人情，比卖上一二百元强。"

"我们乡里没有亲戚，城里亲戚谁要这些破烂？你看着卖吧，卖多少算多少，一定卖不出去就先放着，等有人买这房子，再说。"出门下楼，田健追到楼梯口，"夫人，老太太不是要搬走缝纫机吗？叫人抬下去吧？"

夫人挤眉弄眼地说："她早忘了。你别管，有人要你只管卖掉。"

剩下田健、吕玲二人，顿时觉得房里空荡荡宁静。田健拉吕玲坐在沙发上，点了一支烟，不无感慨地对吕玲说："你提醒得对。要不，由我的脾气，把这些家具低价卖出去，闹不好会被夫人认为我们从中捞了多少好处。"握住吕玲的手，传达自己的感激。

吕玲把右手合在田健手上，"我看这女人是心里一套表面一套的人，不防是不成的。不是说害人之心不可有，防人之心不可无吗。别为这些小事让秘书长夫人对你产生误会，影响秘书长对你的好感。"

"你说得对。"田健撮嘴在吕玲额头上亲了一下。他本想亲她红润的嘴唇，却把嘴放在了她的额上。房里就他和她，空静让他有了与她交媾的欲望。觉得把两人的身体紧贴在一起，把自己进入到她的肉体里，才能最大强度地体现他对她空前的感激爱慕之情。可他强忍住了。别人的房间，床上没有铺垫的东西，沙发上肯定很别扭。关键是，他不知道吕玲是否有这种需要。要是让她勉强接受他，终归不妥。这样一想，下身的热胀自行萎退了。

"我俩现在干什么？"

"出去寻找收旧家具的。"拉着吕玲出门，才想到急迫中忘了要下房门钥匙。出门势必要锁门，回来进不了房子，田健说："你躺在沙发上休息，我去街上寻个收家具的叫进来。"

吕玲不忍田健走开，"你给旧货市场打电话，叫他们派人来不就成了？"

"我不知道旧货市场的电话号码。"

吕玲笑了，"给114打电话不就知道了？"

田健拨通114服务台,问清旧货市场电话号码,打电话过去,接电话的问清街道院号楼号,说:"院里停着十多辆收旧家具的三轮车,喊一声准有人去,你们等着。"

吕玲把肩膀靠在田健身上与他说话,双手抚摸他的大腿、膝盖,又掰开他的手指看他指纹,用小指在他手心抠痒痒。田健意识到房里的空静让吕玲有了某种需求,这是给他的暗示。可他已经把甩鬃跶蹄的心猿意马关进了笼子,再放出来,有点出尔反尔,便被动地受她爱抚。吕玲见他没有反应,说:"刚才我俩进院时看见门外有个卖甜醅的,我俩买两碗甜醅吃吧?"

田健下楼到院外。韩乙布拉给田健盛甜醅,问:"你不是一号院里的吧?"

"你咋看出来的?"

"我在这里卖甜醅卖了十几年,一号院男女老少没一个不认识的,你是来转亲戚的?"

田健把帮人搬家,等着处理旧家具的事告诉韩乙布拉。韩乙布拉停住手里活儿问:"处理的东西里有没有缝纫机?"

"怎么?"田健取钱交给韩乙布拉。

"我一个妹子出嫁在大通县新堡子,婆家老的小的一大堆,衣帽鞋脚的针线由她一人做,心想买个缝纫机,少费点事。只想买个上海产的蜜蜂牌,靠我打听着,你这里要有缝纫机处理,卖给我吧?"

"正巧有台缝纫机,你上去看看吧。"

韩乙布拉左右望了几眼,见修锁老谭正在门外与行人说话,叫过来替他看着车子,随田健进院上楼,到二老卧室,摆在五斗柜一侧的缝纫机竟然是蜜蜂牌的,喜出望外两眼眯成细缝,"你们多少钱处理?"

"你出多少?"田健清楚穆斯林的精明,有意探了一句。

韩乙布拉手摸光滑的台面,打开翻盖提出卧式机头看了一阵,又低头看下面的带轮踏板,直起身说:"东西还好好的。这种机子当年的原价一百六十元,放到如今,用多用少,都是旧的了。对你们来说,新也好旧也好都是多余的东西。拿到我妹子家,就是一件大东西了。这样吧,看你是替人家卖的，我出八十元，你抬给我。我妹子家里缺钱，八十不是个小数。"

韩乙布拉如此爽快，吕玲也是让他决断的神色，便说："你再添二十吧，主人要我一百五十卖掉，我不能降得太多。"

韩乙布拉犹豫着争讲一阵，以九十元成交。田健帮他把缝纫机抬下楼，韩乙布拉说，"等卖完甜醅，放车上就拉走了。"

近旁摆摊的围拢来，七嘴八舌地议论，一个说："看得出，这是细心人用过的东西，新新的，哪像用了几十年的东西？"一个说："这牌子的缝纫机当年售价一百五六十元，用了十几年卖九十元，太黑心了。"又一个说："当年啥情况？如今啥情况？当年一斤羊肉三角七分，现在一斤羊肉七元五角，长了二十倍。人民币贬值，如今的一百元只顶当年的十块钱，怎么说贵了？"

圈外有人喊叫让道，从旧货市场赶来的三辆脚踏三轮车，被围着看缝纫机的人拥住道路进不了院子。田健把三人领进院子，引上楼，给他们指点要卖的家具，报出要价。三人都摇头，"太贵了，我们照这价钱收东西，一分也赚不上，你好好说。"

田健已经不耐烦了，"这是按主人定得价格。要买，就这价。嫌贵，走人。我可没权力给你们降价。"

三人在几个房间出出进进地审看要卖的家具，而后低声合计，欲罢不能地犹豫着。吕玲的手机响了，吕玲听电话，嗯嗯呀呀地应了几声，说："我们刚刚认识，哪好意思说呀？不成！买卖是你我俩人的，有风险也得两人共同承担。前几次都是我向亲友借钱，这次轮也轮到你了，你想想办法吧，我真的不成，真的不好意思向他开口。好，就这么定了，我挂了。"收起手机，见三个收家具的还游荡着，不禁说："看好了没？要买就痛快点，这样婆婆妈妈不像个爷们。"

三人被吕玲说得不好意思起来，显出求告的神情低声下气地对田健说："要价太高了，像这种沙发，我们拉到乡下顶多卖二百多元，你要是一百五十元卖给我们，我们还能挣上五十元。要不，白费力气还得赔本。"

"给你们说了，我是替人家处理的，得照人家定的价格。你们嫌贵，等主人来了跟她商量吧。"拉开房门示意他们走人。三人不舍地扫着那几样家具，又见田健没有通融的意思，相互望了一眼，下楼走了。田健才抽回心思问吕玲："刚才谁打的电话？你什么不好意思说？"

"小章来的，说供货厂家发来一批成衣，要我们把货款及时汇过去，她说一时凑不出那么多款子，要我先借几万汇过去。还说，你不是新近谈了对象吗，先跟他借。我说我俩刚认识不久，哪好意思张口？"

"你跟我谁是谁呵？有什么不好张口的？我存折上只有六千元，要不先取出来？"

"别管！上两次货款是我凑钱汇去的，这次该她借了。哪能一说起货款先想起我？我又不是神人。"

"两个人的买卖，谁凑不一样？别你推她她推你误了事儿。"田健真诚地望着吕玲。

"误不了。早几天迟几天的事儿，三两天后把钱汇过去就成了。"上前挽着田健胳膊，"东西没处理掉，是另外叫人还是回去？"

田健想了想，打电话给徐总，如此这般说明经过，请老板把情况转告秘书长夫人。两人拉死房门，下楼找地方吃饭。

55

一连几天，深夜回家的田壮哼哼叽叽唱着什么。田寿父子猜不透田壮究竟遇了什么好事，让他深更半夜喜不自禁。田寿给儿子说："自赵娟到饭馆，田壮就变了一个人。他的高兴，八成与赵娟有关。"田成功对父亲说："我估计生意有了好转，让田壮扔了愁眉，换上笑脸。"

这天，田成功吃了早饭从家里出来，感受着民生街上因冬去春来而日渐红火的商业气象，径直向街西端的饭馆行走。他想好了，如果田壮的高兴发自赵娟，就得想方设法成全两人好事。如果是经营有了起色，人手必定紧张，他就帮他们做点力所能及的碎活，在家闲着也是闲着。

赵娟同李翠正在收拾卖完月饼的大蒸笼。厨房里，田壮正在红案上忙活，手下放着一块牛腱子肉。"阿大你先去堂里喝茶，今天有客人来，我得做些准备。"田成功纳闷着回到饭堂。看儿子神色听儿子口气，说的并非顾客。什么客人，让田壮懒得跟他多说两句？问赵娟，回答说："过了正月十五，来饭馆吃饭的人一天比一天多起来。有几次，人坐满了，又来了人，我们只好用好话把顾客打发走了。田壮说：'我们的运气来了，得想法抓住这个时机，不然会后悔的'。今天田壮邀请了工商所的官所长，商讨扩大铺面的事。"

"扩铺面？往哪儿扩？"

"有天来了几个吃饭的，我从他们的闲谈中听到一个信息，民生街与民权街交叉路口的'鸿运食府'被工商税务城管等单位勒令停业整顿。田壮借茬，说这是个好机会，要借茬儿办件大事。今天请官所长来咨询这件事。"

田成功木呆地望着擦抹桌椅的李翠，心里不安起来。经营刚有点起色，就沉不住气要"办件大事"，有点不切合实际吧？小打小闹的一个饭馆，经营了两年，只能说达到了收支平衡后略有盈余。在这种前提下能办什么样的大事？别不是妄想把食府盘下来吧？他曾在"鸿运食府"吃过宴席，当时听人说，经营面积四百多平米上下两层楼的食府，先后换了几个业主。每换一个业主，投入资金重新布局装修，结果却大致相同：以百倍的信心起头，以不了了之告终。有人为这几个失败的业主总结教训，在以中低收入群体为消费主体的民生街经营中档规模的食府，是主观愿望与客观实际相互脱节的徒劳实践。有人则认为"鸿运食府"占据的地理位置风水不好。纵然业主都是久战商场的骄子，在主宰人类命运的天道戏弄下，也会阴沟翻船。如果田壮的所谓"办大事"是打食府的主意，八成是脑子进水了。

等田壮从厨房出来，田成功劈头问道："你是不是要扩大经营？"

"不扩充能行吗？这巴掌大的一块地方，卖月饼顾不上卖饭菜，卖饭菜顾不上卖月饼，眼看来吃饭的顾主没地方坐转身走开了，我不扩充铺面能行吗？"

"往哪儿扩？这前后左右都没空闲地块。"

田壮意味深长地笑一下，"有了个想法，不知能不能行得通，等有了卡码①再告诉你。"

田成功盯住儿子眼睛，"你要觉得地方窄小不够用，就别贪多贪大，只做一样儿吧。要么只卖月饼，要么只卖饭菜，等手里有了垫底的钱儿，再图发展。"

田壮看着擦抹架阁的赵娟的侧影，"话是对的，可这么小心小胆前怕狼后怕虎的，啥时候才挣下钱儿哩！如今的世道，饿死胆小的撑死胆大的。没有闯劲，一辈子也打不开局面。"

"什么闯劲？纯粹是胡整！"田成功把目光投向架阁上的财神像，他进门没闻着香烟气味。儿子只会妄想，连给财神的香也懒得上了。

"胡不整，没名声！"田壮笑起来，大约被自己这句调侃的话感染了。

"别人胡整有胡整的本事，你有多大本事我知道！听我一句话，别凭着妄想做没卡码的事。"

"从小听你的话，听来听去，听得我就剩下这点出息。你说我没本事，是听了你的话的结果。如今连公家也提倡鼓励尽快发家致富，摆脱温饱奔小康。你的话只会叫我们满足温饱、固步自封不求发展。"

田成功脸上显出挂不住的颜色。担心父子俩吵起来，赵娟插进话来，"大阿舅，田壮这么谋算，全因为这些天吃饭的人越来越多，估计今年形势要比去年好。眼下还只是这么想一想。能不能盘下食府，得多少钱才盘得下，心里都没数儿，请官所长就是为了摸清底细。大阿舅你只管放心，田壮他心里有数儿。"居然当着田成功给田壮撂了一个媚眼。

"有数儿就好。就怕没数儿，脑子一热胡做哩。"田成功觉得这样说还不足以让儿子清醒，又说："我听人说，食府占得风水不好，前后几个业主都赔得收拾不住，才往外盘哩。你们怎么想起食府的主意？"扫一眼赵娟。他猜测田壮的主意大多出自赵娟的意志。

---

①方言，这里指结果或条件。

田壮正要声明，进来三个顾客，要吃炒面片，田壮急去厨房收拾。片刻，香喷喷的三大碗面片由李翠端上桌。趁顾客埋头吃饭的工夫，赵娟对田成功说："你听说的情况不准。如今这个姓哈的老板挣得好死哩，从上一家盘下来后，一年挣了十几万。"

"你听他们胡吹！挣下十几万不好好地开着，为啥要往外盘？是为了尽早找到接手的人，放出的风声。"

"不是。"赵娟佯装给田成功添茶，低头对他耳朵低声说："这次不是业主要往外盘，而是姓哈的老板不知为啥把工商税务方面的惹下了，人家抓了他一个把柄，叫他们停业整顿，意思是借着整顿不让他开了。田壮想趁此机会盘下食府，可以少花钱。"

田成功又把审度疑问的目光投在赵娟脸上。田壮哪有这么灵光的头脑？八成是你给田壮出的主意吧？赵娟看出了田成功的心思，笑一下，去柜台给顾客结账找钱。

田壮从厨房出来对田成功说："阿大，我请了官所长中午来饭馆吃饭，得好好准备一下。有赵娟、李翠，人手也不缺，你去体育馆广场转转吧，那里卖兑奖的彩票，热闹得很。"从口袋掏出二十元交给父亲，"这二十你买上十注彩票，要是手气好运气旺，中个二等奖三等奖，搬一台大彩电、洗衣机什么的回家，我们就赚了。"

"我身上有钱。"田成功起身离开了饭馆。儿子怕他在官所长面前说出扫兴的话，有意要把他支开。出门又回身问道："你们是不是不给财神上香了？供了财神，就得记着上香。"赵娟抢在田壮前说："上了，我们每天开门第一件事就是给财神上香。""上香了，我咋闻不着一点点香味？"田成功看一眼香炉，才看清香炉外有些新落的香灰。

"我们上的是无烟的佛点头香。有的顾客怕闻香烟味，给我们提意见，我们换成无烟的了。"

"无烟？香还有无烟的？无烟算什么香？"

田成功离开饭馆，信步穿过天堂巷市场，往西门十字行走，心里起伏着田壮扩大经营的事，喜忧参半。喜儿女不甘人后，敢闯敢干，对生活前景充满了信心；忧儿女们这种初生牛犊不怕虎的阵势，八成是撞南墙的盲目。喜忧之外，深感活人一世，祸福竟像影子紧随身后，孰福孰祸，没法自裁。思前想后，是时代变得太快，让他这些四平八稳谨慎小心的过来人跟不上趟儿。连上的香也成了无烟的了。烟火烟火，香火怎么能无烟呢？就纳闷，点着的香不冒烟，什么做的？

西门十字路口的来往行人明显少了。十天前，也就是福利彩票发行那天，他去田成业家路过体育馆广场，看见想发财的人把广场挤得水泄不通。广场旁边路上交警在疏导车辆行人。那些买了几张彩票自信会中奖的人，找个人稀的地方，急切又虔诚地用指甲刮去彩票兑奖区的银膜，而后大失所望地把那二指长短的硬纸彩票丢在脚下，再次挤进人群。那刮去银膜发现中了奖的，大呼小叫着奔向兑奖台，一脸激奋的神色。今天，大约是现场兑奖活动已接近尾声，广场上来去游思寻梦的人稀疏起来。一排临时搭设的书桌后面，坐着七八组兜售彩票的人。只有零星路人在桌前咨询购买兑奖的事宜。心热手痒的，买一注两注，刮开兑奖区看一眼，丢在脚下悻悻离去。兑奖台上，摆放着洗衣机、电视机、冰箱、电饭煲、热水器、微波炉、电熨头之类的奖品。兑奖台一侧，停着四辆红色夏利车。据说，这次活动的特等奖是一辆夏利车。上次他路过停着八辆，今天剩下四辆，那四辆被中了特等奖的人开走了吧？不知那几个有财运的人刮开彩票粉膜，发现中了特等奖，会是什么心情。

田成功在广场上来回徜徉。他从来没有侥幸中奖的臆想。活了六十年，命里财多财少，财路的来龙去脉，基本上已经明白了，就不信有一个夹肉的馍馍一眨眼掉在自己头上。不过看看人们买了一两注彩票刮奖时的气色神情，挺有意思。那些坐在桌后等待人们购买彩票的工作人员，殷切的神情中已有了明显的疲惫和不耐烦。桌上，摆着十几盒没有开封的彩票。那开封的彩票放在敞口的纸盒里，供人挑选抓摸。

田成功正想离开广场，发现田成海从西往东走来，穿着那身出门才穿的海蓝色毛华达呢中山装，紧罩在棉衣外面，鸭舌帽软塌塌地扣在头上，遮住了耳梢，好像新剃了头，帽子显得过于宽松。田成功估计田成海想发财，来碰运气。走上去，不无调侃地说："你应该买些彩票，没见那边还停着四辆夏利吗，你命里有财，买上十注，试当试当。"边说边从正面打量田成海滑稽的穿着：浅缃色棉袄外裹着毛华达中山装，外衣罩得太紧，只扣了中间三个纽扣，棉袄的领子和下襟角鼓鼓地露在外面。

"这都是骗人的！我就不信世上还有这么便宜的事儿。"田成海一脸不屑的神气。大约是既不屑理会这种兑奖活动也不屑搭理田成功的调侃。

"那你来这里做什么？"

"我去城管所打问拍卖厕所经营权的事儿，路过这里，看看热闹。"

"你决定把天堂巷的水厕拍买下来经营？"

"我测算观察一星期。"田成海左右扫一眼，把嘴贴近田成功脸庞低声说："弄得好，一年能挣三万多。"复又提高声音，"总得寻点事儿做，这么闲着等死不是法儿。"

田成功笑了，伸手抓捏一下田成海爹在外衣外面的棉袄襟角，"别把个家太勒抠了，买一件宽松的棉衣穿上吧，有了岁数，这么紧巴巴地裹在身上，受活吗？个家舍不得买，就叫田野给你买。我见田野两天一件三天一套地换着，该给你买一件名牌鸭绒服穿上。"

"指望鸭子放屁哩！"田成海苦笑笑，"紧是紧了点，可也不委屈。人老了，身上不冷就成了，讲究什么？"

话不投机，田成功应付几句，与田成海分手，扭身回家。又见卖甜醅的韩乙布拉也在卖彩票的桌前转悠着，一改往日的行头，穿着一件浅灰色隐格绒里茄克，腿上一条同样颜色的有竖条纹的休闲老板裤，脚上一双棕色皮鞋。要不是头上还戴着无檐白顶帽，分明成了潇洒的机关公务员。韩乙布拉也看见了田成功，迎过来问："田师，想买彩票？"

田成功答非所问："你今天不卖甜醅了？"

"我让姑舅兄弟给我看守摊子。我爱凑热闹，过来看看。"

"没买几注碰碰运气？"

韩乙布拉不置可否地笑笑，"明日是最后一天，我想看看，有没有抓个特等奖奖一辆夏利汽车的。"说话间扭头扫视买卖彩票的人员。韩乙布拉敞着拉锁的茄克衫内，穿着一件姜黄色有纹饰的羊毛衫，左胸部鼓起了一个大包，大约衬衣口袋里装着厚厚一沓钱。

56

宫尚臣午饭前来到饭馆，同来的还有城管所的桑布，卫检所的老米。宫所长对田壮说："我们都去市上开会，散会一起出来，我心想一个人来这儿吃饭，没个说话的，就把老桑老米叫来了。"

田壮请宫所长吃饭，只为打探食府整顿的情况，此刻见来了三人，不免显出为难之色。赵娟及时地说："田壮知道你跟桑所长形影不离的，准备了些好吃的。怕你一个人来吃着没气氛，叫我快打电话给你，让你叫上几个伴儿来。所长到底是所长，都替我们想到了。"给田壮丢个眼色。田壮会意，进厨房添加材料，心里感激着赵娟的机灵活泛。

一时，李翠把六个凉盘端上来，赵娟边布菜边对李翠说："你去厨房给田哥说，我们柜上全是中低档烟酒，叫他去隔壁铺子里买两瓶上档次的酒和好烟。"

宫尚臣笑着说："中午就两小时，随便吃点午饭就成了，喝了酒下午怎么上班？"

赵娟也笑着说："你们日日夜夜为我们的生意操心着，给了我们多少的便利！我们早想把你们请过来吃顿饭，可你们是贵人，天天有人请你们，你们也想不起到我们的小饭馆坐一坐。今日抽空儿来了，是给我们长精神来了，我们得好好地给你们敬几杯哩。饭馆柜台上的酒不合你们的身份，拿两瓶好酒，喝了不上头，不影响你们下午上班。"

说得三人喜形于色。宫尚臣拍一下老米的肩头，"我说得没错吧？田壮的饭馆虽小，可赵娟是个极有生意头脑的聪明女子，人又长得可爱，你来这里吃饭，不后悔的。"

老米就盯住赵娟脸蛋看了一阵，又打量她的体形，夸张地弹着舌头。

田壮在厨房听了李翠的传话，慌忙掏出三百元交给李翠。一时，买来两瓶好酒三包好烟。赵娟把三包烟分别塞在三人手上，"一人一包，免得让来让去费事。"又从柜台取来三只打火机放在三人面前。

"我不会抽烟。"老米把烟放回桌上。

赵娟重新拿起往老米手里塞，"宫所长、桑所长都抽烟，你不抽也是间接吸烟。先抽一支，等我敬了酒，陪你抽一支。"开瓶斟酒，对李翠说："你把田哥叫出来给三位贵宾敬酒。"

宫尚臣说："你敬就成了，干嘛要田壮出来。"

"好，恭敬不如从命，不过我得把话说在前面，一人六杯，六六大顺，干杯。"

"成！不就六杯嘛！"桑布接住酒碟，一杯一杯干了六下。接着宫尚臣干，老米干。趁赵娟接酒碟，老米抓住她的手摩娑几下，"小赵的手真绵，手指细长细长的，是个弹钢琴的材料，在饭馆跑堂实在是委屈了你。"

赵娟佯装惊讶地看起自己的手来，"是不是？我咋没发现？"翻动手掌看了几眼，对老米说："是你抬举我吧？我哪有那个造化。不过你这一说，我真高兴。为你这句好话，我得与你对饮三杯。"说得老米眉开眼笑，起身与赵娟对饮，又趁机在赵娟手腕上捏了一下。

田壮出来给三位敬酒，又叫李翠敬了一轮。有几位顾客进来吃饭，田壮进厨房前对赵娟说："今天你的任务是把三位领导陪好。"

几轮喝下来，三人脸上浮红，话多起来。吃下两块黄焖羊肉，问赵娟："你们叫我来，不是只为吃肉喝酒吧？有啥话就说，等会儿醉了就说不成了。"

赵娟认为火候没到，"不是什么了不得的事，今天说不了改天再说。只要三位领导常来饭馆坐一坐，我们就满足了。"又给三人敬了一轮，让菜时有意无意地问道："我们田哥的手艺有没有长进？听一位吃饭的顾客说，我们田哥的大炒里脊比鸿运食府的大炒里脊味道好。你们常去食府吃饭，那里的大炒里脊的味道是不是比不上田哥的？"

"谁说我们常去食府吃饭？"宫尚臣故作严肃状，"这样说可是不负责任的。我是民生街工商管理所所长，常去食府吃饭，不就有了盘剥的嫌疑？以后不准说这样的话。"

赵娟佯装失语的慌恐，"是我说错话了，所长大人别见怪，我自罚一杯认错。"饮了一杯。

赵娟如此知趣，宫尚臣说："倒不是一次没去过。去年姓哈的把食府盘下后，我去过一次，是穿着便服去的，意思是不让他们看出我是工商所的。没想到姓哈的牛皮烘烘的。我问他生意怎样，他带搭不理地斜眼看我一下，说：'你吃你的饭，问这干什么？'把我气得！心想，要是我穿着工商制服，给你十个胆子也不敢这样。那以后，我再没去过食府。有次我在街上检查工作，穿着制服，姓哈的小子认出我来，死皮赖脸要拉我去食府吃饭。我甩开他的胳膊走开了，把他弄了个大红脸。"说完笑起来。桑布、老米齐声说："对！对那种人就得给他点颜色看。不就是开个破食府吗！挣几个臭钱不知马王爷几只眼了。"三人碰杯喝了杯中酒，桑布说："我看姓哈的就不顺眼，一次在仙鹅宾馆碰见，他领着一个娘娘①，就像把嫦娥领上了，头抬得高高的，与我面对面走过装作没看见。后来我寻了一个茬儿，整得他快要给我下跪哩。"

"寻了个啥茬儿？"老米问道。

"今年春节前有一家的儿子结婚，在他的食府包了宴席。娘家人来吃席，放了几串鞭炮，迸溅的火星把路过一个小孩的眼睛烫伤了。小孩的母亲找食府老板讨说法，他说鞭炮是结婚人家放的，与他没相干。小孩母亲不服气，告到消协。我听到这消息，就去食府询问姓哈的，民生街是条步行街，行人密集，是不准燃放鞭炮的，你为啥要违反城管规定？他说炮是结婚人家放的，他管不着。我说你允许人家在不该放炮的地方放炮，责任全在你。就给他罚了一千，把罚金交给小孩母亲给小孩治眼睛。后来食府门头的招牌做得不合格，我等他挂好后令他取下来重做，把他整得没脾气了。"说完大笑起来。

---

①俗语，这里指年轻女人。

"那……这次叫他停业整顿为了啥事?"赵娟适时问了一句。

"狗日的拖欠员工工资,打骂员工,逼得几个乡下来的女孩子到区政府告状。这还不算,他又雇了几个从兰州来的青年,没做身体检查,就让他们上岗,其中两个是乙型肝炎患者。"宫尚臣指一下老米,"多亏老米眼尖,看见两个服务员脸色不对,焦黄焦黄有病的样子,要求看他们的卫生检疫证,一个也没有。老米催令他们去卫生防疫站检查身体,查出是乙型肝炎患者,其中一个大三阳,正是传染期,你说,对这样的食府,不查封整顿怎么得了?!"

"你们这样做真是太应该了。"赵娟恭维着,又给三人敬酒,老米边吞酒边抓摸赵娟的手腕,连声说:"好绵的手腕。"

李翠端上一盘回锅肉。赵娟给每人蘸碟里撺一片回锅肉,"停业整顿一般多长时间?"

宫尚臣说:"那得看他的态度。态度好,十天半月后让他开门营业。态度不好,一月两月地整顿。"与桑布、老米交换着眼色,而后碰杯大笑。

仗着几份醉意,赵娟也狐假虎威地说:"干脆再施加点压力,让他的食府开不成。"

宫尚臣手里端着酒杯盯住赵娟眼睛看了一阵,笑了,"我明白了,你绕来绕去跟我们说话,是在套我们的话哩。老实交待,你和田壮请我来,是想趁机把食府盘下来,是不是?"

"哎呀我的大所长,你这是抬举我们了。我们做的是小本生意。哪有钱盘下那么大的食府。不过你这话倒叫我有了这样的念想。只不知盘下这样一个食府得多少钱?"

"听我们所里的小蔡说,姓哈的从姓汤的手里盘过来时,花了三十万,包括姓汤的装修投进去的费用和一切手续费。"

"我的阿妈!这么贵。"赵娟吐一下舌头。这次她不是装样子,而是真的受惊吓了。三十万,对她和田壮都是天文数字。

"三十万还嫌贵?"桑布说,"够便宜的了。姓哈的盘到手一年过点,你们猜挣了多少?听我税务所的朋友说,单从经手的税务票据累计数字看,挣了七十几万,还不算偷税漏税的部分。真要能把食府盘下来,挣钱是大大的。"

吃喝一阵,宫尚臣趁剔牙的工夫对赵娟说:"你们真有这样的打算,我给你们出个主意。想办法让我们局长开口。局长一发话,我们就有办法把整顿的日子拖下去。不营业一个月要付出四五万的费用,姓哈的哪有这样的耐心?"

"局长?"赵娟给宫尚臣斟酒,"局长高高在上,我们哪有本事让局长发话。"

赵娟虽然耍滑使奸把不少的酒吐进茶杯和手绢上,却依然被酒力拿住,头里嗡嗡作响,目光也涩滞起来,眼前的宫尚臣一时清晰,一时显出重影,感觉大腿上有一只手抓摸着,也不去管它,把脸贴近宫尚臣的嘴边,"把局长,怎么拿下?"

宫尚臣见邻桌几个吃饭的人等饭的工夫听他们说话,便把身子后仰躲开赵娟的面孔,说"你醉了你醉了。"给老米一个眼色,老米就把手缩了回去。

李翠进厨房把田壮叫出来,田壮让李翠把赵娟拉进厨房休息,自己坐下来,伸手与桑布划起拳来。

57

田成功回到家中已是中午,见父亲坐在沙发上看电视,径直去厨房做饭,却听田寿说:"英英来了电话,说有要紧的事给你说哩。"

田成功走到放电话的小桌边,提起话筒拨号,扫一眼电视屏幕,是介绍旅游景点的专题节目。电话通了,田英听出是父亲的声音就劈口问道:"老爸,去哪了?打几次电话都没人接。"

"什么事儿这么心急火燎的?"

"好事!老爸你先猜一猜。"

"我猜不出来!接二连三打电话嫌没人接,有人接电话又绕弯子不说。说,什么好事。"

"老爸真是的，阿妈没有了，你就把我们忘掉了。明早是阳阳的生日，我在风华火锅城订了桌子，给阳阳过生日。明早你哪儿都别去，十一点准时到风华火锅城，我在门口等你，把爷儿叫上。"

"我当是什么了不得的事，这么撑三追四地打电话，叫我白白地紧张了一阵。"

"你们这是啥习惯？一听有电话就往坏处想？"

"风华火锅城在哪儿？"

"在小桥长途汽车站左隔壁，十一点我在门口等着，你跟爷儿一定得来。"

田成功嗯了一声要挂电话，田英急切地说："先别挂，我还有事要说。"

"有啥话明早见面再说，我得给你爷儿做中午饭去。"

"这话明天不能说。前天下午阳阳去同仁路同学家借书，看见爷儿从浪客浴足城出来了。爷儿去那种地方做什么？你告诉爷爷，那不是他该去的地方，去了闹不好要上当受骗。有没有必要给爷儿提醒一下，你决定吧。"挂了电话。

放下话筒，田成功不禁把狐疑的目光投在父亲身上。田英心直口快，肚子里存不住话，但这种事如果没有十分的把握，是不会贸然说出嘴的。阳阳已经是六年级学生不会看错。从田英"闹不好又要上当受骗"的话分析，八成已经知道了前年元旦夜爷爷去了发廊被诱骗的事。要不，怎么会说"又要"呢？可她是怎么知道的？只有他、孔秀和田成凤知道，后来虽说给老二、老三两口说了，却一直瞒着小辈们，她是从谁的嘴里听到的呢？田成功走进厨房，田寿追上话来："田英接二连三给你打电话什么事？"

田成功立在厨房内审视父亲的神色。对田英来电话这么敏感，难道真有其事做贼心虚？语气不禁硬起来，"能有什么事！明日是阳阳生日，叫我们别出去，十一点去火锅城吃饭。"

"我不去。"田寿不假思索地说。

"为啥不去？"田成功盯住父亲问。

"我跟老皮说好要去老拐的一个亲戚家看百灵鸟儿。再说，阳阳过生日，田英两口叫来的都是年轻人，我老老地搅扰什么？去了吃又吃不了几口，喝又喝不下几盅，干坐着叫人家服侍。"

田成功张嘴要说什么却忍住了。进厨房烧了奶茶，炒了一盘素甘兰，从冰箱冷藏柜取出头天李翠送过来的月饼，切片码在碟子里，端到大间茶几上，同父亲吃午饭。边吃边想，该如何向父亲询问浴足城的事。见父亲掐一块月饼塞进嘴里嚼着，眼看着电视机出神，不喝奶茶，也不撺菜，忍不住问道："你跟老皮他们除了抹牛九牌看鸟儿听曲儿，还干些啥？"

"阿爷们凑到一起，能干什么？晒太阳，暄板。"很不情愿的口气表情，端起茶碗扑扑地吹开浮头的茶梗，裹着茶梗的奶皮就皱在碗边。

"我听人说"田成功犹豫了一下，"听人说你们还去洗脚城里洗脚，真有这种事？"

"你听谁说的？"

"你别管是谁说的，你只说去没去过洗脚城。"

"去过。"田寿喝下一口奶茶，坦然地说。

"你……去那种地方做什么？"

"看你问的！去洗脚的地方就是为了洗脚，有啥稀奇的？"

"是老皮他们叫你去的？"田成功极力压着心里上窜的恼火。

"老皮上班那些年常去牧业点下乡蹲点，得下了寒湿腿病。到了城里，听他儿子说，城里有药水洗脚的地方，经常洗洗，可以减缓病痛。老皮去洗脚城洗了几次，腿脚不疼了。又洗了几次，遇上节气，腿上也舒舒坦坦的。他叫我们试着洗了两次，我觉着腰酸腿困的毛病轻了。"

听父亲语气，看父亲神色，没一点弄虚作假的样子，倒叫田成功不知如何是好。如果事实真如老皮说得那样，老皮的儿子鼓励父亲去洗脚城洗脚治病，他这个儿子有什么理由阻止父亲做这样的尝试？不过新千年元旦夜发生的那件事罩在他心里的阴影至今没有散尽，总让他疑心父亲的正当理由之外，另有图谋。不由地说："我看那种地方还是少去为好。那是什么地方？去得人杂，里头的水头道路谁摸得清？洗个脚不要紧，别又叫人把你诓骗一下。骗掉几个钱儿事小，叫人知道了，丢脸的事儿就大了，像那年元旦夜里……"

田寿鼓出眼仁打断儿子的话，"那年元旦夜里怎么了？那是我一时犯糊涂走岔了路，进错了地方！你别总是拿着那件事给我念咒经！我苦了一辈子，把你们一个一个拉扯成人，如今日子好过了，我洗个脚不应该吗？我个家有退休费，洗脚又没花你们的钱……"

田寿一阵牢骚，倒让田成功无话好说了。就缓了语气："我是怕别人说闲话。既然只洗个脚，没做别的事儿，你发这么大的脾气做啥哩。吃！快吃月饼，奶茶凉掉了，吃了饭去寻你们的老皮耍牛九去。"

这天，田成功十点从家里出来，估摸从民生街到小桥大街，步行一小时足够。就沿街信步走来。路过星座超市，觉得外孙过生日，当外爷的哪能两个肩头扛一个头去吃喝。走进超市，看来看去，不知买什么礼物好。外孙爱踢足球，是少年宫少年业余足球队中锋，买一双球鞋最能让外孙高兴。在鞋帽区选着，球鞋的标价全在百元以上。犹豫了一阵，想到儿女伙里，田英是知热知冷的，凡事都想着大人，便咬牙选了一双一百五十六元的"明星"牌球鞋。提着鞋盒走过超市停车场一角，看见外甥伊承宗和一个交警比比划划说着什么，看那脸红气急的样子像在吵嘴。便站在远处观看动静，必要时上前劝开。这时，那位交警甩一下手，走开了。田成功上前询问外甥发生了什么事情。伊承宗气鼓鼓地说："我拉的客人去超市买东西，叫我在这里等他出来。这狗怂见我停着，要我把他送到东出口去，说他们的哥们在东出口聚仙园聚会。我说我没事一定送你去，这阵儿不成，我的顾客去超市买东西要我等着，我走掉，人家要投诉哩。这狗怂就不高兴了，说他叫我送他去是看得起我。他一个交警小队副队长，只要一招手，哪辆车不停下来伺候。我说既然你手一扬就有人伺候，就另叫一辆车送你吧，我真的有顾客，得等着。他就骂骂咧咧地走了。"见田成功手里提着包装精美的鞋盒，"阿舅去哪儿？"

"田英的尕娃过生日，要我去吃饭。"

伊承宗打趣道："行啊阿舅！外孙过生日舍得买这么好的球鞋，等我过生日也给我买一双吧。"

"成哩，只怕你过生日想不起要邀阿舅。"说笑几句，分手赶路。

田英在火锅城门外站着，迎上来说："爷儿呢？我不是要你把爷儿也叫上吗。"

"你爷儿不来，说吃不能吃喝不能喝的，坐着不自在还要让人伺候，要同他的老伙伴看百灵鸟去。"

田英挽住父亲胳膊，"阿大准时到来，值得表扬。只口头表扬不成敬意，得给老爸发个奖品鼓励鼓励。你猜，我要给你发什么奖品？"

"我猜不出来。"田成功有口无心地应着。女儿爱惹笑，惹笑的话不能当真。

田英松开父亲胳膊，打开手包拉锁，取出一只手机："给，奖励老爸一个手机。"

田成功诚慌诚恐，"你别拿老爸开心好不好？"

"我真是送给你的。昨日打电话找不见你，急得我啥似的！多亏不是什么要紧事儿，要是一忙巴紧有个事情，打电话寻不见你，不把人急死才怪哩。给你个手机，出门带着，我们就能遥控老爸了。"嘻嘻地笑起来。

女儿认真要给手机，田成功感激着说："我不要，我一个退休老头子，要手机做什么，我也不会用。"

"这是小灵通，等于微缩的家庭座机。你看，操作简单得很。"打开机盖要教父亲使用方法，田成功用手挡开："我不要，我不需要。"

"老爸咋这么不识时务？你左右看看，现在哪个人不用手机？连那些捡垃圾的都拿着手机，你拿个手机还嫌丢人不成？"

女儿说得没错。如今走在街上，随处可见边走边打电话的人。把手机贴在耳朵上说着笑着，喊着骂着。有天上街，在一个巷口看见一个捡垃圾的，一手摇着铃铛，一手拿着手机给对方说话："老李老李！快到斜石巷来，我收了些纸板，一车拉不下，你快来，我分你两捆纸板。"当时他心里动一下，如果自己有个手机，与儿女们联系就方便了。过后又觉得这种东西是年轻人耍的，他这般年纪的人，能有多少事需要走在街上咋呼？此刻女儿要给他一个手机，是他始料不及的，"你买的？"

"老爸你别得寸进尺好不好？给你个旧的不要，八成是想要个新的？"

"我不是这意思。我是说,家里有电话,十里五里接一次,你不该再破费给我买手机。你又不是大老板、高工资。"

田英笑了,"这是一部二手机,二百元买的。是小宁一个朋友托他买的。买了不称心,小宁退不了,就在家里搁着。昨日我连三赶四给家里打电话打不通,小宁叫我把这手机给你,出门好联系。"

田成功游移一阵,"要我用,就得把钱儿给你。可我今日身上的钱给阳阳……"

田英佯装生气截断父亲的话,"老爸这不是踢踏人吗!要你的钱,不就成了我们把别人不要的东西变相给你推销吗!你就说要不要吧!不要,我拿回去了。"佯装要装回手包。

"我要我要。"田成功慌忙从女儿手里要过小灵通,装进衣袋,顿时觉得装手机的地方又硬又沉地别扭起来。

走进火锅城,先来的亲家亲家母起身招呼让坐,另有一个五十多岁鸭蛋脸皮肤白皙的陌生女人坐在桌边。田英给父亲介绍说:"这是我们院里的郁阿姨,经常为我们照看阳阳,是最好的邻居。"

田成功向姓郁的女人微笑点头,问田英:"阳阳的爸爸呢?还没下班?"

"去给阳阳取订做的生日蛋糕。"

田成功把鞋盒交给外孙,"阳阳,外爷给你买了一双足球鞋,不知买大了还是买小了,你试试,不合适我给你换去。"

宁向阳打开鞋盒哇了一声,坐下脱掉脚上的旅游鞋,换上球鞋,站起来跳了两下,转身踢几脚,"正好,不大不小。"

"快给外爷说谢谢。"亲家母说。

"谢谢外爷。"宁向阳喜不自胜,跑到门外人行道上去了。

"小孩过生日,亲家买这么贵的礼物,太让你破费了。"亲家给田成功让茶时说。

田成功与亲家应答说笑,发觉那个姓郁的女人一眼一眼扫视着他。当他有意无意对她的扫视做出点反应时,女人慌忙把目光收回去,很拘谨很不自在的样子。

片时，一辆出租车停在火锅城门外，宁守仁下车，提着一个直径一尺五寸大小的蛋糕盒。就听亲家母说："叫他买个小的，又买了这么大的，大人的话一句听不进去。"不等儿子走到桌边，亲家母虎着脸问"这么大的蛋糕，得多少钱？"

"一百二十元。"宁守仁把蛋糕放在桌角，解开上面的提绳。

亲家母还想说什么，亲家抢在前面说："行了行了，买来了，再哗语有啥用。"给老伴使眼色，意思是别在亲戚面前婆婆妈妈。

宁守仁把蛋糕盒上连带的蜡烛、塑料小盘、叉子交给田英分发，说："也不知今天啥日子，买蛋糕的人特多。我是早上打电话订做的，去取时，蛋糕店的人说，给我做的蛋糕不见我去取，被另一个人先拿走了。我到那儿时，有十几个人排队等着做蛋糕呢。我说我打电话订做的，为啥不等我来取叫别人拿走？他说那个人要拿到城郊给岳母过寿，怕误了车，再三下话把给我做的蛋糕拿走了。他叫我稍等片刻，立马给我做一个。排队的哪些人不肯了，七嘴八舌地嚷叫要先来后到。我心想今日是儿子的好日子，为蛋糕跟人家吵嘴不吉利，就把这大的买来了。"众人听了，都说小宁头脑活。要是等着做个小的，钱省下了，可时间白白浪费在那儿，叫这里等的人心焦。亲家给田成功说："现在的生活真是提高了，给小孩过生日买一百多元的蛋糕。放在我们年轻那会儿，一百多元是一个四口人家一月的生活费用。"

宁守仁听出父亲话中有话，笑着说："谁让你们赶得时代不好。抠抠索索过了一辈子，到老还不觉悟。如今我们赶上了好日子，只能说我们的命比你们的好。"

"对！"田英随声附会，"这都是邓大人的好处。等会切蛋糕，给邓大人切一块献下。"说得在座的人都笑起来。

接下来就是时下过生日的那个套路，让戴了生日纸冠的宁向阳点蜡烛，许心愿，众人同唱生日歌，再鼓励阳阳用英语唱了一遍，吹蜡烛，切蛋糕共享甜美。而后服务生端上油炝香辣鱼锅底，涮锅的荤素菜肴，小两口给长辈敬酒，给儿子说生日祝词……直到下午三点半才散席各自回家。田成功与亲家对饮几杯，头里有点晕乎，田英把父亲送到了公交车站，问道："阿大，我今天叫来同我们一起吃饭的郁阿姨，你觉得怎么样？"

"只顾与亲家说话喝酒，没怎么在意。你问这做什么？"

田英笑了："老爸你别装憨好不好？席面上叫来一个生人，你就不想想为啥？"

"我想那么多干啥？"觉得女儿这样问有某种用意，补了一句，"你要叫她当保姆照看阳阳？"田英两口时常加班，阳阳放学回家一个人写作业，等到天黑不见父母回家就跑去爷爷家吃饭，来去要过几条马路。田英不放心，老早嚷着要寻个妥当老成的女人做家务，操心阳阳，又怕支出压力没有实施。

"是，我是想寻个保姆，可不是给我操持家务，而是给你操持家务。"

田成功一下子明白了，"你胡做哩！我又没七老八十，一个人过得好好的，要保姆做什么？"

田英又笑起来："老爸真憨！我是想给你找个伴儿。"

田成功不认识似地盯住女儿看了一阵，说："你打消这个念头吧。没听说姑娘给自己的大大介绍对象的，叫人听见笑掉大牙哩！再说了，家里有你爷儿给我作伴儿，出门有亲戚朋友，年头节下有你们儿女陪着，我再找一个婆娘，不是把不疼的指头往磨眼里塞嘛！"

田英挽住父亲胳膊边走边说："老爸你先别上火好不好？听我说说原因。二爸从威海回来待客那天，伟伟的同学们把你、二爸两口、三爸两口拉上去抹脸起哄的时候，我见你一个人不说不笑高兴不起来，心里就酸酸的。阿妈殁掉快三年了，田壮总在饭馆里忙着，你跟爷儿两个人在家里又做吃的又烧喝的，实在叫我们不放心。阿妈在的时候，家里总是干干净净热热火火的。如今去一次，看见家里地没扫、桌子没抹，炕上被儿没叠，冰锅冷灶的没一点热乎气儿，我们心里就不是滋味。家里没个女人实在不成个样子。郁阿姨在我们家属院里印象特好，谁家有事她都去帮忙，三个儿女都在外地工作，一个人也孤孤单单的……"

田成功打断女儿的话,"你说到天上地下,这事儿我不考虑。你奶奶在你爷儿三十几岁时就殁掉了,你爷儿一个人拉扯我们弟妹四个,不照样好好地过来了?你阿妈殁掉还不满三年,我再娶一个,单你爷儿的话我都说不下。你当姑娘的为我操这份心,我心里记下了,可我没想过再找的事。再说,自田壮与邱慧敏离了婚,这些年也一个人过着,我不顾老的小的,自己先找一个,亲戚院舍们怎么说着我哩。"

"管他们怎么说哩!反正这事我要操心。你骂也好、抱怨也好,我已打定了主意。"

"你……给那个女人说过这事?"

"没直接说,只略略提了一下。今天叫她来吃饭,也是为了叫她见见您,叫你见见她,你要是觉得顺眼着,我再把话挑明。"

"就此打住!我不许你再给我胡做。"见公共汽车减速进站,田成功扔下女儿跑几步上了车,从车门玻璃望出去,见田英不知所措地望着关了的车门发怔,心里一酸,眼泪差点溢出眼眶。

58

听说要等人,服务员添了茶水就走开了。田成业看着盛了寡淡茶水的白瓷小茶盅,孤坐无趣,拨通了师德家里电话。

听筒里嘟嘟嘟响了七八下,才听到师德有气无力的声音:"谁?"

"不肥也不瘦,怎么半天才接电话?"

"躺在床上看电视,看着看着睡着了。"师德声音亮起来。对朋友尤其是田成业的电话,师德是抱着某种期望的。

"没去听花儿?"

"汪石菊被人拐跑了,往哪儿听花儿去?"沮丧的语气。

"怪不得这时候窝在家里看电视睡觉呢,汪石菊被谁拐跑了?"

"一个从外州县退休的阿爷给她多挂几条红，她就跟上走了，几天不见面。"

"没找那个阿爷拼命去？"田成业调侃一句。

"我巴不得她走掉哩，除了会唱几句花儿，啥情况都没有。要像你的苗青，人材是人材，身材是身材，我就花钱雇几个打手把那阿爷的腰子挤掉哩。最近我认识了一个退伍兵，在部队上是扛机枪的，一米八五的个子，'巴掌一伸簸箕大，手指头扑扑棱棱棒槌长。'"师德抑扬顿挫地念了两句，又说，"他有一帮哥们，都是为朋友两肋插刀的人。"

"我劝你免了吧，别招惹是非。"田成业清楚师德在夸口，仍顺嘴劝了一句，"你刚才念的那两句是从哪儿听来的，挺有意思。"

"刚才看电视，山东台上有一段快书，说的是武松，我听了这两句重复一遍，就记住了，这叫活学活用，懂不？"

"成，有出息了，我是闲着等人，打电话与你说说话。"

"你在等谁？苗青是不是？"

"嗯。"

"在哪儿，在你俩的炮房里吧？"

"不，在饭馆里，我约苗青来饭馆说个事儿。"

"饭馆里？要不要我去凑热闹？"

"你想来就来。"田成业客气了一句，师德却追问，"哪个饭馆？"

"我哄你哩，其实我在炮房，等苗青来了过年哩。"田成业要与苗青谈正经事儿，师德来了只会干扰。

收起手机喝了一盅茶，看见苗青春风满面走进饭馆，穿着军绿呢子短大衣，灰色竖条直筒裤，最惹眼的是把一向盘起来用发卡固定在脑后的发型改成了小波浪披发，又焗成了葡萄红色，平添了许多的妩媚。落座时说："这饭馆是不是我俩头次见面吃了饭的地方？"

"就是。"田成业应着，苗青身上撩人的美色让他对自己将要推行的计划产生了怀疑，踌躇起来。从威海回来加上过年，他没找到机会与苗青会面。春节后，他约苗青去了一次爱巢，双方都在勉强应付对方。从那次后他就打定主意要与苗青分手，找个适宜的机会把该说的话说明白，好合好散。此刻，看到苗青焕然一新的装扮，他的原以为已经确定的心思又摇摆起来。他提醒自己不要重复以往的错误。苗青的外表固然动人，可他追求需要的不只这一个方面。这样一想，便用冷静的口气说："你想一下，我今天为啥要把你约到这个饭馆来。"他希望一向不用心的苗青靠直觉判断出他的用意。苗青说："这饭馆的小炒比其它饭馆便宜。"

服务员拿来菜单要求点菜。田成功把菜单传给苗青。苗青扫了几眼，"我点一个酸辣土豆丝，别的你点吧。"

田成业心里七上八下，胡乱点了两个菜。等菜的工夫，又试探着问道："你真想不出我为啥把你约到这个饭馆来？"

"想不出，我也不想，吃完饭，我俩过去就是了。"往常都是先去租借的房屋做爱，而后找地方吃饭。对苗青来说，这大约就是今天与往天的不同之处。这样没情没绪的回答，让田成业由于见她的美丽而高涨的情绪一下子回落了。她的"吃了饭过去就是了"的话就像是去完成一项可以完成也可以不去完成的差事。对爱情她总是这样不疼不痒的态度。难怪师德要把他认为是"爱巢"的小房间称为炮房。一个炮字，把他与苗青的两性关系划定到茶屋小姐与嫖客打炮的层面。田成业不禁没好气地说："去不了了，我已经把房间退了。"

苗青盯住田成业看了一阵，"啥时候退的？"

"上午，退了房我才打电话约你来这儿的。"

苗青偏头看着坐在一侧捏弄衣角的服务员，眉头皱了一下，回头时说："退了也好。一个月六十五元房费，加上十元电费，太贵了。我们去了只呆上半个小时，划不来。退掉也好，另寻个便宜的地方。"

"我不是嫌房费贵、而是觉得有那么一个放心的地方，你仍旧是老样子。每次去了，急慌慌的，躺倒了办事，办完事走人，这样子，要那房子有啥必要？"

苗青张了张嘴，欲说不说地犹豫着。

田成业提醒自己心别软，"我们是从这个小饭馆开始的，今天约你来这里，是想从这个开始的地方结束。"

"为啥？"苗青定定地望着田成业的眼睛，望了足有三分钟，好像掂量出了这句话的份量，脸上浮出疑惑恐慌的表情。"为啥要结束？"

"等菜上来我俩边吃边说，好吗？"

"你现在就说！"苗青妩媚的面孔被一层气怨遮盖了，把端在手里的白瓷茶盅重重地放回桌上，茶水闪出盅口溅在桌上。

田成业心里隐隐地难受着，"你没觉得我俩一直在互相应付吗？尤其是你，从来没有主动给我表达过爱意。两人到一起，总是像完成一项差事，没一点情绪。你不让我亲你的嘴，说你一亲嘴就恶心，好，我尊重你的这种洁癖。可你做爱时抱过我吗？好几次你都是怕把头发弄乱，连头也不肯放在枕头上，翘着脑袋与我办事。这说明什么？说明你心里压根没接受我。你跟我这样应付，只是为了……"田成业在说到钱时顿了一下，觉得一个钱字说出来，太刻薄了。但不能说钱字，又提不出原则来，就放缓语气说："我从开头你开口向我借钱就看出来了，你与我好是有目的的，说白了就是为了钱。说实话，刚认识第二次吃饭，你就向我借钱，我当时十分反感，可为了不扫你面子，答应给你一百元……"

苗青打断田成业的话，"那是姚乐教我往你借的，我说刚认识我开不了口，她说男人的钱不要白不要，再说……"

"你别说了，我从开头就想把我俩的关系往情感上面引导。说实话，当我确信我俩是用情感维系在一起，钱算什么？我有义务帮助你，可你始终把利益放在首位。为了得到利益勉强与我往来，与我发生关系，这样的关系实在是没意思透了。"

苗青垂头抚弄着短大衣的襟角，耳轮和脖子都红了。许久，抬起头来，眼眶里闪着泪光，"我就这么个人，对我老公也是这样，不让他亲嘴，不抱他，每次都由他，完了就完了，他说我是性冷淡。跟你在一起，我好多了。与你有了关系，见老公心里就烦，怕他向我提出要求，见他有这个意思，我就跑到院里找人聊天，等他睡着了再回去……"

田成业听着，心里老大不忍，相信她说了实话。她这般无助地数说自己的委屈，他真想上去抱住她说："别再说了，我俩好下去就是了。"可一想到再去爱巢做爱，她又会是那种不痛不痒的姿态，又灰心起来，"不论怎么说，我俩好了二年多，趁我俩还没把关系弄僵，分手后还会有些美好的记忆。要是继续这样勉强下去，把关系弄僵了分手，连回味的意思都没有了。"见苗青用手绢擦着眼角，静默地倾听着，又说："我们的岁数都不小了，都有自己的家庭，从你往日的说话中，听得出你老公对你是够意思的。我老婆也是个贤妻良母，每次与你约会后回家，一见她我心里就装满了愧疚。为了与你好，给她撒了那么多的谎，花了那么多给她都没舍得花的钱，可我并没得到我向往的东西。你也一样，既然目的在获取一些利益，可从我这儿得到的却十分有限。我想了很久，才下决心把你约出来说这些话的，你……"

苗青把手绢放在腿上折叠成小方块装进大衣口袋，"你要散，我也没办法，我不会死皮赖脸求人的。"说着起身要走。田成业慌忙说："才上了一道菜，你要的酸辣土豆丝还没上，等上来吃了再走吧。我说的是好合好散，你这样走掉，我心里不好受。"催服务员快上酸辣土豆丝。

苗青眼望门外犹豫一阵，坐下，再不正眼看桌上的菜和茶盅，只抚弄自己的衣角，也不说话。等土豆丝上来，在田成业再三礼让下吃了两口，放下筷子说："我得走了。"快步离去。

田成业呆坐着，眼前总是苗青走出饭馆门时的那个委屈的背影，心里又酸又疼又有点轻松的惬意。胡乱吃了几口，付账离开饭馆，去公交车站乘车去绵柳村退房。等车，想着往日同苗青等待乘车的情景。坐在车上，又想起两人一起乘车的情景。到了村口，心里空落倍觉孤单。往日来这里，从村口到院子的这段田间小路，两个人说着笑着。遇到阴天下雨，苗青上下土坎总要让他拉着扶着，脚上沾点泥就大呼小叫地抱怨天气，抱怨他选得日子不好。她是心直口快肚里不藏话的人，头脑简单，除了家属院和自家婆婆妈妈的琐事，不关心别的任何事物。田成业想到这里就审问自己，这样要求苗青是不是不切合实际？这样对待是不是委屈了她？她能够与他交好并频频与他交媾，对一个女人来说也是出格的事。虽然她不能像他希望的那样多情温存，可与她做爱，他总有着饱满的激情，过后心身爽快，这种情绪在孟慧身上没有的。他渴望苗青风骚一点，而苗青显然不是那种风骚的女人。要求一个习惯收敛和保守的女人像风骚女人做出万种风情，显然是违背了她的秉赋和习性。如此一想，又后悔不该这么轻易地做出分手的决定。苗青含泪走出饭馆的样子又浮现在眼前。

　　小院里静悄悄，房东家的房门开着，没人。田成业上楼打开小房间门锁，关门坐在床沿，一幕幕往事潮水般涌过脑海。这些让他倍感甜蜜从而留恋的往事中，总是夹杂着让他无法确定的那些判断。那些判断总是由苗青对钱财的饥渴而引发，也是让他对两人关系产生怀疑，进而下决心分手的主要原因。田成业左思右想，前后对比，希望出去的房东慢点回来，也希望，并相信苗青会打电话求他再考虑考虑。如果苗青真打电话来，哪怕冲他发脾气、抱怨、指责他无情，他也会放弃分手的打算，与她同归于好。他需要有漂亮女人作为生活的添加剂和精神的加油站。与苗青分手后生活和精神一旦变得乏味空洞，他会后悔的。

　　正想得入神，手机响了，田成业的心跳骤然加快。一定是苗青来电话冲他诉说委屈，指责他薄情。想忍住不接，以防止好不容易走到这一步又调头走回去，可不听使唤的手急切取出手机打开机盖摁下接话键，声音抖着问："是苗青吧？"

　　"苗青？谁是苗青？"孟慧的声音，"你在哪儿？"

　　"我在外面找朋友问个事，你怎么打电话来了？"

　　"我不该给你打电话吗？你快回来吧，田健有事找你。"

　　"田健？他找我什么事？"

　　"他要借钱，要借好多的钱。"

　　"他借那么多钱做什么？你没说我们的钱全花在伟伟的喜事上了？"

　　"我说了，可田健要我们想办法给他转借一些，又不说要做什么。你快回来吧，回来让田健给你说。"

"我……我得等朋友回来办完事才能回去。这样吧，你把家里的两千元现金给他，再把那张五千元的存折也给他。不够的，叫他再找别人借去，我办完事就回来。"

这个电话把田成业心里因苗青而动荡的情绪冷却了。正好房东在院里与房客说话，田成业下楼给房东说另找了一个比较近的过渡房，与房东结算了房费，声明东西留给房东使用，离开小村坐车回家。

孟慧不在家。田成业脱掉外衣，倒杯茶坐在沙发上，家里的温暖和空静让他倍感安全。终于摆脱了一件扰心的事，从此再不会有什么潜在的危险在某个时刻等着让他倒霉。他欣赏自己的果断。除了一点淡淡的空虚，他没有那种失去了不该失去的东西后的切肤之痛。苗青从一开始把两人关系定位在交易的层面，倒是一件好事。要不，两年的纠缠，编织的情感网络不是能轻易挣脱的。田成业扫视虽然狭窄却被孟慧收拾得有条有理的家室，急切想知道孟慧去了哪里。往日与苗青幽会回来，他怕见到孟慧，总担心被她觉察到什么。今天他不再担心。因苗青而脱离躯壳的灵魂已经归位，可以同从前一样，用真实的心态面对妻子。

孟慧回来了，提着沉甸甸的塑料袋，田成业接住塑料袋，"去哪了？"

孟慧边解外衣纽扣边说："我把田健送出去，见二单元老彭的媳妇，她说，高品超市举办开业一周年有奖购物活动，很多商品低价出售。她买了一大兜东西，算下来，比平时少花二十几块。我就去高品超市买了几件让利的商品。"

田成业一样一样把买来的洗衣粉、牙膏、洗洁净、酱油、豆瓣酱取放在茶几上，等去卧室挂衣服的孟慧出来，笑着说："你咋这样轻信？你以为商家说减价就真减价了？八成是春节前进的货，卖不出去积压的，你以为真捡了便宜。"

孟慧拿起一袋洗衣粉，"这种牌子的洗衣粉别的地方九元五角，超市只卖七元五角，便宜两块钱。"又拿起五小袋扎成一捆的低盐鲜香榨菜丝，"这榨菜五袋三块六，其它地方卖四块。"

田成业不再说啥。女人们在购买上的心机，男人是无法比拟的。省是给家里省,他除了暗暗地感激她的精打细算,没理由说三道四。

孟慧把买来的东西分门别类地放好,钻进厨房不见出来。田成业走进厨房,见她蹲着,将一捆菠菜一朵一朵地分开,把叶子上有水的凉在一边,对站在身后的田成业说:"从早市买来的菠菜洒了水,一两顿吃不完,得晾干,不然捂黄烂掉哩,晾干水份再放进冷藏柜里。"

田成业心里又涌出些愧疚来,"田健借钱没说原因?"

"急急慌慌地来了,说急需一笔钱,要我借他两万。我问他借这么多钱做啥?他只说有急用,不说实话。我说家里存下的钱跑一趟威海给伟伟办喜事,花完了。他说有多少就给他凑多少。我做不了主,就给你打电话了。"

"你给了他多少?"

孟慧望着手下的菠菜,"你不是叫我把手头的两千,还有那张五千的存折都给他吗,我都给他了。他拿上钱就走了。我思谋,是不是闯了啥祸,拿钱补窟窿哩。"

田成业把擦手毛巾递给妻子,"田健的脾气瞎一点,做事毛糙点,可从没惹过是非。没工作晃荡了几年,没闯过祸,如今有了工作,能闯啥祸?大概是朋友伙里有谁买房子买车,向田健借,田健没那么多,替朋友转借的,这尕娃爱干仗义的事。"

"我看不像。"孟慧边淘毛巾边说,"给朋友借钱用不着那么急急慌慌的。我俩得去老三家看看,老三两口知不知道田健借钱的事。要不知道,就是田健瞒着家里人借钱哩。我们把七千借给田健,得叫他的大大妈妈知道才对。"

十分钟后,田成业夫妇锁了房门,步行走来,经过天堂巷买了五斤羊肉,几样新鲜蔬菜。拐进民生街,一眼看见新建的商住楼齐刷刷地立在街边,已经封顶,脚手架和安全网也已拆除,只等天气回暖进行墙面和房内的修饰安装。两人站在街边看了一阵,设想一到年中就能回迁进新房居住,心里又添了一种喜悦。

赶到民权街二十一号院,老三家没人开门,再敲,身后房门开了,对门邻居老鲁笑眯眯地说:"老田去市场买菜了,去前给我叮嘱,有人敲他房门叫我说一声，等一阵，他一会儿就回来。"看下手表，"估计快回来了，你们先进我房里坐坐吧？"

"不打搅了，你忙你的。"田成业等老鲁关了房门，对孟慧说："临做饭才去买菜，莫道是吃一顿买一顿，不事先备些蔬菜？八成是老三整天只顾搓麻将，忘了买菜，要做饭才想起没菜，紧着买去了。"

孟慧却说："你的手机响着，没听见吗？"

田成业慌忙取手机看一下来电显示，师德打来的。意识到与苗青有关，当着孟慧不好说，便佯装糊涂看一下手表，"今天的天气预报咋这时候发送了，早了半小时。"收起手机担心师德又会拨过来，说："站在楼道里闷得慌，我去院里等老三。"下楼刚出楼门，手机又响了，师德气狠狠地问："为啥老半天不接电话？"

"不方便，有啥事？"

"你这个老杂毛是不是把苗青玩腻了，想甩掉？"自田成业双鬓出现灰白头发，师德就开始叫他老杂毛。

"你怎么知道的？"

"苗青给我打来电话，拉着哭流声儿，问我你是不是又找了一个女人。我说说不定，这老杂毛心花得很。"

"你别没正经！她还说了什么？"

"再没说啥，只问我你是不是又找了一个。"

"你给他怎么说的？"

"我说不可能！田成业恨不得把你当成一颗糖儿噙在嘴里呢，哪舍得与你分手。她听我这样说，就挂了电话。你老实说，为啥要与苗青分手？"

"现在不方便，等抽个空儿给你细说。"

"你老杂毛心太花了，有了苗青还不知足。告诉你，我心里早把苗青烫火着，你不要了，我就跟苗青好去。"

"你想跟她好，跟我有什么相干！我挂了。"收起手机心里溢满了莫名的酸楚。见田成才垂着脑袋走进院门，一手一只鼓囊囊的塑料袋，田成业迎上几步,田成才发现迎过来的竟是老二,不痛不痒地问道:"你啥时候来的?"

田成业答非所问:"就你一个人?军军奶奶呢?"

"到家里再给你说。"

走进家门,却对田成业说:"你开电视看电视吧,我得快点做饭,要往医院送饭哩。"

田成业与孟慧对望一眼,怪不得田健急慌慌地借钱呢,"谁病了?"

原来,这星期军军被姥姥接过去了。昨晚上,军军在院里玩耍,同院一个大几岁的男孩穿着新买的旱冰鞋在院坪上滑冰,玩得快乐。军军眼热,要姥姥给他买一双旱冰鞋,而且要立马买了叫他穿着玩。姥姥说天已晚了,到明天一定给他买,军军就使性子不肯回家。姥姥没法,把那小男孩叫过来,叫他把旱冰鞋脱下来让军军穿着玩玩。那男孩便脱下旱冰鞋让军军穿在脚上。军军小两岁,脚小鞋大,又不让姥姥扶,非要自己站起来滑,一伸脚便摔倒了。坚持着站起来,又摔了一跤。脱鞋说脚脖子疼得不成。姥姥以为拐了一下,揉揉就好了,那料越揉疼得越厉害,疼得军军眼泪汗珠一同往下滚。慌忙叫车去医院拍片检查,踝骨骨折。

"真他妈倒霉!"田成才骂一声,要进厨房,孟慧抢在前面说:"饭我做,你兄弟两个喧吧。"挽袖子进了厨房。田成才退坐在沙发上,唉声叹气地给田成业数说起来:"娃娃摔伤了,大人跟着生气。今早田强打来电话,要军军奶奶去医院,孙雅萍就火了。到医院不分青红皂白把亲家母抱怨了一通,差点吵起来。刚才我回家让她一同回来,她说:'你想回就回,我不回!我得守着孙子。别人守着不好好操心,让军军从床上滚下来,把另一条腿摔折了咋办?'气得亲家、亲家母转身走了,我只好一个人回家来做饭。到家一根葱也没有,又去买菜了。"

田成业安慰说:"事情已经出了,抱怨生气全是干蛋!娃娃们好得快,十天半月就没事了。"

"没那么容易!听医生说,踝骨粉碎性骨折,那个部位又不好固定,闹不好要留下终身毛病。"

"怪不得田健来家里借钱急急慌慌的，又不说实话，是怕我们心慌哩。"田成业说。

"啥？你说啥？田健去你家借钱了？"

"嗯。"

"他借钱做什么？借了多少？"

"他借钱不是给军军住院用的？"田成业反问。

"他几天没回家了，军军摔伤的事还没告诉他，他借钱做什么？"

田成业不禁纳闷起来。

田强、李怡蓉下班回来，田成才板着脸说："你俩不直接去医院来家里做什么？快去医院把你阿妈换回来。"

田强说："我来取钱儿。昨天住院把军军姥爷手头的二千元交了押金，我得向阿妈要些钱儿。"

田成才哼了一声。

李怡蓉进厨房帮孟慧做饭，一时饭好，几个人胡乱吃了几口，田成才寻出保温饭盒盛了饭菜，打发田强两口快去。房门开了，回来的竟是孙雅萍。"你怎么回来了？"田成才审度孙雅萍的神色。

孙雅萍不出声，拉着脸把外衣脱下挂在门侧的衣钩上，用脚拨来小凳，坐下脱皮鞋换拖鞋，把脱下的皮鞋很响地扔进鞋柜，黑着脸进了卧室。片刻出来，田强上前好言问道："阿妈，你回来了，谁在医院守着？"

"你想把我累死呵？！"向儿子翻几下白眼，"军军姑姑来了，说今晚上她守，叫我回家休息。"斜一眼儿媳妇，"动不动就把军军领过去，领过去又不好好操心着，这下安心了吧？"

田成才说："你少说多余的话吧，娃娃摔伤了受痛苦，大家好好地操心娃娃就成了，说这些有啥用！"

"你少给我装好人！"孙雅萍针尖对麦芒地瞪住男人，"娃娃是我们田家的人，我们叫过来耍几天，就要轻飘飘地叫过去哩。好像我们家里少吃少喝把娃娃亏下哩。叫过去就叫过去吧，那就好好地操心着，一个娃娃几个人看着，稍留心点，咋会把娃娃摔下哩！有心要娃娃滑溜儿，就给娃娃买一双旱冰鞋呵！干嘛要借别人的鞋哩！心疼娃娃也不是这样的心疼法。要是娃娃要天上的星星，你们难道也要上天摘几颗不成？"

李怡蓉脸上起了色，田成才担心婆媳争吵起来，紧忙打圆场，"这不是谁对谁错的事，没人乐意家里出这种事情，意外发生的事情，不该埋怨这个埋怨那个，要紧的是给军军好好治伤。"

"治伤！治伤得花钱儿，反正这次军军住院我一分也没有，谁把军军摔伤了，谁把军军治好。"

李怡蓉胀红着脸对田强说："田强，我叫你下班直接去医院，你非要先来家里，叫我来家里就是听这些骂我李家人的话吗？听见了没有？军军是我阿妈没操心好摔伤的，治病的钱就该我李家人出。你走不走？你不走，我走！"见田强左顾右盼地犹豫着，李怡蓉披上外衣摔门出去了。

田强原本是来向母亲要钱的，听母亲这般说，估计一时要不出来，扔下手里打算盛饭的碗，边穿外衣边说："阿妈，你说话太那个了，不是我偏向李家人，李怡蓉的阿大阿妈没有亏待过我们。这次军军摔伤纯属意外，你这么说话就不怕伤了人家？"

孙雅萍立在厨房门口说："我的憨肉儿脚巴骨断下了，我说他们几句不该吗？"见儿子摔门走了，气鼓鼓坐在沙发上，生自己闷气。

田成业发现孟慧进厨房给他使眼色，借口舀饭跟进厨房，孟慧低声说："我看今天这阵势，再要问田健借钱的事，准是火上浇油。我的意思是先别问，反正钱已经拿走了，过几天，等她气消了再说。"

"你说得对。"田成业忍不住在老婆屁股上拍了一下。

59

跑了七八天，低三下四求爷爷告奶奶，总算凑齐了五万元。原以为钱凑齐可以松口气，但憋在心里的恼怒却像发面，不但没缩减反而膨胀开来，让田健的恼怒中多了些怨恨沮丧。他从来不把钱放在心上，花起钱来如同往外扔废纸，一块十块也好，一百一千也好，说出手就出手，从不计较花得该不该，值不值。如今张口向别人借钱，才知道钱在别人心目中何等了得！亲戚也好，朋友也好，钱借给他了，可同时给他说的那些话，像石头一样砌垒在他的心里，想扔也扔不出去了。

"你平时只知道耍人，有多少花多少，从不想省下几块十几块。要不念你是侄儿子，我可不敢把钱借给你。"田成莲数说了几十句，才从大衣箱的小纸盒取出五百元借给了他。

田成江拿出二千元，数了一遍又数一遍，交给他时说："我是把家底儿拿出来借给你了。你知道，田明、田亮都在炒股，把十几万套进去了，弄得家里连一顿手抓肉都舍不得吃。你得说话算数，半月内还给我，要不，往后就没法相信你了。"

"钱可以借给你，借你一万，可你得给我写下字据，把利息写清楚，按银行一万元三年定期的利率写清楚，还得按上你的手印。这是我给人借钱的规矩，侄儿子也不能例外。"田成海答应得最痛快，但条件也最苛刻，让他一时间犹豫不决。他可是从来没有为钱的事儿犹豫犯难过。

康庄用食指点着他的额头说："你小子是不是没钱泡妞，才想到老同学了？听说你干保安的那个俱乐部有几个白俄罗斯来的洋妞，床上功夫了得。那是些大洋马，你小子小心掉进去呀！"戏弄了一通，借给了一万，"等你有时间，领我去见识见识那几个洋妞。有你招呼，洋妞不敢宰我。"

还有田壮、褚勇、曹林、田成梅，都劝他别把钱不当钱，该仔细就得仔细。这些来自亲戚朋友的指责戏弄让他羞恼不已又不得不忍气吞声。他明白了一个道理：什么亲缘友情，只要遇到一个钱字，都变得狗屁不如。而这一连串的羞辱和恼怒，全因了婊子养的吕玲。

田健回家，父母都不在，不知去哪了。他想这样也好，免了父母的呱噪。胡乱吃了几嘴馍馍，喝下一杯开水。把先后借来的钱取出来放在茶几上，按面额大小整理起来。一百元的扎成两捆，五十元的扎成三捆，二十元十元的各扎成两捆。去卧室取出压在褥子下面的两个信封，发起怔来。这两个信封上只分别写着两个账号，别的什么也没写。他从这两个应该去银行按账号入存的信封中挪用了五万元，却没记住当时哪一个信封里装着三万元，哪一个里装着两万元。这可怎么办？恨自己粗心，当时只顾把钱从信封中取走，却没留心这一点。去银行存储，把本该存入三万的存入两万，又得惹老板发火。想了一阵，觉得只有一个办法：主动请示老板，哪怕再挨老板一顿臭骂，也比错上加错惹老板发火好。可他心里怯怯的，不敢去见老板。十天前老板那些奚落挖苦指责的话还像铁棍一样横梗在心里，一想到要见老板，铁棍又像针一样满心里扎得他难以忍耐。

十天前，也就是徐总去成都谈生意回来的第二天，他早上交班完毕要回家的时候，徐总出现在他的办公室里，虎着脸劈头问道："我出差前交给你的那些钱你都按信封上的账号存入银行了？"

田健慌忙上前让老板坐在椅子上，却被老板打开他伸出去的手，"我不坐！只要你回答我的问题。"

"都……存了。"田健躲开老板逼视的目光嚅嗫着说。

"真得都存了？"老板眼里喷出火星。田健意识到出了问题，又不敢说有两笔没存，惶恐地等待老板的质问。

徐总在办公桌前来去踱了几步，显然在克制欲要发作的怒火。片时，用冷峻的语气问道："我是第几次让你办这种事的？"

"第四次。"

"前三次都办得好，让我以为你是值得信任的，值得托办重要的事情。这次为什么没办好？"

田健还抱着一丝侥幸，"银行没及时把钱存进去？"

"你混蛋！"老板真火了，"到这时候还不老实！是你没把钱存进银行。说，你把五万元弄哪去了？"

田健头里嗡地一声，冒出一身冷汗。老板怎么这么快就知道了？才十天呵。哀哀地望着老板铁一样的面孔，垂下头说："我把那五万元挪用了。"

"你胆子不小呵！敢挪用这笔钱。说！挪用这些钱干什么了？"

"我谈了一个对象，是与人合伙做童装生意的。她说进货急需用一笔周转金，向我借，说三四天，顶多五天就能还我。我手里没那么多钱，正好你让我去银行存的那几笔钱还没存掉，就把其中两个信封的钱取出来借给了对象，心想推迟三四天去存不要紧……"

徐总点支烟吸着，来去走了几圈，"我一直把你当成心腹，才敢让你办理这种事情。听你说出的挪用原因，我也给你交个底。这几次让你入存银行的那些钱，是给几位与俱乐部有特殊关系的人的报酬。为安全起见，平时提出现金，分头存入他们的个人银行账户。你挪用的其中三万元，是给银行一个人的，他主管银行贷款。你没把钱存进他的账户，我最近申请的一笔三百万元的贷款就没批下来，公司的资金周转出现了危机。你挪用三万元看似不多，给公司造成的影响却是难以估量的。三百万贷款及时批不下来，一连串问题跟着出现了，你小子……"小子什么，老板没说出来，却向痰盂狠狠吐了一口唾沫。

田健这才明白闯了多大的祸，几乎是哭着说道："真对不起，老板，我对象说三四天，顶多五天就把钱还回来。第四天我就催她快还钱给我，却找不见她，打电话老关机，去那个婚介所……"

徐总打断他的话，"是婚介所征婚认识的对象？我说呢！"徐总抽口烟，悠悠地呼出来，"看你是聪明的，怎么会上这种当？没听说婚介所有婚托，专门骗人骗财。"

田健哭丧着脸说："我跟她接触了几次，看她是个靠得住的,不像骗人的。"

"你呵！"徐总不无同情地望着田健，"听一些员工说，你除了体育节目，是个不读书不看报,不关心一切的人。难怪会上这种当呢。鱼在水中不知水,你是身在社会不知社会的凶险呐。你说,这笔钱你打算怎么还我?"

"我……保证三天内给你把钱还上。"

"那好,你先去凑钱,别的话回头再说。"摔下烟头走了。

避免错中出错,田健决定把五万元拿到老板办公室,问清后再分头存入银行。这样做,可以让老板看出他的忏悔和知错改错的决心。

田健先到公司办公室询问老板的闲忙,答复是徐总在办公室等几个项目经理来开会研究工程。走近老板办公室,田健无端地恐慌起来,暗骂自己:没出息!大不了再挨一顿训,听一顿奚落,大丈夫能屈能伸,这点委屈受不了,还能干什么!况且错是自己造成的。站在门外整理好情绪,轻轻敲一下门,半天没有回应。又敲几下,听见里边闷闷的声音:"请进。"

田健推门进入,轻轻关好门,老板没有抬头就问道:"钱凑齐了?"原来办公室已电话通知了老板。

田健站在离徐总办公桌三米远的地方,从衣袋取出那两个信封,毕恭毕敬地说:"徐总,钱我借够了,本该去银行按信封上的账号存进去,可我上次挪用时心里紧张,忘了哪个信封里装的是三万元,怕存错,先来向你请示。"

徐总翻看着手里的报表,许久,点支烟,吸一口,又端起茶杯喝口茶,对茶杯说,"这事我叫别人去办,你把钱和信封放下。"

"徐总,我……"我什么,田健没说出来。

"你把钱放下,银行我让别人去,我决定把你的工作调换一下。公司在上五庄揽了一项商住楼工程,正在进材料。据项目负责人说,工地周边农村的农民时常潜入工地偷窃建工材料,已经丢失了不少木材钢材。公司得加强那个工地的安全保卫。我决定派你去,负责工地的安全值班,你下去把手续交一下。"

田健心口胀胀的,喉咙噎噎的,想求告老板给他一次机会,看他日后的表现,却强制自己没有说出来。事情到这一步,咎由自取,怨不得别人。上前把钱和信封放在案头,"五万元,一分不差,老板你点一下吧。"

徐总只向他挥一下手。

田健走到门口问道："徐总，手续交给谁？"

"我已电话通知了，你下去就知道。"又挥一下手。

田健从老板办公室走到电梯门口，心里像塞满了糟子，胀胀的，却说不清是沉重还是轻松。

在办公室等待接手续的竟然是罗俊男。不阴不阳又不无幸灾乐祸地笑着说："听说你要去上五庄工地值班守夜，老板叫我把这里的手续接下来。"

田健坐在转椅上，慢条斯理地抽了一支烟。点了第二支烟，边抽边把办公室抽屉里的保安人员花名册、出勤考核表、节假日发放奖金物品的认领登记册等一一取出让罗俊男验收。而后把柜子里保安队员因调换岗位或流动退下的服装一一清点完毕，把平时没有放在办公室的办公用品以及消防水龙头墙柜、电闸间、安全通道、电梯间钥匙、消防工具、剩余的零星物品一一交割清白。觉得该交的都交了，把自己柜子里换下的衣物、喝水的杯子、牙具装进提袋，最后打开办公室吊柜，取出小铁皮盒子装进提袋的衣物中间。

"这是什么？"罗俊男在田健提袋时用手按压住里边的铁皮盒子。

"这……这是我的私人用品。"田健推开罗俊男压住铁盒的手。

"老板要我仔细检查你要带走的一切用品。你得把铁盒子打开，我看明白了好向老板汇报。"

田健冲罗俊男瞪圆了眼睛，"给你说了，这是我的私人用品，别人没权看我的私人用品。"提袋要走，被罗俊男拦在门口，"不行！不让我看清楚你不能走！这是老板的命令，你别让我为难！"罗俊男笑着吸吸鼻子，"什么见不得人的私人用品怕人看？"

田健发怒了，"不让你看就是不让你看！你凭什么要看我的私人东西？该交的我都交清楚了。"田健想推开罗俊男尽快走脱。他的慌张神色增加了罗俊男的疑心，认定铁皮小盒中必定是什么见不得人的东西，牢牢地扯住田健不让他走。十几名值班保安队员和一楼二楼的大堂经理和几名服务员听见动静都来观看究竟。听罗俊男说了原因，都对田健说："既然是老板安排的，你不让罗俊男看就是为难他。既然不是公司的东西，就没什么不可以看的。得让我们看清楚了才能拿去。"

田健从提袋中取出铁皮盒子牢牢地夹在胳膊下，扔开了提袋。一副谁动铁皮盒子就与谁拼命的架势。这更让罗俊男和围观的人怀疑起来，揭穿秘密的好胜心陡然高涨、七嘴八舌怂恿鼓动罗俊男一定要验看。罗俊男要夺下铁盒，被田健一掌打开。田健脸胀成紫红，眼里喷着火星，结巴着说："这里是我的隐私！国家法律规定保护人的隐私权，谁都没有权力看我的隐私。"

不知谁给老板打了电话，片时，来了两个警察，是俱乐部所在辖区派出所的。田健见来了警察，神色愈加慌乱，被警察一眼看出其中必有蹊跷，勒令他把铁盒打开，在他们监督下由罗俊男验看，如果不是公司有价保密的东西，让他拿走。

田健明白再固执，就会遭殃，可他不想输给罗俊男。当众打开，无异于让罗俊男抢了上风，便对其中一名警察说："我能与你单独说几句吗？"

这警察与同伴交换一下眼色，分开围观的人，把田健叫到一边。田健横下心说："铁盒里是一把手枪，你要看，把我带去派出所看吧。"

听说是手枪，警察本能地警觉起来，"枪？哪来的？"

"我拣的。"

"拣的？在哪儿拣的？"

"前年在鹞子沟林子里拣的。"

这警察就给另一个警察招手，两人耳语几句，一个警察对田健说："你得跟我们去派出所一趟，等证实枪真是拣的，我们就替你说话。但此刻你得服从我们的安排。"说着从腰里掏出一副手铐要把田健铐住。另一个说："先别铐，如果不老实再铐不迟。"就一左一右挟持着田健离开了俱乐部。路上，田健想说明，警察要他保持沉默，等到了派出所做笔录再说不迟。

到派出所，在五个警察的注视下，田健打开铁皮盒的两把挂锁，把用塑料布、棉布、油布几层缠裹的六四式手枪显在众人眼下。众警察立即想到民生街派出所前任所长丢失枪支的旧案。作为悬案，全省警察还在明查暗访继续寻找线索，以便水落石出。不料，踏破铁鞋无觅处，得来全不费工夫。

半小时后，民生街派出所的展望开着摩托车赶来，协同这里派出所民警与田健谈话，询问他捡到这支手枪的过程，要他如实陈述。因为白纸黑字做的谈话笔录是将后对这件事性质做出最终判断的原始依据，不能有半句假话。

田健点烟吸了几口，接住一位女民警递上来的一杯开水，把头年同老阮几个去鹞子沟野餐，喝酒中发生争吵，老阮拔枪行凶被他推开，后来醉倒山林，回家途中发现枪支丢失，他回头去寻，寻见后藏匿的经过一五一十地讲了出来。警察们听得十分仔细，有些细节要他重复陈述一遍，做了详尽的笔录。最后，展望严肃地说："经过都讲了，比较合乎逻辑。你现在讲一讲，当时把捡到的枪藏匿起来的动机是什么？"

"没有什么动机。我小时候爱玩玩具枪，用泥捏用木头削枪玩。那天见这么好的真枪丢在草丛里，又是老阮喝醉酒丢的，我见了爱不释手，就把它藏了起来，只想这是一把难得的真手枪，日后有机会玩玩，别的什么想法也没有。"

"这不是你的真话。如果是一个小孩子，或者是十几岁的中学生，见了枪可能会产生这样的念头，并在这种念头驱使下把枪藏起来，当玩具玩。可你不是小孩子。你是二十七八岁将近三十的青年，又不是文盲，不可能不知道给警察配备的武器是别人绝对不能占用藏匿的。为一个好玩的念头，把你最好朋友的佩枪藏匿起来，是说不过去的。你还是老老实实把当时偷窃藏匿枪支的动机说出来吧。"

田健被再三再四的逼问弄得发毛了，"信不信由你们。反正枪已经到了你们手里，你们不信我说的，你们看着办吧，我没什么好说的了。"再不言语。警察们恶意吓唬、好言规劝，都不起作用。展望与几个警察到房外分析情况，认为田健不交待动机，一定还有更重大的嫌疑，认为这事不能这样轻易结案。给分局领导汇报，分局领导说这事必须向市局领导请示。半小时后，分局打来电话，强调了省局、市局领导的指示：一、这案件非同小可，当初在市公安系统引起轩然大波，一个派出所干警为此受到严重处分，被清除出公安队伍，必须要当事人交待当初偷窃、藏匿枪支的真实动机。二、此案当初发生在民生街派出所，嫌疑人又是民生街派出所辖区居民，此案由民生街派出所负责查证落实。

接到这个指示，展望暗暗高兴。当初案子发生后，市局领导在全市公安干警大会上表态，谁破案找到丢失枪支记二等功一次。如今真是苍天有眼，把这等好事安排在他的头上。只要撬开田健的嘴，让他说出偷窃藏匿枪支的动机，他就能得到嘉奖。当即申请分局与区检察院签署了拘捕令，一副锃亮的手铐铐住田健双手，由展望押解进了看守所。

60

这天下午，孙雅萍在医院看护军军回到家，随后来了一位女民警，"我是派出所的，你家田健偷窃窝藏枪支被拘留，你们把他的铺盖饭碗牙具送到看守所去。"

被晴天霹雳震懵了的孙雅萍老半天才清醒过来，赶出房门，女民警已了无踪影。拖着颤抖的双腿回到房里，眼泪一颗一颗从脸上滴落脚下。她提醒自己，是派出所弄岔了，把别人家的事错传给她家，却依然止不住眼泪，身子像泥一样稀瘫下去。硬撑着想了一阵，空洞的头脑里才飘出一个主意，得把男人叫回来。扶着楼梯扶手下楼，出门前用袖口揩干了眼泪，想三步并作两步，腿却软得迈不开步子。好不容易走到活动室门外，探头往室内寻看，没有。她去医院前，他说要去活动室看人家打麻将，在她回来前回家做饭。回头，原来在搬出活动室支在院里的麻将桌边坐着，正洗牌呢。上前撕住男人后领，田成才挣脱说，"什么事儿？要去也得等人接手才能走。"又坐回桌边伸手抓牌。孙雅萍忍不住喊道："麻将是你先人还是后人？健健被公安局抓进了班房，你还有心……"意识到男人事先不知道，便把后半截话止住，在众人疑惑的注视下慌慌回家。入家，如此这般一说，田成才也怔了，半天才说:"不会吧?哪有这样的事?一定是弄错了。"

"快给田强打电话,叫他快来。"

田成才慌忙给田强打电话。挂了电话怔怔地望着孙雅萍,嚅嗫着说:"昨晚上好好地出去上班了,怎么会有这样的事?"

在医院同李怡蓉守护儿子的田强打的赶回家来,听了母亲的数说,一一打电话给田成功、田成业等人,要他们从速来家,有要事商量。

十几分钟后,田成功赶来了。几个人东猜西疑的时候,田成业夫妇赶来,听了原因,孟慧说:"不可能是派出所弄错的。你们记得不记得,田健有个铁皮盒子,挂了两把明锁,八成儿,枪就在铁皮盒子里藏着。"

孙雅萍泪眼睒睁地盯住孟慧,"你怎么知道田健的铁皮盒子?"

"前年,田健把铁皮盒子拿到我家里,要我给他藏起来。我问他是什么东西,他说他也不清楚,是他一个朋友托他收藏的,可能是朋友与别人合伙做生意的什么贵重凭证,防止生意伙伴捣鬼暗里留了一手,要我把它藏在放洋芋的窖里。去年房子拆迁我催田健取走的。"

孙雅萍瞪住孟慧气恨恨地说:"你当嬢嬢的背着我们给田健藏这种东西,该叫他把铁盒子打开让你看看,是该藏不该藏的东西?那时你要坚持看看,就没今天的事了。你倒好,不问不看,叫他取走也不给我们说一声……"

"我不是没问,可田健不肯说,能怪我吗?你儿子的脾气你不是不知道。他求我藏一个东西,我当嬢嬢的哪好推辞?"孟慧委委屈屈地说。

孙雅萍还要强调什么,田成功抢先说:"现在埋怨这个埋怨那个有啥用!要紧的是想办法把事情弄清楚,再想办法把田健保出来。"对孙雅萍说:"快把田健的铺盖用具收拾好,快些送到看守所去。等人家下了班,东西送不进去,田健今晚上就要受罪。"孙雅萍、孟慧便去卧室收拾要送的东西。这时,田成凤夫妇由伊承宗送了过来,田成功就安排田成业、田强,伊承宗去看守所送东西。

孙雅萍用毛巾揩一下哭红的眼睛,要同去看守所,田成功只得严肃了脸色说:"都什么时候了,你还这么不晓事理!你去了,哭哭啼啼什么话也说不清楚,问不明白,只会搅拢得办不成事儿。"见田成才眼巴巴望着他,就说:"要不这样吧,老三父子俩,加上承宗三个人去,老二留下,我们在家里等着,有事好商量。"

孙雅萍从身上掏出二百元交给田强,"把这钱儿给健健,叫他给管他的人买一条好烟,少受点挫磨。"

田强扛起行李,田成才提着装牙具饭碗的布袋下楼而去。田成业追到楼梯口,"田强,你知道我的手机号码,到看守所及时打个电话来。"

孙雅萍又哭起来,哭自己命苦,祸不单行,孙子摔断脚巴骨还没出院,儿子又被抓进了班房……孟慧坐在身边陪着抹泪,劝慰。孙雅萍情绪渐渐平稳下来,对孟慧说:"他嬷嬷,刚才是我心慌意乱,错怪了你。健健的那个铁盒子,我们也是见过的。他从你家里取来后,就放在他睡觉房里的衣柜上头,用一些旧书报围堵着,谁也不让动,不让看。有天他大大领人来家里寻找头年的广告纸,挪了他的铁盒子,他当着大大的面发了一顿脾气,把大大领来的人骂走了。当时就疑心他的铁盒子装着什么要紧的东西,那么不知高低地护着。要是那时候我们逼着他打开看看,就不会有今日的事了。"

田成业插进话来:"如今说这些都迟了!我疑心这事与头两年民生街派出所所长丢枪的事有联系。那年不是把田健传到派出所问了一天一夜,没问出结果吗?真要是阮所长丢的那把手枪,这事就麻烦大了。"

已经到了吃饭时间,孟慧进厨房简单弄点晚饭,几个人对付着吃了几嘴,田成功分别给田野、田壮、田英等人打了电话,叫他们饭后到三爸家来,有要事商量。

六点半,田成业的手机铃响,"快接,田强的电话来了。"田成功慌忙说。来电显示却是个陌生的七位数字,田成业听到一个喂字,好像是苗青的声音,慌忙摁下中止键,说:"打错的。"把手机收起来。希望真要是苗青,别再打来,这种场合他是不方便接听的,又想知道她为啥又打来电话。心下思忖,如再打来,得找个借口去门外接听。

手机又响了,显示的又是那个号码。田成业佯装糊涂又生气地说:"这是谁？没见过这么个号码。"起身走出房门，下到二楼转弯处，电话铃还在响。接听，苗青气狠狠地问："为啥老半天不接电话？"

"我在别人家，老婆也在，你在哪儿打的电话？"

"我用街上的公用电话打的。我老公去人家家里喝酒，醉醺醺地回来了，我跟他吵了架，躲出来忘了带手机，就用公用电话给你打。"

"啥事？"田成业想尽快结束通话。

"你是不是给师德说了我们分手的事？"

"怎么？"

"师德今天下午打电话叫我去吃饭，说他找见了姚乐，姚乐要见我。去了，就他一个人。他说他知道你要与我分手，说你不是个东西，把我玩腻了就不想要了。说你不要我他要我，叫我同他天天到你眼前转悠，叫你吃醋，后悔一辈子，说着话动手动脚的。你说，是不是你叫他来找我的？"

"这狗日的！"田成业骂了一句又试探了一句，"反正我俩分手了，他想跟你好你就跟他好去吧。师德是个大手大脚没心没肺的人，不会叫你吃亏的。"

"你把我当成啥人了？那不成了卖×吗？"苗青哭了起来，"我没想到你会这么狠心。"噎声噎气地，"我哪儿做得不对你说出来，我改。"哭声越来越大，盖住了话筒传来的街上车流过往的嘈声。

田成业慌了，于心不忍，用公用电话诉说这些，可见她是实心的，不禁说："你别哭别哭，找机会我俩好好谈谈，行吧？这两天我兄弟家出了大事，顾不上。"

"嗯。"苗青收住哭声很乖地应道，"这两天我心里急得什么似的，找了几个旅店，一天要收五十元。又找了一家便宜的，说一天要二十元。房间、床上卫生都干净。我说要是十五元我们就去，他答应了。明天过去看看吧？你要觉得放心，往后我俩就去旅店。我算了，一个月去四次六十元，比租房子便宜……"

田成业感动得心酸起来，"好！我争取明后天抽空去一趟。明天我给你打电话。回家去，别在街上瞎转悠。"

"嗯。"又是乖乖的应答。田成业收起手机时尘根翘翘的。苗青就这点好，打电话就能让他冲动起来。几天来他心里空落落的，这个电话让他心里又装满了愉悦。走上楼梯，看见孟慧在楼梯口向下张望着，"什么人来得电话？非要跑下楼去接，神神秘秘见不得人似的。"

"师德打电话尽说些没章法的事，我在家里接听让大家心烦。"搪塞着回到房里。

"什么人的电话，非要跑到外面去接？"田成功审度着田成业的神色。

田成业咕哝了一句，听见孟慧给田成功说："最近老这样，打电话偷偷摸摸的，不知搞什么见不得人的名堂。"

田成凤不阴不阳来了一句："是不是二哥有了外遇？"转而对孟慧说，"二嫂，我二哥花心，你要管紧点呵！"

田成业狠狠斜了妹子一眼，田成凤说："瞪我干什么？手机响着也不知道，八成又是那个神秘人打来的，快接，让我们也听听。"

田成业估计这次不是苗青，很坦然地打开手机，果然是田强的声音，"二爸，东西已经送到了，人不让见，我们在回来的路上，详情回来再说。"

田野和伊承新来了，田成功劈面问道："你俩咋凑到一起来了？"

"我跟表哥找高洁梅问个事儿，高洁梅非要请我俩吃饭。吃完饭才来了。"

田成功虎了脸说："你们怎么还跟高洁梅粘着？高洁梅干什么你们不是不知道。今后少跟她粘缠，免得污了你们的名声。"

田野笑了，"大爸爸，你的老脑筋得改一下了，都什么时代了，还说这样的话。高洁梅是伊承新最好的同学朋友，一起吃顿饭有什么关系？"

"怎么没关系？高洁梅挣的钱不干净。"

"谁挣的钱干净？胡长清之类的贪官污吏挣的钱才叫不干净。"

老年人的经验与年轻人的新道理总是扭不到一起，田成功只好忍气吞声。

田英也来了，田成功对田英说："你给田壮打电话，饭馆里让赵娟李翠操心着，叫他快来。"

田英手拿话筒嗯嗯呵呵了一阵，放下话筒对父亲说："赵娟说阿哥被工商所的官所长叫去了，说要商量要紧的事，等商量完就过来。"

去看守所送东西的人回来了，都是满脸的懊丧。不等换好拖鞋，孙雅萍急迫地问男人："他们不让你们与健健见面，凭啥？我们看看儿子都不让看，这是什么规矩？"眼圈又湿了。

"管教说，别说是你们自家人，就是省上市上有头有脸的人来，也不能见。"田强从不抽烟，这阵却神经质地取了一支烟，又拿起火柴欲点不点地想着什么，见在座众人等他的后话，又说，"人家说现在是拘留审查阶段，见人串供谁负责任？我们又敬烟又下话地求了半天，根本不认梢子①，收了东西就把门关住了，我们想多站一会都不成。"

孙雅萍又放出哭声，边哭边嘟囔，"这个没天良的，做啥都由着个家的性子，大人的好话一句听不进去，你过得好好地拣人家的枪做啥哩……"

田成功给田成凤、孟慧使眼色，两人便一左一右贴在孙雅萍身边好言劝慰。等孙雅萍平静下来，田成功扫视在座众人，"除田壮没来，叫的人都来了。我们田家没经过这样的事情，该咋办，大家想个法儿。"盯住田野，"田野先说，你当记者，认识的人多，圈子大，你说田健这事会闹到啥程度？"

田野先看一眼孙雅萍，"只不知这枪是怎么到他手里的。真要是偷的，又窝藏了两年，性质是严重的，闹不好要判刑。"

孙雅萍又哭起来，惹得伊承新也抹起眼泪。

田成才说："我猜，这枪八成就是前年阮所长丢的那一把。丢枪那天阮所长同几个人去鹞子沟野游，田健也去了。枪丢了，派出所把田健叫去问了一天一夜，没问出结果。后来阮所长被清除出公安队伍。田健跟阮所长是你不吃我不喝的朋友，怎么会偷他的枪？一定有别的原因，要是把老阮找到问问当时的情况……"

田强打断父亲的话："听人说，阮所长被开除出公安队伍后，去外地做生意了。别说找不到，就是找到了，老阮也不会管的。要是田健弄的这把枪

---

①俗语，这里指不通融不给面子。

就是老阮丢的那把，老阮恨都恨不够，哪还会给田健说话？"

田成业沉吟着说："找老阮是多余的。我的意思是，不论枪是拣的还是偷的，窝藏枪支已经构成犯罪了。眼下最好的办法是尽快找关系找路子，求人从中说些好话，把前提定在枪是拣回来的，罪名就会轻点。"

在座众人就搜寻可以托办的关系人。田野说他有个同学的父亲在省检察院办公室。田英说宁守仁有个朋友在城东区刑警队当副队长。田强说李怡蓉的一个表姐在市公安局档案室工作……

"这……"田成才看一眼孙雅萍，"这样跑着托人，得花多少钱？"

"花多少也得花！"田成功不无责备地瞪住老三，"是钱重要还是人重要？"

"我的意思是，"田成才犹犹豫豫地说，"找不上主事的人，托不上真能办事的人，钱都打水漂了。再说，田健前段时间不知为啥借了几万元，家里哪有钱再去送礼托人情？"

"要不，求一下徐老板。"孟慧说，"听田健说徐老板的关系多，连省上市上的大官都与他有来往。田健在徐老板那儿干得好好的，徐老板不会不管。"

一直低头吸烟的伊承宗说："徐老板你们就别指望了，出这事儿，我估计根子还在徐老板身上。"

大家都盯住伊承宗，"你是不是知道什么？"

"我会知道什么？我是猜的。"伊承宗是唯一知道田健被吕玲欺骗、挪用公司款子被徐老板处理的人。可他给田健承诺了，对谁也不说破这件丢人的事。

"田壮怎么还没来？"田成功催田英给哥哥打电话，"叫他把那边的事撂下，哪怕是油缸倒了，也别管，先到这边来。"田成功知道田壮来了未必能出什么好点子。可老三家出了这种事，孙雅萍又一向爱计较兄弟之间的你长我短，催田壮快来，意在让在座人尤其是老三两口知道，对田家人田家事，他是一碗水端平的。

田英刚提起话筒，田壮风风火火地推门进来了，洋溢着快乐表情。"怎么这时候才来？"田成功厉声问了一句。

"我不是来了吗？"田壮接住田强提过来的折叠椅，打开坐下，对父亲说："要不是怕你骂我不知道轻重，我是撂不开那边的事。"问身边的田强，"到底啥事？"

田强如此这般说了几句。

田壮听了，本想说：这事恐怕不好办，转念想到这样说会让三爸三婶绝望，可又不能说些听起来光鲜，实际没用的废话，便说："我们田家头次经历这样的事，我得好好想一想。"

田成功哼了一声，"等你想出办法来，得等到驴年马月。"他叫儿子来只为做个姿态，并没指望他会想出比别人高明的点子。扫视在座的人，说："先照刚才商量的办法办吧，有一点我得强调，田家的事，无论好事坏事，都关乎田家人的名声，大家都得当成个家的事，不能说近说远三心二意地办，不能叫街坊邻舍看我们田家人的笑话。"

众人起身要散，田壮慌忙说："先别走先别走！趁二爸二婶、三爸三婶、娘娘姑父都在，我有要紧事想听听大家意见，大家给我出个主意。"

田成功估计儿子是为饭馆扩大经营的事，也想借众人的力量打消儿子不切实际的念头，便说："有啥事快说，不来，来了只想说个家的事情。"

田壮等长辈们坐回原处，说："后晌，工商所的官所长把我叫过去，问我盘下鸿运食府的事考虑得怎么样了。他对我说：'今天叫你来，是给你再传达一个信息。今年初，食府有一个员工被姓哈的老板骂了一顿，辞退不要了，扣下这个员工三个月的工资。这员工回家又被父亲不问青红皂白地打了一顿，气头上离家出走，至今没有下落。员工的父母找不到儿子，就把食府老板告下了。派出所已经受理这个案子，查寻员工的下落，还把食府老板一些违法乱纪的行为通报给工商局，局里就叫我们把食府停业整顿的时间延长一个月。这可是对你极有利的机会，要盘，就趁机找姓哈的去，食府已经多半月没营业了，再延长一个月，一天上千元的开销让姓哈的吃不消，就会沉不住气。'我对所长说：'我是想盘下来，可食府不是我的小饭馆，万把块就能拿下来。

盘食府得三四十万，我往哪寻这么多钱去？抢银行又没那个胆子。这事我只能想一想，做个睡梦，淌点涎水。'所长说：'你可以贷款嘛！''贷款？不不不！一来贷款利息太高，跟高利贷差不多。二来手续繁杂，还得有东西抵押。我拿啥抵押哩，这我想都不敢想。'宫所长就对我说：我看你这两年经营小饭馆，是个遵纪守法的个体户，想帮你一把，不知你接受不接受我的帮助？'我有个铁哥们是商业银行贷款负责人，你要贷款，我给他说说。如果要抵押，你就把盘下的食府做抵押。这里头的道理多得很，你一时半会不会明白，只要你能贷上款子，我保证食府就是你的了。'我听了心里热乎乎的，就对他说，'所长真要能帮这个忙，我就回家跟家里人商量一下。'他说：'饭馆是你开的，开得不错，扩大经营也是势在必行。你自己的事自己不拿主意，跟家里人商量，十个人十个说法，你听谁的？听我一句话，这食府的经营情况我们所里可是一本账。你要盘下来，一年内不但可以还完贷款，还能挣下五六十万。下决心吧，错过这村就没这店了。'我就给他说：'这事情听着美，可我心里还是没谱儿。你帮我贷贷款的事真像你说得这样简单？盘食府真能挣哪么多？'他说：'如果你乐意要我帮忙，贷款我负责给你办，办低息的。但有一个条件，盘下来后，给我百分之十五的股份。我再拉一个人，是我税务上的朋友，你也给他百分之十五的股份。这实际上就是我们三个人经营食府，风险由我们三人承担。有我和税务上的朋友暗地里支持、罩着，再把我们工商圈里、税务圈里的客饭都定在食府里，只这一项，就能把百分之三十挣下来。只是有一条，现在上面规定公务员不准以工作之便专职或兼职商业经营活动。我俩入股的事，你不能对任何人讲，只要做到这一点，余下的事我们给你操心。'我就对所长说：'有所长为我这样着想，我已有了八分的信心。让我再想想，两天内给你回话。'我就急忙跑来给你们说说，听听你们的意见。"

"这事不能干！"田成功斩钉截铁地说，"这是人家绾了个笼头往你头上套哩！要是钱儿这么好挣，谁都是老板了。再说，他只给你办个贷款，就占了百分之十五的股份，加上税务上那一份，百分之三十被人拿走了。你要开支要还贷款，能挣多少？这事你拉倒吧！"

田壮心里湃澎着盘下食府大干一场大捞几把的热切愿望，父亲的话就进不了他的耳朵，望着田野说："你当记者见多识广，你说，这事该不该干？"

"该干呐！"田野不假思索地说，"这等好事不干才是傻瓜！别说个人做生意，就是公家，从省上到国家，不都是借鸡下蛋吗？省上每年召开的商贸洽谈会，就是吸引外来资金搞活本地经济发展。这是一条行得通的发展道路发展策略。发展才是硬道理。只要发展，别的问题就会迎刃而解。比如给工商税务的百分之三十股份，我认为人家要的不算多。可有他们罩着，你的生意就有了一半的保障，还怕什么？"

田成业接上田野话茬，"我看这事可以试试。"看一眼田成功、田成才，"我们这辈人总是拿过去的眼光看待发展的事物。我的意思是田壮回去好好地预测一下，三十万贷款的利息多少，每年还贷的比例多少，现在食府的月开支多少，月收益多少，这些心里得有数儿。收支平衡有盈余就是好事，可以干，干中间学习，不信别人能做的事我们田家人做不了。"

听得田壮兴奋起来，"我也是这么想的，如今的世道，撑死胆大的饿死胆小的。胡不整没名声，我能把小饭馆搞好，说明我有这方面的能耐……"

"你别听见别人说你咳嗽你就大喘起来！"田成功狠劲看着儿子，"听两句好话就忘了天高地厚！日后你挣下钱儿，还不上天？我们田家人讲的是实际，干事也得脚踏实地一步一步地来。要干，也得向焦老板请教一下，听听焦老板的意见，再做道理。"

田壮一心只往好处想，满脑子已是灿烂的前景，对父亲的担心泼冷水不屑一顾，扭头问田成才、伊福禄，"三爸、姑父，你们认为这事怎么样？不会有问题吧？"他要的不是他们的肯定或否定，而是一种姿态。只要三爸、姑父不明确反对，他就不再顾忌父亲的态度。

田成才说："田健的事把我心里弄得乱乱的，哪有心情想别的事情？你觉得合适，你个家掂量着办吧。"

"二阿舅说的对，先仔细测算一下，把方方面面的因素都考虑到，干起来就少些意外的障碍。"伊福禄说。

田强、田英、伊承宗、伊承新一致赞同田壮求发展敢实践的勇气信心，一齐说："干！别人能干好的事情，我们田家人照样能干好。"

61

西宁古城农历壬午年五月十八日城隍诞辰，经市、区两级文化、民政等职能部门的倡导，以"文化庙会"的形式昭告于众，邀请省、市、区三级文化精英、名流与会增色。众多既有文化情结又有经济头脑的人纷纷响应。民生街"三印一砚斋"主刘方便是其中之一。

这日，草草吃了早饭，刘方用提兜盛了惯用的书写工具，多带了一块毡垫，锁了店门直奔城隍殿所在地土楼山。走出天堂巷，经过西门十字，便见三五成群的人流向北踏踏而动，一个个捧着香蜡提着供品。

西宁市早年的城隍庙在城内腹脏地带，座北朝南，山门、仪门、戏楼、香厅、大殿、后寝宫以及山门外的照壁建在一条中轴线上。香厅、大殿左右是东西廊房。五八年破除迷信到文化大革命后期的二十年中，城隍庙主建筑拆毁殆尽，剩下大殿后寝宫被西宁市群众艺术馆和少年宫占用，改造成办公活动场地，面目全非。改革开放社会焕发活力，众信士呼吁恢复城隍庙祭祀活动，又不便与旧址占用单位争用地盘，集资募捐在土楼山大道院一侧选定福址重建城隍大殿，重塑城隍供奉祭祀。城隍大殿的香火因了傍依大道院而重显昔年胜况，大道院也因了城隍殿的并存而蔚为壮观。

刘方随着越来越稠密的人流缓步北行，过了湟水河桥，道路狭窄起来，来往车辆阻塞，急迫地按响喇叭。身前脑后，全是杂踏而动的香客。头苫黑丝帕，一步三摇的老妪，一脸虔恭双手捧着黑香黄表红蜡烛；头发花白仪态稳健的退休干部提着面桃馒头水果祭祀，走一步退半步地礼让横冲直撞的年轻后生；面色红糙衣着花艳的农村少妇走着说着笑着，不时停步扭脖寻找走失的伙伴；穿着低腰包臀时装裤和细跟鞋的年轻女郎肩挎细带背包，口嚼香糖芳腮蠕动……不时有人挤出人流到路边小摊选购香烛供品。那早些上山给城隍爷烧了香表献了供品添了功德钱的人们，顺下脚路摩肩接踵逆人流而来，心满意足的神态中隐显疲倦和困惑。

刘方在人流相对宽松的路段，穿过人流缝隙走到路边，想从鳞次栉比的小卖摊后边通过这狭窄的街巷，以便准时到达组织单位确定的集合地点。通知说，基于这两年城隍诞辰香客云集人流稠密的经验，要求与会者特别是书画家们最好赶在人流高潮前到达集合地点，便于组织者安排书写场地。刘方发现小卖摊后边也被来往行人塞阻无法畅行，只好耐着性子随人流一步一挪地前进。他没料到会有这么多人前来给城隍爷烧香磕头，几近全城民众倾巢而动。这情景即叫他莫名地感奋又让他莫名地困惑。

刘方看见右边两个摊位间出现了人流空隙，打算绕到小摊后边去，却与小摊子前闪身而过的一人撞个正着，退后一步说声对不起，却听对方叫他刘老师。定睛一看，是民生街上修锁匠老谭，一改以往冬夏难辨的臃肿旧装，新新鲜鲜穿着一套豆纱色化纤面料的休闲衣裤，脸上红扑扑容光焕发。刘方记忆中，少见老谭如此精神。便与老谭并肩，随他拖着那条硬腿一正一歪地同行。"看你今日气色，准定遇了什么喜事，是去山下茶园刮碗子吧？"据他知道，近几年城隍诞辰来供奉的香客游人，大多要趁着这个机会在山下茶园消闲。老谭是民生街上最闲的生意人，八成儿是借着庙会热闹放松一天。

"我有闲空却没那份闲心。"老谭说，"我去城隍殿给隍老爷烧几炷高香，许个愿心，保佑我儿子早日找一份工作。"

见刘方一脸木讷，又说："我儿子刑满释放从监狱出来了。"眼望着脚下翻浆的路面边走边说，"儿子与人打群架失手出了人命，被判了十二年。这些年我托人说情减两次刑期，儿子又改造得好，提前两年释放了。"

两人随着拥挤人群接近土楼山下官渠桥头，听见桥头上有人尖声锐气地喊叫："买报买报！当天的《天地日报》、《为民早报》，看报要看《天地日报》《为民早报》，最新消息！十七万买两台洗衣机，消协为民讨公道！快买快看，《为民早报》登出惊天消息……"刘方听得声音耳熟，顺声寻望过去，靠着桥栏甩着报纸叫卖的竟是尤中生。纳闷着走上去，想问问尤中生为何不去上学却卖起报来。尤中生似乎发现了他，混进人流过桥而去，丢下一串串喊叫："买报买报，城西区警方破获2·23虫草抢劫杀人案，凶犯翟达贵束手就擒。快来买快来看，二八佳人丰胸美容，半夜吓煞初恋朋友。快来买快来看……"刘方紧追数步叫道："卖报的，给我买一份《为民早报》。"尤中生止步转身，刘方已走到身边，"你怎么没去上学卖起报纸来？"端详尤中生气色穿着，比以前光鲜整齐，俨然一个懂了世事的大男孩。尤中生说："我阿大要我退学跟他去外地学做生意，我不去，他就要我自己养活自己。"

刘方趁人流稀疏把尤中生拉到边上。他估计上次尤中生出走回来后，尤世维对他失去信心，要带在身边管束。但不知尤中生如何不跟随父亲去外地。

"我才不去！阿大又找了一个婆娘，在西安安了家。我知道他骗我去西安给他的婆娘当佣人，就没去。"把手里一卷报纸举过头顶又叫喊起来，"买报来买报来！当天的《天地日报》、《为民早报》，惊天消息，十七万买两台洗衣机，受骗者把彩票经营者告上法庭……"

刘方没时间与尤中生细叙，与跟上来的老谭在桥头分手，向大道院山门走去，寺内的香烟杂着蜡烛油气味扑鼻而来。渠岸排立的高大杨树后边，显出大道院殿宇廊亭的飞檐斗拱青瓦兽脊，传来诵经的鼓钹声响。缓坡两侧，拥排着乞讨的男女老少。缺胳膊少腿的、塌鼻梁瞎眼睛缺下巴没耳朵的，中间夹杂着算卦的、看相的，蹲坐在独石断砖上，脚前铺着黑污的红布，上面画着不圆的太极图，摆着缺角的纸牌，裂缝的木碗，掉瓷的茶缸。有穿着道袍净袜戴着紫阳冠的男女信士站立乞丐的身后腿侧，有的腋下夹着黄布包裹的经册，有的捧着画上白布的符咒……

刘方走进大道院山门，看见财神殿阶下左侧游廊内，十几张课桌一字排开，桌后散放着七八条板凳。一个胸前挂着工作人员标牌的年轻人迎上来，说："我是区文管所的。刚才城隍殿那边香客拥挤差点发生踩踏伤亡事故，我们所长和其他几位同志临时叫过去维持秩序，叫我在这儿等你们。"

刘方哦了一声，朝东望过去，城隍殿前左侧过道和台阶上下黑压压挤满了香客，等待台阶顶端维持秩序的工作人员一拨一拨放行。嗓子嘶哑的工作人员不停地喊道："别急别急，殿前没地方了，等上去的一拨点香烧表献了东西，再放一拨上去。"把香表供品举在头顶的人群便闹哄哄地要求工作人员快把滞留殿前的香客赶走，给他们放行……一股股青蓝的香烟掠过攒动的人头向财神殿这边飘过来，混着柏枝的清香和蜡油的气味。

刘方看得走神，肩上被重重拍了一掌，回头，竟是井永清，"你怎么来了？"

"你们能来我为啥不能来？文化庙会，你们来现场书画献艺是幌子，实际是想趁着人多推销你们的作品，我为啥不能收些装裱的活儿挣几个钱？"

刘方笑了，"都说你们裱字画的是我们书画家的跟屁虫，我们走到哪里就跟到哪里，今日算是验证了。"

两人说笑了几句，看见楚良背着画夹，嘟囔着走来，"人真他妈的贱！有俩钱儿就烧得不成！连上香磕头也争死抢活的。"见刘方、井永清坐着，"怎么就你们两个人？别的人呢？也去上香磕头了？"

一时，在少年宫教书法的史孝廉，教绘画的袁满；在老年大学教国画的苏来勋，教书法的傅布聪先后到来。接着，野鹤气宇轩昂地来了，尾随三个年轻弟子，一脸的深沉。史孝廉对袁满说："这是谁组织的活动？那边上香磕头的人山人海能把人挤扁，这边冷冷清清只有一个毛头小子招呼我们，早知这样，我就不来了。"

袁满说："这种应景的活动，你还想怎么样？刷几张交了差，我俩去茶园刮碗子。"

又等了一阵，再不见谁来，文管所的小伙子去小房抱来一卷宣纸，对在座书画家们说："我们所长说了，每人五张，是你们现场书画献艺的。要是有现场买你们墨宝的群众，我们另备了宣纸，按市场价买给他们，你们书画的价码由你们个人定。"每个人桌上数放五张宣纸，把剩余的卷起来抱回小房。

书画家们把带来的垫毡铺在桌上，摆放好墨汁砚台水洗笔架颜料盒，又取出各种石料的印章，印油盒放在书桌一角，裁纸，捉笔，吃墨，书画起来。上完香添了功德钱的群众三三两两走过来，有的进财神殿继续敬神求福，有的绕过平台去大道院观看道士们诵经祈福的道场，少数来桌边观看书画家们献艺。看一阵，转身走开了。两个穿戴整齐的中年人，站住看楚良画写意牡丹，又看刘方写唐诗宋词。一个拉一个说："走！这有啥看头？"一个说，"庙会上现场书画的作品，可以索要，等他们书画完了，我俩要两张好的，装裱挂在家里，也是兴头。"走过去站在野鹤弟子占据的桌前观看。野鹤对将要书写的一个弟子说："急啥！把情绪酝酿饱满了再写。"

一时，临时叫去城隍殿维持秩序的几位干部回来了，围站在野鹤坐阵的桌前，看野鹤的弟子们写字。写出一张，不等按上印章，就争争抢抢地要把字幅拿去。两旁书画的袁满、傅布聪、楚良、史孝廉没情没绪地往纸上涂抹着。史孝廉写了一条行书"沁园春"，一条赤壁怀古；傅布聪写了一条行楷的王维七律诗，一条隶书宋词；楚良摇三慢五画了一张写意牡丹，一幅花卉斗方，便嚷叫环境太吵，找不到感觉，收笔不画了。刘方多次参加这样的公益活动，把纸裁成小条，只写五言绝句，落款按印，任喜爱的群众拿走。围站在野鹤桌边的一位白胖中年人对野鹤说："野鹤老师，我是区上主管文化的。久闻大名，今日有幸见你，给我赠一张你的墨宝吧。"取出一包好烟抽一支敬给野鹤。

野鹤甩手挡开，"我不会吸烟。你是这次活动的组织者？"

"算是吧，区文管所属文化局下属单位。文所长说，今天你要光临现场给群众献艺，我就来了。"

"来了就好，叫我弟子给你写一条。你说，要什么内容？"

"野鹤老师，我只心仪你的墨宝，烦劳你动用如椽大笔赐我一张。"

野鹤说："这三个全是我的得意弟子，作品参加过国家级展览。叫他们写，等于是我写的。不是说长江后浪推前浪，青出于蓝胜于蓝吗，别看他们年轻，字却写得老道！"

"我只想要你……"

话被野鹤冷硬的语气截断了："你这人怎么是这样的？我让弟子给你写一张，是看你是这次活动的组织者，是个头儿。别以为叫我们来参加活动就给了我们什么便利，以为我们就欠了你们的。如今是市场经济，我们的劳动是有价值的。真想要我的字，我就得把丑话说在前头，我的字一条一千元，肯花这钱，我就给你写。"

围观人群发出唏嘘声。

白胖中年人受了野鹤的抢白奚落，讪笑着想走开，又下不了台，挪到史孝廉、傅布聪桌前，两人为免他难堪，慌忙捉笔吃墨写了两条送给他。他又挪到刘方桌前，佯装大度坦荡地说："刘老师，你的大名也是如雷贯耳，本想从那头要过来，没料到……烦劳你赐写一张送给我做永久留念吧。"

刘方嗯嗯地应着，却不想给他写，心里说：你眼睛只往亮处看，只见野鹤不见别人，被野鹤冷落了，才想起别人，你这不是真喜欢我的字儿，而是要我挽回你的面子。转念，又觉得人家毕竟是这次活动的组织者之一，现场给人家过不去，显得这些书画家没水平没涵养。野鹤被钱儿惯坏了，做得出这等事来，可他哪能跟着野鹤做这被人耻笑的事？便展纸蘸墨，为这位可怜的局长写了一幅"正气歌"。

追随白胖中年人的几位干部要做点姿态出来，又见刘方好说话，有求必应，全围在刘方桌边索要他的"墨宝"。刘方这才明白，这种无偿的劳动要不靠自己克制，别人是不会怜惜他的精力的。想拒绝，又觉得先给局长写了，紧接着拒绝别人的要求，会被他们认为是攀高枝巴结权贵的人，便欣然命笔，为这些人各写了两条。正好纸完了，有了推托的理由，"只发了五张纸，全写完了，改日得机会再写吧。"

不料站在一旁的白胖中年人说："刘老师，你只管写，纸有得是，你用多少我提供多少。"向西喊了一声，"小栾，把发剩的纸全拿出来交给刘老师。今后有这种活动，刘老师用的纸随他自己拿！"声音响响地，分明是让野鹤他们听的。

画了一张鸭子戏水的楚良点支烟，对喝茶的刘方说："老刘，你这样写累不累？"

刘方听出楚良话中之话，"累也得写，人家组织了活动，我们不参加便罢；

参加，总得照顾一下组织者的情绪。"

楚良笑一下，"你太仁义了，可我还是赞同野鹤的做法。凭啥要我们白写白画？我们的才情精力就这么不值钱？如今人们眼贱！好东西标价低了，就认为是残次品处理货；破烂东西弄个好包装标上高价，都抢着买。面对这样的消费者，还是野鹤的做法对，就这价码，爱买不买！"说着收拾自己的文具，"差事应了，这样等下去叫人家以为等后四碗呢，走人吧。"拿起文具包率先走了。

野鹤同三个弟子也收拾东西不辞而别。

趁着空闲，刘方从单桌抽屉取出买来的《为民早报》，头版头条就是尤中生卖报叫嚷的那篇报道。标题是"十七万买两台洗衣机，'福彩'掀起轩然大波。"下面是副标题：市消协为民作主，向承办方讨要说法。正文是：本报讯（记者田野）福利彩票掀起轩然大波，全市民众舆论哗然。是政府欺骗还是市民投机？民生街个体摊贩韩乙布拉在福利彩票发行最后一天，十七万包买全部剩余彩票，确信特等奖非他莫属。结果只刮出两个二等奖一个三等奖三十四个纪念奖。十七万买回千元价值的奖品，竹篮打水一场空，一怒之下告到市消费者协会。消协受理并展开调查，要为广大消费者一个满意的答复……云云。觉得有趣，把报纸传给袁满。袁满看完又让史孝廉看，几个人边看边议论，颇多感想。一时近午，打算收拾东西走人，却见田成功同外甥女伊承新一前一后笑笑地走来。刘方提两条方凳放在桌前让田成功和伊承新坐，"你们也是来城隍殿上香？"

田成功说："我来城隍殿抽签，人挤得吃不住，一拨一拨在殿前来不及磕头就被后边的人推搡开了，没法儿抽签。先来这边转转，等人稀了再去。"

"为啥要到城隍殿抽签？"刘方扫一眼伊承新，猜测大致是为外甥女占卜前途或者婚姻大事。

"田壮要扩大经营，想把鸿运食府盘下来。听人说，食府的地点风水不好，前后几个老板都赔了血本，唯独哈老板挣得好，又被官司缠住，开不了门。给田壮说这些，说死不听。心想借城隍爷诞辰上香抽签问个吉凶，求个心里安实。"

伊承新见舅舅与刘方说话，走到游廊外侧养着几蓬睡莲和几尾金鲤鱼的池边看花观鱼。片时回来问刘方："刘老师，我想找东方灵老师请教个问题，你有他的电话号码吧？"

刘方取出电话号码本，找出东方灵的号码，伊承新看一眼，再次走到水池边，用手机给东方灵打电话。

"你……是谁？"东方灵是诧异的声音。

"我是伊承新，是田成功的外甥女，上次在植物园……"

"哦，想起来了，你找我有事？"

"东方老师，我有事要向你请教，想让给我出个主意……我随阿舅来城隍殿上香抽签，看见了刘方老师，问了你的电话号码。"

"太巧了，我正好在山下官渠南岸的天香茶园等几个朋友，你现在来茶园最好！"

这种巧合也让伊承新高兴，给田成功简单说了几句，直奔天香茶园。

62

座落官渠南岸的天香茶园与渠北岸大道院魁星殿隔渠相望。伊承新几分钟就找到了这个外观更像农舍的地方。茶园迎门是一座石块堆砌的假山，水泵抽到顶端的一股清水顺着石缝漫流而下，在池内浅清的水面上溅起些细碎的水花。白瓷砖砌的水池沿上，排放着十几盆木本草木花卉，娇红怡绿的花叶被水气润泽，水嫩鲜亮。茶园东西狭长，挨排的几张圆桌都被顾客占据了，桌面上摆放着顾客自带还没有打开的食物盒袋。最里边一棵柳树后的方桌边坐着东方灵，柳树外侧邻近两张圆桌。伊承新经过时，围坐圆桌边的女人们正与服务员争讲着三台碗子的价格。

落座时伊承新说："东方老师也喜欢凑热闹呵？"

"人是群居动物,适当地凑凑热闹,有益身心健康。"桌上摆放的是一次性三台碗子,东方灵拿一个要拆包装,伊承新说:"别,我坐坐就得走。"从东方灵手里夺下茶碗放在桌上。

"到茶园就得喝茶嘛。喝几口低档茶园的劣质茶,体验一下这种生活没什么不好。"执意拆开茶碗包装,唤来服务员注满开水,"即来之,则安之,多坐会儿,陪我说说话,免得我孤家寡人似的。"

伊承新笑笑:"你的朋友呢?上香去了?"

"我的朋友上午开会,十二点下班才能来。"

"哪你来这么早干啥?坐等到十二点?"眸子上显出些疑惑,"约的是女朋友吗?"

"女朋友可不能约到这种地方来。这种平民化的茶园,女朋友来了会说我缺乏情调。"

"哪就看是谁了,要是我,就不会……"不会什么,伊承新没说出来。

"要有你这么年轻漂亮的女朋友,我可福气了。"笑起来,意在开玩笑,"我约的是出版方面的朋友,商议出版文集的事。我是借这个日子。听一个朋友说,去年城隍诞辰,大道院里热闹非常,建议我今年务必来现场看看,必有许多的感想心得。借这个由头,把朋友约到这儿,为的是打柴放羊共用一天。先去大道院、城隍殿看了看,真有了不少的感慨。出来订桌子,好不容易才占上这么一张小桌。好在在茶园最里边,又有这棵树,小环境还可以吧?"

伊承新笑笑作为答复。

东方灵抓一把瓜子放在伊承新手里,"你说你跟阿舅来城隍殿上香抽签,怎么回事?"

伊承新简略说明前因。

"这种事抽签怕靠不住。得认真做些市场调查,向有经验的商家请教咨询。"提暖瓶给伊承新碗里添水,"你找我也为这事?"

"不,不为这事。"伊承新欲说不说地犹豫一阵,"你与秦明关系不错吧,他这人怎么样?"

东方灵不解，"你……有啥话就直说。我俩上次在松风园聊天十分投机，今天怎么吞吞吐吐的？"

伊承新笑一下，"这半年多，秦明老找我，他说我在那种不规范的模特队表演服装，不会有太大的前途。他说他看中了我的身材长相气质，如果我能当一个人体写真模特，会大有前途，再三说服我考虑这事。我吃不准秦明的真实用意，下不了这样的决心，想听听你的意见。"

"哦。"东方灵想了想，说："从原则上说，秦明这样提议是好的。他搞人像摄影很久了，积累了很多的经验，也苦于找不到突破口。这些年人体写真艺术成了一种时尚，关键是除了艺术表现力，更有很好的市场效应。说真的，就你的身材相貌气质，做人体写真模特最棒。可这不是一句话就可以做的事业。在我国传统观念和文化的大背景下，要做一个人体写真模特，先需要有极大的勇气。你想想你周围的人，有几个会同意你做这件事？如果反对的人大于支持的，你又没有勇气面对他们，那就别考虑这事了。这种勇气也不是鼓一下就能产生并持久下去。这关乎一个人的心理素质和多方面的素养，前提还是敢不敢与传统生活观念和行为方式挑战和决裂。你向我咨询，我只能这样回答。至于秦明，我与他有了二十几年的交往和了解，至少到目前为止，还没发现他的人格人品存在问题。"

邻近两桌茶客的说笑吵闹声越来越烈，夹杂着吆三喝四的猜拳声，搅扰得东方灵没法与伊承新静心地交流。他给伊承新添水时说，"你先别想这件事，在这样的环境里，不妨先体会一下生活的多元和复杂。如果你能从周边的生活现象中发现一些问题，对你的思考和选择会有帮助。"

伊承新不理解东方灵这话的用意，茫然地望一眼东方灵，扭头扫视邻近两桌的男男女女，闹不清在这样一群粗俗的饮食男女中能发现什么。

"你听听他们的对话，挺有意思的。"东方灵有意无意地提示了一下。

伊承新把注意力投在左边桌上那些唧唧喳喳的女人身上，留意他们的谈话内容。他们正在议论一个住在同院的女人，说她整天打扮成妖精似的，鱼尾纹七八条了，还使劲地搽胭脂抹粉，想把个家打扮成十七八岁的样子，让人看一眼就想吐。起头是两个女人在那女人身上挑三拣四地寻找毛病。后来第三个女人加进来说，那女人外边一定有人，要不就不会这样打扮。打扮是需要钱的，可他的站大脚①的男人能挣回多少钱供她打扮？第四个女人也加进来说，那女人每天去舞厅跳早场，干坐着没人请她跳舞，后来就拼命地打扮起来了。这样的话题让同桌其他女人不甘无知，也加进来你一句我一句交换着各自的见闻和感想，好像都对那个女人不感冒，好容易有了同声讨伐的机会，不发表言论会显得无能。一个个说得眉飞色舞，说到尽兴处混声哈哈大笑。

　　伊承新觉得这样的谈话俗不可耐，把注意力投到另一桌喝酒的男人们身上。几个男人正在争论批发市场的萝卜价格。一个坚持说一斤四角，另一个坚持说一斤三角。说四角的那个说，他前天去批发市场买菜，一斤萝卜四角五分，他争讲了半天，四角买出来的。那个说三角的人说他前日去市场，几个摊位上的萝卜都是三角一斤。那个说四角的人就要另一个人证明他说得没错。那个要证明的人就说零售市场一斤萝卜五角，批发市场可能是四角。那坚持一斤萝卜三角的人也要旁边的人证明，现在市场上卖的萝卜比前半月便宜。那个想做证明的人就说：他买萝卜是六角一斤，是从四川来的萝卜。又一个加进来的人说，四川来的萝卜一元一斤。四角的萝卜肯定是当地农民自产自销。又一个说，你们肯定把白萝卜和红萝卜的价格弄混了。那个坚持一斤四角的人就红了脸说，自己不是三岁小孩，难道连什么是红萝卜什么是白萝卜分不清？于是争讲起来，争得脸红脖子粗，筷子也被拍下桌子……

　　伊承新听得索然无味，回头见东方灵悠然地刮着碗子，"你说他们的谈话有意思，我可听不出这样的话能有什么意思。"

　　东方灵笑了，"你能听出他们的谈话没一点意思就有意思了。"

　　伊承新不解地盯住东方灵的眼睛。

　　"这就是我们的民族或者说同类，终日为鸡毛蒜皮的事情津津乐道，心胸狭窄目光短浅，固执己见斤斤计较。面对这样的生活理念和生存群体，你能指望什么？指望这样的人对你的行为作出评价和肯定？"

---

　　①方言：指打临工的人

"哦！我明白了。"伊承新脸上洋溢出兴奋中无不敬佩的笑，"你真是个高人！"

"高人？这话从何说起？"东方灵倒疑惑起来。

"那次你让民生街修鞋的朱朝阳去土楼山寻访天涯海角鹿回头来的高人，我推猜出你的用意，认为你才是高人。今天你用同样的方式给我上了一课，怎么不是高人？"

东方灵也用欣赏的目光盯视着眼前这个聪慧的姑娘，"你有这么好的悟性，不愁做不出有出息的事来。就说你向我征求意见的那件事吧。我认为，这世上没有能不能该不该做的事情，而只有敢不敢做的事情。你想做人体写真模特，别指望从你周围人群找到支持和赞同。你我周围的人的头脑心灵和胃口都被鸡毛蒜皮塞满了，无暇顾及一个要飞上天的人。一切都取决于你自己。再说了，女人的肉体，只有在少数人的眼里是艺术，是神圣的。而绝大多数人只会用邪恶的目光看待女人肉体。这不是取决于女人的肉体是否邪恶，而是取决于看女人肉体的那双眼是否邪恶。如果你有勇气面对那些用邪恶目光看你裸体的人，让他们的邪恶目光在神圣的艺术张力的抵御下不得不退去，变得理智起来，单纯起来那你就功德圆满了。这种功德没人能帮你取得，只能靠你自己。我不抱成见地猜测一下，你的家人是反对你做人体写真模特的，如果……"

伊承新打断东方灵的话，"你说得对，我在服装展示队穿了一次泳装，就被父母亲骂了个狗血喷头！更别说对着镜头脱光衣裳。"

"所以，这事最终还得由你决定。没人会说清该做不该做的道理，包括我。我刚才说秦明至少到目前没发现人格人品问题，是因为秦明不是个圣人，他身上也潜藏着某种邪恶。我无法判断他让你当人体写真模特的意图中，没有一丝一毫邪恶的念头。面对他的镜头，你的裸体最终能否成为一件高品格的艺术作品，其中有他的作用，也有你的作用，你明白吗？"

"我……"伊承新想了想，"明白。"

"好，这事我俩就谈到这儿。记住，我不是什么高人，我跟那两桌上的人差不多，只是我善于说话而已。别让我的话影响你人生路上的重大抉择，一切靠你自己。"

伊承新兴奋异常,起身告辞。东方灵说:"要没事,留下等我朋友来一起坐坐,男女搭配,喝酒不醉。"

"不啦！改天,我要请你单独喝酒,要不你单独请我喝酒好吗？"

"好！说定了。"东方灵把伊承新送出茶园。

63

听到叫名声,一股按捺不住的惊喜涌上田健心头,没事了？要释放吧？当号子门在身后哐啷一声关死,从昏暗中出来,被明亮天光刺得眯缝的眼睛睁大后,田健嘲笑自己的幼稚。姓瓦的管教脸上没一点友善的表示,只用提着一大串钥匙的右手比划一下,转身前引,把他领到监房门外一排平房的拐角处,"去103号提审室。"田健走到提审室门口,喊了报告,推门进入,姓瓦的管教走开了。

民生街派出所所长展望坐在一张杏黄油漆的单桌后边,桌上摊着一沓材料,一角放着黑色皮革夹包,夹包和材料间放着一盒纸烟,一只打火机,桌前一张椅子空着。展望在田健进门后不置可否地笑一下,指一下空椅子让田健坐下。田健咽一口唾沫,桌上的烟盒、打火机太诱人了,让他在屁股挨住椅子时禁不住说:"能给我一支烟吗？"

展望抽一支烟,起身绕过桌子,把烟塞在田健嘴上,打火点燃,退坐到桌后等田健狠劲地吸了几口,问道:"进来几天了？"

田健心里说,进来几天你应该知道。因感念展望给他纸烟又给他点燃,庄重地说:"十几天了。"

"有什么感想？"展望自己点了一支烟。

田健苦笑一下。感想太多太多,无从说起。最突出的就是号子里空气污浊,十二平米的一间号子挤了十一个人,吃喝拉撒全在里边,屎臭尿骚汗腥屁臭混和起来能把好人熏成病人。可他不想说。一说，只会招来幸灾乐祸的嘲弄。

"想好了没有？"展望玩弄手里的一支钢笔，用两个指头夹着它来去转圈子，很熟练。

烟头烫着田健手指，他吸了一口，把不能再吸的烟屁股不舍地扔在脚前，望着，不说话。

"你打算一直这样待下去？"展望语气硬起来，"我们的忍耐是有限度的，这样再三再四给你机会你不把握，有你后悔的日子！"

"我不是都说了吗？还让我说什么？"

"动机！你不把偷窃藏匿枪支的动机说出来，就过不了这一关。听人说，你的家人正四处活动，又请客又送礼地托人找关系为你开脱。他们这样做只会把问题搞得更糟。倘或是一次小小的入室偷窃，一次诈骗别人钱财，一次打架斗殴误伤，你的家人请客送礼托关系说情也许能把你弄出去。可这案子性质不同。自阮世仁丢失手枪被开除出公安队伍，这案就成了省厅的督办大案，全省公安系统都知道这案子的严重性，没有哪一个人敢出面为你开脱罪责。解铃还须系铃人，问题得由你自己来解决。尽快把偷窃藏匿枪支的动机讲清楚，让所有办案的人都认为你讲得合乎情理，合乎逻辑，案子才能往下一个环节上移送。你要不把动机讲清楚，只好十天半月一年半载地待在号子里……"

"我已经说了，我只为玩，真得没什么动机。要说有动机，就是见了自己喜爱玩弄的枪，又是明晃晃沉甸甸的真枪，舍不得丢手，一时糊涂就藏起来了，别的什么也没想过。连藏下来以后怎么办也没想过，只为喜爱就藏下了。"

展望冷笑笑，"喜爱？喜爱别的什么玩艺，别的什么稀罕东西，甚至喜爱女人的胸罩裤头什么的，一时冲动藏匿起来，以满足某种心理需求，都能说得过去，也符合生活逻辑。可藏匿枪支是说不过去的。因为喜爱一支枪就把它偷来藏匿，没有别的企图，给三岁娃娃说也不会相信。"

田健用手铐链子磨蹭膝盖下方发痒的地方，眼望着脚尖，心里胀满了怨恨懊悔。无意间做下的事，到如今自己也无法说清了。当初真要有什么动机企图，如今倒也好办。可当时真的什么也没想过，叫他说什么？编一个动机出来？编轻了，展望不会认可；编重了，就是给自己头上加罪。思前想后，还是要坚持，就是因为喜爱才藏匿的。你们认为说不过去，不符合逻辑，那你们就把说得过去，符合逻辑的理由找出来吧。这样一想，觉得再说再辩都无益，便咬口不说了，任展望变换花样软硬兼施地套问，一声不出。惹得展望几次想发作，又碍于法规，只能瞪眼盯住田健出粗气，毫无办法。

僵持了一阵，展望放松表情，用和缓的语气说："这样吧，我俩做个交易成不成？"

田健疑惑地等待展望的下文。

"我明白，你不肯说出动机，是有更大的顾虑。我现在把我的一些心思明白告诉你，你要觉得我说的都是实话，是真诚的，你再决定下面说与不说，好不好？"展望点燃两支烟，一支给田健抽，自己叼了一支，"阮世仁是民生街派出所上任所长，丢失枪支被开除那一阵，正好是我从警校毕业分配工作的时候。我主动要求到民生街派出所，并给市局分局领导保证，尽快侦破阮世仁丢失枪支的案子，把枪支下落查清。公安上上下下就盯着我，观望我的作为。如今枪出来了，可当时丢失枪支的原因细节还是个谜。如果我不拿出合乎逻辑的理由，上级是不满意的。这关乎我的前途，也关乎我的办案质量。你要说出动机，让我尽快了结这个案子，后面的事就好办了。你帮了我，我不会对你坐视不管。"停下来审度田健的反应，见田健认真地听着，便把他认为最有效的一张牌甩了出来："我爸爸是省上政法委的，我上警校、毕业分配工作，都沾了老爸的光。今后你的案子移交到检察院，我爸最铁的一个战友就在检察院，法院也有他的关系。我保证让老爸出面，把你的案子以最轻的方式了结，能不起诉就不起诉，能不判刑就不判刑，你认为怎么样？"

听语气看神色，田健认为展望说的是心里话，是真诚的。作为查办自己案子的民警给自己交心，让他心存感激。可一想到自己的轻信把自己害到这种地步，一想到百分之百信任的吕玲把他骗得落了这样的下场，便对展望的承诺产生了怀疑。该不该相信展望？相信他，照他设计的办，也许能借他老爸的权力给自己争取到好的处理结果，但……田健提醒自己不能再犯轻信的错误，却又不想错过这一线希望，便态度诚恳地说："让我想想，好不好？"如果听从展望的安排，他就得编造出一个动机，一个叫展望和所有办案人员都认可的动机，这需要认真地想一想。

展望有点兴奋："成！你想好了尽快叫管教通知我，三天怎么样？"田健点点头，展望打电话叫来管教，把田健送回号子。

枕着被褥仰躺在属于自己的五十厘米宽的铺位上，望着由于光线昏暗而显得时远时近的青灰色水泥预制屋顶，田健努力调集散乱的思绪，为自己编造偷窃藏匿枪支的合理动机。他清楚，要想尽快脱离这可恶的地方，就得按照展望的说法去做。可编造怎样一个动机才能让展望他们认可呢？说偷枪是为了准备枪杀一个仇人，这个仇人是……是什么人？因何成了非杀不可的仇人？不行，不说出这个仇人的名字，不说清仇杀的前因，公安是不会相信的。即便相信，找不到仇人取不了证，也是白说，闹不好还会被认为愚弄办案人员而加重自己的罪行。要不就说吕玲骗他钱财，让他丢了工作又失去了老板的信任，他偷枪想报复。可这动机有着明显的缺陷。他拣枪藏匿二年多了，与吕玲认识才半年，时间对不上。要是公安找吕玲取证，等于无形中给吕玲打了招呼，吕玲会警惕起来。左思右想，都找不到要领。加上号子里一分半秒也不得安静。同号还有十个拘押的犯罪嫌疑人。他身边这个姓宋的蜷成虾一样呼呼大睡，鼾声比雷还响。有五个人在靠门的通铺上耍扑克"挖坑"，一阵一阵大呼小叫，嘻笑、咒骂。姓柯的靠门板站着，借门洞小窗透进的光亮看书，也一眼一眼扫着打牌喧闹的号友。其余三人在最里边的铺位上聊天，唧唧哝哝像一群烦心的苍蝇。田健真想大吼一声，喝令打牌的不要吵闹，让他安心想事。可他清楚，他们不会在乎他的存在以及他的要求。尤其那个姓张的大块头司机，是不会服从号子里任何一个人的任何合理要求。这个因酒后开车撞死路人又逃逸被拘留的司机，在田健刚进号子的头几天，总要摆出号子老大的架势，证明自己在号子里独一无二的地位，要给田健一个下马威，却被田健一个大背撂倒在铺下。虽然不再对田健喝五吆四地当老大，可不服气的火焰总在眼窝里闪着，等待时机扳回失在田健手里的面子。田健不想与他正面冲突。其余的人见田健撂翻了司机灭了他的霸气，总是低三下四地对待田健，田健不忍心扰了他们的兴头。

　　田健被嘈闹干扰得心绪烦乱，索性坐过去看那五个人耍牌。俗话说，人没轻重，放在一两上也成，放在半斤上也成。在这昏暗，骚气冲鼻的号子里，他们凭借小窗射进来的一束散光，打牌打得十分投入，好像都在等待领奖受勋而非等待审讯判刑，没有一丝一毫忧愁烦恼。这让田健也无所谓起来。是福不是祸，是祸躲不过。车到山前必有路。现在想破脑袋也想不出什么合理的动机来，于是集中心思只看他们耍牌，心里反倒平稳下来。

　　张司机是个"挖坑"好手，加上蛮不讲理，把其它四人手里的烟全赢到自己脚前，又一人一支发给牌友。牌友便像受了恩惠，张哥张哥叫得满嘴喷沫。张司机嫌赢烟不刺激，提议改换方式，输了的要"刮碗子"、"看电视"、"喝啤酒"。牌友不想响应，张司机一人一掌拍在肩上，都呲牙咧嘴地表示悉听尊便。于是"三打一"。一轮下来，姓余的输了。张司机叫他下铺，"刮碗子"、"看电视"二选其一。姓余的说，刮碗子吧，先把左腿绞在右腿前，缓缓下蹲，做右腿单独支撑身子的下蹲姿势，还得把左腿搭在下弓右腿上做成二郎腿姿势，两手不得扶墙挨铺，还得做出手捧三台盖碗喝茶的动作。姓余的支持几秒，后仰倒在地上，众人便哈哈大笑。张司机说他刮碗子不潇洒，浑身哆嗦样子不雅观，得重来一次。姓余的只好重做，仍旧支持几秒倒坐地上。

　　第三轮姓那的输了，自告奋勇也刮碗子。张司机说："小余刚刮碗子，不准重复，你看电视。"姓那的显出为难之色，司机手拍铺沿喝令："快！不然小心捶你！"姓那的只好取一支吃饭筷子，到角落放马桶的地方，直腿弓腰，把筷子一头支住马桶沿，一头支住自己额头，顿时被屎臭尿骚熏得干呕起来。司机说："开电视！"姓那的嘴里说一声咔哒。司机说："选体育频道！"姓那的连续咔哒数声，模仿出掌声雷动的嗡嗡声。司机说："宋世雄点评足球！"姓那的就鸡声鸭调地学起宋世雄的声音。司机和另外几人都喊叫："这不是宋世雄，这是李洋。"闹了一阵，姓那的求饶，"张哥，求你了，我快被熏晕了。"得到司机同意，头一抬，筷子掉进了马桶。蹲在一边干呕几声，上铺继续打牌。

第七轮司机输了。众人要让司机看电视，司机说要喝啤酒，别人犟不过他，姓那的便倒了半盆自来水，放一把洗衣粉在水里，摇晃几下，水上冒起泡沫，说："正宗的天堂啤酒！"递给张司机。司机不含糊，咕嘟咕嘟几口喝下大半，大喊一声痛快！众人也拍手喊好。

田健看得兴起，决意伙进去玩它几把。经他观察，除张司机善于"挖坑"，其余全是臭手。只要留神，凭他在俱乐部练的几手，与司机打平手不成问题，争取要让司机看看电视。司机同那几位挤一下眼睛，让出位置让田健抓牌。玩了两把，发现田健玩得比司机还精，便给田健频递眼色，共同对付司机。几轮下来，果然司机输了。司机要喝啤酒，田健要他看电视。司机见田健成心要看他洋相，不想服从，又怕失去面子，硬着脖子下铺，取一支筷子走近马桶，弯腰时，田健说："张哥，你是个爽快人，你那块头，不把马桶压倒就是把筷子戳进脑门，免了吧。"众人巴不得讨好，齐声说："对！田哥说得对！压倒马桶，号子里咋待？免了吧。"

张司机直起身子对田健抱一下拳，"我谢了！"田健趁机说："张哥，我建议我们号子里废除看电视节目，都是同道的，谁是谁呀！别人欺辱我们，我们别再自己欺辱自己了，行吧？"

"行行行！"司机高声附和，众人呐喊！就听号子门被重重敲响："安静安静！嚷什么嚷？"等众人屏息收声，管教又说，"107号，有人探视。"

田健怔了一下，比他反应快的张司机拍一下田健肩头，"有门，今日不是探视的日子，准许探视你，八成是你家人走通了路子，要放你出去了，快把头发梳一下，别让家里人看见你这副德行。"说话间两手十指从脑后伸进田健头发，替田健梳理凌乱的头发，借机使劲抠田健头皮。田健躲开司机的手，号门开了，姓瓦的管教退后一步等田健走出号子，铐住他双手，领他到监房外的探视室。

一进探视室田健呆住了，站在隔离窗外的竟是阮世仁。

自觉没脸见阮世仁的田健想退出去，却被极大的好奇心留住步子。阮世

176

仁怎么会来？来做什么？田健不由自主走近隔离窗,随后进来的瓦管教说:"半小时。"退了出去。

站在阮世仁后边的一个管教也退出门去。阮世仁笑容可掬坐在隔离窗另一面,拿起话筒。田健也拿起话筒,听到了阮世仁的声音:"没料到是我吧？"

"没料到。"田健的声音抖着,"你不是在保定市吗？"

"我丢失的枪找到了,局里派人去保定市对证,才知道是你小子把我的枪藏起来了,就想回来看看。枪有了下落,我该回来一趟。"

"阮哥,实在对不起,我恨一念之差,给你造成那么大的伤害,我这辈子再没脸见你了。没想到你倒来看我,我真该死,不值得你来看我。"

"说真的,当年我被开除,真要知道是你捣的鬼,非把你捶死不可！如今我倒要好好地谢谢你哩！要不是你捣鬼,我哪有今天？"

田健迷茫地看着隔离窗那边的阮世仁,不明白他此话从何说起。

阮世仁笑着说:"真真是塞翁失马,焉知非福呵！是你搞了鬼,给我一个脱离公安队伍,重新找到更理想的生存地位的机遇。我其实早不想在公安上待了。挣的钱不多,担的风险却不小,总是加班加点担惊受怕地工作,却又得不到重用。跟我一起参加工作会来事的那些人,有的在分局当了科长,有的在市局当了处长,还有的提拔到警校当教导员。我拼死拼活地干,给我个所长,股级干部。想走,又不让走。想自找点事儿退出公安队伍,又怕污了名声。受处分后,去外地另谋出路,没料到一步一步越走越顺,如今成了一个合资集团公司的安全顾问,一月四千多工资,不包括时不时的奖金红包。我感念老天爷给了我这个运气,把我从难堪的境地一下子抛进了幸运中。你说,我不感谢你感谢谁？这次市局派人来向我取证,我听说是你把枪藏了两年多,丢失的枪没惹出祸端,把我高兴得不得了。要是那天我喝醉酒气头上开枪打死了同事,那就不是开除的事了。是你紧要时刻把枪推开,免了我一场大祸,接着又把枪藏起来,给了我一个难得的发展机会……"

田健激动起来,截断阮世仁的话说:"我当时也是喝得稀里糊涂的,只想着你们平时称兄道弟,喝几口黄汤就翻脸吵架,满脑子的气,就以为拣你丢掉的枪，该着。没料到让你受了大处分。我害怕你和公安上的会进一步追究，更不敢把枪的实情说出来，只想着把枪藏好，别丢失在别人手里闯出人命大祸，弄来弄去倒把我个家害下了。"

"事到如今，反而不好说了是不是？"阮世仁的神情友善又诚恳，"我就是为了排解你的难题才赶回来的。"

"哦。"田健想了想，"公安上知道我藏的枪是你丢的那一把，又知道我俩以前的关系，人家让你见我，这里边……"这里边什么，田健说不出所以然了。

"不是说有钱能使鬼推磨嘛！我如今有钱，花几个钱什么办不到？你没见电影电视上，那么高贵有品位有身份的人，不论男女，只要看见别人给自己送东西，就高兴得屁颠屁颠的。看守所我原本有几个熟人，再花几个钱，还能见不着你？怎么样，我来得及时吧？"

田健苦笑笑，"人家再三再四问我藏匿枪支的动机是什么。我说只为好玩，没什么动机，他们压根就不相信。我想编个动机，又不知怎样才编得合理，你给我出个主意吧。"

"我早估计到了，没有合理的动机，不会轻易给你结案的，今天我来见你，就为这事。我给你说，他们到我那儿落实取证，我一口咬定枪是丢的，因为我不知道你这面是怎么交待的，估计也是咬定拣的。即便是拣的，拣了国家制式武器藏匿不交也是有罪的。我想了一条理由，只要我俩把口径统一起来，就成了。他们再问你动机，你就说是我不想在公安上干了，又走不脱，就想出丢枪的计策，背个处分脱离公安队伍。枪实际没丢，是我交给你藏匿保管，只许你妥善藏匿而不准拿出去惹是生非。你两年来保管着枪支，没拿出来的事实足以证明这一点。这样一来，为朋友讲义气藏匿枪支就成了你的合理动机，而且是我设计让你替我藏的，藏了两年没造成什么恶果。这样一来，主要责任在我而不在你，你的罪就轻了。"

"不成不成！"田健神经质地甩着头说，"我已经害了你一次，这样说，又把你拉进来了。"

"我已经被开除了，不是公安上的人。关键是枪找到了，又没造成什么危害。他们只为找个合理动机结案，尽早了结这桩烦心的事。你照我说的做，出不了差错。"

田健心里深深地感激着阮世仁，"这样，我是不是就能出去了？"

"出去恐怕还不能。案子了结移送到检察院，单藏匿武器一条，就能起诉你。不过我会想办法，托关系弄个缓刑，你就能出去。"

如此这般商计好一些细节和关键词，阮世仁最后说："你再耐活几天，我保证尽快让你出去。我今天只给你带了两条烟，等你回号子管教会给你。"示意田健可以回去了。田健依依不舍一步一回头走出了探视室。

64

田成功转动钥匙拧上房门保险锁，却听见房里电话铃响，慌忙开锁推门跑到电话机旁提起话筒。

"老爸，干啥呢！老半天不接电话。"

"我要出门，正锁房门哩，听见电话响又开门进来接的。"

田英笑了，"老爸活该！谁叫你不用手机呢！你要把手机带在身上，就不这么费事了。给你手机你不用，关机放在家里，费事你就怨不得谁了。"

"打电话啥事？"田成功避开手机的话题。女儿已经是第三次抱怨他把她给的小灵通放在家里不用。可他觉得家里有座机，身上带个手机就是多余，累赘。

"我上次要你考虑的事考虑了没有？"

"啥事？"田成功一时想不起女儿要他考虑什么。

"老爸你咋回事？连自己的终身，哦不！就是我给你说的郁阿姨的事，你想好了没？"

"我不是给你说了吗，这事打住！我没心情想这种事。"

"老爸你别封建好不好？我这是为你着想。有个伴儿，总比一个人过得充实！人家郁阿姨对这事挺热心的，听她说最近又有人给她介绍老伴儿，她说看着我可信，只想听我的意见，这话你不明白吗？郁阿姨看上你了，你要不答应，就把人家闪下了。"

"你多大了？还给我这么说话？"田成功加重语气，"你们儿女的心我知道，可我一个人过得好好的，不想再有个拖累。你好话告诉人家，就说你阿大一个人过得好好的，你哥哥离婚到现在还没找到对象，你阿大不考虑这事，叫人家有合适的只管做决定去，听见了没？！"

"那……你这态度，日后你的事我就不管了。"田英语气中有了明显的失意和不满。

"我的事用不着你操心，把你们个家的日子过好，我就阿弥陀佛了。小宁办的事咋样？"

"啥事？"

"田健的事呵！小宁不是说有个关系吗，他找了没有？"

"小宁说那人是个只说光面话不办实事的，小宁说得另找别人。"

"叫小宁再想办法！你三爸三婶整日颇烦①得饭都吃不下，你们却摇三慢五的。就这样，我有事寻你二爸去，挂了。"

扣下话筒，田成功拉开房门要走时又转念回到睡觉的小房间，拉开床头柜抽屉，女儿给的银灰色机壳的小灵通显在眼前。女儿说得对，要是他刚才身上带着小灵通，就可以边下楼边与女儿通话，用不着把锁好的房门重新打开急急慌慌接电话。可他就是不习惯使用这个东西。家里有电话，自己又是有了点岁数的人，十里八里接个电话，用得着拿个手机吗？女儿给他手机的起头几天，出于新鲜也出于对女儿关心的尊重，把小灵通装在身上出门，总觉得有人给他打电话他却听不见铃响，老怀疑自己耳朵出了毛病。取出来看，没人打电话给他，又暗笑自己装个手机就神经兮兮的。一天不见手机有动静，又疑心手机出了毛病。查看，好好的。如此几次，就觉得这东西不是他这般

---

①方言，愁烦。

岁数的人用的。有天中午总算听到了手机铃响，兴冲冲打开机盖，却是一条短信息，好奇地读下来，竟是无聊透顶的话，女人八怕：姑娘时期没人要，恋爱破身被甩掉，初夜无红老公闹，老公金枪不会翘，丈夫外面搞情调，野汉不戴避孕套，正在偷情老公到，生个儿子像领导。没把他气死！关机扔进床头柜抽屉，发誓再不拿它！此刻，望着抽屉里的小灵通，犹豫着该拿还是不该拿，最后还是决意不拿。推上抽屉，锁房门直奔纸坊街田成业家。

田成业事先接了老大电话，在家等着，开门劈面问道："啥事儿？非得火急火燎今日要办？"

田成功见孟慧不在家，"他婶子呢？"

"民生街的新楼已经内部粉刷，安装上下水了，要求回迁户尽快选定户型，而后办手续。你说有事要办，我叫她先去看房子了。"倒茶端在茶几上，又问，"啥事，非得今日办？"

田成功答非所问："你猜，阿大昨晚几时回来的？"

见田成业不置可否地盯住自己，田成功说："十点多才回来，喝得醉醉的，打的回来的，进门就吐，吐完就睡死了。今早我问他去哪喝酒，喝成那样子，万一碰上坏人怎么办？阿大啥话也没说，出去吃杂碎了。七十好几的人，老这么喝酒，非把身体喝出毛病来。叫他出去少喝酒，阿大听不进去，早上出门整日不见回来。我原说老人们，有点事总比闲着好。前些日子听院里一个老汉说，在花儿茶园看见了阿大，我没怎么在意。前日下午去菜市场买菜，听见几个买菜的说，有个老汉去茶屋喝茶，被几个小姐围住要小费，吓得心脏病犯了，送进了医院，我怕阿大……"

田成业插进话来，"我想阿大七十过了的人，跟几个伴儿听花儿喝茶，顶多喝上几盅酒，认识几个唱花儿的说几句话，也是有的……"

"光说几句话没啥！只怕像别人传的那样，给唱花儿唱戏的女子搭红，把她们叫出去吃饭什么的，心就野下哩！如今的小道消息又传得快，倘或那几个买菜的说的真有其事，我们就得小心着，别让阿大也闹出这样的事来。我的意思是今儿我俩去那些唱花儿唱戏的地方看看，看看阿大是不是也在里边。要在，我俩远远地看个，阿大到底做些啥哩！"

田成业望着田成功想了想，"这样好不好？侦察阿大的行动，叫别人知道了怎么说？"

"反正我心里老隐儿着。自前年元旦夜阿大被发廊小姐诓骗了钱儿，我就害怕着。我们田家的事儿够多了，田健的事还没着落，要是阿大把不住再惹出点事来，田家人的脸往哪儿放？"

"我想不至于吧。老人们闲得无聊，又没情绪精力做别的事情，跟人打个伙身①，只要注意安全就行了，还能要求什么？"

"至于不至于，我俩看看就知道了。耳听为虚眼见为实。要是看见阿大只是听听花儿听听戏，喝点酒，没有别的啥事，我就放心了。"

"要去，把老三也叫上吧，三个人一起去。要不，老三知道了，又说我俩背着他搞什么名堂哩。"

"田健的事把老三两口弄成半个人了，哪有心情管这种事情，还是我俩去吧。"

田成业看一眼墙上挂钟，"花儿茶园下午才开哩，去这么早没用，我俩吃了晌午再去。"进厨房收拾午饭。

下午一时半，兄弟俩从家里出来，先奔北寺桥的花儿茶园。

北寺桥地处西宁市西北边缘，城北区辖地城乡结合部，因近傍一座小佛寺，一座窝桥得名。后来城区拓宽，把周边早先务农、后改种蔬菜的十几个生产大队划归城区，被城建征用了大量耕地的生产队社员，趁着改革开放的潮流，在北寺桥投建一个农贸集市。这个由三面两层楼房组成的露天集市，终因管理粗放而被时时更改的市场规则淘汰，中心场地由农副产品交易改为农机具市场，一副名存实亡的模样。三围的砖混结构楼房被明眼人承包，经营百货土产粮油杂品特色小吃，抑或是酒吧茶屋发廊。更有胆壮心细的农民盘下部分楼房，钢筋棚架封闭楼顶平台，玻璃钢瓦盖顶，落地大窗围边，搞起了群众休闲娱乐经营——花儿茶园。一年半载，效仿者紧随其后，把楼房三层尽

---

①方言，这里指随同，结伴取乐。

数辟为娱乐休闲场所。周边农村失去耕地的粮农菜农在拥挤的城市就业市场找不到立足之地，又缺乏进城从业务工的技能，把出让土地的所得换成夏利轿车跑出租，换成货车跑长短途贩运。剩下有了岁数守家看院不愁衣食者，终日无所事事，喝酒饮茶听花儿成了唯一的消遣，乐此不疲。

　　田成功兄弟二人赶到北寺桥市场，发现南、西、北三面楼上，竟有五个花儿茶园，洞开的窗户，向外张扬着花儿歌手清亮的歌喉，扩散着欢声笑语酒气烟雾。两个人先到北楼顶层的"娱民茶园"，走到门口，浓烈的烟酒气味扑面夺息，一百多平米长方形的茶园里，东头一个简易舞台，一面紫红丝绒的折叠底幕和两边垂挂的幕条把舞台和茶池分隔开来。舞台偏右，一个肉肉的中年男子弹奏电子琴伴奏，中央是手持麦克风演唱的花儿女歌手。茶池中，排摆了三溜茶桌，拥拥挤挤坐满了茶客。时值仲夏，洞开的大窗排不尽沸腾的人气，湖篮色玻璃钢瓦又把炎热的日光向下倾泻，男客们多是袒胸赤膊，女客们低胸短袖或无袖薄衫。茶园业主迎门招呼，殷切溢于言表。田成功粗看几眼不见父亲影子，打算退下，却听田成业说："走热了，一身的汗，坐下喝几口茶吧。"跟随业主走到一张有阳光的桌边坐下，田成功只好跟进，坐在一张摇晃的椅子上。跑堂及时端来两个粗瓷三台盖碗，一盘大板瓜子。

　　田成功扫视眼前嘈杂的场景，上百的茶客挨肩贴膀地挤坐在茶桌四围，大多数桌上立着烧酒瓶、酒嗓。少部分桌上排放着啤酒瓶，酒瓶间散放着瓜子、花生、葵花子；塑料袋或盘子盛放的卤猪肉、酱牛肉、酿皮、粳皮、凉粉之类的下酒菜挤放其间。舞台与茶池间不到二十平米的空地上，七八对男女扯抱在一起冲冲撞撞跳着交谊舞，另有三男两女甩着绯红绸扇扭着秧歌，一律是美滋滋入痴似醉的表情，踏着电子琴和花儿歌手共鸣的节奏前移后退，侧扭偏摇……嘈杂声笑闹声猜拳声混合着花儿歌声电子琴声在茶园内回旋。田成功头次来这种场所，不适应又觉得新奇，努力倾听，却不能从混合的声浪中把歌词挑拣出来。扭头问田成业："唱的啥词儿，我怎么一句也听不清？"

　　不及田成业回答，坐在同桌的一个黑胖中年人笑笑地说："听多了就能听懂，我刚来也是一句听不清，听了几个月，现在他们一张嘴我就知道要唱哪一段儿。"黑胖中年人把自己的酒盅斟满,端起来给田氏兄弟敬酒。两人推辞不过,勉强喝了几盅。田成功问道:"听你刚才的话,你隔三岔五来这里听花儿?"

"不!我是天天来,来惯了,一天不来心慌得不成。"很开心地笑了,自饮两盅。

台上换了一个细高个男青年,田成功仍旧听不出他唱的是什么。问黑胖中年人,回答说:"这是三闪令,新编的词儿。"把男歌手唱的词儿一字一字念出来让田成功听:

改革开放的好年景,
西宁城
大市场修下的攒劲①;
一个市场嘛一座城,
人流(哈)涌,
西宁城变成了京城

大豆花开下的虎张口,
馒头花开下的绣球,
这么好的政策没遇过,
越活时越有了兴头。

听这与时代紧扣的鲜活词儿,田成功不禁激奋起来。他绝少接触"花儿"。青年时代听别人唱花儿,印象是花儿曲调悲哀苍凉,传达的只是旷男怨女的思恋悲情。没想到,民间传达朴素心声的山歌野曲,也随着时代发生了变化,少了悲悲凄凄的忧怨,多了鲜活爽快的赞叹,任谁听了,也会受到感染和鼓动。怨不得父亲要往这种地方跑呢。不禁问黑胖中年人:"你天天来这儿听花儿,家里没事干吗?"

---

①方言,这里指有规模、气派。

"地占完了，干啥？年轻人进城打工都没人要，谁要我这样的老半死？坐在家里，不是阿奶瞅我心烦，就是我瞅阿奶不顺眼。不如来茶园里，喝点茶，嗑几个瓜子儿，碰见熟人喝几盅烧酒，高高兴兴晕晕乎乎一天就黑了。"

六月天气，玻璃钢瓦穹顶把阳光的毒热直泻下来，茶园内蒸笼一般。加上嘈杂的声浪，晃动的人影，田成功忍无可忍，催促田成业快走。田成业原本认为寻问和干预父亲的休闲生活是多余之举，又不好违拗老大的意思，跟出来，只为做样子。这阵儿被几盅烧酒燃起兴头，又被眼前众喜群乐的情景感染，想多坐一阵，快活快活。无奈老大催促，只好付账与老大离开了茶园。

到西楼、南楼几个茶园寻看，情景与"娱乐茶园"类同，只不见父亲的影子。田成业对田成功说："我看别寻了，寻见了又能怎样？不如上去消停喝几盅酒，也享受享受。"

田成功不无责难地瞪一眼老二，转身走人。田成业心里怨着，尾随老大到公交车站乘车。

两兄弟乘车来到戏曲茶园集中的滨河市场，就听见一阵阵高亢的豫剧唱腔，伴着锣鼓的铿铿锵锵。田成业知道滨河平房里全是唱豫剧的茶园，对田成功说："阿大只听花儿，这里全是唱豫剧的茶园，肯定不在这里，别去找了。"

田成功一脸的固执，"阿大不听豫剧，可跟阿大粘缠的老汉里，有几个河南人哩。听阿大说，他们一天一个地方地转着，今天不在花儿茶园，闹不好就在这里。"田成业只得跟着，就见三三两两的老年人，戴着各色各式遮阳帽，一溜排坐在马扎上面，倾听茶园窗户飘飞出来的阵阵清音，眼巴巴望着那些出入茶园的年轻女子。这些女子穿着传统与时尚交杂的时兴衣裤，有披发的，有扎着绵羊、马尾发的，有烫了大波浪小卷发的；发色各异，黑的、栗色的、亚麻色的、葡萄红色的。要么挤站在门口，给豫剧爱好者挤眉弄眼；要么围站在某个老人身前脑后，嘻嘻哈哈地说笑逗惹着，有分寸地动作着。那姿色出众身段超群的，显得异常活跃，如那健康的鱼，眼睛亮着尾巴甩着，时而没入茶园，时面亮在天光，在老观众们昏花的眼波里兴风作浪……田成功站在老远，等待进茶园探寻的田成业出来。心想，电视上常听那些走江湖卖艺的女戏子说，只卖艺不卖身。眼前这些凭嗓子和身段出来挣钱的低档次的演员们，大约都是遵循这样的从艺原则吧？不过从他们轻佻的举止和浪荡的神情上看，不是那么令人放心。于是就觉得围坐在茶园外边的老人们，让人即觉得可怜又觉得可憎。有什么不好看，何苦终日顶着酷日看这无聊的西洋景儿？要是自己的父亲整日如此这般，他做儿子的该如何面对？

田成业回来了，"几个豫剧茶园都没有。"两人便去唱秦腔的茶园。田成功边走边问："你说，这些老人整日蜷在马扎上听人唱戏看演员出出进进，图啥哩？"

"能图什么？人老了，衣食无忧又无所事事，又没了年轻时的精力气概，只能跟在生活的尾巴后面闻点余味儿，还能图什么？"

田成功细想兄弟的话语，顿时有了些莫名的感慨，很想对兄弟说：等我们再上些岁数，会不会也是这样？却忍住了。人跟人是不一样的，好酒的一辈子贪酒，到老也丢不了骨头里带来的秉性，多停要死在酒上。好色的一辈子贪恋女色，纵然老得没有一丝的气力，可残存的色意还会在心里作怪。这些爱与女戏子纠缠的老人，多停是色心尚存的，痛惜荒废了色运，只好用色相来抚慰不甘老迈的心思。想自己天生没有什么嗜好偏爱，从没被酒色财气困扰得不能自已。哪怕老得懵懂了，也断不会到这种地方推延残生。进而想到父亲，三十几岁殁了女人，为拉扯他们兄妹四个没再续弦，苦熬过最难的时光，没做过什么出格的事儿。如今为打发无聊寻些乐子，断不会有什么荒唐的念头举动。倒是他这个做儿子的无端地多心，拿小人之心度君子之腹，想来想去实在不该，于是止步说："算了，别去唱秦腔茶园了，我俩回吧。"

田成业原本就不想费这心情，此刻听老大不再找了，自然高兴，却明知故问："怎么猛乍乍地又不寻了？想通了？"

田成功苦涩地笑笑，"找见了又能怎样？随他去吧。"

田成业笑了，"这样就对了，阿大的事让阿大自己把握去，不信他七老八十的能在天上抓出个窟隆。"看看天色，"时间还早，这阵儿回家也没事好干，干脆我俩也去喝茶听秦腔。"

"你想听你去听吧,我得去田壮饭馆里看看。"好像怕被老二缠住似的快步离去。

望着老哥远去的背影,田成业推测老大突然改变主意的原因,八成是见了那么多老人在豫剧茶园内外与女戏子周旋,产生了新的想法。其实老哥就不该有那么多的想头。社会发展到这一步,能让行将就木的老人们变得活跃起来,对传统的养老方式产生怀疑并主动寻找新的生存乐趣,应该算作是一件好事。迫于当时的生存理念和生存条件,这些老人失落得太多太多。到老觉悟,却为时已晚,努力地做点补救,也无可厚非。其实,人应该及早觉悟,及早地把握好个人的生活,把想吃的及早地吃够,想做的及早地做完,趁有牙时候多吃点锅盔,等没牙了就不会觉得有太多太多的遗憾。想到这里,方才在"娱民茶园"喝酒听花儿引发的兴头又在心里激荡起来,决定去秦腔茶园找份乐子,充实行将流失的半日时光。

田成业顺着滨河小道往南,经过一排露天摊贩的摊位,向东拐进一条小巷。小巷两边一楼二楼的房间全是茶屋,双扇玻璃推拉门上贴着透明彩纸,显着艳红的一个茶字。门口破旧的沙发上,挤坐着几个袒胸露肩的年轻女子,说笑嘻闹间扫视来往行人。这些茶屋是挂羊头卖狗肉,全是做皮肉生意的。田成业放慢脚步,扫视那些女子,其中竟然颇有姿色的,收回眼光想走开,一个茶屋门外的年轻女子竟向他笑笑地招手呢,顿时紧张起来,加快脚步从那茶屋门前经过,又不禁回头扫了一眼。那女子二十多岁,着了淡装,眉眼间似凝结着几许哀愁之气,嘟起的红唇却又显示着几份娇俏和憨态。田成业心跳气粗地走出小巷,在拐向秦腔茶园的巷口停住了。他觉得那女子耐看,应该回头再从小巷走过去,看那女子会不会再冲他招手,如果再招手……他不敢想像一旦走进茶屋会是什么境况?提醒自己尽快离开这种是非之地,别想入非非。走了几步,心却离不开那个看上去招人怜爱的女子。那肤色模样,像是从沿海地方来的。真要是从水乡来的,肌肤会像丝绸一样柔滑吧?二十上下的女子,又是风月场中人,八成会叫人消魂。田成业想着,身不由己回头走进小巷,老远望那茶屋,那女子的一只脚伸出门外,一翘一翘的,似在向他挑逗。向四周扫了两眼，来往行人全是事不关己的漠然表情，没人监视偷窥他的行径。决意走过去再看看那女子，只看一眼，即便是女子向他招手也不理会。不料，苗青的影子突然从心里跳进了脑海，让他觉得他朝前走一步，苗青就会向他靠近一步，在他接近茶屋时苗青会从身后冒出来揪住他大喊大叫。决然回头快步走出了小巷，努力把心思集中在苗青身上，借用苗青把自己从那潜在的危险中拯救出去。

上次在田成才家与苗青通话后的第三天上午十点，田成业与苗青约定在大十字会面，而后乘车去城东区下南关。苗青事先看中的旅店座落在下南关里端，穆斯林经营的私家旅店。砖混结构二层小楼，走廊门庭楼梯打扫得十分干净。二楼房间全空着，从窗户望进去，每屋设两张单人席梦思，被套床单雪白洁净。苗青有洁癖，由她选中的地方，至少卫生是无可挑剔的。旅店内没有繁杂的住客。两个月没与苗青亲热，欲火积了一身，有了这等环境，已有点按捺不住。问服务员收费多少？回答说二十五元。田成业惊讶竟有这么便宜的房费，却听苗青说："我那天看房你们说是二十元，今天咋成了二十五元？"

田成业觉得这样的环境二十五元够便宜了，争讲，只会被服务员小瞧。掏钱交给服务员，"二十五就二十五，你下去提暖瓶上来，再拿两个一次性纸杯。"苗青望着服务员背影嘟囔着："说的是二十元，刚过两天就多要我们五元。"扭头对田成业说，"下次我们去别的地方，不来这里，说话不算数。"

田成业按捺不住，抱住苗青，她把脸扭过去，后仰肩背不让他亲嘴。田成业浑身流窜的欲火便减灭了几分。服务员送来暖瓶水杯，下楼去了。苗青一边拉窗帘一边说："你该给她二十元！看她怎么办，说好的，为啥要多要五元？"

田成业坐在床沿看她脱外衣，"别为五元钱坏了情绪好不好？人家一看就知道我俩是野鸳鸯，为五元争讲，会小看我们的。有这么宁静的环境，我们做爱效果好，多花十元也值得。"

"我不是为你省点嘛！"苗青笑了，脱了外裤、裤头，仰靠住被垛眼望着顶棚,"快!快脱呀!坐着等啥哩。"

田成业想酝酿一下情绪,见她这样直截了当的,有点不痛快,"总是应付差事似的,急什么急?"开始脱外衣,"你怎么不把背心脱掉?"

"太麻烦了,一脱,把头发弄乱哩。"用肩膀抵住被垛上的枕头,翘着脑袋又开双腿等田成业动作,田成业的欲火又减灭几分,"你不是说要改吗?怎么还是这样?"躺倒在她身边,搂住她的细腰想把她身子扳成侧卧与他紧贴起来,她挣扎着说:"我不习惯这样,跟我老头子睡觉也不让他这么紧地抱着我,在你跟前我好多了。"

田成业兴头大减,三下五除二完事,穿衣服时说:"我以为你真会改哩,原来只是嘴上说说。既然这样,找这旅店也就成了多余。"他认为这样提示一下,逼她改变这种勉强的作风,苗青却说:"我就这习惯,把身子都给了你,你还不满意,我也没办法。"

想到这里,田成业催促自己走出小巷的步子又缓慢下来。如果苗青多情一点,风骚一点,一如当年的莎莎,后来的莹莹,他就不会"吃着碗里的望着锅里的。"可苗青似乎是从骨子里带来的性冷淡,缺乏撩拨人的激情,又总是把爱情与交易混合起来,让他产生做了亏本生意的杂念,无法把心思固定在她身上。百花园里百花开,守着一株单瓣波斯菊不去赏识千层牡丹,神仙也难做到。田成业决意走回小巷再从那间茶屋门前经过,如果女子冲他招手,他就……

果然,女子双眼含情向他勾着手指,田成业顿时有了一股勇气,闪身进了茶屋。

女子及时起身迎接,竟是蜂腰鹳腿高挑身材。田成业被压抑的欲火腾地一下着起来,烧化了紧箍周身的那种莫名的恐慌。女子推开一扇小门让他入座。这是七八平米的单间,两面墙下摆着沙发,沙发一头摆一台电视机,中央一张长条茶几。田成业还没坐稳,洒了香水的女子就把柔软的身子贴在他怀里,"老板,怎么称呼你?"地道的湖北口音。

"姓申。"田成业脱口说出一个姓来,并为自己机敏的临场发挥暗暗得意。

田字上下出头不就是申字嘛！这点得意又冲消了剩余在他心里的紧张不安，"小姐怎么称呼？"

"叫我甜香吧。"

"你也姓田？"田成业神经质地问道。

"不姓田，姓白，叫甜香，又甜又香的意思。"

"好名字好名字！"田成业的情绪春潮般一波高过一波地涨着。

一小时后，心满意足周身轻爽的田成业大大咧咧走出茶屋走出小巷，混入大街的人流中。

65

这天是八月十八日，农历七月初十，停业整顿数月的"鸿运食府"重新开业。清晨开始，常住民生街、民权街及邻近街巷的居民，出出进进你来我往从食府门前经过，都要驻步观望几眼，接着纳闷：按常规，餐饮娱乐业整顿重新开业或易主经营，全要做一番大动作的改装修饰，以全新的面貌恭迎顾客。鸿运食府却例外，依旧是停业前的模样，门头匾额，两边的楹联全没换。从街上透过落地玻璃窗望进去，吧台也在原来的地方，没做丝毫改动，甚至连大堂桌椅都照原来格局摆放。这引起人们的疑惑和猜测，却又对答案持无所谓态度。世上的事，千变万化，变有变的道理，不变有不变的理由，没什么恒定的答案！有那好事又热心的过客站在街边想看个究竟，到底是原来业主整顿后失去了搏击商场的锐气，强打精神勉强维持；还是接手的新业主底气不足信心不够，无力改换门庭，只好在旧戏台上出演自己的新戏？

看来看去，发现民生街西头小饭馆的老板田壮成了鸿运食府的主人，好奇心陡增了几分。小打小闹的小饭馆老板改头换面成了中档食府的业主，这里边是什么样的甲乙丙丁子丑寅卯？从清晨到上午十点的三小时，人们一传十十传百传播着这种好奇和纳闷，便有不少的闲人索性待在民生街与民权街交叉路口观看热闹，有的提来了板凳带来了马扎。

田壮八点赶到食府。他穿了一套崭新的浅灰色混纺面料的君子牌西服，雪白的K牌衬衫，扎了一条鸽灰隐花领带，脚上是花花公子皮鞋。这身行头让他焕然一新，从眼神到灵魂都闪着自negro的光彩。食府开业的准备工作一星期前着手进行，至今一切就绪。主厨、厨师、传菜、配菜、大堂主管、服务生、门迎各色人等，全是从哈老板手里接收的原班人马，一个个轻车熟路，准备工作十分顺当。田壮除了摆摆老板的架谱，几乎没费什么心思。此刻里里外外所有工作就绪，田壮急切等待焦玉玺到来。鸿运食府重新开业，这种场面让他有点怯乎，事先请了焦老板给他坐阵壮胆，临场出谋划策。

在工商所所长官尚臣、税务所所长程布良、城管所所长桑布暗地里帮扶；有田壮送给工商局长的一公斤冬虫夏草压底，半月前田壮从鸿运食府原业主手里接收了食府的经营权和原班人马。接手后如何改换门庭、如何开展经营，他首先想到了焦玉玺。焦玉玺见田壮上门虚心求教，着着实实地给他出谋划策："常规的情况是，新接手的业主要重新装修门面，重新制定经营策略，重新组织人马，甚至连菜单价码也要重新核定。我建议你反其道而行之，不要人云也云亦步亦趋。你接收了哈老板的经营权、从主厨到门迎的全套人马，不妨再把他整顿前的经营内容和方式也照样接收下来。这样做，有几个好处：一、可以节省大笔的装修费用同时省下半月甚至更多的装修时间。二、人是有条件反射和思维定势的动物，哈老板经营食府生意旺盛，是因为经营方式经营内容符合鸿运食府的格局和品位，已经拥有了数量可观的回头客。沿用哈老板的经营路子，启用他的原班人马，不改食府的外观和内容，至少能让那些回头客仍有宾至如归的亲切好感。拢络住这些老顾主，就意味着不断有新顾客登门。三、按照哈老板固有的工作秩序开展经营，原班人马干起来轻车熟路驾轻就熟，各个环节不会脱节错位，这给你省下了大量的时间精力熟悉和掌握食府的经营方略。等你适应并掌握食府的经营特点经营秘诀，烂熟于心，熟能生巧，就会从中发现拓展经营的契机和扩大经营改换内容的条件，那时你已经站稳了脚跟，编好了自己的社会网络，有了一定的积累和底气，再按你的思路增添经营内容，改变经营格局……商场如战场，兵法把这叫作稳扎稳打、步步为营……"

焦玉玺这番话如醍醐灌顶，说得田壮茅塞顿开，心旌激荡。激奋中做出承诺，试经营一月后，给全体员工增加工资：主厨在原工资基础上增加百分之三十，厨师和大堂主管增加百分之二十，其余员工增加百分之十。哈老板承诺却一直没有兑现的三金（住房公积金、医疗保险金、社会保障金）一年后开始兑现。这两项措施激发了员工的积极性，一个个精神饱满斗志昂扬，原定一周的准备工作实际上三天就做完了，看似没有任何改动的鸿运食府，却从内部发生了质的变化。

九点十分，焦玉玺精神抖擞地来了，穿着奶油色韩国丝T恤衫，米黄色板裤，酷牌白色皮凉鞋。田壮紧走几步迎上前，毕恭毕敬地说："焦老板不愧是商海骄子，单这一身行头，就能把人镇住。"

焦玉玺低头打量自己的着装，"很平常嘛！是我日常穿的衣裤，你看着扎眼吗？"

田壮笑了，"都说人靠衣装马靠鞍装，这话在焦老板身上不灵了。平常衣裳穿在你身上，被你的气质风度衬托得别具丰采，应该是衣靠人妆。"说得两人相对而笑。

"我赶早过来，是给你做帮手的，需要我做啥，田老板只管吩咐。"焦玉玺玩笑着说。

田壮诚惶诚恐："焦老板这样说我可担当不起。我请你来是给我压阵的。我没经过这样的阵势，别看我人模狗样地站在这里，心里又虚又紧张，见你来了，就像吃下了一颗定心丸。"把焦玉玺请进大堂，在显要位置让座，招呼服务生上茶敬烟，又安排两名伶俐服务生站在桌旁听候焦老板指派，"焦老板你坐着喝茶抽烟，看出什么不周到处，叫两个服务生及时去外门唤我。"笑着退后几步，转身出门迎候宾客。

去银行换零钱的赵娟回来了，对田壮说："趁现在客人没来，你回家把衣服换换吧。八月的天气，你西装领带的不热吗？看人家焦老板，只穿一件

T恤，多酷！"

田壮本意是，今天是他一生中一件大事，请了不少有头脸的客人。穿着整齐，显得庄重礼貌。经赵娟一说，也觉得大热天这么装扮未免有点做作，回去换衣服，客人来了没他招呼怎么成？就对赵娟说："没时间了，先这么耐活着，等客人来齐，我把外衣脱掉只穿衬衣就成了。"说话间打量赵娟的衣着，意识到什么都想到了，却没想到给赵娟做一套像样的衣服。赵娟身上穿的，同跑堂的服务生一模一样，是哈老板给员工统一做的店服：紫红色化纤布料的制服，饰有黄色袖线和裤线，又都是洗过水不太合体的半旧衣裤，抹煞了赵娟娇巧的身段，不禁说道："你这么一说，我才想到应该给你做套像样的衣服。这事怪我！等忙过今日，我先要解决这个问题，要不，你现在回去换件漂亮的衣服吧？"

赵娟笑了，"你昨天开会要求大家着装整齐统一，叫我换衣裳，不是叫我搞特殊嘛！会叫别人说你区别对待员工。"意味深长地笑一下，进门去了。

田壮油然顿悟，焦老板的建议固然正确，但一味地言听计从，并非合理。员工穿着旧店服上班，就是他的一大错失。

"买报买报！《天地日报》、《为民早报》，买报来！"随着叫喊声，肩挎宽带敞口帆布大包，左小臂托着一沓报纸的尤中生从稠密的行人中挤出来，不时与街边布摊理货的商户说话，给他们报纸，收钱找零。田壮掏出五角等尤中生过来。食府盘下做准备一周来，他天天从尤中生手里买两份报纸了解时事，对尤中生小小年纪卖报自立的行为产生了好感。据说尤中生卖报三个月，已经与民生街和民权街二百多个体商贩建立了供求关系，每天准时把报纸送到各个摊位。

尤中生喊叫着走过来，把事先叠在一起的两份报纸递给田壮，"田老板，今天你的食府开业，这两份报纸送给你，算我对你开业的祝贺。"退后躲着田壮递钱的手，"瓜子不饱人的心，你的食府开张我送不起大礼物，送两份报纸你不要，就是看不起我这卖报的。"

田壮只好领受他的热忱，"那好那好！我谢谢你，从明天起，你每天给食府送来五份《为民早报》，三份《天地日报》，我放在堂里供顾客阅读。"

"好！我每天准时把报纸给你们送来，五份《为民早报》，三份《天地日报》，尤中生说话间向田壮身后瞄了几眼，殷切地说："田老板，有件事我要你给我做主。"

"我能给你做什么主？"嘴上这般问，心里说，"这孩子真有心机，先送报纸，接着就向人提出条件，还说是'做主'。"

尤中生给一位要报纸的行人发报，收钱，而后笑着对田壮说："你如今是民生街上的大老板了，我一个小小报童，有个打算，不知该不该做，向你请教，你给我出主意拍板，不就是给我做主了吗！"

田壮不禁庄重了脸色，"直说，什么事？"

"你食府北边的那个墙夹道，是块闲地方，没人管也没人打扫，我观察了几天，挨着你们的百姓超市也不打扫这个墙夹道。一面是食府，一面是超市，中间夹着这么一个阴湿不卫生的角落，看着也不美观。我想利用这个墙夹道做点儿事，你要能答应，就是给我做主了。"

田壮望一眼那个叫他头疼的死角。那是食府北墙和超市南墙衔接不实形成的一条狭窄夹道，不足一米宽，早先供人东西通行，后来被超市后边的住户把靠东一头堵死，夹道便成了一条没人问津的死角，被街上内急的行人游客当作方便的去处，阴湿肮脏。食府原老板嫌这夹道有碍观瞻，与超市业主商议，夹道属两家共有，轮值打扫，保持环境卫生，防止路人及近处商户方便，用白漆在墙上刷了一行大字：此处禁止大小便，违者罚款。无奈协议双方互相依赖推诿，轮值打扫的协议不了了之，行人内急排泄和商户丢弃垃圾的现象屡禁不止。田壮盘下食府想根治这个不卫生的死角，与超市业主再度协议，恢复轮值打扫，确保环境卫生。超市业主认为从城建规划的原始材料看，夹道属食府地盘，该由食府清除垃圾，超市没有义务，不予合作。田壮无法，安排员工每日清扫，清除垃圾，却无法禁绝深更半夜行人随时随地的方便，早起又是条条尿痕，垃圾堆积如山。田壮正头疼这"脸上的疮疤"不好治愈，此刻听尤中生看中这个死角要干点事儿，好奇胜于惊讶，"你占用这种地方做什么事儿？"

"你先说这块地方给不给我利用，你要答应，我再说。"

"我答应。"无论尤中生怎样利用，只要不再是一块污浊的死角，何乐而不为，"由你占用，得把丑话说在前面，违法的事不能干。"

尤中生笑了，"违法的事你叫我干我也不干。我见别的街上也有这样的死角，都被利用起来，成了擦鞋的地方。我把这夹道打扫干净粉刷一下安上门框门扇，再招几个人，就能开个'一元擦鞋店'，你说好不好？"

田壮盯住尤中生稚气未退的面孔望了一阵，"行哇！你的小脑瓜里真有东西呵！"他没想到这块令人头疼的地方能派什么用场，可他没想到的竟被这小家伙想到了，这实在是令他感到惊奇感到欣慰的事呵！"我没问题，不过要干营业性的事儿，恐怕得跟工商税务城管方面交涉一下，征得人家的同意。"

"我都问过了，他们说这块地方是食府的，只要食府同意，他们不干预，还说我做的事有社会福利性质，他们要大力支持。"

"福利？什么福利？"

"我要招几个没事闲逛的残疾人，给他们擦鞋工具，叫他们擦皮鞋挣钱，我只收取一点管理费用。这样，你这块没用的地方成了有用的地方，给残疾人办事是免税的，你说我的想法好不好？"

田壮答非所问，"这主意是谁给你出的？招几个残疾人，你管得住吗。"

"这你别管！只要你答应把地方给我利用，剩下的，你等着瞧吧。"俨然成人的口气。

前来祝贺的亲友抬着竹编大花篮、工艺牌匾出现在街头，田壮扔下尤中生上前招呼，让进食府，交给服务生招待，回头出来，已不见尤中生踪影。走过去看那地方，昨晚又被人洒了尿水，湿污不堪。便为尤中生小小年纪有这种心机感到高兴。手机响了，接听，宫尚臣说："你确定的放炮时间是几点？"

"十一点八分，一一八，我要发。"

"我有几个在舞厅伴舞的朋友，我叫他们过来助助兴，你安排服务生准备几把椅子放在门口,叫他们在门口好好地吹打吹打。"

"要来几个人?"开张安排中没有计划这一项,显然是宫尚臣即兴想到并安排的。来人就得招待,他必须问清人数,好安排席位。

"两个吹小号的,两个吹萨克斯的,一个弹电子琴的,一个打架子鼓的,可能还会来一两个唱歌的,你按一桌准备吧。我给他们说好了,一人五十元的红包,再叫他们美美地吃一顿。这些都是人面子上的人,你安排在包厢里,上好的烟酒……"

田壮口里应着,心里反感宫尚臣这种自作主张居高临下的摇控指挥,禁不住说:"我们作开张计划没安排请乐手,焦老板说在哈老板原有的格局上重新开业,别太张扬……"

宫尚臣打断田壮的话,"焦玉玺的话也不能全听。食府是你当老板,我这样安排有这样安排的道理,只放些鞭炮有啥劲?铜管乐一吹,几条街道都听见了,人们拥过来看热闹,就给食府长了声势。"

"知道了知道了,有客人来了,我要挂了。"

宫尚臣急迫地说:"先别挂先别挂,还有一事,我今天就不露面了,露面要招惹猜疑。你说话要留意,不论对谁,都不能说出我和桑布入股的事,我们在暗处给你使劲就成了,你多辛苦,挂了。"

田壮收起手机,心里别别扭扭的,可宫尚臣他们几个在贷款等方面发挥的作用是不能小视的,就尽量往好处想,指挥几个服务生搬六把椅子放在门口,又叫大堂主管通知厨房多准备一桌。

祝贺的亲友、同事、街坊陆续到来,送竹编花篮的,送工艺挂匾的,送字画的,凑份子送现金红包的……田壮一一迎进食府大堂,安排座位,上茶敬烟。田家门里年轻人凑份子送了一块木质黑漆金字的工艺挂匾,匾上四个熠熠生辉的舒体大字:大展鸿图。上款是:恭贺鸿运食府开张志禧。下款排列田家内外小字辈姓名:田英、宁守仁、田强、田明、田亮、田野、伊承宗、伊承新……田壮安排田野招呼前来助兴的铜管乐手,田英、伊承新招呼焦玉玺老板,其余帮他接客让客。分派停当,出门迎候乐手,却见三爸三婶喜眉笑脸地来了，各抱一只二尺高的粉彩牡丹纹观音瓶，瓶颈扎着红绸带。田壮前天向父亲讨教，三爸家里被田健的事烦扰着，老两口恐怕没心情来食府看别人热闹，不请又恐三婶说话。田成功当即决定这次食府开张，田家门里年轻人都去，老一辈全免了。此刻见三爸三婶一脸喜气，头一个念头是田健的事有了好的结局。果然，田成才一进食府就对田壮说："法院有人给我们通了信儿，据这人说，法院准备下发的判决书他看了，上面的关键词是：'事出有因，鉴于藏匿的枪支没有造成任何危害，收回时完好无损，罪犯在政策感召下能主动交待犯罪事实，态度老实，故从轻处理，判处有期徒刑一年六个月，缓刑两年执行。'明后天健健就要出来了。听到这消息，我俩赶紧给你贺喜来了。"田壮正为三爸三婶高兴，门迎喊道："老板，来了几个提箱子的客人。"田壮同田野慌忙迎出门，几位穿着随便却趾高气扬的人已在门外荫凉处等候。"是官所长请来的艺术家吧？"对田野说，"你先把艺术家们请上二楼888包厢，叫厨房给艺术家烧一碗优质粉汤，让艺术家们垫垫肚子，等会吹起来有劲儿。"其中一个老成的说："我们都吃了早饭，不进去了。"指挥众乐手搬椅子部署各自座位，支放架子鼓、电子琴，开锁揭箱，取出金闪闪明晃晃的乐器抱在怀里，安放吹嘴哨片，嘟嘟嘟地试吹几下，就有众多的来往路人和近旁的摊主观望起来。乐手们先吹"迎宾曲"，高亢嘹亮的铜管乐声响彻云霄。接着一曲"今天是个好日子"，听得堂内堂外的宾客路人群情激奋，笑语喧哗。十一点八分，八串三千头大地红鞭炮同时点燃，顿时炮声大作硝烟飞散，乐手们抱着乐器躲入堂门，小孩们惊惊诧诧往大人身后躲窜，有人咳嗽起来，掏手绢捂住口鼻……炮声息，硝烟散，乐手们归位，在架子鼓手引导下吹奏"喜洋洋"、"步步高"、"春天的故事"……

　　田壮里外招呼着，清点来宾人数，打电话催促迟来的亲友。这时，"三印一砚"斋主刘方同朱朝阳、万花花到来，把巴掌大的红包送在田壮手里，"民生街上二十六家个体户凑份子给你恭喜，红包上写着大家名字，我们三人代表大家给你祝贺，祝你生意兴隆，蒸蒸日上。"田壮说了一串道谢话，对刘方说："多谢大家盛情，请刘老师转告大家，等忙过今天，我选日子宴请大家。"

给三人让座，对朱朝阳说："你能来真让我高兴，让你破费我心里过意不去。"朱朝阳说："头年我女儿病危，满街的同仁给我捐助救危，你给我捐了二百元，我心里记得牢牢的，你们是雪里送炭，我这可是锦上添花呵！"听得满堂客人喝起彩来。

田壮指挥田家众兄弟姐妹按年序尊长身份让来宾入席。把焦玉玺、刘方、三爸三婶、朱朝阳等人安排在首席。等来客入席坐稳，正要招呼服务生上菜，却见两位门迎拉开门扇毕恭毕敬让进两个人来，这两人同抱一只一人高水桶粗的清明上河图纹的景德镇青花大瓷瓶，瓶颈上挂着写了黄字的红绸贺联，不及田壮迎上前，其中一个问道："谁是田老板？"

"我就是。"田壮丈二和尚摸不着头脑，"你们是？"他记不起什么时候什么地方见过这两个人，纳闷生人怎么给他送来了贺礼。

"我们是超群超市的工作人员，有位女顾客在我们那里订购了这个瓷瓶，要我们今日把瓶送到食府里来。"放稳瓷瓶，取出一张字据要田壮签收，他们好回去交差。

田壮把字据放柜台上面，是一张售货票，边签字边问："是一个什么人？她为啥不亲自来？"

"是个年轻女子，只要求我们把瓷瓶给你送来，没说别的，这红绸带是她挂上的，你看一下，没准写着她的名字。"

红绸带是栓在瓶颈上的，两头重合，上款正好遮住了下款。上款写着：恭贺鸿运食府开业志禧，生意兴隆。田壮心里动了一下，邱慧敏？见我盘了食府，今后有钱好挣，想见我又不好意思，来了这一手？顿时莫名地紧张起来，下意识扫一眼赵娟，用右手食指挑开上款，发现自己想错了，下款写的是：友谊，高洁梅恭贺。2002年8月18日。不禁又喜又悲。喜高洁梅还记挂着在饭馆做工与他建立起来的友谊和他多方面给予她的信赖帮助，在他事业有望上升的时候送来珍重的祝贺。悲高洁梅一个多好的女子，不得已选了一条众人不齿的生存道路，自感身份不雅，不能理直气壮给他送来贺礼，自卑得让他心酸。送走了送瓶人，指派服务生把大瓷瓶摆在大堂最醒目的位置，把伊承新叫到身边:"等席散了你去高洁梅家,传达我的谢意,让她抽空来食府坐坐,我会盛情招待她的。"

宾客到齐,田壮一声令下,服务生们撤下茶杯瓜子皮花生壳整理桌面,顷刻端上八色凉盘。分派招待客人的田家后生们启瓶敬酒,乐手们最后来了一曲"今天是个好日子",收拾乐器被田野让到二楼888号包厢进餐。

田壮春风满面站在大堂中央向诸位来宾拱手让礼,"各位长辈、各位来宾、先生们、女士们,今天是鸿运食府重新开张的大喜日子,作为食府新的业主,我谨向诸位来宾致以最诚挚的敬意和谢忱。为了答谢诸位对食府以及我的厚爱,今天特意准备了青海省传统的特色套菜老八盘,用意是想借诸位金口玉言,把鸿运食府重新开业后的这项传统的经营项目传达到社会各界,表示食府将着力开发挖掘青海省传统饮食文化,在省城餐饮业中逐步形成地方特色饮食的格局。菜上桌后,诸位尽可以论长道短,为食府的发展提出宝贵意见,帮助我们改进提高……下面,请西宁市个体商户协会副会长焦玉玺先生讲话。"

热烈掌声中,焦玉玺从座位上站起来向众来宾拱手致意。掌声平息,焦玉玺清清嗓子,用极有磁性的男中音说:"诸位来宾,我先向大家询问一句:对于田老板的开场白,不知众位有何感想?"

在座众人都被焦玉玺这句突兀的提问弄懵了,一齐把疑惑的目光集中在焦玉玺脸上,而后左顾右盼扫视在座诸位,估摸谁会做出高明的反应。田壮也一时弄不清楚焦老板这话的用心,担心有冒失的客人说出冒失的话来。却听焦玉玺笑着说:"我这样问,是把大家的胃口吊起来,集中注意力听我下面的话。"在众人轻松的哄笑声里提高声调,"我记得两年前,田壮在民生街西头盘下别人的小饭馆开张那天,田老板说过的那些话。如果用田老板今天的这番话对比一下,我们会得出什么结论?我的结论是:常言说时势造英雄,短短的两年时间内,风起云涌的商业大潮又为我们民生街造就了一个人才。田老板从一个国营公司食堂炊事员到小饭馆业主再到今天鸿运食府的老板,他身上发生的变化,说明了人是需要努力需要拼搏,需要自我证明的。只有这样,被保守的传统观念束缚的潜能才会被发现,被发展,被社会重视和认可。

当初开小饭馆没有多少信心的田壮先生如今生意做大了，思路开阔了，自信心也更足了，这是今天在座诸位有目共睹的。邓大人说，发展才是硬道理。从田老板身上，我们看到了发展的硬道理。只有不断地发展，我们的口气才会硬起来，我们的信心才会硬起来，我们民生街的时代气息也会硬起来。刚才听田老板说，在街上卖报的那个小家伙，也就是家在民生街八号院的那个尤中生，看中了食府右侧那条没人管理的肮脏死角，要招几个残疾人开个一元擦鞋店。这个让前后几个业主头疼的死角，没办法解决的难题，竟然被一个十几岁卖报纸的孩子想出了彻底解决治理的点子，真是后生可畏呵！让我这个个体协会当副会长的人欣慰的是，民生街不但有田壮先生这样敢于自谋出路、敢于发展的实干家，还有人小志大的尤中生这样潜伏着的，有待进一步开发的人才。听尤中生说，他要学习美国白手起家的石油大亨邦尼，从一个乡村卖报童发达成一个世界级的富豪。这样的凌云壮志让人振奋。民生街真是一个藏龙卧虎的地方，谁能断言今天的田壮先生不是将来西宁市乃至青海省餐饮业的领军人物，谁又敢断言尤中生将来不会成为邦尼式的风云人物？这一切，无疑是民生街这条步行商街所体现的浓烈的时代气息和商业潮流造成的……"

　　雷动的掌声结束了焦玉玺的即兴讲话，众宾客推杯换盏共话发展，给田壮的开业招待注入了强劲的时代色彩和诡谲的生存况味。

66

　　伊承新提前离开鸿运食府去高洁梅家的路上，暗下决心，再不能犹豫，今天务必把高洁梅叫到"欢旦影楼"，借她的勇气，冲破那难堪的一关。万事开头难，冲过第一关，事事顺理成章。

　　话要说回去。

　　那天离开土楼山下的天香茶园，想着东方灵那些听似随便，实际隐含着诸多生存哲理的话语，伊承新凭借激奋直奔"欢旦影楼"，决定给秦明确的答复：同意做人体写真摄影模特。如果秦明对她的表态持怀疑态度，就当即让他拍摄她的裸体照片，以示自己铁下心来，再不悔退。人生漫长岁月，过好过歹，往往只在一两次的选择。如同下棋，输赢只靠关键的一着两着。高考落榜，她发奋多年学习的那些课堂书本知识，在残酷的生存竞争和庸俗的生存理念以及重男轻女的就业现实面前，显得一无是处。唯一可以凭借的本钱就是自己的年轻和因年轻而充满活力的美貌。一年多服装表演模特的实践让她发现了一个最适宜她发展的领域，她也试图向这领域中的更高境界靠拢，却由于表演队整体形象的低下和世俗观念无形的束缚，徘徊不前。她知道她最需要的是道义上的支持。睿智的东方灵给了她这种支持和理解，剩下的就是自己是否具备勇气和信心。

正在摄影棚指挥助手调配灯光布景的秦明听了伊承新的来意，把她叫到棚外安静的办公室，注视着她的眼睛问道："你真的想好了？"

"想好了。"伊承新看出了秦明眼仁上凝集的怀疑，"你要不信，我们现在就可以拍摄你说的那种写真的人体照片。"

惊喜让秦明的声音高了几度，"太好了！我坚信你迟早会想明白的。今天正好没事，等拍完几张预约的婚纱照，我就给你拍摄人体写真照片，你先喝点饮料，让情绪平静下来。"给伊承新一罐饮料，替她打开拉环，出去了。

喝了几口饮料，望着墙上那些风光图片和放大的人物肖像，被激奋扬起的情绪渐渐平伏下来。秦明迫不及待的惊喜让伊承新努力克服了的疑虑又重新冒了出来：一听说我要拍裸体照片，他就显得异常兴奋迫不及待了，他心里真的没有别的动机企图？如果真是为了他所说的艺术，用得着这样吗？如此一想，秦明再三再四说服她从事人体拍摄，三番五次赞美她身材的那些话语，又渗泅出一团又一团让她怀疑的刺目的色彩来。她开始后悔听了东方灵的话没能冷静地沉淀一下就来找秦明，而且表白了态度。这怎么是好？说自己实际上还没考虑成熟，缓几日再拍，准定被秦明说她是出尔反尔。万一秦明真是一片纯粹的艺术之心，岂不委屈了人家？这样进不是进，退不是退地矛盾了一阵，自责自怨了一阵，想出了一个自以为稳妥的办法。

秦明微笑着走进来，"影棚里的婚纱照拍完了，要去公园拍外景婚纱照，顾客非要我去给他们拍，我说我约了一个艺术摄影模特儿，要拍人体写真图片，打发一个助手跟他们去了公园，怎么样？我们可不可以开始？"

"嗯……秦老师，"伊承新字斟句酌地说，"我刚才认真地想了想，头次来你的影楼，一开始就拍裸体照片，我怕不习惯，是不是可以……"

秦明截断她的话，"我留了一个助手，你不必有顾虑，有助手在我们身边，你尽可以放心的。"他说的是实话。他也担心一个人单独面对一个美丽的裸体姑娘，会让她产生畏惧心理。特意留一个助手，一来可以协助他调配灯光，二来可以在发生什么不愉快时为他做证。

"你的助手是男的还是女的？"

"男的，怎么？你希望是个女的？"

伊承新不置可否地笑一下，她也说不清为啥要问这个问题，"这样吧，秦老师，我在表演队表演过泳装，电视台还做过专题报道，你先给我拍几张泳装的吧，你这里有没有泳装？"

"有，不过是比基尼，行不行？"

"嗯……行吧，是新的还是别人穿过的？"

"是我们影楼开业那年那些想拍泳装的女士特意准备的，事实上这些年还没人来影楼要求拍泳装照片，一直闲放着。你要不放心，旁边超市有卖泳装的，我出钱你去选购两款你喜欢的？"

听语气看神态，伊承新认为秦明是真诚的，便说："既然是没穿过的，用不着再买了。"跟秦明走进展示服装的房间，秦明喊来助手，让他在放服装的柜中找出头几年准备的泳装。这助手顶多二十岁，长着一张娃娃脸，满眼睛的天真。从衣柜中找出几套比基尼泳装，交给伊承新，让伊承新躲进丝绒幕帐后面的更衣室脱换衣裳。

在服装表演队展示泳装，面对的是街上成百上千双眼睛的注视和挑衅，也被电视台录制成专题节目播放，为此还遭到父母亲的责难和训斥。此刻再穿泳装面对两个专业摄影人员，伊承新很自然很平静，没有一丝一毫的畏怯难为情。等她换了一套宝石蓝底色上有些不规则花纹线条的比基尼泳装从更衣室出来，秦明和助手已做好了一切准备。她站在几盏灯聚光的地方，自由转体造型，心灵却把握着瞳仁，极想证实秦明和他的助手见她身穿三点式泳装，裸露着身上百分之九十多的肉体站在他俩眼前，会是什么反应和表情。可她什么也看不见，眩目的白炽灯光后边一片黑暗，只感觉两人在专注地操纵相机灯架，只感觉冰一样冷凛的镜头在她的身上检索，别的什么也不存在了。她放松身心，做了几个动作摆了几个造型，听到秦明几声叫好以及镜头快门低微又响亮地咔嚓声。当她听到指令退回更衣室更换泳装时，想进一步把握和发挥已经高涨的情绪，光着全身从幕后闪进灯光罩住的那片圣洁的领地，给秦明也给自己一个惊喜。当她动手要把穿在身上的三角裤叉脱下时，潜伏心底的那股畏怯和难为情又占了上风。她突然想到了高洁梅，面对陌生的，毫无感觉而言的那些嫖客，高洁梅脱光衣裤坦然地面对他们，该是怎样的一种勇气和心态？也就在那一刻，她想好了，关键时刻把高洁梅叫到身边为自己造势，借她的勇气排除她心里那片最后的雷区。

　　高洁梅住的是平房，老远看见房门开着，门口放着一大一小两个红色塑料洗衣盆。走近，呜呜呜地响着洗衣机的声音，洗衣盆放着淘洗后准备晾晒的衣物，浮头一条拧成麻花状的牛仔裤，裤上有两条毛糙的破口，颜色也深一道浅一道的。走进房门，洗衣机放在门道左侧厨房门内，呜呜地旋洗着缸里的衣物。机子停顿回旋，呜呜声里突出了哗哗的水响。走进大间门，看见高洁梅背身蹲在门内，眼前放着几双不同颜色款式的高跟鞋，问道："你到底是洗衣服还是擦皮鞋？"

　　高洁梅哎哟一声跳起来，见是伊承新，佯装生气地说："鬼里摸里地走到人后才说话，把人活活地吓死哩！"

　　"不是我故意吓你，是你的洗衣机声音太大。亏得是我，要是小偷把门口的衣裳偷去几件，你都不知道。"

　　"都是些旧衣裳，又都是寒梅穿下的，给小偷也不会要的。"拉伊承新坐在大间的单人床上，"你先坐下，我把衣裳捞出来放在甩缸再给你倒茶。"伊承新跟出来站在厨房门外看她干活，"看你东一榔头西一棒槌的，又洗衣裳又擦皮鞋，真会利用时间。"

"洗衣机转的时候，我想把几双旧鞋挑拣一下，把不穿的扔掉。从床底翻出来，看着都好好的，又舍不得扔了，正思忖着。"用沾着洗衣粉泡沫的手腕蹭一下下巴，"你给我挑挑去，你说哪一双该扔，我就把哪一双扔掉，我听你的。"

伊承新笑了，"我来可不是为你挑拣破……烂的"，原要说破鞋的，转念觉得这样说话会让高洁梅敏感，在鞋字要出口时改成了烂字，"你爱扔哪双就扔哪双，舍不得扔就放着，我倒觉得你把外面洗衣盆里那条牛仔裤扔掉算了，破成那样子，还花时间力气洗衣粉洗它，值吗？"

"亏你还是服装表演队的模特呢，那是寒梅买下的乞丐裤，要的就是那破旧劲儿，一条八十多元哩，刚穿了几天，是头次下水，要是你，舍得扔掉吗？"

"我看上面的破口毛毛糙糙的，颜色也深一片浅一片的，以为是破裤子呢。"伊承新停顿一下，"寒梅正是上学的时候，买这种裤子，能穿到学校去吗？去了准定受老师的批评。日后给寒梅买衣裳想着点，别由着她的性子，想穿什么就给她买什么，让她好好上学才是正理。"

"寒梅说她的几个同学都买了乞丐裤，穿上酷得很，非要我给她买一条，说不往学里穿，节假日同学们聚会再穿，就给她买了一条。刚穿了两天，就窝在床角落里，我洗床单看见了，顺手撂进洗衣机洗了一下。"

"你太惯着寒梅了，这样下去，只会害了她。"

"不惯咋办？一想到那年除夕夜发生的事，我心里还一阵一阵地疼哩。那时候没钱，为一双过节的鞋，妹子险些走了绝路。真要走了绝路，我一辈子也悔不过。平时上学，只能穿着校服。如今的校服是什么校服！只讲究统一，不讲究美观，穿在身上又肥又大道袍似的，把她们都糟得没样儿了，放学过节再不让她穿件好看的，说不过去。如今只要我能办到的，就尽量满足她的要求，求个心里安然，是好是坏，等她成人了，知道了好歹，再说吧。"

高洁梅说话间把洗净拧成半干的衣物塞进甩缸，开了旋扭，甩缸就龙动凤响地转起来，伊承新说："你如今手里有钱了，该把洗衣机换成全自动的。这机子太旧了，响起来轰炸机似的，你不嫌吵吗？"

"机子旧了，可还能用，等啥时候不转了，再换吧。"把伊承新拉回大间，边泡茶边问："今天咋想起看我来了？"

"表哥的食府开张，你人不去，却打发人送去那么贵重的贺礼。表哥收了你的礼物，心不肯，叫我过来转达他对你的谢意，说忙过这两天，专门把你请过去坐一坐，好好地招待你。"接住高洁梅端上来的茶杯，"你如今有架子了，送礼不去人，你懒得走路，我就得跑路给你道谢。"

"什么架子！什么懒得走路！我一个被社会忘在黑暗角落的人，能有什么架子？还不是念惜你表哥当初开饭馆给了我一份工作，又处处时时照顾我，虽然不去饭馆上班了，可你们的好处我忘不掉，送个贺礼是应该的。本想自己送去，又怕你大舅他们用那种眼光看我。我人贱了，心不贱！不想看人的脸色。"

这样的话，伊承新不便接口，只埋头喝茶。高洁梅问："新盘下食府，原来的小饭馆开不开了？"

"小饭馆从卖月饼那时起就不成了，表哥说留下李翠，再雇一个人，只做月饼卖，争取发展成专卖馍馍的铺子。"伊承新喝完茶把杯子放在桌上，"我今天来不光是转达表哥的谢意，主要是想求你帮我个忙，不知你肯帮不肯帮？"

"什么忙？我记得你叫我做的事我从来也没推脱过。"

伊承新便把做服装表演一年多来的感想，觉得没有太大的发展空间，秦明再三动员去做人体写真摄影模特的事，很委婉地说了一遍，最后说："我觉得这对我来说是条可走的捷径，弄得好会名利双收，我尝试了一下，心里的难为情克服不了，想让你……"盯住高洁梅看她的反应。

"事情是好的，你本人也具备这种条件，只怕你家里人不会同意你干这个的。你家里的老人太传统了，你干这种职业，是大逆不道，不怕他们扒了你的皮？"

"我没出息一辈子，他们也不会给我好脸色看。这事我得冒点风险，我豁出去挨打挨骂，甚至被他们赶出家门。只要闯过这一关，就成了。我先背着他们，实在瞒不住了，再说吧，反正我要找一条适合我发展的路子。"

"我明白了，你是缺乏面对镜头脱光衣裳的勇气，要我去现场为你做表率壮胆。"

"可不可以？"伊承新殷切地问。

"有什么不可以！脱衣服成了我日常功课，脱来脱去已经麻木了，别说是淫邪的目光，就是那淫邪的刀枪，也奈何不了我，啥时候去？"

"最好现在。"

"好，等我把衣服洗完就去。"

洗完衣服，把晾晒在院里铁丝上的衣物收进房里，两人着意装扮一番，锁了房门，乘公交车抵达"欢旦影楼"。

秦明不在，娃娃脸的助手说，出去交涉进货事宜，一小时准回来。两人就到近旁的超市转看了一阵，再到影楼，秦明等候着她们，让娃娃脸助手把照相的顾客请到一楼影棚，腾出二楼影棚，做准备工作。趁高洁梅下楼向娃娃脸助手要镜头鹿皮，秦明问伊承新，"你叫来的伴儿如今做什么事？"

伊承新吱唔着说："跟我同在服装表演队干过，如今在一家服装专卖店站柜台。"

"不是吧？"秦明不无责难地瞪了伊承新一眼。

"怎么，你认识她？"伊承新不禁紧张起来，盯住秦明的眼睛搜寻答案，难道他去过高洁梅坐台的茶屋？

"我怎么不认识？她不是在你表哥的饭馆当过服务员吗？有次刘方叫我去你表哥的饭馆吃饭，她在柜台里收钱，也给客人倒茶，后来我同刘方去了一次，见她不在，刘方问你表哥，你表哥说她去茶屋当坐台小姐了。"

伊承新想声明一下，下楼取镜头鹿皮的高洁梅回来了，只好收口，这才明白，秦明打发高洁梅下楼取镜头鹿皮是有意支开后同她问话。

准备就绪，秦明关死影棚的门，关了棚顶照明灯，只留几盏效果灯，对伊承新说:"今天你就放松了好好表现,只有我一人为你服务,门也关死了,不会有闲杂人上楼来,你去更衣室吧。"

伊承新同高洁梅走进更衣室,小坐片刻,彼此对望着脱衣服,高洁梅三下五除二脱得精光,见伊承新只脱了外衣,眼巴巴地望着她精光的身子,说:"脱呵!你怎么不脱。"

"我……我想先让你出去拍几张,让我看看,等你照完了我再照。"见高洁梅脸上显出惑色,上前抚摸着高洁梅肩头说:"人家不是难为情嘛!叫你来就是给我壮胆引路的,你先照,我去照相机那头看你照,等你把我的情绪调动起来,我俩一起照几张,再让我单独照,求你了。"

高洁梅苦涩地笑一下,一人走出更衣室,落落大方地走入灯光聚汇的地方,纤丝不挂的肉体,在白炽灯照耀下象牙一样光滑怡目,起起伏伏地显示着女性的青春张力和生命的原始美。伊承新走到秦明身边,她被高洁梅的大方和勇敢感动了,用欣赏的目光盯住高洁梅的裸体看了几眼,移目审看秦明的表情,可被雪亮灯光耀花了的视线,很难在灯光外的昏暗中捕捉到清晰和细微的东西,只大略地看清秦明在相机支架后边小心地动作着,没有发呆和流迷的表情动作。伊承新这才放心,认为秦明的艺术素养高于男人的本能。退进更衣室,甩掉外衣,很愉快地脱掉胸衣裤叉,低头欣赏自己的光洁裸体,觉得不论肤色还是弹性都要胜过高洁梅,听见高洁梅在外面叫道:"承新!还磨蹭什么?快出来呵!"

伊承新浑身紧张地走出更衣室,看清秦明只关心着他的相机,对她的出现没什么特别的反应,一刹那的犹豫难为情没能阻止住被激情策动的步伐,跨入了被灯光烘热的那片空间,她好像听到了一声惊叹,那是秦明在见到她的肉体时不由自主发出的一声惊叹,是那种崇高的惊叹,既为她的美体又为她这一步超拔的行为。接着伊承新进入了一种神圣的境界,自觉是一尾戏水金鱼,或一只穿云雨燕,与水与云浑然一体悠然自得。

同高洁梅拍了几张,高洁梅退下,伊承新单独自由造型,不知不觉拍完一个胶卷,秦明意犹未尽,"小伊你休息休息,我取胶卷再给你拍几张。"

伊承新异常兴奋回到更衣室，高洁梅已经穿好衣裤，正从小包往外取烟，"怎么样，我今天表现如何？"她问高洁梅。

"还行。"高洁梅点烟吸一口，"不过你得听我一句话，别再拍了。"

"为啥？"

"你已经跨出了最难跨出的一步，往后，就得用生意头脑来指导你的行为，别一得意，就忘了根本。你的身体是有价值的，拍一张照片，就得有一张的价值。往后与秦明合作，先要把合约定下来，无论拍人体写真图片做画册，或拿去做广告，都要向他提出价码，别自图高兴让人家白白地利用你赚钱，明白了吗？"

伊承新正处在冲破了樊篱要极力表现自我的兴奋点上，觉得高洁梅的提醒至少是嫌早了点，"你的话我明白，可我觉得人家这么为我设想，刚开始我就张口说钱，不好吧？"伊承新嘴上说着，眼睛打量着镜子里自己的裸体，欣赏的目光里充满了自得。

"我不是叫你马上与他谈钱。"高洁梅望着抖在脚前的烟灰，"而是再不能让他拍了。今天拍照是带你迈出这艰难的一步，这一步既然迈出去了，再拍有啥意义？你得把他的胃口吊着点。"

秦明取胶卷回来了，愉悦地叫道："小伊，出来吧，我给你再拍几张。"

伊承新望一眼高洁梅，"今天就拍到这里吧，等你把照片冲洗出来，我得看看效果，总结一下，再与你商量下一步拍照的事吧。"说话间给高洁梅笑了一下。

"也好。"秦明应一声，打开了影棚所有的照明灯。

穿好衣服要走出更衣室，伊承新突然拉住前面的高洁梅："干脆你同我一起做人体写真模特吧，茶屋坐台总不是事儿。"

"我无所谓，都是靠肉体挣钱，无所谓做什么，只怕有你这个美人儿在前面挡着，秦明不会看上我的。"高洁梅推开伊承新走出更衣室。

在办公室喝了点饮料，伊承新同高洁梅告辞出来，走出影楼门口时，秦明叫道："伊承新，你停一下，我有话对你说。"

伊承新退回影楼内,望一眼站在门外等候的高洁梅:"还有什么事?"

秦明压低声音说:"祝贺你终于冲破了束缚你的心理樊篱,你会成为一个顶呱呱的人体写真艺术摄影模特的,今后再来,就一个人来,别再叫高洁梅了。"

"为……啥?"

"如果今天不是为了你,我是不会让高洁梅在我这里拍照的。她干啥我清楚,给她拍裸体照被人知道了,我影楼的日子就不好过了,你得保证今后不再叫她来这里。"

伊承新含混地应着走出影楼,高洁梅问道:"你是不是对他说了我的事?他怎么说?"

"嗯……他说他的人体写真拍照也是刚刚起步,眼下有一个模特就够了。"觉得这样说不足以让高洁梅相信,又补了一句:"还有一句,说出来不许你生气,他说你的体形不是太理想,臀围太大,胸围又嫌小点,不如我的体形匀称。"

"是吗?"高洁梅扔掉烟头,哼了一声。

67

窜到二十九度持续一周的高温,被一场雷阵雨浇低了五度。上午十点出门的田成功,虽然穿着纯棉短袖衫和化纤面料长裤,也明显体会了凉爽带给人的惬意。走在街上,来往行人和路边摊贩都在兴高采烈地议论着天气,为昨天傍晚那场戏弄了气象预报的罕见的雷阵雨欢呼叫好。天气一年比一年热了,土生土长的西宁市市民绝少经历连续七八天甚至更长时间二十七八度的气温,使劲嚼冰棒喝冰镇饮料也就成了习惯。按说白露过去了,转眼又该秋分,西宁市地界上不该有这么热的天气,可天爷的脾气古怪起来也是没法的事。就说昨晚那场雨吧,气象台竟没能预报出来。要是误测和错报的是一场洪水,而且造成生命财产损失,气象台非挨骂不可。可这场雨对西宁市来说实在是太及时太慷慨，西宁市的人们除了高兴，是没道理抱怨气象台的。

田成功天上地下地乱想着，走过一排又一排垂挂着布料的摊位。身上是舒坦了，可心里的憋闷还让他难受着，像不小心把一大块热洋芋囫囵咽进了喉咙，那一疙瘩胀热停在心里老是消散不开。

昨天后晌，天上还没起乌云的时候，他去卖月饼的铺子取两个留给他和父亲吃的月饼。经过花圈铺门口，脑子转了一下，依他和父亲正常的食量，除早上喝奶茶吃两嘴馍馍，其余两顿都爱吃饭，两个大月饼少说得一星期才能吃完。与其把新鲜的月饼放得干缩甚至长出白毛，不如给堂兄送去一个，便从花圈铺门前拐进去水厕的巷道。平时出于联络感情，但凡他到卖月饼的小饭馆办事或者闲转，就顺便进小巷看看据守公共厕所的堂兄堂嫂。往日，这个给天堂巷几百个商户和邻近几座住宅楼住户提供方便的公共水厕，由田成海施秀云两口据守管理，有时把小欢叫来顶替空缺。昨日田成功送去月饼，只田成海一人守着水厕，正饶有兴味地整理堆在小桌上的皱皱巴巴的毛票。见他送来一个月饼，田成海扔开毛票掰下一块饥饥慌慌地吃起来，饿急了的阵势。"你该洗洗手再吃。"田成功被堂兄急迫的吃相惹笑了，"这些毛票经了多少人的手，不干净的。"

"不干不净，吃了没病！"田成海急嚼急咽噎得眼仁快要掉出来了。

"看你这吃相，像是几顿没吃饭。"

田成海朝他翻一下眼皮，"昨日中午到现在没吃一口东西。"

"怎么可能！"田成功认为田成海在夸大其词，"田野阿妈不是按顿回家做饭吗？哪会一天半不给你送饭来。"

"她病了，两天没来这里。"

"她病了不能做饭，你买着吃不就成了，几步的路。"水厕往西十几米就是天堂巷市场，买两个烧饼端一碗面条来去只消几分钟。

"这两天上厕所的一个挨着一个，"田成海幸福地微笑着，"天下雨人的屎尿也多了，有些人不自觉，我眼睛盯着还不交钱呢，我能走开吗！"

田成功哼了一声，这堂哥实在是让人不知该怜悯还是该鄙夷。"田野阿妈哪儿不受活？不能送饭来，不会是走不成的病？"

田成海瞟着田成功的目光，"谁知道是啥病。"见一人没交钱进了厕所外门，田成海慌忙走出去拦阻收钱。田成功等他回到小房内，"老伴病了你连啥病都不知道，把她一个人撂在家里你能安心吗？"

"有小欢服侍着，我有啥不安心的？"

话不投机，也从心底里瞧不起这位堂兄的为人，田成功离开公厕回家，从那一刻起心里就怅慌起来，让他心神不宁，总好像有什么事要发生。到了傍晚，雨前阵风把街边柳树吹得枝梢乱晃，路面上一点两点显出雨痕的时候，田壮从食府回家，说食府新购进一些鱼虾，他让主厨烧了一条草鱼，炒了一份里脊肉，送回来让他和爷爷吃晚饭。他忍不住把下午去水厕送月饼的经过说给田壮，着意提到施秀云生病，田成海不痛不痒让他恼火接着心里憋闷的事。田壮说他这两天正想抽空给大大嬷嬷送点吃食过去。食府开张原计划不请长辈吃席，结果三爸三婶前来恭喜吃了宴席。为弥补由此而生的缺憾，他得空让厨房做了几样可口饭菜，送到二爸二婶、娘娘姑父家里，只剩下大大嬷嬷家没送，"正好，明天我俩一起去看看嬷嬷。"便与儿子约定，今天十点在八号院田野家楼下碰头。

田成功走进八号院，田壮已在楼下，提着叠摞四个一次性饭盒的塑料袋，等父亲走近，把塑料袋提起一点说："我叫大师傅给嬷嬷做了一份爆炒大虾，一份四喜丸子，一份松仁玉米，盛了一份米饭。"田成功嗯一声，上楼来到田野家门口，敲门，再敲门，没有动静，不禁恐慌起来，不是说小欢在家服侍病人吗？第三次使劲敲了一阵，门才缓慢地拉开，开门的施秀云披着衣裳趿着鞋，蓬枯的乱发衬着萎黄的面孔，手扶门扇双腿打颤地支持着。

"嬷嬷你，"田壮慌忙把塑料袋交给父亲，扶抱住施秀云回到小房间，床上堆着被窝，一股捂坏了什么的霉腐气味。田成功父子惊诧不已，去大间开窗户，发现窗户开着，"不是说小欢在服侍你吗？小欢呢？"

"去社区卫生所叫大夫了。"比蚊子的声音稍高一点。田成功父子几乎是靠她的口型和自己的直觉听明白了她的话。

"你到底哪儿不舒坦？三天时间成了这样子？"回答是断线珠子似的眼泪，伴着因压制哭声而在喉咙里滚动的嘶哑的嚎啕。田成功父子对望一眼，明白其中必有蹊跷，扶助施秀云躺倒，"嬷嬷，你到底怎么了？"

像天爷安排了顶替回答的人，小欢咋咋呼呼地进来了，"房门咋开着？阿妈，房门……"见坐着大伯大哥，笑了，"我当是……"弯腰把施秀云散脱床下的鞋摆放整齐，蹲在床前说："阿妈，药费交上了，大夫一会会就来，来了就给你把吊针挂上，到后晌你身上就会有劲儿了。"语气如同母亲在宽慰生病的孩子，田成功父子不禁又对望了一眼。

小欢起身对田成功说："阿妈身子虚，小房间的窗户不敢开，气味不好，大伯、大哥到外间坐吧。"把两人让到大间，将田壮提来的饭菜提进厨房，出来时一手提着暖瓶一手拿两个茶杯。田壮趁小欢倒茶时间："叫大夫打什么针？"

"阿妈四天没吃饭饿坏了，大夫说补充点营养就行了。多亏我跟田野回来了，要不……"声音凄楚起来，用手背揩一下眼角，"说不定阿妈已经饿死了。"

田成功父子再一次疑惑地对望一眼，"我越听越糊涂了，昨下午我去水厕看你们，田野阿大说田野阿妈病了，两天没去水厕，家里有你服侍着。听你的话，这两天你不在家里？"

小欢见冲泡的茯茶叶浮在杯口，田成功端起杯子又重新放回茶几，急忙去厨房取来一根筷子，在杯里搅了几下，茶叶茶梗旋转着沉下去，端杯放在田成功手上，说："田野要去外州县出差，说出差的地方有个旅游景区，要我同他一起去。我俩去的时候阿妈好好的，在公厕给阿大作伴儿呢。我俩出去一星期回来，阿妈已经躺在床上不能动弹了。问阿大，阿大叫我们问阿妈。问阿妈，阿妈啥也不说，只噎声噎气地哭，声音都没有了。把田野惹急了，给阿妈发了一顿脾气，阿妈才把实话说出来。"一五一十地把施秀云讲的事情经过复述给田成功父子。

田野出差带走小欢的第二天中午，施秀云从水厕出来，去天堂巷菜摊买了两样蔬菜回家做饭。自拍买下水厕经营权，田成海就把铺盖搬来水厕，连明昼夜厮守着这块生钱的宝地，又嫌厕所毕竟是上不了台面的处所，安放锅灶炒菜烧饭不成体统，便做出规定，饭回家做，施秀云、田野、小欢也尽量在家里吃饭，而后把田成海的饭送到水厕。好在这座公共水厕是西宁市率先上档次的公共设施，白釉细瓷的墙面蹲坑尿池，黑釉瓷的墙裙洗手台盆，声控冲水系统，又有经营者起居的独立房间，守着亮堂堂的厕室，听着哗哗响的水声，吃馍馍吞面条不会走味。又好在从水厕回家，从家里提了饭菜回来，不过十来分钟的脚程，提着出锅的面条稀饭来水厕倒在碗里，面条不糊稀饭不凉。加上田成海天生口壮，不奢求辣的香的，只要是五谷做的，都揣着一肚子感恩心情大吞大咽，倒让明眼人看出，据守水厕几月下来，田成海一向刀削似的腮帮竟然有了肉棱。

　　施秀云提着萝卜白菜走到八号院门口，被后面跟来的一个穿灰布道袍的女人拦住，抱拳作揖，恳恳切切地说，"施主万福，行善给我化点缘吧。"施秀云出门带点小钱只为买生活必需品，两斤萝卜三斤大白菜掏尽了她的口袋，便说："我有心给你化缘，可身上没钱。"闪身要走，又被女道人拦住，"看你是个善人，化缘随缘，给我们一口水，一嘴饭，也是你的功德。"施秀云觉得再推脱未免显得寡义。眼前这四十上下的女道人五官平和、眉目清俊，为积修功德行脚化缘，身心劳顿，给碗饭是应当的，"走，去我家里让你吃喝。"女道人千好万好地说着，招手叫来另一个女道人，施秀云没料到她有伴儿，可话已出口，不好为多一个人反悔。引二人入家，让坐，去厨房提暖瓶取馍馍出来，那四十上下的女道人正往小房间探望，见她从厨房出来，念一声阿弥陀佛，说："我们化缘去过千家万家，家家都是满桌子满柜，尽是尘世的浮财，像你家这般清静的，倒是头一次见，可见你一门心思向善，见的是善缘，行的是善事，心里结的是善果，不把浮世荣华放在心里眼里，是我俩见到的善根最大最深的人，这是老天爷安排我俩同你见面，接受你的善缘善果。"把左肩右斜挎着的灰布敞口方包取下来，将施秀云摆放在茶几上的茶水馍馍推到一头，腾出地方从包里掏出木符经册之类的东西，同时说："惜你这片善心，我俩给你念一段赐福降平安的经。"

施秀云诚惶诚恐地问道："你们念经要钱不？要钱就别念了，我可没钱给你们。"

女道人沉下脸说："你胡说不得！我们给你念的是平安赐福经，你嘴里胡说就不灵验了。"与小几岁的同伴展经册喃喃地念诵起来，片刻，对呆立一边懊悔不已的施秀云说："你快过来快过来。"施秀云头次经历这样的事，心慌意乱地听女道人说："我念着念着看见了你们家的运气图。一般人家的运气图是显不出来的。你家里人行善干好运气旺，运气图就明朗朗地显出来了。"对想要询问的施秀云摆摆手，"你先别说话，让我详细看看，"双手捧着经册接近眯缝的眼睛又推开，"你家里没有浮财，可有些沉财哩，这些财沉得时间长，阴气太重，把你们家的运气图罩住了，得好好地禳解一下。"说得半信半疑的施秀云忍不住问道："禳解？不禳解不成吗？"她有点疑心，又怕女道人真的看到了什么对自家不利的东西。

"你别出声！"女道士又对施秀云摆手，"你们的运气图上显出了两个人影，我得看看这是啥人。"一边眯眼扫描经册一边用手指掐算着，笑起来，"我当是出来了两个煞星，原来是你家里的人，是你的阿爷和儿子。"

施秀云好奇大于惊诧，"你看见了我们阿爷儿子？你是咋看见的？"目光落在纸张发黄，密密麻麻排着黑字的经册上，觉得女道人的眼睛大约与正常人不一样的。

"你儿子……儿子是吃皇粮的，岁数在二十七八，超不过三十；你阿爷……整日能听见水声，水不旺，可不停地哗哗地淌着，这水就是你家里的财路，细细的一股……"施秀云越听越觉得奇怪，也就不由自主地相信了。女道人说："你家运气图上被阴气罩着的地方有个口子，这是你家里的一个劫数，在你儿子头上，不禳解，你儿子就遇难哩……"

施秀云恐慌起来，"怎么禳解？"

女道士不理会施秀云，对小几岁的女伴说："你看这个灾难能不能解得开？"

一直不说话的小几岁的女道士阴阳怪气地说："念惜她的善根，豁出折损我俩的功德，禳解掉吧。"把背在身上的布包取下展开，也是经册、桃木符、朱砂粉之类的东西，一边铺排一边对施秀云说："取两件你儿子贴身挨肉的衣裳，你儿子的身份证、照片，用干净白布包严实给我拿出来。"

施秀云着了魔一般言听计从，翻找出一条崭新的白羊肚毛巾，裹住田野的两条棉布背心拿出来说："身份证、照片都找不见，成不成？"

小几岁的女道人阴阴地说："我得掐算一下。"装模作样掐着手指喃喃念诵几句："只能用浮财顶替。把家里的现金、金银首饰什么的都包在里边。"

施秀云不无羞愧地笑了："你没见我家里的阵势吗，像个有金银首饰的人家不？"

"现钱，现钱也没有？我们只用一用，又不要你的。"小几岁的女道人阴暗的神色中显出了恼火。

"有是有一点，不多。"施秀云把塞在枕头套里的二百七十三元尽数取出来交给女道士，"这是家里这个月的生活费，就剩这些了。"

"包上！"女道人努嘴示意施秀云自己包进毛巾中。等施秀云把钱夹在两件背心中间重新包住，女道人说，"去，找干净碗端来一碗净水。"

施秀云去厨房找了一个干净宫碗，接一碗自来水出来，女道人往水里洒几粒朱砂，把水碗压在毛巾包上，嘟嘟囔囔地念诵一阵，说："下午申时才能移开水碗打开布包，不到时间打开就不灵验了。"一人拿一个烧饼边吃边收拾东西，施秀云满怀感激地说："你俩消停，我给你俩炒个菜……"

四十上下的女道人说："给你禳解把时间耽误得太久，没工夫消停吃你的菜。"提了布包匆匆离去。

望着自己包好，被女道人用水碗镇压住的毛巾包，施秀云想到回家给老伴做饭，却把时间花在这里了。再要做饭送去，等急的老伴准没好话，只拿两个馍馍，三步并做两步回到水厕。

田成海听了施秀云迟回的原因，气急败坏地嚷叫起来："你咋不拿你的猪脑子想想！哪有道人念阿弥陀佛的！？准是遇上骗子了。"连推带揉把施秀云逼出水厕，"还不快回家看去！"

施秀云又是三步并作两步往家里跑，阿爷的意思她明白，证实受骗快去寻撵那两个女人。双手颤抖着移开水碗打开毛巾包，田野的衬衣全在，唯独少了钱！两腿一软险些瘫坐在地上。对惜钱如命的老伴，被骗走二百多元等于在天上扒了个窟窿。跟跄着在院门外东找西寻，哪还有女道人的影子，不得已豁出挨顿毒骂回到水厕，气青了脸的田成海破口大骂："你的脑子是糨子吗？把半个月的生活费给我追回来便罢，追不回来，你就吃风屙屁去！"

明知男人说的是气话，可悔不过的施秀云凭着这口气不吃不喝，用饥饿来惩罚自己的轻信和无知，也向男人的吝啬不近人情提出抗议，同这个总是叫人烦恼的世界告别。多亏出差的田野回来得及时，发现虚脱的母亲已经奄奄一息。

"啪！"田成功一拳震翻茶杯震麻了拳头，恼怒变成一句恶语从牙齿间发射出来："这狗崽！"一股只有撕打才可能平息的狂怒让田成功跳起来，要去水厕与田成海论理交量，被田壮拉住："阿大你先忍一忍。这也不能全怪大大，等大夫来了给嬷嬷挂了吊针，再说。"

牛一样喘气的田成功退坐下来，却不知把发抖的手放哪儿好，最后捏住沙发扶手，手指骨节卡啦卡啦地响起来。小欢收拾震翻的茶杯，取拖布擦尽脚下的水渍，重新端上一杯茶时，田野同社区医务所的大夫护士来了。几个人跟进小房间看大夫给施秀云检查，摸脉、听心肺、肋间腹部叩诊、量血压，等大夫收起听诊器，田壮问："不要紧吧？"

"饥饿引起的虚脱。不太要紧。"腾出地方让护士输液，对田野说："暂时别让她吃生冷油腻食物，可以少量喝点稀饭，到后天才能正常进食。"又给护士交待几句，先走了。

小女孩一样袖珍的护士动作敏捷熟练，打了吊针给小欢说明输液中间注意事项，输液完毕拔取针头的要领，收拾器具也走了。田野、田壮尾随去了大间，小欢蹲伏在床边脸对脸地问道："阿妈，大哥从饭馆给你拿了几样好菜，还有一份米饭。大夫说可以给你喝点稀饭，我把米饭加水煮成稀饭给你喂几嘴吧？"

施秀云伸手抚摸小欢头发，眼眶溢满了泪水。田成功看得心里酸酸的。一个别人家的姑娘，不被田野珍视，也不被田成海两口接受认可，却依然亲女儿般阿妈阿妈叫得亲热，没一丝生分，算得上是田家人的一种福份，可……田成功感慨万千，小欢去了厨房，泪眼朦胧的施秀云对田成功说："我啥都舍得下，就是舍不下这个姑娘。有我在，田野还能听我一句半句，我要咽了这口气，这姑娘就受难怅哩。"长叹一声又说，"眼看别人家的日子越过越起色，哪一家不是吃是吃的、穿是穿的，唯独我们家，穷成要馍馍①了。你说没钱吧，多少有点哩，可就是捏得死死的，花一分像花他的命哩……"

田成功宽慰了几句，退了出来，田壮与田野头对头议论着什么，见田成功从小间出来，收口不说了。田成功有意问了一句："田野你都看见了，这家里，也只有小欢能把人心拢络住，你俩的事，到底是咋打算的？"

田野笑着反问："这样不是好好地吗？还要我咋打算？"

田成功严肃了脸色，"听你口气，只谋算这样不阴不阳地过下去？"

田野笑了，"大爸用词不当。你是想说不伦不类吧？黑格尔说过，存在就是道理，我跟小欢都乐意这样过，也不妨碍别人，有什么不可以？"

一句话把田成功问住了。他的经验库里没有反驳这种论调的知识储备。可作为老辈被晚辈将住，脸上挂不住。田壮看穿了父亲的心思，为防止叔侄争讲红脸，把话题扯开了："田野，你采访报道的韩乙布拉买福利彩票上当受骗的事有没有下文？你不是追踪报道吗？怎么停下了？"

田野领会田壮岔开话题的用意，也着实不想与满脑子旧观念的长辈谈婚论嫁，便顺着田壮的引渡说起了韩乙布拉，"这次福利彩票由民政厅主管，民政厅是政府职能部门，彩票发行是市场行为，"田野接住田壮点燃后递过去的纸烟，习惯性地把过滤嘴掐一下，吸一口，又说："一来政府部门不能介入市场运作，二来对市场把握不准，就委托顺风公司发行。据说当时有七八家公司想承办彩票发行，民政主管厅长执意把发行权给了顺风公司。我

---

①俗语，指乞丐。

估计这里边有点暗箱操作嫌疑,几次采访这位主管厅长,他总是以没时间推诿。好不容易说通了厅长接受采访,报社总编找我谈话,说这事就此打住。我问为什么,他说再扯下去,要牵连一些重要人物,不好收场。我说报道连续发表两篇,读者等着下文,就此打住给读者如何交待?总编说这事不是你考虑的,把我写的第三篇报道压住不签发了。"

"哦,原来这样。"田壮起身给父亲和自己添茶,听见小欢在小间里咯咯咯地笑起来,大约施秀云的情绪有了好转,"吃报社饭,受报社管,可一想到韩乙布拉十几万只买两台洗衣机和几个电饭煲什么的,我心里就不顺。老百姓受愚弄,我当记者的怎么能袖手旁观?管又管不进去,真让人窝火。"

田壮望着抖在脚前的烟灰说:"就这世道,想开点吧。你管得了初一还能管得了十五?我看了你前面的两篇报道,表面上看,消协的姿态很高,看样子要为消费者讨个说法哩,实际上不过做做样子叫人们看。这样子不做,人们会说消协是吃干饭的。样子做得太真,又会触及一些敏感实质,消协不是自找不自在吗!"

对当今世事找不到发言权的田成功忍不住加了一句:"怪只怪韩乙布拉太贪心,想花十几万就把剩下的几辆汽车都买下来,这样的发财梦太荒唐了。一个卖甜醅的,你会算计的,别人早算计好了。再说,谋事在人,成事在天,命里没财,再谋算也是枉然。"

田野对田成功送出微笑,似乎在赞许他敢于发表自己见解,但说出嘴的却是这样的话:"可我还是欣赏韩乙布拉的这种的气魄。穆斯林做生意的精明气魄是值得我们学习的。问题在发行彩票的公司欺骗民众,暗箱操作。要不是韩乙布拉,这事就暴露不了。韩乙布拉至少给人们提了个醒。"

"那,韩乙布拉就这么认栽了?"田壮上前把粘在父亲嘴角的一片茶叶摘取下来。

"韩乙布拉听说消协管不了这事,告到区法院了。"

"别说告到区法院,就是告到中法高法又能怎样?田野的报道不让写下去,已经说明问题了,这事最终只会是不了了之。"田壮这么一说,田成功会心地笑一下。"田野田野!"小欢兴奋地从小间出来,"阿妈把一小碗稀饭喝上了。"

小欢的兴奋预示着施秀云的前景,田成功给儿子一个眼色,两人起身要走,田野也起身正色对田成功说:"大爸,麻烦你顺便去水厕转告一下,我想好了,今后阿妈由我赡养,我的工资再不给他上交了,房子归我们,我也不让阿妈再去水厕给他当佣人,叫他在水厕挣他的钱,今后车走车路马走马路,井水不犯河水。"

田成功怔住了。田家人这是怎么啦?妈妈险些寻了无常,儿子又要与大大分家,这不是成心给他出难题吗!一股莫名火气冲上脑门,火火地说:"你张口一个他,闭口一个他,他是谁?有你当后人的这样说话的吗?"等到气喘平顺又说:"老子再不好,总归是你老子!"

田野也火气十足地嚷叫起来:"老子得有个老子的样儿!阿妈又不是成心让别人骗了钱,为二百多元他连阿妈的命不顾了,这样的老子有没有都一样!"听到施秀云在小房间发出凄悲的叫声,田野被小欢拉进了小房间。

田成功也被田壮连拉带推地弄出了房门。走出楼门,田成功身上的抖动才停止,瞪住儿子问:"怪不得我从小房间出来,你跟田野说话的溜当里不说了,八成儿是你在跟他商量分家的事?"

田壮嬉皮笑脸地说:"阿大到底是阿大!反正这事你得去给大大说。田家门里除了你,没人想管这样的事!倒不是非要分家,总得叫大大明白这次的事他有责任,要给他点压力。"说着话取出手机看一眼,便撂下父亲,一边接电话一边匆匆地走了。

田成功在原地站了一阵,犹犹豫豫向西行走。田家门里,除去父亲田寿,要数田成海最大。作为小几岁的隔山兄弟,他没资格去指责这位不得人心的老哥。即便自己敢说,田成海也未必能听。可不管不说,由这一老一少随心机胡来,在田家人囫囵囵囵的脸面上扯出个口子,往后落埋怨被田家人及亲戚陆眷指责的还会是他。看来,以往在田家门里大小事上,自己总以百倍的热情为大家着想,替大家出力,跑前跑后努力在后人们眼前做出表率,赢得了大家的信赖尊崇却同时把自己推在了掌门人的位置。到如今，但凡田家门里出了头疼棘手的事，田家门里老老少少的眼睛盯的是他，心里指望的是他，暗地里当成笑谈看的也是他，他不想管也由不得自己了，而且只能管好不能管坏。多亏这次有惊无险，倘或田野、小欢迟来几天，施秀云饿死在家里，施秀云娘家人追究起缘由，折腾个天翻地覆满城风雨，往后田家人拿什么脸在民生街上行走？如此一想，为田家维护规矩，整肃纲纪的使命感和责任心油然而生，决定先去水厕对田成海进行口头讨伐，再把田野试图分家的打算透露给田成海，根据他的反应和态度再商讨对策。

　　时值上午，民生街原本浓烈的商贸气息被秋日直射的阳光加温，又被嚣闹的市声渲染，组成一股热烘烘的气浪，随着熙来攘往的稠密行人滚动着，弥散着。民生街始终是女人们购物热情的泄洪渠，闲人们排遣无聊的漂流溪，形形色色零散货物的集散码头。铺排在街道两侧各式摊位上的各种商品，从早到晚与无休无止流动的目光进行着对话和交流。艳丽的印花床单花布、新潮的绒线编织衣帽、花里胡哨的金属腰带……袜子伴着剃须刀，胸罩陪着电炉丝，发卡压着裤头，皮鞋守着影碟……这不讲究章法的组合，不入规范的铺排，用杂驳的色谱吸引凡俗的审美意趣，用浅显的情状换取平民化的关注……

　　往日，无论走过整条街道，还是通过几个铺位，田成功都会被一股莫名的兴奋鼓荡得思绪万千。民生街是西宁市的手腕，触摸这个手腕，就能清晰感知西宁市乃至青海省的心跳。他为踞守着这个手腕而深感自豪。他看惯了这里的杂驳，听熟了这里的嚣闹，也适应了这里的气息。一切都那么亲切自然，具体而真实。可是，当他今天经过这条街道时，感到空前地虚幻起来，像在梦游，闹不清是灵魂脱离躯壳还是躯壳丢失了灵魂。那些花花绿绿的商品是那么刺目，那代替摊主叫卖的电喇叭是那样地刺耳，坐守摊位的摊主都垂头丧气昏昏欲睡，在摊位前交错游弋的行人庸倦委琐俗不可耐。他狠劲掐一下大腿，不是做梦，便怀疑自己得了一种怪病，类似感觉错乱的病，如同以往他站在水池边看水里游鱼，而此刻鱼却站在池边看他在水里扑腾。这让他对自己今天的行动产生出疑问。世界一瞬间翻了个儿，树从天空垂挂下来，水从坑洼流向山顶，寒冬腊月牡丹怒放……他认为不可能的事情变成了可能。远的不说，与自己不相干的不说，单说小欢和田野，放在十数年前准定淹死在唾沫里，放在五十年前准被栓上巨石沉入潭底，放在百年前准被凌迟或者五马分尸，可放在眼下是这样的合理。原本应该神圣、庄严的终身大事，如今变得这样随意、马虎；原本应该顶天立地遵守和维持的婚约，如今可以三心二意随心所欲；原本应该自重、视贞操为生命的，如今却死心塌地地接受轻慢和玩弄而无怨无悔。一切不可能发生不该发生的都发生了，而且显得自然而然合情合理，这世界到底怎么了？如果一切都是应该的必须的，那么问题就出在自己身上了。怪不得刚才田壮说："田家门里除了你，没人管这样的事。"儿子在暗示他还是在嘲讽他？倘若是暗示，说明儿子也赞同田野要分家的盘算；倘若是嘲讽，就表示儿子反感他在田家门里充当师爷。他怎样做才会让自己和所有的田家人满意？便感觉胸口胀胀的、闷闷的，迫使他张大嘴急急地呼吸，缓解胸口从内往外的挤压。

想着，双腿已把自己运到了水厕门外，看见田成海与一个衣衫破旧的中年男子撕撕扯扯地争吵着。田成功一激灵，罩住他的那层虚幻的感觉一下子粉碎为气体蒸发了，眼前的一切又变得真真切切。厕室内明亮的白釉瓷砖衬托着两个扯成一团的黑灰色人影，不可置疑的逼真。原来衣衫破旧的中年人内急要入厕，身上没钱被田成海拉住不让入厕。中年人说下次来了补交，田成海说他只管眼前不管下次。中年人说不就五角钱嘛！不交能穷死你！田成海说五角也是钱，你不穷死拿出来！引得闲人拥上来观看，而且越拥越多，七嘴八舌地论长道短，有帮着田成海说的，也有帮着中年人说的。田成功退出人堆走开了。多人前，如果田成海认为他是自家人而寻求他的支援，多丢人呐！走开时，心里忿忿地说，真是长成的骨头生就的肉呵！

68

　　早饭烙狗浇尿油饼，是孙雅萍起床前想好的。儿子爱吃狗浇尿油饼，自小就爱吃。洗漱完毕，望着儿子睡觉的房间怔了一阵，进厨房和面。原以为儿子出来，家里的烦愁就会烟消云散。不料，一见儿子明显消瘦的身子，尤其是心事重重阴沉着脸的样子，家里的烦愁反而比儿子出来前更重了。儿子变了，大变了，成了另一个人。那天去看守所门口等待儿子从高墙厚门的看守所出来，她就意识到儿子变了。想像里，儿子一出监门就连跑带跳地扑上来与兄弟们握手拍肩地道好，也会满含懊悔地叫几声阿大阿妈，还一定对她说："我不是出来了吗！你哭什么？"可儿子出来时没有一点高兴模样，脸像生铁一样黑着。她和田强弟兄几个迎上去，田健像见了生人，没一点热情的表示，冷冷地问："来这么多人干啥？"然后一句话也不说。惹得她忍不住问了一句："你哪儿不舒坦？是不是觉得里边比家里好，不想出来？"先前，她说这种话儿子准会恼火，可那天儿子既不恼火也无其它反应。从哪会儿开始，她意识到几个月的看守所生活，改变了儿子的秉性，耗掉了他身上的那些芒刺火气。准是儿子脾气倔，不跟管教合作，被人家打傻了。背着问田强，倒被田强狠狠地顶了一句："你胡说什么！如今是法治社会，谁敢轻易打人！"

　　出来第二天，田强、田野、田英、宁守仁、伊承宗、伊承新还有田明，凑份子把田健约出去吃饭，说是给田健压惊。她心想田健不与大人说话，与兄弟姐妹喝一场酒，就会把心里的病吐出来。那料，田健半夜回来还是黑着脸，一丝酒气也没有。她忍不住问了一句："他们没给你买酒喝？"田健嘟囔一句："我没喝，不想喝。"儿子真变了，但她闹不清这是一种好的变化还是不好的变化，反正从那一刻起，她有了一种隐隐的担忧，总觉得儿子身上还会发生可怕的事情。

　　孙雅萍想着，眼眶胀胀的，生怕眼泪掉进面里，把揉的面团推开，转身靠着案板，用袖口沾拭眼角。直到现在，她和家里家外的人都不知道田健在单位到底犯了啥错，接着把藏枪的事引发出来。她想找机会问问儿子，可儿子总是阴着脸，不敢问。猜，也只能是乱猜。心想，等吧，等几天儿子心情好转再问不迟。想到这里，心里稍许宽展了些，转身继续揉面，感觉男人走进厨房又走了出去，一时又走了进来，便望着手下的面团说："你想说啥就快说。"

"快九点了，健健还不起床，要不要叫一声？"田成才一脸的困惑。

"叫啥！让他睡去！睡够了自然就起来了。"孙雅萍没好气地应着。

"每天每日往晌午睡觉，好人也会睡出病来，你叫去，叫他快点起来吃饭，就说我俩等他吃饭，吃了饭还有事哩。"

"要叫你去叫，我知道你急着出去打麻将，嫌儿子让你等了，你去叫吧。"

"儿子没出来时，心里整天乱糟糟地牵着儿子的事，几个月没好好地打一次麻将。如今儿子出来了，我不打麻将做什么？人家叫我九点前去，过了时间，人家凑够人手就没我的座位了。"

"麻将麻将！等儿子找上工作，你整天不入家地打麻将，我也懒得问你。"孙雅萍把揉精的面团使劲拍拉成扁条状，操刀切成数段，边切边说："钱我放在床头柜上，你快去城东区尕寺巷买羊腿。等你把羊腿买回来，健健吃了早饭，我们就去开发区。"

田成才一肚子不情愿，可儿子的事毕竟比麻将要紧，进卧室取了钱，去厨房掰了一牙锅盔，边吃边换鞋，出门走了。九点十分，田健揉着眼睛从小房间出来，上厕所，刷牙，洗脸。孙雅萍在茶几上摆了碗筷，笑笑地说："我今早给你烙了你爱吃的狗浇尿油饼，奶茶也烧好了，吃完饭，等你阿大买羊腿回来，我们给你求工作去。"

田健怔了一下，几天来早出晚归，回家给父母亲说："工作还没影儿。"一定是父母怀疑他整日外出不是寻找工作，而在做别的事情，今天要同他出去，验证他到底在做什么。不禁没好气地说，"我的工作我自己找，用不着你们掺和。"

孙雅萍拉下脸说："靠你自己，驴年马月也找不上工作。如今工作这么难找,你整日这儿一下那儿一下地瞎碰,又舍不得给人家下话,几时才能找上工作?"大约觉得用这种口气与儿子说话,只会让他上火,便放软了语气,脸上也显出笑来,"我跟你阿大昨晚商量了半夜,认为你这样没头没脑地乱跑,不会有结果。"本想说你是判了缓刑的人,谁敢要你?意识到这样说不得,改口说:"你这是放着熟路不走走生路。我跟你阿大的意思是,我们一同去求求顾老太太,倘或顾老太太还念惜你替她抓住抢娃的好处,再给她当官的儿子说几句好话,总比你没头没脑乱碰好。"

田健没料到父母会这样盘算,一时不好说什么,边揩脸边想,如今还有什么脸去求顾老太太?求顾老太太,就意味着求她当官的儿子。她儿子与徐总是铁哥,徐总对他有了成见,顾老太的儿子还会给他出面说事?如果不服从,会让父母加重疑心,不如依顺他们一次,做做样子,也好让他们知道如今找事有多难,求人有多难。洗了脸,坐下吃饭时说:"也成,再找找顾老太。你说你叫阿大买羊腿去了,是去顾老太家拿的礼物?"

"顾老太是有钱人家,送烟送酒,人家已经不稀罕了,买别的礼行,又不知人家喜欢什么,买两个羯羊后腿,就说给顾老太熬汤补身子,花钱不多也体面。"见田健只顾咀嚼油饼没有说话的表示,又说:"我昨日把活期存折剩下的两千多元全取出来了,去的时候装在身上,有临时需要花钱的地方,不耽误事儿。"

一股说不清道不明的滋味在田健心里翻腾,却又闹不清是因为父母亲的这种实际却市侩的设想盘算,还是因为父母亲对自己的这种深情终久会被他辜负。

田成才提着两条羊后腿回来了,进门就说:"孖寺巷的羊肉比城里的新鲜,价格却比城里贵,一斤七元三角,比城里贵五角,这两个羯羊后腿十九斤,一百三十多元。"把羊腿立在门内一侧,坐下来吃油饼喝奶茶,对只顾埋头吃饭的田健说:"只拿两个羊后腿成不成?要觉得礼轻,出去再买两瓶酒吧?"

田健嚼着油饼说:"你们觉得咋好就咋办,问我做什么?"

田成才瞪圆了眼睛,"你这是什么话?我们当娘老子的这样做为了啥?

问你一句好话，你说你说的是啥话？"

田健把手里奶茶碗放回茶几，放得重了点，茶水闪出碗口，"我咋说你才听着舒坦？我说我的事我个家解决，不用你们掺合，你们非要掺合。想掺合就照你们想的办就是了，还要我咋说？"

噎得田成才张口结舌半句话说不出来，见婆娘给自己使眼色，强忍着把心里上窜的火气压了下去。

吃完饭撤下碗盘，孙雅萍催促男人快换衣裳，换一套展板①的外衣。田成才想说不想说地说："我……的意思是去人家家里求情，两个人就够了，去得人多叫人家讨厌哩，你跟健健两个人去，我就别去了。"

"什么去得人多人家讨厌！三个人能算人多吗？你就说你谋着留下来打麻将吧！"

田成才腆着脸笑："几个人打惯了，我不去，人家三缺一。"

"别说三缺一，就是十缺一你也别想！"孙雅萍的口气尖锐起来，"我看你活到六十活成咒世②了！连好歹都不知道！"狠狠地问了一句，"我叫你回来时给承宗打电话，打了没有？"

被老婆当着儿子数落一顿，田成才一脸难堪，"打了，说一会儿就过来。"钻进卧室换衣服。

片时，三人提了羊腿锁门下楼，步行到约定地点，乘伊承宗的出租车去开发区。

以国家级规模打造的西宁市经济技术开发区，座落在城东区以东平坦开阔的田野上。新型的会展中心，造型别致的管委会大楼，四车道的宽阔马路，以现代理念布局的新型厂区，外表美观的商住写字楼宇，体现着以经济技术为依托，以优良人文环境为前提的新型城镇发展理念，以开阔、明朗、清新、整洁的视觉效果和先进的管理模式，吸引外来商家厂家的投资热情和实践，为西宁市的快速发展扮演着先锋的角色。

---

①方言，新鲜整洁的意思。

②方言，傻瓜。

红色夏利出租车从发达路拐进新风街,停靠在富豪苑小区门外,门卫保安询问后打开电控折叠推拉门,车开进庭院停在Ａ号楼侧。顾老太从民生街一号院搬来开发区富豪苑后,田健在徐总指派下给顾老太家送过东西,此刻从车上下来,有点恍如隔世的感觉。前后两次来这里,两次之间他好像走了一遭地狱,心态灵魂都与前次截然不同,被一种莫名的怂慂和深重的哀伤双重地勒扎和撕扯着。

　　田成才把提在手里的两条羊腿交给田健,对孙雅萍说:"你俩上去,我给承宗作伴儿等着吧?"他认为去别人家寻求帮助,用不着一家人都去。人多只会招人家烦,又怕孙雅萍不肯,用的是征询的口吻。不料孙雅萍开明地说:"成,我在路上想好了,就我和儿子上去,免得人家烦我们参观团似的。"扯一下怔在车边的田健,走到单元门前,正巧有人推开电子对讲门出来,田健慌忙扳住门扇与母亲闪身而进。到了四楼,停在深绿色防盗门前,顺一下呼吸,摁响了门铃。

　　片刻,感觉有人在门扇中央的猫眼向外瞅了一下,"找谁?"

　　"找民生街一号院搬来的顾老太太。"孙雅萍的声音有点抖,"我们是从民权街来的,姓田,顾老太太认得我儿子。"把站在身侧的田健拉到对准猫眼的位置。

　　猫眼又暗了一下,"讨厌死了!你走开成不成!?"里边的女人斥责着打开了房门,田健、孙雅萍被几声没有威慑力的狗叫声吸住视线,原来女人在斥责缠绕脚下的京巴狗。

　　开门的顾老太儿媳妇疑惑地把来客让进门,朝客厅甩一下手。各提一条羊腿的母子两人望着一尘不染明亮的实木地板和豪华的陈设,不知该把膻腻的羊腿放在哪儿,只好笑着对女主人说:"我们给顾老太太买了两条羊腿,叫老人家煮了喝汤补身子。"把羊腿递给女主人,女主人不接,向一侧的饭厅努一下嘴,"你们买羊腿做什么?家里的冰箱塞得满满的,又都不爱吃肉,放都没地方放。"见京巴狗扑扑跳跳随着孙雅萍往饭厅的墙角放羊腿,喝道:"走开!给你吃肉你不吃,看什么看?"上前佯装要踢京巴,京巴一溜烟进了另一个房间，又探出脑袋打量来人的举动。

孙雅萍一边搓手一边不无惊羡地打量房里豪华的家具摆设，忘了说话。田健心里窜着不满的火气，认为母亲不该显出没见过世面的样子，招人家蔑视，用不凉不热的口气问："顾老太太不在家？"

"你们找她有什么事？"女主人眉眼间透出对客人的厌恶和轻慢，在应该给田健回话的时刻却扭头招呼京巴："宝宝！又跑哪去了？快出来，张阿姨等着你跟她的喜喜玩耍呢，快出来，等客人走了马上去张阿姨家。"

听出女主人逐客的意思，孙雅萍讪笑着说："我们来你家里是想求顾老太太……"

话被女主人打断，"我婆婆生病住院了，在省军区野战医院外二科，二十二床，你们去医院见她吧。"说着话蹲下身子抱住在腿下扑跳的京巴。

田健气狠狠地说："阿妈，走！"转身拉开房门催母亲快走。女主人带搭不理的样子也激恼了孙雅萍，快速跟出房门，却听女主人说："你们把羊腿拿走吧！家里没地方放也没人吃。"

孙雅萍真想拿走羊腿，却站在门外对女主人说："把送给你们的礼行再拿走，不是叫你们笑话我们吗！礼行不多也不贵重，你别嫌弃就成哩。"快步下楼，走出楼门忿忿地说："不就是个秘书长婆娘吗！牛皮哄哄的，连点礼貌没有！这如今当了官的人怎么样不说，连他们的婆娘也是满世界圈不下的阵势！真她妈的不是个东西！"扭头狠狠地朝楼门唾了一口唾沫。

出租车不在楼下，没有了的还有田成才。田健用手机与伊承宗通话，回答是："接到一个老顾客的电话，送这顾客去一个地方，半小时准能回来，在小区门外等我。"

走出富豪苑小区，孙雅萍气不顺，仍在嘟囔着："早知是这个样子，别说是羊腿，连两根冰棍也不该给他们送。"见田健不无兴灾乐祸地瞅着自己，又说："要不是顾个家的脸面，真想上楼把两条羊腿拿回来。我买羊腿是恭敬顾老太的，顾老太太住院不在家，白白地便宜了她！"嘟囔着左顾右盼寻找田成才，看见B号楼背阳的草坪一侧一群人看别人搓麻将，田成才也挤在里边，尖声吼了两声："田成才！田成才！"

田成才应声走回来，孙雅萍劈头一句："我看你离开麻将就不成个人了，什么时候？你心里还牵着麻将。"

田成才愧笑着问："事情办成了？"

"办成个屁！"把上楼经过学说给丈夫听，"真是不顺，碰上这么个贼婆娘！"

"活该！谁让你们没事找事！"田健火火地加了一句。

老两口喉咙噎噎地盯视儿子，怕他发作不敢指责。孙雅萍问男人："我上去把羊腿要下来拿去医院当面送给顾老太吧？要不去医院还得花钱买礼行。真是的，羊腿白送了。"

"你就别丢人了吧！哪有送了东西再要回来的？"田成才总算捞到机会狠狠地扯了孙雅萍一嘴。

半小时后，伊承宗回来接父子三人。路上，孙雅萍问伊承宗："你开出租车经见得多，你说，去医院看病人买什么礼物好？"

"无非给病人买点可口的食品水果。你们去看的是个老太太，又要求人家帮助办事，买奶粉蛋糕之类的食品显得没档次，买银耳燕窝虫草之类的补品，体面是体面，价钱太贵，多半是绣花枕头一包草，花钱买的是包装。既经济又实惠的是，买一个上档次的果篮，再配一个好的花篮，时髦又花钱不多，要觉得拿不出手，加上一样补品就成了。"

"就照你说的买。"孙雅萍望了一眼儿子，"但要给顾太太说明白，我们先去她家里，拿了两条羊后腿……"坐在前面的田健从倒车镜里恶恶地看她，把后面的话咽了回去。

军区野战医院也在城东区，顺路，几分钟就到了。车停在住院部门外，发现只有一个小卖部，买的全是大路货，水果是挑拣剩下的，干缩有疤痕，也没有鲜花。便决定由田健乘车去市内买，"快去快回。"孙雅萍在外甥调车时说。

车上路后，伊承宗望一眼脸色阴沉的田健，"表哥，我看你对这事没一点热情，怎么回事？"

"我压根不想再见到秘书长的家里人，可阿大阿妈认为求求顾老太会有结果的。我念惜阿大阿妈为我不顾老脸，才跟上他们，看他们如何折腾。"说完重重地叹了一声。伊承宗不禁又望一眼田健，田健是从来不叹气的，今天这气叹得让他心里发毛。就说"说到天上地下，阿舅舅母也是为你好，你心里再不愿意，也得随着他们，别叫阿舅舅母寒心。"

田健又叹口气。在十字路口等绿灯，田健问："你说好在楼下等我们。我们下楼却不见你，一个啥样的顾客，非要你大老远回到城里去接送他？"

"是经常包我车的老顾主，看阵势像是黑道上的，惹不起。他要去联合旅社与人接头取一些货，我同他去过那地方，路熟人也熟，他去那里总要我的车，说我这人靠得住。我估计他是倒卖毒品什么的，我想跟他要点海洛因，这是个机会，就去了。"

田健阴郁的眸子上闪出点惊疑，"你要海洛因做什么？"

"有人老给我苃儿制造麻烦，还时常白用我的车，用了车也不落个好。我想了个办法，治治他，叫他知道，我伊承宗不是个面团，他想咋捏就咋捏。"

"哦，我明白了。"田健不再追问。

车进市区，就近买了一个由苹果、蜜桔、香蕉、脐橙、龙眼葡萄组合的果篮；一个由康乃馨、金菊、蝴蝶兰、满天星组合的鲜花提篮；一篮鲜鸡蛋，一盒鲜牛奶，回到医院门外，孙雅萍不等车停稳抱怨起来："我以为你们去了兰州。"

果篮的装饰彩纸的悉索声和鲜花的香气移进孙雅萍怀抱时田健说："你跟阿大去吧，我在车里等着。"母亲的市侩气和下作实在叫他难以忍受，眼不见为净。

孙雅萍却腾出一只手把田健往车下拽。

田健想甩脱母亲手的刹那顺从了母亲。对今天的事他不抱希望，可下意识里，顾老太生病住院，当秘书长的儿子一定会在床前服侍吧？这是他一睹这位神秘人物尊容的极好机会，于是被母亲轻易地拽进了住院部大楼。

在三楼找到了外二科,一名豆芽一样细嫩的护士把他们三人拦在护士办公室门口,只许进去一人。再三央求,也推不倒这位军服上套着白大褂的女人的原则。田健让母亲进去后就寻找溜进去的办法,却见母亲进去的病房走出一个男青年,面色跟戈壁滩出来的石油钻探工没有差异。田健一眼认出竟是他的中学同学谭武,他怎么在这儿?对方迟疑地望了田健两眼,也惊诧地问:"你是田健吧?"

田健伸手握住对方粗糙的右手,心想劳改的结果是手上皮肤变成了树皮。

"我来服侍顾老太的。"谭武推回了田健的疑问。

"你服侍顾老太?"田健的疑问被纳闷撑着。

"顾老太老大儿子媳妇的兄弟是我服刑监狱的监狱长,我阿大求顾老太说情通关节,把我十二年的刑期改成十年,又改成八年,再改成七年,我又改造得好,提前释放了。去顾老太家答谢,听说住院了,儿子儿媳妇上班抽不出身,雇了钟点工倒屎倒尿。阿大说这是报答的机会,让我留下给顾老太打开水喂饭洗脚捶腿。"

田健哦了一声,"花了不少的钱吧?"

"阿大说把他一辈子的积蓄都花光了。"

"出来没找个事儿?"

谭武涩苦地笑笑,"人家大学本科毕业生闲着一大堆,我一个刑满释放人员谁要?去饭馆做传菜杂役什么的,人家嫌我脸面上不光鲜。阿妈说先等着,一个羊嘴下有一把草哩,总有一天草会从地里冒出来的。"

田健发现那个拦阻他的护士被一个病人叫走了,撂下谭武快步向病房走去,到门口就愣住了,母亲跪在顾老太病床前哭诉着,田健心里疼一下,扑上前把双手插进母亲两个腋窝来个旱地拔葱,"阿妈,你这是……"多亏这是一张病床的特护病房,没有外人看他母子的洋相。

躺着打吊针的顾老太等孙雅萍在儿子的鄙视下胡乱擦干眼泪,慈声软调地说:"我一定给儿子说,一定给儿子说,"把目光移在田健脸上,"你们年轻人真不知好歹,有工作不好好地干,"半痛半痒地责怪了几句,拍床沿示意让孙雅萍坐下说话。

孙雅萍把半个屁股挂在顾老太脚边的床沿上，"给你老人家买了两条羯羊后腿，想叫你老人家煮了喝汤，去家里才知道你住院了，把羊腿放在你家里了……"

顾老太打断孙雅萍的话，"叫你们破费了，"指一下放在桌上的果篮花篮，"又买了这么多东西，等我好了，回家连明昼夜地喝几天羊肉汤汤，不叫你们的好心白费。"儿童般笑了。原来顾老太得了急性胰腺炎，正在消炎止疼，只靠输液维护养份，什么也不准吃，顶多喝两口白菜萝卜熬的淡汤。

一串脚步声中进来两个人来，一个四十多岁，中等个儿，挺胸腆肚；一个扛着两杠四星的肩章，孙雅萍母子慌忙让出床前位置，两人旁若无人靠近病床，前一个指一下军官对顾老太说："妈，这位是医院的郝政委。"郝政委便俯身问道："大妈，这些天我去兰州军区开会，没顾上来看你。我走前给科主任和主治医生都叮嘱了，叫他们给你精心治疗护理，你要觉得哪方面做得不好，告诉我，我叫他们改正。"

顾老太笑眯了眼睛，"好好好！医生护士都和自家亲人似的，没说的没说的，到底是军队医院，你们管教的好呵！"

退到门口的田健听着他们的对话，打量两位的背影。在他们直腰转身向顾老太告辞时，田健发现中年人左颈挨着耳垂的地方有个豌豆大小的朱砂痣，心里一激灵，不禁慌张起来。这人他见过，多次去凌绝顶俱乐部消费，每次去都戴着墨镜，可他把他的那颗朱砂痣认准了，原来他就是顾老太当秘书长的儿子。顾老太这个年轻有为的儿子去俱乐部整夜整夜地玩乐，由徐老板安排几个漂亮小姐陪着，那个叫小娇的小姐就是被他包了一年不许别人插足的。那次徐老板把他叫去台球房训话，与徐老板同台打斯诺克的也是他。那时他总戴着墨镜，出入神神秘秘的，估计与小姐们单独戏耍才会摘掉眼镜。此刻，这个以贾老板身份出没俱乐部吃喝玩乐的人近在咫尺站在眼前，倒让田健心虚起来，不敢正眼望一下这个给他安排了工作，让他极想见面致谢的有恩的人。他闹不清自己这是怎么了，是怕秘书长知道他就是被徐老板炒了鱿鱼又被公安局抓进看守所的保安主管，还是怕顾老太儿子问起来，让母亲知道他挪用公款被骗的底细。田健被这莫名的恐慌逼退到走廊里光线昏暗的角落，等秘书长陪送政委走出病区，才慌恐地走回病房对母亲说，"我们走吧。"

孙雅萍不理儿子，殷切地问顾老太，"刚才那人就是你的当秘书长的儿子？"

"就是他，你们等着，等他送政委回来，我就把你儿子的事告诉他，叫他当头对面答应我，给你儿子找个工作。"

拉母亲不动，田健想走脱，不料顾老太儿子回来了，顾老太指着田健对儿子说："老三，这就是头年帮我抓住抢娃，我叫你安排了工作的小伙子，叫……叫什么名字？"

孙雅萍慌忙说："叫田健。"

听这名字，秘书长扭头把田健从头到脚打量了一番，"你就是田健？！"

诚惶诚恐的田健应了一声，声音和双腿都在微微打颤。

"记得上次我介绍你去徐老板的开发公司工作了，怎么，不在哪儿干了，想跳糟？"

田健嚅嗫着，望一眼母亲。

孙雅萍错误地领会了儿子的眼神，扑咚一下跪在秘书长面前求告起来，"秘书长，我儿子……"却被田健从身后猛地抱拉起来，恶恶地说："阿妈，你把个家当人点成不成！凭啥动不动就给人家下跪？！大不了不干工作，走！"把母亲强拽出病房，拽出走廊，孙雅萍挣扎着，哪能挣得开，被拖拽出医院门外才松了手。田健不理会泪眼汪汪的母亲和张慌失措跟出来的父亲，率先钻进伊承宗的车里。

69

刘方蹲在床边，奋力拉出床下樟木箱，打开挂在两个搭扣上的铁锁，揭起箱盖，扑扑地吹着刺鼻的樟脑丸气味，把放在浮头的几件东西挪到一角，取出用旧棉背心包裹的沉甸甸的扁平小包，放在床上，盖箱加锁，把箱子推入床底，起身单腿挎坐床沿，松开扁平小包外面缠裹的旧棉背心，里边包着一层紫红丝绒。这块丝绒，是某年某单位在他铺上订做游行用的单位名称横标，送来的丝绒过长，截下的一块，二尺见方，他就用来包裹心爱的清端石雕蕉叶圭壁砚。刘方松开紫红丝绒包巾，抚摸这方保存了二十二年的端砚，感慨万千。当年从一个落魄画家手里买下这方砚台，作为镇斋之宝收藏把玩。那些年倾其私囊先后收买的十几样古玩中，这方端砚和三块章料是他最得意的，"三印一砚斋"的斋名因此而生。为了防贼防人，他用其它三块普通玉料印章和一方洮砚做幌子，真宝贝密藏从不示人。不料，文化市场日益萧条，他靠卖字维持的生活渐趋艰难，不得已，把得意的藏品一一出手转让别人，独留这方端砚。无奈，生活又一次无情变脸，近两月没卖出一条作品，已到了交不起水电费和铺面租金的地步。可巧昨日秦明来铺中对他说，一个做药材生意的老板要巴结一位要员，那要员有收藏文房四宝的嗜好，药材老板想寻几件拿得上台面的文房古玩。如果他有出手的东西，这是个机会。当年他从落魄画家手里买下这方清雍正年间的雕蕉叶圭壁端砚，花了八百元。如今真有好家识货的肯出五万元，他就忍痛割爱。谁让写字的人越来越多爱字的人却越来越少。

　　抚摸这方已经稀有的端砚，刘方思绪紊乱心情沉重。生活中出现的暂时困难，咬咬牙或许能挺过去，大不了不喝酒不吃肉馋它几个月。可砚台一旦出手，休想再回到手里。如果真有识货的能出五万，把这些年积累的债务偿还清白，剩下钱儿可以保障他二年不卖作品也能滋滋润润地活着。可二年后……钱是经不住花的，尤其像他这样没有稳固进项，又不想让自己口腹吃亏的人。一时间，钱和砚台被目光搅成一片模糊，在脑子里旋转在心里沉浮，弄得刘方不知如何是好。

　　店铺门响，刘方把砚台塞在叠放的被垛下面，走出来，不禁怔住了，站在柜台前的竟然是野鹤。高高在上的野鹤从没光顾过他的三印一砚斋。突然的莅临，让刘方惊诧之余诚惶诚恐。"怎么是你？"

野鹤笑容可掬，"民生街越来越红火了，不到中午，行人就推推搡搡走不开了。守着这样一条红火的商街，你把钱挣美了。"

刘方苦笑笑，"来民生街买东西的都是低收入阶层，全冲着廉价处理商品，谁肯光顾我的店铺？快两月没卖掉一条字儿，要把尕锅儿吊起来哩。"搬椅子让野鹤坐在案桌一侧，"我早对你说过，不要动不动把字儿送人，也别把价位定得太低。前些日子我去河南县参加县庆活动，县政府几乎所有的科室都挂着你的字儿。你的字儿都到了饱和的地步，谁还要你的字？"

"你的话没错。"刘方把盛了滚烫茶水的瓷杯放在案角，挪开碍手的印泥盒，"可我这人心软，人家两句好话我就把不住。上月贵南县一位民办教师，要买我一套'一柱香'，我要了四百，一条一百元，他说他一个民办教师，一个月挣五十几块工资，校长喜欢我的'一柱香'，问他哪里能寻上几条。他答应想法给校长弄四条，专程来省城买我的字儿，求我便宜卖给他。我想一个民办教师，为前程给校长送人情，就一条五十，二百元出手了。"

野鹤听话间扫视挂在店堂的字画，盯住他写的一条行书立轴，"这条字你是从哪儿弄来的？"

野鹤的这幅行书立轴写的是李白的将进酒，刘方如实回答："是老井让我替他出卖的,他说是你头几年写给他的一条,他翻出来装裱了,想换几个钱。"

野鹤笑一下，笑得阴阳怪气，"你觉得这是我写的字吗？"不无责备地盯住刘方眼睛，"你搞书法几十年了，真假都分不出？"

野鹤这么一说，刘方集中心力端详这幅有野鹤落款印章的行书立轴。老井拿来要他代卖那天，他觉着上面的行书与野鹤平凤的行书风格有些差异，听老井说是野鹤头几年送他的，也就信了。书法大家并非一提笔就出精品。情绪酝酿得不饱满，环境氛围不太理想，难免写一些平庸的作品，而这样的作品往往用来搪塞上门求字的人。此刻细看，果然看出不少的破绽，不禁诧异地问："有人模仿你的字儿造假？"野鹤笑着点头。

"是老井？"

野鹤摇头，"老井是装裱字画的老手，却没有能力模仿别人的字画，更别说我的字。最近我在好几个地方发现了出售我的作品，都是模仿的赝品，我今天来，是想叫你带我去老井家落实情况。"

刘方把目光从字幅移开，一脸歉意地说："老井拿来的，又是你的作品，我哪敢往歪处想？只觉得这条字儿缺了些功夫，心想你写的时候大约心情不好，或者病着，没料到竟是别人模仿作假的。"

"我送人的作品都有上款，写上被送者的名字，防止转手送人或出卖。这没上款的，全是造假骗人的。我得堵住这个口子，要不，有朝一日模仿我作品的赝品就会铺天盖地挂出来，把我弄成你眼下的样子，岂不晚了。"

刘方脸上浮出讪色，野鹤直硬地问："怎么，领我去见老井你不情愿？"

"不不不！"刘方本不想掺合这种事。野鹤虽是书法家，因了几个社会头衔，平时是不屑于和老井打交道的。售送的字画，多是派弟子或家人送去老井家装裱。领着野鹤去老井家，老井会误以为是他出卖了他；不领野鹤去老井家，野鹤会怀疑他与老井合伙造假坑人。左右权衡，都惹不起。不得已，用链锁套锁住双扇门把，同野鹤来到斜对过的七号院中。

走进单元门，听见老井家里正放着秦腔曲牌，用管子、唢呐和哨片吹奏的"三对面"，包公、皇太后、秦香莲的三种声音被吹得惟妙惟肖。开门的井永清见是野鹤、刘方，怔一下，张慌地让二人进屋。闻着满屋的糨糊味，野鹤不理会老井的恭让，站在过道向几个房间扫视几眼，走进作为装裱作坊的小间。十平米大小的房间内，设一张朱红大案。窗台上下排放盛各种糨糊的瓷盆瓦罐。大案不靠的三面墙壁，贴满了托底和裱糊了大背等待自然风干的作品。老井的婆娘伏在案上为一幅作品粘贴牙条。

从作坊出来，进入作为客房的面积最大的主房间，也有两面墙壁吊挂着装裱好的字画，有的钉上挂着一幅，有的钉上撂挂着多幅。电视机柜上、VCD 机的音量指示灯一红一红地闪跳着，播放着板胡为主、扬琴琵琶二胡为辅的曲牌"苦音永寿庵"，凄悲苍凉的秦腔感染力直逼心肺。野鹤对老井再三再四的问候礼让不理不睬，只顾查看挂上墙等待顾主来取的装裱成品，发现了五条模仿的赝品，立在屋子中央恶狠狠地质问老井："这五条字是谁送来装裱的？"把字幅抖得哗哗直响。

老井满脸的讪色，"你先坐你先坐。"诚惶诚恐将布艺沙发歪皱的座垫整理平舒，毕恭毕敬扶野鹤入座，"你一进门我就知道是兴师问罪来的。你坐，别急，话得慢慢地给你说，我先给你俩倒茶。"

"别倒茶，我也没心情喝。"野鹤用急促变化的脸色显示心里装不下的恼怒，"我只想知道是怎么回事。"

老井给刘方扔一个怪异的眼色，去厨房提来钢精茶壶，把滚烫的茶水注入茶杯时说："是我熬的茶，放了荆芥薄荷，喝了清脑醒神。"躲着不与野鹤对视，把VCD音量拧到最小一档，穿人肺腑的音律便像毛毛雨般柔细起来。

等老井把茶壶放在厨房火炉再出来，野鹤指一下电视机柜子一头的方凳，"你也用不着紧张，坐下，你们模仿我的作品出售骗人，不怕我告你们？"

井永清笑了，"你说的你们是谁？你知道，我只是个装裱字画的，别人拿来书画我装裱挣钱养家糊口，别的事一概不知。"

"你让刘方代卖那一幅立轴时怎么给他说的？"

"我说了啥话吗？"井永清佯装恍惚盯住刘方，"我把字儿拿去叫你挂出来卖掉，再没说什么吧？"

刘方反感老井的装聋作哑，生气地说："你说字儿是头几年野鹤送给你的，你说家里满天满地全是字画，卷起来放着，不是受潮就是被虫蛀掉，不如卖几个钱儿。"不想为耍滑头的老井背黑锅的刘方不得不说出实话。

老井嘻皮笑脸地，"我要真这样说过，那就该着你骂我。"讨好地笑对野鹤，"喝茶，喝几口，我滚滚地添上，放了荆芥薄荷的熬茶……"

话被野鹤打断："你别耍心眼了，你也是有了点岁数的人，实说，是谁拿来让你装裱的。"

井永清低头喝茶，扑扑地吹着杯口的茶梗，抬头说："你该知道的。"

"丁真？"

"除了他还能有谁。"

"这个狗怂！"野鹤咬牙切齿地骂了一句，"他从啥时候叫你装裱这些造假字画的？"

"好像是去年底或今年初，记不清了。"

"他刚来装裱是怎么说的？"

"这你得去问他本人。每日都有来我这送画取画的，我有十个脑子也记不住谁来谁去说了些什么。"

"好，算你识相，念你是靠手艺吃饭的，我不与你计较，但有句话得说清楚，从今往后丁真再来装裱模仿我的作品，你把他赶出去。要是我再发现市面上有你装裱他做假的字画，我就告你们合伙行骗。"使劲墩下茶杯，起身走人。井永清跟到门外，忍不住问道："如今西宁市装裱字画的少说也有三十几家，你咋看出是我做的活儿，寻上我的门来？"

野鹤停步用嘲弄的口吻说："要想人不知，除非己莫为。眼下装裱字画的虽然多，可用传统手工装裱的却只有三家，而往后背打蜡，用擂石研磨大背的这道工序只有你坚持着，这不是明朗朗告诉我是你在装裱造假的赝品嘛。"走两步又说，"再说，你有个习惯性的毛病，别的匠人拴惊燕都栓成活扣，你却拴成死扣，这一点，恐怕连你个家也没想到吧？"哼一声，扬长而去。

有意留下来的刘方等老井关了房门，问道："你咋跟丁真粘上了？"丁真是野鹤的学生，据书画圈里知情人说，野鹤的十几个学生中，丁真最滑头市侩，行为不端，野鹤怕污了名声坏了门风，把丁真清出了门户，大约丁真记仇，以此作为报复。

井永清让刘方重新坐下，添茶，"前年冬上我外甥要给收藏名家字画的工程师送礼，要我务必给他弄一张野鹤的作品。这外甥是我最小妹子的老大，一向要求上进，有关他的前程，我答应给他设法弄一张。不料，野鹤根本不念多年我给他装裱字画的情份，一张口要我三千元。我哪有那么多的钱？别说没有，就是有，花三千元为外甥买一条字画送礼，对外甥也是老大的压力，就托付野鹤的学生丁真替我想想办法。几天后丁真送来一幅，说是花五百元买了一幅。我一看，就看出是丁真学仿的，拿来蒙我，想诓我五百元。我想揭破他的把戏，又想外甥等着要作品送人情，拿这模仿的字冒充野鹤真迹，那附庸风雅的工程师未必能辨出真伪，就精心装裱给了外甥。去年底丁真与我闲聊，无意中说出与野鹤翻脸分道扬镳。此后，陆续模仿野鹤的字拿来要我装裱，我乐得挣几个工钱。"

"这一下野鹤与丁真有热闹看了。"

井永清盯住刘方，"你的'这一下'什么意思？是不是说我出卖了丁真？"望着VCD红灼灼的指示灯想说不想说地犹豫了一阵，说："按说，我不该把丁真献出去，这两年单从丁真手里挣了不少的钱，少说给他裱了五百多幅作假的赝品。他怕去别的地方装裱被人看出破绽露馅，只让我一人包干，这一下，这一股钱就挣不上了。"

刘方清楚，话逼到嘴边，老井不说出实情也没有退路。想到野鹤平昔自以为了不起，在书画圈里招惹人们非议，也是咎由自取。便忿忿地说："闹一闹也好，都知道好歹了。"

70

田健走到民生街东口，伊承宗的车已经停在路边等候，"今天去哪？"表哥上车坐好后伊承宗问道。一连几天，他拉着田健在市内大街小巷地搜寻，以田健的话说，"我豁出付你一个月的包车费，不信寻不见她。"

慢速驶行了几条小街，伊承宗对左右张望的田健说："表哥，前两天我怕你多心，误会我不想为你跑车，没敢说，现在我得把我心里话说出来，你这么没头没尾地满街寻找，找到的机率太小了。要是外人，包了我的车，由他十天半月地跑，可你是我表哥，别说我不能要你的包车费，就是看你这么焦急烦躁，我心里也不好受。以我说，你得去一个固定的地点等候，守株待兔，找到她的机率要比这样乱寻大，你说对不对？"

"为啥？"田健沉沉地问了一句。

"女人们，手里有钱爱去的地方，无非是卖时装卖皮鞋卖化妆品的地方，要么就是美容美发的地方，再不就是去火锅城吃麻辣烫。你在这几个地方守候等待，没准就能找到。"

田健沉默了一阵，"你认为她去哪儿的可能性最大？"

"昆仑路新开了一家美容美发厅，生意火爆，女人们都爱去那儿凑堆儿，我送你去那儿吧？"

田健又沉默了一阵，"你说得对，我得找个固定的地点。你先把我送到保康制药厂，我跟厂里的一个朋友要了点东西，取了东西就去昆仑路新开的美容美发厅。"

车到制药厂门口，田健下车说："我进去不定啥时候出来，你别等了，跑你的车去，我出来坐公交车去，这儿有好几路公交车站，方便得很。"信步进了制药厂。

伊承宗起步要走，一个念头突然冒出来：跟制药厂朋友要什么东西？别不是毒药吧？这么一想，疑心更重了。从看守所出来的田健整个人变了，变得阴沉可怕起来。万一听了同监房人犯的话，要毒药打算报复，岂不要闯下更大的乱子？就决定等田健出来，确定要的是什么东西，再走不迟。

半小时后，田健从厂里快步走了出来，见伊承宗的车还停着，疑惑地问："你怎么还没走？"

伊承宗下车说："我心想这阵儿过了上下班高峰，等你出来把你送过去再说。"

上车后，不及伊承宗发话，田健问道："市里什么街上的服装市场最好？"

"五四大街的'娇娇服装专卖城'去的女人最多，距离凌绝顶俱乐部一个十字路口，你应该知道。"

田健在衣袋裤袋摸了一阵，问伊承宗，"你身上有没有硬币？"

伊承宗疑惑着摸出一枚一元的硬币，交给田健，"干什么？"

"我在两个地方选一个该去的。"翻看硬币两面，"正面是昆仑路美容美发厅，反面是五四大街娇娇服装专卖城。"向上一抛，双手接住，合在掌心摇几下，右手掌朝上，移开左手，伊承宗看清他手上的硬币反面朝上。

"我坐公交车去。"田健下车要走，跟着下车的伊承宗问道："表哥，你去制药厂要什么东西？"

田健从上衣口袋摸出一只小瓶，是装过青霉素针剂的小瓶，"要了点硫酸。"把装着半瓶酱色液体的小瓶亮了一下。

"你要硫酸做什么？"伊承宗相信刚才冒出的念头是受了神灵的暗示。

"我有点用处。"田健把小瓶装回衣袋，抽出手却在衣袋外面扶抓着小瓶。

"你……找到吕玲要毁容？这种事千万干不得。去年那个用硫酸毁了女友面孔的人，最后判了死刑，你不是不知道。"

田健轻笑一下，"你放心，我没那么下作。"

伊承宗劝告叮嘱几句，望着田健去公交车站的背影，心想，该不该把这个发现告诉三舅三舅母？万一田健要硫酸有别的用途，告诉三舅三舅母，田健会说他嘴不牢，倒了闲话。不告诉，将后用硫酸闯出祸事，三舅就会埋怨他知情不报，助长儿子作孽。矛盾了一阵，认为那么一点小瓶装的半瓶硫酸，大约不是毁容用的。决意先装在心里，看看田健的苗头再说。

田健乘坐的公交车在五四大街中段的停车站，正好与凌绝顶俱乐部的正门错街相望。田健下车前向俱乐部大门扫了几眼，下车快步混进一群行人中，这群人正好是去"娇娇服装城"的，田健闪身躲在服装城左侧巨幅广告牌的支架后面，一边留意出入服装城的人流，一边防着从俱乐部正门出来的熟人。站了一阵，自觉盯着那些浑身珠光宝气脂艳粉香的女人看出看进，闹不好会被眼细的人认为他在搜寻猎物骗色劫财。左右前后扫几眼，马路对面有一家卖饮料的小店，小店的大玻璃窗正对着服装城大门。趁车流稀疏的空档横穿马路，走进小店坐在靠窗的位置，要了一杯咖啡，边喝边盯视出入服装城的人流，追切的目光不时被来往车辆切断。他强迫自己坚持坐下去，大海捞针，毅力和耐心是首要的。

饮料店店主起头并没在意这位进店喝咖啡的脸色阴郁的青年。常有失意或失恋的青年来饮料店玩深沉，他习惯了。等田健要了第三杯咖啡，已经整整坐了四个小时，店主才意识到，这个目光阴沉的青年在服装城出入的人流中寻看着什么。而且纳闷不已,这青年的左手一直插在衣袋里,接杯喝咖啡只用右手,从烟盒抽烟,而后用打火机也用一只手,左手始终不从衣袋抽出来,便肯定这青年有什么特别的事,闹不好是盯梢的便衣警察或者私人侦探。

　　田健一直坐到暮色四合,出入服装城的人流越来越稀,又被服装城门头的霓虹灯晃得眼睛发酸。给表情复杂的店主付了账,离开了饮料店,路过近旁一家卖儿童玩具的小店,进店买了一个橡皮娃娃,装进裤袋回家。左手指与小瓶大半天的摩挲,让他有了买个橡皮娃娃的念头,可以说这一天并没白过。

　　翌日,田健赶早来到昆仑路新开的美容美发厅。他想好了,不能东一榔头西一棒锤地乱寻傻等。从今天起,守住这家美容美发厅等它十天半月,用来验证自己的直觉。如果十天半月仍旧等不到吕玲,说明自己的直觉靠不住,也说明老天爷不给他这个机会,他就决定放弃,永远不去想这件事了。

　　这家定名"赛妃"的美容美发厅显然是有规格上档次的,前来消费的女人一个个趾高气扬盛气凌人。多数打的来到门前,推开车门,伸出一条丝光长袜包裹的白皙长腿,用卷发或披肩发的脑袋带出滚圆丰满的屁股,用涂了闪光指甲油的纤细手指夹住司机找的零钱,塞进精巧的皮革小手包,屁股一扭一摇走进门迎拉开的双扇玻璃门,唧唧喳喳与先来的顾客和店员说笑;有的是乘坐高级轿车来的,下车看着尖头细跟皮鞋给司机扬扬手,说声拜拜,看着轿车开走后理一下头发衣裙,半舞半蹈地与迎出门的店主人招呼着,笑语娇嗲;有的牵着雪白卷毛的京巴,或者皱折得老气横秋的沙皮狗、耳尖腰细毛色光亮身架小巧的吉娃娃,甚至是体形硕壮脸面细窄又有一条白色鼻梁的苏格兰牧羊犬……这让田健对自己的选择产生了怀疑。吕玲虽然骗了他五万元,可区区五万元不可能保证她像这些姨太太、小蜜类的女人每天每日地耍这种派头。她是舍不得这样花钱,也缺少这样花销的底气。转念,吕玲敢把他欺骗,上当的男人就不在少数。有那些脑子进水的男人给她提供便利,她岂能不卖弄卖弄自己的能耐?田健告诫自己,不能对自己的直觉产生动摇,坚持到底就是胜利。

　　昨天,他担心被俱乐部的熟人撞见,缩头缩脑躲躲闪闪如同小偷。今天,他的品牌西装革履的行头让随便什么人看见，都会认为他是陪情人来美容美发厅消费的款爷。尤其他夹在腋下的大帅牌真皮夹包，更会显示他的气派。这夹包是在俱乐部上班时，徐总为他跑银行装钱而专配的。夹包里装的不是钱，而是装硫酸的小瓶和橡皮娃娃。昨晚他在家里找了一个嫂子用过的装香水的小瓶。这香水瓶的瓶塞也是玻璃的，与瓶口严丝合缝。他把青霉素小瓶的橡皮塞取下来，用一块硬塑料片卷成漏斗插入香水瓶口，将青霉素小瓶装的半瓶硫酸倒进香水小瓶，不等漏斗把硫酸流完，硬塑料片就被腐蚀得冒起烟来。他把香水瓶瓶塞压进瓶口，再用透明胶带粘了两层，这样就不用担心夹包里的小瓶会渗出硫酸来。他像高中学生温习化学实验课题，想好了使用硫酸的方法步骤，只等见了吕玲现场实施。

　　站在美容美发厅北边十几米远的地方，街对面全是五金建材的店铺，不便利用。两小时后，双腿困硬，走到美发厅南边一个卖烟酒小食品的店铺买了两包香烟，一瓶可口可乐，对要找钱的店主说："钱别找了，把你的方凳借给我坐，算我租借你方凳的费用。"

　　穿着古板的店主疑惑着取方凳给田健，田健提到门外，坐在有阴凉的地方，店主在他身后看了一阵，说："我猜谋，你是公安上的，在办什么案子，在这里守候监视什么人吧？"

　　田健笑一下，"老板好眼力，一下子就看出我是干什么的了。"

　　店主对自己的判断十分得意，进店倒一杯茶端出来，"干你们这行真是辛苦，给，喝茶吧，看你的体格，一准是刑警队的吧？"眼睛盯住田健放在腿上的夹包，大约认为夹包里装着手枪和手铐。

　　田健望着店主卡紧脖子的旧中山装的风纪扣，"你爱看电视里的警匪片吧？"

　　"就是，这些年看了不少。有破案的连续剧，就租来影碟一口气看完，觉也不想睡。"

　　"都看了些什么？"田健随口问道，眼睛一直没有离开美容美发厅门口。

　　"多了！什么黑洞、黑冰、谋杀、三A重案组，还有没公开上市播演的，像西安的连环杀人案，北京的白宝山案件，东北的追捕二王……"

店主说的这些碟片田健都看过，是在俱乐部上大夜班看的。尤其是北京白宝山案，东北的追捕二王，他反复看了好几遍，有些情节至今历历在目，"看这些片子觉得怎么样？"

"看热闹呗。一个人守在铺子里孤单得很，又不能早睡，想着多卖些钱。看这样的光盘，不心慌不瞌睡，看得多了，觉得现在的警察太厉害了，又有那么多的高科技手段，再加上覆盖全国的通讯网络，别说是罪犯，就是一只老鼠，也休想逃过你们的眼睛。"盯住田健的眼睛里便显出敬佩和讨好的神色来。

有顾客要买酱油、洗涤剂，店主进店去了。田健把方凳挪到十几米远的地方坐下，免得店主卖完东西出来继续唠叨。

突然听到有人叫他名字，顺声望过去，一辆警车停在路边，展望已经朝他走了过来，田健慌忙起身迎上几步，听见了展望的质问："你坐在这里干什么？"

田健含混地应了一声，望一眼有警徽标志、蓝白色条块相间的小车，"展警官在巡察街道呵？"心想，人出来了，却仍在他们的监管视线之内。

"我不是巡警,巡街道做什么。"展望浅笑笑，"女朋友明日出差去，要做头，我送她过来，你怎么在这儿坐着？"

田健即兴撒谎，"我也陪朋友来做头的,闻不惯里边那些香波发胶的气味，到外面等她做完头出来。"

展望取出烟盒，抽两支烟，一支给了田健，还给他点燃，"出来后有什么打算？"

"眼下还没啥打算。"

"没打算可不成。年轻轻的，闲着不是事儿。别忘了，能这么快出来，只判一年半的缓刑，我可是费了老大的劲。别辜负了我爸的这番工夫，尽快寻个事儿做，别又把心逛野了。"

"我也想寻个事儿先做着。"田健嘴上应付着。他相信他被判一年半，缓刑两年是展望的老爸起了作用，从心底里感激展望说话算话，是个男人。不禁说道："我想给你爸爸道谢，去你家里方便吗？"这样问，一是表白自己也是重义的人，不会得恩不报，二是试探展望提说这事的用意，是否在向他索要酬谢。展望却说："我老爸正派得很，你送礼上门，不把你撵出来才怪呢，你只要老老实实不再犯事，就算没辜负我和我老爸对你的期望。"转身走到车边，跟上来的田健问："你不等你的女朋友出来？"

"做头得两三个小时，我哪有这样的闲工夫守着。做好头给我打电话，我再来接。"发动车子走了。

田健心想，展望两三个小时后回来接女朋友，见他还在这里，必然产生疑心，他得在展望回来的时候离开这里躲一躲。想着，退一步让一个女子从身前走过，怔了一下，这女子好像在哪儿见过，再看一眼，竟是喜鹊征婚所介绍他认识吕玲的那个女子，从容不迫地走进了美容美发厅。田健按捺不住由此而生的兴奋和慌乱，吕玲骗钱后，他找过婚介所，婚介所已经搬家不知去向。如果这女子和吕玲合伙骗人钱财，见到他就是贼见了捕快，准会惊慌。这样一想，田健冷静下来，设计她出来后怎样与她对话。

不到一小时，女子出来了，头上脸上没什么变化，大约只洗了洗头发。女子没有打的和乘公交车的意思，田健相隔十几米跟了一段路，拐进一条小巷看见巷左边一幢楼的山墙头上挂着一个醒目的标牌：月下老婚姻介绍所。女子走进楼门，田健跟着上到三楼。女子停在一个门前，掏钥匙打开房门走了进去。田健来到门前，门扇上也贴着一张打印的白纸黑字的标志：月下老婚姻介绍所。田健稳一下心神，推门走了进去。

房里只有女子一人。一张靠窗的桌上摆一台电脑，对面立着一个旧式木头材料柜，别无它物，与曾经去过的那个婚介所大同小异。女子正面对挂在墙上的一面靶镜梳理头发，听见有人进来，望着镜子说："是来征婚的吗？"没有回音，才扭头对田健说："没听见我问你吗？"

"听见了，可惜我不是来征婚的。"

"不征婚来婚介所做什么？"女子从头到脚打量田健。

"你开喜鹊婚介所时我去过，也征了婚，可你给我联系介绍的是个骗子，大骗子，骗了我几万元不见面了，我今天来向你打问她的下落去向。"

"哪个女子骗了你？"

"你先别问是哪个女子骗了我，我先要问你，我受骗后去婚介所找你，你的婚介所也搬家了，你说，你跟她是不是合伙骗人？"

"你别血口喷人！你不这样问，我还不生气，你这样问，我的气都不打一处来，你说，是哪一个骗了你！"

"听你口气，你的婚介所介绍的女子不是一个骗人，而是都在骗人，是不是？"

女子被问得无话好说，目光躲躲闪闪沉默了一阵，"骗你的是不是吕玲？"

"正是她！她如今在哪儿？"

"我要知道她在哪儿就好了。她骗了好几个人，人家告到派出所、民政局，让民政局把我的喜鹊婚介所查封了，弄得我跑了好少的路，说了好少的好话，花了好少的钱，才把这个婚介所审批下来。我的一肚子气没处倒去，正想着找她算账哩，你倒问起我来了，她骗了你多少钱？"

"五万。"

"你找她是想把骗走的钱追回来？"

田健答非所问："既然你的婚介所受她的牵连被查封了，你也应该找她才对，你说，怎么才能找到她？"

"我的电脑上存的她提供的一切相关资料全是假的。再说，那台电脑和里边存的资料全被民政局查封了，我不知道她的真实住址在哪儿，要知道，早找到她了。"

根据女子说话的语气神情，田健认为她与吕玲合伙骗人的可能性不大，但又不是一点可能性都没有。便把夹包放在桌上，拉开拉链，取出装硫酸的香水小瓶和洋娃娃，说："我看你今天去美容美发厅只洗了头发，没作美容。我不知你为啥没做美容，没钱还是没时间？不论是没钱还是没时间，作为女人看着别人美容自己不能美容，肯定是有遗憾的。为了消除你的这点遗憾，我给你做个美容的游戏,让你开开心。你开心了,就知道该不该把吕玲的地址告诉我了。"把洋娃娃仰放在桌上,在打开香水小瓶塞时,女子说:"我先打个电话。"伸手要提话筒,田健早有防备,站的位置刚好在电话机旁,狠劲压住女子的手说:"你要是沉不住气,我就先把你的手美容一下。"女子慌忙把手缩回去。田健小心拔出瓶塞,用沾着硫酸的瓶塞在洋娃娃脸上点了一下,粉嫩鲜美的洋娃娃脸颊顿时起泡,接着发赤发黑地冒起一股雾状气体,颊上立即显出一片焦黑的凹痕。田健望着女子说:"我这美容液是从地狱批发来的,专给那些只要脸不要心的女人服务的,你要不要试试?"

女子惊恐万状退到桌子一角,瑟瑟打颤,"你千万别胡来,我跟吕玲真得没一点关系。"

"我不想胡来,我只想知道吕玲的住址,只要你领我见到她,我的这点美容液就是她的了。"

女子望着小瓶想了一阵,说:"你得保证不是我把她的地址告诉你的,她有一帮黑道上的朋友,要知道是我通风报信,我就完了。"

"我保证,以我的人格保证,但前提是你必须提供她确切的住址。"

女子犹豫了一阵,"我带你去吧,可她在家不在家我就说不准。"

田健不再与她啰嗦,把小瓶捏在手里对女子说:"你老实,小瓶就老实;你要耍滑头,就休怪小瓶发脾气。"等女子锁了门,一同下楼,他清楚,乘公交车人多,给女子有机可乘,就招手叫了一辆出租车。

71

西苑是西宁市城西区以西城乡结合部新型社区,距西宁市中心十公里。六十年代支援三线从辽都迁来的钢铁厂曾为该地赢得了赫赫声威。进入新千年西宁市区扩建改造,钢铁厂占地千亩的福利区在城建统一规划改造下改头换面,成为西宁市西郊最具代表性的社区。上百栋建于七十年代初的砖混结构住宅楼，经过外墙改造粉饰，焕然排立在厂区东侧宽阔田野，配以四通八达的楼间甬道，美化环境的草坪花圃，中西合璧的凉亭游廊，俨然一副新型城市区苑的风貌。

在西苑Ａ区十一号楼，有三间被社区物业管理辟为娱乐室的房屋。征婚所女子在路上说，吕玲如果不出门，十有八九在这个娱乐室打麻将消磨时光。

去娱乐室门外打探的女子回到田健身边说："吕玲在里边。"

时值下午三点，小区内闲人众多，全是吕玲的左邻右舍及同厂熟人。如果吕玲发现寻上门来的竟是田健，会借助环境和熟人的帮助从他眼皮下逃脱。田健走近娱乐室，从往外飘散烟雾的窗户望进去，确定吕玲真在里边，退回到女子站立的地方，"她的家在哪儿？"

"十三号楼二单元五楼西头。"

"她家里还有什么人？"

"与她同居的那个人两年前去广州做生意再没回来，后来找没找别的男人，我可说不准。"

田健估计女子说得全是实话，"好，我相信你，没你的事了，你走吧。"

女子飞也似地走了。

田健站在十号楼东头荫凉地方，思谋下着棋的走法。按常规，单位、社区的娱乐室按社会作息时间运行，六点钟下班，打扑克搓麻将的准时散摊回家吃饭。如果这个娱乐室不例外，吕玲得迎合多数人习惯，是不会提前离开牌桌的。转出小区，见近旁有家小炒饭馆，进去选了临窗位子，要了两个下酒菜，一瓶白酒，消停吃喝起来。心想，即便吕玲在他吃喝的时段内离开牌桌走脱，还有明天和后天。知道了她的住址房号，确定了她还在西宁市，就用不着心急。在看守所，司机老张说了一句话对他很有启发：紧事要缓办。他得沉住气，要等待和利用最佳时机。

田健不紧不慢地吃菜喝酒，心里盘算，如果吕玲家还有别人，他该怎样做。半瓶酒下肚，看手表，五点十分，要了一碗酸汤面，滋滋味味地吃了，喝了两杯茶，抽了一支烟，付了账，缓步进入小区，先到十三号楼前，心里不禁暗喜，二单元的电子对讲门好像坏了，或者一楼的住户嫌白天人们出入频繁，对讲门时关时开震响得烦人，用一块砖头支在门框门扇之间，门半敞着。摸清了十三号楼前后环境道路，田健回到十一号楼头有草坪的地方，背朝娱乐室坐在花圃一侧的水泥条凳上，望着点缀在草坪中央的一溜金簪花和花朵间寻寻觅觅的蜜蜂，稳定开水一样在心窝滚溢的燥乱心情。

六点前，陆续有人走出娱乐室，说笑着分头离去。吕玲同一个女人出来时尖声争讲着牌运和手气，单独绕过楼侧草坪，往十三号楼走去。田健戴上墨镜尾随着，等她走入二单元门，田健扔掉烟头疾步跟进，听着一阶阶往上的脚步声，提高脚步上楼，果然在五楼止步。在吕玲打开门锁的瞬间箭步纵上五楼，连推带搡同吕玲进了房间，反手将门关死并用脊背顶住门扇。

突发的情况吓出吕玲惊悚的叫声，跳出去的同时回身，回身就怔住了。片刻，哆嗦着问道："怎么是你？你……你是怎么找到我的？"

田健不回答，只用目光向她发射愤怒。从她惊叫到稳住心神向他问话，房里没别的动静，这让田健迅速克服了紧张，盯住她望了足足五分钟，见她一动不动像吓懵了，才怪笑一下，"怎么这么快就把我忘掉了？"

田健的语气缓缓的，没有割人的锋芒，吕玲慌忙说："没忘，不可能把你忘掉，你……"你什么，她嗫嚅着。田健反手把门锁的保险纽拧死，说："你让我找得好苦，你大概认为我找不到你吧？"上前捏住她胳膊进入作为客房的大房间，"我应该坐哪儿？"

吕玲强笑着说："你随便，随便坐哪儿都成，我给你倒茶。"想进厨房却走进了卧室，跟进来的田健确定大间、卧室都没电话，立在门口对手足无措的吕玲说："你真不够意思，两个人谈得好好的，快如胶似漆了，你却一下子不露面了，你这不是在折磨人吗？"取烟，取打火机，点烟的工夫用眼角余光观察吕玲的神色。

田健平和中显露暗喜的神态，和缓又不无恳切的语气，让吕玲放松了一部分警觉，试探着问："你急着找我，一定是为了我借的那些钱而不是为了我吧？"

"钱？"田健冷笑一声，"钱算什么？是狗屁狗屎！我俩接触时间不长，可你应该看得出来，我田健是把钱上心的人吗？我在俱乐部一月挣两千多元，过年过节还有奖金红包，我不缺钱，干吗要把钱当作爷爷？"被自己这话惹得笑起来，"我是好不容易认识了你这个人，把你当成佛爷供在心里头，可你为了几个钱就不敢露面了，太不够意思了吧？"

吕玲装模作样这儿那儿抓摸几下，"我俩去大间说吧。"回到大间，让田健坐在木扶手简易沙发上，自己提小凳坐在对面哀哀地说："方芳拿着你借给我的钱去兰州进货，一星期不见回来，我才发现她事先已把店面和存货盘给别人，骗了你借我的五万远走高飞了。我找不到她的下落，追不回你借我的钱，没脸见你，她真把我害惨了。"掏出手绢抹着眼睛。

田健盯视着她，"不就五万么！骗去就骗去了，用得着这样？我俩的缘分可不是五万元能买下的，别自顾说话，该给我倒杯茶了。"田健越来越冷静，把一直夹在腋下的夹包放在身边的小方桌上。

从厨房端来茶杯的吕玲也显得平静了许多，在田健接杯时嗲着声气问："你真得不是为了钱才找我的？真得不为见不着我生我的气？"

田健指一下屋顶，"上帝作证，"坦荡地笑了一下，"钱是人身上的垢痂，有了人，什么没有？"

吕玲一下子扑爬在田健腿上，"你真是我的田哥。我怕你生气，不敢见你，可我日日夜夜想着你，都快想死我了。"把头塞进田健怀里，拱他的下巴，双手也满身抓摸起来，"你是怎么找到我的？"

"我对你真心诚意，感动了上帝，是上帝托梦告诉了你的住址。"田健推开吕玲发胶味强烈的头颅，搔几下被头发蹭得痒痒的下巴脖颈，"上帝还对我说，你跟一个男人同居过三年，他去广州做生意再没回来，我俩谈的时候，你没提过这件事，为什么？"

"我怕你知道我有过男人，就不要我了。"伸嘴在田健脸上响响地亲了一下，"你来了我真高兴，已经到了吃饭时间，家里没什么好东西，我俩去外边找一家饭馆，庆贺我俩再一次见面。"

瞅着吕玲蠕动的两片嘴皮，一股强烈的厌恶从田健心底升起，想挥掌把那两片肉皮搧裂搧肿搧成血肉模糊。"你怔什么？没听见我说的话吗？"吕玲娇嗔地嘟一下嘴唇，"我俩去外边吃饭吧？"

田健强制住要迸爆的火山，"我怕找不见你，来前吃过饭了，还喝了半斤酒，你没闻出酒味吗？"点烟狠狠地吸一口，仰脸呼出烟气，"找你找得我身心疲劳，见了你，浑身一点劲没有了，我得坐着休息会儿。"把望着顶棚的目光下移到对面低柜上的VCD上，"你放点轻音乐吧。"

吕玲狐疑着打开VCD，从抽屉寻找光碟，"喜欢听什么？"

"有没有任贤齐的'心太软'？"

"记得有，想不起在那张碟上，我找找看。"寻看光碟包装盒上的目录，"怎么想起要听这一首？"

"心太软到底是好事还是坏事？"田健突兀地问道。

吕玲小心地审度田健的表情，把有"心太软"的光碟放进VCD，首段是刘德华的"忘情水"。

风送桃花雨似的温情漫流起来。

田健恶狠狠地说："VCD有选择键吧？只放'心太软'。"

吕玲取出光碟看了顺序号，放入碟匣，按下选择键和序号，暂短的空静后任贤齐唱了起来：

你总是心太软，心太软，

独自一个人流泪到天亮，

你无怨无悔地爱着那个人，

我知道你根本没有那么坚强。

你总是心太软，心太软，

把所有问题都自己扛，

相爱总是简单，相处太难，

不是你的就别再勉强。

……

哦，算了吧，
就这样忘了吧，
再想也没有用，莎莎，
他也不会回来。

……

田健盯住 VCD 闪跳的指示灯半痴半呆地听着，长长的烟灰掉在腿上也没知觉。吕玲判断田健听这支歌的用意，半是欣慰半是疑惧。田健像忘了她的存在，脸色透出生铁般凝重的冷硬。以他说话的语气，像是真心寻找她，没有追究什么的意思，可她又打不消本能的恐惧。想找借口出去打个电话，叫来几人以防不测，又担心这样做，会再次伤害真心为爱而来的田健。矛盾之间，一遍'心太软'唱完了，不禁讨好地问："再放一遍吧？"

"放，连续放。"田健弹出烟头，掸掉腿面上的烟灰，"你过来！"把吕玲揽进怀里，"我好不容易找到你，再不想白白错过这样的好机会，我要搞你！"

吕玲被这突兀的要求或者是声明吓得哆嗦起来，"嗯……我这两天不方便，"躲开田健解剖刀似的目光，"来了例假。"

"我不管！上次我俩在顾老太家处理旧家具，你想与我做爱，我觉得没有思想准备，又在别人家里。我后悔那天心太软了，要是那天我把你×了，你就不会这样对待我。"

吕玲的恐惧被田健嘴里蹦出来的一个×字吓出了惊悚的颤栗，"别别，我们来了例假是不能……等几天吧，例假干了我一定叫你……"

田健猛力推开吕玲，使她倒坐在他脚前，"撒谎是不是？"挥手制止吕玲的解释，"这样吧，我们听上帝的，我当时去婚介所见你，是从报纸上好多条征婚广告中占卜选中你再去的。今天我再占卜一下，看命运怎样安排。"从兜里摸出一枚一元硬币，"正面我俩做，反面不做，你抛还是我抛？"手掌伸在吕玲眼前。

吕玲惊恐万分又无可奈何，"你抛吧。"

田健把硬币抛上虚空，不接，任它掉落在地滚了几圈静止在小方桌腿边，田健伏身看一眼，"哈！上帝要我俩做，走，到卧室去。"上前拧大 VCD 音量，捏死吕玲胳膊拖拉进卧室，推倒在床沿，"脱！脱衣服！"

吕玲蜷成一团惊惧凄怆地哀求起来："田哥，我求你了，我求你了。"

"求也没用。你已经有过男人，又不是头一次，快脱！"心里给自己命令：如果真来着月经，冲着她的这点实话，放她一马。

你这样痴情到底累不累，
明知他不会来安慰你……

不脱难过这一关，吕玲心一横坐起来，解裤带，把外裤连同内裤一齐推到膝盖部位，哀哀地说："这样可以吧？"

田健看清她内裤里没有女人来例假用的东西，怪笑一下："我知道你又在骗我，"狮子一样吼了一声，"脱！脱光！"

吕玲哆嗦着脱了皮鞋，把裤子退到脚踝处，田健一掌推她仰倒床上，几下撕脱缠裹住腿脚的裤子，扔开，盯住生平第一次见到的成年女子的阴户，一阵莫名的紧张快感让他大抖大颤起来，疯魔般解开裤带把裤子退在膝盖下面，立在床沿前分开她的两条大腿，把那肉肉的一团拉到齐床沿位置，顿时，原始的野性和魔力在恣肆的冲击下飚升和暴涨……

你总是心太软，心太软……

"你弄疼我了，"吕玲啜泣起来。

"你还知道疼？"更加凶猛地用力，吕玲哭喊起来，"田哥，你饶了我吧，我一定把钱还给你，一定。"

"晚了！钱你能还，我的信任你能还吗？我的尊严你能还吗？"问一声冲击一下，把床板摇撞得吱咕乱响，脑子里，徐老板轻蔑的目光，罗俊男兴灾乐祸的面孔，手铐和监房铁窗冷硬的金属光泽叠印在一起刮刺着他的灵魂。

"田……哥……"吕玲被惊惧哀疼绝望压榨得五官变位，失声嚎叫："求……你饶了……我……再不敢……骗你了。"

"晚了！"田健咬牙切齿，"我之前你骗了几个男人？"

心太软，心太软，……你总该为自己想想未来……

放成最大音量的歌声填充着无声的空档，遮盖着撕心裂肺的哭嚎声。

"没……呵呵疼死我了，三个……"

"这么说我是第四个了？"田健加力冲击起来，"我在为被你骗的男人们报仇，让你骗！让你骗！"一个骗字冲击一下。

"再……不敢……"吕玲声音越来越小，浑身开始痉挛。

田健停止动作，让愤恨灌成铁棍一样的尘根留在她的体内，"我俩刚认识我就对你说过，我脾气不好，惹急了还会杀人。"

吕玲湿肿了的眼睛顿时瞪得溜圆，嘶哑地哀告："别……别……"

田健伏身掐住吕玲的脖子，渐渐用力，直到被泪水淋得变形的那张面孔胀成青紫不再出气，痉挛的身子停止悸颤一动不动，他才把尘根抽出来，穿好裤子坐在床沿，望着那具灵魂出窍的身子，极度紧张而疯魔的情绪渐渐松弛下来。到外间抽一支烟，拿起夹包立在门内听听动静，开门带死房门，下楼出了单元门，匆匆到马路边拦了一辆出租车。

"去哪儿？"司机是个长络腮胡的中年人。

"随便。"

"随便在哪儿？我跑车十几年，没听过有这样一个地点。"调侃的语气。

"哪……哪儿安静拉我去哪儿。"

司机应一声，车子汇入鱼贯的车流。

片时，出租车驶过一座小桥，又从一座巍立的庙宇山门前经过，停在一个花饰流俗的铁栅栏门前。田健因心身极度空洞疲惫而昏懵的头脑在停车的一刹那清醒了一下，如同被灰尘蒙蔽的水面在晃动时出现的一条透明的裂缝，"这儿是什么地方？"

"土楼山下，刚刚经过的是土楼观的山门。"

"怎么开到这里来了？"田健有了梦幻的感觉。

"你不是要我把你拉到安静的地方吗？山底下的茶园是城里最安静的地方。眼前这个茶园，绕过这个茶园还有几个，都是周末年轻人们喜欢来的地方。都有小包间，包间里有炕，打麻将会情人绝对是好地方。"

"谁要你多嘴！"田健从钱夹取出二十元，从安装在司机座位边的隔离栏上塞给司机，推车门下车，司机也下了车说："你有五块没有？"

"你咋这么啰嗦！不是给你二十元吗？"

"车费十五元，你要有五块，我找你十块整的，我手里没零钱。"

田健极不耐烦地摆手："走吧走吧！"

司机紧忙钻进车里，调头开走了。

田健在原地呆立着，暮色已从青灰的天穹徐徐罩下来，远远近近性急的灯火相互眨着眼睛，水渠岸边高大的树木被暮霭压得昏昏欲睡，用阴郁的倒影戏弄着一闪一闪的渠水。一列牵引着油罐和装载着圆木的列车铿铿锵锵地从高速公路后边驶过，使得高速路上滑过的小轿车变成了幽灵的玩具……扫视这些熟悉又变化多端的生活景象，田健翻江倒海般狂起狂落的心绪把苦涩的胆汁泡沫般扩溢开来。他打开夹包，把橡皮洋娃娃和装硫酸的香水瓶扔进水渠，转身仰望暮色里愈加沉默的土楼山粗砺的山体，不由自主向土楼观山门走去。登上粗砺的花岗岩石阶，走过有王灵官神龛的山门，那阵阵的香烛气味开始洗涤他的感觉和肺腑。他在寺内清扫得纤尘不染的青砖地上来回踱了几圈，被殿宇飞檐滴落的一声半声铁马清音惹得悲怨塞心，酸气噎喉。身不由己上几级水泥抹光的台阶，从另一座殿宇前面走过，正对殿门的铸铁大香炉里，几束残香还在袅袅吐烟，被烛泪糊得污浊不堪的烛架上，几段被风吹熄的红烛歪着身子。以往，他看见人们上香磕头就反感，认为给那些泥捏的呆像磕头燃香毫无道理。此刻，却有了伏身倒地磕头忏悔的强烈念头。他想从那些悬门抱柱的巨匾楹联上寻觅点启示，视线却被紊乱了的思绪撕扯得难以集中。索性离开殿宇，转下几级石阶，走入殿侧的游廊。游廊里毫无人气，只有几段供人歇足的凳式栏杆。田健背朝山下灯火阑珊的城区，面朝游廊的内墙坐下来，五楹的游廊内墙上全是壁画，正中上方有一块写画上去的匾额，上面四个大字：你来了吗？心里一动，泥浆一样混浊的思绪像注了适量的矾水，一下子澄清透明起来，许多久远的往事趁机一桩桩浮上心头，其中一件事尤其显得清晰。有一天，爱看书的田强拿一本杂志，啧啧称赞上面发表的一篇文章，标题是："你来了吗？"写的就是土楼山土楼观城隍殿的事情。正好在家的二爸看了，说这篇文章写得好，好就好在采用了实际不存在，却被西宁市居民们敬畏的城隍的视觉，用你来了吗的质问语气，对不同身份不同地位，揣着不同目的进庙烧香人的内心活动发出质询。听二爸赞不绝口，他出于好奇心读了那篇文章，内容大多记不住了，只记得文章最后写了两个盲人的对话。这两个乞讨盲人早年都去过城内的城隍庙，而且知道庙内有两块西宁市妇孺皆知的具有哲理的好匾。一面匾上写着"你来了吗"，另一面匾上写着"天理良心"。后来听爷爷说，五八年破除迷信城隍庙被拆毁。改革开放初期，市里信奉道教儒教的信士在土楼山给城隍爷修了大殿，香火再次旺盛起来，这游廊壁画上方的这块"你来了吗"的匾文，大约就是那时候画写上的。

　　田健的目光被记忆牵引着在壁画上移动，画面由一群一群人物组成，有牛头马面青面獠牙的凶神恶鬼，有他们施刑的各种刑具和刑场，刀山、火海、油锅、石碾、分身、挖眼割舌抽肠扒肚……血淋淋阴森森。田健的思维再次紊乱了，被痛苦绝望搅碎的记忆里，浮现的总是他在光碟上看到的东北二王、首都白宝山被追捕以及他们逃亡路上苦苦挣扎和惊恐万状的情景，耳边总是响着美容美发厅隔壁小店店主的那些话语。这些图景这些话语又在他心里掀起一阵狂浪，自觉要被这强暴的浪涛拍打颠簸得粉身碎骨。当这狂浪被他努力抵御退去平息以后，他掏出手机打了一个电话。

一个岁数与田健相当的道士无声无息出现在田健身边："这位施主，天黑了，寺门要关了，请施主回去吧。"

田健把游移的目光投在道士身上，白净面皮，五官清俊的道士穿着灰色斜襟宽领道袍，头上黑缎纯阳冠，脚上元青圆口布鞋、高腰白布净袜，若即若离地立在眼前。田健鼻孔酸酸地说："我已经打了电话，很快有人来接我。"

道士退隐了，田健呆坐着。十几分钟后，两辆警灯乱闪警笛狂鸣的警车开到山门外，第一辆车里跳出的展望和三个警官飞身进入山门。

72

鞭炮再一次炸响，是那团卷成盘，小炮夹带粗炮数千头的炮串，噼噼啪啪爆出火炮一样的轰隆声，震得窗户玻璃巴啦啦颤响。坐在窗边的田成功隔窗望下去，前排楼下，几个穿戴新潮的年轻人退躲在单元门内，观看火星迸溅烟雾喷冒的炮串跳窜着甩出红白细碎的纸屑，相互说笑着让烟。楼侧一辆贴着大红喜字的大巴车正徐缓调头，显然是来接赴宴的喜客。田成功即恼火又无奈，似乎老天爷故意要让田家人多受些煎熬，把家属院里的三宗喜事全部集中在今日，从凌晨五点一阵一阵地放炮，又一阵一阵把别人家的欢声笑语送上楼来，给田家人往外渗血的心上一把一把地洒盐。这再一次的鞭炮声……不及田成功的担忧从心底跳出来，被孟慧、田成凤好不容易劝住的孙雅萍又撕发抓脸地嚎哭起来，一直垂头不语的田成才也猛地跳起身，"这些狗日的们，不是成心看我们的笑话吗！"要打开窗户朝楼下放炮的人们叫骂，被田成功拉住，"你是嫌家里人颇烦得还不够，又想寻瞎气吗？！"

田成才对老大鼓起眼仁，"不骂一顿，他们的炮就放不完。"扫一眼哭嚎的孙雅萍，意思是不止住放鞭炮，就劝不住孙雅萍歇斯底里的发作。

田成功望着兄弟灰灰的脸色,"人家们办喜事放炮是该着的,我们凭什么要骂人家?还嫌事儿少吗!等接走吃席的,再不会放炮了。"给田成凤、孟慧示意,快把孙雅萍劝住,别再发疯似折磨自己。

田成才退坐在方凳上,垂头抹泪。孟慧、田成凤边劝边陪着孙雅萍掉眼泪。田成功、田成业静坐着,不时交换眼色,怎么办?到底有没有办法?

哭得声嘶气哑的孙雅萍渐渐收往悲声,哽咽着对孟慧说:"今日院里娶媳妇的小虞、小龚都是与田健从小耍大的,大一岁小一岁的同学。大前天,小龚在院里对我说,他要娶媳妇了,到日子邀我和田健吃席去。我说我一定去给你恭喜。你们说,人家一个一个结婚成家了,我们的田健……"噎了几下,又嚎喊起来:"我的天哦!我上辈子造了什么孽?叫我这辈子这么命苦!"拍腿抓脸地嚎啕大哭。孟慧、田成凤左右死抓住她的胳膊,防止抓破自己脸面,半悲半恼地求告她安静。

随着孙雅萍再次疲顿地收敛悲声,房里恢复了压迫人的寂静。兄弟三人都垂首望着脚前地面,长一声短一声地叹气。从昨日下午接到派出所通知:田健犯强奸杀人罪已被捕入狱,兄弟两个就聚在这里陪守着老三两口,防止孙雅萍在极度的绝望中精神崩溃。劝了一夜,陪坐了一夜,一个个疲惫不堪,却还得坚持。田成功用拳头顶住隐隐作疼的心口窝,借口解手,在厕所内干吞下几粒丹参滴丸。下意识里他们知道,田健第二次入狱,又是强奸杀人的重罪,没救了。可谁也不能把这种话明说出来。经过反反复复比上比下比前比后的劝慰、暗示,田成才有了接受这个事实的心理准备,可孙雅萍总是反复发作。这种时刻,轻话重话都难说,几个人只好沉默,长吁短叹。

有人敲门,田成业疑惑着打开房门,一个三十多岁白胖的中年人走进来,发现房里气氛不对,立在门口说:"我是康庄,田健的朋友,五月份田健向我借了一万元钱,说好二个月内还我,近日我买房子急需要钱,又找不到田健,只好来你们家里,田健他在家吗?"装模作样探看几眼。

田家弟兄们对望一眼,田成才说:"田健又被抓进去了,你去监狱里寻他吧。"

"不可能！上星期我坐公共车见他在路边抽烟哩，怎么好端端地又进去了？犯了啥事？"眉眼间分明是佯装不知的虚假，"真要抓进去了，他借我的一万你们得还我，我买了一套房子，首付十万，一两天内就得……"

田成才火火地截断康庄的话："我们不知道田健为啥借了你的钱。即便借了，也是田健借的，你往我们要钱是没道理的。"

康庄也火火地说："大叔你这样说就不对，田健是你儿子，我要钱找不见他，既然你们说他被抓进去了，这钱就得你们还，我不跟你们要跟谁要？"

田成才噎得说不上话来，田成业上前平和地问道："田健向你借那么多钱说没说要做什么？"

"没说！只说急着要用，再三求我，发誓三个月内还清，我就借给他了。事后听另一个朋友说，他谈恋爱被女方骗走了五万，五万是俱乐部的公款，不及时补还，要丢掉工作的。"

田成业回头与田成功、田成才交换眼色，原来如此！却不知该怎样打发这个不速之客。康庄见他们呆怔着，又催了一句，田成业说："田健借钱打了借条吧？你把借条拿出来我们看看。"心想，别是趁着田健被抓来诈骗的。

"我跟田健是你不吃我不喝的朋友，口头约定三个月还清，没写借据。"

不及田成业回话，田成才硬腔硬调地说："这就不好办了。你说你是田健的朋友，我们咋不知道田健有你这样一个朋友？既然是你不吃我不喝的朋友，田健如今落在难里了，就不该这时候要田健还账，又拿不出借条。现在社会复杂，动不动上门行骗……"

"你是咋说话的？"康庄虎虎地瞪住田成才，"儿子借了钱不还，还说我是……"

话又被田成才顶断，"反正钱不是我们借的，我们还不下！你去看守所向田健要吧，他背着我们借……"

眼见康庄脸上透出恶气，田成功上前和气地说："你别生气。田健犯事了，我们家里都乱套了，这种时候你来要钱，又没有什么凭据。既然你是田健的好朋友，看在田健落难的份上，缓几天吧。我们估摸过几天要让我们见见田健的，到时候我们跟田健对一下，真借了你的，我们砸锅卖铁也要还给你。"

康庄见田成功态度友善，语气恳切，嘟囔了几句，走了。田家兄弟呆坐着，听凭墙上挂钟的秒针小锤一样一下一下敲打他们被怨怅胀得发疼的心脏。田成功吃药缓解了的心疼又隐隐地发作起来。"不要紧吧？"孟慧从大伯鼓突的眉头看出了他的痛苦。

田成功苦涩地笑一下，"不要紧，就有点闷。"他不想给大家增添压力。

许久，田成才抬头，"老大，你说呵，我们该咋办？总得想个办法吧？"

"我心里跟你们一样乱，能说啥？"指一下放在窗台上的玻璃杯，田成凤上来添茶，喝一口润润干涩的喉咙，说："事到如今，能有什么办法？健健犯的是重罪，弄不好……可健健是自首的，政策上对自首的要从宽处理，我们能抓的就这一点。"他只能做这样的预料，可事态如何发展，谁也说不清。此刻把话说得太死，现象上可以暂时宽慰老三两口，实际还是在蒙哄他俩。便给田成业递眼色，让他好歹说上几句，不能老是装聋作哑不出声。

田成业想说的话不能说，只好绕着弯儿来："我的意思是健健刚抓进去，离检察院起诉、法院判决还远着哩，我们得沉住气，不能先把个家摔跨成半个人。等一段日子，把消息打听清楚，再想办法。怪只怪我们的后人太任性太要强，遇事只想着个家，全不把娘老子放在心里掂量掂量，这样的后人……"佯装尿憋去了厕所，听凭别人如何收尾。

又是挂钟的秒针一下一下戳着大家的心。

都无话好说，田成才忍不住说："健健从看守所出来已经变了，整天黑着脸不说话，我就疑心他心里盘算着什么，问他，啥也不说，我们当娘老子的又能怎样？怕他一时找不上工作上火，我俩硬拉着他厚着脸皮求那个顾老太太。我们当娘老子的，还能怎么做？多亏你们从昨天后响到现在守着我们，叫我们心里还有些指靠的东西。现在我也想通了，儿子背着娘老子非要这样做，也是他命里该遭的。把我们的心气死、疼烂，老天爷定下的命也改不过来。大哥二哥二嫂娘娘你们先回吧，都有了岁数，陪我们熬了一夜，再这样干熬着也不是事儿。等过些日子，听见准信儿，再叫你们过来商量吧。"田成才这些话实际上是说给孙雅萍的,也一直瞅着孙雅萍。见孙雅萍安静听他说话,知道她心里已经平定,只是脸面上下不来,就问孙雅萍:"你是想叫娘娘、二嫂留下来,还是先叫她们回去?"

孙雅萍长叹一声要说话,电话铃响了,急迫迫的声音。坐在就近的孟慧伸手要提话筒,田成才慌忙制止道:"别接,准是田健那些狗屁朋友,听说田健抓进去了,要账的。"

孟慧缩回手,电话铃停了,房里一下子空静得只剩下耳膜上的嗡嗡回音。几个人望着孙雅萍等她说话,电话铃又气急败坏地响起来。田成业上前提起话筒,听见的是嫩嫩的童音:"奶奶,我想你了。"怔一下,反应过来是孙子军军,把话筒交给孙雅萍,"军军打来的。"

原来,军军在姥姥家玩了一周,想来奶奶身边玩几天,要奶奶去姥姥家接他。

孙雅萍怕与孙子说话忍不住哭起来,慌忙说几句挂了电话。田健被抓的事,他们还没告诉别人,包括田强两口。要不要军军过来,得商量一下。

"心里乱得啥似的,先让军军在姥姥家耍着,过来干什么?"田成才恶狠狠地说,"儿子都靠不住,还对孙子指望什么?"

"叫过来吧,有军军在眼前,你们两个心里不慌。"田成功的主张其实就是其余人的主张。于是都望着孙雅萍,等她表态。孙雅萍用小指甲抠着肿胀发痒的眼皮,"你们都回吧,我养下的儿子不好,拖累亲戚受烦恼受煎熬。这样没天良的后人,我们白养了一场,白疼了一场,只怪我们命不好。他闯下的祸,由他个家顶去,叫王法治去!只当我没养这么一个儿子。"哽咽着理一下散乱的头发,"熬了一夜,大哥的脸色也变了,快回去缓吧,我也想睡一会儿。"

几个人起身告辞。田成功脱下拖鞋把脚认进皮鞋突然想起一件事,直身说:"还有一件事,昨晚来了就想说,心里乱麻麻地忘掉了。这会儿才猛乍乍想起来了。浙江老板把今年租房的租金全给了,一个月四百元,总共四千八百元。我的意思是,明年开春要给阿大过八十大寿,到时候还得收大家的钱，不如把这钱留着，大寿上搅用。现在又出了田健的事，需要托人情找关系，都得花钱。这钱不用在阿大身上也要花在田健身上，不分成不成？"把另一只脚认进皮鞋。

"成！成！"田成业边系鞋带边说，"真要托人情找关系，四千八百算个啥，四万八千也不见得够用。先由老大拿着，到时候派什么用场，走着看吧。"

田成才瞪住田成业想说什么却没说出来，孙雅萍双手捂脸又啜泣起来。

田成功指定田成凤留下来别走，其他人告辞出来，在楼下分手。等田成功走远，孟慧对男人说："你刚才说的是啥话！眼看老三两口脸上挂不住，你说那样的话合适吗？"

"我不那样说怎么说？事情是秃子头上的虱，明摆着的。依老大的意思，还想着花钱打通关节。这个关节谁敢开通？强奸杀人犯，又在缓刑期间，花钱送礼求人，只会落个人财两空。我不那样说，日后还要抱怨我没有劝阻。"

男人说得在理，孟慧也就不再吭声。

田成功从老三家出来，一夜没合眼，腰背酸困可以不管，心脏不舒坦却不能大意。缓解的唯一良方是回家蒙头大睡一场。路过鸿运食府门口，站下来犹豫着该不该进去看看。自食府开张，他极少进食府的门。一来，如今是正儿八经的餐饮生意，人马齐全，没有他可以插手的事儿。二来，一进食府，儿子就要招呼厨房特意给他弄两样饭菜让他吃。这几年胃口大不如前，吃吧，消受不下；不吃吧，要辜负儿子一片孝心。最好的办法是少来或者干脆不来。可十天半月不见儿子的面，想看看儿子瘦了还是胖了，还得等儿子回家来。儿子却总是忙得回不了家。有几次半夜回来，早上他又不忍心把儿子叫醒，在门缝里看看儿子睡得死沉死沉的样儿，心里老大不忍。今天趁路过进去看看儿子，关键是把田健的事告诉他，让他心理有个准备。

让过迎面拥过来的十几个黝黑的藏族牧民，田成功迈上食府门前用彩色大理石碎料拼铺的地坪，被人从侧面揪了一下，扭头，刘方笑容可掬站在身边。虽然同在一条街上，如不刻意寻访，平时难得见上一次。偶尔相遇，两人都高兴。

"刘老师的生意好吧？"

"好啥！快要把尕锅吊在梁上了。"刘方笑着说。

话是玩笑着说的，田成功却相信刘方说的是实话。好的是刘方天生心大，别说一时半会的困难，就是年往年的对付，从不愁眉苦脸哀声叹气。田成功对刘方旷达的秉性既欣赏又敬服，"那，今日这是？"

"修鞋的老朱昨日下午来铺子里求我帮他个忙。我说我一个穷卖字的，能帮你什么忙？他说他儿子大学毕业回来工作，带回来在学校找下的对象。儿子怕媳妇知道他是个修鞋匠，不让他再出摊修鞋，说他两口挣工资养活老两口绰绰有余。起头，儿子隔三岔五给他和老伴几块吃嘴的零钱，年头节下提半条羊腿几斤水果上门。到今年下半年，不知啥地方慢待了儿媳妇，儿子回家总是吊着脸，言来语去嫌老两口闲坐家里靠儿子养活，让他们活得太累。说别的同他们一样挣工资的，三天两头买时装，做美容，可他们吃一顿麻辣烫还得计划着。老两口听了儿子这些话，心里放不住，心想不缺胳膊不缺腿，好歹还有点手艺，干么要看儿子媳妇的脸色？想把修鞋摊摆起来。可地方被别人占了。叫我陪他去给工商所长和城管上的求求情，把那块地方重新划给他修鞋，约好今天去找官所长。"

"哦，这可是要紧事，你快去，我俩闲了再喧。"目送刘方急急地走开，心里替老朱不平起来。修鞋供儿子女儿上大学，原以为十分得意荣耀的事儿，却落了个女儿病亡，儿子顺着媳妇多嫌起娘老子。真正是娘老子的心在儿女上，儿女心在石头上。联想到田健闯下的大祸，又是撕扯娘老子心肝的事儿，心里不禁涌起一股沉重的悲怨，心区又隐隐地疼痛起来。

时当早饭后午饭前，窗明几净的食府一楼厅堂没有一名顾客。服务生们肃立岗位，在厅堂吊灯下恭候顾客到来。后窗户透进的几束阳光，斜斜地照亮几张圆桌的边缘和椅背椅腿，把它们变形了的影子映在亮晃晃的奶油色隐花防滑陶瓷地板砖上。穿着不合身玫红旗袍的门迎同一位瓜子脸的女服务员把田成功迎进厅堂，问他要什么饭菜。田成功笑说："我来给儿子说事的。"落座人家又得上茶，就站着问："田壮在不在？"据他知道，食府开张起，赵娟被分派在柜台收款，可此刻柜台里站着的却是另一个俊秀的姑娘，不禁又问一句:"柜台上换人了?"

服务生耸肩摊手摇摇头。

柜台里的姑娘说:"田哥去银行了,你坐下等会儿。"

田成功哦了一声,觉得在厅堂孤零零坐等,会给服务生添忙。转身要出门,被立放在柜台一角的青花大瓷瓶吸引,上前细看。大瓷瓶瓶肩与柜台等高,水缸一样粗细的瓶身上,全是亭台楼阁车马人物的图纹。最抢眼的是拴在瓶颈上的朱红色绸带,红灼灼地与青花纹瓷瓶不甚搭配。纳闷儿子为何没把这红艳的绸带取了,留着抹杀瓶子的素雅。用手指挑起绸带观看被绸带遮盖了的图纹,无意中看到写在绸带上的高洁梅三个字,顿时明白,这是高洁梅恭贺食府开张的贺礼,儿子把它摆放在迎门最显眼的地方,还舍不得拿掉写着高洁梅名字的绸带,心里顿时胀满了莫名的别扭。

走出食府踱到街边,耳濡目染嚣繁的市声市景,心里暗自判断田壮因何把赵娟换出了柜台。听田壮口气,赵娟是他与邱慧敏离婚后最上眼的一个姑娘。他也看到了赵娟的机灵勤快,有心成全两人好事。碍着田壮是离了婚的,赵娟却是没出阁的姑娘,娘家又在乡下,没敢把自己的心事表明。刚才他问起柜台为何换人,服务生耸肩摊手的动作,好像知道什么又不便说,给他别扭着的心里又压上了一个生铁秤砣。

来去转悠,发现食府右侧十米远的那个墙角夹道,居然装了一副简易门框,一侧敞着,一侧隔成几段装了玻璃,门顶挂了一块长方形白漆牌子,写着"一元擦鞋店"五个红字。好奇着走近,看清里边一溜摆了三副擦鞋工具,两男一女坐着马扎吱吱咯咯地笑着,互相打手势比划着什么,看样子像是三个哑巴,好奇中又多了些感慨。如今的社会真是大变了,让他这辈人处处事事都觉得跟不上趟儿。

"阿大,你站在这儿看啥哩!"儿子的声音把田成功从深思中唤醒,情不自禁先问了一句:"这擦鞋店是啥人开的?怎么是几个哑巴?"

田壮扶住父亲,边走边说:"给你说你也不信,是街上卖报的那个小家伙开的,就是八号院那个姓尤的中学生,如今不上学了,卖报纸,兼开一元擦鞋店。"

意外的答案让田成功头脑里又出现了一片空白。

跟儿子到二楼办公室，等儿子叫来吩咐的服务生出去后，田成功忍不住问道："赵娟呢？怎么不见赵娟在柜台里？"

"赵娟去那边卖月饼了。"

"怎么叫她去卖月饼？不是定在柜台收款吗？"

"她想去卖月饼，我有啥办法？"

听田壮极其勉强地回答，意识到其中必有原因，"两个人闹矛盾了？"

田壮点烟，吸着，盯着端来茶杯的服务生，直把她盯出门去，才说："上星期邱慧敏猛乍乍地来了，我把邱慧敏叫到办公室说了一阵话，送走邱慧敏，赵娟就变脸变色地冲我耍脾气。我说了她几句，她哭着要去那边卖月饼，说不在食府里干，眼不见为净。我气头上把她换掉了。"

"邱慧敏猛乍乍地做啥来了？"

"谁知道！大概知道我开了食府，认为我有钱了吧。"

"怪你！轻飘飘地把她叫到办公室干什么？与她还有啥话好说？当初嫌你是个食堂炊事员挣得钱少，跟上人跑掉了，全不顾夫妻情份，如今有啥脸来见你！？你不把她赶走却要叫进办公室说话，别说赵娟，就是我也想不通！"

田壮阴阳怪气地笑一下。

"赵娟见你与前头的婆娘钻进办公室说话，心里挂不住，发点脾气也是该着的。"

"该什么该？我又没明确表示要跟她谈对象，她没道理吃这个醋。我只想摸清邱慧敏此来有什么用意，并没打算与她重归于好。赵娟变脸变色的，好像我们已经成了两口儿。这般小心眼的女人，不给她点颜色看，会惯出毛病的。"

田成功凝视儿子红润的面孔，明显发福而发达起来的肩背，心想，都说人一有钱就要变，儿子挣多少钱他不清楚，可眼前的儿子好像已经变了，变得口气大得让他听不惯。不由地说："我认为赵娟这姑娘……"

"我俩别说这个了。"田壮显出几分不耐烦,"今日你来,是不是为了田健的事?"

"你知道了?"

"报纸上都登了,谁不知道!"

"报上咋登的?"

"派出所是如何在短时间内侦破案件,主要是说公安局破案及时。"

"写没写田健是自首的?"

"写了。"

"那……"田成功胸闷气短地叹出一口虚气,"你爷爷虽说不识字不看报,可整天跟他在一起的老汉们有识字看报的,会不会告诉你爷儿?"心像被人捏了一下,一紧一松间就隐疼起来,"昨晚我跟你二爸三爸商量,这事先别给爷爷说,爷爷在孙子伙里最疼田健,要是爷爷知道了咋办?"

"这事报上一登出来,全西宁市传红了,我早上去银行,存钱取钱的人都在谈论这件事,瞒是瞒不住的,瞒过初一还能瞒过十五?不如早点告诉爷儿,长疼不如短疼,叫爷儿心理上有个准备,比将后猛乍乍知道的好。"见父亲忧凄地望着自己,清楚父亲担心爷爷知道消息和后果后会承受不住,又说:"就说田健是自首的,自首会得到从宽处理,让爷爷心里有个希望。等爷爷个家把事情的好歹想透。真要想不透,到时候再说吧。"

儿子说得不无道理,田成功只好默许,真是好事不出门,坏事一溜风。民生街田家人的脸这一次算是丢到底了。父子俩眼对眼沉默一阵,田成功说:"我们得想办法多准备些钱放在手头,把该跑的门路都跑一跑,要能把田健搭救下来,花掉几万也是值得的。"

田壮欲说不说地犹豫了好一会才说:"跑也是白跑。顶多给三爸三婶做做样子,可我们心里得有个数儿。田健缓刑期间再次犯案,又是强奸杀人罪,加上上次的偷盗藏匿枪支罪,恐怕自首也免不了死罪。"见父亲双手抓捏膝盖唉声叹气巴望着自己,又说:"我不是不想管这事,实在是不好管,也管不出啥结果的。"

"……嗯……"田成功字斟句酌地说，"今日就我父子俩人，关起门来说句掏心窝的话，哪怕是做样子也得做一做，别让心里留下补不起的遗憾。跑一跑，该花的钱花一花，救不下他的命，将后我们对爷爷也好说。"心情愈发烦乱起来，双手挤按憋闷隐疼的心区，同田壮下楼，出门前停步指着青花大瓷瓶质问儿子："你怎么还和高洁梅粘缠着？"

田壮笑了，"好手不打上门客，人家送来的贺礼，总不能扔掉吧？"

"那也不能把她的名字还显朗朗地挂在上头舍不得取掉！给我把上面的红绸带取掉！"

"好好好！我让服务员取掉就是了。"田壮扶住父亲胳膊向门口用力，田成功挣开他的扶持，"又不是什么费劲的事，非得让服务员取？你现在就把它取掉！"

田壮望一下父亲疲惫不堪的神色，上去解下瓶颈上的绸带，团在手里，把父亲送出食府门，望着父亲蹒跚而去的背影，把团在手里的绸带塞进了裤兜。

73

早年，座落西宁市南郊以远十公里地方的新添堡，归属湟中县管辖，纯农业社队。从新添堡村口至市中心大十字，步行一小时。妇孺扶老携幼，少说得走两个时辰。那时节村里年轻人进城采买农具日用杂品，多骑自行车。不会骑车又懒得在沙石路上高一脚低一脚吸纳飞尘的，进城得搭乘从湟中县下行的班车。通常是车在始发站满员，沿途又塞挤一些乘客，在村口等候乘车，往往是误了时间又不得成行。后来，砂石路取直拓宽成为沥青路又通了公交车，起先一小时一趟，后来半小时，再后来十分钟一趟，新添堡也划归西宁市城南区管辖，种植培育蔬菜为主业。接着，村民们赖以生存的大片土地被政府或商家征用，四车道的水泥大道替代了沥青路面，有四路公交车在村口设了停靠站点。

田成业、孟慧搭乘公交车来到新添堡，在村口下车，沿硬化村路深入，几个碰面的年轻人都说不清方之新的家在村内哪个位置。到村中心，一个发动摩托车的成年人给田成业指点方向："往东走到丁字巷口拐向北，走五十米远近，左侧那个前门面全封闭的三层小楼就是方之新的家。"

两人顺着指点的路径左拐右转走过两条村巷，看见了红砖砌成的院墙和气派的大门。院墙内是用铝合金门窗封闭门面的三层楼房，红砖院墙比邻近两个院墙高出尺许，水泥砖缝抹得均匀细致。朝东的大门，咖啡色釉面瓷砖包砌的门柱，同色釉面瓷瓦的歇山式门顶。两尺宽的门柱上，凹进一寸的柱心嵌着彩釉烧瓷的对联：春风惠我财源茂，旭日临门人寿康。门楣是：年年有余。杏黄色油漆的杂木门框门扇结实厚重，一对金属兽头衔环被斜射的阳光强调出凹凸的光影效果，虎视眈眈威严傲慢。田成业夫妇走近门口，院里有铁绳在地上拖拉出的呛啷声响，而后是两声凶凶的狗吠，听声音，是那种双耳尖立，脊梁有一道黑毛的杂交狼狗。两人等了一阵，院里没有动静，捉住门环拍了几下，招呼主人下楼挡狗。

一月前，民生街西端路南市场改扩建工程竣工，与市场同时开盘的商区住宅楼向回迁户开放，由他们自由选择户型，根据户型面积向开发商补交回迁差额款项。田成业夫妇看了楼上四种规格的户型，不知该选哪一种。犹豫数天，决定以一百一十平米的户型为重点，再去现场对比斟酌。孰料政策又变，开发商的解释是：市上作为经济适用房的投入有限，而所有从民生街搬出去等候回迁的居民都嫌新建商住楼造价太高。原旧房拆迁以一平米五百元作价，而新建住宅平均一千三百二十元一平米开盘。多数回迁户无力补缴巨额差价，放弃回迁念头，去二手房市场寻求经济适用住房。开发商要尽快收回成本，与管理回迁户的房管部门经过协议达成共识：留下一栋楼的四个单元五十六套住房，供有能力补交差价的回迁户选住，其余全部推向市场。民生街等待回迁的老住户顿时成了没头苍蝇。选择的空间缩小，争取好户型好楼层成了明争暗斗的内容。识时务的，及时打通掣肘关节，选得了满意的户型楼层，交了差额款领取了钥匙。那试图观望搭顺风车的，被无情的市场规则挤到边上，主动变成被动，不得已选定不甚满意的户型楼层。田成业夫妇听准这个信息，到房管部门按图纸选定户型，发现为时已晚，靠里的三个单元从二楼到六楼全都插了红旗，剩下一楼七楼插着绿旗。把头单元靠里一溜全插了红旗，剩下靠边一溜的一、二、三、六、七楼空着，没插绿旗也没人登记。这栋楼东西朝向，统共七个单元，留给回迁户的一、二、三、四单元靠北，一单元靠边一溜的外墙是这栋楼朝北的山墙，是整座楼抵御西北风的挡箭牌。住在这一溜，意味着五个月的寒冷季节要多交电费多扛煤气罐。怎么办？去二手房市场寻钓一条好鱼？却又刮不去民生街自小留在心里的那层烙痕。退一步想，把头就把头，住进三楼六楼，总比其它单元的一楼七楼强，了不得多买两条电热褥，刮风下雪加一个"小太阳"。到一单元选户型，有两户开始装修，电钻震得满楼道嗡嗡颤响。在三楼与四楼的楼梯拐弯处，撞见买了射钉和白乳胶的尤林，问："选定了没有？选定了快装修吧，这一阵装修材料便宜，摇三慢五等人家装修好了再装修，改管道换线路又得多费事。"原来尤林占了这单元靠里的四楼，"听房管所的说，这上边的房子有几家想要，相互撬着，没定下来，你快去找方所长，施点手腕，叫他们鱼蚌相争，你来个渔翁得利，再迟疑几天，黄花菜都凉了。"

真是个困龙正在滩中卧，一句话提醒梦中人。田成业夫妇再不敢迟疑，慌忙下楼要去房管所寻求方所长从中通融，见院里围站着一群老街坊正议论着什么，其中有他的老邻居左舍。走上前去，听见一个平凉口音的说："……当初动员拆迁的时候，说得天花乱坠，许下的话，如今一句也不认了。我家拆掉的房子，是我太爷置下的家业，两架七檩的起脊大房，评估只给我们一平米五百五十元。好好的三间大房加一个角房，扯平只给我们五万六千多元。如今却要我们一平米按一千四百六十元交差额款，一套九十二平米的房子，还得补交七万多元，我上哪儿寻七万去？工作了大半辈子，把挣下的工资全加起来也没有七万元。拉账垒债地把差价交上，往后就得把嘴扎住。"

"就是。"一个高颧骨穿灰色夹克衫的人加进话来，"为了住新房把嘴扎住不吃饭不成吧？也不知上头是怎么想的，把楼房造价整得这么高。他们也不想想，民生街上有几个是有钱的主儿！房子嘛，能遮风挡雨就成了……"

"这话你就说错了。"刚理了发，发胶把背头弄得油亮油亮的中年人说，"虽然政府要求盖的是经济适用房，开发商却出于竞争要上规模上档次，又是闹市区的商住楼，三弄两弄就把造价弄上去了。以我说，这住宅楼修得不错，功能齐全，又是分户采暖，比起西宁市房地产市场的普遍房价，还是便宜的，住进去，尽着享福就是了。"

七嘴八舌的议论被左舍最有见地的话压住了，"怪就怪都是鼠目寸光。商家叫你们自由选定户型楼层的时候，不是嫌房价贵，就是嫌房子盖得规格不一样，三看两看看花了眼，没办法确定。如今把选择范围缩小，有嫌楼层不好的，有嫌把头的，又有嫌户型小了的，嫌来嫌去，恐怕连这四个单元都住不上了，都是些敬酒不吃吃罚酒的货！"

"你的意思是？"一个老成却穿着邋遢的人问左舍，"除这四个单元，没有回迁户的房子了？"

"有呵！谁说没有？除这四单元，这小区还有二三百套房子随便由你挑选，不过每平米均价一千六百二十元。"

聚堆议论和听议论的人听左舍如此说，嘟嘟嚷嚷地散去。田成业才有机会走到左舍身边，"你的住房订在哪单元，几楼？"

左舍不无得意地指一下被太阳照得亮晃晃的三单元："三单元单号四楼，已经装修了，你呢，还没选定？"

"我们相信政府，结果政策一天一变，只剩四单元把头有几套空房，还不知能不能到手。"

左舍把田成业拉一下，躲开几个打听动静的人，说："念你是同院住了十几年的邻居，给你个确信儿。其实二、三、四单元还有几套，房管所打出烟雾弹，是想把好房子留下来分给托了人情的。快去找找方所长，只要把所长说通了就成。"

田成业不愚，哪能听不出左舍话里之话，"现在这么多人盯着，去房管所送礼人家敢收吗？"

"就看你怎么送了。"压低声音把方所长家的住址告诉田成业,"所长老婆是个尕眼睛儿,只要把她送舒坦,事情就成了一大半。"

田成业买了两瓶五粮液,一条中华烟,又去文物商店买了一只低档玉镯,给孟慧交待,"给所长老婆说这是翡翠镯子,二千八百元买的。"

孟慧困惑又担心地说:"人家认出来咋办,不就白花了这些钱?"

"如今这类东西太多,厂家竞争十分厉害,做工选料都精细,时常把专家蒙得看不出哪是真的哪是假的,她一个村妇,给她十双眼睛也看不出来。"

片时,院里有脚步声接近大门,狗呼噜呼噜地亲热着,门开了,一个由于发达的颧骨和饱满的两腮把五官挤在一起的中年妇女站在门内,见田成业手里提着东西,笑逐颜开地用双腿把狼狗挤退进狗窝,双腿挡着窝门让两人进门。进屋,田成业对打算收拾茶具的主妇说,"我俩有事就得走。"指一下放在桌上的烟酒,"我们是来答谢所长的。所长给我们安排了一套好房子,想请所长吃顿饭,所长不去,又不能把烟酒送到单位去,怕影响所长的前程,就送到家里来了,同时认个门,适当时候要把你们请出去美美地散一顿。"说着话给孟慧使眼色,孟慧从小手包很珍重地取出玉镯,"我们心想所长这么关心别人,工作做得这么出色,肯定有个贤内助在给他分忧解愁长精神,也给你买了个镯子,缅甸翡翠玉的,你戴在手脖腕里,就更像所长夫人了。"这些话说得孟慧出了一头细汗。

妇人接住镯子看来看去地说:"到底是玉石,拿在手里凉森森的,这么好看的东西,得几百块吧?"爱不释手了。

田成业夫妇对望一眼,田成业说:"差几块三千,本想把发票给你拿来,走的时候她小心着装镯子,把发票忘了,你需要发票,说一声,我给你送来,反正门已经认下了。"

"不需要不需要,又不出去卖掉,我个家戴的,要发票做什么。"把镯子套上手腕,伸长胳膊看了几眼,"你俩把名子,住房号码写下来,他回来一看就知道了。"取来一支签字笔和一个小学生作业本。

田成业打开小本,上面写着十几个人名,大约都是送礼写下的。有的名字后写着楼号房号，有的写了电话号码。田成业写上自己名字，又把想要的单元号、楼层、房号写清楚，交给女主人，说了一通客气话，告辞出来，经过院坪，无意中看见院中央花池中一左一右对长着两株牡丹树，下意识走近花池细看，脸上浮出复杂的表情。女主人美滋滋地问："我家这两墩干柴牡丹花开得旺吧！"

"旺！旺！"田成业应着给孟慧一个眼语，"两墩牡丹是什么品种？"

"啥品种我说不上，左边这棵是朱红花儿，层得很；右边那棵开白花，也是千层的，花骨朵儿这么大哩。"双手比划着花朵的大小，"开花的时节巷道里就能闻见香气儿。"

走出院门，回头见女主人关了大门，田成业忿忿地说："这两株牡丹肯定是我家那两株。"

"从哪儿看出来的？"孟慧也是一肚子疑惑。

"不是看出来的，是感觉出来的。我养了十几年的花木，能感觉不到吗！？怪不得左舍知道所长的家，又知道房管所房屋分配的细节，我现在才明白，当初是他偷挖了我的牡丹送给了姓方的。"

孟慧见男人红眉胀脸谋算着什么，担心他沉不住气与左舍论长道短，忍不住说："园里长的东西，又没打上记号，你说是我家的牡丹，谁信哩！好在牡丹花长得好好的，我们又要巴结人家，左舍又把底细告诉了我们，我们就别再提说这件事了。"

田成业仍旧忿忿难平，"真是知人知面不知心，左舍竟是这样一个人！"

74

回家路上，见路边停一辆搬家公司的卡车，正往下搬卸新买的成套家具。孟慧心里一动，给田成业说："趁这工夫不如去家具市场看看，把将后需要买的装修材料和家具事先看好，对比一下价格，到时候就好买了。"

夫妇俩乘坐公交车，在距建材家具综合市场最近的站点下车。这里是火车道、高速公路和市内街道三道并列的地段，来去车辆稠密。从市区去家具建材市场的通道从铁路桥下经过，成了这里交通流动的瓶颈，时常塞车。此刻，想经过桥洞去市场的几辆货车和从市场装了建材家具出来的几辆小型货车横七竖八挤塞在铁路桥洞前的十字路口，喇叭声声。一辆满载板材的东风大货车，一辆用棚布蒙住货物的解放货车，把一辆金杯牌双排座小型货车夹在路中，小货车厢里，满当当码着木工板、纤维板，扎成捆有烟熏痕迹的方木条和ＰＳ板长长地伸出车厢，上面摞放着几个用宽胶带粘住封口的灯具包装纸箱。坐在纸箱中间抓扶着纸箱的男青年无奈又愤怒地盯视从车辆缝隙钻进来的摩托车。摩托车手脱下头盔伸长脉子左顾右盼寻找出路，坐在摩托后座手里提着几片暖气窗的妇女胀红的脸庞上闪着汗光……

田成业夫妇从一动一挪的车辆空隙中绕行，被此起彼伏的喇叭声震得心烦意乱。身贴被泥水溅污的货车车体通过铁路桥洞，正巧一列火车从桥上排山倒海地呼啸经过，耳膜便嗡嗡共鸣起来。穿出桥洞，经过同样被各式车辆拥塞的一段缓坡，进入市场南门。顿时，五颜六色的各式标牌切碎了他们的视线。这些架设在一排一排店面门头和墙侧的五花八门的商号商品标志牌、广告牌，万国旗一样张挂在目光所及的所有空间。有红底上写着仿宋体白字的长方形立式巨牌，有白底上写着印刷体蓝字的长条横牌，有玻璃面的灯箱，有角铁支架的铁皮圆牌……层层叠叠向远处延伸，高高低低向四周扩展……昭告着地板、油漆、门饰、灯具、玻璃、浴具、炊具、办公用品、家具、石材、板材、五金……等等厂家和经销商家的市场品质和经营范围。穿行在其间选购建材饰料的顾客如乱了阵的蚂蚁熙来攘往。过眼是兴奋里透出疲惫的神情，拂耳是喜悦里夹杂着焦躁的嘈闹……

两人从专营家具的Ａ区转到专营炊具浴具的Ｂ区再到装饰材料的Ｃ区又到经营油漆壁纸灯具锁具的Ｄ区……边看边议，初步商定，房子确定下来，即刻进料装修。雇用经验多技术好信誉佳的江浙木工。门厅、客厅、饭厅地面统用五十公分规格的暖色防滑隐花釉面地砖。厨房、卫生间墙面选用中档奶白色隐花釉面瓷砖。地面选用十五公分湖蓝或鸽灰防滑凸纹砖。其余地面铺设每平米 70 至 90 元的暖色木纹复合木地板。客厅主墙打造一面造型简约别致的暖色调文化墙，选购一套仿真皮沙发和相配套的茶几。炊具、浴具选购中档以上的知名品牌。各房间换上统一色调格式的实木门扇，装上造型新奇的锁具……至于灯具，决定把市场内所有卖灯具的商店看完，比较以后再议定买什么样的吊灯，什么样的吸顶灯、壁灯。在进入"万明灯饰广场"的台阶上，撞见了从里面走出来的师德。

无意间遇到挚友，师德差点要手舞足蹈。原来，师德把家里样式陈旧的吸顶灯换成新潮吊灯，买去的吊灯亮了三天，分三档的开关成了一档，一开八盏灯全亮，一关全灭。他来询问原因，商家说装进去的电子开关坏了，要换。去顾客家安装灯具的电工下午才能去他家里，他只好回家等候。

田成业发现师德眼睛里有点与他单独说话的意思，对孟慧说："你先进去看看，我俩好长时间没见面了，说说话。"

等孟慧进入灯具广场，师德笑了，"看样子浪子回头了，领着老婆四处转悠。"盯着田成业眼睛，"老实交待，与苗青过年了没有？"

"没有，不过……"认为给师德炫耀一下未尝不可，"离了苗青，照样可以天天过年。要不要同我一起去见识见识？"

"哪儿？发廊还是洗浴中心？"

"你别管哪儿，只说去不去吧。"

"得多少钱？"

"哪就看你要去那儿，便宜的，一百元足够。"

"我只有三十元，你要给我添上七十，我就去。"

与师德的玩笑对话，竟把田成业懒睡的情欲浇醒了，体内有一股热流开始漫溢，"等我老婆出来，你就说叫我同你办点事儿，把她打发走掉，我俩一同快活快活去。"

"你先说，给我添不添七十，要添，我就照你说得办。"

"添！不就七十吗。"心里说，让你见识见识我的本领。

孟慧在灯饰广场转了半小时，不见丈夫进来，疑惑着寻出来，两人还在台阶下说话，未免有点动气，"什么要紧的话，半天说不完。"

师德挤眉弄眼地对孟慧说："我想给卧室装两盏壁灯，不知买什么样的合适。你阿爷眼光高，我叫他去看看我家装修的风格，好给我参谋参谋，成吧？"

孟慧疑心两人在捣鬼，却又不好驳师德的请求，半真半假地说："恐怕是搭伙上哪儿野去吧？"

师德笑嘀嘀地说："两个老半死，能上哪儿野去？顶多去茶园刮个碗子。"

孟慧意味深长望一下丈夫，"早点回来。"下台阶独自走了。

两人离开市场，田成业心痒嘴痒想给师德说说几次去茶屋与小姐纠缠的心得体会，说服懒得走路的师德别坐公交车，因为哪些话不能在车上说，而他又实在想说。师德只好步行听他的五马长枪。听着听着问道："去那里真的没啥问题？"

"没问题！茶屋老板挣的就是顾客的钱，安全不保证谁还敢去？"

"万一警察闯进来咋办？抓进公安局打电话叫家属认领，就羞死人哩。"

"那种地方全由黑道上的人罩着，与公安通着。再说，你真要打炮，老板就把门从外面锁死，等你完事再打开，绝对安全。"

听得师德眼睛迷饧起来，"嗯……万一染上梅毒什么的，就全完了。"

田成业停步用轻蔑的语气说："你别去了吧！心理有这么多障碍，去也白去，回家陪老婆睡觉去吧。"不解气，恶狠狠加了一句，"想嫖风又怕花钱又要顾面子，你就这么点出息。"

"我跟老婆分床睡觉几年了，没一点情绪，你三说两说把我说得心里直痒痒，想尝尝别的味道。"

"别的味道你不是在汪石菊那儿尝了吗！要尝，再去找她吧。"见师德犹犹豫豫欲退不能的样子，又说："其实我是故意煽乎你哩，我今天没打算去茶屋，身上也没有多余的钱，等哪天你有了贼胆，再领你去。"说着走开了。师德在原地怔了一阵，横穿马路乘车回家。

田成业心里别扭了一阵，释然了。老虎吃肉，绵羊吃草。老虎可以吃绵羊，绵羊吃老虎就成了天大的笑话。都是天生命定的，谁也怨不得谁。这时候回家去，老婆反而要生疑。再说，经这反复的念想，体内来去漫溢的那股热流凝滞在下腹部，提醒他得找地方把它泄掉。

经过一个十字巷口，街边有个卖夫妻专用计生用品的小店，门外立着一方木牌，贴着一张广告画，几行错位排列，字号不同的广告词语攀住目光钻进眼里：重炮直击，百发百中。蓝炮弹。速勃延时宝，一炮到天明。最新伟哥替代品：增倍王。十五分钟见效，快速勃起，增粗增大。这一看，腹部凝滞的那股热流又漫动起来，直逼尘根。前几次去茶屋，面对放浪的小姐，总觉得有点力不从心，难以尽兴。今天要去洗浴中心，不如买点春药助助威。冲冲动动进了小店。

这是一座临街商住楼下的大店堂分隔出的小店。店面两米宽窄，迎门一张旧式木框架柜台，后面立着同样颜色的旧式木货架。柜台分上下两层，上层摆放五花八门的壮阳药物：三鞭丸、鹿肾丸、藏宝、伟哥、蛮牛王、蓝炮弹……更多的是各种规格的保险套，人体润滑液之类的玩艺。货架上稀疏排放着包装精美的各类自慰器，透明玻璃纸显着里面肉色乳胶压塑成的男女性器官的关键部位。

听见门响，从货架一侧挤出一个三十多岁表情冷漠的男人，站立柜台内等候田成业选购。头次进这种店铺，田成业有些不自在，看那花花绿绿各色各式包装的壮阳药物，不知哪一种堪称物美价廉。游移一阵，问店主："伟哥是进口的吗？"

"哪有进口的伟哥！再说，进口的你也买不起。"不阴不阳的语气里透着鄙夷的成份。

"这一片多少钱？"点一下柜台里一片上有四粒湖蓝色菱形药片的伟哥压膜包装纸。

"三十八。"

"这么贵？"

"三十八还嫌贵？这种伟哥刚上市卖六十八元，现在便宜多了。"

"管用吗？"田成业自觉心虚脸红。

"肯定管用！"店主取一片让田成业细看，"买了的都说管用，你用一次就知道了。"

田成业手拿伟哥眼瞅藏宝犹豫不决的时候，店门响处闪进一个三十多岁特丰满的女人，把真皮小包放在柜台上，取出一只色彩艳俗的包装纸盒，"老板，你说这东西质量好，可用了两次就不好用了。"

"怎么不好用？"店主打开包装纸盒，取出那个不好用的东西，竟是乳胶压塑成型的男性生殖器，阴茎连带蛋囊，惟妙惟肖，连着一条电线和开关之类的附件。"你看，"女人指一下假阴茎根部，"这里有一条裂缝，放上电池不震动了。"说话间扫一眼旁观的田成业，田成业慌忙把脸调开。

"你买的时候打开看了，怎么会不好用。"店主把那不好用的东西塞进包装盒，把它推给女顾客。

"我要退货，要不换一个。"

"不可能！买出去弄坏的东西怎么能退换？这都是一次性消费品，没有退的道理。"

"我花几百元买的东西质量不好，你就得负责给我退换！"女人的声音凛厉起来，脸色也变了，身上肥膘随着粗重的喘息在颤动。

"是你用得太猛才弄坏的！"店主也火了，立眉竖眼地说。

看样子争讲还要持续下去，闹不好招引更多闲人进店来看热闹，田成业掏钱买了一片伟哥离开小店。

一时来到事先瞅好的洗浴中心门外，扫视周围没有熟人，闪进门内，迎门的价目牌上，写着不同洗浴项目的价码。田成业问柜台收银员："这六十八元小包是什么意思？"

"是供一人洗桑拿的小包间。"操江浙口音的收银员彬彬有礼。

"还……有什么服务？"

"哪就看你要什么服务。要小姐，去下面告诉服务生。"

田成业本想问，六十八元包括哪些费用，意识到这样问显得老土。去茶屋还得另付打炮费呢。装出很有钱的样子迈上去地下室的台阶。穿过排列十几张睡榻和有大彩电的休息厅,由一个小心翼翼的男青年引进一条走廊,听见走廊一侧挂着大帘的门内有年轻女人们莺声燕调的说笑声。拐到走廊尽头,停在房门洞开的小房间外,房里靠边墙设一张窄窄的床铺,雪白的床单枕头,床头上方吊着一台二十一寸彩电,正播放女人扭跳唱歌的闭路节目。一侧小门内是洗桑拿的地方。外面有淋浴头和放洗浴用品的小台,内侧是蒸气房。

房内的潮暖令田成业满意。小青年及时问道:"叫一个小姐?"

"好,叫一个好看的。"田成业得意自己有了老嫖客的从容。

片刻,瓜子脸型,高条个子的小姐飘进门来,只穿着吊带短裙,赤着双膊双腿,趿着拖鞋,笑容可掬地关门,用床上浴巾蒙住门扇上部的小窗,脱下薄如婵翼的丝绸吊带短裙。田成业问:"不把门插住?"

"没事!外面有人守着。"女子颀长光洁的肉体看得田成业喜上心头。

一小时后身轻气爽从洗浴中心出来,怔在了门口。迎门黑着脸等他的,竟是孟慧和田成功。呆怔中明白,他与师德支开孟慧,她并没有回家,躲在暗处观察他的行踪,见他进了洗浴中心,打电话叫来了老大。

田成功铁青着脸色质问:"你来这里做什么?"

"来……来这里能做什么?"田成业用反问来镇定自己赢得主动,"来洗浴中心只为洗澡,还能做什么?"掏出手绢擦汗。从小房出来他就浑身有汗。

孟慧上前一手捏住男人胳膊,一手迅疾从他上衣口袋掏出剩下的三粒伟哥,尖锐着声音,"洗澡?洗澡你买它干什么?"

药证如山,田成业哑口无言。洗浴中心门口人来人往,在这里争吵不好收场,就低声下气求告孟慧,"我们回家再说吧。"要拉孟慧,孟慧打开他的手,抹着眼泪扬长而去。

"你多大岁数了?"田成功用巴掌按住胀闷的胸口气哑哑地问,"田家人的脸都被你们这些不争气的混账丢光了。"转身疾步走开,感觉老二还怔在原地没有跟上来,回头吼道:"走!"

两人先到民生街四号院老大家里。田成功的想法是,去纸坊街老二家,势必有一场大吵。为防止家丑外扬，先到自己家把情况问清楚，也给孟慧冷静的时间，而后再把两人叫到一起解决问题。

准备出门的田寿见两个儿子都是一脸的灰暗，忍不住问道："你们这是怎么了？"

"你问他！"田成功倒开水吞下几粒丹参片。

田寿盯住老二，"又闯啥祸了？"

田成业愧笑着给自己倒杯开水，坐下喝水，眼睛只望着茶杯。田寿急了，"到底啥事？不说，我就出去了。"

田成功激愤难忍，"田家人这是怎么了？先是老子走岔路被发廊小姐诓骗三百元，后来是孙子强奸杀人抓进班房，如今又是儿子去洗浴中心嫖风。你有脸问，我却没脸说了。"话冲着父亲说，目光却钉在田成业脸上。

田寿听出话里有话，还连带了自己，气不打一处来，"你这么黑煞五道地给谁发脾气哩！我是土埋到脖子上的人，该管的事都不想管，管这些毬事哩！"哼一声摔门走了。

压抑人的空静中两兄弟沉默了十几分钟，躁气渐渐平落。田成功恨铁不成钢地说："按说你是撂掉五十到六十的人了，身边还有婆娘守着，去那种地方，万一被人知道了，脸往哪儿放？"

田成业讪讪地说："事情已经这样了，我也没脸多说。我只问问你，大嫂去世二年多了，你想没想过这种事？"

"没想过！也不想想！"田成功坚决地说，"过了六十的人，啥轻啥重得掂量到，你……"他想说你从小对这方面要紧，见个女娃娃就往上贴哩，转念觉得说那么远也是多余，改口说，"都有了一把年纪，还那么要紧？"

"都说男人到六十精就干了，可我还不到六十。孟慧却是五十六七的人了，几年前就干了，一点点情绪都没有，你说叫我咋熬？"

"咋熬是你的事！可不该去那种地方寻那种女人，叫儿女们知道了，咋对儿女们说？"

"儿女们过的是儿女的日子，我们也得过我们的日子，总不能为了儿女把个家不当人吧？"

田成功明白，成心要做这种事的人，你纵然说到天上地下，也打不消人家做这种事的念头。这种事，公家私人地争讲了几千年，也没争讲出个头尾来。争讲有什么用？兄弟间这种话题也不好深谈。于是说，"你个家想想，怎么办才好。但有一条，回家不准跟孟慧闹。她发脾气你忍着，等她气消了，你要给她认错，关键是再不能干这种没深浅的事，不能把这事扩散出去。扩散出去让儿女们知道，我看你这张老脸往哪儿搁！"

得到了老哥的理解和宽容，田成业心怀感激告辞出来急急回家。打定主意，孟慧撕发抓脸地与他吵闹，他决不出声。

孟慧不在家里。打开衣柜查看，孟慧平常换洗的内衣外衣都不见了，洗漱工具也不见了。心里顿时被挖去了一大块，跌坐沙发上发呆，她，会去哪儿？

75

田壮走进派出所，在一间办公室找到与当事人谈话的展望。做笔录的展望向一张空椅子努一下嘴，继续与当事人对话，田壮只好等待。

一男一女两个当事人。从对话得知，当事人同住一个单元。女当事人宠养一条吉娃娃，让宠物在三楼与二楼的楼梯拐角处撒尿拉屎，又不及时打扫。住在三楼的男当事人敲门向女当事人提出意见。女当事人起头虚心听取邻居意见，及时清扫吉娃娃粪便。后来嫌男当事人对吉娃娃的喊叫也说三道四，索性不清扫被狗东西污染的楼道卫生，引起全楼邻居众怒，声明如再发现狗东西在楼道拉屎撒尿，决不客气。此后吉娃娃就不见了。女当事人说她在厨房做菜，锅里烧了油，吉娃娃在她脚边吱哇乱叫，撕咬她的裤角，这是吉娃娃内急要排泄的表示。她担心锅里热油起火，打开房门叫吉娃娃方便，吉娃娃出去再没回来。她关了电灶下楼寻找，看见男当事人急慌慌从外面进来，满脸是得意的笑容。"肯定是他弄走了我的吉娃娃。"女当事人指着男当事人咬牙切齿地说，眼里闪着泪光。

"凭啥说我弄走了你的吉娃娃？拿出证据！"男当事人不阴不阳地笑一下。

"你一直嫌我养狗吵了你们。"

展望插进话来，"他是嫌你养狗不注意公共卫生。你让吉娃娃在楼道拉屎撒尿，别人有权向你提出意见。"

"提意见我接受，凭啥要绑架我的吉娃娃？"

田壮见事情一两下解决不完，走出办公室站在院里抽烟，等里边吉娃娃的官司了结。心思随着吐出的烟雾，飘向前几天。

那天，官尚臣为市工商局办公室主任在食府定了四桌工作餐。饭后他把客人送出食府，看见尤中生在一元擦鞋店门外冲他笑着。他走过去，店内三个哑巴专心为顾主擦鞋，外面那个正往顾主的黑皮鞋上涂鞋油，中间那个一手持刷一手拿一块白蜡，刷子在鞋面和蜡上来去滑动，脖子都红了。就说，"生意不错嘛！"

尤中生大人气十足地说："还行！眼下还是初级阶段，过两年我计划进一台擦鞋机，到时候把擦鞋机设在你食府门内，顾客进门把鞋伸进擦鞋机，就不把灰尘带进食府，出门又是光亮的皮鞋，我这设想可行不可行？"

"可行可行！"田壮随口应着，心里说，这小子不可小视呵，"你冲我笑就是为这事？"

"为这事我才不跟你笑呢。真要把擦鞋机摆你食府门口，你收饭钱得给我加收擦鞋服务费。这笔收入我俩五五分成，双赢，我巴结你做什么？今天我有事想请你帮忙。"

"哦，要我帮忙才冲我笑，你人不大，市侩气染了不少，说，什么事？"

"还不是上星期那个混混擦鞋不付钱，还动手打我的工人。要不是展警官及时赶到，混混们把我的擦鞋店砸掉了。我想把展警官请到你的食府吃一顿，表达感谢。"

"好呀！给我食府拉来生意，好事！可我得给你提个醒，人家是隔三岔五尝鲜的，你一个卖报童，有必要耍这么个人吗？"

"这怎么是耍人？人在江湖上，得讲有恩报恩。"

"你小子口气是不是太大了？江湖江湖的。你说，打算花多少钱请人，别把个家吓住呵。"田壮认为尤中生受电视剧影响太深。小小年纪，得给他浇点冷水，别做事没有深浅。

"钱不是问题！三百怎么样？请展警官一个人，三百够吃了。我是怕我一个卖报尕娃，人家不肯赏脸。你是大老板，有面子，出面请展警官他不能不来。"踮起脚把嘴贴紧田壮耳边，"这个关系搞好了，今后有展警官保护着，看那些混混还敢不敢胡闹。"

"行呵！"田壮禁不住叫声好，答应替尤中生把展望请来食府吃一顿。尤中生这个小算盘，给他的另一个谋划打出了一个机会。

男女当事人一前一后从展望办公室出来，硬着脖子走了，可见没什么满意的结果。田壮重新走进办公室，展望正在收拾笔录，说："这种破事，也来派出所烦人。"把几张笔录纸放进铁皮文件柜抽屉，问田壮："你什么事？"

田壮先让烟，又替他点燃，"有人全权委托我，请展大警官去我们食府吃顿便饭，展大警官不会不赏脸吧？"

展望有点迷惑，"全权委托你？谁？"

田壮简略说明。

展望笑了，"这小子人不大鬼心眼不小，卖报挣了几个钱，就烧得不成了，这饭我不吃。"

"尤中生就是怕你嫌他是毛孩子，不把人家的好意当回事，才委托我的。尤中生人小志大，有这份心，你不去，就会伤了小家伙的自尊心。单为鼓励他这种知情知义的念头，也该赏他这个面子。吃什么喝什么，你说！我按你的口味准备。"

展望想了想，"也好，你简单准备点清淡的东西，我去坐一坐，叫小家伙知道我们没有忽视他的热忱就成了。"

当下定好，翌日下午五时，展望去食府二楼八八八号包间，成全尤中生的一腔热情。

这天下午五点，田壮在食府门口迎候展望到来。他没通知尤中生。把尤中生对展望的这番敬意传达给展望，已经够了。通知尤中生就意味着向尤中生讨要承诺的三百元费用，他是不能这样做的。小小卖报童，兼开一个一元擦鞋店，比起他日进数千金的食府，小到底了，怎能让尤中生玩真的？况且，他请展望另有目的，不过是借用尤中生的热忱，让展望不好推辞罢了。

五点二十分，展望来了，穿着便服，"小家伙呢？"

"小家伙没来。我昨天就对你说了，小家伙全权委托我，要我请你陪你，让你吃好喝好。我说你做东邀请展大警官，却不想出面，什么意思？他说他从小胆子小，见警察腿肚子就转筋。又说，他一个毛孩子，跟你们当警官的坐在一起，话都不会说了，倒不自在，展警官肯赏光来吃好喝好，他在不在都一样。他这样一说我就没让他来。"边说边上楼进八八八号包间，事先等在里边的田成功、田成业、田成才兄弟三人慌忙起身问好，让座。

展望警惕起来，落座时恼怒地看着田壮。

田壮笑眯眯地解释："尤中生做东邀请你，又不敢来陪你吃喝，我就对他说，那你就别出钱了。他坚持要出，说展大警官是他请的，不出钱算什么？我说你象征性地出一点，五十吧，他却执意给了我三百元。我想，他不来，我怎好花他的钱？先收了他的，事后再还给他。你展大警官肯给尤中生和我赏光，我不能太随便吧？备了些好菜，把我父亲、二爸、三爸叫来一同陪你。"

展望明白田壮父子们的用意，便笑着说："既然这样，我恭敬不如从命。但我得声明一句，今天不许给我说田健的事，谁要提一句，我起身走人，别怪我不客气。"

田家兄弟们相互对望一下，田壮说："到底是当警官的，一眼就看到我们心底里了。要说我们是为了田健请你，就冤枉我们了。田健咎由自取，自作自受，我们管不了他的事。可此前你跟你父亲给我们田家帮下的大忙，我们却不能不管吧？我们田家人是知恩的人，借尤中生的便，答谢你对我们田家人的关心帮助。你只管放心，田健的事我们一字不提。"

有田壮这个表态，展望不好再摆谱，佯装随和地说笑起来，脱下外衣让田壮挂在衣架上，心里抱定水来土挡，火来水掩的主意，谅他田家人精不到哪里去。接住田成功双手敬上的茶杯，把烟凑在田成业打燃的火机上点燃。桌上已摆好田壮责令主厨精工烹制的六味凉盘：水晶肘花、五香金钱肉、红油耳丝、泡椒鲫鱼、琥珀桃红、白斩鸡块。酒是四花青粮精酿。烟是大中华。田壮见展望扫视烟酒凉菜，从身后桌上取过一张纸说："我今天把食府最拿手的特色菜端上桌接受你的品评。这是菜单，请你过目，要有不合你口味的，我及时通知主厨换你喜欢的菜肴。"展望接住，纸上列了八个菜肴名称。单从名称上看，别于他在其他处吃过的那些京川粤沪系菜肴。明白田壮给他看菜名是显示招待他的规格档次，出于内心的喜悦和礼貌，也显示自己的随和领情，把八个菜名一一念了出来：金钩发菜卷、梅花鹿筋、虫草全鸡、五熘鱿鱼卷、绣球鱼翅、生氽袈裟肉、什锦蘑菇、荷包豆腐。"按捺住被人尊重而油然高涨的得意，说："我叫你简单点，这样太让你破费了。"田壮慌忙接住菜单，"你是给我们田家帮了大忙的恩人，就这样还怕慢待了你。今天你放开肚子吃好喝好，就是对我们食府特色菜和主厨技艺的肯定。我们还想借你的金口玉言给我们做宣传呢。"

田家老弟兄三人，在这种场合能说几句话的只有田成业。等田成功、田成才给展望敬了酒，轮到自己敬酒时说："老听田壮说，展警官如何如何干练。今天见了，感觉展警官不但干练，还百分之百地精明，是天生当个好警官的材料。听田壮说，那些混混在擦鞋店起哄打人的时候，满街道的人都不敢上前制止劝阻。你一来，几句话就把混混们吓跑了。眼下像你这样机警果敢的警察没有几个，实在是民生街老百姓的福气。"

展望听得舒服，喝干四杯敬酒。

服务生端上梅花鹿筋，色香味俱佳。田家老弟兄三人毕恭毕敬地礼让，往展望的小碟里搛菜。展望的警觉和防范在这般的殷勤和友善中松弛下来，又被酒精烘热了心肠，不禁说道："你们田健真是个不知好歹的人。上次要不是我老爸，他能那么快那么轻地出来吗？光凭偷窃藏匿枪支罪，判他三年都是轻的。可我看田健是条汉子，在老爸跟前说了不少好话才把老爸说转了。

我老爸是个原则性特强的人。要不，能到省委常委主管政法的位子上吗……"

展望说起了田健，田家老弟兄交换一下眼色，田成才斟满酒杯双手敬给展望，在展望接杯时小心地问道："展警官，我家田健这次……"

展望的眼仁鼓突起来，"告诉你们不准提说田健的事，怎么还要提？是不是要我走人？"说着起身，被田壮按住肩头，"展警官休要动气，我们不小心说了一句。你放心，我们再不说了。"给父亲和爸爸们使眼色：急啥！还不到火候。主动与展望猜拳，有意输了几拳，几人就同声称赞展警官猜拳也是高手。展望解开衬衣纽扣，把袖管捋到肘上，这时上了一道烤鸭，展望下筷时盯住田壮："你写的菜单上好像没有烤鸭，怎么，换菜了？"

田壮慌忙解释："让你过目的菜单没有你的批示我们哪敢乱换？你是贵客，主厨说他要送你一道菜。这烤鸭是主厨送你的，要你给他们的手艺多提宝贵意见。"展望便葱丝蘸甜面酱，同两片油漉漉的鸭肉卷在薄饼里尝了两口，"不错不错真不错，没料到食府的厨师有这么好的手艺，把烤鸭做得这么地道。我上警校毕业那年，跟校长去首都出差，吃了全聚德的烤鸭，哪味道与这味道没什么区别嘛！"田家老少四人唯唯应诺不迭。展望对田壮说："你怎么不吃，吃！把这鸭头干掉。"

"我不干鸭头。"

"不干？真傻，哪有放着鸭头不干的？"

田家老弟兄彼此看一眼，一齐盯住田壮，眼里分明是难堪之色。展望微醉，意识到这样的玩笑话叫老辈们听得不顺耳，笑着说："不干也好，这鸭头不是那丫头，头上哪有桂花油。"大笑起来。田家老弟兄跟着笑起来，难堪迷惑的神色却没有减退。展望说："我跟田壮说的是《红楼梦》里的一句话，造点气氛。"

田成业及时地说："展警官不但人长得帅，肚子里还藏着锦绣呢！《红楼梦》可不是人人都看得懂的书。你看了，还能记住里边的话，随时说出来惹笑儿，真不简单。"

展望得意起来，"我的记性不是吹的，办案做的笔录，隔几天全能背出来，一字不差。那天田健给我打电话自首,我带他去现场,他交待的犯罪过程我可以一字不落地背出来让你们听。一想这事我就生气,田健这小子太不够意思了。我父亲和我费了老鼻子劲,给他从轻发落,他小子缓刑期间又强奸又杀人犯下重罪,这不是拿自己的生命开玩笑吗!不过,田健打电话向我自首,叫我省了不少的心。凭这,我可以说田健是个仗义的汉子……"

田壮见父亲和两位爸爸都盯着他,一律是欲说不敢,向他询问的眼神。田壮便小心地问道:"展警官,你话说到这儿,我们斗胆问一句,田健还有救没有救?"

"没救了!强奸杀人,又有偷窃窝藏枪支的前科,又在缓刑期间,这还能有救?等着死吧。"

田家老弟兄三人的脸色顿时灰白起来。田壮忍着揪心的酸楚,恳求道:"展警官,这事还得仰仗你和你父亲……"

"我父亲?我父亲再不会过问这件事,你们别指望了。"见田家老少都是一脸酸相,又说:"田健缓刑期间又犯重案,险些把我和我父亲装进去。公安内部已经有人私下说我跟我父亲为田健开脱是受了你们的贿赂。说我没把田健藏枪的真实动机查清就结案,是想把大事化小小事化了。有人已经利用这事在背后捣我父亲的鬼。我父亲恨不得把我宰了,哪有心思再管这件破事?"

"我们也没脸再指望你父亲了。"田壮底气不足地说,"我兄弟不争气,打了你和你父亲的脸,我们哪敢再仰仗你们。只是……田健是自首的,让你父亲再想想办法,你们的大恩大德我们永世不忘。"

展望吸口烟,说:"也只有这一点点的可能性。可我父亲绝对不会再叫我给他说起这事。你们有本事,去找检察院检察长和法院院长吧。要是他们肯在自首这一条上做点文章,田健说不定……还得请一个好律师。"

田成业急不可耐地问道:"展警官,你估计,我们找检察长法院院长有几成把握?"

"这我说不上。据我知道,这两人都是铁面包公,找与不找,你们自己斟酌着办。但有一条，我父亲是不会再管这件事的。"

"听你的，一定不去求你的父亲。"田壮给三爸使个眼色，田成才起身装作去洗手间，经过衣架，趁田壮给展望点烟，把事先装在身上的一个鼓囊囊的牛皮纸信封塞进展望外衣的内兜。

达到了预期目的，几个人强压烦乱的心思陪展望吃喝，直到展望失手打碎两只小碟一只酒杯，才扶他下楼，由田壮打的送回家去。

76

此后半月时间，田家人发动所有的社会关系，围绕检察院检察长这个核心人物搜罗信息，以反馈来的信息，确定下一步行动方案。据信息，这位检察长是当代包公，铁面无私，针插不进水泼不进，贿赂他网开一面，只会坏事。曾经有一部下受亲友之托给检察长送进厚礼，为作案的亲友开脱罪责，被检察长以"试图贿赂公务员贪赃枉法"的罪名呈送法院，把这位做了中间人的部下炒了鱿鱼。这件事让检察长享誉朝野，冰立于世，从此再没人敢给他送礼巴结。不过又一条信息称：这位检察长是生铁脸棉絮心，刀子嘴豆腐心，几句软话能说出他的眼泪。曾有人不拿一针一线上门为自己犯事的儿子求情，检察长听了家长哭诉，责令办案的检察官再度核实案情，斟酌起诉书，最终免于起诉。这样一位有良知有胆识的检察长，送礼是贬低和亵渎人家的人格。田家人决定空手上门苦诉原委，动之以情，让检察长四两拨千斤，拨云见日，为田家人做一件功德大事。

有了方案，该谁上门求情，田家人争得几乎吵了起来。田成功主张田强两口出面。年轻人，脑子活，李怡蓉又长得漂亮，说话声音甜，容易感染人。只要被感染的检察长耐心听完田家人的求诉，事情就有了一半的成功。田成业、田壮、田强、田野都反对这个建议。年轻人上门，只会让检察长以长辈和做官人的威严居高临下对待。再者，兄弟们的情感投入，绝对没有父母亲深刻，遇到障碍容易避退。应该是田成才夫妇去。对有了岁数的案犯父母，检察长不会不讲究礼貌。再说，检察长既然不爱财又容易动情，以情感动是最直接最有效的手段。情感无价，父母的情感别人无法替代。投入无价的情感如果还不见效，这事也就到头了，找法院院长也属枉然。如此这般争论的结果，决定田成才夫妇出面去求情。田成才心虚，要求田成功同去为他两口壮胆。田成功心里明白这事没啥指望，出于自己是眼下田家门里掌门的角色，得做出姿态。事情办成皆大欢喜，办不成不会落下埋怨。装出很有信心的样子答应同去。

检察长居住在城东区真民巷尚书苑小区。田成功、田成才、孙雅萍揣着忐忑不安的一颗心来到小区 A 排 B 单元门前，站住稳定心神，相互鼓励打气，田成功着重对孙雅萍叮咛几句，去人家家里求情，下跪哭诉都得把握分寸，做得过火只会讨嫌。孙雅萍红了脸点头。田成功手抖着按响电子对讲门上 B32 号门铃，半天没有回应。三人疑心公务和应酬繁忙的检察长无暇理睬不速之客的时候，对讲器发出了深沉的男人声音："找谁？"

"我们求见廉维法检察长。"田成功小心翼翼瞅着门上的对话器。

"什么事？"

"向检察长反映重要……"重要什么，紧张慌乱得没能说出来。

又是半天。田成功退后几步仰脸向三楼窗口张望的时候，卡嗒一声，防盗门锁开了。

三人鱼贯上楼，留心着别把楼梯踩得太响。在三楼二号门前做了两分钟深呼吸，按响了门铃。

门开了，表情威严的检察长仔细地打量三位陌生造访者，退后两步做出让进的样子。三人夸张地迈过门槛，挤站在门口的擦鞋垫上，光亮的本色实木地板让他们对自己提出换拖鞋的要求。

"不用换鞋。"检察长让进的手势虽然不明显，三个人却鬼使神差地躬腰缩脖走入客厅。客厅的 DVD 机正放着京剧唱碟，电视屏幕上一个簪花戴金的青衣咿咿呀呀地唱着，三人排站在真皮沙发后面，不知如何是好。

检察长声音沉沉地说："随便坐，别客气。"三人顺从地把半个屁股放在沙发边上。"家里人都出去了，只我一个人在家里准备会议的发言材料，你们有什么事？"

田成功感觉身边的孙雅萍动了一下，似想从沙发滑跪下去，用肘碰一下，说："检察长，我们姓田，是民生街……"

话被检察长打断，"我明白了，你们是田健的家人，是为田健的案子来的。有啥话你们直说。"眼睛却一下一下往电视屏幕上扫。青衣下台了，上来两个披麻戴孝的老人，摇头甩须地说着韵白。

田成功揪牢孙雅萍后襟，防止她不到火候就跪下去。"检察长，我是田健的大伯，他俩是田健的父母。田健犯了法，我们不知道该咋办，大着胆子打扰你，是想……"

检察长把椅子往前挪一挪，便于说话间兼顾电视里的表演，"这事我知道，案卷已经送到检察院了，院里正在复核。如果没有什么疏漏，就要提出公诉移送法院。田健有前科，犯得又是重罪，而且是在缓刑期间，这么严重的犯罪事实，你们当家长的还想干什么？"

孙雅萍扑咚一下跪在地板上，眼泪泼了半地，"检察长，你是青天大老爷，我儿子的命就在你手里捏着，求你……"泣不成声。

稳坐的检察长毫无表情，不时用眼光扫一下电视上踢腿甩袍袖的演员。等孙雅萍抽抽泣泣哭诉一阵，才说："这事哭也没用，求也没用，起来直说，你们是怎么想的。"

田成才要拉孙雅萍起来，孙雅萍不起来，田成才的眼泪就滴在她头发上，哽哽咽咽地说："检察长，田健犯的是重罪，可他是自首的。不是说自首从轻吗。我们没啥指望，只指望他的自首能在检察长这里得到重视。"

"这个自然，我们在写起诉书时会强调这一点。至于最终判什么刑，是法院的事。我只能这样答复你们，要没别的事，我得看材料了。"起身把椅子提放在原来的位置，站在电视前望着上面的人物和显出来的唱词。田成功本不抱什么希望，见被人说成天神的检察长对别人的态度不过如此，怨愤绝望的同时反而冷静起来，同田成才合力拉起孙雅萍，心想，什么戏剧段子？让检察长接见来访者还舍不得移开眼睛？不禁往电视上看了几眼，舞台上几个兵卒打扮的跟着一个身披镣铐的花脸大汉，大汉的厚底朝靴把舞台地板踩得咚咚作响，接着气冲霄汉地唱了起来：号令一声绑帐外，不由得豪杰笑开怀……某二次被擒也应该，他劝我降唐我不爱……今生不能把仇解，二十年投胎某再来……田成功情不自禁流出了眼泪，下意识觉得这种时刻偏巧听清这样的唱词，不是命里前定也是神灵的暗示，扶拉着孙雅萍的胳膊便颤抖起来。

　　回到家里，如何确定下一步行动，老弟兄们又争讲起来。"你们要想人财两空，那就由着心机干吧，反正我不赞成再给法院院长送礼求情。"田成业认为必须打消老大老三的侥幸心理。省厅督办大案，所有人的眼睛全盯着，谁敢在这案子上作弊枉法！认命接受事实是最实际的选择。

　　"这样，前头送出去的钱不是白扔了？"田成才嚅嗫着，把茶壶盖盖在茶杯上。

　　"原本就不该送，你们却偏要送，好像田家有多少钱似的。要没人出来拦阻，你不是还要为这事花钱吗？"田成业的话是对老三说的，眼睛却瞪着老大。他认为只要老大说句话，田成才两口不听也得听。可老大明知事情办不成，却要硬着头皮随老三两口的心思，一律是不撞南墙不回头的愚顽，说到底不过是为了不让自己落下埋怨。这不能不让他对一向尊敬的老大有了几分成见。

　　田成功躲开老二不无谴责的目光。他清楚这目光里的潜台词。从离开检察长家那一刻起，他头里就种下了一个固执的念头。心那么乱，情绪那么糟，可偏偏看了电视上那人的那几句唱词，竟像烙在了心上，过眼不忘。这是生活给他的暗示，还是田家人命运的一种先兆？从那一刻他彻底相信田健是没救了。可老三两口不这么想也不该这么想。那怕有万分之一的可能，老三两口也不会放弃，他当老大的如何出面阻止？田家人的血脉是通着的，断了骨头连着筋。明知办不成的事坚持办一办，自己是为了避免落下埋怨，可同时也能让老三两口和田家人别留下揪心的遗憾，这难道错了吗？他清楚，这些日子孟慧坐在娘家兄弟家不回来，等田成业上门赔礼下话。可田成业认为老夫妻一场，孟慧不该因他的一两次过失就离家出走给他摆摊子，偏不去赔礼下话。这样的家务境况让田成业对侄子的事也就三心二意起来。可他是老大，田家门里公认的掌门人，哪怕只有十万分之一的可能，也得硬了心肠去做。顶多白扔些钱，总比眼睁睁等着白扔一条命好吧？忍着压迫胸膛的气闷，说："你没听检察长说，他们在起诉书中要强调田健自首这条。人家是外人，把能做的事尽量做足，我们自家人怕花几个钱就中途停下来，说得过去吗？"也狠狠地瞪着老二，手却向老三比划着。老三不明白啥意思，怔着，田成功没好气地喊道："给我倒点开水！"

田成才慌忙倒来半杯开水，田成功从身上取出丹参滴丸小瓶，倒几粒在手心，急吞入口。老二老三才意识到老大的心绞疼又犯了。

被焦虑疑惧绝望折磨得精神近乎失常的孙雅萍不等老大灰暗的脸色缓过来，望着老大手里的小药瓶说："要是他二爸害怕我们为田健办事白花钱儿，我今儿当头对面给你们把话撂下，为健健花下的钱儿，几千也好几万也好，我不让你们出一分。我就是把家当全卖掉，砸锅卖铁，也不让你们花一分钱！"说完哭起来，越哭越烈，及至又撕发抓脸地疯颠起来。田成才用双拳捶打自己的头脸。田成功胸闷气短还没缓解，田成业心存怨怅懒得搭理，任由老三两口自己折腾自己。直到哭得声嘶力竭，捶得精疲力尽自己安静下来。

冰雹扫掠过的田野一片狼藉却出奇地清新。田家老弟兄心里经过狂暴的情绪撕打后也出奇地冷静下来。依据亲友们提供的信息，商定下一步的行动方案。据称，法院院长单于律文喜爱收集野生动物标本。家里客厅书房饭堂卧室所有能摆东西的地方，全被各式各类的野生动物标本占据，俨然一座小型动物标本展览馆。那些被猎杀又被科学处理后的小动物大飞禽，用抽走了灵魂的华丽和雄健守望着院长的精神乐园。展翅的大雕、回眸的喜鹊、傲踞的盘羊、机敏的水獭、华美的雉鸡……那惟妙惟肖的玻璃眼球，在小如绿豆、大如杏核的眼眶里熠熠生辉。随着头顶身侧灯光的变强变弱或明或暗，向院长大人传达着它们亘古的警觉和审视，填充着院长的爱心。以院长的话说："等有了一头梅花鹿，就可以给我的野生标本集藏命名挂牌。"

如果送一只梅花鹿标本给院长，至少可以趁院长的高兴把要求明确提出来而不至于受到斥责。可梅花鹿标本不比野兔和雉鸡好寻。省城内有些专营虫草、鹿茸等产品的商店，摆着大小不等的梅花鹿标本，可那是人家装点门面的摆设，非卖品。只有一家的店主半开玩笑半认真地说："谁出两万拿去。"田家兄弟们心硬口硬决计凑集二万元买下这只梅花鹿，由田强两口送去。田强有个朋友是院长表弟媳妇她哥的老师，与院长谈得来，可做引荐。

　　几天后，田强从工艺美术商店取来定做的包装箱，把二万元买来的一头两岁梅花鹿装进去，周边用碎绒布和软泡沫填实，扎上两道提绳。出发前，田成才对儿子说："你媳妇平日打扮得花狸胡骚的，今天咋舍不得多抹点口红？你叫她好好打扮打扮。"

　　田强的眼仁鼓鼓地，"你是叫我送梅花鹿，还是叫我送媳妇去？"一句话把田成才噎得脖子胀红起来。

　　孙雅萍非要同去，被田成功唬了几句，决定到院长家门外等候，以便第一时间听到佳音。打乘两辆出租车来到城中区紫竹巷鸣翠苑，目送田强、李怡蓉提着硕大包装盒走进单元楼门，三个人狗急猴窜地在楼下等了将近一个小时，才见田强两口出来。三人急步迎上前，"东西收下了？"

　　"收下了。"田强显得精神恍惚。

　　"院长怎么说？"田成才孙雅萍异口同声。

　　"院长说量刑时会考虑自首这个因素。但这案子性质恶劣，影响太大，自首不一定能起作用。再说，公开审判，有合议庭复议，眼下全是未知数。"

　　田成功、田成才、孙雅萍都呆了一般。在他们眼前吸引他们的那盏忽明忽暗的灯忽然熄灭了，他们满目黑暗不知如何是好。却发现还有一盏灯似有似无地在心底里闪着。一切都取决于田健的命运。给田健命运之灯能添加一点油料的，只有比院长大，比院长地位高的展望的父亲。但不知道那晚塞进展望衣兜里的一万元是否被展望父亲收纳。

77

吃完早饭，孟慧帮兄弟媳妇洗刷碗筷时暗暗打定主意，去民生街拆迁办公室问一下，给她家分配的住房确定没有，必要的话去房管所问问方之新所长。

换出门衣裳，兄弟孟贤站在门口问道："你是不是耐不住了，想回去？"老姐躲着他的视线不应声，又说，"别自己轻飘飘地回去。非得等他来叫你，我把该说的话说掉，你才能回去。"

"我……想去民生街拆迁办问问，房子定下来没有。"孟慧支吾着从兄弟家出来。来兄弟家两星期了。原以为最多三天，心虚理亏的男人就会上门下话求她回去，不料两星期无声无息，倒叫她进退两难。她不是非要扳这个上风头，也不是要当着娘家人把一肚子委屈倒给男人。她只为让男人一个人冷静想几天，想通了自然来叫她回家。男人这么固执不要紧，要把房子的事耽搁了，给房管所所长的礼就白送了。过去看看，闹不好会在拆迁办或者房管所与男人撞在一起。真要撞见，只要他态度好一点，她就同他回家去，免得他上她娘家门被兄弟奚落一顿，让他和她都下不了台。

拆迁办公室一位长头发的女子翻看表册后说："田成业签名领走了一单元双号五楼的钥匙。"

孟慧疑心听岔了，补问一句："是田成业签的名吗？哪一天领走的？"

女子涂了银红指甲油的细指头在表册上点一下，"这不是田成业的签名吗？上星期三就领走了。"

离开拆迁办孟慧又喜又恼。喜的是镯子没白送，得了一套比较理想的房子。恼的是男人领到房门钥匙不给她通串一声，白白浪费了一星期时光。要不，一半的装修活儿出来了，少说已经买好了材料，选定了匠人。不禁暗暗地骂男人又骂自己。骂男人做错事还不肯找她认错下话，把几十年夫妻恩爱当作一碗凉水；骂自己遇事沉不住气，轻飘飘跑出来让娘家人做主，不但堵了自己退路，还让娘家兄弟跟着烦恼多日。

正在铺设院坪的商住小区院内，先后几辆小货车开进来，把拉来的装修材料一捆一件往楼上搬运。感觉男人正在楼上房内监督木工装修，不禁走进一单元上楼观看。心里抱定主意，如果男人真在房内操心装修，她就一句话不说，去娘家把拿过去的衣裳日用品取回来，不管娘家兄弟如何看待。如果男人不在新房内，她就回娘家等待。你是一家之主，你不急，我急什么？看你能固执到什么时候！

上到四楼，尤林正在擦拭新安装的防盗门，说："上星期老田就把钥匙领走了，怎么还没动静？我等你们快点装修。你们不装修，我就不能搬家。叫老田快买材料，这栋楼这单元里，就你们家摇三慢五的。"

孟慧无话好说，不说一句又不妥，含混地说："老田正忙侄儿子的事，几天里我们就来装修。"转身下楼，心里又恨起男人，逛窑子嫖风有理了是不是？气忿忿回娘家。

孟贤家居城东区康信小区。走进小区，看见区卫生服务站门外挤站着一群中老年妇女，交头接耳议论着什么。孟慧好奇，凑到跟前，听清她们尖一声钝一声地争讲着。一个上海口音的女人说："人家是首都大医院心理学科的专家，免费为社区居民做心理治疗和咨询，这种机会可遇不可求，哪怕等几小时也得进去向人家咨询咨询。"

天津口音的问："看你好好的咨询嘛？"

上海口音的说："都说女人四十九岁绝经，我四十三岁就绝经了，问问什么原因。"

天津口音的女人笑了，"真是多余！嫌绝经早，如今电视里天天有这方面的广告，什么延更丹、维尼、太太口服液什么的，买了吃就是了，问嘛！不羞嘛！"

"羞什么？人家是大医院性心理科专家，经验多，得抓住这个机会。"

旁边还有三四个当地女人在低声议论，一个说，"二十八号楼二单元一楼那个半老婆娘也进去咨询了，你们猜她咨询什么？"一个手里编织毛衣的说："谁不知道！她老头上星期去茶屋泡妞，被她挤堵在门口，气不过，去报社给记者诉苦,说现在满街的野鸡,把她老头的魂勾掉了,要报社写报道,为她伸张正义。过几天不见报纸登出来,又去派出所告状,要警察把茶屋发廊什么的全部查封,免得她们继续祸害。派出所不管,老太婆气出病了,八成是叫专家治这心病……"唧唧咕咕地发表各自的见解,而后咯咯咯地发笑。孟慧慌忙走开,感觉那些女人都用不屑和嘲讽的目光盯着她的背影。

从这里去兄弟家,经过小区中心花园。时当正午,花园南面东西朝向的七层住宅楼如同两堵厚墙,把南边斜射过来的阳光揽聚在花园内,亮堂堂地暖和。聚集在花园亭廊下闲聊晒太阳的人们,都在体会和赞叹着晴暖天气带给人们的惬意。往年这时节几乎见不着绿色了,可眼前的花园里,除了碧桃、连翘、樱桃枝上的树叶已经落尽,紫褐色的细枝密密地收抱成团。紫丁香碎小的圆叶和垂柳树的条叶还半绿半黄地串在稠密的细枝上,接受着太阳多情的眷顾。几株伞榆的绿盖还墨绿依旧。虽然不比春深夏初那样润泽,可那执着的绿色似乎在向人们承诺,再下两场霜,也不能让它们游离枝条零落成泥。树间,亭前廊侧,这儿一株那儿一墩的牡丹树,卷枯的残叶还挂在枝间。而花梦已逝的大荔花,虽然被晨霜压倒了身子,露出孤立的断茎,可叶片依旧绿绿地缠附在失去支撑力的茎杆上,有点令人怜悯的无奈。衬托它们的那些细碎的小草,还老绿老绿地趴附在起伏不平的土地上,守护着变了色和缩了形的花的残瓣。

花园一角有一张空着的条凳。孟慧坐下,望着花园里起起伏伏变化了生命体征的植物,思绪凌乱没有着落。朝着阳光的后背被太阳熨热了,痒酥酥的,可心里却像太阳照不着的死角,阴阴地冷冷地。她不知道该怎么做。是不顾兄弟的奚落挖苦腆着脸回家去,还是像男人一样固执下去。她不是不能原谅男人。一起生活了几十年,男人的毛病归毛病,却从来没有轻视过她做为妻子对他的意义和做为主妇对家的作用。这只老猫是尽职尽责的,尽职尽责后总想偷着吃一嘴好的。世上的男人多数是这样的。她不能原谅的是他明知自己有错还要装脸充硬。细想想,世上的男人们谁又不是这样。遇上这样的冤家,依赖着男人活人的女人能有什么办法?何况……前思后想,感觉人活一辈子靠得是一种要领。而这要领好像就在眼前，就在心里，却伸手抓不住，想又想不出个轮廓。

离开花园回到兄弟家，怔住了，客房沙发上坐着公公田寿。见她进门，殷切又不无歉意地朝她笑笑。她明白公公是替儿子上门求情下话，叫她回去。半月多强压在心底的委屈又泛起来，把眼睛弄湿了。她问了一声，趁换拖鞋用巴掌揩一下眼睛，听见田寿说："老二把新房的钥匙领到手了，是你们想要的靠里的五楼。楼上楼下都装修着，四楼的尤林已装好了，想搬家，怕你们装修太吵，等着你们快点装修。老二这几天忙着买材料，叫我过来问一声，客厅的地面铺瓷砖还是铺地板，他叫你定，他好把材料买齐……"

孟慧装出想事的样子站在公公对面的墙角。她知道，田家的男人们没有给婆娘说软话的习惯。公公把话说到这份上，等于下话求她了。不借着这个台阶回家，就是自己给自己过不去。便说："我这两天也心慌房子的事儿，正想过去问问，不承想你来了。你喝茶，我把东西收拾一下。"不料孟贤从厨房出来对田寿说："我姐姐来我家半月多了，不见姐夫的影子。你今天老老地替儿子叫人，我本不该说啥。可姐姐这样回去，姐夫倒有说头了。你说，姐夫他是撂掉五十说六十的人，干得什么事儿？他要觉得没脸见人，就别做见不得人的事。我不能让老姐这么回去。我得亲口问问姐夫，他到底咋想的！他说明白了，姐姐自然就回去了。"转面对孟慧说："你也是的！听见一句好话就要轻飘飘地回去。这样子，不如别来我家里！既然来了，就得叫他说下个话哩。"转身对田寿说："大大，你别害气，不见二姐夫的面，我不会叫姐姐回去。别人家得了新房都操心房子的事，他倒好，有闲心嫖风。"

田寿脸上挂不住，站起来说："这些事原本轮不到我管。我来，只为传话，快把房子装修起来。既然你要扳个上风头，我就没话好说了。"在孟贤假意的挽留声中摔门而去。

公公愤然离去的背影像入眼的沙粒硌得孟慧总想流泪，可兄弟的脸面又是不能不顾的。记得生下伟伟那年，田成业与单位一个叫莎莎的女子粘缠，她一气之下到兄弟家住了几天，孟贤把找上门的田成业臭骂一顿。自此两人心里就存了隔膜。就这么一个娘家亲人，事事处处为她撑腰着想，她怎能忽略兄弟的心情呢。那样，往后倘或再有这样难消的气，就不好再进兄弟的家门。钻进厨房替兄弟洗涮准备腌菜的红萝卜、芹菜、蒜苗，暂时把回家的念头撂在脑后。

后晌，孟慧到小区菜市场购买腌菜用的碎辣椒回来，经过小区卫生服务站门口，心想，早上挤在这里的那些女人，大约都见过北京大医院来的心理专家，不再看西洋镜似的挤在门外。顿时生出些好奇心和莫名的愿望，身不由已走进卫生服务站大门。走廊长凳上坐着七个等待看病的人。踌躇着走过几间开着门的房间，好像都不是她想要见的那位专家。走廊尽头一间诊室内，坐一位白胖的女医生，神态气度有点特别。正与坐在对面的一个老女人谈话。孟慧犹豫着该不该进去问一声时，女医生对她笑着说："进来坐下。"指一下一张空椅子。孟慧感于女医生的友善热情，走进诊室坐了下来，心想，如果真是心理专家做咨询，听听也好。

坐在女医生对面女人的年龄很模糊，从五十五岁估计到七十岁也不出格。皮肤粗糙，五官丑陋，嘴唇周边是光芒状的细小皱纹，使青紫的嘴唇启合间显得丑陋怪异。"……我在气头上，不知怎么办才好，就跑到报社去了。报社记者说这种事他们不好报道，又跑到派出所去了。这些天阿爷整天吊个脸，不说一句话，摔碟子拌碗的……"

这些话，让孟慧想起早上门外那几个女人的议论，估计这女人就是她们说的二十八号楼的那位。大约早上咨询的人多，没轮到她。或者当着多人的面不好意思数说自己的委屈，趁下午人少来了。顿时有了听下去的兴趣。

女医生认真听完了老女人的口述，说，"我能理解你当时的心情和那样做的用意。类似的问题不仅仅你一人遇到了。可以说眼下已成了一个社会问题。"边说边翻找手边一沓报纸，从中抽出一张说："前几天我在报上读了一篇报道。眼下，老年人性犯罪在全国屡屡出现。每遇到这样的事件，人们总是把目光更多地投在遭遇性侵害的一方，却忽视了一个重要问题：老年人的性健康。"见老女人神情专注地倾听着，女医生继续说："性健康包括生理健康和心理健康。一般情况下，有性伴侣的男性老人出现性犯罪倾向，主要是心理发生了变化。"见老女人懵懵懂懂似懂非懂的样子，女医生说："我这样说，你听着费劲是不是？我们换个方式。你先回答我几个问题，你今年多大了？"

"五十四岁。"

孟慧惊诧不已，五十四岁咋显得这么苍老？说她七十岁也不冤枉她。

"几时绝经的？"

"我身体不好，上班干的是油漆工活儿，四十三岁就有一点没一点的，四十五岁就干了。"

"你老伴多大？"

"六十岁。"

"你绝经后，与老伴有过性生活吗？"

女人的脸刷地红到了脖子，扭头看一眼孟慧，支吾着说："我阿爷十天半月要纠缠，我烦得不成，好几次为这吵架了。"

"这么说，你们近十年时间没有过性生活？"

"也就那么一两次。"支吾的声音勉强听得清。

"这就是问题的根源了。"女医生也冲孟慧扫了一眼，"根据社会调查和国内外性医学专家证实，绝大多数老年人的性生活可以持续到七十岁以上，少数能持续到八十岁以上。这是因为随着物质生活水平的提高，老年人的身体素质也有了空前的提高。特别是老年人的性需求和性能力，并不是像一般人想像的那样随着年岁的增长而锐减和丧失……"见老女人垂头用指手抠着耳朵眼，女医生意识到这样直接谈性，会让对方难堪。改变口气说："我们先不说这个。我问你，你家里，也就是平时最喜欢吃的饭食是什么？"

对这突兀的问题，老女人的反应是纳闷，抬头半张着嘴望着医生。

"说嘛！我相信你和你老伴一定有经常爱吃的饭菜。"

"我家里……我跟他从结婚那时起最爱吃的要算……面片，羊肉面片。"

"几天吃一次？"

"早年隔一天一顿，如今十天半月才吃一顿。"

"特别爱吃的饭菜，为什么不顿顿连着吃？"

"顿顿连着吃？那不把胃口吃烦吃倒了？"

女医生笑了，"这就是问题的另一个侧面。按眼下时髦的话说，这叫感觉疲劳。老两口一起生活了几十年，相互之间的吸引力早在不知不觉中消退了。尤其到了老年，彼此只用责任和义务来维系对方。"见老女人脸上还是迷迷呆呆的神情，女医生望着孟慧想了想，"我给你说个故事吧。古代有个上了岁数的商人纳了妾，天天上妾的房里去。在妾那边住得久了，觉得对不住妻子，想回来住。可妻子说，我这几天身上不舒服。过了几天，老公又想回来住，妻子又说，不成，我这几天来例假了。又过了几天，老公又想回来，妻子说，我这几天腰疼，你还是去那边住吧。这样推脱几次后，某天，妻叫佣人做了一桌好饭菜，把老公请了回来。老公回来一看，还是妻好呵！老公在妾那边也会感觉疲劳的。欲擒故纵，这是一个生活的策略和技巧……"

老女人听着听着脸上浮显出明朗的神色，趁女医生停顿时说："你这样说我有点明白了。"

女医生和颜悦色盯着老女人："明白了就好，说明我俩的对话是有效果的。你们夫妻一场，养儿育女辛苦了大半辈子，算得上是相濡以沫，同甘共苦的夫妻。今后遇到这种事，冷静点，多站在对方的角度想想。"用手势制止老女人想插话的表示，"我当然不是赞同人们背着妻子去外边胡来。可我相信，除极少数人，大多数人心里都有一条道德底线在暗暗地却最有效地约束着他，会让他随时反思自己的行为，调整自己的行为……"

"明白了明白了。"老女人高兴起来，嘴唇周边的皱纹变得柔和了许多，"这一下我知道该怎样做了。今后再发现他去茶屋发廊，我不理他，由他闹去，谅他七老八十还能风流几次！"

女医生放声笑起来。孟慧趁女医生给老女人推介心理治疗保健手册时离开了诊室，心里说不上是愉悦还是困惑，反正觉得沉甸甸又空洞洞的，脸颊却烫乎乎的。

78

　　田寿去孟慧娘家，并非受儿子指使。头天与老大吃晚饭，无意中听到老二两口闹别扭，孟慧出走不在家的情况。问原因，老大支支吾吾不肯说出实情。知子莫如父，当即猜出老二旧病复发，也知道儿媳气头上出走，回家得有个台阶。再说，不把孟慧叫来，田成业心情没有着落，破罐子破摔，误了装修事小，再闹出什么乱子，就把田家彻底毁了。一个田健，已经让田家人心上裂出一条血口，哪能再往上撒盐！到眼前，儿女还以为他不知道田健闯了天祸，瞒着他不说。其实他的心已被渗出的血淹没了。儿女们瞒他是为了稳住他，别在紧要时刻让他分心分神。他也得稳住儿女孙子，别让他们为自己分心。要紧的是把孟慧叫回家。贤良的孟慧一回家，田成业这桩事就会不了了之，他就可以实施自己的计划。不料，在孟贤家碰了个钉子。

　　离开孟贤家去纸坊街老二家，一路上田寿心里胀胀的。七老八十听人家数说田家人的不是，是田家人的耻辱也是他田寿的耻辱呵！他受了那么多的苦，那么多的烦恼，及至把个家弄成废人，只为保持田家人的名节脸面。如今到了儿孙头上，杀人的杀人、嫖风的嫖风，快把田家人的脸面丢尽了！要在年轻时节，他非把这等不成器的儿孙撵出家门不可。可如今吃的是儿孙的，穿的是儿孙的，说话成了屁巴凉水蛋①，活着，还有啥意思！

　　收到伟伟、佳佳的汇款打算去邮局取钱的田成业见父亲回来，纳闷多于喜悦，"你……"父亲的神情阴郁凄惶，"你身上不受活吗？"扶着父亲坐在沙发上父亲常坐的位置。"这两天正想过去看看你……"

　　话被田寿截断，"你还有工夫看我？哼！"田寿回味着孟慧在家时的温馨气息，"看你！挂钟停了都不知道，整日心里牵的是啥？"

　　田成业抬头望一眼挂钟，真停了，竟然没发现啥时停的，"电池没电了。"

　　"这家里没有孟慧就不成样子！你打算就这么僵下去？"

---

①俗语：这里指不顶用，不算数，被蔑视。

"你……知道了？"田成业明白了父亲的来意，也估计父亲要替自己去说服孟慧，暗暗高兴却故作姿态，"别理她！动不动就往娘家跑，等她在娘家坐得没意思了，自会回来！"

田寿盯住儿子看了一阵，真是大大的儿子，老虎的皮子。田家人这是什么狗怂性格！"我已经去过了，见了孟慧。"

"他们怎么说？"他想知道孟贤怎么说而不是孟慧。

田寿忍不住说道："说狗改不了吃屎！"

"这话是孟慧说的还是她兄弟说的？"

"你别管谁说的，你听了心里舒坦吧？"

田成业躲开父亲恼怒的目光。他清楚，孟慧骂不出口，孟贤碍着亲戚的情份，上门的又是长辈，也不会如此骂人。这是父亲对他极度不满的流露和发泄。立场不一样，想法不一样，与父亲继续争论这事只会是自寻烦恼。把装进衣兜的汇款单取出来，"伟伟、佳佳听说我要装修房子，汇来一万元。你坐着，我把钱取来给你做饭。"提暖瓶给父亲泡茶。

田寿起身把茶杯取开，"要我吃你的饭，快去把孟慧叫回来。"走到门口等儿子同出。田成业只好随着，下楼在院门外分手，心烦意乱，也没问父亲要去哪儿。

在邮局自动扶梯上看见了苗青。他上苗青下，擦肩而过的苗青竟没有看见他。迈出楼梯口回头，苗青正好要迈下自动扶梯，被身后那个男人扶了一下。顿时明白她怕身边男人疑心，故而装作没看见。可他宁肯认为她真的没看见。女人与外界的联系往往是靠感觉而非眼睛。当感觉处于静止状态，眼睛只是个摆设。街上风来云去的女人一个个趾高气扬目中无人，总在别人打招呼时才恢复常态，也总是记不住哪儿是哪儿，就是这个原因。与自己分手后，确切说他打算与苗青分手后，她又有了新的男友。或是又有男人迷上她的清秀，甘愿为她花钱献殷勤。看那男人，穿着举止长相都不比他鲜明，心里便别扭起来，后悔轻易放了手，让别的男人钻了空子。

田成业取出一万元汇款，下自动扶梯又被苗青擦肩而过视而不见的冷漠无情引出些气恼。转念，欣慰起来，这么薄情的女人，去了就去了，有什么好留恋的！又不是少了她就得出家做和尚去。有那么多比她年轻比她风骚的小姐，眼巴巴等着男人们去寻欢作乐呢。这一连串泄忿又自慰的念想，把田成业多日来由于老婆出走而压抑的情欲勾引起来，身上某些部位开始发热发胀，只有一泄而能后快。心想，既然被骂作吃屎的狗，吃屎不吃屎也就没什么两样，再吃它一次又有何妨！上次去洗浴中心，那小姐问他打不打双飞，他当时不明白，"双飞？什么双飞？"女子说："给你再叫一个小姐，两个人陪你，叫你玩个够！"他诚惶诚恐，"不成不成！你一个就够我对付的，再来一个，不要了我的老命？"过后又后悔没尝尝双飞是什么滋味，一定很浪漫很刺激吧？今天身上装着一万，别说双飞，三飞四飞都没问题。

　　先找卖夫妻用品的店铺买了一丸"蛮牛"，用唾沫吞下，到就近有发廊的街道，慢步走过，挑选发廊门内眼巴巴等望顾客的小姐。走到头再返回来，认准一个蛋型面庞的白净小姐。小姐感应了他的企图，在他经过门口时推开了门扇，田成业敏捷地闪了进去。

　　"按摩还是打炮？"小姐开门见山。

　　"吹箫不？"

　　"吹，得加钱。"

　　"加多少？"

　　"五十。"

　　"走！"女子走出发廊向左二十多米拐入一个小门。田成业尾随到发廊后面的三层筒子楼上，开门进入一个三间小居室，大间内设有两张床铺。让田成业坐在床边，小姐熟练又从容地扒光了包装，立在旧衣柜前，转动身子照看自己的前影、背影、侧影，孤芳自赏悠然自得。而后取一管小东西，对自顾欣赏她肉体的田成业说："你怎么不脱？快脱，吹箫得擦洗一下。"

　　田成业身上装着一万块，担心小姐使用什么迷幻之类的药物，警惕地犹豫起来。小姐亮给他看，"这是牙膏。"见田成业又显出疑惑，又说："牙膏能消毒。"

正在消毒，门被敲响，小姐光身子出去开门，唧唧哝哝说了几句，领进另一个小姐，"老板，我俩一起给你服务吧。"

田成业又紧张又兴奋，头里转着双飞的念头，"门弄好了没有？"

"你放心。"两个小姐开始围攻。

一个小时后，田成业闪出发廊一侧的小门，混入人流中，腰腿有点酸软，半恍惚半兴奋地回味着体验了的双飞的滋味。有人拍一下他的肩头，并贴身把胳膊搭在他肩上。是个穿黑皮夹克脸色阴沉的中年男子，另一个穿西服的男子尾随其后。田成业还没反应出这种突发的情景意味着什么，中年男子用沉着的声调说："我找你，知道为什么吗？"

田成业陡然紧张起来，意识到遇到了麻烦的时候，中年人说，"我们一再禁止卖淫嫖娼，没见我们把几家发廊都查封了。"

惊惧慌恐的田成业无暇细想，张口结舌说不出话来。中年男子又说："看你的年龄，已经不小了，都有孙子了吧？你嫖风，不怕家里人知道？"扭头对另一个说，"你打电话问问，车来了没有？就说我们抓了一个现行，把车开过来。"

田成业头里一片空白，身心发紧双腿发软，中年男子又说，"看你是个顾面子的人，好像是头次干这种事……"

"是头一次，"田成业支吾起来，"身体……老伴……"语无伦次。

"嗯……你要不想让家里人去看守所领你，就得交上罚款。说，是去看守所还是交罚款。"又对另一个说，"车怎么还没来？再打电话。"

田成业的心室几乎要破了，"罚多少？"

"一万！"

田成业头里嗡地一下，两腿颤抖起来。他们怎么知道他身上有一万现金？交出去，比揪去心肺还疼，不交……恐怖念头一下子震碎了心底那道护命底线，向挨着人行道开过来的一辆小车撞了过去，轰地一声，整体的三魂七魄玻璃般粉碎开来，星星点点的亮斑随着消散的声音飞溅而去，只剩一丝丝意识，线头一样扭扭歪歪向黑沉沉的万丈深渊飘坠，又被一股自下往上的冷气托住，摇摇晃晃在黑暗里游移，如水里鱼虫，风里草屑，旋涡中泡沫……飘呵坠呵升呵……不知飘移了多长时间多宽的空间，感觉一点白森森的东西自远而近自小渐大来到跟前，由一团飘浮的白色气体渐渐显出轮廓形状，竟然是一具没头的骷髅，随着摇摆发着卡啦啦的声音。线头吓得缩成一团，又使劲伸展，险些被骷髅尖利的爪子挂住。骷髅卡啷啷地响起来，像在发笑，接着嗡嗡嗡地给线头发出了询问：你是谁？从何处来，到何处去？线头躲着骷髅甩摆的尖爪利趾，抖了几下，发出虫鸣一样细弱的声音：我是田成业，从来处来，到去处去。骷髅把浑身的骨节哗啦啦地抖了一阵。线头在茫茫黑暗中唯独遇见的只有这具恐怖的无头骷髅，不得不斗胆问道：你从哪里来？要到哪里去？骷髅摇摇晃晃地说：我从去处来，要到来处去。颠颠抖抖忽升忽坠地向远处飘去，如一团水气。线头恐怖万分，让这无头骷髅飘失，它在漫漫黑暗何依存在！紧忙伸伸缩缩地跟了上去。

不知又飘游了多少时间空间，远处出现一个亮点，水气一样愈泅愈大，整个儿亮堂起来，竟然是一座城池。高峨的城楼，阴深的门洞，熙来攘往的人流全是长袍方巾，布褂麻鞋。推独轮车骑高头马，牵牛赶猪担水挑柴样样俱全，热闹非常。线头紧随骷髅通过阴风习习的城门，鳞次栉比的店铺从城跟往纵深延展，牌坊、门楼、商号望子、牌匾、揭挂着二楼支摘窗的民居……飘过一条条街市，骷髅停下来，骨节又咯啦啦地欢响起来。线头躲在骷髅肋骨后面观看，这个挂着蓝底白牙边幌子的店铺有块方匾，上书五个楷书大字：西门生药铺。骷髅说：这曾是我的。曾经，这城里有我多处买卖，绒线铺、绸缎店、当铺、钱庄……皆因为头被人取走，成了他人财产。抖几下骨节，乘风飘往城外，线头紧紧追随，来到城外荒郊野地边缘，骷髅指着被蒿草遮蔽的一座土堆，这是我老婆吴月娘。除她，我曾有过美妾艳婢多人。线头一机灵，明白无误地说：你的妾一个叫李瓶儿、一个叫孟玉楼、一个叫潘金莲、一个叫孙雪娥。骷髅凝住了。片时，惊讶地问：你咋知道这些？线头从骷髅的阴影下飘到有亮光的地方说：你别管我是怎么知道的，反正我知道你是西门庆了，怪不得你没头。你是色狼，淫棍！有贤妻美妾还不知足，诱奸潘金莲谋杀武大郎，武松为兄报仇砍了你的脑袋。原以为你千载难复，岂料你还在四处游荡……

骷髅咯嘟嘟响着扑向线头，"你才是色狼、淫棍！你不也是背着贤妻与莎莎通奸、与莹莹嫖宿，又诱奸苗青，还进茶屋去发廊与明妓暗娼寻欢作乐，你比我有过之而无不及。

线头抖成一团躲开骷髅的扑压，惊悚又不无好奇地问：你死了几百年，怎么会知道这些？

你我都在无极中来去，来无极，去无极，你既知道过去，我何不能知道未来？

线头蠕动着将缩成团的身子展开，既然你我同处无极，冥冥中不期而遇，我们该何去何从？

骷髅飘飘摇摇地说：皆因我被砍取了人头，魂无归处，在无极中寻寻觅觅数百年，只为寻找一个脱胎换骨的替身。既然你无颜存世自寻无常，你我不妨来个互换，你隐身地狱，我现身人间，各取所需各得其所，意下如何？

线头颠来倒去地想了一阵，说：你先得告诉我，我隐身于你显身的那个时代，有什么好处？

骷髅咯嘟嘟地笑了一阵，说：你我都是朝三暮四欲壑难满之徒，以女色为本欢娱为形，你去我显身的那个朝代，可以极大地满足你的欲求。那里实行一夫多妻制，任你三妻四妾地享用，官府不做限制。还可以出没于书寓歌馆长三堂子，别说外人找麻烦，就你的妻妾也不能横加干涉！哪像你显身的这个时代，官府规定一夫一妻制，莫说妻妾成群，多娶一个老婆就犯重婚罪！弄得男人全成了口是心非的人，偷鸡摸狗之徒。如你一般，一肚子男盗妇娼，还要装出正人君子模样……

线头听得羞恼难当，忍不住说道：你算了吧你！既然可以三个四个五个六个七个地明媒正娶，任你挑着拣着受用，为何还要诱奸潘金莲？又要毒害武大郎，最终落个身首异处？再说，能受用三妻四妾的，不过是些达官贵士商贾名流，加上你这种靠坑蒙拐骗发财的暴发户！老百姓有几个能娶二房的？

我处身的这个时代的一夫一妻制却是针对全民的，高层人物，有权有势者概莫例外，同样受到限制……

骷髅的各处关节又咯嘟嘟地哗响起来，如同有头的人在仰面狂笑，限制？限制了身子限制了心吗？你不就是最典型的例子！一个小小的退休教员尚且如此，岂能限制住那些位高权重的，那些财大气粗的，更别说像你我这样嗜色如命的。哪一个不是在想方设法抵御这种限制？你们的包养情妇、包养小蜜、婚外恋什么的不都是例证吗。与其像你们这样的偷鸡摸狗，真不如像我们那样随心所欲………"

被羞恼挤压成团的线头一时无话可说，自觉在咔嘟嘟笑响的骷髅前面显得十分卑劣渺小，连伸展自己的底气都没有了。可线头的自尊也是自尊，不辩驳就等于理屈词穷甘愿认输。于是强打精神拉直弯曲的身子说：就算你显身的那个朝代适宜你我这样的色狼淫棍名正言顺地生存，可那个时代在哪儿？它离我太遥远渺茫了。虽然我处身的这个时代让我的欲望受到了限制，不能随心所欲。可我的欲望只要不危害社会公共秩序，照样得到尊重得到满足！再说了，人性的觉悟、科技的发展、制度的宽松，都在为这种满足提供着便利，提供着保障。别的不说，单说性生活的辅助工具吧。当年你与潘金莲偷情取乐，用毡包拿去的也不过勉铃什么的几样小玩艺儿，哪有我处身这个时代的丰富！什么你的羊眼圈、水晶套等等类类的小玩艺就不说了，只说那些乳胶吹塑成形的男女性器官自慰器，你那个时代有吗？恐怕连想也没有想过吧？还有乳胶吹塑成的人体，真人大小，充气后安装上电容控制可以收缩振动的性器官，由你当作真人尽性地玩弄，还能在高潮时发出呻吟。倘或你心仪哪个影星歌星渴望与其同席共枕，可把吹塑人体做成她的模样由你尽情地享用，这样的美事和玩艺在你处身的那个时代恐怕是天方夜谭吧？见骷髅听了凝止不动，线头得意地笑了起来，最关键的，你处身的那个时代，女人在社会和人们心目中没有丝毫地位，任人玩弄宰割。那被诱奸骗奸怀孕后无颜面对父母丈夫儿女公堂的，轻者被丈夫休弃，被舆论唾弃；重者被宗室公堂凌辱。女人活不能自主，死不能自裁，处境何等低贱！哪像我现身这个时代，女人被视为半个天空，入家与丈夫平起平坐，出门同男人并驾齐驱。单说爱美天性，得到了十足的尊重和认同。为突出美丽强调性感，割双眼皮纹唇，隆鼻除皱，丰胸缩阴，性生活性快感性质量作为生命特权隐私，法律给予保护，舆论给予宣扬，科技给予保障。一旦未婚先孕，无风险无痛苦的可窥人流提供服务……怎么样？你还有什么理由说服我去你处身的那个时代？还有什么资本把我作为你脱胎换骨的替身？竟然往骷髅的颈项上轻蔑地吹了一口气。

骷髅恼羞成怒，狰狞地说：可你说服并引诱了我，必须凭借你这一丝尚存的气息给我枯朽的骨架注入动力，而后去你处身的世界浏览一番！享受一番！整个压向线头，线头被压得胸闷气短，挣扎着说：你休想你休想！

"大舅三舅，二舅醒了！"身边有惊喜的叫声，接着有杂沓的脚步声响过来，"说话了！说了一句休想休想。"

"成业！二哥！二爸！二阿舅！"各种叫声在身边震响。田成业努力睁开眼睛，恍惚地问："我在……我这是怎么了？"散漫的目光渐渐集拢起来，水雾一样飘缈的意识也集拢成云一样有轮廓的记忆，那个扑向小汽车的瞬间从脑海掠过，明白自己没被汽车撞死，活过来了。

有人把脸俯在他脸上说："你总算醒了。"是老大的声音。他调集心力，看清围站在身边的还有田成才、侄子田壮、田强、田明、外甥伊承宗。

昏蒙的脑海里接着显出来的是那两个警察。想起警察田成业的心脏骤跳起来，虚汗濡湿了头发和面孔，羞惭从皮肤下面红红地渗出来，使他禁不住颤栗起来，"是……是警察把我……送来的？"他试探了一句，心里诅咒着死神，不把他收容却推进了比死还要可怕的境地。

"警察？什么警察？"田成功反问，"医院的人说，是撞了你的小车司机和几个路人把你送到医院来的。"

田成业疑窦丛生，把田成才握着的右手挣脱，在身上摸着上衣口袋。田成功说："你装在身上的钱没丢。医生抢救你时把钱取出来交给护士保管，护士已经给我了，九千七百元。医院是根据你身上装的游园证查出地址通知我们的。"

田成业紧缩成团的心神慢慢地松弛开来，意识也清晰了，是家人们怕他难为情暂时不提那件事，还是那两个警察……有了这个念头，闭上眼睛回想当时的一些细节，同时等待家人们进一步的反应。

孟慧同田英、田成凤来了，孟慧伏在田成业身上痛哭起来。田成凤、田英一左一右再三劝慰才收住悲声，哽咽着说："都怪我，怪我……吵了几句，不该撂下你不管。"

疑惧、迷惑、懊悔、内疚、后怕……多种情绪纠集成团把田成业的心灵挤胀得发疼。他长啸一声，痛疼的心灵一下子被抽空了，空得难耐。这时，田壮说："二爸，你昏迷了三天，医生抢救了三天，医生和我们都害怕抢救无效，成了植物人，没想到你醒过来了，真是谢天谢地！"

79

田壮走进铺门，围坐火炉边聊天的赵娟、李翠、万花花都显出慌乱神色。田壮示意站起来的赵娟、李翠重新坐下，问道："月饼卖完了？"向门口条凳上的笼屉扫了一眼。

万花花见田壮用不满的目光扫视自己，向赵娟、李翠说声再见，走了。田壮等她的身影掠过窗户，说："她怎么老在这儿？"

"她来给她掌柜的预订明天要的月饼，见我俩闲着，坐下来暄了一阵。"李翠把万花花坐了的椅子从火炉边提开，换一张椅子让田壮坐。

田壮坐下点烟，扔掉火柴残梗，"月饼卖得怎样？"眼望着火炉盖上渐渐变成焦黄接着冒起一缕灰蓝烟气的火柴残梗。

赵娟也望着窜起一点火苗的火柴残梗说："一日不如一日，昨日剩了半笼，昨晚我俩和了两笼的面，今早只蒸了两笼，加上昨日剩得半笼，到现在还没卖完。"

"找到原因了吗？"田壮嘴上这样问，实际不指望她俩解答。答案早就有了。自去那边经营食府，他绝少过问这边的生意。加上自然起伏的消费周期和人们故有的喜新厌旧心理，月饼买卖跌入低谷也是必然。对他来说，有了食府生意，对这小打小闹的买卖不怎么上心。基于有些固定的回头顾客，一时不好收这摊子，维持着，等待适宜时机关门停业。出于这种考虑，当赵娟提出添置一台压面机、一台烤饼炉，用来扩充经营的时候，他给她一个模棱两可的回答："等一等再说吧。"后来李翠又提出粉刷店堂，改造门面的要求，他又用"等一等再说"否定了她俩的提议。赵娟、李翠看出了他的心思，也抱着干一天算一天的态度。这种前提下，他能指望她俩给他一个什么样的答案？

田壮抽了半支烟，对李翠说："今天我有个应酬，要叫走赵娟，你一个人守着铺子吧。月饼卖几个算几个，卖不完明天再卖。估计赵娟要晚点回来，你用不着做明天的准备工作，有空闲时间去街上转转。"

李翠猜疑的目光在田壮和赵娟脸上扫来扫去，赵娟问道："什么应酬，非得叫我去？"

田壮模棱两可地笑一下，起身说："去了你就知道了，走，现在就走。"

赵娟狐疑地盯视田壮的眼睛，想搜寻出他的真实用心。田壮却走出铺门站在街边等她。只好解下围裙，脱掉大褂，去厨房水池洗手，理一下头发，穿上早晚停业后穿的混纺尼短大衣，离开了店铺。

多云天，初冬的轻寒让行人穿上了厚重的外套，天堂巷密集摊位前的人流显得迟缓臃肿。田壮、赵娟一前一后躲让着四顾的各色行人穿过天堂巷，停在西门十字。田壮对半是猜疑半是纳闷的赵娟说："你说，我俩先去给你买衣服还是先去给你做头。"

赵娟皱一下眉头，猜疑变成了一股无名火，本想质问一句：你平白无故莫名其妙问的这是什么话！？转念间却被好奇心占了上风：他这是犯了啥病，突然想到给我买衣裳做头？不禁说道："你的什么应酬，用得着给我又买衣裳又做头？"

田壮笑了，"你别管是什么应酬，反正我得给你买一套衣裳，再去美发厅把你的头发焗一下。你只说，先去做头还是先去买衣裳？"

赵娟既猜疑又好奇的心里泛出些暖暖的感觉，不禁任性起来，"你先得给我说明是什么应酬，我才回答你的问题。"

"是……是我生意上的几个哥们聚会，强调都得带上……带上自己的女朋友。你说，我能叫你随随便便地去吗？"

赵娟的脸颊热乎乎的，心里也热乎乎的。哥们聚会强调带上女朋友，田壮叫她同去并要给她买衣裳做头，至少说明田壮今天要把她当作女朋友了，这实在出乎她的预想。这之前，也就是自她看见田壮与离了婚的前妻会面而离开食府到月饼铺后，就对自己与田壮的关系不抱什么期望。尽管这期间田成功也好，孟慧也好，田成凤也好，一有机会就给她暗示，要她给田壮做媳妇，可她还是不抱什么希望。她是农村女孩子，可怜巴巴只上完初中，哪敢奢望在城里寻个婆家。听田英、田野他们说，田壮与邱慧敏离婚后，发誓要娶各方面条件都比邱慧敏好的女人做老婆。她一个来自农村的打工姑娘，与邱慧敏相比，差距太多太大，哪敢纵容自己去胡思乱想。谁料到……赵娟望着街头密密麻麻匆匆来去的人流怔了一阵，把目光小心地移上田壮的面孔，"做头得几个小时，买了衣裳去做头，还得操心着衣裳，先去做头吧。"她认为此刻的任何扭捏客气，都会抹杀她在田壮心目中突然确立的那个形象，顺着他是最好的选择。

"那好，我俩先去昆仑路，哪儿有个高规格的美容美发厅。"招手叫停一辆出租车，乘车来到昆仑路的"赛妃"美容美发厅门外，田壮付了车费对有些拘泥不前的赵娟说："我想让你把头发焗成葡萄红，再烫成大波浪，成不成？"

赵娟心里一阵惊喜。她曾多次见过一个买月饼的年轻女子，留着葡萄红大波浪发型，看上去又美又洋气。那时她刚来城里，还不知那种发型的名称和染上去的颜色叫什么，可见了一次心里就烫火起来，睡梦颠倒地忘不掉。后来见得多了，听田英她们说多了，就向往有朝一日自己也能焗那样的颜色，做成那样的发型。不过也只能是干眼热，干想。因为听说染做那样的发型要花一百多元。她别说没有那么多钱，就是有，也不敢往头上花呵！虽然自己有一头长柔的秀发，在家里梳成一对辫子，铁锨把那么粗的两根辫子垂在背后，辫梢搭在腰下面，谁不说村里丫头伙里数她的头发好看。进城打工为了便利省时，把头发拧成一股盘在头顶用发卡卡住再戴上白布帽。有几次洗头被田英看见，也说她的头发太好了，要好好地保养，等有条件收拾起来，保准叫城里姑娘眼热死哩！孰料，认为办不到的事情就要办到了，实在叫她高兴得不知如何是好。情不自禁地问田壮，"我没做过你说的那种发型，也从来没染过头发，做出来不好看咋办？"

田壮笑着把她拉到美发厅门口，"我等在里边着急，转转去，两小时后再来。记住，头发焗成葡萄红，做成大波浪。"把二百元塞在赵娟手里，拉开玻璃门扇把赵娟推了进去。

附近的"爽都"超市顶楼设有茶座和台球房，田壮进台球房打了三局斯诺克，进茶座要了一杯椰奶咖啡，抽了两支烟，估计时间差不多了，下楼从超市侧门出来，老远看见赵娟已经在门外等候，左顾右盼地寻望着。紧走几步，在距离赵娟五米远的地方停下来，惊诧地打量赵娟。都说男人的帽子，女人的发型可以改变人的形象。做了葡萄红大波浪发型的赵娟几乎变成了另一个人，典雅俊秀夺人眼目。是那种含情脉脉的俊秀，仪态华美的典雅。顿时兴奋难抑，上前搂住赵娟双肩说："你太美了，真的太美了。"心里懊悔，以往怎么没发现赵娟竟是如此的美丽。

赵娟扭动双肩甩脱田壮双手，左右望了两眼，不无责怪地说："没见在大街上吗？"心里却甜蜜不已。进城在饭馆打工两年，田壮这是第一次近距离对她表示亲热。甜蜜之余又不禁纳闷，难道一个女人的发型比这个女人本身还叫男人倾心？这点纳闷让她言不由衷地说："我美什么呀！要是不做头，你能说我美吗？"心里竟溢出些委屈来。

其实田壮也在纳闷着。按说眼前的赵娟就是昨天和去年的那个赵娟，怎么今天看上去格外漂亮？发型只改变了她的局部，而更多的，发型无法改变的那些生命体征，眼睛以及眼神，嘴型以及笑容，身材以及举手投足的动态，都与以往没有两样，为什么以往竟然没有发觉她的美？是这新潮的发型恰如其分地衬托和强化了她的美丽？还是她原本就具备的自然美反衬了发型的显美作用？田壮无力自解，只深刻地懊悔，那么痴情地去惋惜留意一粒被人剥夺去的珍珠，目光和心灵全被这种惋惜留恋遮蔽，却忽视并险些把身边一粒更加璀灿的宝石错失。这种感悟让他一下子甩开了多年来用灰心和懊怨积累成的那个固有的概念，决心从眼前开始，不再去追思妄想已经失去的邱慧敏，而要以百分之百的热忱和信念，维护和珍惜身边这个注定会给他带来幸福和快乐的女人。

打的来到城中区大十字南大街口的"丰尔美商厦"，在电动扶梯上田壮对赵娟说："这里的服装是市里各商场中最有品位的，你挑选一套你最喜欢的时装，别在乎价格。"

赵娟含混地应着，下意识觉得田壮突然对她体现出这么隆重的关怀，有点什么目的，不禁试探性地问道："要是我看上一套上千元的服装呢？"这样问是因为她曾与李翠同田英来过这个商厦的服装区购物，知道这里名牌服装的标价大多在千元以上，有的高出三千元。

田壮气派地笑了，"上千元就上千元，多大的事儿！"后面半句是模仿时下人们的那种不以为然的调侃口吻。

赵娟半为观赏半为挑选地游走在服装区各式各款服饰的队列中，田壮有意与她拉开距离，从三四米外注视她侧影、背影，她的举手投足。虽然她小心翼翼地移动着步子，似乎担心脚下被什么绊住使身子失去平衡；虽然她时不时停步在一具塑胶模特前，眼里闪出惊讶热羡的目光，却不敢伸手摸摸模特身上格外出效果的高档衣裙，可他越看越觉得赵娟没有什么地方比邱慧敏逊色。她的个头，她的身条，她的脸庞发型，她的比邱慧敏稍显拘谨却恰恰体现了少女的含蓄端庄的举止，让他看得心猿齐鸣，意马失惊。他渴望寻求的那个样样都胜过邱慧敏的女子，就这样活灵活现地站在他眼前，而且比邱慧敏年轻，而且是个处女，而且直觉和现象都在向他证明，只要他真诚地接受老天爷的这个赏赐，赵娟就会成为他幸福的源泉，快乐的雨露，成为他生命的影子,他的灵魂。他暗暗地惊讶和得意着这个机遇。一定是老天爷被他的痴情执着真诚感动,又被邱慧敏的薄情寡义和玩世不恭激怒,做出这样一场戏剧性的变更,在给他一个珍重赏赐的同时给邱慧敏一次无情的惩罚。

赵娟好几次停留在模特前面,仔细地打量,前后左右地观看,小心地摩索衣料体会手感,而后不忍地走开。她看的都是品牌套装,标价全在千元至两千元之间。田壮不去干扰,由她自己做出最终的选择和决定。可她总在游移,犹豫,下不了决心。田壮只得问道:"有没有喜欢的?要是没有,我们去别的商厦。"

"衣服都好,可全是千元以上的,太贵了。"赵娟的微笑里藏着失意。

"你不是说要选千元以上的吗?怎么嫌贵了?"

"我那是给你惹笑呢。"赵娟不无娇嗔地投给田壮一个微笑一束眼波。田壮觉得这么甜的微笑和这么迷人的眼波在邱慧敏身上没出现过,激动地说:"我让你别在乎价格,只要你喜欢。"

赵娟四处扫视,"都好,一件比一件好,比来比去,倒把眼睛比花了。"深情地望着田壮,"你说,哪一套最适合我?"

田壮清楚,该他做出选择和决定了。他走到赵娟刚才看得最多的一套亚麻色全毛套装前,"我觉得这一套最适合你的肤色气质,你要喜欢,就买这套吧?"

赵娟又打量几眼,扯一下田壮的衣袖,"走,再找找,看有没有跟这款式一样价格便宜点的。"

田壮看出赵娟喜欢这一套,因了标价是二千三百六十元,不好意思下这等决心,就对服务员说:"你取一套让她试试。"

赵娟执意要扯他走开,"别试了,现在已经是十一月下旬,买了还不是放到明年开春才能穿?不如到明年再买。"

田壮笑着说:"我的应酬可等不到明年开春。你以为我让你穿着这款春秋装赴约吗?这外面再买一件大衣,不是可以现在穿了?"

服务员殷切又急迫地把赵娟领进了更衣室。

十几分钟后，试衣室的帘子唰地一声拉开，焕然一新的赵娟贵族千金般闪了出来，转动身子问田壮："合身不？"声音低细却清亮。

"就它了！"田壮喜从心底起，爱在胆内生，有了飘飘然的炫晕感。在近旁卖大衣专柜选购一件驼色羊绒大衣，又去羊毛衫裤专柜选购一件羊毛衫，一条羊毛裤。两人欢天喜地出了商厦，招手叫一辆绿色富康出租车，穿过几条街道，停在"君子语茶"门前，"不是朋友们聚餐吗？直接去聚餐的地方，干吗又要喝茶？"

"与哥们约好是五点半，现在三点，这两小时我俩喝茶聊天，我有非常重要的事要给你说。"

装饰古典的语茶店堂由于深沉的色调和低调的灯光，显得古旧幽深。四周垂着各式装饰挂件的隔断内，是供两人相对而坐的条桌藤椅或供四人围坐打牌的牌桌。田壮选了靠窗户比较亮堂的座位，要了一壶碧螺春，一份美国大杏仁，一份开心果，一份杏脯，一份苹果蜜饯。赵娟把三个精美的包装袋挂在隔断栅栏突出的柱头上，按了几下，确信不会掉下来，才出胯落座。

吧台上放着轻音乐，声音很低。田壮、赵娟平时不太留意这一类乐曲，说不上是什么曲子。

在如此幽静的环境中与田壮相对而坐，赵娟有点拘谨不自在。见田壮只顾一眼一眼欣赏着自己，心里既甜蜜又慌乱，迎着田壮热辣辣的目光问道："你不是有什么重要的话要给我说吗，怎么还不说？"

这无疑是对田壮痴迷情态的一种抵御和试探。田壮不无难为情地笑一下，"说是一定要说的，只是找不到话头儿。你一问，话头儿有了，但你得先答应我，哪怕我说了让你不高兴的话，你也不能生气，好不好？"

赵娟盯住田壮眼睛猜测了一阵，笑一下作为回答。

田壮坐直身子，表情庄重地说："我说今天朋友聚餐强调要带女朋友参加，是骗你的。其实我今天只约了一个人，就是我的前妻邱慧敏。"见赵娟张嘴要说什么，示意她听他说完，"我前天被邱慧敏约出去吃了一顿饭，有她几个要好的朋友作陪。那天她穿了一套高档名牌服装，新做的葡萄红大波浪发型。

她的那几个朋友一个劲地说她会打扮，会赶时髦，说她身上具备一种特别的魅力，只有具备很高的审美眼光和文化素养的人才会发现，才配作她的情人或者老公。我才明白她约我去吃饭是故意捉弄我。我气不过，想了这么个主意，把你照她的样子打扮起来，带着你去见她，也气气她。"

赵娟的神色凝重起来，纯情的眸子也被某种复杂的东西蒙蔽住了。从他的神态、语气，她相信他说这些话是出于真诚和对她的信任。便既感激又不无怨恼地说："既然你们都想着要复婚，干吗还要这么做？还没由头地把我也扯了进来。"

"我压根就没想过要与她复婚。离婚头两年，我只觉得委屈。我对她那么好，她却嫌我是个炊事员，挣得工资不多，跟一个做生意的跑了。后来我只想着为我和我们田家人争口气，找一个各方面都比她强的女人。亲戚朋友每次给我介绍对象，我都拿她作比较。近来，她几次主动约我见面，我估计那个男人对她没兴趣了，她又见我盘下食府生意做大了，寻上门来想与我重归于好。见我没兴趣，就想出那样的办法激我，捉弄我。我咽不下这口气，也想借机会好好地捉弄捉弄她，叫她也尝尝被轻视被否定的滋味。"顿了一下，确信赵娟不仅仅用耳朵在倾听他的表白，又说："今上午你从美发厅出来，我突然明白，我为了赌气为了报复，心里只想着她，让她把我的心灵思想全蒙蔽了。今早走进商厦时，我还想给你买一套与邱慧敏那天穿的一样颜色一样款式的名牌套装，后来感到我这样做实在是太幼稚太无聊！所以买衣裳时我没有左右你的选择，由你自行选择，没想到的是……"他停下来深情地注视赵娟，见她也深情地等待着，又说，"没想到你看中的那一套衣裳的款式颜色，与邱慧敏那天穿的那套一模一样，你说怪不怪？八成，这是老天爷故意安排的吧？"

"是不是？"赵娟眼里闪着惊疑，"你不会是哄我吧？"

"我哄你做什么？啥都给你说了，再哄你就不像话了。真得很怪，你看中的衣裳就是我想让你买的，这……一定是老天爷已经同意叫你做我的老婆……"

"胡说八道！"赵娟半怒半恼地的打断田壮的话，"你以为抬出老天爷我就会答应你？"顿了一下，"我才不当你的……你就从来没把我放在心上，如今为了报复她，又叫我充当这样的角色，你……太坏了！"

"你答应我无论说啥都不生气，为啥说话不算数？"诚惶诚恐的田壮搓着双手说。

赵娟忍不住笑了，端杯喝口茶，拿一粒开心果，想剥不剥地在手指间玩弄着，"你给我说了真话，我也给你说句真话吧。"盯住田壮，有点卖关子的味道。

田壮心里发虚，有点听候审判的恐慌。

"其实我离开食府柜台去月饼铺，不是为了你和前妻见面的事。"

"那……为啥？"田壮迷惑起来。

赵娟摇晃着手心里的开心果想了想，突兀地问道："你觉得官所长这人怎么样？"

"不错呵！"田壮几乎是情不由衷地应了一句。似乎觉得没有吃透赵娟问话的用意就贸然应答，显得不真诚，顿一下又说："至少眼下还没发现他哪儿不好，怎么，他对……"对你有什么企图这句话田壮忍住没说出口。几月来与官尚臣的接触观察，不像那些见色动心的人。

赵娟犹豫了一阵，"人是不错，可他在暗地里控制着你，你不知道吧？"

"这话从何说起？"

"上个月，也就是我给你说我不适合柜台收银的工作，要求去月饼铺的头几天，记得那天你被焦老板叫去市上个体协会开会。官所长和桑所长把我叫出去，说是请我吃顿饭，实际是向我询问食府开业后的经营情况，主要是收支账目。我如实说了。他俩要我把食府开业以来的收支流水账给他俩提供一份。我问他俩什么意思。官所长说他俩是食府的股东，因为身份和上面的规定，不好明着参与经营，但要对食府的经营心中有数。我明白他俩对你不放心，怕你对他俩隐瞒收入，最终影响他俩的分红。我当时试探了一句：这事我给田老板怎么说？他俩叫我别给你说，背着你把每月的收支情况如实给他俩汇报，答应给我在工商或者税务方面找一份挣工资的活儿，让我两头儿挣钱。我当时心想，答应他俩吧，对不住你。你这么辛辛苦苦地操心食府的生意，从没有背着他俩挣黑钱的念头，他俩还不放心，这生意怎么做？不答应吧，又怕他俩不了解生意实情，总是怀疑你在做手脚，给你设置障碍制造矛盾，怎么办？想来想去，我就借口你与前妻会面，假装生气不在食府干了。"

如果说此前田壮对赵娟的情爱完全出于异性间的吸引，那么此刻听了赵娟这番话，他对赵娟的浓浓情爱中，多了些深刻的感激和信赖。暗暗庆幸在他把赵娟作为一种工具去报复邱慧敏之前良心发现，对自己的行为及时做出了更正和调整。要不，他将为自己的无聊造成的盲目错失悔恨终生。他深情地注视赵娟，给她添茶，给她剥开心果，抓一把美国大杏仁放在她手里，又固执地把一枚苹果蜜饯放进她嘴里，说："要是从别人嘴里听到这样的话，我会不高兴。我没做任何对不住他俩的事，他俩这样防我是没道理的。可这话是从你嘴里听到的，我除了感激你对我的信任和对食府的着想，就是对他俩这种行为的理解。说真心话，要不是老宫老桑的暗中支持，食府的生意不可能像眼下这样红火。别的不说，单就他俩为食府拉来的公款消费，几乎要占食府全部收入的三分之一，这是他俩的功劳。我十分珍视他俩对食府的作用。我这样说你就明白了，你可以答应他俩，每月定时把食府的收支流水账提供给他俩，而且给他俩说是背着我给他们提供的。为人不做亏心事，不怕半夜鬼敲门。我们行得端走得正，别人疑神疑鬼，最后证明还是他们错了。再说，上头一再强调公务员不得利用职务便利直接或变相从事商务经营活动。老宫老桑冒着被上司觉察的风险为食府出谋费心，也是不易的……说出说进，这事最关键也最具体的环节是你从明天再到食府负责收银。有你在我身边眼前帮我，生意只会越做越好，别的事只当没有发生过，好不好？"

"我回食府，月饼铺剩下李翠一人怎么经营？"

"这个我自有安排。月饼铺是我发展中的一个插曲和阶段。现在食府的经营已走上正规，月饼铺能维持就维持，不能维持就停业。我俩集中心思把食府的事办好。"望着赵娟明朗妩媚的表情，"说了半天，把我俩今天的主题甩开了，我俩得回到主题上来。"给赵娟添茶，又把一枚果脯固执地投进赵娟迫不得已张开的嘴里，站直身子，整理一下领带和衣襟，说："我要庄严地进行我的主题了。赵娟小姐，嫁给我吧。你快答应吧，你要不答应，我就这样站下去。"急切深情的眼神阳光一样暖融融地射向赵娟。

赵娟被他真诚的装模作样惹笑了，"你爱站就站着，反正我是不能答应的。"

"为啥？"田壮的语气由于急迫疑惧而颤抖着。

"婚姻大事，哪能由我做主？得先征求我父母亲的同意。"

"如今什么时代了，你的终身大事就该由你做主。"

"我是农村来的，农村不比你们城里，得父母亲说了算，要不别人笑话哩。"

"你的父母亲我去求。"觉得求字用得不当，一时又想不起更合宜的词句，"求你父母前，你先得答应我。你答应了我，今天我跟邱慧敏见面，我就可以正式向她介绍：'这是我爱人，名叫赵娟，今年二十四岁。'"

赵娟扑哧一声把嚼碎的美国大杏仁喷了一桌，脸顿时通红起来，掏手绢揩抹桌面，又险些撞倒茶杯。田壮叫来服务生收拾了桌面，赵娟的脸一直红着，在田壮三番五次的追问下羞涩地说："好好好！我答应你答应你。"田壮的有些过火因而显得虚假的言行后面，是一颗诚实的灵魂。他不再把她当作工具而是尊为终身伴侣去向他的前妻做最后的告别，这样的选择决定，她怎能置之不理？"不过，你得尽快去我家征得我父母亲同意。要不，我不去食府上班。"

"不是尽快，而是说办就办。见过邱慧敏，我就回家向父亲声明，让父亲明天同二婶去你家里为我求婚。"

两人离开"君子语茶"来到文化街中端的"雅客居"酒楼。这里有一道邱慧敏爱吃的名菜"蟹黄鱼翅"。这道菜是田壮换取邱慧敏欢心的筹码。田壮特意把邱慧敏约到这里，是要向她体现，当年那个嫌"蟹黄鱼翅"太贵的田壮没有了。如今的田壮虽然还没有腰缠万贯，至少可以让她把"蟹黄鱼翅"吃得伤食。

九九九号包厢的客人刚走，服务员正在收拾餐具，擦抹桌面。田壮同赵娟在大堂等服务员把包厢收拾清爽，进去后让赵娟对门而坐，要来菜单交给赵娟，"今天是我俩的特殊日子，你拣你最喜欢吃的点，点四道凉菜，四道热菜，'蟹黄鱼翅'是这里的特色菜，一定要点。"

赵娟浏览印装精美的菜簿，名目繁多，价码吓人。食指在凉菜类的名目上来去滑了几下，问田壮，"这几样吧？""成！由你，你点什么就是什么，肯定是好吃的。"赵娟就对恭候身边的服务生说："红煨鸡翅、水晶虾仁、椒油莴笋、酥海带。"翻到炒菜的页码，对比着看了几页，都是名称古怪的菜肴，样品照片五花八门看得眼花却不知哪一道是该点的。想推给田壮，田壮满眼是鼓励的神情，只好拣那名称好听价格又适宜的点了四道："佛手羊肉、芙蓉鸡片、高丽鱼条、清蒸花菇。"要把菜簿交给服务生，田壮说："我让你点的特色菜你怎么没点？"对服务生说："再加一道蟹黄鱼翅。"服务生离开后，赵娟说："蟹黄鱼翅太贵了，一份八十八元，我没敢点。"

喝茶聊天。一时，四道凉菜上桌，田壮要一瓶红酒，要与赵娟边吃边等。赵娟说："今天你约了人家，人家没来我俩先吃不礼貌，等她来了一同吃。"

田壮感激地说："你真是好心。"

过了五点半，服务生催问热菜上不上？田壮要与赵娟开吃，不等了，赵娟坚持等来再吃。又是半小时，仍不见邱慧敏到来。田壮想打电话催问原因，又不想让赵娟觉得他见不到邱慧敏有点急不可耐。装出无所谓的样子，把筷子塞给赵娟，非要与她开吃。赵娟放下筷子，"急啥！再等等。"

过了六点半，不来，也不来电话说明原因。田壮气气的，又怕影响眼前气氛，克制着不满和气恼免得从脸上显出来，心理上做着第二次调整。对他来说，邱慧敏的到来故然重要，但更重要的是，他要为以前的生活划上句号而由于缺少一个成分不能落笔的时候，他将后的新生活已经亮亮堂堂地开始了。他其实用不着在意划不划这个句号，不划妨碍不了什么。如此一想，决意打电话催问一声。用手机拨了邱慧敏的手机号，先是忧伤的"卖花姑娘"的曲调，而后是嘈杂声，加杂着猜拳的喝叫，好像是邱慧敏有意先让他听听这些动静，而后说："田壮是不是？我去不成了！几个朋友非要拉我来吃饭，饭后还得去舞厅唱歌跳舞,你别等了。"

田壮想骂一句,忍住了。这样的结束比他设想的还要让他痛快。关机,把筷子递给赵娟,"邱慧敏不讲信用。这样最好,我们开始吧。"

八点半,喝完了一瓶红酒的最后两杯,赵娟要来几个一次性饭盒把剩菜打包,离开了雅客居。满街闪烁的灯光,远远近近妖冶变幻的霓虹灯,七分的醉意,都为田壮满心的喜悦添加着色彩。两人并肩步行回到民生街四号院家中,打算先给父亲和爷爷报告喜讯,而后打电话给田英宁守仁、二爸二婶三爸三婶报告喜讯,说他越过了生命中那道原以为无法越过的灰暗的高岗。不但很轻松地越过了,而且在越过的同时发现和拥有了一片明朗秀美的天地。他田壮的生活及至生命,将要焕发出新的光彩。

80

兴冲冲敲开房门,发现家里气氛不对。娘娘在沙发上坐着,好像刚刚大哭一场,眼睛水渍渍地红着,神色凄惶,双手捏着毛巾放在并拢的腿上,毛巾下面有一本杂志类的书籍。坐在娘娘对面的田成功也是满脸凄惶。见春风满面进来的除了田壮还有赵娟,纳闷着说:"我正想打电话叫你快点回家来。"盯住眉眼含春的赵娟,"你俩怎么在一起?"嘴上这般问,心里已猜出了八分,烦恼里便溢出些暗暗的喜悦。碍着眼前伤感的妹子,没敢把这种喜悦显露在脸上。

"爷爷呢?"田壮把打包回来的剩菜放进厨房。通常是娘娘来家里爷爷注定在场。此刻不见爷爷,娘娘又是伤感的情状,怀疑父女间发生了什么磨擦。

"你二婶包了粉汤饺子,打电话叫我们过去吃饭,正巧娘娘过来有事,你爷儿先去了。"田成功边解释边给赵娟拉一把椅子让她坐下。

呆坐着的田成凤趁田成功给赵娟让坐的工夫,把毛巾苦着的那本书籍从腿上移放到胯子与沙发扶手之间的空隙中。这个小动作却被猜测娘娘来因的田壮看见了。娘娘藏掖东西不想让他看见，必有蹊跷，不禁把疑惑的目光投在父亲脸上。

"伊承新不见了。"田成功重叹一声。

"伊承新不见了？为啥？"田壮惊讶不已。

田成凤、田成功对望着，想说不说的样子。田壮对父亲和娘娘遮遮掩掩吞吞吐吐的做法不满起来，语气硬硬地："到底咋回事？你们不能说明白点？"见田成凤红肿的眼睛向赵娟坐的方向闪出几丝戒备，意识到有些话可能不便当着赵娟说，便对赵娟说："你先去小间坐坐。"赵娟不笨，及时起身进卧室关上了门。

"是你姑父把伊承新赶出了家门，三天没有消息，又不准你娘娘寻找。"

"为啥？"

田成功、田成凤又对望一眼，田成凤把藏在身边的那本书籍取出来，又想给不想给地犹豫着。田壮上前夺在手里，原来是一本印装精美的人体写真摄影画册，封面上一个俊美的裸体少女。细看，这赤裸裸的少女竟是表妹伊承新。惊诧着翻看内页，全是伊承新的裸照，站着的、坐着的、躺着的、在水里掬水玩耍的、在草地上翘腿弄姿的、仰望流云沉思的、侧倚大树凝望的……田壮惊诧不已，把睁得溜圆的眼睛对准娘娘，"你从哪儿弄来的？"拍着画册。

"在丫头放化妆品的抽屉里放着，我是翻寻发卡打开她的抽屉，发现她竟把这么丢人的东西藏在里头。"

"承新她……啥时候干起这个的？"田壮的心灵被这空前意外的事实震撼，陡然的愤怒困惑里还有些好奇和兴奋。愤怒的是亲戚门里竟然出了这么大逆不道的女人，竟然赤身裸体任人拍照没有丝毫羞丑的表示；困惑的是伊承新一向温顺听话，不是那种狂放无羁不顾羞丑的女孩，怎么会一下子变成这样；好奇的是什么因素导致承新冒田家伊家之大不韪选择了这样一种职业；至于兴奋，就是下意识觉得田家人固守了几代的一种东西被伊承新这本人体写真画册震碎了，搅破了，一直高高在上的老辈人的威望尊严，受到了后辈的挑战和否定，怀疑和蔑视，这似乎是一件值得称庆的事。

"承新从啥时候干起这一行的？你们从来没发觉？"作表哥的义务又让田壮认为这事得有个说道。

不及田成凤回答，田成功抢在前面说："大人早知道就好了。自头年承新在服装表演队穿了三点式泳装上了电视，你姑父娘娘就不准她再去服装表演队上班。后来听承新说，在'欢旦'影楼找了一份工作，是给搞婚纱摄影的摄影师当助手，外景拍婚纱照时搬运道具调配光板以及协助新娘打扮换妆，顺便学习洗印技术。你姑父娘娘信以为真没怎么在意，谁料她背着大人做出这么没羞丑的事来。她成心要这样做，想方设法地瞒哄大人，大人哪能知道！"

"欢旦"影楼？这怪怪的名号让田壮下意识认为从事的业务多停是向社会推介女性裸照，"这么说，这些写真照片是影楼摄影师拍的。只不知是怎么一个人，教唆我们的承新干这样的勾当，实在可恶。"顿一下又说，"赶走承新于事无补，应该去影楼把教唆她的人找出来，跟他们算账。"

"你姑父想去影楼，还想去派出所报案，承宗说这是承新自愿做的，管人家什么事？别说告到派出所，就是告到法院，也不能把人家怎么着。摄影师拍人体写真照片，是艺术行为。艺术行为有什么罪过？再说了，脱光衣裳摆出各种姿势任人拍照，是自觉自愿的，告人家什么？你姑父见承宗向着妹子说话，把承宗骂了一顿，承宗就出去跑车，早出晚归不与我们照面。"田成凤抽噎着说："也怪我，从她放化妆品的抽屉见了这东西，一下子慌了，没主意，拿给她大大看，她大大一看就气硬了。承新回家没说一句话，拳头加脚把丫头打了一顿，赶出门，说不许她再进家门。怕我出去寻找，三问两寻把丑事传出去，把我锁在房里不许出门，把电话线也拔了。今日见你姑父气小了，借口出来买菜，跑来问大哥，这事该如何收场。"

田壮认为，伊承新能做到这一步，已经把后果事先想到了，包括被家里人责难讨伐。想到后果还执意去做，心理上已做好应付一切变故的准备，也就不可能为此事去寻短见。出去躲在什么地方，等父母亲气消冷静下来，或者不得已妥协了，她才回家来。这么一想，对田成凤说："我估计承新不会出什么差错，只是出去躲几天，等姑父气消就会回来。"

田成凤悲凄凄地盯住田壮，欲说不说迟疑了一阵，才说："我也这么想着，可不知她的准信儿，我心里就没底儿。我今日过来见你大大，就是想让你悄悄地寻一下。悄悄地寻，别让你姑父知道。寻出下落，给我说一声，我就放心了。"万般无奈地连声叹气。

"成！我明日就托人打听去。"田壮首先想到了高洁梅，而且认为伊承新十有八九躲在高洁梅家。此刻当着父亲，是不能说出高洁梅的。关键是，他想着卧室的赵娟，让赵娟一个人在卧室呆这么长时间，一不礼貌，二会让赵娟疑心田家人对她持不信任态度，想尽快结束围绕伊承新的话题。

"这不是什么光彩的事，咋能托人打听？你自己去寻找，也不能往明后天推！"田成功严肃着脸色对儿子说，"今晚你就出去寻找，直接去找影楼老板。我估计她就躲在影楼哪个员工的家里。只要问清人在哪儿，今晚上打听到准信儿，你娘娘就能睡个安稳觉。"田成功这样安排，意在给妹子凌乱的情绪加点稳定剂，同时也体现他对这事的态度。

田壮看一下手表，"这时候出去寻找，得把承宗叫来。"给伊承宗手机拨了电话。

伊承宗答应十分钟内赶到。

田壮因赵娟而高涨的心潮被这意外的事搅息了，觉得这种时刻，又当着伤感的娘娘给父亲提说自己与赵娟的婚事，不合时宜。决定等有了伊承新消息再给父亲说。起身要叫赵娟出来，田成功问："赵娟怎么跟你在一起？"

田壮从父亲眼里看出了这句话后面的潜词：你可不能跟赵娟做出越轨的事呵！"我俩同朋友们吃饭，吃完饭叫她顺便来家里坐坐。"把避在卧室的赵娟叫出来，换皮鞋穿外衣。田成功叮咛："找到影楼老板别吵架，我们姑娘自愿做的事情，怨不着人家，只把底细问清就成了。"

"这我知道。"同赵娟下楼，等车的工夫，给赵娟简略说明事因，说深更半夜带着她有诸多不便，先送她去月饼铺。赵娟与伊承新没什么瓜葛，懒得理会，听从田壮安排。

车来了。撤了摊的步行街夜晚可以行车，把赵娟送到铺门口，调头从原路出来，已经晚上十点多钟。伊承宗认为这时刻去搅扰人家没道理，要田壮回家，假说影楼已关门，老板不在，得等到天明再去。田壮坚持要去，理由是给父亲和娘娘应承了的，怎么能用谎言搪塞。去了，有没有结果，回家如实汇报，良心上不欠账。路上，田壮从伊承宗口中得知，此事承宗早有觉察，也曾规劝承新从家庭环境着想，放弃这种职业，因为这种事迟早会在伊家田家门里搅起轩然大波的。可承新我行我素，不听哥哥规劝。承宗尊重妹子的人生选择，并答应为她保密。这次人体写真摄影画册，是秦明从她的一百多幅写真照片中精选三十六幅，由深圳一家影印出版公司出版发行。秦明投入成本费用十万元，一版首印一万册，在全国范围发行，一个月内售罄，刨去成本净赚二十三万元。依据合同，百分之五十付给承新。承新靠自己的俊美体型和勇气，一年内挣了十二万元。虽然比不上那些歌星影星，可比起西宁市薪水最高的公务员，这收入是十分可观的。承宗提醒妹子，挣了钱是好事，值得称庆，但画册千万不能让家里人看见。不知承新是得意忘形还是有意要把事情公开，竟然把画册拿回家，引起这场家务风波。

"欢旦"影楼居然开着，店堂内灯火通明，作为范本张挂墙上的十几幅婚纱照和肖像照上的人物，甜蜜又矜持地在灯光关照下熠熠生辉。秦明不在。值班员工说被朋友叫出去吃饭，饭后要打牌，难说回不回店。田壮请求当班员工拨通秦明电话。田壮给对方说明来意，声明不是纠缠闹事，只想搞清楚承新的确切下落。秦明先作保证，伊承新三四天没来影楼。而后估计，八成在他的朋友东方灵家里，告知了东方灵家住址楼号房号，要田壮去那儿落实。田壮纳闷，凭空又出现个东方灵是怎么回事？觉得这里边可能还有别的问题，便催使懒洋洋的伊承宗驱车到秦明提供的地址寻问东方灵。

经过五岔路口，伊承宗减速向窗外张望，又扭头从后窗向路边寻望着什么，接着把车停在路边，挂倒档，边倒车边往人行道上张望。田壮顺他的视线望出去，除三三两两的行人在灯下游走，没什么特别惹眼的东西。这时，车又停了，伊承宗摇下车窗玻璃，把头伸出车窗对站在人行道的一个人喊道："喂！老柴！"

那人应声向车边走来，田壮觉得面熟，又记不起在哪儿见过。那人到车边躬身向车内张望，迟迟疑疑地问："你叫我？"

"你不认识我了？"伊承宗推车门下车，"我可把你记得死死的，烧成灰也能认出来。别说你瘦成猴儿，就是瘦成席茇，我也认得你。"从衣兜掏出烟盒，抽一支塞进那人的嘴唇，又打燃火机替他点烟。那人诚惶诚恐地吸了两口，嘴角亮油油地流出些口水，下巴也湿了，"你是？"那人木然的表情里显出些恍惚。

"我是伊承宗，你不认识了？你好的时候常给我寻茬儿，才多长时间就记不得我了？"

那人涎笑着，眼睛里闪动着邪卑的目光，"记不住了，我哪能记住那么多开出租车的。你，叫我做啥？"

"还要不要抽我的烟？"把装进兜里的烟盒又掏出来掌在手上。

那人迟疑了一下，伸出巴掌，伊承宗把烟盒拍在他手里，"你的记性太差了！"拉开车门钻进来对纳闷的田壮轻笑一下。

"谁呵？咋像个抽大烟的？"田壮问话时心想，开出租车与三教九流的人接触，可与这样的人套近乎，未免有点作贱自己吧？

伊承宗发动车子起步，"这人你应该认识。"

不及田壮寻想，伊承宗又说："那年我俩在民生街口碰见，你见我把车停在一号院门外的路边，你问我把车停在这儿不怕被交警罚款吗。我说我给交警办事。那时候他是交警支队副队长。为巴结人，给一号院里的人家送去一条京巴狗，记得不？"

田壮记起来了，"他是那个姓柴的交警？"

"正是他。"

"怎么成了这样子？"田壮回头想对证一下，车窗外只有后滑的街灯和街树。

"他被人暗算了。"伊承宗笑着说。

"被人暗算？谁？谁敢暗算警察？！"

伊承宗答非所问："这人霸道得很，仗着自己是交警支队副队长，把跑出租的当成后人一样使唤着，使唤了还要寻茬儿整人哩。有个开出租的被他整急了，买了两条高级纸烟，又买了一两'白面'，把烟盒拆开，一支一支抖出些烟丝，放上一点'白面'，再把纸烟恢复原貌，孝敬给他抽。他来者不拒，三抽两抽上瘾了。起头以为得了怪病，到处吃药打针不见好转。后来交警队领导听到反映，说他吸毒，强制检查，果然是中了毒瘾，就清除出交警队伍，成了混混。"从倒车镜里看田壮的反应，见田壮也在镜中望着他，意味深长地笑一下。

"我明白了。八成，是你把人家整成这样子了吧。"

"我哪敢？我们是好人家的儿女。"又怪笑一下。

依据秦明提供的地址，伊承宗开车来到城西区蓝宝巷内的鸣翠苑小区。田壮下了车，在值班保安的盯视下走到六号楼三单元，望着严严实实的电子防盗门上的对讲器，犹豫起来。黑天半夜呼叫陌生人的门，人家不理睬，岂不难堪。但眼前浮现的娘娘凄惶中不无期待的面容，又催促他把这事做出结果，哪怕不是结果的结果。便鼓足勇气按了门号，片时，一个沉郁的男声问道："谁？"

"东方灵老师，我是田壮，你认识的民生街四号院田成功的儿子。伊承新是我表妹，我打搅你是想问个事儿。"

咔嗒一声，防盗门开了。田壮上五楼，房门已经打开，穿着黑色羊毛背心，花白头发的东方灵守在门内，"请进。"

田壮不便搅扰，想在门口说明来意，得到答复及时走人，东方灵却说：

"是为了伊承新出走的事吧?走,到我书房里谈。"把田壮引进书房,亮着台灯的书案上摆放着几本摊开的书和一沓稿纸,稿纸上放着花镜和脱了帽的钢笔。

田壮内疚地说:"深更半夜打搅你太不应该了。"把姑姑急切要找到伊承新下落的前因大略说给东方灵,以求得他的谅解。

"你怎么想到来我家里寻找?"

"'欢旦'影楼的秦老板估计伊承新在你这儿,给我提供了你的住址房号。"

"伊承新被父亲打骂赶出家门后先来了我家,要求躲几天。正巧我爱人出差不在家,住这儿不方便,把她安顿在我女儿家了。这些天一直由我女儿陪着,你们尽可以放心。"

"这样我们就放心了。"田壮松了一口气,"承新她是怎么打算的?总不能长住在你女儿家吧?"

"当然,住也是暂时的。遇到这样的事,她的父母亲与她都没法一下子冷静下来。双方都需要时间进行反思和调整情绪。等其中一方想通了,让步或者妥协了,问题就好解决了。你回去转告伊承新的父母家人,住在我女儿家,食宿安全不成问题,她们只管放心,但暂时别把我女儿家的住址告诉他们,免得她父母沉不住气激化矛盾。具体怎么说,我想你会有办法的。"

"我……能不能见见我表妹?"

"当然。"东方灵写了一个纸条交给田壮,"这是我女儿家的住址和电话号码,你去也行,打电话也行。"

田壮心里感激着告辞出来,把过程如实告诉伊承宗,最后说:"东方灵把女儿的住址和电话号码给了我,说明人家是真诚的。我们得尊重他的意见,回去只说承新在一个很安全的地方住着,用不着悬心。"

"就这么办。"伊承宗起动车子。

81

　　昏头胀脑想了半夜的田成功想出一个下策：趁父亲清早出门吃杂碎不在家的时候，躲出去。他不知该去哪儿，也清楚躲避不是办法，可就是不想呆在家里忍受可怕的心理挤压。没什么比这种心理挤压让他感到恐惧和无助。躲出去，至少可以暂时求得心理上的一点点宽松。作为事实上的田家掌门人，他不该这样，可又实在没有别的办法。得到地震和火山爆发预报的人们都会由于恐慌而产生混乱，而混乱了的人们往往是没有主心骨的。而那些被人们依赖惯了的人，会被由于恐慌而失去主心骨的人们视为救星。其实，在巨大的自然灾害面前，谁也做不了救星，一切取决于上帝发怒的程度和人们的命运造化。作为田家掌门人，面对田家人即将面临的这个比地震和火山爆发还要让田家人恐怖的灾难，除了躲避，他没有别的更好的选择。

　　三天前那个刮风的下午，田壮从食府给家里打来电话，说田健的判决下来了，死刑。报纸上登了消息，估计看报纸的人都在第一时间知道了这个消息。田壮要他密切留意爷爷的情绪变化，最好这些日子别让爷爷出门，避免爷爷从街谈巷议的人们嘴里听到这个消息。

　　他在电话机旁呆怔住了。突发的心绞疼让他大张嘴也喘不上气来，浑身虚脱了般没一丝挪动的气力。死刑！意味着此后的某一天田健要被拉去刑场执行枪决。不论这个日子在短期内还是数月后到来，终究要来的，谁也不能把这中间的时间凝固或者无限期延长。预想中可怕的事一旦成为事实，有着强劲的冲击波。他的安静了多日的心就是被这种冲击波震疼的。好在父亲立冬后很少出门，清早出去吃杂碎回来，要么守着电视打盹，要么趴在床上咳嗽，中午饭后才去院里晒太阳。他无法预想父亲听到这消息会有什么反应，血压骤升造成脑血管破裂？极度惊恐造成精神分裂？突发的巨疼造成心肌梗死？也许，八十年阅世的沧桑和在流年磨蚀中已经迟钝麻木的感觉会让父亲听到这个消息后表现出超常的冷静和坚强？常年被狂风奇寒扫掠的山岩，通常是最坚硬的。他担心和害怕的是他自己，是他的不争气的心脏，是他的还不够强硬的意志和忍耐力。在这种特殊时刻，在这空前的家族灾难面前，田家门里上上下下都要把目光集中在他身上，要从他的言行举止中寻求开导和吸取定力。可他不具备这种四两拨千斤的能力，不具备在如此重大残酷的家族灾难前面指挥若定的气度和经验。他没办法消除田家人的恐怖，没有能力转移、淡化、分解田家人由此而生的耻辱感和羞愧。他只能眼睁睁看着田家人乱成一锅粥，绝望、懊丧、消沉、无地自容……

他躲出去，是不想与父亲面对面讨论这件事情。假如父亲听到消息而且能够沉得住气的话，势必要问他，横在田家人眼前的这道恐怖的深渊该如何跨过去？他回答不了这样的问题。因为他自己都无法保证能否跨过这道想一想也会让他颤栗和恐惧的深渊。假如父亲在听到这个消息的刹那间发生意外，他也没办法应付，因为他的脆弱的心脏经不住任何意外的震荡。他宁肯落下终身遗恨，也不愿眼睁睁看见父亲在他的眼前气厥、昏死、撒手人寰。预想的事实比事实本身还让他恐怖。他宁肯看见父亲去世后的尸体也不敢看到父亲去世时的样子。

他躲出去，是不想目睹老三两口，特别是孙雅萍在绝望和哀伤时的歇斯底里。他两口被这消息震昏震懵震得手足无措，势必要从他这里寻求精神支撑和心理慰藉，要让他和他们分吞这枚巨大的苦果。可他既不能给他俩有效的安慰，也无法从他俩心里分走一点点撕心揪肺的痛苦。因为在他俩的心肺被撕裂的时候他的心肺已经撕裂了。他要让失去理智的孙雅萍以为他对她的这种遭遇和不幸不痛不痒持无所谓态度。因为他心里流血的伤口也是孙雅萍无法看到的。

他躲出去，是不想目睹孟慧无着落悲愤时的无助，是不想面对老二的质问和谴责。虽然老二听到消息不会立即上门来与他商讨渡过这道凶关的对策——因为他清楚不可能有什么对策——可老二的这种冷静沉着恰恰说明老二不但对他不抱什么期望，而且对他在非常时刻的处事能力表示怀疑。不是老二不该见他而是他害怕见到老二。在这种时候，老二不会直截了当指责抱怨他，给他负重的心理添加压力。可老二忍无可忍投给他的质问和谴责的目光一定比芒刺还要尖锐：明知不可逆转还心存侥幸，作为田家掌门人，你的瞻前顾后优柔寡断迁就迎和造成的后果与预见的有什么两样？

他躲出去，是不想与田家门里所有的人面对面讨论这个不会有好结果的难题。虽然大多数田家人把他尊为掌门人而对他抱有信心和希望，但对这件把田家人置于空前难堪境地的事件，田家人都清楚他是无能为力的。可他们为了体现或者证明自己对这件事的关注，依旧会做出痛心疾首的样子来向他讨要勇气和主张，向他流露他们的痛苦和愤恨、绝望和无奈。甚至还要把他奉为救星，相信他会给田家人指明一条跨越这道凶关的坦途。可他不是救星！面对连老天爷也不可能扭转的局面，他除了躲避还能有什么办法？

他躲出去，是害怕四号院院舍、三号楼邻居、民生街的街坊们在见到他的时候向他询问这件事的根由。无论他们是出于对田家人的怜悯同情关怀理解，还是出于对这件丑闻的猎奇心理和对别人家灾难的兴灾乐祸，他都没脸与他们对话。他心里装满了羞愧，头脑中塞满了恐惧，这样的时刻这样的心境，他连喘气都觉得吃力，哪还有底气迎对这些貌似关切实际不痛不痒的询问。躲出去，躲到没人的地方，不见熟人的地方，等这个消息掀起的热浪冷却下去，等人们关注丑闻的兴趣散淡以后再回来。

这天，田寿前脚出门，田成功后脚出来，直奔土楼山。这是他头晚失眠选定的地方。土楼山，是西宁市有闲情逸致的人们闹中取静的首选。当秋霜把满山的苍绿涂抹成灰褐色以后，就没人肯去那儿了。田成功穿了最厚的一套牛绒衫裤，再穿上绒里的半长风衣——风衣是田英给他买的，说深秋时节出门，防冷又不显得臃肿——还拿了一条小毯子，在坐得腰背僵硬时可以盖着毯子躺倒。出门前往口袋塞了三小袋豆奶粉。这比拿一块馍馍省事。一天不吃饭是饿不死人的，可饥饿袭击会把他逼下山来。有三小袋豆奶粉，足可以坚持到傍晚。

早年，上山的路径从土楼观山门前经过。从土楼观被辟为名胜古迹接待游人也因此开始售票进门的时候，去山上的原路被寺院围墙圈入寺内，只好在寺院西侧另辟一条上山道路。最下边的一段是用砖石拼砌抹上水泥面的上百级台阶。随意的选址随意的设造，使得台阶过于陡峭，阶级的宽度高度也不均匀，上下十分吃力。后来，某公司投资修造缆车索道，由于票价高出人们的愿望，更多上山的人宁肯在台阶上走几级停下来喘气，也不愿坐缆车忽忽悠悠上到山顶。再后来，缆车停止运营，山上又缺乏诱人的景点，旧日景色也在感觉容易疲劳的游人眼里失去魅力，上山的人越来越少。只有那些远离市井嚣闹默默地长高长粗的树木，无声地守护着山上曾有过的热闹。

田成功一步一顿缓慢地在上山台阶上爬动，台阶的多数阴角出现了指头粗的裂缝，阶面歪斜，阳角上的水泥面也被踩失，露出里面磨秃了棱角的青砖。砖砌阶梯扶手表面的水泥也一片片地龟裂、脱落，使得水泥外壳与红粘土内胎之间张裂出寸宽的缝隙。阶级外侧，是山坡上已经枯萎的杂草，鱼鳞坑里瘦挺的灌木枝条。四周一片寂静，静得清风拂过草尖和树梢发出清晰的颤音。被湟水河隔在南岸上的市区的嘈杂和嚣闹，由于时当清早还没有放肆起来。这样的寂静是田成功向往的，可一旦置身其中，这种挤压人的空静又弄得他倍觉孤单。眼前全是休眠的树木、静止的风景，只有偶尔在枝杈间跳来跳去的麻雀，证明这些休眠静止了的风光还萦绕着一些活的气息。

寂静过滤着田成功混浊的思绪，意识渐渐地清晰起来。爬完台阶，经过一段裸露岩石的坑洼不平的之字形山道，小心走过脚一踩土块和石碴就哗哗响着滑向山下的弯道，来到山顶公园门口，要把人体分化的寂静中又显出一派破败气象。砖砌门柱青灰色水泥表面，被浪人用墨水和红粘土抹划了乱七八糟的线条和符号。十号钢筋焊接的栅栏门扇显然被人用硬物撬过，左边一扇向下倾斜，与右边一扇错出一条巴掌宽的缝隙。栅栏钢筋和焊在上边的插屑、锁鼻已经生出红锈。门旁，原来售票的票房的门窗连同门框窗框全被卸空，张着砖块参差的门洞窗洞，里边白灰粉刷过的墙面也被涂画得乌七八糟，地面墙角全是尿渍粪便。票房后边三十米远近的那排曾是茶园的砖混平房，也被揭尽了屋面棚架，只剩下断墙残垣。正对着门的那三间原为山林养护工人的住房，基本保持着原来的模样，门框窗框尚存，交叉钉了几条宽窄不等的皮板，可以看清房内被烟熏黑的墙壁和顶棚。唯一保留了原貌的西侧高台上的八角歇山顶凉亭，檐口和柱顶的彩绘还没被风雨蚀尽，用兰绿白三色的莲花纹和云头纹给人们传达着它的孤高和清峻。亭子四围的白杨、旱柳、榆树和桦树都把尖细的枝梢使劲地伸向虚空，其间一棵老榆残留着半树或苍绿或枯黄的碎叶，衬着树后旷远而灰白的天空。

爬台阶时，田成功盘算到达山腰的公园门口歇息片刻，而后顺山道继续攀爬直到山顶。可能的话，再把后边更高的山头当作新的目标。一整天时间，空寂又清冷的山林没什么能够吸引他在一个地方呆到天黑，只有用不停的活动和疲劳来转移心思和分解寂寞。此刻眼见他想像中清静的地方也未能避免人为破坏造成的疮痍，苍凉的空寂反而加深了他的凄惶和哀愁，便对自己躲出来试图找到宁静的行为产生了怀疑。

他在门内一侧原先设有茶摊的地方徘徊一阵，从已经成为多余并且无法拆除的缆车索道铁塔下向东绕过几道沟坎，找到了一处平整又干净的林间空地，把小毯子叠起来垫在屁股下席地而坐。早上吃馍馍他多喝了开水，上山走得缓慢没有出汗，只要耐得住这鸦雀无声的寂寥，体内的热量和水份足以保证他坚持到天黑。脚前，那一溜被黑刺和蒿草覆盖着边缘的崖坎下面，就是土楼观崖壁上天然形成的那些洞窟。再往下就是观内的殿宇楼阁。平望下去，是灰蒙蒙的城区。那积木一样高高低低密密匝匝排列的建筑物向更远的空间铺排延伸，轮廓渐次模糊，最终混浊成一片灰色。近处的高层楼房向阳的一面，被朝阳抹成耀眼的金色，背阳一面灰暗的线条便显得飘忽不定。

大半夜的失眠使田成功的视线模糊不清，吃力地扫视因距离而浓缩起来的城区，油然想起上一次同伊承新上山的情景，想起修鞋的朱朝阳听信东方灵的暗示，来土楼山土楼观寻访"高人"的旧事。田成功心里一激灵。昨夜失眠颠三倒四地盘算今日来土楼山躲避，难道是受了神灵的提示和调遣，来山上寻求另一种生活的途径和方法？这样的疑惑让他的意识从"田家"的范围跳了出来，开始用旁观者的目光审度田家人面临的这个难题。是的，比起朱朝阳，田家人在这场家庭灾难降临前，确实没有什么想不通的理由。同样是一条生命，朱朝阳的女儿是被天意夺走的，可田健却是成心酿造出的结局。一个是从树下经过被风吹落的一枚青果子砸破了头颅。一个却是试图爬上树梢摘取所有的果实而踩断树枝摔破了心脏。对他们活着的亲人，悲痛是一样的，因而面对这种结局的态度也应该一样。不论朱朝阳上土楼山是否求得了"高人"的开导启发，他毕竟没有躲开那场灾难，却也没有在穿过灾难时被灾难分解和粉碎，而且很快就挺直了被灾难压弯的腰。别人能做到的事，田家人不但应该照样做到，而且应该比别人做得更好才对。世上有那么多不幸的人，其中很大部分是自己先制造不幸而后吞咽不幸酿成的苦果。比如这座被废弃的索道铁塔，当初架设它时一定设想得十分完美。无论起初的设想如何合乎情理合乎逻辑，可事实却背道而驰。如今，它用钢铁的坚固和冷硬把嘲讽和指责挺立在山上，让曾经做过美好设想的人始终记住失败的懊悔和羞愧。对比起来，田家人要承载的羞愧只是一截朽木，在田家人忍受它燃烧烈焰舐舔的同时它也被焚化，很快就烟飞灰灭……纷乱的思绪在寂寥中飘飞，杂芜的心情却在宁静中得到了过滤和洗涤，由预见和臆想变成的那层恐惧的阴影开始散淡。田成功不禁对那个东方灵有了仰慕之情。难怪伊承新会在东方灵那里得到她需要的理解和支持。在她心目中，一定把东方灵视为能给迷途人指明出路的高人。朱朝阳曾因领受了他的引导而找到了战胜灾难的勇气和信心，如今又轮到他无意中接受了这种指引……经过一整天诸如此类的思索和自我宽解，傍晚下山时，田成功觉得轻松了许多。

　　第二天，田成功在一束朝阳从厨房窗户斜照在厨柜一角的时候从家里出来。通常，出去吃杂碎的父亲这时候要回来，院里走动的人也多起来。今天他没带任何东西，空手下楼匆匆走出院门。有些邻居好奇心很重，要是看见他拿着小毯子出门，势必要问他带毯子要去哪儿？有人问话他就得站下来说话，这就难免别人以为他在谈论田健的事而围上来倾听。再说，他不打算再去土楼山。山上固然安静，可一整天孤魂野鬼似在树林中出没，那种孤独着实难耐。他要躲避的是亲友熟人，怕见生人就没有道理。中国人苍蝇似的，到处乱飞，连一些肮脏的死角也要飞到，没办法真正避开。

今天他打算去公园。入冬的公园没有太稠的游人，但也不会像坟场陵园只有在风中抖索的树木野草。人是不能长时间背离群体，尤其在心里极不踏实的时候。

从几条僻背的，没有田家亲友居住的小街绕到公园外围的花木鱼虫市场，田成功放慢步伐，抬起低垂的头。今天不是周末，田家门里年轻人都要上班。上岁数退了休的，据他知道没有养鸟养鱼爱垂钓的。有养几盆草花的，也轻易不来这里选购花卉。市场内的摊主正在布摊，忙着自己手里的活儿，好像没人感觉到从身边经过的这人的侄子判了死刑，不久就要执行枪决。他认为三天前报纸上登载的消息人们不会看不到。而这一类的消息人们是喜欢往上面添油加醋的。他希望从某个卖鱼虫或者卖狗项圈的摊位前经过时，摊主与早来的顾客正在谈论这件事情，那样他就可以知道外人对这事持什么态度。可那些一边布摊一边嘻嘻哈哈说笑的摊主们好像都没看过报纸，要么就是对这种消息不感兴趣。别说一个田姓人判了死刑，就是十个田姓人杀了脑袋，也不比他不小心失手打碎一只花盆令他心疼。这让走过的田成功又想通了一些事理。

公园守门人见田成功出示游园证就别过脸与人说话。田成功缓步行走在两排粗壮青杨树夹护的湖边甬道，感觉压在心头的那块巨冰已经消融得轻了许多，不再重得让他喘不过气来。众多的树木和宽阔的湖面把空气净化得清凉滋润，深吸几口呼出来，又带走了萦绕心间的几许困惑和迷茫。游人稀少，湖畔和林间甬道边的条凳全空着。一个穿军服的高个小伙牵着女友的手从单孔拱桥上经过，军绿和玫红的两件外衣混同着汉白玉桥栏倒映水中，水粉画般的含蓄。一对穿风衣的恋人在湖侧游廊的柱子和几丛紫丁香之间嘴对嘴地窃窃蜜语。往后，那几排树干下部分涂了石灰白的青杨和伞榆之间，散布着几个晨练还没觉得尽兴的老年男女，面对树身做着古怪的舒身动作。蓝绿色的湖水平滑如镜，倒映出对岸红棚白栏杆的茶楼和它周围静默的树影。几只水鸟搧着长长的中间拐一下的翅膀掠过湖面，在湖心小岛的树梢上盘旋一圈又低低地掠过水面向东飞去。

田成功走着看着想着，压住意识的那块巨冰，无意中已消融得只剩下心脏大的一块内核，虽然还给他浑身传播着凄凉的感觉，却不再让他觉得无法忍受。他觉得来公园来对了。这里没有挤压人心灵的寂寥，而庄严肃穆的树木和怡目多情的湖水用宁静轻轻梳理着他的心事，把烦乱绝望从心里梳理出去，让留下来的模糊的向往水波纹一样荡漾起来。他有了一个愿望，很明确也很强烈：见一个熟人把这两天心里产生和积攒下的所有的感想感悟说给他听，而后听听他对这些感想感悟的评价。这个人如果是东方灵那就再好不过了。

　　他缓步走过公园内大部分的林间甬道，在游廊、凉亭、拱桥上稍做停留，而后绕着高壮的青杨树和低矮繁密的灌木丛，停在已经休眠的花圃草坪的边缘。清新润泽的气息把他的心房内外过滤透了，不过总是见不着一个熟人。那迎面走过来与他擦肩而过的游人，很少把目光从别处收回来看他一眼。显然，他们的心目中只有他们自己以及他们乐意关心的那些事情，对自身以外的人是否遇到难题面临灾难心怀痛苦无动于衷。这让田成功意识到他把田家人面临的灾难设想得过于可怕过于恐怖过于大众化了。假若田家人面临的是一场暴风雨，他认为整个西宁市全被雷电震裂被猛雨淹没。事实是除了田家人被吓得胆战心惊，湿不了别人一根头发。如果是一场地震，他以为整条民生街全被颠覆。事实是除了田家人害怕从地缝中陷没，外人是连震感都不会有的。这样的认识让他向自己发出了质问：假如被判死刑即将执行枪决的不是他侄子而是迎面走过来的那个人的儿子，你会感觉到他内心的痛苦和恐怖吗？即便你事先知道了他的家庭面临巨大灾难，你能为他分担恐惧和痛苦吗？既然你代替不了别人，怎么能指望别人来代替你呢？

　　人工湖西岸沐浴着阳光的长条座椅让田成功知觉了双腿的酸困。他已经溜达了三个小时。时当近午，游人渐渐多起来。坐下休息了半小时，又沿着湖北岸向东行走。湖面上有五只船在游弋，一只鸭子形状的船上，一对恋人吃力地蹬着螺旋浆，嘎吱嘎吱响着，向四周推涌着细碎的水波。经过旱冰场田成功加快了步伐。大功率的扬声器播出的强节奏乐曲让他心烦意乱，可他同时听到了一串女孩子的笑声。他怔了一下，这笑声十分耳熟，外甥女伊承新笑起来就是这种声音。好奇心让他靠近旱冰场外围防护栅栏，十多个穿梭滑翔的身影中，果然有伊承新，穿着她入冬常穿的那件已经半旧的紫罗兰羊绒卡腰身短大衣，水洗石磨蓝色牛仔裤。同一个穿着黑色紧身皮夹克、皮短裙的女子脸对脸手牵手小心地滑动着，防止步速太快太大失去平衡。当那穿皮衣女子同伊承新转了半圈面孔调向田成功站立的方向时，田成功看清是高洁梅，慌忙转身打算走开，迈出几步又停住了。他不能因为不想见高洁梅而错失这个机会。伊承新被父亲责打躲出去已经一月有余，起先担心发生意外的田成凤听到田壮汇报的确切消息后，只得压住焦虑等候女儿主动回家认错，一等就是一月。灰心了的田成凤只得把此事撂在脑后，听凭自然。今天在这里看见伊承新，他当舅舅的有义务规劝几句，劝她别再任性赌气，尽快回家去，免得父母悬心。重新回到栅栏边，等两人滑到他这边叫住说话。可她两个只在场子中心缓慢地转着小圈，似乎担心技术不熟练，向外围转移势必给那些快速滑行的人制造障碍。

"伊承新！"田成功叫一声。

声音被大功率扬声器震射出的乐曲和一连串旱冰鞋轱辘在水泥地上摩擦出的沙沙声吞没了。田成功提高嗓音叫了第二声。

听见叫声伊承新顺声扭脸寻望过来，发现大舅贴站在防护栅栏外面，比划着给高洁梅说了几句，手拉手躲着来去快速穿梭的滑者，向田成功站立的地方滑过来，"大阿舅，你怎么在这儿？"伊承新满眼的疑惑。

田成功佯装严肃状："我是来寻你的！"

"寻我？"显然看出田成功表情里的不真实，笑了，"大阿舅也学会哄人了。"搀扶着伊承新胳膊的高洁梅发现田成功对她采取视而不见的冷漠态度，把打算问候的话咽了回去，扭过脸去观看几名快速倒滑的中学生，又把右手从伊承新臂弯抽出去说："你们说着。"叉起双手弯曲腰肢小心着一步一滑地离开了。

田成功把目光从高洁梅套在高腰皮靴上故而不太合脚的旱冰鞋上收回来，真正严肃地说："你从家里出来一个多月了，你阿大阿妈急得吃不下饭，睡不着觉,你倒有心情在公园里滑旱冰,娘老子的……"

话被伊承新咯咯咯的笑声打断了,"你当阿舅的太官僚了,我已经回家了,你不知道?"

田成功觉得意外。没听谁说过。再说,伊承新回家田成凤该给他通串一声才对。心里就胀胀的,"你回家了你阿妈咋悄悄的?"

"不悄悄的还能满大街喊去?"

原来,田壮把打探到的情况反馈给田成凤,田成凤虽然暂时得到了安抚,心却依然悬着,怀疑侄儿子为了安慰她给她提供了假情报。几天后私下找到影楼,又打听到东方灵的地址,三问两寻也就见了女儿的面。加上伊承宗从中周旋,再加上伊福禄经过多日的反思,关键是为了掩盖家丑不可外扬,采取了妥协的办法。况且女儿除了光着身子拍照,没做什么别的出格的事,而且照相挣了十几万元。十几万呐!想想电视里那些服装模特,产品广告模特,特风光,特受人们的仰慕,就觉得女儿考不上大学找不到称心的工作,自谋出路做自己喜欢做的事,也不容易。便说服自己同田成凤乘儿子出租车去东方灵女儿家把伊承新接回家来。

"哦。"田成功听清原委却高兴不起来。女儿出走心慌意乱时候指靠他这个哥哥压阵、出谋划策。女儿回家却懒得给他通串一声。看来,他这个田家掌门人在亲戚陆眷心目中的位置和作用,并不像他个人以为的那样重要。或者是有麻烦出难题的时候显得重要,过后就狗屁不如。可个家还一直以为很了不起,恨不能把心肝肺掏出来、晒干碾成粉末给田家亲友当营养吃……望着眼前无忧无虑嘻闹滑翔的那些不稳定的身影,听着滑轮在水泥地坪上摩擦出的不绝于耳的沙沙沙的声音,田成功陷入半醒半迷的怔懵状态中。"阿舅!"耳边响起外甥女细脆的声音,"肯定是阿妈高兴得忘了给你说一声,你见了阿妈把她美美地骂一顿。"

"骂一顿?骂谁?"罩住田成功意识的黑雾刹那间消散而去,"我闲得没事干了!"语气忿忿的,"你滑吧。"转身走开了。走了几步又走回来,对手扶防扶栏打算转身滑行的伊承新说:"田健的判决下来了,你知道不?"

"知道。"伊承新回答时没显出丝毫的惊惧和难过，好像听到的问题是：你吃饭了没？而她的回答也是常规的应付：吃了。或者：没吃。

原本有一肚子感想想多说几句，见如此重大的事在外甥女心里没能搅起一点波澜，他就没有心情再说任何多余的话了。离开时着意看了高洁梅一眼。皮短裙被太阳晒得发亮的高洁梅正弯着腰，双手耷甩着给两腿并拢两脚撇开的身子增加动力，是那种很努力很谨慎又很不得已的样子。

心里又沉重又别扭的田成功来到游人更加稀少的东小湖岸边，坐在木板条已经翘曲弯形了的长椅上。夏秋时刻，这个被一圈垂柳护围的∩形小湖，是供水上摩托艇游戏的场所。虽然眼下还没到结冰封湖的气温，但在快速滑过水面，船头被水波托起的快艇上迎对溅起的水花，已经不是一件爽快的事。管理摩托艇的小房门窗紧闭。湖岸上堆积的落叶没有打扫，强化着凄楚冷清。中午的阳光暖暖的，田成功盯视着岸下水面上漂浮的一层枯黄了却被水泡得亮晃晃的落叶，努力排遣心里又空洞又沉重的烦乱。虽然伊承新回家田成凤不与他通气让他生气，可这件事这么了结也称得上是阿弥陀佛。想像得出，妹夫经历了多少痛苦的追思悔想后，采取了这种算不上高明但有效的措施，与其说他是向女儿妥协，还不如说是向生活，向时代妥协了。妹夫与他同属一辈人。这辈人终生守护尊奉的一种信念，在不知不觉中被年轻一代动摇和否定了。如果说田健的事在田家门里称得上是一件天塌地陷的事件，那么这种塌陷早在田野身上、在伊承新、甚至伊承宗身上显出了预兆。无论他们是无意中把事做错，还是成心要做错事，既然在眼下这个社会环境里都显得合情合理，就不能不对这些事的对错重新认定。也许，真正的错在于他们这辈人总是跟不上时代的步伐，总是想用自己的力量扯住时代的脚步。现在想起来，这些做法想法实在太幼稚太可笑太不合时宜了。成了定局的事，既然靠人力改变不了扭转不了，也只有去勇敢地面对。田野与小欢的事他们不但面对而且几乎是认可了。现在伊承新的事又不得不认可和接受。剩下田健的事，只有面对认可，大约才是他们这辈人摆脱痛苦的最好途径。

82

觉得把某些事想通了，看透了，至少可以做到在田家亲友面前不再心虚理亏，田成功离开公园回家。时当后响，早饭填进胃肠的食物已经消化，有了几天来最明确的食欲。路过肖巧娘酿皮摊，切了一张酿皮，打算回家放在暖气片上烘一下再吃。找钱的肖巧娘说："你是鸿运食府田老板的父亲吧？跟你儿子长得一模一样，一个模子里托下的。"咯咯咯地笑起来，大约对自己能做这样形象的比喻感到愉悦，"你儿子是真正有出息的。那年下岗来我摊上打听买酿皮的行情，说话行事又和气又有礼貌。如今当了食府老板，每次路过我的摊子总要站下来与我说几句话，还是当初的样子，没一点架子。你有这样的儿子，真是福气呀！"

听得田成功心里烫乎乎的。进而暗自欣慰，田英孝顺，田壮争气，前不久又把与赵娟的婚事确定下来。这几天被田健的事搅得心烦意乱，顾不上品咂自家这些温馨的滋味。此刻被肖巧娘提起，心里又添了几份对前景的信心。

打开房门，坐在大间沙发上的田寿、田成业、孟慧、田壮都瞪着眼看他。不及他脑子转一下，田成业凶凶地说："田英不是给你一个小灵通吗？给你手机你不拿，一忙八紧寻你寻不见，弄得我们足足等你等了半天！"

发现父亲脸上眼里基本是平静的神色，田成功借去厨房取盛酿皮的大碗，给田壮一个眼色。田壮跟进厨房，田成功低声问道："你二爸气恨恨地为了啥事？你们真是寻我寻不着在家里等我？"

"我是二爸打电话叫来的，问我知不知道你去哪了。我说不知道，他就没说别的。"

"没说寻我为啥事？"

"是爷儿有事，寻你寻不见，把二爸二婶叫过来的。说是有要紧话给你说哩。"

田成功松弛了的心情又紧骤成一团。把塑料袋提来的酿皮倒在大海碗里，抓了几双筷子,从厨房出来说:"是肖巧娘的酿皮。"把装调料的小袋交给孟慧,"你把调料拌上。"孟慧拌调料的工夫,与田成业对望几眼,小心地问父亲:"你,知道了?"

"我把啥知道了?"父亲的恍惚不像是假装出来的。

"我是说……"紧忙改口,"我是说伊承新回家的事你知道了?"再与老二对视一眼,田成业眼里也是云山雾罩的迷蒙。

田寿哼了一声,望着调了辣子后油红的酿皮,"那年我去大通煤窑干临时工,煤窑塌方把我吓病后养了病的那个老贾你们还记不记得?"

突兀的问题让田成功兄弟二人丈二和尚摸不着头脑,田壮更是满脑子糊涂。田成功斟酌着说:"记得,你咋猛乍乍记起这个人了?"

"前日后晌老皮叫我去茶园喝茶听曲儿,碰见了老贾。三十几年没见面,他一眼就把我认出来了。"父亲说这话的声音、表情,都没有久别重逢的意外给人的那种喜悦,兄弟俩就猜测父亲翻检这件陈年旧事的用意。那是一九六一年,田成功二十一岁,田成业十八岁,都在建筑公司当小工。父亲做工的学校下马——五八年大跃进上马的中等专业学校——生活陷入困境,父亲要去煤窑挖煤挣钱养活家人,为儿孙以后娶妻成家挣点积蓄。两个月后回家来,说煤窑塌方吓得大病一场,在煤窑职工老贾家养息了将近一月才回家来。父亲从此成了另外一个人,生理心理都好像发生了变化,估计那次塌方事故把父亲吓得不轻。可大难不死实在是件值得称庆的事,也就没想别的。三十二年沉入海底的记忆被突兀地翻搅起来,怎能不让兄弟俩感到奇怪和纳闷。"老贾说三十几年没有音信,如今故人相见,有一肚子的话要说,邀我去他家里坐一段日子。他说五年前趁着退耕还林政策的支持,他在村后承包了一座荒山,栽种树木,如今栽种的杨树栽子①已经长成茶盅粗细了。他在山坡上盖了两间房子看山护林,叫我去他那儿坐几个月,给他做个伴儿……"

田成功收紧的心房又宽松开来。见到老相识并且乐意去那儿住一段日子,想必田健的事还没钻进老爹耳朵里,这实在是值得暗喜的。不过眼看就要进

---

①方言,树苗。

入深冬腊月，去老相识的荒山给护林人作伴儿，吃住是首要问题，"事是好事，老相识见面，去他那儿看看，住几天都是应该的。可眼看就是深冬寒天，去哪儿……"

话被田寿打断，"他说他的房子里盘着热炕，又守着树林，烧煨得是……"

田成功吃一嘴酿皮，借口盐淡，扯一下老二衣袖，去了厨房。田成业说："我得取个小碗把酿皮搛在碗里吃。"跟进厨房，田成功低声细气地说："阿大多少年从没说起这个姓贾的人，如今猛乍乍说起来，还要去那儿住些日子，是不是知道了田健的事，怕我们为他担心，假装不知道，要躲出去，免得我们在关键时刻分心？"

"说不定。"田成业望着厨柜上掉了一颗螺丝钉的拉手说，"要是知道了田健的事，阿大能这么平静，实在是件好事。阿大这样打算也是为了我们。不管他知道了还是没知道，这时候有人邀他出去散散心，我看没什么不好。少说，我们用不着紧要时刻分出心来操心阿大。"

两人从厨房出来，田成功把三个指头撮来的盐末洒进酿皮，拌了几下，边吃边用眼角的余光察看父亲的动静。田成业一边往取来的小碗搛酿皮一边对孟慧说，"我认为这是件好事。城里坐得时间长了，能去乡下散散心，是养老保健的好办法。守着野外没有污染的山林，空气清新。房里有热炕，冻不着。整天同老相识在一起，有喧不完的知己话，有看不完的好风景，比在城里去茶园听花儿曲儿好，又安静，又少闻点烟酒气味，只是，"看一眼田成功又看一眼父亲，"只是在别人家里，再舒坦也不能长时间地住下去。住一阵，觉得样样称心，就多住几天。要有啥不方便，就早点回来。"用意是试探一下，以便分析父亲这次外出是否还有别的谋划。

田寿把孟慧递在手上的筷子放下，低垂着眼睛不看儿子、孙子，像学生背课本一样把早已装在心里的另一些话说了出来："老贾说他承包的山地离村子只有两里路。他修了房子村委会就给他的房子通了电。去年还装上了电话机。吃喝用的油盐酱醋由他的后人隔三岔五地送来。他栽下的树木已经长了五年。山上禁牧，草坡上的野鸡、野兔儿、尕拉鸡儿在眼前头跑来跑去的，坐在山上就跟修仙一样……"

田寿把要去的地方的好处说得天花乱坠，田成功、田成业也装出对他说的这些话百分之百地相信，还接连说："该去该去！"彼此交换着眼色，传达着难以言表的心声。按常规，重大的节庆前后，西宁市都会召开审判大会公审处决一批罪犯。田健的案子是省上严查快办的大案，十有八九要在元旦或者春节前公审处决。无论父亲是知道底细羞于面对找借口躲避这道凶关，还是不知实情无意中正巧受到了老贾的邀请，都对田家是一件好事。外出一段时间再回来，田家人已经迈过了这个凶关，可以集中心力来安抚一个老人。

两兄弟心怀狐疑地说了一通去乡下没被污染的自然环境中生活一段时间，对老人养生有着如此这般功效的好话，请示父亲应该为他的出行做些什么准备，要不要田壮找车把他送到老贾家去。田寿扫一眼儿孙，沉下脸说："我整年整月闷在家里不出门，想出门，你们都狠不得用绳子把我栓住。去那儿有得是班车。老贾说从城里去他们县城的班车十分钟一趟。到县城去他们村子也有班车，坐上半小时就到了，用得着找车麻烦别人吗？"

父亲把该想的都想到了，两兄弟除了从心底里暗暗地感激父亲为儿女家庭如此设身处地着想外，不好再说别的。问父亲几时走？田寿说给老贾应承三日内到，要他们即刻动手准备，着意强调几句："那年煤窑塌方把我吓病后，老贾一家人把我当成自家人服侍了一个多月。你们给我好好地准备几样儿礼物，给老贾买两瓶好酒，给他的阿奶买一套好衣裳料子，再给老贾的孙娃们多买些好吃的东西。明早让田壮把我送到长途车站，买票把我送上车，就成了。"

田成功兄弟心里那点隐隐的担忧和猜疑，被父亲如此具体的安排指示打消了。暗暗地希望父亲能在老贾家安心多住些日子，一直坐到田家人迈过那道恐怖的凶坎再回家来。嘴上却试探道："阿大你想在老贾家坐多少日子？打算几时回来？我们心里好有个底。"

"这话我说不下。老贾的意思要我坐一年半载的。你们把心放在大校场里忙你们的事，我想回来时先给你们打电话。"

孟慧便去卧室给公公收拾出门该带的衣物用品。田壮当着父亲和二爸表态："今天我身上没带钱，明早我送爷爷，给爷爷二千元，爷爷你好好地使唤。"

"好好好！孙子的心意我记下了。"田寿眼睛里闪出了泪花。

83

提审室在一排平房中间，十二平米大小，中间一张旧式办公桌，周围散放着七八张椅子。有两道门，田家人是从正门进来的，另一个小门在相对那面山墙的角落。田家人以为会见室跟电视上一样，中间隔着玻璃大窗，他们只能用电话耳机与田健对话。眼前的景况，说明他们可以与田健面对面说话，中间只隔一张桌子。这让他们的被绝望哀伤撕裂了的心房有了火星那样一点点暖意。由于心房因为剧疼而麻木，这一点点暖意也如火星稍显即逝。从这个提审室到进入这个院子的那道门外，是有电网的高厚监墙以内的地盘，武警守卫的第二道门。田成业、田壮、田明、伊承宗、宁守仁、军军被拦堵在第二道门外。守在那儿的手上有白癜风斑的管教对田家人赶集似来了这么多人感到气恼："派出所怎么通知的，没说该来几个人？"

田壮又递烟又说好话："派出所说了，可我们……"我们什么，他没说出来，只顾往管教有着大片大片鲜嫩白斑的手里塞烟，他认为人类本能的怜悯同情心会让管教网开一面。

管教用布满白癜风斑的大手挡开田壮递烟的手，"这是规定，只准进去四个人。我吃这碗饭就得按规定办事，你们别给我出难题。谁进去，你们自己选定。"

没有通融的可能，田壮对父亲说："阿大你和三爸三婶、田强进去吧，我们在这里等着。"把手里提的东西交给父亲。孙雅萍要拉军军进去，央求管教别把小孩子算数。管教怪笑着说："不算数算什么？大小也是人。"田成功只得劝孙雅萍放手。孙雅萍哭吼起来："爷爷要是来了，你能不让爷爷进去？爷爷没来，我就要领孙子进去，爷爷孙子一辈人，让军军顶替爷爷……"死不松手，捏得军军手腕疼痛又被眼前的阵势吓坏了，要挣脱奶奶的手，孙雅萍就是不松手，哭喊着："不让孙子进去，我也不进去！"跌坐在地上一下一下抽搐着。

田成功心区一阵绞疼，狠了声说："在家里怎么给你说的？你要还是个明白人，就别再折腾军军了。军军还小，进去了要害怕的。"给田成才和田强使眼色，父子俩上前硬掰开孙雅萍死抓住军军手腕的手，军军慌忙躲在田成业腿后。田成才、田强一左一右拉起瘫软的孙雅萍，田成功提着给田健吃喝的东西，进入第二道门，其余留在门外等候。

提审室里静得憋气，四个人能听见彼此急促粗重的呼吸和心跳声。他们都瞅着那扇小门，都觉得心房一紧一胀直往嗓门上窜，堵得喘不过气来。田成功极力克制着恐惧和哀伤，见孙雅萍近于呆痴地盯着小门，脸颊、嘴唇、肩膀和手臂导电似地一下一下抽搐着，沉沉地说："他婶子，我们在家里说了，哪怕是天大的难心，这会儿也得压住，忍着，见了健健千万别哭。你一哭，田健难心，我们啥话都说不成了。"孙雅萍好像听到了又好像一句也没听进去，只盯着那扇小门，眼珠几乎要暴进出来。

杂沓的脚步声由远而近，哗啦哗啦的铁链声夹杂其中，两个身穿法院制服的人先走进来，接着田健出现了。田家人在小门被打开的一刹那都从座椅上弹起来，四双眼睛焦点上的田健变成利箭顺着八束目光射戳在他们心上。瘦得小了一大圈的脸庞白森森地托着两只凹陷的眼窝，使得爹乱的头发灰枯枯地没一点光泽，黑色囚衣松垮垮地遮蔽了他身体的轮廓，仿佛衣服是由一截木桩挑着而非血肉之躯。限制着双臂和双腿的镀铬镣铐在黑衣的衬托下格外刺目。

田健走进小门见到家人的一刹那垂下脑袋，用叉开的双腿拖拉着一动一响的脚镣走到桌边，被身后跟着的两名穿公安制服的管教一左一右按坐在椅子上，才抬头对着亲人怪笑了一下，表情就岩石一样冷凝起来，只有凹陷的眼窝里游着冬天冰面上才会有的那种青白的反光。田成功、田成才、田强都想哭，却惧怕流出眼泪强忍着。孙雅萍喉咙里倒气似咕咕咕噎响了几下，眼泪无声地漫过脸颊。这时听见田健颤抖的声音："大大、阿大、阿妈、哥哥。"又垂下头，额头耷拉在桌沿上。

两名法官两名管教分别退站在两边山墙下，注视着田健和他的亲人的一举一动。孙雅萍抽泣起来，压抑的声气时断时续，双手痉挛着打开放在桌上的拎包，"健健，我们给你拿来了两条纸烟。"把两条硬翻盖白沙烟取出来让儿子看，"还有你爱吃的狗浇尿油饼，是我……今早……烙下的，多搽了油，多放了苦豆儿，还有手抓肉、卤肉……"把盛油饼的塑料食品袋口打开，取出一张撕下一条，"你把嘴张开，我给你喂。"田健抬起头，偏脸躲着母亲递到嘴前的油饼，用手铐限制的双手接住，凑上嘴咬了一口，嚼了几下，喉节上下窜动咽了下去，说："阿妈烙下的油饼香得很，我现在没心吃，等回到监房我把你烙下的油饼全吃上。"用手背蹭几下眼窝，"爷儿呢？爷儿没来吗？"

田成功与田强对望一眼，田强说，"爷儿来了，外面门上只准进四个人，多一个也不成。爷儿说他要进来，我们四个里就要少进来一个，爷儿就叫我们进来了。爷儿跟二爸、田壮、田亮、伊承宗在外头等着。这两瓶酒是爷儿给你买的，爷儿说你爱喝酒，叫你一次喝上一瓶。"喉咙噎住说不下去了。

田健甩一下头颅，用绝望中不无愤怒的目光扫一下两边站立的法官管教，又垂头用手背蹭着眼窝。田成功强忍着颤抖的身子，说："健健，你有啥话就给你阿大阿妈说，给我和你哥哥说。事情到了这一步，你放硬气点。你是我们田家门里最硬气的一个，我们都知道，有话就硬硬气气地说。"这话起了作用，田健再次把面孔对准亲人时显得平静了许多，声音却哀凄凄地，"我不能给爷儿和你们披麻戴孝当孝子了。"殷切地望着田强，"日后你替我给爷儿多烧些纸。"田强点头时哭出声来。田成功、田成才低声吼哭起来，任眼泪泼水一般，还操心着已经把声音哭哑的孙雅萍。田健垂头用额头撞几下桌沿，抬起头说："阿大，阿妈，我借了大大大一万元、二爸七千元、康庄一万元、大爸爸二千元、二娘娘三百元……我现在还不成了，你们给我把这些账还掉，我就没啥牵挂的了。"手扶桌沿猛地起身，坐椅倒向身后，两个管教神速上前防范的时候，田健扑通一下跪倒并哭起来，"阿大阿妈，来世要是还能转成你们儿子，我一定好好听你们的话，好好地上学念书，好好地……"泣不成声。

田成才、孙雅萍也绕桌扑跪在儿子身边揽抱住田健痛哭起来。田成功、田强抽泣着想把他俩拉起来，哪能拉得起！在两名法官和一名管教的协力下把抱成一团哭成泪人的三人强分开来。被田强从后腰抱拉起来的孙雅萍看见田健两个脚上的袜子都被脚镣磨破，露着血红的脚踝骨，发疯似挣脱田强的扶抱又扑跪在儿子身边，手摸脚镣与脚巴骨接触的部位哽咽着说："脚磨烂了吧？你……"在身上撕抓了几下，最后扯下脖子上的羊绒围巾，揪住围巾一端的穗子想拼力撕成两片却撕不开，抱住儿子的左脚说："我给你把脚上磨烂的地方包住，你就不疼了。"被管教拉站起来的田健把左脚伸上前由母亲缠裹，浑身颤抖着。孙雅萍双手抖索着想把围巾穿进脚和脚镣环之间的空隙，却无法缠包住磨破的脚踝。田健用手铐限制的双手扶住母亲肩膀说："阿妈，我回监房让管教把围巾剪成两半，一定把磨烂的地方包住，你们放心回家吧。"先把泪湿的脸别过去，而后转身向小门走去，法官挡住要扑上去的孙雅萍，等田健被两名管教一前一后夹着出了小门，法官扔下她出去关死了小门。

从二道门把田家人领进提审室而后等在门外的那位管教，让田家四人在提审室内逗留了十几分钟，等他们收住悲声，才同他们离开提审室。半小时。三十分钟。一千八百秒钟。步行可以走完五华里，百米运动员可以跑出去十八公里。汽车可以跑完三十公里。电灶可以烧开三壶开水。电视可以播完一个专题节目……对田家人，这半小时是刚被划着的火柴被风吹熄的一刹那，是按下开关的瞬间断了灯丝的灯泡，是滚滚雷声中劈天一闪的电光，是失手落在地上粉碎成片的一个瓷碗，是刚进入意识就被惊醒的一场恶梦……

看见四人哭红的眼睛，二道门外等候的田成业、田壮、田明、宁守仁、伊承宗等人一言不发，一起沉默着走出看守所大门，叫一辆出租车，让田成功、田成才、孙雅萍、田成业乘坐伊承宗的车，其余挤坐在另一辆车中。被绝望和撕心的哀痛耗尽了体力的孙雅萍一上车就浑身瘫软缩成一团蜷在大伯与丈夫中间，一下一下抽搐着，脸色苍白。坐在前面的田成业极想知道母子会见的情景，可也清楚此刻没人乐意给他复叙那段恶梦。把目光投向车窗外，让快速后移的树木和建筑物切割着视线和感觉，推掀起情绪的狂浪。生活保持着原来的模样。冬眠的树木、田野、村巷口闲聚晒太阳的村民，在土堆上刨食的芦花雄鸡来杭母鸡、划着白色分道线的青灰色水泥路面……人们始终以为自己是生活的主宰，拥有和左右着生活，其实在生活亘古恒定的流程中，被丢弃被遗忘被改变或者被抹杀的只能是人类。在高及天堂深及地狱的生活板图上，人类不过尘埃一样地轻浮，跳蚤一样地胆怯，灯蛾一般地滑稽和固执。生活不会有了这些轻浮、胆怯、滑稽和固执而显得乏味，也不会因为失去这些而失却了丰富。生活以铁板一样的坚固法则印证着人类的渺小和脆弱，短暂和无奈。

　　车一驶进城区，生活的热浪一波一波向车子挤压过来。使得田成业目不暇接眼花缭乱。城市是个弹性十足的容器。重重叠叠挤压进去的生活内容把这个容器撑得肥胖臃肿形貌古怪。在生活密集得难以透气而将要腐烂溃败的时候，这个容器就用自己具备的弹性来制造空隙和调剂疏密。眼前这些随处不有的交通指示牌，指示方位的、禁止鸣号的、禁止停泊的、及时调配车流的红绿灯就是这容器诸多弹性中的一种。容器依赖这些弹性疏松和减缓密集造成的重压。当这些弹性在反复的伸缩中变得疲软而失去作用，这容器就动用它的最终的也最有效的禁锢为它容纳的生活框定范围和提供秩序。它就是法律。是的，当一粒微尘随气流漂浮不被什么阻碍，当一个跳蚤愉快蹦跳不被打击，当一个飞蛾执意扑向灯火还没被焚化，是用不着在乎容器的这种禁锢作用。可当一粒微尘迷住人眼，一万个跳蚤传达出嗜血的欲望，十万个灯蛾遮蔽了光明的时候，禁锢就如神的意志一样从天而降，严密地罩住这个容器和容器内所有的东西。此刻，田成业的感觉和情绪就被这种无形的但十分强大的意志罩住了。这种意志如同天穹，君临苍生，无处不在无处不有，即不能穿越也不能逃避，只能望而生畏，听而胆寒，跪而服从。

聚集在民权街田成才家里的伊福禄、田成凤、孟慧、田英、田亮、田野、小欢、伊承新被空前的沉郁气氛压抑着，各自在心里揣测着会见时田健会是什么样子，会与父母说些什么话。这种揣测把他们内心的悲怆伤感透现在脸上，相互间只用复杂的目光交换着心思，需要说话就压低声气，好像声气一大就会遭到谴责和误解。田家门里首次遭遇如此令人难堪和绝望的事，没有从容应对的经验，只能像等待战败归来的战士，准备无可奈何地接住他们残断的刀枪，搀扶他们缺胳膊少腿满是血污的身躯，接受他们因挫败而极度沮丧的表情。多亏田寿不在。无论田寿是想躲避这剜心的难堪和绝望，还是恰巧被老相识从将要面临的深渊前拉走了，大家都认为是一件值得肯定的好事。至少，这种时候不必再分心承受另一种压力。他们都暗自打定主意，一旦去看守所探视的人回来，他们就装出已经大彻大悟对任何事实都持无所谓态度的从容样子，即不打问探视经过，也不提说与这事有关联的任何话题，只给他们热忱的接待和服侍，以便给他们时间把破碎的心灵粘补起来。

听见楼梯上传来疲疲沓沓杂乱的脚步声，大家慌忙站起来，田野提前打开了房门。等回来的人鱼贯进了房门，田野小心关好房门。其他人躲躲闪闪地探视归来人的眼神表情，给他们倒水递毛巾洗脸，而后扶助他们坐下喝茶。都蹑手蹑脚地留心着，免得把椅子碰歪，把茶杯与盖子碰出响声，把打火机失手丢在茶几上。谁都不说话，不敢头一个打破这种伪装的平静，只有墙上挂钟涩滞的嘀答声，脚步与地面摩擦的沙沙声和粗细缓急不等的喘气声。这压迫人的沉郁气氛持续了十几分钟，被田成功一声惊天动地的咳嗽声打破。这位田家掌门人用涩重的声调对凝止了的生活做出了指令和调配："田英，你同二婶、娘娘把你三婶扶到卧室里躺下，给她喝点茶。"等田英、孟慧、田成凤扶助浑身瘫软的孙雅萍去了卧室，扭头问田野，"今天几号？"

"十二月二十一日。"田野感冒鼻塞，发出的声音闷闷的。

"阴历多少？"

不及田野想起来，田成业说："今日是阴历腊月十八，大寒的节气。"

田成功掐指数了几下，"过几天就是祭灶的日子，爷爷出去也快一个多月了，我担心爷爷会在腊月二十三前回来哩。快过年了，坐在人家家里就不像话了。爷爷回来，得先把爷爷安抚好。小宁，你想想，要是爷爷回来，你能不能寻个借口把爷爷叫出去再躲几天，你朋友多，寻车也方便。"

宁守仁庄严地应了一声，"要是外爷不回来呢？"

"不回来最好。不过你得做好回来的准备。"扭脸对田明、田亮说："你俩这两天内去趟火葬场，把那里的情况问清楚，租丧车的费用、火葬的费用，要办什么手续，都问清楚，需要提前办的就提前办掉。"田明田亮嗯了一声。

田成功让女婿把杯中茶水换成开水，吞下几粒丹参片，对田野说："到那一天你去中级法院听听宣判。你是记者，进出法庭方便。"田野想问什么，见田成业使眼色，把要问的话咽了回去。

田成功扫视田强、田壮、田成业、田成才、伊承宗，"要是爷爷回来又不肯跟小宁出去，到那天老二就操心爷爷，老三、他二婶、娘娘、伊承新操心他三婶。"小欢插进话来，"我也操心三婶吧？"

田成功点点头。又说："我、田壮、田强、田亮、伊承宗去刑场收尸。田壮准备两个五十公升的塑料加仑，把水灌满，去了得把血污洗干净。去之前要调些硬面，用硬面把瘪了的头皮填起来。"盯住老三，"你这两天思忖好，给田健穿什么衣裳，需要买新的就提前买好，里外都换上干净衣服，去刑场换衣裳，洗血污脑浆的事我做……"

田野打断他的话，"这种事咋能由你做？最好花钱雇一个……"

田成功苦笑一下打断田野的话，"我老了的人，没啥忌讳的。把头填起来，把血污洗干净，穿衣裳我一个人怕不成，得田壮田强搭手。还得准备个担架。估计车子开不到跟前，得用担架抬上丧车往火葬场拉。田明一早去火葬场办理相关的手续，等我们。"顿了一下，哀凄的目光移在老二脸上，"你看还有啥需要准备，别心慌意乱短缺了什么。"

田成业双手摩索着膝盖想了想说："预想的都想到了。我的意思是，枪打下的，血渍渍的，我们都最好别看。花圈铺万花花的掌柜的从前是医院太平间的，经见得多。我同意田野的意见，花些钱雇他去收拾。我觉得我们田家人最好别去刑场，尤其不能让年轻人们去看那血腥的场面……"

田成功低垂脑袋想了一阵，抬起头说，"还有人家愿不愿去哩。再说，人家从太平间出来，怕是看够了斜死横亡的人，又是外人，去了胡乱几下收拾不干净，我们心里就留下病根儿了。还是我们个家收拾吧，是好是歹就这一次。"声音凄悲起来，眼眶也被泪水胀满。

在座众人都垂头表示默许。

84

对于西宁市民生街居民和个体商贩，癸未年春节没什么特别之处。它是已往那无数个春节的翻版：除夕初一阖家团聚，晚辈给长辈贺岁，吃年夜饭看中央电视台春节联欢晚会直播节目，交夜燃放爆竹。初二女婿给丈人拜年，外甥上舅家请安。而后扶老携幼走家串户相互拜年。春节永远是大红的色调，繁忙的气象，吃喝玩乐的愉悦，酒足饭饱的疲惫……如果硬要找出这个春节与上一个春节有什么区别的话，大约就是阖家在饭店酒楼预定了年夜饭的家庭多了；人们手上提的礼品盒越发地精美；而端上桌的菜肴中，清淡素菜大受欢迎而油腻的鸡鸭鱼肉多被嫌弃；商店的红酒啤酒低度白酒销量大增因而少有醉汉倒卧街头或被拘入醒酒室……生活的色彩微妙地幻变着，人们以宽松平和的心态受用这些变化带给他们的幸福和快乐，在日渐丰富的生活海洋里随波逐流……

不过，也有明眼人和细心人留意到，癸未年春节被世居民生街的田家人拒绝。他们没有张贴春联，没有燃放鞭炮，没有张挂红灯，没有走亲访友，从初一到十五几乎没有出门。他们被田家家史上最大的耻辱压得抬不起头，直不起腰，迈不开步了。他们躲避瘟疫般躲避铺天盖地的喜庆色彩、喧哗嘈闹的生活气象。别人的快乐令他们嫉恨、恼火、沮丧。他们诅咒生活向他们没完没了地炫耀别人的快乐。盼望在鸡鸭鱼肉的腥膻里变得油腻腻的时间尽快恢复原来的模样。当然，被喜庆淹没了的人们，只能手脚并用张大嘴巴防止被快乐搁浅。他们无暇在乎呆在岸上的那些傻瓜。谁让他们撞上那么倒霉的事情！生活从来不会因为出了几个傻瓜倒霉蛋而变得虚情假意起来。生活就是生活。它只为得意和幸运的人张开怀抱。让那些傻瓜倒霉蛋望着生活的脚后跟自艾自怨唉声叹气好了。不是说时间是最好的老师，最棒的医生吗，让时间给那些傻瓜倒霉蛋教授摆脱苦恼的要领，治愈创伤的良方吧。

　　是的，当亘古不肯停留的时间走过正月三十天长的距离，有意无意地把罩在田家人头上的那层厚重的，似乎永远也消除不了的阴云卷带得稀薄起来后，田家人的心事开始有了转变。其实田家小辈人的心事早在春节头几天就已经转变了。红彤彤的气象，潜伏在热火的生活表象后边的春天的气息，在向别人招呼的时候并没轻视田家人的存在。不过碍着老辈人，小辈们也就装出很失落很沮丧的样子耐过了整整一个正月。现在，催生万物的春的温润柔和的气息，唤醒万物的同时也唤醒了田家人对新生活的向往。他们努力忘却那一场其实很短暂的恶梦，丢掉耻辱感，抬头直腰地重新走出了家门，走出了院门，走上了街道。

　　这天吃了早饭，田成功下楼在院里站了一阵，由于春节长假而松弛了的生活，已经完全恢复了原有的秩序。院里很少年轻人的身影。有岁数的人都向他热情地招呼着，说着让他高兴的话。院舍邻居们好像并没有认为田家门里有人被正法处决是一种灾难和耻辱，或者给了他们嘲笑鄙视田家人的理由。这让田成功心存感激，也后悔不该这么长时间的封闭自己。不过，他心里还不能真正地轻松起来。父亲去老贾家将近两月，过春节不但没回来，而且没往家里打一个电话。无论出于什么原因，都让田成功感到不正常。决定与老二老三商议一下，必要的话，打发田壮或者田强去大通县老贾家看看。

　　走出院门拐入民生街自东往西行走，顿时像一头撞进了一个巨型万花筒。如果说作为玩具的万花筒以三棱镜折射出的幻影愉悦人的视觉，那么这个万花筒却用实实在在的生活及社会风貌冲击着人的灵魂。这种冲击来自永不息止的生活激情，永不退却的商贸热浪，永不减弱的世俗的繁华和嚣闹。从它中间穿行，人就会莫名的感动，无端的亢奋。谁也说不清这感动和亢奋缘于什么，却又明明确确体会到某种鼓动，某种刺激和某种诱惑，从而情不自禁把自身融化其间，物我两忘。

韩乙布拉的甜醅车依旧停放在一号院门洞左侧固定的位置。正在洗碗的韩乙布拉看见从车边走过的田成功，主动笑问道："阿爸闲下了？春节前后没见你父亲在街上走动，他老人家好吧？"试探的口吻。

"他去大通县乡下老相识家过年了。"他不想多谈这个话题，立马走开又不妥，笑问道："你的官司了结了？"

"算是了结了吧。"韩乙布拉喜眉笑脸的。大约法院给了他合理满意的法律支持。采访过韩乙布拉的田野曾对他说过，韩乙布拉买彩票上当，虽然出于发财的侥幸心理，动机却是值得同情的。韩乙布拉曾给父亲承诺，挣下钱儿供父亲去麦加朝觐，了却父亲终生宏愿。靠卖甜醅积累四万多元的路宿费用，吃力不说，时间拖得太久，便动了买彩票发笔横财的念头。这件事的得失，给予人们的启示和教训远远超出了这件事本身。

老谭的铁皮小屋的门半开着，门扇与门槛的夹角别着一块砖头，大约里边生了炉火，需要通风或者防止煤烟集聚。田成功经过时往里望了一眼，老谭正伏在工作台上打磨一把钥匙，钥匙坯一下一下与砂轮摩擦时迸溅出一束火星，发出刺耳的沙沙声。老谭胖了，下腮肉肉的。儿子提前释放，大约还找到了工作，心宽的老谭吃得香睡得稳，发福是免不了的。

田成功走着，看着，想着，百感交集。风味小吃区域卖包子的，卖酿皮的，卖抓面的，卖油炒粉油炸糕的，卖米粉麻辣烫的……所有的摊位都是原来的模样，炉子放在原来的地方，泔水桶沿和周围的地皮油渍渍的。那个把包子蒸笼揭起时偏头扑扑扑地吹着蒸气的小伙子的围裙口袋里，仍旧塞着那条棕色的擦手毛巾。肖巧娘切酿皮还是耸起右肩，下嘴唇随着切刀的起落伸缩着。抓面摊的汤锅锅口总是热气浮动，半个锅盖上码放着油腻腻的羊肠。煎饼火炉的鼓风机上仍旧盖着伞形的一张铁皮，铁皮上落满了炉灰，朝着街心的炉口往外喷冒着金红的火焰……卖布料摊上的布料依旧是一束一束错压着排开，下端夹着大号铁票夹，以便让轻薄不太垂的布料同质地厚实的布料一样有挺直的垂感。布料颜色也永远以黑色、灰色、米色、藏蓝和淡灰色为主，夹杂着竖条横纹方格的浅褐奶黄葱白湖蓝的轻软的衬衫绸料或纱绢。摊主也总是不动声色地打量来往行人的神色，发现目光在布料上留恋的行人，即刻上前殷切地微笑……

走到民生街与民权街交叉路口，田成功犹豫起来。老二的新房腊月头上就装修好了，一来新装修的房子需要空置一段时间，把装饰材料的有害气体挥发干净，避免住进去危害人体。二来，田健处决前后田家人糟乱的心情无法接受乔迁新居的喜庆，就把回迁的日子一拖再拖直到现在。从道理上讲，他应该先与老二交换意见并达成共识再给老三家通报商议结果。但不能肯定老二是否在新房内逗留。想想，决定先去老三家。老三两口原本就爱计较先后，如今心灵受了重创，对家务事的反应会更加敏感。先把自己的疑虑告诉老三，必要的话打电话叫来老二共同商讨对策。于是拐进民权街，直奔二十三号大院。

让田成功意外的是，给他开门的竟然是田成业。"你……啥时候来的？"同时发现田成才把胳膊肘支在沙发扶手上盯着电视荧屏，对他的到来不疼不痒，紧挨沙发坐在小板凳上的孙雅萍把羊毛衫袖子绾到肘弯以上，两小臂红扑扑的，也像见了生人，没一点热情的表示。田成功意识到老二和老三两口大约正在说他的什么坏话，被他的突然出现打断，才显得这么不自然。心里别扭着坐下来，见茶几上茶杯里的茶水只剩半杯，不冒热气，确信老二已经坐了好一会儿。田健是腊月二十五日处决的。春节期间，他同田壮田英多次到老三家，与老二在这里遇面却是头一次。是什么原因，让一向对老三媳妇不感冒的老二背着他出现在老三家？又让老三两口今天对他这般冷淡？努力掩饰心里的不痛快以免从脸上显露出来，用勉强的口吻问道："孟慧呢？怎么你一人来了？"

"她在家里归拢碎小东西。"

卫生间里呜呜呜的响声停止了，孙雅萍起身去了卫生间，田成功这才反应过来她在洗衣服。"归拢东西，是打算往新房里搬？"

田成才代替老二回答："二哥是过来取我的话，现在搬家成不成。房子装修好闲放了一个多月，照别人说的办法，房里点燃了蜡烛，放了几盆芦荟，也放了切碎的洋葱，现在进去，已经闻不见油漆涂料的味道。要是我同意，他就把家搬过来。我说你想搬就搬，问我做啥哩。他说搬家要放鞭炮，怕我知道了犯心，过来取话。"田成才抢在田成业前面这样解释是有用意的。几乎不上他家来的老二今天主动找上门来，他估计真实的目的是向他讨要田健借去的七千元钱，却又不便直说，就以搬家为借口，提醒他：我装修房子，交差价款花了不少的钱，搬家又得一笔费用，手里紧，你得把田健借走的钱还给我。田成才就装出不知他的真实来意，心里却嘀咕：田健借了你的钱我不会不还，可眼下先得把外人的还掉。你当大大的这时候向我要钱，不是雪上加霜吗！嘴上却只说搬家的事，只口不提钱的话。心里说：你不是最有心眼吗，看你怎么给我耍心眼儿。一听老二给老大说归拢东西的话，赶紧抢在前面明白表示自己同意搬家的态度，不给老二说钱的工夫。

听了这番解释，田成功心里的别扭不但没有减轻，反而上升为懊恼。通常，遇到难决的家务事，不论老二还是老三，都要先征求他的意见。哪怕是已经决定了的事，为了表明他们没有轻视他这个老大，也要到他眼前做做样子的。老二回迁新居，眼下算得上是田家门里一桩大事，尤其在田家人心灵受了重创还没恢复元气的时候。老二不可能也不应该绕过他直接与老三对话。事实上老二就这样做了。这实在让他有点想不通！虽然他从来不是成心以田家掌门人自居，可田家的大大小小都成心把他当成掌门人信赖指靠的。如今却一个一个背着他做起事来，不把他放在眼里心里了。这怎能不让他憋气，不让他懊恼？父亲出去两个多月没有消息，老二老三竟然没有着急担心的样子，一门心思只想着搬家住新房，这让他当老大的如何忍受得了！不禁气恨恨地说："你们心里只想着个家的事！想没想过阿大的事？"瞪一眼田成业："阿大出去两个多月了，我们当后人的该不该找问找问？新房迟早是你的，迟搬几天害不了啥事！"

田成业不无委屈地说："阿大是个家硬要出去的,我们当后人的想挡也挡不住。再说,你我不都是希望阿大出去的吗?"望着田成功的眼睛里另有一番话语:让阿大出去躲一躲不也是你的想法和决定吗?如今阿大不回来,你有什么理由单单责怪我?

领会了老二辩驳的眼语,田成功放缓口气说:"我的意思是搬家的事先放一放,先得把阿大的事落实一下。要么我俩一同找一下经常与阿大在一起的那个老皮,问问阿大给他们说过什么没有?要么叫田壮寻个车,我俩去大通县老贾家看看。要是阿大真在老贾家里,就由他坐着,回来就给你搬家,你们说这样成不成?"把询问的目光对准田成才和孙雅萍。他不是要老三两口对父亲的事发表见解,而是想听听他两口对老二搬家的事的态度。倘或这两口心里还有些通不过,他就得说服老二暂且放弃这个安排。

田成才想说不想说地看着孙雅萍,孙雅萍半呆半怔地望着电视机出神,好像没有听见,又好像听见了却懒得再理会这些家长里短的杂务。田健的死带给她的痛苦分裂了她单一的精神,改变了她浮躁的脾性,她在吞咽痛苦的同时把自己的活力也吞没了,变得麻木、迟钝、沉默寡言。如果说她曾经是一粒轻轻磨擦一下就要迸出火星的实心的火石,那么如今她是在一阵爆烈的自燃后不但烧焦了表皮而且烧出了无数气孔的木炭。除非再次投入烈焰,否则就不可能再度通红。

孙雅萍表面无关痛痒实则绝望颓废的沉默压抑着田家三兄弟的心灵,一时间又被凄怆酸楚塞满了心胸,面面相觑无话好说。室内空气将要冻结的时候,被一阵惊心动魄的电话铃声震醒,与电话机最近的田成才提起话筒听了一下,把话筒交给田成功,"田壮打来的,问你在不在我家里。"

田成功听见了儿子气恨恨的声音:"阿大!你们老一辈人咋这么顽固?你不是没有手机,带在身上能把你挣坏吗?!"

儿子突兀的指责让田成功觉得莫名其妙,"你……吃了枪药是不是?"

"田英给你小灵通不是让你放在家里摆样子的。这种东西又不会养下一个小的。说了几次,叫你出门把小灵通带在身上,我们有事好联系,你就是不带。出门又不给我们打声招呼，叫我们满天满地地寻你。"

田成功对儿女们有理由的批评不做正面回答，问："寻我有啥事？"

"有人寻你寻到家里，你不在家，叫人家在院里等了半天，院舍把这人领到食府里来了，我到处打电话也找不到你。"

"是哪里的人，寻我有什么事？"

"是畜牧兽医学院的学生，想拜访爷爷。"

畜牧兽医学院的学生要拜访父亲，田成功心里又纳闷又好奇，"你快来食府我的办公室里。"儿子催一句挂了电话。

田成功慌忙起身，出门时对田成业说："畜牧兽医学院的一个大学生寻到家里要见大大，你跟我一起去，看看到底啥事。"也不向老三告辞，匆忙下楼，田成业也揣着一肚子猜测跟了出来。田成功望着脚前路面没好气地对并肩行走的老二说："老三两口心里还乱着，这时候你问他们该不该搬家，你叫老三两口怎么说？头磕下了，揖做不下吗？"

田成业苦笑一下作为回答。把要钱的真实目的告诉老大，只会招惹他的抱怨，不说为好。

走进食府，柜台内的赵娟问好的同时指一下楼上办公室的位置。两人上楼径直推门而入，坐在椅子上穿着牛仔衣裤的青年站立起来。田壮让父亲坐在自己的高靠背真皮转椅上，给二爸搬一把有软垫的椅子，对圆脸盘小眼睛的男青年介绍："这位是我父亲，这位是我二爸。"

田成功打量举止拘谨的青年，"你贵姓？"

"免贵贾，叫贾继业。"

"你是畜牧兽医学院的？"

"兽医系大四的学生。"

"你寻我们是想见我家老爷子？"

贾继业从到处是金属纽扣和拉锁手柄的牛仔上衣口袋掏出一张叠成几折的灰黄色有横格的纸张，想打开却停下来问道："你们老爷爷的名字是不是田寿？"见在座的田家三个人都半张着嘴疑惑地盯视着自己，青年又说："今年寒假我在家里整理爷爷的破烂东西,在爷爷的皮箱里发现了这张纸条。"贾继业小心地展开叠缝已经有破口的纸张,"这纸上写着两行字儿,下面写着名字按着手印。我以为是乡亲邻舍留下的什么字据,一看,不像是借据。问爷爷,爷爷想了半天才想起来,说想当年城里一个姓田的人托靠我们家在城里的亲戚,找到我家里,要我爷爷……"

田成功打断青年的话,"你的家在哪儿?"

"大通县靠山乡贾家村。"

田成功的心脏紧跳紧收地疼了几下,"你爷爷是不是叫贾维英?"

这回是贾继业又纳闷又好奇了,"你们咋知道我爷爷的名字?"

田成功却从转椅上快速起身,"快把你手里的纸条给我们看看。"话没说完,纸条已被田壮抽取在手里,看一眼,满眼狐疑地交给田成业,田成业双手捧着,见上边写着"保证书"三个字,下面是用铅笔写的两行歪歪扭扭的字儿,不禁一字一顿地念了起来:保证书。我自愿叫大通县靠山乡贾家村的劁猪匠贾维英给我去势。去势好坏,一切后果由我自负,决不悔怪他人。田寿,一九××年×月×日,农历×月×日。手印。

"去势?去势是什么意思?"田壮一头雾水。

田成功意识到此事非同小可,急迫地问贾继业,"这纸条是从你爷爷手里拿出来的?"

贾继业给他们做出进一步说明:"我爷爷是我们那一带有名的劁猪匠人。从二十一岁开始劁猪到六十几岁,少说劁了上万头的猪。经我爷爷劁的猪娃,从没发生过感染死亡和劁不净跑窝的事。周搭圆圈几十个村子里的人但凡要劁猪,就寻找我爷爷。要么把猪娃抱到我家里叫我爷爷劁,要么把我爷爷邀到村子里去……去年秋上我阿大盖了六间新房,我寒假放假前搬进了新房,剩下一些没搬完的破烂东西撂在老房子里。阿大叫我把有用的东西挑拣出来。在爷爷的破皮箱里发现了这张纸条。问爷爷,爷爷想了半天才说:有一年他城里的姑舅领来一个三十几岁姓田的人,要求爷爷给他去势。爷爷说我是劁猪的,没劁过人,这是人命关天的事,犯法的事。这人就再三哀求。爷爷问他原因，他说他女人得病去世，撂下四个娃娃，日子过得艰难，还得遭受肉身的煎熬，去了势，求个心宁气静。我爷爷被他再三再四的哀求动了心，心想一辈子劁猪出了名声，要是能在人身上试试身手，不枉做了一生的手艺。就叫这人写下保证，万一出了偏差，后果自负。就给他去了势，在我家养息一个多月，确信不会发生意外再让这人回城里……"

田成功听得心惊胆战，忍不住问道："你……如今拿这张纸条寻我家老人又是什么意思？"

贾继业庄重地说："我高中毕业考上了畜牧兽医学院，今年就要毕业了，现在要准备毕业论文。我心想爷爷、父亲两辈人都是民间劁猪的手艺人，积累了不少的实践经验。我如今学习掌握的兽医书本知识，要是再从爷爷父亲的实践中吸取一些有用的经验，对我的事业定有帮助。见了这张纸条，我有了一个想法：做一次回访，调查证实一生劁猪的爷爷给人做去势手术，是怎样利用原始简易的民间麻醉办法施行去势手术，并保证不发生术后感染，其中是否有什么秘传的决窍。回访做了去势手术的人术后有什么变化，有没有什么不适和反复，并打算把这事作为实例写进我的毕业论文中。我先找到了城里的姑舅爷，是姑舅爷告诉了你们家的地址……"

"你爷爷呢？他还健在？"

"八十二岁了，还能吃能睡，精神得很。"

"你爷爷……是不是在村后承包一座荒山植树造林，在山上守护林木？"

贾继业疑惑地打量田家人，"没有的事，你们从哪儿听来这样的话？"

田成功强忍着剧烈的心绞疼，"我家老人说你爷爷邀他去你家坐一段日子……"

"我春节前后一直在家里，没人来过我家，也没听说爷爷邀了城里的人去我家里。"

田成功把头仰靠在转椅高靠背上大口大口地喘起气来；嘴唇青紫脸色灰白，双手颤抖挂着转椅扶手想站起来，却一头栽倒在地。

85

　　假若民生街田家人的倒霉事局限在田健处决一件事上，全街的居民和个体商户不会过份在意并当作一桩了不得的新闻传播。如今的电视广播报纸，哪一天没有几宗关于凶杀抢劫偷盗强奸诈骗等刑事案件的报道？看得多了听得久了也就不再觉得新鲜。不新鲜的消息还有什么必要去传播？虽然被处决的案犯是在民生街长大的，案子也发生在西宁市，可人们还是不觉得有什么必要表示对田家人的同情和对案犯的愤恨。不同情是因为这种杀身之祸是田家人自己闯下的，自作自受的事有什么值得同情？不愤恨是因为这件事对民生街的居民和个体商户没有造成什么伤害，有什么必要去愤恨人家？可悲的是倒霉就这么不依不饶地缠定了田家人，田健处决前爷爷出走，至今下落不明，田健处决后大大又被心肌梗死夺去性命。据说从儿子的真皮转椅上一头栽倒就气绝身亡了，连上医院抢救的机会都没有得到。这么接二连三的倒霉事发生在田家门里，不能不让民生街的居民和个体商户们感到震惊、恐怖和纳闷。田家这是怎么了？田家再倒霉也不该在二个月时间接连发生三件天塌地陷的大事！人们纷纷议论、交换和传播着对这种现象的推测和猜疑。不到一天工夫，半个西宁市的人都知道了民生街田家门里发生的这种令人不可思议的灾难，暗暗地为田家人揪心担忧，不知道他们在这接二连三的巨大打击下会是什么境况。

　　刘方是傍晚听到消息的。望着打算添煤而打开了炉盖的红灼灼的炉膛怔了一阵，往炉膛胡乱扔了两块砸成拳头大小的机制煤砖，放上添满水的茶壶。觉得回来的时间不好把握，又提起水壶盖上炉盖再放上水壶。把抽屉内仅有的五十元装在身上，卷了几张白纸，拿了几支毛笔一瓶墨汁，锁了店门去四号院田成功家。田寿、田成功都与他有交情，这种时候不去帮忙是说不过去的。

　　田成功家六十八平米的房间里挤满了亲友。悲怆气氛的逼压下，无论男女都显得萎顿疲惫，呆头愣脑。一律是红肿泪渍的眼睛，嘶哑的嗓音。从人伙里挤出来给刘方打招呼的田成业脸色灰白，神志呆滞，用暗哑的声气对刘方说："人栽倒就没气了，叫车从食府拉去医院又过了二十分钟，医生说大脑已经死亡，抢救是无效的。人放在医院太平间了。住在城里的亲友都召集来了，要商讨举丧的事宜，灵堂打算明天早上布置。刘老师要不嫌费事，今晚给我们写下几副挽联。其余事情等家里人商议定了，如果需要刘老师帮力，我打发人去请你。这阵儿家里乱乱哄哄的，让你坐的地方都没有……"

刘方带着纸笔是想给他们书写布置灵堂的挽幛挽联，以体现自己对田家遭遇如此巨大不幸的同情和关注。听田成业如此说，明白自己有点心急，便说了一串宽慰劝导的话，退了出来，心想回到铺子里静心撰写几幅挽联，明日赶早送过来供他们使用。

刘方走后，田成业在伊福禄协助下，暂时做出如下的指派：孟慧、李怡蓉、小欢、伊承新照看哭得虚脱了的田成凤、田英。尽力劝慰防止她俩再哭。把田壮、田强、田野、田明、田亮、宁守仁、伊承宗集中在大房间，同坐在沙发上的田成江、田成才、田成莲商议举办丧事的规模、时间、埋葬方式，向五服内外亲友发布丧事等诸多事宜。经过两个多小时讨论，统一了众人意见，做出了具体的决定：明早由伊福禄负责布置灵堂。田强去派出所备案、联系印发张贴寻找爷爷的寻人启事。田野去省、市电视台联系和办理电视播放寻人启事的事体。基于孔秀去世寻买棺木的艰难，加上坟地已没有宽绰的地方，这次采用火葬，骨灰暂时存放在殡仪馆。省简下葬、破土、出殡等陈规陋习，不请吹鼓手之类的人物。田明、田亮采买纸札、供品、香烛等祭奠用品。鉴于一拨一拨凑集祭吊亲友及时招待费时费力，决定统一时间地点一次性整体招待，地点定在鸿运食府，时间定在亡人火化当天中午。田壮、田英、宁守仁、赵娟在灵堂守灵，田成才、田成江负责调掌祭奠、迎送吊客，伊福禄陪祭，登记收受丧仪。田成业总管。

分派停当，留下孟慧、李怡蓉、小欢陪护田英、田成凤。田成业催促其余人等回家吃饭歇息，储备精力明日好各司其职。彼此又说了些劝慰的话，默声离去。田壮穿了外衣也要走，被田成业声色俱严地叫住，"你不能走掉！

还有没想周全的事得由我两个商定。"田壮毕竟是老大家顶门立户的人，丧事上很多事体不能由他当爸爸的包办代替。

"今后两三天我得在家里当孝子，得把食府的经营安排好。"田成业只好由他。在田壮出门时跟了出来，低声叮嘱："多亏今天在食府与贾继业说话没有外人听见。这事装在你我心里，给任何人都不能说，包括田英、赵娟。只说你阿大听见爷爷没去老贾家，急火攻心造成心肌梗死，别的话半句也不能说。"

"这个我知道。"田壮匆匆下楼离去。

房里一下午的混乱被离去的亲友带尽，剩下压迫人的空静。卧室里，还有克制的抽泣声和唧唧哝哝说话的声音。田成业跌坐在单人沙发上，拿起不知谁喝剩的半杯茶水咕嘟嘟吞了下去。一下午的惊恐、紧张、烦乱弄得他头昏脑胀口干舌燥精疲力尽，浑身筋骨似要散架。这是令人震惊恐怖的一个下午，一切都来得那么意外和突然。爷爷出走的消息、大哥的猝死、还有爷爷被劁猪匠……他都没有勇气回想这些集中在一起比爆炸还要让人惊悚的过程。但他又不得不克服恐惧心理，把这些意外的变故做一次梳理。对田家人来说，田健犯罪被处决是透彻灵魂的痛楚和耻辱，可那是有很长的时间进行心理准备和情绪调整的。何况田健是咎由自取，杀人偿命，没人把那深重的罪责归咎在田家其余人身上。可爷爷让劁猪匠把自己弄成废人，这是让田家所有的人都觉得羞愧难当的事呵！好在当时没有外人，大哥又突然亡故，只要他和田壮以及贾继业守口如瓶，别让家里家外的任何人了解这个奇特的旧事，田家门里这桩最大最不光彩的事，就不会被街谈巷议推波助澜地扩散开去。让他和田壮暗地里消化这种不光彩的羞愧吧。可是，父亲为什么要这样做呢？田成业想起老大栽倒后他在惊悚慌乱中把拿在手里的那张保证书塞进了裤兜。慌忙把手探进裤兜，手指触到纸张心里有了踏实的感觉。将保证书掏出来，把由于急迫塞进裤兜已被揉烂的保证书小心地展开、压平，望一眼关闭的卧室房门，把上面的文字仔细重读了两遍。如果贾继业回顾他爷爷的说话没有差错，就可以相信父亲当时这样做，是为了一心一意抚养四个儿女，又不想尝受肉体和心灵的双重煎熬，才选择了如此下作的办法求得心理和肉体上的宁静。如此说来，他们做儿孙的不应该认为父亲做了这样的事，是对他们的羞辱。真正的羞愧是父亲为儿女废了自己，而儿女们竟然没发现父亲早在若干年前就成了废人。难怪元旦夜误入发廊的事一旦被他们提起，就会引起父亲极大的恼怒。对父亲来说，那是多么尖刻的讽刺和误解呵！对他们来说，又是多么深重的失误和失孝呵！田成业用手掌擦去胀满眼眶的泪水，用两个拇指弯突的关节在太阳穴上使劲按压几下，嘘出一口长气。无疑，老大是被父亲出走的意外震惊和发现自己失职的深刻懊悔羞愧的双重强击下没能换上那口气而憋死的。田成业望着保证书上歪歪扭扭的两行铅笔字和落按在后面的姓名手印，视线被泪水遮蔽而模糊。父亲只上过初小，除了在单位领工资或申请困难补助写几个字，是不写字的。可见写下这保证书费了多大的心劲！让他不解的是，父亲为什么非要走这么一条万劫不复的阴暗狭路？如果放在当今，父亲还会干这样的蠢事吗？一定是父亲惧怕那个年代那么多的道德规范和舆论压力，才选择了用丧失肉体功能的代价换取心理精神的平安。想到这里，田成业的心情复杂起来。比起父亲，自己以往的行为实在是太荒唐太轻浮太没有人格了。可是，人活着到底为了什么？是为了把自己的精神肉体当作石块，给虚幻的道德大厦填造基础吗？可这样的问题不是他可以解答和应该解答的。值得欣慰的是，他遇上了一个宽松活跃的时代，生活在这种时代里，人们再也用不着为了尊重理性而扼杀人性……

  卧室门开了，孟慧抹着眼泪走出来说："劝了半天，娘娘和田英答应吃点面条。"走进厨房忙活去了。田成业想跟进厨房提醒孟慧多做点吃食。已经是夜里十一点，再过六小时又得忙起来，不吃饱是不行的。可他身上软软的，双腿打颤，不想起来。田英被伊承新扶出卧室进入卫生间，接着听见了干呕的声音。田成业突然恨起田健来，要不是他犯罪，田家哪会发生这一连串倒霉的事！如此一想，父亲出走的原因就成了一个沉重的问号勾挂在他的心上，扯坠得他心疼。又不禁埋怨起父亲来：就算你把自己废了是迫不得已选择的蠢事，可出走呢？究竟为了什么？出走能解决什么免除什么？你让儿女们去哪儿找你？去哪儿找到能让儿女们心安理得的答案？

翌日早起，不及吃下几口东西，回家歇息的田家至亲已陆续来到。同住四号院的老柴也过来帮忙，分派了破孝分孝的任务。老柴估计戴孝的大略人数，建议买两板白扣布。田壮却提出了不同的建议："给祭吊亲友的孝布统一买成羊肚毛巾吧。买质量最好的。如今城里办丧事大多这样。我也不穿那种歪里曲八道袍似的孝衫。"制止住想插话的老柴，"虽然我是孝子，可我还得招呼街道单位来的商界朋友，穿了拖拖拉拉的孝衫不方便，也不好看，我只戴黑纱袖套吧。"

"孝子不穿孝衫，外人要笑话的。"老柴自以为是田成功多年的交情，有权向这个不懂规矩的田家后人提出要求和规劝。

"孝在心里，不在表面上。都什么年代了，还讲究这些！"田壮一脸的不以为然。

有点下不了台的老柴望着田成业，让他决断。田成业原本对这些陈规陋习不以为然，心里赞同田壮的主张。可既然是丧事总管，也得照顾一下亲友们对传统的尊重，"我看这样吧，给前来祭奠的亲友统一给羊肚毛巾当孝布。可孝子孝侄们只戴黑纱袖套也太简单了。我在原单位同事家丧事上见到，孝子不借穿别人穿用过的孝衫，只把七尺白市布大围巾一样搭在肩头，把身前两头交叉在胸腹前用一束白布扎住，挺像回事。买来白市布田壮试一下就知道了。既有穿了孝衫的庄重又简便利落，不影响你行动。"

二爸折中的办法田壮不好再驳，欣然应允，当即确定数量派田亮上街采买白布。

一时，刘方送来了苦思冥想杜撰的几副挽联和挽幛用的挽词。伊福禄指挥几个后生布置灵堂，按刘方意见，张贴在灵堂上方的挽联是：说走就走你咋舍得民生街，入世出世谁能躲过奈何桥。横眉是：无常无常。在场众人都说这联撰得好，字又是书法家写的，如果保存下来，不定要成为文物。只是对横批上重复两句无常不甚明了。宁守仁悄声问田野，无常无常什么意思？

没见过这样的横批。田野愧笑着说:"对这老一套我也搞不清白,你问二爸去。"宁守仁便挪到田成业身边,"二爸,两个无常连在一起什么说头?"

田成业在学校做总务工作,耳濡目染了不少的文化说道,解释道:"我猛一看也觉得新奇,仔细一想明白了,前后两个无常是两层意思。前头的无常指的是人们常说的斜死横亡等意外死亡现象,比如寻了短见也叫寻了无常;后面的无常意思是世上凡事没有定规。总起来就是意外发生的事没有规律,或者反过来理解,没规律发生的事就是意外。你再不明白,就请教刘老师吧。"

听得众人默默点头。虚心观看贴在门外的另一副挽联:白马素车挥别泪,青天碧海寄离言。横批:口泽长存。

灵堂刚有了眉目,月饼铺的李翠送来了清早新蒸的倒头献子①——十二只酥渲的裂口大馒头。一时,出去洗印遗像的、采买香烛纸札孝布毛巾的,印制禀贴的,先后回来复命报账。

当天下午,四号院的邻居院舍派两名代表前来祭奠,免不了田英一阵撕心裂肺的恸哭,众亲友与邻舍无尽的哀叹和惋惜。伊福禄依据搭份子名单上帐,付给代表二十七条羊肚毛巾和二十七张禀贴,强调届时在食府恭候,不再催请。

下午五点,田成海眉眼肃正地出现在灵堂,提来鼓囊囊又轻乎乎的一个麻袋,把一张百元大票交给伊福禄上帐,说:"还有一麻袋纸钱,等于我买的烧纸,别忘了上帐。"原来麻袋里压装着烧纸剪成的圆圆的纸钱。田成业抓一把出来,大小不一色调不一剪出的钱眼有方有圆。顿时明白,这是田成海早先上街拣拾积累下的。这么一麻袋,拣了多少日子转了多少马路?在场众人也窃窃议论起来,把鄙夷的目光一下一下向田成海闪送过去。田成海清楚大伙的一瞅一看什么含义,朗声朗气地说:"你们别小看这些纸钱!没有三刀烧纸剪不下这么多的冥币,还得派人一沓一沓地剪出来,一天半夜指头磨出水泡也剪不下这么多的纸钱。我送来让你们少花费工夫气力,还不领情!"喝一杯茶匆匆离去,说:"五六点钟是人们上厕所的高峰,吃饭前要腾空肚子,阿奶头眼昏花会让人们钻了空子。"前脚出门,众亲友的议论声高扬起来:

---

①俗语,献给亡灵的大馒头。

听说过收百家米百家面百家衣的，没听说收集百家冥钱的！怪不得田家门里接二连三地出事，出斜事出怪事，八成是拣拾了人家们送亡的纸钱，犯了游魂野鬼的众怒，向田家人施行惩罚……

忙乱中眨眼一天，当夜无话。这天刚过九点，宫尚臣、桑布抬着花圈走进四号院，由分派在院里迎侯祭客的田亮、伊承宗接住花圈立在单元门一侧，请两人上楼。两人先把五百元丧礼交给伊福禄上帐，站在灵前看着陪祭的田成业田成才下跪点燃烧纸，鞠了躬，宫尚臣把田壮拉到小间门内低声说了几句，声明单位有会要他主持，接住伊福禄发散的毛巾禀贴，同桑布离去。片时，刘方也把花圈放在院里，上楼添了一百元丧礼。田成业等人再三致谢，强调他费时费神为灵堂撰写挽联挽词，不该再破费。刘方笑着说："写挽联挽词是帮忙，举手之劳，祭奠是行使规程，哪能免除？再说，"刘方脸上漾溢着忍不住的喜色，"有个搞房地产的老板看中了我的砚台，预付了一万元，等专家鉴定真伪后再付四万。我有了这等好事，得让我的老朋友知道。"跪在灵桌前望着田成功遗像燃烧纸钱，作了三揖，起身与田家老二老三说了一阵感悟人生苦短的话，见亲友们拥进来祭奠，地方拥塞，借口有事回铺子去了。

田家五服内外的亲友一拨一拨地来了，有送来花圈金银斗的，有送来白鹤长钱金银锞的，有送来混纺化纤丝绸幛子的，有直接添钱的。碍着人稠地方窄小，烧了纸说几句宽慰的话就告辞离去。负责挂幛子的田明就把刘方事先写好的诸如"音容已杳"、"遗爱千秋"、"风范永存"、"口泽长存"、"驾鹤西归"的挽词用大头针别在不同质料不同颜色的挽幛，挂在院内临时扯拉的两根绳索上面，与那撺撺层层五颜六色的花圈相映成趣，引得院里众人一眼一眼地打量。

分派去印制寻人启事和去电视台做寻人启事广告的田强、田野回来复命。田强把一张寻人启事清样交给田成业，"启事是按派出所展望警官提供的样品打印的。展警官还把爷爷出走前后的情况做了笔录，备了案，答应尽快与各州县和外地公安机关取得联系，要求他们协助查找。"田野也把电视台的答复做了简略汇报："今晚起连续三晚上播放寻人启事，安排在地方新闻时段内播放，每晚半分钟，费用一千三百六十元。"把发票交给田成业，田成业看一眼交给伊福禄上帐付钱。等田野走开，田成业把打印的寻人启事清样捧在手里细看：

寻人启事

田寿，现年七十九岁，青海省西宁市人，操本地口音，身高一米六八，偏瘦，麦子肤色，于去年阳历十二月十二日离家去大通县靠山乡贾家村拜访老友，从此不知下落。离家时身穿绷色纯棉布料的夹袄。上罩黑色混纺面料的中山装外衣，同样颜色布料的西裤。内穿灰色鸡心领羊毛衫，灰色驼毛绒棉裤，咖啡色棉毛衫裤，烟色短裤头，半旧黑棉皮鞋，白色尼龙袜，手提浅蓝色有白条纹的防水布旅行包，包里装有衣服、酒瓶、儿童小食品，现金若干……如有知情者请与西宁市民生街四号院三单元四楼双号田壮或民权街鸿运食府赵娟联系，必有重谢。联系电话：××××××××××××××××××××

田氏众人
公元二〇〇三年 × 月 × 日

文字没有差错。望着左上角田寿的一寸黑白免冠相片，田成业心里一颤，鼻孔发酸，险些掉出泪来。相片是早几年办身份证照的大头像，翻拍放大用复印机缩印在寻人启事上，黑白明暗对比模糊，只能看个大概模样。田成业叫来田强，"就去复印三百张吧，而后多去几人上街张贴。"田强领命离去。

去街上采买一次性纸杯和茶叶的伊承新回来对田成业说："二阿舅，高洁梅打电话委托我买了一个花圈，七尺化纤料的幛子，献食一副，烧纸一札。"大声报出丧礼名称，意在让在座人听清并相信，高洁梅是有心有义的人。

临近中午，祭奠的亲友稀疏下来。田成业提醒一直跪在灵堂的田英、田成凤、李怡蓉、小欢起身活动活动，让其他人趁机轮换出去吃饭。却不见田壮的影子，去厨房寻看，没有。推开卧室门，也不在。走出房门，看见田壮、田野、田强、田亮、伊承新挤站在四楼下三楼的楼梯拐角平台上，唧唧哝哝正说得起劲。闪进门内听他们数说什么，听到田亮问田壮："早上工商所的官所长把你拉到一边说什么悄悄话？"田壮说："我最近有了一个想法，西安的羊肉泡馍、兰州的牛肉拉面都是全国的知名品牌，我们西宁市的指甲面片为什么就不能打响？我设想在食府搞一次下面片比赛，看谁的面片下得最小最薄最快，味道最有特色，以此活动提高食府的知名度和塑造食府新的形象。我把想法告诉官所长，他说只要对食府的经营发展有利，都可以尝试，他大力支持。"对田野说："到时要在报纸电视发布参赛条件和竞赛规则，你事先给我打探一下费用情况。"田野说："这是一个好的创意，得好好地策划一下。"又听伊承新说："表哥，我认为你眼下该办的事是快与赵娟结婚……"田壮就严肃了声音说："阿大殁了，爷爷出走没有下落，我哪能先办个人的事？少说，也得等打探到爷爷的下落，过了阿大的百天……"田成业听着听着心情沉重起来。儿女们在这种时刻还记挂着工作的事儿，未尝不是一件好事。都被不幸击倒，垂头丧气绝望颓废，田家还有什么希望？田家的振兴全在后人身上。但面对爷爷出走父亲猝亡这样意外棘手的问题，田壮他们好像并没有十分地往心里放，这让他不能不觉得是一种沉重的精神压力。看来，田家门里以往由老大承担的角色和义务，被儿女辈甚至亲友们想当然地推诿在他的头上了。除了他去继承和履行，没人乐意充当这个尴尬的角色，分担这种难堪的义务。只有他，得像老大在世时那样规劝后人们循规蹈矩，指责他们的冒失……田成业没有热情想做这些讨后人嫌的事情，便不去干扰他们的说话，退坐在沙发上出神发呆。

这时，代表民生街十七个个体商贩前来祭奠的朱朝阳由田明引上楼来，把一张白纸包着的一千零五十元现金交给田成业，"这是大家凑的份子。大家委托我，需要买什么祭品随我，而后把下剩的钱给你们使唤。我想你们家务大、亲友多，送来的花圈幛子一定不少，再买花圈幛子意思不大。尤其花圈，一把火就烧光了，不如把现款给你们，由你们调掌着使用，比摆那虚架子好。"

田成业代表孝子孝女致谢，陪朱朝阳在灵前烧了纸钱，把写在白纸上的凑份子名单交给伊福禄上帐。顺眼看了一下，名单上第一个写着焦玉玺，200元，第二个朱朝阳，100元，其余有花圈铺的万花花，裱画的井永清，杂货铺老水，买酿皮的肖巧娘，修锁匠老谭……慌忙又向朱朝阳致谢，要他向众位转达他和孝子们的谢忱，"明天中午十二点务必光临食府，让孝子给你们磕头答谢。"

"焦老板上星期去广州进货，我们听到消息给焦老板打了电话，他委托我们向你们传达他的慰问，让你们节哀顺变。吃席，他是来不了的。"在田壮田强恭送下离去。

田成业给记账的伊福禄换了一杯滚烫茶水。孟慧从卧室出来，把手机递给他，"我去卧室取东西，听见你装在衣裳口袋里的手机响着，取出来又不响了。你看看，是谁打来的。"田成业挑开机盖，显示屏上是陌生的号码。就手放在茶几上，继续看伊福禄上帐，又下意识扫视银灰色机壳的手机，总觉得这个电话撩拨着他的直觉，让他不安又抱有某种期望。回头寻着孟慧，见她跪坐在灵桌左边临时做成的草垫上与田成凤说着什么，便把手机取在手上按下接话健，嘟嘟嘟响了几声后，"谁？"对方问道，声音耳熟。

"你刚才给我打电话了？"

"原来是老杂毛！你为啥不接电话。"是师德。

"号码不对，我凭啥要接？怎么又换了号码？"

"上星期吃硬①了，把手机丢了，重买了一个。"

"打电话啥事？"田成业想尽快结束通话。环境不容许他闲磨嘴皮。

"我碰见苗青了，她说你忘恩负义，不要她了。"

忘恩负义？田成业暗笑一下，她有啥恩可言？"她还说什么了？"

"没说别的，看她样子，还想着你呢，你该给她打电话。"

"我正忙着，你要没别的事，我挂了。"说着真挂了。挂了又后悔没多问几句。

---

①俗语，指喝醉酒了。

放下手机看田明清理纸盆里的灰烬，苗青的影子总在头脑里浮动，接着，一连串有关苗青的记忆也重重叠叠浮现出来，夹杂着被两个假警察诈骗的恐惧后怕。心里便生出一个热热的念头，等办完丧事，主动给苗青打一次电话……

门外的田亮喊了一声："祭奠的来了。"因长时间跪坐而几乎要倒卧下去的田英、田成凤慌忙调整姿势。田成业收回被苗青牵远的心思，看见来者三十五六岁，身体粗壮，面相蛮横，手里捏着一卷烧纸，不理会上前要说话的田明，阴着脸单腿跪在灵前，就灵桌上的烛火点燃烧纸，放在搭在纸盆口的铁棍上就站直身子。在场众人都对他这种是礼非礼的行径弄懵了，闹不清从哪里冒出这样一个祭客。见他左顾右盼在人伙里寻看什么，田壮和气地询问："你贵姓？"

"我姓康，田健的阿大阿妈呢？"

在卧室趄着打盹的田成才被田强叫出来，认出是上次来家要钱的康庄，堆上笑脸说："原来是你，这么有心……"

话被康庄截断，"上次你们说等见了田健问清楚后给我还钱，这都好几个月了，你们还悄悄的，借我的钱不打算还是不是？"

"借的钱咋能不还？只是家里一桩事接着一桩事，没顾得上。"扭头寻叫儿子，"田强，快让康大哥坐下，倒茶让烟。"

"我没工夫坐下喝茶。"康庄一副得理不让人的架势，"我等着用钱哩！要不也不会撵到你们的丧事上来要。可你们不自觉，我不出声你们就装作不知道。今天你们要不把钱给我，我就不走。"恶狠狠地扫视在场众人，预备打架的态度。

在场众人都忿忿不平，哪有这么讨要借款的？旧社会的黄世仁穆仁智也比他讲理。可自觉理亏的田成才依旧好言好语地解释道："康庄兄弟，你看我们大哥刚去世，全家人都一心儿跑丧事哩。你再宽限几天，等我们办完丧事，一定把钱凑齐还给你，我们没想赖账。"

"不想赖账就别叫我三番五次追上门要账，我已经宽限几个月了。"

在厨房里给孟慧搭手准备晚饭的孙雅萍听说有人上门讨要田健借下的钱

款，想躲着不出去，又忍不住心里突然上窜的怨气，出来拨开站在前面的田亮田野，扑到康庄面前，被巨大的悲伤绝望压抑而自我封闭了一个多月的她终于忍不住爆发了，"你说什么？你说我们赖账？我们啥时候说过要赖账？上次说得好好的，等问了田健到底借了你多少钱，再还给你。我们也问了田健。他说他借你一万元，当时给你打了借条，他叫我们收回借条再把钱还给你。"向康庄伸出颤抖的巴掌，"借条呢？把借条拿出来叫我看看。"孙雅萍这突兀的一着把康庄将住了，挑动着眉眼一时不知说什么好。孙雅萍看着他的窘相心里说：反正田健已经死了，死无对证。你好话好说，我们借你的钱哪能不还。可你今日黑煞五道地跑来丧事上要钱，忘了天高地厚，想要钱？没门！

康庄反应出对方的用意，眉眼就斜立起来，"我上次就说了，我跟田健是你不吃我不喝的朋友，借钱时口头上说了就借给他的，没打借条，你叫我往哪儿寻这借条？你这不是明着想赖账吗？"左右扫视，大约想在人伙里寻找评理和支持他的人。

丧事出现这样的枝节田壮忍无可忍。明知孙雅萍强词夺理，又不便当众驳自家人的面子，就冷冷地对康庄说："既然你是田健不吃不喝的朋友，要账就得看看火色。况且我们正在办丧事，哪有好朋友这么要账的！？"话虽这么说，却不想把事情搞僵，"你要没拿借条，先回家去，我们办完丧事……"

康庄打断他的话，"田健没给我打过借条，这我上次就说了，你们这是想拖着赖账！田健已经被枪毙了，你们想借着死无对证赖账呵！"肩头一耸一耸似要预备打斗。

田健被枪毙这句话针一样戳在田家所有人的心尖上，一律立眉竖眼要与康庄做一番计较。田壮担心事态闹大不好收场，强压怒火说："那就对不住了！没借条这钱我们还不下，你告状打官司我们奉陪。田强、田明、田亮、田野，送客！"

几个人拥上前合力把康庄往门外推搡，康庄恼羞成怒，就在挣脱推搡要还手的紧要头关，伊承新站出来说："我田健哥哥借了你多少钱？"

"一万。"康庄牛一样大喘粗气。

"才一万？一万元钱就让你土匪一样跑到人家丧事上撒野来了？"伊承新的气势不但镇住了康庄，也镇住了在场所有的人。她是从三舅嘴里问出实情才出面镇压局面的，"亏你还是个男人！还说是田健的朋友，朋友哪有这么不识相的？我田健哥哥把你当朋友真是瞎了眼了！哥哥！"伊承宗应声挤出人堆，伊承新从身上取出一个银行信用卡，"你去银行取一万元钱，把一万元两年的利息也让银行算算，一并取出来，还给他。"伊承宗接卡飞速离去。在场众亲友都看戏一样把目光集中在伊承新身上，闹不清一个二十三岁的姑娘，从哪儿得了这四两拨千斤的勇气和信心，在关键时刻为田家人长了志气出了风头。

片时，钱取来了，伊承新接在手里，在递给康庄的刹那间缩回手说："你上我家灵堂逼要旧账，惊动了我阿舅的亡灵，你得给亡人磕三个响头赔罪。"

康庄望着伊承新手里一沓崭新的百元大票，欲要下跪又觉得太失体面，扫视众人，都是等候他磕头谢罪的蔑视又鄙夷的目光，不得不跪下去，装模作样地点三下头，拣起伊承新扔在他脚前的一沓大票，狼狈而去。

在场众亲友会心又苦涩地笑了几声。

煞　尾

　　参加了田成功的遗体告别仪式,从殡仪馆回到民生街"三印一砚斋"的刘方显得有点疲倦。他最后看到的田成功躺在玻璃罩内,盖着红绸薄被。要不是蜡白无光的脸庞有些水肿和已经隆起的肚子,与熟睡的人没什么两样。这让刘方对人生的终极意义和对生命又一次产生了疑问。所以说又一次,是他每次参加亲友或别人的葬礼,都会产生同样的感想。只是这种感想持续的时间很短,很快就会被火热的生活吞没。如同冷冻的冰块拿到太阳底下很快就会融化。人就是这样,有口气的时候,什么都不满意都不知足,无论是奋发图强还是庸碌无为的。没了这口气,全都一个模样。这让他对生活前景不再抱什么奢望的同时有了及时享受生活的念头。去食府吃席还得两小时,他从里边用链锁锁住玻璃门把手,抱定主意任谁叫门也不理会,安实睡它一个小时,让由于灰心和困惑而感觉疲顿的身体恢复一下,用饱满的精神面貌去食府就餐。他躺倒盖了一条毛毯,很快就睡着了。一小时后生物钟从意识深处掐断了朦胧的梦境。起身消停喝了一杯浓茶,换上像样的衣裳,锁了双扇门并把卷闸门拉了下来。今天的田家后生们会把他当作喝酒的重点,而他正想得得济济喝它一场。反正连镇斋的砚台也被人看中并预付了定金,他就没必要死守这个一直引以为自豪,而在别人眼里无足轻重的阵地。他摇三慢五从两边排挤着摊位的街道中心走过,民生街繁乱的商贸气象被一天中最明亮最热烈的阳光烘托得愈加生动和鲜明。惊蛰后春分前已经回阳的天气又被融融的春意抚摸得柔和而润泽。生活不出皱纹不长胡须,不会因为街上新近少了一个称为人的生灵而添一根白发。生活永远年轻和富有魅力,这又让刘方的双脚踩向地面时显得沉稳有力。

　　一元擦鞋店门口站立的尤中生在刘方走到食府门口时叫住了他,"刘老师,你过来你过来。"刘方走了过去,尤中生上下打量着他,"今天这身休闲装与你的身份十分般配,可脚上的皮鞋不像样子,让我的工人给你打扮打扮。"

把刘方拉进了擦鞋店,三个哑巴都站起来给他让坐。刘方从尤中生眼睛里看出,小家伙叫他进来好像不仅仅为了擦去他鞋上的灰土污垢。就坐在最外边的椅子上,把脚踩在踏板上,由红脸膛粗脖子的哑巴给他绾裤角,往鞋口插护袜胶片,眼望着含笑的尤中生,"有啥话快说。"

尤中生一本正经地说:"刘老师,你记不记得我曾经去你铺子里向你请教过一个问题,你当时没有回答,只叫我好好学习,说等我长大了自会明白,现在……"

茫然的刘方打断尤中生明显卖关子的话,"什么问题?我早忘了。"他真不记得了。

"前年还是大前年,我放学经过卖烤羊肉串的摊子,听两个吃烤羊肉串的人说:'五荤里来了五荤里闹,五荤里来几遭哩。'我当时不明白,问你什么是五荤,你说等我长大再给我解释。前几天,有两人进来擦鞋,喧起这句话。一个说,五荤就是吃喝玩乐,要不就是吃喝嫖赌。另一个说这样理解五荤是不对的。应该是酒色财气。我当时想,不论是吃喝玩乐还是酒色财气,都是四个字,表现了四种现象。可花儿里唱的是五荤,不是四荤,你说,是不是还有一荤?"眼里闪着分明在戏弄人的神采。

刘方惊愕又不无好奇地盯住尤中生俨然一副大人神态的面孔,"你小小年纪整日想得是些什么玩艺?这问题我没办法给你回答。"他认为这种话题不是他与尤中生这般岁数的人面对面讨论的。就倚老卖老地向尤中生提出了劝告:"花儿里唱的五荤,是泛指生活所包罗的所有内容,并非专指什么。肯定也不是你听见的什么吃喝玩乐,酒色财气!日后少动这些脑筋!"

尤中生狡谲地笑了,是看透了别人的无能才会显露的那种不无揶揄的笑,"好好好!不说这个了。"眼珠滑转了几下,"可我听到了一个好消息,一个坏消息,你说,你想听好消息还是想听坏消息?"

刘方心想,小家伙又在要什么滑头了,便随口说:"当然要听好消息。"

"好消息是人间没有地狱。"

刘方心里一激灵,"你小子猛乍乍说出这句话还真能把人唬住。"忍不住问道："那么坏消息是什么？"

"坏消息是人间没有天堂！"

刘方真正地惊愕起来，这么精锐的话可不是尤中生的小脑袋能够生发出来的。不知是从哪儿听来现买现卖的，却装出赞赏的表情说，"行呵！小脑瓜灵光了，能想出这么精彩的话来。"

尤中生憨实地笑了，"我能想出这样的话，就不在民生街卖报擦鞋了。这是我在文摘报上看到的，是澳大利亚传媒巨头帕克说下的名言。"

旧皮鞋被粗脖子的哑巴清洗上油、打蜡，新皮鞋般锃亮起来。刘方不顾尤中生拦阻给粗脖子哑巴一元钱，走出擦鞋店，顿觉身上有了光彩。走向食府门口时心里说："今天放开肚子喝它一场，一醉方休。"

二〇〇三年十月二十三日起草
二〇〇六年十二月九日晚脱稿
二〇〇七年五月十日改定

后　记

　　2000年《雪莲》复刊，决定全文连载《麒麟河》后，我还没有出书的冲动。一则，虽然没有明确约定连载期间不得出版《麒麟河》单行本，免得杂志订销受到影响，但全文连载也就意味着作品公开发表面世，出不出单行本，不是什么急需的事。二则，对于写作者，创作的意义在于过程而非结局。出书，最大的作用在于对某一阶段的创作做一次总结式定型。出书与否，并不影响作品的潜在价值。于我，《麒麟河》定稿发表，已经成为过去，我不能也不该总把心思泡在成功的喜悦中放弃"更上一层楼"，我得有新的作为。三则，出了几本小说、散文的小册子，尝够了文人出书的尴尬滋味。一想起再出书，尤其大部头的长篇小说，就要头疼。于是说服自己打消出书的念想，或者等待最佳时机。这样，被文学创作充实的心灵就出现了空洞。已经在长期创作中形成的心理惯性被阻碍，觉得生活失去了目标和张力，轻松但平庸得实在难耐。由于等待和适应《麒麟河》漫长的连载而变得松弛和庸懒的感觉，便在这种无为的生活中骚动起来。这种骚动来自一种无法自觉掌控的外力，好像有一种力量向我发送着某种信号，在迫切地追问我的思想，等待我的回应。这是每一次创作前必然出现的一种心理感应。这次出现得这么持久，这么强烈，让我花费将近一年的时间梳理、沉淀这些情绪骚动和心理感应，从中提炼鲜活的写作素材，把它变作下一次创作的动力和渠道，使我又一次饱满起来的激情得到张扬和渲泄。这期间，《麒麟河》单行本出版发行，得到各阶层读者好评，鼓动起我创作的热情。特别是这些年来，改革开放取得的成果，已经明显地在人民大众的日常生活中体现出来。丰裕的物质保障，宽松的政治环境，使我生活的这个城市发生了令人鼓舞的变化。大部分人们的生活情状从本能低级的"寻求温饱"向自主意识觉醒的层面转化，被挤压、被冷冻、被封闭的精神世界得到了抚慰、张扬和充实，人性也得到了承认和尊重。在这样的社会背景生存前提下，人的自主意识觉醒，追求高质量、高水准的生活，尤其是精神生活就成了一种必然。这中间，最主要的是人们懂得了自己去把握生活、把握生存的权力，把握自己的命运而非"听天由命"。人们在吃好、喝好、穿好、玩好、尽情享受物质文明的同时，确立自己的社会地位和独立人格，追求和彰显做人的价值和意义。这是由物质文明带来的一次精神文明的升华和确立。是人类进步的一种体现，也是人类成熟的一种体现。但这种进步和成熟是在各种各样的矛盾中完成的。甚或是以丢弃美德，世风奢靡为代价。也就是说，人必须正视和解决自身与社会的矛盾，个性与社会规范的矛盾，人性与道德规范的矛盾，私欲与公德的矛盾。平衡和转化这些人本位与社会形态的矛盾，是一个长期的、隐密的、痛苦的过程，也是透析和解剖人性的过程。有了这一系列的感性认识，我的情绪骚动就成了明确的创作冲动，进而形成了创作《民生街》的意向，并把它作为《麒麟河》姊妹篇结构谋篇、设置故事情节和人物关系，使这两部作品在艺术风格上保持统一，思想内涵和文化意蕴上彼此印证和延伸，故事情节上有着大反差的对比。

《民生街》2003年10月起草，2006年12月杀青，历时三年。定稿后，在哪儿出书？用什么方式出？甚至是出还是不出？又成为我面临的一个难题，让我在犹疑彷徨中虚耗去一年光阴。这样的犹疑彷徨，往往要损害一个人的文学创作热情。文人的清高和愤世嫉俗，往往在这个阶段受到挑战和戏弄。创作可以愉悦精神，抚慰心灵，振奋情绪，出书却有可能叫你高昂的激情由于失望而下坠，气馁而沮丧。出，似乎可以证明点什么；不出，也好像妨碍不了什么。文人的热情和自信，在体制的潜规则和市场经济的法则面前实在是微不足道。人生就这么滑稽和无奈，如同乐于在高空翱翔的苍鹰为了捕得一只老鼠不得不俯冲到地面。这样的境况下，文人希望的，就如老百姓所说：遇到贵人。古人说得好："得人轻着力，便是转身时。"

"青海金麒麟文化传媒公司"的李颖女士出身在耕读世家，传统的诗礼热情积淀在她的血脉气质中，一往情深地崇尚文化艺术。作为民营企业领班人，她低调处世，只认准光彩的文化前景而不为世俗的功利所动，默默地处身闹市一隅，为社会大厦的文化幕墙增光添彩。在《民生街》是否面世的两难境地，她鼎力相助，排解了作者的顾虑，振奋了作者的信念。还有青海地矿印刷厂的张启元先生，出于对地方文化的热爱以及对作者苦心孤诣创作实践的敬重，精心策划运筹本书装帧印制的全套工作，助长了作者的信心。可以说，他俩就是作者得遇的贵人。说他们贵，贵在在浅俗的娱乐文化泛滥中对严肃文化持有清醒的信任和理解；贵在作者需要有效支持时不计功利"雪里送炭"；贵在能够高瞻远瞩为地方文化建树倾注一己之力。我相信，随着《民生街》出版后在读者中的传播，他们给予《民生街》的支持以及他们的文化情操气度，将深入广大读者心中，与《民生街》共存。

需要强调的是，对我的文学创作以及《民生街》的出版发行，省委宣传部、省文联、省作家协会、市委宣传部和市文联给予了热情关注和支持。在此一并致以由衷的谢意。

作者 2008 年 4 月 10 日